영미문학 研究

崔永子 · 沈揆世 教授 停年記念 論文集

한국외국어대학교 영어학부 문학위원회

崔永子 教授 近影

沈揆世 教授 近影

최영자 교수님 연보와 논저

　1936.12.23. 함경북도 회령군 회령읍 4동 95에서 慶州 崔氏 登龍公과 淸州 韓氏 云淑女史와의 사이에서 1남 1녀 중 장녀로 태어남.

■ 학력
1954.3. 　　　　　 이화여자고등학교 졸업
1955.4. - 1956.12. 이화여대 영어영문학과 입학(2학년 수료)
1964.3. - 1967. 2. 한국외국어대학 영어과 2년 편입(졸업)
1968.3. - 1970. 2. 한국외국어대학원 영어과 석사과정(석사학위)
1985.3. - 1988. 2. 동국대학교 대학원 영어영문학과 박사과정(문학박사)

■ 경력
1973.3. - 1981. 2. 한국외국어대학 강사로 출강
1981.3. - 2002. 2. 동 대학 교수
1995.3. - 1997. 2. 한국외국어대학교 서양학대학 영어과 학과장
1996.3. - 1988. 2. 한국 예이츠 학회 섭외이사
1998.3. - 현재　　 동 학회 기획이사
2002.2.28.　　　　 한국외국어대학교 교수에서 정년퇴임

■ 논저
「시적 자아의 자기성찰과정」, 『한국 예이츠 저널』 Vol. 9, 한국 예이츠 학회, 1998.
「시적 자아의 자기성찰과정 II」, 『한국 예이츠 저널』 Vol. 11-12, 한국 예이츠 학회, 1999.
「시인의 초상: 예이츠의 최후시편」, 『한국 예이츠 저널』 Vol. 14, 한국 예이츠 학회, 2000.
「사유의 금욕주의: 예이츠의 후기시」, 『한국 예이츠 저널』 Vol. 16, 한국 예이츠 학회, 2001 등 십여 편.

심규세 교수님 연보와 논저

1. 1936년 경남 산청에서 심원보씨와 정태조씨의 5남 4녀 중 셋째로 출생
2. 한국외국어대학교 영어과 및 동대학원 졸업
3. 하와이대학 수학
4. 한국외대에서 "Thomas Hardy의 Meliorism"으로 박사학위 취득
5. 학보사 주간, 서양어대 영어과 과장, 서양어대 학장

■ 논문
  1. Thomas Hardy의 Meliorism을 비롯한 영미소설에 관한 논문 30여 편.

■ 역서
  1. 『속된 무리를 떠나서(*Far from the Madding Crowd*)』, 『맥티그(*Mcteague*)』 등
     10여 편.

■ 저서
  『Thomas Hardy 소설의 이해』 5월초 출간 예정.

발 간 사

　　동산에 해가 떠서 서산에 지면 한 낮이 가고, 동산에 달이 떠서 서산에 기울면 한 밤이 간다. 그러면 하루라는 세월이 흘러가 버린다. 해변에 밀물이 밀려오면 또 시간은 흐르고, 썰물이 빠져나가도 또 세월은 간다. 한치의 오차도 없이 쉴새없이 반복되는 자연의 시계바늘은 사람은 생각도 않고 그저 움직여 나간다. 天地는 不仁이라 했던가! 그러나 어쩌겠는가. 해와 달보고 좀더 천천히 움직이라 할 수도 없고, 밀려오는 조수를 멈추게 할 재간은 아직 인간에게는 없다. 근본적으로 지구의 자전과 공전을 멈추게 해야 할 텐데, 그 일은 하늘의 소관이지 인간의 것이 아니다. 그래서 어쩔 수 없이 세월은 가고, 사람은 나이를 먹고, 정년은 어김없이 찾아온다.

　　이번 학기에 심규세 교수님과 최영자 교수님이 정년을 맞이하셨다. 두 분다 외대 영어학부에서만 반세기의 반 이상을 재직하시면서 영미소설과 영미 주요작가 등 영문학 관련 강의를 통해서 수많은 제자를 길러낸 빛나는 업적을 남기셨고, 많은 저서와 논문을 후학들에게 남기셨다. 세상에서 사람 길러내는 일 만큼 더 중요하고 값진 일이 있던가. 세상의 만물 중에 사람이 으뜸이고, 사람이 하는 일 중에 교육이 으뜸이라면, 두 분은 모두가 부러워 할 으뜸가는 삶을 누린 것이다. 두 분 교수님은 가슴 깊은 속에 늘 은근한 인정과 훈훈한 사랑을 간직하신 분이고, 義를 중히 여기고 자신의 利를 앞세우지 않으셨다. 유달리 영어학부를 사랑하셔서, 영어학부에 어려움이 찾아오면 항상 앞장서서 해결하려 하셨다.

　　두 분 교수님의 정년 퇴임을 앞두고 지난해 3월부터 외대 영어학부의 문학위원회를 중심으로 두 분의 퇴임기념 논문집을 발간하기로 계획을 세우고 논문집 발간 작업을 추진하면서 오늘에 이르렀다. 특히 영문학계의 원로 교수님이신 이창배 교수님, 최종수 교수님, 김병옥 교수님, 박세근 교수님과 김재화 교수님 그리고 최홍규 교수님께서 옥고를 내주셔서 이 기념 논문집은 더욱 알찬 내용을 실을 수 있게 되었다. 귀한 글을 내어주신 원로 교수님들께 이 자리를 빌어 깊은 감사를 드린다. 그리고 귀한 논문을 내어주신 학회 회원 교수님들, 그리고 외대 동문 선, 후배 교수님들과 영어학부의 동료교수 및 제자들에게도 심심한 감사를 드린다. 특히 이 기념 논문집의 기획과 편집 과정에서 수고를 아끼지 않으신 김명옥 교수님과 손동호 교수님의 공이 컸음을 명기해 두고자 한다.

　셰익스피어는 그의 '시간과 사랑'이라는 제목의 소네트에서 세상 만물은 시간의 잔인한 손길 앞에서 다 허물어지지만, 잉크(ink)에 담아 놓은 귀중한 우리의 생각과 사랑은 멸하지 않음을 읊고 있다. 이 기념 논문집에 담긴 귀중한 내용은 오랫동안 후학들에게 학문의 길잡이가 될 것이다.

　명예교수로 계속 후학들에게 많은 격려를 아끼지 않으실 두 분 교수님께서 앞으로도 건강하시기를 영어학부의 모든 교수님들과 함께 기원하며, 아울러 후학들에게 많은 지도와 편달을 부탁드린다.

조재영 교수
한국외국어대학교 영어학부

차 례

시와 현상학

김 병 옥
(전 인하대 교수)

I. 들어가는 말: 20세기 초의 문학과 현상학(영미 문학에 관한 논의에 앞서)

시는 철학적 반성을 담고 있으면서도 철학과는 길을 달리 한다. 시인은 우리들에게 시의 이해를 위하여 시를 넘어서 철학적 체계로 나아가는 것을 요구하지 않는다. 비록 시의 사상이 어떤 철학적 개념을 체험으로 바꾸어 놓은 것이라 할지라도, 시는 철학이기에 앞서 문학의 한 형식이며, 그 속에서 체험이 실현되고 있는 것이다. 시와 철학의 공존 문제는 바로 이런 차원에서 풀어 보아야 할 것이다.

우리는 문학의 세계를 사실의 세계가 아니라 의식 경험의 세계라고 말한다. 문학은 현실 세계의 사실 자체보다는 사실과 인간과의 관련이라는 측면에, 다시 말해 사실에 대한 인간적 관심의 표명이라는 측면에 더 무게를 둔다. 여기에는 인간의 의식이 중요한 작용을 한다. 특히 시의 세계에서는 사실보다는 사실에 반응하는 인간의 의식을 소재로 삼는 데에 압도적인 무게가 주어진다. 이런 의미에서 문학의 세계에서 의식의 경험이라는 말이 성립된다. 현상학에서는 이 의식의 경험을 "체험"(Erlebnis, lived experience)이라는 말로 바꾸어 쓴다. 의식사상(意識事象)에 따르는, 바꾸어 말해서 직접적으로 주어지는 세계를 경험한다는 것이 의식 경험이요 체험이라는 뜻이 된다. 체험은 우리들의 체내에서 한 흐름으로 일어난다. 그래서 "체험의 흐름"이라는 말이 현상학에서 사용되기도 한다.

작가와 소재와의 관계의 바탕에는 사람이 세계 속에 산다는 관념이 깔려 있다. 작가의 체험에는 암암리에 이런 관념이 전제된다. 그러나 세계는 피동 적으로 있는 단순한 자료로서가 아니라 그것 나름으로 사람의 의지를 한정 하고 저항하는 반대 의지로서 작용한다. 그리하여 20세기를 전후하여 유럽에 서 일어나는 문학과 예술 운동에서 작가와 예술가들의 체험을 통하여 하나 의 의미 통일로서 나타나는 작품의 양상은, 현실에 대한 불신 및 이를 극복 하기 위하여 지식의 명백한 기초이면서 동시에 존재의 가치와 의미를 천명 하는 비전(vision)의 표출로 나타난다. 20세기를 전후한 이런 비전의 표출 상 황을 두고 야스퍼스(Jaspers)는 "현실에서 진실을 상실하면…지반 상실에 빠 지는 때가 있다…인간을 둘러싸고 있는 것은 회의적으로 경험되는 비진실이 고, 진실도 현실도 아니다. 인간은 추상적이 된다"고 말한다.[1]

이 무렵에는 후설(Husserl)이 모든 추상파의 강령이라고 할 수 있는 철학 이론을 이미 내놓고 있었다. 이것이 바로 현상학의 이론이다. 이런 연유로 『세계 상실의 낙원』(*Paradies der Weltlosigkeit*) 서두에서 "이론적으로 의도된 것"과 "실제로 달성된 것"이라고[2] 하는 마이어(Maier)의 표현은 특히 독일에 서 문학과 미술을 망라하는 표현주의 운동과 현상학의 관계, 바꾸어 말해서 동일한 역사적 맥락 속에서 이론적으로 체계화하여 삶의 가치와 의의를 추 구하는 현상학과 이를 극적(劇的)으로 구현하는 표현주의 사이의 관계를 말 해주는 것이다.

현상학 운동은 독일에서 발원된 것이고 『현상학과 표현주의』(*Phänomenologie und Expressionismus*)에서 페르디난트 펠만(Ferdinand Fellmann)은, 표현주의와 현상학은 동일한 시대의 역사적 맥락에서 나온 쌍생아로서, 양자가 대두하게 된 동기는 "20세기 독일 사회에서의 사회적 정치적 여러 경험에 대응되는, 이른 바 주어진 현실에 대한 불신감(不信感)"에 있다고 말한다.[3] 그러므로

1) Jaspers, "Von der Wahrheit", Rudolf Nikolaus Maier, *Paradies der Weltlosigkeit* Kle Verlag, Stuttgart, 1964), p. 24에서 재인용.
2) Maier, p. 4.

예술에 관한 한, 앞서 말한 "추상파의 강령"이라는 것이 유럽 대륙을 위시하여 미국이나 그 밖의 대륙으로 전파되기에 앞서 일차적으로 독일의 표현주의 강령에 해당된다고 보아야 할 것이다.

현실을 대하는 표현주의적 충동은 주어진 현실을 변형시키든 작가의 비전을 통해서 새로운 형상을 창조하든 간에 창조적 자아의 절대화와 더불어 나타난다. 이같이 창작자 주관의 창조에 대한 신뢰는 표현주의 문학에서 나타나는 공통된 현상이다. 요아힘 링겔나츠(Joachim Ringelnatz)의 「논리」("Logik")를 인용하여 이 점을 논의해본다.

> Die Nacht war kalt und sternenklar,
> Da trieb im Meer bei Norderney
> Ein Suahelischnurrbarthaar.——
> Die nächste Schiffsuhr wies auf drei.
>
> Mir scheint da mancherei nicht klar,
> Man fragt doch, wenn man Logik hat,
> Was sucht ein Suahelihaar
> Denn nachts um drei am Kattegatt?[4]

> 차가운 새벽, 별빛이 초롱초롱했다.
> 그러자 노르더나이 근처 바다에
> 주어헤일인(人) 코밑 수염이 하나 떠왔다.
> 가장 가까이 있는 배 시계는 3시를 가리키고 있었다.
>
> 그런데 나한테는 분명치 않은 점이 많다.
> 논리를 안다면 묻고 싶지 않겠는가
> 새벽 3시 카테가트에서
> 주아헤일인(人) 수염털은 무엇을 찾겠다는 것인가. (전광진 옮김)

---

3) Fellmann, *Phänomenologie und Expressionismus*(Verlag Karl Alber, Freiburg/München, 1982), p. 11.
4) 『20世紀 獨逸詩』 I, 전광진 옮김(서울: 탐구당, 1982), p. 357.

이 시는 주어와 술어로 구성되는 문장으로 되어 있어서 분명히 어떤 의미를 전달한다. 그런데 이 시에서 "새벽", "3시", "노르더나이 근처 바다", "코밑 수염이 하나 떠왔다"는 표현은 시간과 공간을 말하면서도 어느 특정한 경험적 시공간을 의미하지 않는다. 따라서 이 시가 시간과 공간을 전제한다는 점에서 구체적이라 할지라도, 이런 구체성은 현실의 세계에서 지각되지 않는다. 그러므로 이같은 표상은 추상이라는 이름의 그림처럼 추상적 요건을 갖추는 것이다. 이 시는 문학이 주어진 객체로서의 현실의 묘사가 아니라, 지금까지 우리의 인지 능력이 미치지 못했던 현실(논리적 사고에 앞선 원초적 현실)을 직관에 의해서 발견케 해주는 가능성으로서 인식되어야 함을 말해준다. 그런 의미에서 이 시의 제목이 "논리"이면서도 역설적으로 전통적인 논리적 사고를 부정하는 논리를 독자에게 호소하고 있다.

여기에서 전통적인 논리적 사고의 부정은 후설의 현상학적 환원과 동일한 맥락에서 보아질 수 있는 것임을 뜻한다. 란트그레브(Landgrebe)에 의하면 "환원이 뜻하는 것은 다른 것이 아니라 이미 우리에게 일어나고 있는 일의 확실성, 말하자면 하나의 객관적인 힘으로서 주관성에 맞대하고 있는 초월적인 것(일상적 표현을 써서 객관적 대상)의 일체의 확실성이 점차 소멸되어 가는 것이 명백해 진다는 것이다." 그리하여 "주관성 속으로 철저히 침잠하는 것"으로서의 환원을 완성함으로써 "근대의 철학적 운명"은 현상학에서 그 성취를 보게 된다고 그는 말한다.5) 따지고 보면 환원이란 후설이 환원 이론을 완성하던 시기의 현실성의 개념을 현현화(顯現化)하는 것이다.

그런데 이 추상파의 강령이라는 현상학은 현실에 대한 불신에서 출발하지만 이 불신의 극복에 그 목적을 두고 있다. 표현주의 운동 또한 주어진 현실에 대한 항의와 구제의 시학(詩學)으로 등장하는 것이다. 이같은 문화적 상황에서 후설은 이론적 측면에서 "현상학"이라는 이름으로 명백한 지식의 기초를 제공하는 사람으로 등장하였다. 더 나아가서 문학을 위시한 예술 일반과 현상학의 만남이 이루어지게 된 데에는 후설이 철학의 방법에다 문학과 예술의 방법을 도입하는 것과 다름없는 일을 했기 때문이다. 피에르 테브나즈

---

5) Ludwig Landgrebe, *Der Weg der Phänomenologie*(Gütersloh, 1963), p. 86.

(Pierre Thévenaz)는 다음과 같이 말하고 있는데, 이것은 현상학과 문학이 얼마나 가까운 것인가를 보여주는 것이다.

> 현상학적 방법이란 인식의 대상과 내용에 직면하여 철학자나 과학자들에게만 문제가 되는 그런 것들, 즉 그런 것들의 가치나 실재성 또는 비실재성을 따지지 않는 데 있으며, 그런 것들이 우리에게 주어지는 그대로, 의식의 순수하고 소박한 지향으로서의 의미로서 기술하고, 그런 것들이 있는 그대로 드러나게 하며 보이도록 해주는 데 있다. 본질 직관이라고 할 때의 본질은 관념적 실재도 아니고 심리학적 실재도 아니고, 의식의 지향적 대상인 관념적 표적인 것이다.6)

테브나즈의 말은 특히 20세기에 들어서 규범적 판단의 특전과 설명을 배제하여 오직 감수되고 체험된 것들만을 좇아서 원초적 현전(現前)이나 현재화(現在化)를 나타내려는 문학의 방법과 현상학의 방법이 놀랍도록 일치함을 뜻한다. 문학에서의 관용적 표현과 현상학의 개념적 분석 사이의 차이에도 불구하고 양자는 서로 비슷한 방법으로 지각의 독창성을 달성한다. 여기에는 세속적 관심사에 얽매이는 관습적 태도의 보류가 그 몫을 다한다. 작가의 의식의 내적(內的)자유는 "미적 체험의 이른바 무관심(indifference)에서 그 구성적 보증을 얻고 현상학적 에포케(epoche, 판단중지, 즉 현상학적 환원)에서 방법론적 도움을 얻는다." 그리하여 "예술적 태도와 현상학적 태도의 친근성은 비록 서로 방법상의 차이는 있더라도 의식의 보편적으로 가능한 변용, 즉 존재 명제의 중립화로의 변용," 바꾸어 말해서 환원을 말해주는 것이다.7) 칸트(Kant)나 헤겔(Hegel)에서 제기되는 이성(理性)의 고전적 방법을 거부하고, 투시하는 시선과 직관에 의해서 현상을 있는 그대로 기술하고자 한 것이 현상학을 통해서 견지되는 후설의 태도이다. 이것은 한편으로 현대 철학의 방향을 결정하는 것이고, 또 한편으로 문학 및 예술과의 폭넓은 교류를 성사시

---

6) Thévenaz, *What is Phenomenology*? tr. James M. Edie, et. al.(Chicago: Quadrangle Books, 1962), pp. 43~44.

7) Fritz Kaufmann, "Art and Phenomenology." *Philosophical Essays in Memory of Edmund Husserl*, ed., Marvin Farber(New York: Greenwood Press, Publishers, 1968), pp. 190~191.

키는 것이다.

사실 폭넓은 교류라 하지만 현상학이란 말에 관한 한, 오늘날 그 의미가 너무도 다양하다. 후설에게 배웠거나 후설을 연구한 사람들이 그것을 자기의 입장에 따라 다소 수정하였기 때문이다. 그러나 현상학이 문학이론으로 전용 (轉用)될 때, 그 의미는 "문학은 현상이다"로 압축되는 공통점이 발견된다. 후설을 계승한 로만 잉가르덴(Roman Ingarden) 이나 프랑스의 미켈 뒤프렌 (Mikel Dufrenne)의 현상학적 미학 이론에서 "사상(事象) 자체로", "본질직관", "판단중지", "환원" 및 "지향성"(志向性) 등 후설의 핵심 용어가 그대로 쓰인 다. 이것은 현상학 이론이 다소 수정되어 나온다 할지라도, 후설의 핵심용어 는 여전히 그대로 계승됨을 뜻한다.

필자는 이 글에서 시와 현상학의 논의에 관한 자료를 미국 시인 월러스 스티븐스(Wallace Stevens)에게서 얻고자 한다. 그가 미국을 떠나 유럽에서 활 동한 일이 없지만, 후기 시 「최고의 허구에 대한 각서」("Notes toward a Supreme Fiction")에서 "추상적이어야 한다", "변화해야 한다"는 등 20세기초의 현상학 운동을 연상시키는 용어들이 드러나 있다. 그렇다고 스티븐스가 현상학의 영 향을 받았다고는 말할 수 없다. 다만 그는 현상학에 대응되는 유형의 세계관 을 발전시켜 나갔으며, 이를 시속에 반영시켰던 것으로 생각해 볼 수 있다. 그러나 그의 시가 전적으로 현상학적이라는 것은 아니다. 현상학적이라는 말 은 그의 시 전체를 통하여 제한적 의미를 지닌다. 우리는 현상학만으로 그의 시 전체를 합법화시킬 수 없는 것이다.

II. 스티븐스의 시

월러스 스티븐스의 첫 시집 『풍금』(Harmonium)이 나온 것이 1923년이다. 여기에는 20세기 최고의 시편들이라고 칭찬받는 것들이 실려 있다. 그럼에도 불구하고 그는 1950년대에 이르기까지는 빛을 보지 못했다. T. S. 엘리엇 (Eliot)의 『황무지』(The Waste Land)가 나온 것이 1922년이다. 이 무렵에는 에즈라 파운드(Ezra Pound) 등 모더니즘의 시인들이 찬란한 명성을 떨치고 있을 때였다. 파운드와 엘리엇을 위시하여 명성을 떨치던 시인들은 항상 "시적(詩的) 관행의 중심"에서 떠나지 않았다.8) 이들에 비하면 스티븐스의 시는 시적 관행의 중심에서 멀어져 있었던 셈이다. 미국에서 스티븐스가 주목받기 시작한 1950년대는 현상학을 위시한 유럽 대륙의 철학에 대한 관심이 한창 일기 시작하고 있을 무렵이다. 왜 이런 말을 하는가 하면 스티븐스의 후기 시 「최고의 허구에 대한 각서」에서 "추상적이어야 한다", "변화해야 한다" 등 현상학을 연상케 하는 용어들이 드러나고 있기 때문이다. 현상학의 관련 용어들이라고 해서 스티븐스의 시편들이 무슨 특별한 의미가 있다는 것이 아니다. 넓은 의미에서 스티븐스의 시작(詩作) 태도는 20세기 초 유럽에서 일고 있던 표현주의 예술 운동 및 철학에서 현상학 운동을 포함하는 국제적 성격의 운동에 연관된다고 생각하는 것이 이치에 닿는다. 다음은 스티븐스의 「흑색의 지배」("Domination of Black")의 첫 귀절이다.

> At night, by the fire,
> The colors of the bushes
> And of the fallen leaves,
> Repeating themselves
> Turned in the room,
> Like the leaves themselves
> Turning in the wind.
> Yes: but the color of the heavy hemlocks
> Came striding.
> And I remembered the cry of the peacocks.9)

> 밤에 난로가에서
> 덤불의 색채와
> 낙엽의 색채는

---

8) Peter Jones ed., *Imagist Poetry*(Penguin Books, 1972), p. 14.
9) Wallace Stevens, *The Collected Poems of Wallace Stevens*(London: Faber and Faber Ltd., 1955), p. 8. 앞으로 스티븐스의 시의 인용은 이 책에 의존한다. 책 이름은 *CP* 로 표기한다.

> 방에서
> 바람 속에 맴도는 잎새처럼
> 반복하여 맴돌았다.
> 그렇다. 하나 무거운 솔송 나무의 색깔이
> 성큼 성큼 걸어왔다.
> 그리고 나에게는 공작새들의 울음소리가 기억났다.

이 시귀에서는 배경되는 관념이 감추어져 있어서 자연히 시는 전체적으로 상징성을 띤다. 독자들은 시에 관련되는 현실적인 구체적 상황이 어떤 것인지 알지 못한다. 따라서 시는 현실에서 거리가 먼 듯한 인상을 준다. 이 시귀를 통하여 제시되는 스티븐스의 사유(思惟)방식은 인간의 윤리적인 삶이나 심미적인 삶, 심리적인 삶이나 종교적인 삶 등, 삶의 다양한 국면에 새로운 지평, 바꾸어 말해서 넓은 의미에서 새로운 체험의 가능성을 찾는 것이 아닐까 싶다.

이 시귀에서 중요한 것은 이미지 자체가 하나의 현실일 뿐, 다시 말해 혼란스런 운동을 보여주고 있을 뿐 일상 생활 속에서 그것에 연관되는 구체적인 현실적 상황이 제시되지 않고 있다는 점이다. 따라서 이 시귀에서 이미지 그 자체 이상의 다른 것은 상정되지 않고 있어서, 앞서 야스퍼스의 "추상적이 된다"는 말에 연관되는 단서를 드러낸다. 인용된 시귀에서 일어나고 있는 혼란스런 운동은 어느 방향으로의 진전이 아니라 그저 "맴도는 운동"(turn)일 뿐이다. 이는 어지러운 느낌을 불러 일으킨다. 시귀의 마지막에 가서 "공작새의 울음소리가 기억났다"는 표현으로 보아서 시귀는 전체적으로 어떤 알 수 없는 공포에 둘러싸인 듯한 느낌을 준다. 신이 죽은 냉혹한 시대의 상황 아래서 초월적인 어떤 것이 없다는 불안을 자아낸다. 스티븐스의 시귀는 신이 죽고 나서 중심을 잃은 세계의 현상을 표현해 주는 표현주의 예술을 연상시킨다.

「흑색의 지배」에서 인용된 시귀에서 보다시피 자연계에 존재하는 사물이나 시에 나타나는 이미지는 그저 존재할 뿐 그 밖의 다른 의미를 우리는 찾을 수 없다. 여기에서 흑색은 색채라기보다는 색채의 상실, 곧 신이 없는 암흑을 뜻한다고 보아야 할 것이다. 그러므로 인용된 시귀에서 지시어와 지시

대상의 관계가 단절된 세계에서의 "난로", "낙엽", "솔송 나무", "공작새" 등
이 있을 뿐이다. 이들 단어들은 자체 속에 자신의 현실이나 실재를 간직하고
있을 뿐 외계의 아무것도 지시하지 못한다. 이런 점이 표현주의 예술, 다시
말해 표현주의 계보에 드는 카프카(Kafka)의 작품을 연상시키고, 또 스티븐스
가 좋아하는 몬드리안(Mondrian)의 그림을 연상시킨다. 카프카의 「어느 투쟁
의 일기」에서 재미있는 일화가 있다. "나"라는 인물이 아침 일찍 호텔에서
나와 기차를 타기 위해 역으로 가는 도중에 광장의 시계탑을 바라보자, 자기
시계가 탑에 걸린 시계보다 늦은 것을 알고 당황하게 된다. 제 삼의 인물이
있어서 정확한 시간을 알 수 있는 처지도 못된다. 이른 아침이라 거리에는
인기척이 없다. 그러자 역으로 가는 길마저 잃어버리게 되어 불안에 쌓이는
순간, 그 때 마침 교통을 정리하는 경관이 "나"의 눈에 띈다. "나"는 그 경관
에게 달려가서 역으로 가는 길을 묻는다. 그랬더니 "그만 둬요, 그만 둬!"하
고 경관은 낄낄대며 휙 돌아서 버리는 것이다.

　카프카의 이야기를 검토해보면 다음과 같은 결론에 도달한다. "나"라는 인
물은 자기가 차고 있는 시계의 인격적(人格的) 시간이 아니라 시계탑이 상징
하는 바의 비인격적 시간에 굴복하여, 드디어는 자기의 존재 가치를 상실한
다. 이런 일은 우리들도 가끔 경험하는 바이다. 그리고 경관이라는 자도 무슨
책임을 가진 인물이 못된다. 태고적부터 거기에 있는 비인격적 질서 체계의
일부라고 생각하면 그것으로 충분할 것이다, 그리하여 "나"라는 인물은 경관
으로부터 하등의 책임있는 답변을 들을 수 없게 되자 허공에 떠 버린다. 이
렇게 되면 "나"는 자신의 근거를 상실하게 되고, 나아가서는 자연과 역사마
저 상실하게 된다. "나"라는 인물이 그저 거기에 존재하는 자에 불과한 이상,
이제 자신의 생활과 경험을 확장할 기회를 잃고 말았다.

　카프카의 소설에서 "나"의 눈에 띄는 것은 공허와 불확실성과 위태로움이
다. 그는 의미공동화(意味空洞化)된 감각에 덮여 있다. 여기에서 일어나는 것
은 극단적인 소원화(疎遠化)이다. 세계는 관계 상실에 빠져들어, 고유의 것을
상실하고 말았다. 이런 상황에서 카프카의 소설은 등장인물의 경험이 그 현
실성을 상실하는 것을 보여준다. 이 작품에서 사물의 참 모습을 보고 싶어하
는 "나"의 주관적인 욕구는 결코 충족되지 않는다. 이 작품은 20세기를 전후

한 사회적 정치적 여러 경험에 대응되는, 이른 바 주어진 현실에 대한 불신감의 표현이라고 할 수 있다. 그러므로 작가인 카프카가 진실에 도달하기 위해서는 작가 자신의 일상적 표상 세계 및 경험 세계에서 뛰쳐나와야 할 수밖에 없다. 그렇게 함으로써 문학적 형상 구조의 완전히 새로운 전환이 일어나는 것이다. 그 전환은 현실의 조명을 떠난 추상으로 치닫는 것이다.

스티븐스가 좋아하는 몬드리안의 추상화도 사정은 마찬가지다. 거기서는 하등의 능동적인 생활 격률을 찾아 볼 수 없고 다만 추상의 수준에 머물어 있는 것으로서 몬드리안의 그림은 일관되고 있다. 생활을 표현하는 여러 가지의 기술 방법은 도로에 그치고, 화가가 자기를 둘러싸고 있는 상황을 탐구하며 그 상황과 자신과의 관계를 기술하고 분석하려는 시도는 언제나 신통함이 없고 생산성이 없는 결과로 귀착되고 말기 때문이다. 말하자면 화가인 몬드리안은 탐구하는 도중에 길을 잃고 마는 것이다. 그 반면 과거의 그림을 볼 것 같으면 거기에는 생활의 이야기가 있을 뿐만 아니라 생활 형식에 관한 어떤 원칙마저 찾아 볼 수 있다. 과거의 그림은 이런 것으로 만족하고 있었던 것이다. 과거의 시, 소설, 희곡의 경우도 여기서 예외가 될 수 없다. 작품에서 서술되는 이야기에 따라 사람들의 생활은 진전하고 있으며, 생활이며 도덕이며 풍습이며 하는 것이 뚜렷한 형태 속에서 관찰될 수 있었다. 이런 작품을 창작했던 작가들에게는 확연한 생활목표가 있을 뿐만 아니라 행동을 위한 지표가 있었기 때문이다. T. S. 엘리엇의 표현을 빌리자면 그 목표와 지표는 서양의 기독교 전통에 의존하는 것이라 할 수 있다. 따라서 사람들에게는 확연한 목표와 원칙이 주어졌고, 이 원칙에 따라서 사람들은 제각기 자기의 경험을 확장하며 더러는 세계와 충돌하며 거기서 비극을 빚어내기도 하였다.

그렇다면 「흑색의 지배」에서 중심을 잃은 세계의 현상이 나타나고, 「어느 투쟁의 일기」에서 "나"라는 인물이 허공에 떠버리고, 몬드리안의 그림이 추상에 머물지 않을 수 없는 이유는 무엇일까? 한마디로 말해서 고전적 예술에 의할 것 같으면 보편적 진리가 인간의 이성으로 검증 가능하다고 인식되어 왔으나, 이제는 그런 검증을 위한 근거가 상실되었다는 것이다. 이렇게 된 이상, 사람들에게는 과거와 같은 생활지표가 있을 수 없고, 다만 그저 거기에 존재하고 있을 뿐이라는 조건으로 전락하고 마는 것이다. 스티븐스의

「흑색의 지배」는 바로 이런 점을 함축적으로 말해주는 것이다.

「흑색의 지배」를 읽으면서 독자들이 겪게 되는 최초의 반응은 주어진 현실을 어떻게 볼 것이며 진정한 현실성이란 어떤 것인가에 대한 물음에서 시발되는 것이라 여겨진다. 독자들은 이 시를 읽음으로써 시인은 외적 세계의 사실주의적 내지 자연주의적 묘사의 전통에서 탈피하여 내면적 세계의 창의적 표현이라는 새로운 차원의 표현을 개척하는 데에 주력함을 알게 되기 때문이다. 반성적 의미에서 "현실성이라는 개념"은 20세기를 전후한 "시대 상황에서 필연적으로 생겨나는 것"이라고 후설은 말한다.10) 이 현실성은 기만적(欺瞞的)인 것이든 미적(美的)인 것이든 단순한 가상(假象)과 구별되는 그런 현실성을 뜻하는 것이 아니라, 비현실적인 현실성에 대립되는 현실적인 현실성의 뜻이다. 그렇다면 이 현실적인 현실성에 관한 사유(思惟)는 어떤 내용을 담고 있을까? 그것은 말할 것도 없이 사람들로부터 불신의 대상이 되고 있는 통상적 세계의 자태가 아닌 것을 탐색하고 추구하는 것이다.

「흑색의 지배」는 신의 죽음 뒤에 우리에게 닥쳐오는 현상을 말해준다. 그렇다면 그에게는 이 지상에서 진정한 리얼리티의 추구라는 과제가 남게 된다. 리얼리티의 추구에 관한 스티븐스의 이념은 그의 여러 시편들에서 나타난다. 「여름의 신용」("Credences of Summer") 제2부에서 "다른 것이 아니라 바로 사물 그 자체를 보자구나"라는 표현이 있다. 이 표현은 현상학의 좌우명이기도 하다.11) 이 좌우명은 스티븐스의 시적 신조를 대변하는 것인데, 그가 일상적으로 중요시했던 것은 눈에 보이는 사물과 그 현실성(actuality)이다. 그런데 현상학이 전에 없었던 새로운 진리를 추구한다는 것이 아니다. 현상학은 사물의 현실적인 현실성을 찾아 나서기 위해서는 전통적인 시각(視覺)

10) Fellmann, p. 44.
11) 이 말은 반드시 짚고 넘어가야 한다. 영어와 독일어의 차이가 있기 때문이다. 후설은 "사물 자체"(Ding-an-sich)라는 말을 쓰지 않는다. 칸트(Kant)가 이미 사물 자체는 파악될 수 없다고 했다. 후설은 "사상(事象)들 자체"(Sache selbst)라고 말하는데, 이 말이 영어에서는 "사물 자체"(things themselves)로 옮겨지고 있다. 버어트런드 러셀(Bertrand Russel)의 서문이 들어있는 비트겐슈타인(Wittgenstein)의 『논리철학 논고』(Tractatus Logico-Philosophicus)(독영(獨英) 대역판)에서 "Sach"는 "event"로 번역된다. 말하자면 Sach는 사상(事象)이라는 뜻이다.

에서 탈피할 것을 우리들에게 요구한다. 스티븐스가 "사물 그 자체를 보자구나"고 하는 것도 바로 현상학의 주장처럼 관습화된 일상적 시각에서의 탈피를 부르짖는 것이다. 따라서 그가 추구하는 실재는 관습화된 시각에서 벗어난 상태에서 사물 자체를 보는 데에서 발견 가능한 것이다.

시는 "우리의 삶에 도움을 준다"고[12) 스티븐스가 말했듯이 그에게는 시란 삶의 한 방편이었다. 더 나아가서 그는 시를 통하여 자기의 신념을 실현하였다. 그 신념이란 "시는 인간 존재의 원천일 뿐만 아니라 그 존재를 분절하는 최고의 형식"이다.[13) 이런 점을 감안한다면 스티븐스에 대한 보다 근본적인 이해를 위해서는 우리는 다음과 같은 몇가지 문제에 대한 검토에서 출발하지 않으면 안된다.

첫째, 그의 시 세계가 사물의 현실성에 대하여 투명하고 날카로운 시선을 보내는 것이라 할 때, 그 시선은 무엇을 얻기 위한 것인가? 다시 말해 사물에 대하여 그가 지향하는 것은 무엇인가? 둘째, 사물에 대한 그의 지향은 인간의 삶과 어떤 관련을 맺는가? 또는 그의 시적 인식은 어떠한 현실 인식에 맺어져 있는가?

이같은 물음의 타당성은 스티븐스는 "자신을 증명하는 방편으로서 시를 쓴다"는[14) 데에 있다. 자신을 증명한다 함은, 결국 인간의 사회적 실천으로서 그 출발과 귀결이 삶 자체에 뿌리박고 있다는 것을 생각한다면, 시인으로서의 스티븐스는 시를 통하여 자기의 욕구와 신념을 실현하는 것이다.

「흑색의 지배」는 스티븐스의 이같은 신념의 구현이다. 반복해서 말하지만 이 시에서 나타나는 사물은 그저 존재할 뿐 그 밖의 다른 의미를 우리는 발견할 수 없다. 인용된 시귀에서 지시어와 지시 대상의 관계가 단절된 세계에서의 "난로", "낙엽", "솔송나무", "공작새" 등이 있을 뿐이다. 이들 단어들은 자체 속에서 자신의 현실이나 실재를 간직할 뿐 외계의 아무 것도 간직하지 못한다. 이와 같이 현실에서 진실을 상실하면 지반 상실에 빠져 버리고, 감각적인 것은 가치가 없어지고 인간은 추상으로 치닫게 된다. 말하자면 감각적

---

12) Stevens, *The Necessary Angel*(London: Faber and Faber Ltd., 1960), p. 36.
13) Joseph N. Riddel, *The Clairvoyant Eye*(Baton Rouge: Louisiana State UP., 1965), p. 4.
14) 같은 책, p. 4.

으로 경험되지 않는 세계, 즉 탈(脫)현실의 세계로 치닫는 것이다.

스티븐스의 신념이 이런 양상을 띠지 않을 수 없게 된 이유는 종래의 인식 방법이 참의 탐구가 아니라고 여겨지기 때문이다. 시인도 일상 생활을 통해서 사물의 모양과 색채를 보고 소리를 듣고, 생활을 에워싸고 있는 정경에 반응을 보인다. 이렇게 해서 시인에게 일상적 경험이 형성되는 것이 보통 사람의 경우와 마찬가지다. 그러나 시인에게는 사물의 양태를 변용시키는 이차적(二次的) 상상력이 요구되는데, 종래의 상상력의 활동 방식이 벽에 부닥쳤던 것이다. 그래서 참 자체의 탐구는 아니라고 할지라도, 이것이 타당하다 또는 확실하다고 말할 수 있는 근본 조건이 무엇인가를 시인은 탐구하는 것이다. 그래야만 시인이 세계에 의미를 부여하는 데 타당성이 찾아질 수 있다. 이 문제를 해결하기 위하여 시인은 경험의 원초적 기점으로 되돌아가고자 하는 것이 당연한 귀결이 된다. 이때 시인의 주관적 의식은 경험을 구성하는 데 한 기능적 양태로서 작용하고, 문학적 표현은 논리에 앞서고 삶의 가장 원초적인 것을 추구하는 순수 직관의 세계로 나아가는 것이다. 이렇게 함으로써 시인은 추상화(化)되는 어떤 형태에 최후의 피난처 같은 것을 찾게 된다. 이 피난처, 바꾸어 말해서 시인이 마지막에 도달하는 곳이면서 동시에 시인에게 마지막으로 남는 것 — 이것은 후설의 현상학적 환원을 상기시킨다. 그렇다면 그 근거는 무엇일까? 이 점에 관해서 논의의 초점을 후설의 현상학으로 옮겨 시티븐스의 시와 현상학적 환원과의 상관관계를 다루어 보고자 한다.

III. 시와 현상학적 환원

현상학적 환원을 위해서 후설에게는 근본적으로 새로운 철학적 출발이 요구된다. 그 요구는 학문과 지식의 확고한 기반을 다시 세우는 철학적 과제이다. 그러자면 이미 세워져 있는 철학이라는 건물 속에 안주하는 것이 아니라, 그것을 허물고 대지에서부터 새롭게 건설작업을 시작하는 것이다. 이 작업을 스티븐스는 「최고의 허구에 대한 각서」에서 메타포로써 표현한다. 이 시의 서두에서 "추상적이어야 한다"는 말은 사물에 대한 잘못된 관념의 허구를 벗겨 버리고, 사물을 본연의 원초적 상태로 환원시켜야 한다는 뜻이다. 이 추상은 후설의 "환원"과 같은 뜻으로 보아도 무방하다. 환원은 관습적인 일상적 신념이나 지각 방식을 차단하는 데에 있는 것이다. 그리하여 시는 추상에서 출발하여 「최고의 허구」를 창조하는 것이다. 이러기 위해서 그는 원초적 의식(意識)을 강조한다. 이는 망집의 눈을 씻고서 마음을 비우는 "무지"(ignorance)로 돌아가는 것이다. 스티븐스는 이 무지의 눈으로 태양을 다시 볼 것을 권한다. 다음은 「최고의 허구에 대한 각서」의 첫머리 부분이다.

> You must become an ignorant man again
> And see the sun again with an ignorant eye
> And see it clearly in the idea of it.
>
> . . . .
>
> How clean the sun when seen in its idea,
> Washed in the remotest cleanliness of a heaven
> That has expelled us and our images ……
>
> The death of one god is the death of all.
> Let purple Phoebus lie in umber harvest,
> Let Phoebus slumber and die in autum umber. (CP 380-81)

당신은 다시 무지의 사람이 되어
무지의 눈으로 태양을 다시 보아야 한다.
태양의 원초적 관념에서 확연히 보아야 한다.

(중   략)

그 원초적 관념에서 보았을 때 태양은 얼마나 확연한가.
그것은 우리와 우리의 심상들을 추방한
하늘의 가장 먼 청결 속에서 씻긴 태양이다.

한 신의 죽음은 모든 신의 죽음이다.
자주색 피버스를 밤색 수확 속에 눕게 하라.

자주색 피버스를 가을의 밤색 속에 잠들어 죽게 하라.

이 시귀에서 "피버스"(Phoebus)는 영국 시에서 인습적으로 사용되던 태양의 별칭이다. 인습은 고정관념을 낳는다. 이 피버스를 땅에 묻어 버리고 원초적 관념으로 본연의 선명한 태양을 찾아야 한다는 것이 스티븐스의 주장이다. 「여섯 개의 의미있는 풍경」("Six Significant Landscapes")에서 그는 이렇게 표현하고 있다.

> Rationalists, wearing square hats,
> Think, in square rooms,
> Looking at the floor,
> Looking at the ceiling.
> They confine themselves
> To right-angled triangles. (*CP* 75)

> 합리주의자들은 사각형 모자를 쓴 채
> 사각형 방에서 생각하며
> 바닥을 보고
> 천정을 본다.
> 그들은 직각 삼각형에
> 자신을 한정시킨다.

이와 같이 스티븐스는 고정관념 따위의 망집을 버리기를 권하면서 동시에 논리와 합리적 사고의 한계를 지적하는 것이다. 이 한계를 극복하기 위해서 시와 철학은 원초적 의식의 상태로 복귀하지 않으면 안된다. 이 복귀를 두고 후설은 현상학적 환원이라 일컫는다. 따라서 이 복귀는 모든 인식을 위한 절대적이고 확실하고 무전제(無前提)의 근거를 제공하는 것이다. 스티븐스의 시에 나타나는 이같은 과정을 후설의 이론으로 풀어 본다.

인간의 인식론적 한계 속에서만 그리고 인간적인 방식에 의해서만 사물을 경험할 수밖에 없다는 사실은 비반성적인 인간에게는 이상할 정도로 이해하기 힘든 난점으로 드러난다. 인간의 인식은 인간성의 여러 조건과 한계로부터 결코 자유로울 수 없다. 요컨대 인간성과 독립된 경험이란 그 자체가 어

불성설일 수밖에 없다. 그렇다면 경험의 방식과 인식의 변화는 어떻게 일어
날 수 있는가. 그것은 사회적 정치적 여러 경험에 대응되는 현실에 대한 불
신감에서 일어난다고 할 수 있다. 후설이 근대 철학의 근본 문제인 주객관의
도식을 비판하고 "사상(事象)에의 귀환"을 주장하는 것도 바로 이같은 맥락
에서이다. 『현상학의 이념』에서 그는 이렇게 말한다. 그의 말은 서구의 전통
적인 인식 비판을 위한 시각(視覺)을 제시한다.

> 인식은 그것이 어떻게 형성되든 하나의 심리적 체험이다. 다시 말하
> 자면 인식하는 주관의 인식이다. 인식에 대하여 인식되는 대상이 대
> 립한다. 그렇다면 인식은 인식 그 자체가 인식되는 대상과 합치된다
> 는 것을 어떻게 확신할 수 있으며, 또 인식은 어떻게 자신을 넘어서
> 그 대상에 확실히 적중할 수 있는가?15)

우리는 보통 눈 앞에 보이는 물건을 보고 그 존재를 의심하지 않는다. 엄
밀히 따져 보면 눈 앞에 있는 "흰 탁자"와 정원에 있는 "저 붉은 장미"는 우
리들의 "소박한 실재론"(naive realism)에서 오는 것이지 사실과는 먼 명제라
고 러셀(Bertrand Russell)은 말한다. 우리 눈 앞에 돌이 보일 때도 그 돌은 실
재하는 것으로서의 돌이 아니라 "감각 인상의 영향"에서 오는 돌이다.16) 그
런데 이 돌 대신에 "세계 전체"라든가 "인간"이라는 말을 대치한다면 어떻게
될까? 장님 코끼리 만지듯이 세계나 인간에 관하여 거의 무한에 가까운 의견
이 나올 수 있어서 어느 것이 올바른 의견(즉 객관)인지 확인 불가능해진다.
이것이 후설이 말하는 주객관의 불일치인데, 근대의 실증과학은 이성의 힘에
의해서 주객관의 일치에 관하여 납득할 수 있는 회답을 줄 수 있다는 인상을
준다. 『유럽 학문의 위기와 선험적 현상학』에서 후설은 바로 이 점을 지적한
다. 19세기 후반에 들어서 유럽의 여러 과학 학설의 대립은 혼란을 가져왔고,
그 결과 과학에 대한 사람들의 신뢰가 심각한 위기에 빠졌다. 현재에도 이런
혼란의 양상은 계속되고 있어서 이런 사태의 근본 원인은 말할 것도 없이 근

---

15) Husserl, 『현상학의 이념』, 이영호 옮김(서울: 삼성 출판사, 1982), p. 354.
16) Russel, *An Inquiry into Meaning and Truth*(London: George Allen & Unwinn, 1940),
    p. 15.

대 철학이 "주관 - 객관"의 난문을 충분히 풀어내지 못한 데서 그 원인이 있다고 후설은 생각했다. 그에게는 현상학이 주객관에 관한 도식을 푸는 방식으로서 새로운 문제의 지평을 열어 주는 것이었다.

관점의 이같은 변화는 철학하는 사람들이나 문학하는 사람들의 주제 자체를 전혀 새로운 방향과 문맥에서 재검토하게 만드는 계기를 제공한다. 이것은 경험의 토대를 다시 찾는 것이며, 이 토대의 발견과 회복은 인간의 문화적 가능성과 그 체현(體現)이 궁극적으로 의지해야 할 의미의 원천이 된다. 후설의 현상학은 이를 위한 기수의 역할을 맡고 나서는 것으로 볼 수 있다. 현상학 운동은 "경험의 주체의 주목(注目)을 주체 자신으로 향하게 하고, 그 관심이 오직 사상(事象)으로 향하고 있는 듯이 여겨지는 경우에도 주관성에의 재귀적(再歸的) 관계가 항상 유지되게끔 하는 것을 가능하게 한다." 바꾸어 말해서 현상학적 사유(思惟)는 사상(事象)을 붙잡고자 하면서도 그 사상을 고찰하고 있는 주체의 입장 그 자체를 주제화(主題化)하는 것이다. 이것은 "피상적인 자기 중심적 상대주의를 훨씬 뛰어넘어 탈현실화의 어떤 형식으로 나아가는 것"이 되고, 이 탈현실화는 "주관성을 재촉하여 주관에의 여러 요구를 과잉요구가 될 정도까지 첨예화시키는 것"이다.[17]

철학은 이론적으로 의도되는 것이고 문학과 예술은 실제로 실천되는 것이라고 할 수 있다. 특히 문학과 미술에서 담론적인 것, 또는 대상적인 것을 실험적으로 해체한 것은 후설의 현상학과 공통의 경향으로서, 질적으로 새로운 현실에의 요구를 감당할 수 있도록 하기 위한, 소위 "탈중심화된 주관의 힘에 대한 신뢰"를[18] 보이는 것이다. 비현실성을 행사하는 것이 예술적 창조의 주도적 모티프가 되는 것이다. 이것은 다분히 추상적 성격을 띠고 나타날 수밖에 없다. 추상은 현상학적 환원에 견주어지는 것이고 현상학적 환원이란 일상적 경험의 세계에서는 찾아볼 수 없기 때문이다.

현상학적 환원은 후설의 현상학의 핵심 부분을 형성하는 근본적인 방법적 수순이다. 동시에 오해와 비판이 많이 따랐던 부분이기도 하다. 현상학적 형

---

17) Fellmann, p. 42.
18) 같은 책, p. 12.

상은 모든 요소들로부터 해방되어 있다. 이 과정이 현상학적 환원인데, "완전한 환원은 불가능하다"고 메를로 - 뽕띠(Merleau-Ponty)는 말한다.[19] 이와 마찬가지로 시인에게도 다만 환원의 과정이 있을 뿐이고, 이것은 "세계에 대하여 갖고 있는 신념에 대하여 일상 생활에서 취하는 태도에서 철학자의 태도로 바꾸는 인위적 변화"라고 말할 수 있다.[20]

후설에 의하면 세계(시인의 경우 시에 등장하는 사상(事象)이나 사물)는 미리부터 그 자체의 존재와 의미를 지니지 않는다. 세계의 여러 일상적 모습은 의식(주관)에 의해서 본질 직관을 통하여 그 존재와 의미를 부여받는다. 현상학에서는 자립적으로 존재하는 객관물은 논의 대상이 되지 않는다. 또 "주관성의 작용이란 인식 형식을 만들어내는 데에 있는 것이 아니라, 경험 그 자체의 불투명한 다양성 가운데서 주관의 인식 내용을 드러내 보이는 데에 있다."[21] 그리고 환원이라는 사고(思考) 형태는 주관의 작용에 따라서 변화하는 것이고, 이 사고 형태는 바로 시인의 상상력 활동의 한 유형이 된다. 스티븐스의 「차」("Tea")를 예로 들어 본다.

> When the elephant's-ear in the park
> shrivelled in frosts,
> And leaves on the paths
> Ran like rats,
> Your lamp-light fell
> On shining pillows,
> Of sea-shades and sky-shades,
> Like umbrellas in Java. (*CP* 112～113)

> 공원의 코끼리 귀가
> 서리맞아 오그라들고,
> 오솔길 위의 나무 잎이

---

19) Merleau-Ponty, *Phenomenology of Perecption*, tr. Colin Smith(London: Routledge & Kegan Paul, 1962), p. xiv.
20) Alfred Schutz, "Some Leading Concepts of Phenomenology," Schutz, 『現象學と社會の學』深谷昭三譯(東京: 三和書房, 1974), p. 8.
21) Fellmann, pp. 120～121.

> 쥐처럼 달렸을 때,
> 당신의 등불빛은
> 반짝이는 베개위에 내렸다.
> 자바의 우산같이
> 바다 갓과 하늘 갓 되어.

이 시는 차를 마시면서 일시적으로 꾸는 시인의 백일몽이라 생각해도 무방하다. 이 시는 또한 앞서 예시된 스티븐스의 시편들과는 다른 양상을 보여준다. 환원이라는 동일한 사고 형태를 보여주면서도 시는 시인의 상상력의 활동에 따라 변화되어 나타난다. "코끼리 귀"는 관상 식물 캘러디움(caladium)의 속칭이다. 캘러디움 대신 코끼리 귀라고 표현함으로써 시는 그 만큼 초현실주의적 양상을 띤다. 따라서 시는 추상의 길로 들어선다. 캘러디움은 부드러운 식물이며 차나무(tea)처럼 잎사귀를 관상하기 위하여 재배되는 남양(南洋)의 토종 식물이다. 인도네시아의 "자바 섬"이 시에 등장하는 것은 이 점을 암시한다. 스티븐스는 차를 마시는 모임에다 "변주(變奏)를 가하여 '코끼리 귀'를 도입하고, 이 차 의식(儀式)에서 기억되던 장면들을 양념으로 덧붙인다. 바깥에는 부드러운 잎사귀의 차나무가 시들어 죽어 있다. 나뭇잎이 바람에 날려 땅에 지는 것이 흡사 살랑대며 달리는 쥐의 모양이다." 때는 밤이어서 "실내에서 누군가 램프를 비추어서" 바다와 하늘, 다시 말해 "'바다 갓과 하늘 갓'을 볼 수도 있다. 그 갓은 한계선을 넘어 '자바 섬의 우산처럼' 여겨진다."22) 이 시에서는 "바다 갓과 하늘 갓"이 다시 램프로 연결되어 "바다 갓과 하늘 갓의 …… 램프 불빛"(lamp-light……of sea-shades and sky-shades)이 "당신의 등불 빛은 …… 바다 갓과 하늘 갓 되어"로 번역된다.

그렇다면 「차」에 관한 이같은 분석이 어떻게 괄호 속에 넣는 환원 작업을 말해줄 수 있을까? 우선 짚고 넘어가야 할 것은, 이 분석은 인식론적 관점에서 그렇다는 것일 따름이다. 실제로는 이 분석에 들어 있는 모든 과정이 시인의 정신 속에서 동시적으로 일어난다고 보아야 할 것이다. 먼저 시인은 현상학자와 마찬가지로 탐구하려는 영역으로서 "차"를 선택하고, 실제로 체험

---

22) Eleanor Cook, Poetry, *Word-Play, and Word-War in Wallace Stevens*(Princeton, New Jersey: Princeton UP., 1988), p. 112.

되는 바를 파악하여 그것을 충실히 묘사하는 데에 목적을 둔다고 우리는 생각해 볼 수 있다. 이를 위해서는 시인이 품고 있는 모든 문화적 선입견, 일상 생활에서 시인 자신이 근거하고 있는 모든 이론적 구조를 잠시 보류하는 것이다. 이렇게 하여 시는 자연스럽게 추상적 성격을 띤다. 추상은 현상학적 환원으로 통할 수 있다.

후설에 의하면 세계(스티븐스의 경우 「차」의 세계)는 미리부터 그 자체의 존재 의미를 지니지 않는다. 세계의 여러 관습적 일상적 모습은 의식 작용(현상학 용어로 노에시스[noesis])에 의해 본질 직관을 통하여 그 존재와 의미를 부여받는다. 이때 의식 대상(현상학 용어로 노에마[noema])은 현실 세계에서 객관적으로 실재하는 대상이 아니라, 체험에 내재하는 지향적 대상, 간단히 말해서 대상의 "의미"에 불과하다. 현상학은 이같은 의미 형성체로서의 노에마를 실마리로 삼아 노에시스가 이를 어떻게 구성하는가라는 의미 부여의 과정을 탐구한다.

상상이야말로 가능성의 표현을 추구하는 문학의 커다란 과제의 하나다. 후설은 상상작용의 "임의적 자유의 영역에서 우리는 모든 현실성을 순수 가능성의 단계로 끌어 올린다"고 말한다.23) 순수 가능성의 영역에서는 모든 것이 가능해진다. 이것이 바로 환원이라는 변용의 풍요성을 의미할 수 있다. 문학은 알려지지 않은 사상(事象)의 이미지를 창조한다는 의미에서 창조적 상상력을 자극하여 전에는 지각되지 않던 것을 감각적 형상으로 드러낸다. 이 과정에서 작가는 일상 세계를 경험할 때의 일상적인 관습적 태도를 "초월적인 태도로 바꿈"으로써 그 태도는 "현상학에 견주어진다."24) 이것은 존재에 대한 "괄호치기", 즉 환원 작업의 한 유형이다.

이 글의 제2장에서 시는 "우리의 삶에 도움을 준다"는25) 스티븐스의 말과 더불어 그는 시를 통하여 자기의 신념을 실현했다고 필자는 말했다. 이것은 어디까지나 그의 시적 신념이라고 보아야 할 것이다. 그러나 스티븐스는 자

---

23) Husserl, *Experience and Judgment*, tr. James S. Churchill and Karl Ameriks(Evanston: Northwestern UP., 1973), p. 352.
24) Kaufmann, p. 189.
25) Stevens, *The Necessary Angel*, p. 36.

신의 일상 생활에서 나타나는 평소의 신념을 버린다는 것이 아님은 말할 것
도 없다. 그가 세속적인 일에 관하여 믿고 소망한다는 것 역시 체험의 일부
로서 주목되어야 한다. 시작(詩作)과정에서 그는 단지 당분간 자신의 세속적
인 신념에 대한 맹세를 거부할 뿐이다. 이것 또한 현상학적 환원의 한 유형
이라 할 수 있다.

현상학적 환원은 미리 주어져 있는 객관적 세계에 대한 모든 태도 결정,
다시 말해 세계의 존재에 대한 모든 태도 결정을 타당성의 밖에 두는 것, 즉
금지 또는 통용시키지 않는 것을 말한다. 이것을 일반적으로 객관적 세계에
대한 "현상학적 판단 정지", "에포케" 또는 수학의 용어를 써서 "괄호치기"라
고 한다. 그러나 이것은 우리들로 하여금 무(無)에 직면케하는 것은 아니다.
현상학적 판단정지란, 우리들이 일상적 의식(意識)에서 자명한 것으로 확신
하는, 의심할 여지없이 우리 눈 앞에 전개되는 객관적 세계의 실재성을 일단
"괄호 속에 넣어" 그 확신의 활동을 정지시키는 것이다. 따라서 의식에서 독
립된 객관적 대상(현상학 용어로 "초월적 존재")이 그대로 존재한다는 소박
한 단정이 유보된다. 그리하여 현실 세계가 우리의 주관적 활동을 떠나서 그
자체로서 객관적으로 존재한다는 신념을 극복하고, 일상생활과 실증과학이
공유하는 바 세계에 대한 "소박성"을 극복하는 것이 환원의 가장 중요한 목
표이다.

그렇다고 우리들 눈 앞의 세계가 소멸된다는 것은 아니다. 세계는 아무런
변경이 가해지지 않은 채 우리들의 의식 앞에 나타나는 그대로의 "현상"으로
있다. 철저하게 변경되는 것은 세계를 향한 우리들의 주관적 태도이다. 그 결과
세계가 나타나는 장(場)으로서의 순수 의식의 영역이 주제화(主題化)된다. 일
상적 태도는 우리에게 편견을 갖게 한다. 그러므로 에포케 또는 현상학적 환
원이라는 "반성적 태도"(후설의 견해)에로의 전환은 명백하고 의심할 바 없
이 확실한 지식을 열어주는 것이 된다. 바꾸어 말해서 본원적 세계를 열어준
다. 이것은 논리에 앞서는 것이고, 또한 감각을 통한 경험적 인식이 사물이나 사
상(事象)의 특유한 본성을 파악할 수 있다는 편견에서 우리를 해방시켜 준다.

후설에 따르면 의식이란 인식을 뜻하는 것이 아니라 외부 세계와의 교류
내지 교섭을 의미한다. 이런 점에서 후설은 의식을 행위로 파악한다. 그 행위

란 우리의 주관이 대상으로 지향(志向)하고 대상은 지향 행위의 표적이라는 의미의 행위다. 이 행위에는 직관이 개입한다. 외부 세계와 우리들의 교류 가능성의 문을 여는 데는 직관의 작용이 있어야 한다. 직관은 이같은 교류의 문을 열어주고, 그 교류를 통한 탐구의 영역을 열어준다. 후설은 직관을 "모든 원리의 원리"26)로 삼았다. 그가 말하는 모든 원리의 원리는 논리적 규칙을 뜻하는 것이 아니라, 모든 인식과 판단의 가장 밑바탕에 있는 원천을 뜻한다. 따라서 직관은 인식에서 가장 근원적으로 작용하는 것이다. 그리하여 직관의 작용과 결합하여 순수 의식은 인간의 경험이나 세계상(世界像) 일반을 가능케 하는 기초적 기능을 담당한다. 달리 말해서 세계 속의 사물 존재의 확신과 "나"라는 존재의 확신을 만들어주는 기능을 담당한다. 현상학은 근본적으로 유아론(solipsism)의 입장이어서 주관성이 강조된다. 이 주관성의 입장에서 환원이니 에포케니 순수 의식이니 직관이니 하는 것은 모두 불가분의 것이 된다. 우리가 현상학에서 환원이라고 할 때는 이 모든 것이 내포된다.

의식 및 직관과 밀접한 관련을 갖는 후설의 핵심 용어로서 "본질"이라는 말이 있다. 그는 또 "본질 직관"이라는 말을 자주 쓴다. 본질 직관을 이해하자면 우선 후설이 말하는 "사실"과 "본질"의 구분을 짚고 넘어가야 한다. 사실이란 "개별적 존재"에 관계하는 것이고 "우연적"이다. 본질은 그 개별적 존재의 우연성에 내포되는 "필연성"의 측면이다. 그러니까 어떠한 사실이든 거기에는 반드시 본질이 들어있다.27) 가령 우리가 지금 듣고 있는 소리는 지금 여기에 있는 것으로서의 우연적인 사실이다. 그러나 이 소리가 "음향" 또는 "소리" 일반으로 일컬어지는 술어(述語) 요소를 가지며, 이같은 측면은 필연적인 것이다. 이 필연적인 것을 후설은 본질이라고 한다. 그는 또 아리스토텔레스로부터 용어를 차용하여 본질이라는 말 대신에 형상(eidos)이라는 단어도 쓴다. 본질은 형상적 본질이라는 뜻이다. 한 걸음 더 나아가서 사물이나 사상(事象)의 필연적 측면으로서의 (형상적) 본질은 언어에 의해서 형성되는 어떤 이념을 뜻할 수도 있다. 따라서 작가는 사물이 담고 있는 형상적 본질

---

26) Husserl, *Ideas: General Introduction to Pure Phenomenology*, tr. W. R. Boyce Gibson (New York: Collier Books, 1962), p. 83.
27) 같은 책, pp. 45~46.

의 통찰자 또는 형상적 본질의 직관자이고 언어를 매개로 하여 사물의 본질적 형상, 즉 에이도스를 창조한다. 여기에서 본질과 직관의 관계가 드러난다. 본질은 직관되는 것이다.

현상학적 측면에서 볼 때 스티븐스의 시적 신념에 관하여 또 한가지 남은 문제가 있다. 지금까지의 논의는 그의 시 세계가 사물의 현실성에 관하여 날카로운 시선을 보내는 것이라 할 때, 그 시선은 무엇을 얻기 위한 것인가에 초점이 모아졌고, 그 초점은 현상학적 환원으로 귀착되는 것이었다. 남은 문제는 사물에 대한 그의 지향은 인간의 삶과 어떤 관련을 맺는가 하는 것이다. 이것은 시와 생활세계의 현상학과의 관련 문제다.

IV. 시와 생활세계의 현상학

후설에서 생활세계 개념을 주제로 다루고 있는 작품은 『유럽 학문의 위기와 선험적 현상학』(보통 『위기』라는 약호로 통한다)과 『경험과 판단』이다. 그런데 『위기』에서 생활세계가 심도 있게 다루어지는 제3부는 후설이 별세(1938년 3월)한 뒤에 추가되어 세상에 나왔다. 이것은 1954년의 일이다. 『경험과 판단』은 1939년 프라하에서 출판되었으나 서점에 배포되기 직전에 체코슬로바키아가 나치 독일에 병합되고 출판사가 해체됨으로써, 이 책은 유럽에서는 알려지지 못했다. 단지 영국 서점으로 가는 200부만은 이미 배에 실려 있어서 화를 면했다고 한다. 이 책은 그 후 1954년에 독일 함부르크에서 재판되었으나 유럽에서는 초판이나 다름없었다. 이렇게 본다면 생활세계 개념은 1950년대에 들어서 논의되기 시작한 것이다.28)

여기에서 짚고 넘어가야 할 것은, 지금까지의 논의는 교육받은 사람들의 문화적 관습에서 구성되는 세계상(像)을 현상학적으로 환원하는 것에 집중되었다. 그러나 후설의 생활세계 개념은 환원의 목표를 달리한다. 지금까지 논

---

28) 이 점에 관해서 보다 더 자세한 것은 한전숙 『현상학』(서울: 민음사, 1996), pp. 220~222 참조.

의된 환원 목표는 사물의 실재, 사상(事象), 경험 등이 주관에 의해서 의심할 수 없는 것으로 구성될 때의 그 의식 구조를 해명하는 것이다. 후설의 생활 세계에서의 환원은 여기에서 더 나아가 이 구성의 의미 본질을 해명하는 데에 그 목표가 주어진다. 말하자면 경험 일반으로서의 구체적 삶을 하나의 의미 통일로서 본질 직관하는 것이 그 목표다.

생활세계란 글자 그대로 우리의 일상적 세계이다. 후설에 따르면 일상세계란 특히 현대의 교육받은 성인들에 관한 한, 자연과학적 법칙에 따라서 인과관계로 규정된 그런 세계도 포함된다. 따지고 보면 교육을 받은 문명인이건 아니건 간에 우리는 일상적으로 아침이면 해가 동쪽에서 뜨고 저녁이면 서쪽에서 해가 진다고 말한다. 이는 우리가 발 딛고 있는 지구 주위를 태양이 돌고 있다고 보는 것이다. 그러나 이것은 우리 눈에 보이는 자연일 뿐, 자연과학은 지구가 스스로 자전하면서 태양의 중심을 회전한다고 우리에게 가르쳐 준다. 그래서 교육받은 문명인은 자연과학의 법칙은 객관적이라 하고 감각을 토대로 한 우리의 지식은 주관적이고 모호하다고 말한다. 교육받은 문명인은 자연과학이 추구하는 객관적 세계를 우리의 개인적인 주관적 감각적 경험에 대립되는 "참 세계"라고 믿고 있다.

갈릴레이 이후 자연탐구의 전형이 된 자연의 수학화(數學化)는 직관적으로 직접 주어진 생활세계를 정밀한 자연의 세계로 대치시켰다. 이 객관적인 태도는 생활세계에 이념의 옷을 입혀, 이 이념이라는 시각에서 경험을 추상화한다. 그 결과 이 이념은 생활세계를 파악하는 단지 하나의 방법에 불과한 것을 사람들은 참된 것으로 간주한다. 따라서 자연은 "발견"하였을지 모르지만, 그와 동시에 근원적으로 존재 의미와 그 타당성을 부여하는 의식 주관은 "은폐"되고 말았다. 객관적 학문을 궁극적으로 정초하기 위해서는 그것의 의미 원천이요 타당성의 토대인 생활세계로 되돌아가야 한다. 후설은 이 객관적 세계의 바탕이 되는 직접적인 경험의 세계를 생활세계라 일컫는다.

생활세계는 "역사적으로 그리고 배우는 모든 사람에 대해서도 존재하는 것이며 공통적으로 미리 주어져 있는 직관적 생활의 환경 세계이다."29) 그러

---

29) 『유럽 학문의 위기와 선험적 현상학』, 이종훈 옮김(서울: 이론과 실천, 1993), p.

니까 생활세계는 학문에 앞서 인류에 대하여 항상 존재해 왔다. "자연 법칙은 그것이 아무리 추상적인 것이라 할지라도 시험관, 가열기, 집게 등등에 의한 실험과 개별적인 사례들에 대한 관찰 없이는 발견해낼 수가 없다."[30] 그러니까 일상적인 직관적 경험의 세계라는 바탕이 없이는 객관적 세계도 있을 수 없다. 실은 학문적 세계에 그 보편성과 엄밀성을 보증한 것은 이 생활세계이다. 학문적 세계의 보편성이란 현상학에서는 하나의 초월적 대상이고, 이것은 원리적으로 인간의 삶의 의식(意識)에 의해서만 의심할 수 없는 타당성이 주어진다고 후설은 주장한다. 이제 논의의 방향을 바꾸어서 스티븐스의 「아이스 크림 황제」("The Emperor of Ice-Cream")를 보기로 들어서 논의해 본다.

> Call the roller of big cigars,
> The muscular one, and bid him whip
> In kitchen cups concupiscent curds.
> Let the wenches dawdle in such dress
> As they are used to wear, and let the boys
> Bring flowers in last month's newspapers.
> Let be be finale of seem.
> The only emperor is the emperor of ice-cream.
>
> Take from the dresser of deal,
> Lacking the three glass knobs, that sheet
> On which she embroidered fantails once
> And spread it so as to cover her face.
> If her horny feet protrude, they come
> To show how cold she is, and dumb.
> Let the lamp affix its beam.
> The only emperor is the emperor of ice-cream. (*CP* 64)

큰 여송연 마는 사람을 불러라.
근육이 씩씩한 자를. 그리하여 그에게 일러
부엌의 컵에 호색(好色)의 응유를 거품 일게 하라.

167.

30) 한전숙, p. 224.

하녀들에게 보통 때의 옷을 입고
빈둥거리게 하라. 그리고 소년들에게는
지난 달 신문지에 꽃을 싸가지고 오게 하라.
존재를 현상의 궁극이 되게 하라.
유일한 황제는 아이스크림 황제이다.

유리 손잡이가 세 개 떨어진
값싼 장롱에서 그녀가 전에 공작 비둘기를 수놓은
시트를 끄집어 내서
그 시트를 펼쳐 그녀의 얼굴을 덮어라.
만일 그녀의 굳은 발이 빠져나온다면,
그녀가 싸늘하고 말이 끊어졌음을 보여줄 것이다.
램프로 하여금 불빛을 비치게 하라.
유일한 황제는 아이스크림 황제이다. (이창배 옮김)

이 시는 어느 초상집에서 밤샘의 장면이다. 시 자체는 무척 난해해 보인
다. 우리는 흔히 "죽음을 슬픔, 장엄, 경건, 애도 등의 감정으로 받아들인다".
이것은 "죽음이라는 실재를 있는 그대로 보는 것이 아니라 우리들의 인습적
인 관념을 보는 것"이라 할 수 있다.[31] 죽음은 싸늘한 시체로 누워 있고, 죽
음을 당한 초상집에서는 장의 절차를 위해서 사람들이 오고 가고 꽃이 준비
되고 불이 밝혀지고 할 뿐이다. 이것이 죽음과 초상집의 "존재"(be)이고, 이
존재는 있는 그대로 "드러나 보일(seem)" 뿐이다. 스티븐스는 이 집에 누워
있는 "죽음"을 애도나 경건의 감정과는 완전히 차단시켜 놓고 있다. 그렇께
함으로써 문학적 형상 구조의 완전히 새로운 전환이 시도되는 것이다. 이 점
을 강조하기 위하여 "유리 손잡이가 세 개 떨어진 값싼 장롱"과 죽은 자가
쓰던 "공작 비둘기를 수놓은 시트" 등을 위시하여 방 안에 있는 장롱이나 램
프 불과 같은 일상적인 사물이 나열된다. 그리하여 시는 장례 의식의 "어떤
특별한 계기를 이루는 것도 아니고", "메마른 일상적인 것"임을 강조한다.[32]
부엌에서 응유를 젓는, "근육이 씩씩한 남자"가 시에 등장하고, "지난 달의

---

31) 이창배, 「윌러스 스티븐스의 생애와 사상과 시」, 『문학예술』(1995 겨울), p. 86.
32) Ronald Sukenick, *Wallace Stevens: Musing the Obscure*(New York: New York UP.,
     1967), p. 62.

신문지" 등의 이미지에서 시작하여 시체를 덮은 시트가 짧아서 발이 빠져나와 있는 장면에 이르면 독자들은 유머러스한 미소까지 머금게 된다.

스티븐스는 사람들의 의식(意識)의 전환을 실현하려는 문학 운동을 통하여 참되고 창의적 주제의 회복을 내세우고, 또 한편으로 사람들의 인지 능력이 미치지 못하는 현실을 처음으로 발견하고, 이를 경험케 해주는 가능성으로서의 문학을 추구한 사람이다. 그는 독자들에게 문화적 관습의 시각에서 탈피할 것을 요구한다. 실재는 있는 그대로이고 드러나 보일(seem) 뿐이라는 것이 「아이스크림 황제」의 전달 내용이다. 궁극적으로 죽은 자와 산자는 단일의 섭리, 다시 말해 아이스크림 황제의 섭리 아래에서 존재하는 것이다. 그러니까 실재를 추구하는 이 시에서 아이스크림처럼 변화하고 현상적인 것이 절대적인 실재임을 시사한다. 이를 풀이하여 실재로서의 존재(be)를 현상(seem)의 궁극이 되게 하라고 스티븐스가 말하는 것으로 보아야 할 것이다.

스티븐스는 사물의 진실이 무엇인가를 보여주고자 한다는 의미에서 도덕적이라 할 수 있다. 이렇게 말할 때 그의 도덕적 관점이란 종교적인 도덕 규범이나 철학적 윤리에 기초한 도덕과는 구별되어야 할 성질의 것이다. 스티븐스의 도덕적 관점은 시에서 사물 그 자체를 드러내고자 하는 의지로 표현된다. 따라서 그는 낡은 관념과 사회의 문화적 인습으로 덮여진 사물의 의미를 다시 묻고 사물의 참된 모습을 발견하는데 집중한다. 그러나 「아이스크림 황제」가 어떻게 생활세계의 개념에 합치될 수 있는가라는 의문이 남는다.

후설은 생활세계적 경험계를 순화(純化)된 의미에서 사용한다. 순화된 의미란, 그의 생활세계 개념이 우리가 일상적으로 말하는 구체적인 의미에서의 경험계와 다름을 뜻한다. 일상적인 경험계란 단순히 인식활동에만 대응되는 세계가 아니라, 실제로 우리가 활동하고 평가하는 태도와 더불어 일상적인 여러 습관과 문화적 이념이 깊이 개입되는 세계이다. 말하자면 「아이스크림 황제」에서 철저하게 차단되었지만, 일상적으로 "죽음"이란 경건, 존엄, 애도 등의 감정과 거기에 따르는 여러 행위의 개입이 전제되는 그런 세계이다. 후설은 생활세계적 경험에 관한 근원적 명증을 추구하여, 우리들의 활동이나 일상적 습관이 개재하는 그런 넓은 의미에서가 아니라 좁은 의미에서의 경험 개념을 취한다. 그것은 개별적 대상(「아이스크림 황제」의 경우 "죽음")에 대한 직접적 감성적 경험, 즉 직관으로 나아간다. 이 직관이 「아이스크림 황제」를 해명해 준다. 이 시의 둘째 연을 우리말로 다시 인용해 본다.

>유리 손잡이가 세 개 떨어진
>값싼 장롱에서 그녀가 전에 공작 비둘기를 수놓은
>시트를 끄집어 내서
>그 시트를 펼쳐 그녀의 얼굴을 덮어라.
>만일 그녀의 굳은 발이 빠져나온다면,
>그녀가 싸늘하고 말이 끊어졌음을 보여줄 것이다.
>램프로 하여금 불빛을 비치게 하라.
>유일한 황제는 아이스크림 황제이다.

시의 내용은 우리들이 초상집에서의 관습으로 도저히 받아들일 수 없는 것들이다. 따라서 그 만큼 시는 탈현실의 추상적 성격을 띤다. 『권력 의지』 제58절에서 니체(Nietzsche)는 사고(思考)에 앞서 말, 다시 말해 언어적 표현이 있었다고 주장한다. 말은 지식에 앞선다는 것이다. 공동 사회는 언어를 매개로 하는 공통의 세계관, 즉 공유된 의미 지평에 의해서 유지된다. 시인은 언어를 통한 표현형식을 빌어서 사회적 이해의 관습에 들어간다. 그러나 이 관습은 시인으로 하여금 언어 결합에서 오는 무제한의 언어 나열의 방식을 피하고, 후설이 말하는 반의미(反意味 Widersinn)적인 것을 표현하는 특권을 얻게 한다. 반의미적인 것이란, 이를테면 "둥근 사각형"의 경우처럼 경험적으로는 있을 수 없지만 문법 규칙에 어긋나지 않는 표현을 말한다. 시인이 사용하는 의미는 반의미의 범주에 든다. 「아이스크림 황제」에서의 시적 표현도 반의미의 범주에 든다. 그 이유는 이 시의 표현이 문법 규칙에 어긋나지 않으면서 우리의 일상적 의미 지평 안에서는 이해되지 않는 탈현실적인 표현이기 때문이다. 니체의 말을 빌린다면, 스티븐스는 시의 창의적 표현을 위하여 생각에 앞서 말부터 먼저 하는 셈이다. 말하자면 스티븐스는 시에서 우리가 전수받은 의미 지평에 의존하지 않고 반의미적으로 말을 새로 배열해서 일종의 의미 "부조리" 현상을 일으킨다. 이것은 타자(他者)의 개입이 없이 오직 스티븐스 개인만의 직접적 감성적 경험, 즉 직관의 양상이다. 시의 이해를 위한 논리적 사고는 그 다음의 단계다.

후설에 따르면 직접적 감성적 경험은 인간의 문화적 대상(「아이스크림 황제」의 경우 죽음에 따르는 "경건", "장엄", "애도" 등의 감정과 더불어 장례에 이르는 문화적 관습적 절차)에 관계하는 것이 아니라 개별적인 물체적 세계(「아이스크림 황제」에서 장례의식 그 자체)에 국한된다. 교육받은 문명인의 사고(思考)에 논리적 개념적 사고가 등장하면 문화의 세계, 이론적 인식의 세계가 형성되고, 이와 동시에 문명인의 사고는 논리적 문제의 영역, 판단의 영역, 추론적 영역으로 확장되어 나아간다. 그런데 후설의 직접적 감성적 경험은 이와는 반대로 문명인의 논리적 개념적 사고의 원천으로 거슬러 올라감을 뜻한다고 보아야 한다. 따라서 「아이스크림 황제」에서 물체적 세계에 대한 감성적 지각은 이같은 논리적 개념적 사고 이전의 단계로 소급됨을 뜻한다. 모든 문화 및 이에 따르는 표현의 이해는, 이 표현이 원천적으로 근거하고 있는, 가장 기초적인 것으로서의 직접적 감성적 경험을 전제로 한다는 후설의 생각은 바로 이를 말해준다.

에른스트 카시이러(Ernst Cassirer)의 말을 빌자면 후설의 직접적 감성적 경험은 논리적 개념적 사고의 발달에 앞서, 이 발달의 원천이 되는, 이른 바 감성에만 의존하는 원시 심성의 지각 세계로 회귀하는 것이다. 카시이러는 시의 세계가 이같은 원시 심성의 세계를 문화 유산으로서 수용하고 있다고 말한다. 시의 특징인 비유적 표현이 바로 이를 말해준다. 따라서 시의 세계에 도입되는 과학적 논리적 개념의 추상언어도 사물에 관한 메타포로 처리되어 사물의 현전(現前) 또는 현재화를 위한 이미지의 기능을 뒷받침하는 직접적 감성적 지각의 양태로 변용된다.33) 그 뿐만 아니라 직접적 감성적 경험을 담은 이같은 시적 표현은 "사물의 성질을 표현하고 기술하는 데서 더 나아가 "정동(情動)을 야기"시키고 "사상이나 관념을 전달하는 것이 아니라"34) 정서

---

33) 카시이러는 "시의 근원적 특징은 주관적 감정의 원시적 힘"에 있고, "시인의 정신은 여전히 그 본성이 그 본성이 신화 창조적(과학에 대립되는 원시적)이다"고 말한다. *Language and Myth*, tr. Susanne K. Langer(New York: Dover Publication Inc., 1953), p. 35 및 *An Essay on Man*(New Haven and London: Yale UP., 1944), p. 75.
34) *An Essay on Man*, p. 114.

적 충격과 인지의 쾌감을 준다.

후설의 순수한 감성적 경험은 문화적 대상들의 인식 활동 뿐만 아니라 다른 모든 가치 평가나 실천적 활동의 기초가 되는 경험이다. 이것은 카시이러의 견해와 상통하는 것이고, 카시이러의 말을 생각한다면 「아이스크림 황제」는 이 기초적 경험의 세계에 기반을 두고 있다고 보아야 한다. 이것은 문화적 이념화 작용이 일어나기 이전의 상태이다. 그러니 시를 포함하는 기초적 경험의 세계는 모든 타자(他者)가 배제된, 오직 "나"에 대해서만의 대상, "나"에게 대해서만의 세계이자 궁극적으로 순수한 경험의 세계이다. 이를테면 유치환의 「깃발」에서 깃발이 시각 현상에서 청각 현상으로 바뀌어 "이것은 소리없는 아우성"으로 표현될 때의 그런 "나"만의 순수한 경험의 세계이다. 이를 두고 후설은 아무런 판단도 내리기 전의, 일상적으로 통용되는 이름도 붙이기 전의 "전(前)술어적"(vorprädikativ, prepredicative) 경험의 영역이라 한다. 이것이 후설의 생활세계의 개념이다.

마지막으로 한가지가 남았다. 그것은 「아이스크림 황제」에 나타나는 여러 심상에 관한 문제다. "부엌의 컵에 호색(好色)의 응유", "지난 달 신문지에 꽃을 싸가지고", "유리 손잡이가 달린 값싼 장롱" 등은 스티븐스가 상가집 밤샘의 현장에서 직접 경험했거나 또는 그런 장면에 연관되는 기억들을 도입했을 수도 있다. 아뭏든 이것은 후설의 "경험의 지평"에 관련되는 것이다. 지평은 일반적으로 시야(視野) 또는 시계(視界)를 뜻하는 것이고 무규정적이다. 이 지평은 "가능성의 범주로서 현실의 경험 속에서 어느 특정한 가능성을 선택하여 다른 가능성을 억누르고 실현된다."[35] 주관성의 측면에서 하나의 단일체로서의 체험의 흐름이 의식의 지평, 즉 의식의 시간적 지평으로 나타난다. 이것은 과거와 미래를 내포하고, 오로지 현재에만 관련을 갖는다. 대상의 측면(「아이스크림 황제」에서 상가집)에서 "세계의 지평"이 드러난다. 현존하는 것으로서 "나"에게 주어지는 모든 것은 세계 속에서 주어진다. 따라서 "내"가 대상을 지각할 때, 그 대상은 세계라는 지평 속에서 지각된다. 세계는 세계 나름으로 그 형식의 면에서 보면 시간과 공간의 구조를 지닌다. 이 시

---

35) Husserl, *Experience and Judgment*, p. 32.

공간의 구조는 시의 세계에서 후설적(的) 생활세계로 환원되어 순수 경험의 영역에 속한다.

이 영역은 모든 문화 및 이에 따르는 표현이 원천적으로 근거하고 있는, 가장 기초적인 것으로서의 "나"의 직접적 감성적 경험계이다. 스티븐스는 이 경험계를 "현상"(seem)으로 표현하여, 이 현상이 "존재"(be)의 궁극이 되게 하라고 주장한다. 의식 주관에 따라 경험 지평의 이동이 일어나면, 이 현상은 바뀔 수 있다. 그러니 "아이스크림"처럼 변하는 것이 절대적인 실재라고 스티븐스는 말한다. 그런데 이 시에서 각 연마다 "유일한 황제는 아이스크림 황제"로 끝을 맺는다. 이것은 기교상(技巧上) 시가 "나"의 이성(理性)의 통제를 받고 있음을 암시한다. 즉 각 연마다 동일한 것을 반복하여 시 전체가 하나의 동질적인 유기체가 되게 하는 것이다.

V. 맺는 말

직접적 경험계와 이론적 세계는 대단히 대조적이다. 한 쪽은 직접적, 감성적, 전술어적, 구체적인데 대해서 다른 한 쪽은 간접적, 술어적, 추상적이다. 원래 생활세계란 일상생활에서 우리가 살고 있는 세계이다. 그것은 본시 이런 다양한 것을 자기 속에 간직하는 복잡한 세계이다. 그런데 왜 시인은 이런 직접적인 감성적 세계로 들어가야 하는가? 여기서 먼저 지적해야 할 것은 생활세계적 판단중지의 참 뜻이다. 그것은 모든 문화적 이념과 객관적 학문에 대한 판단중지이다. 후설과 더불어 시인은 문화적 이념과 학문의 관심의 초점에서 벗어나 잠시 그 배경으로 들어갔다가 관심이 되돌아오면 다시 전면으로 나오는 것이다.

1906년 「시인과 현대」라는 호프만슈탈(Hofmannsthal, 독일의 표현주의 작가)의 강연은 존재의 진실과 의미를 창출하는 시인의 방법을 시사한다. 이 강연에서 그는 "시인의 생활 세계에의 침잠"은 "사물의 형편에 실천적으로 관여하는 것과는 다른 것임을 간과해서는 안된다"고 말했다.36) 호프만슈탈에 의하면 시인은 뭇 사물에 관하여 고민하는 사람이지만, 시인은 이같은 고민에도 거리를 두고서 미적(美的)으로 향수하는 태도를 취하는 것이다. 이런 일이 가능한 것은, 시인의 주관에는 시인을 둘러싼 문화적, 관습적 세계의 소재를 초월하여, 세계에 관한 순수한 형식이 두드러지게 나타나게 하는 능력과 사명이 있기 때문이다.

이 능력과 사명은 자연이나 생활 주변의 대상을 그대로 재현하는 묘사 방식을 탈각하여 인간의 자유로운 창조성, 바꾸어 말하자면 주관의 절대성을 신뢰하는 데에 있다. 그러나 이같이 주관에 의한 자율적 창조성에 근거를 둔다고 할지라도, 자연과 현실 사회는 엄연히 존재한다. 자연과 현실 사회는 간단 없이 인간에게 작용하고 생활을 좌우한다. 따지고 보면 시인이나 작품이나 이런 가운데서 태어났다 사라져가는 과정에 놓여 있음에 틀림없다. 그러므로 20세기의 시인들이 자연과 현실 세계와 친화를 맺는 사상(思想)에 대립되는 점을 나타낸다고 할지라도, 이들은 자연의 존재와 현실 사회의 존재를 무시할 수 없는 것이다. 이들이 단순히 당면한 문제의 해결을 위하여 현실에서의 도피를 목적으로 삼지 않는다면, 당연히 엄연한 현실의 문제를 작품의 주제에서 제외시킬 수 없는 것이다. 그리하여 이것은 외부 세계에 대한 시인의 내면 세계의 위기로 나타난다. 그렇다면 시인들은 이 내면성의 위기를 어떻게 극복할까?

이같은 위기에 대한 극복 방식을 위해서는, 우선 앞서 "시인의 생활세계에의 침잠은 사물의 형편에 실천적으로 관여하는 것과는 다른 것임을 간과해서는 안된다"고 주장한 호프만슈탈의 말에 우리들은 유의해야 한다. 호프만슈탈의 말은 자연이나 일상의 현실에 시인이 매달릴 필요가 없을 뿐만 아니라, 더 나아가서 본원적인 것에 관계할 수 있다면 시인은 서슴없이 자연이나 일상적 현실을 포기하지 않으면 안됨을 뜻한다. 그 포기는 결코 비극으로 체험되는 것이 아니다. 현실의 포기가 현실의 상실 또는 시인의 실명(失明)을 뜻하는 것이 아니라, 눈먼 사람에게 내면의 시각이 트이듯이 내면으로부터 직관이 전개됨을 뜻한다. 이런 연유에서 스티븐스의 시와 현상학의 연관이 이루어진다.

---

36) Fellmann, p. 61에서 재인용.

인용 문헌

이창배. 「월러스 스티븐스의 생애와 사상과 시」, 『문학 예술』(1995 겨울), 81-95.

전광진 옮김. 『20世紀 獨逸詩』 I. 서울: 탐구당, 1982.

한전숙. 『현상학』. 서울: 민음사, 1996.

Cassirer, Ernst. *An Essay on Man*. New Haven and London : Yale UP, 1944.

_____. *Language and Myth*. Tr. Susanne K. Langer. New York: Dover Publication Inc., 1953.

Cook, Eleanor. *Poetry, Word-Play, and Word-War in Wallace Stevens*. Princeton: Princeton UP, 1988.

Fellmann, Ferdinand. *Phänomenologie und Expressionismus*. Freiburg/ München: Karl Alber, 1982.

Husserl, Edmund. *Experience and Judgment*. Tr. James S. Churchill and Karl Ameriks. Evanston: Northwestern UP, 1973.

_____. *Ideas: General Introduction to Pure Phenomenology*. Tr. W. R. Boyce Gibson. New York: Collier Books, 1962.

_____. 『현상학의 이념』. 이영호 옮김. 서울: 삼성출판사, 1982.

_____. 『유럽 학문의 위기와 선험적 현상학』. 이종훈 옮김. 서울: 이론과 실천, 1993.

Jones, Peter. Ed. *Imagist Poetry*. Penguin Books, 1972.

Kaufmann, Fritz. "Art and Phenomenology." *Philosophical Essays in Memory of Edmund Husserl*. Ed. Marvin Faber. New York: Greenwood, 1968, 182-202.

Landgrebe, Ludwig. *Der Weg der Phänomenologie: Das Problem einer ursprünglichen Erfahrung*. Gütersloh: Gütersloher Verlagshaus, 1963.

Maier, Rudolf Nikolaus. *Paradies der Weltlosigkeit: Untersuchungen zur abstrakten Dichtung seit 1909*. Stuttgart: Ernst Klett, 1964.

Merleau-Ponty, Maurice. *Phenomenology of Perception*. Tr. Colin Smith. London : Routledge & Kegan Paul, 1962.

Riddel, Joseph N. *The Clairvoyant Eye*. Baton Rouge: Louisiana State UP, 1965.

Russel, Bertrand. *An Inquiry into Meaning and Truth*. London: George Allen & Unwinn, 1940.

Schutz, Alfred. "Some Leading Concepts of Phenomenology." Schutz, 『現象學と 社會の學』深谷昭三 譯. 東京: 三和書房, 1974, 1-27.

Stevens, Wallace. *The Collected Poems of Wallace Stevens*. London: Faber and Faber, 1955.

_____. *The Necessary Angel*. London: Faber and Faber, 1960.

Sukenick, Ronald. *Wallace Stevens: Musing the Obscure*. New York: New York UP, 1967.

Thévenaz, Pierre. *What is Phenomenology?* Tr. James Edie *et al*. Chicago: Quadrangle Books, 1962.

새로운 사회적 환경과 영문학의 존재가치

김 재 화
(성공회대 명예교수)

Ⅰ. 이론의 시대였던 20세기의 현상들

새로운 세기를 맞이하면서 한국사회 전반에 걸쳐 무언가 회초리 같은 아픈 반추와 각성이 필요했을 때 영문학 연구 분야라고 자성없이 과거를 빠져 나올 수는 없는 것이다. 그러나 아직도 이 시점에서 새롭게 문학을 생각하는 전망의 글을 쓴다는 것은 결코 쉬운 일이 아니다. 정신사적인 맥락에서 보면 표면적인 양상과는 달리 이면에는 시대의 선을 딱 그을 수 없는 경험의 연속성이 있기 때문이다. 그럼에도 불구하고 우리가 한 시대동안 숨가쁘게 만나온 서구의 문학 이론의 수용태도를 그대로 끌고 갈 수만은 없다는 생각이 여전히 드는 것이다. 영문학을 공부하는 의의나 즐거움을 달리 찾지 않으면 그 존재가치에 대한 회의는 아마도 더 세월이 지나도 더할 뿐이라는 생각이다. 그 동안 다양한 방법으로 텍스트를 분석하는 이론들은 문학의 본질을 체계적으로 고찰하여 영문학 공부의 영역을 넓혀 준 것은 사실이다. 하나의 이론만을 고집하지 않는다면 모두가 공통의 길을 걷고 있었다고 하겠다. 때로는 이론 자체에 탐닉하여 해도 그만 안해도 그만인 것을 비평활동을 위해 이론이 필요한 것 같은 연구의 모습도 있었다. 그러나 전반적으로 20세기 과학문

이 논문은 성공회대학 논총 제11호에 "영문학의 창의적 연구 토대를 위한 소고"라는 제목으로 개제된 것을 부분적으로 수정 보완한 것임.

명의 발전처럼 문학 고찰의 방법도 이에 보조를 맞춘 과학적 사고의 산물인 것이다. 그럼에도 불구하고 마치 현대 문명의 발달이 자연을 훼손시킨 것처럼 이론으로 따져보는 사이에 문학의 본질에서 인간의 감동이 빠져나가 분석의 대상으로 사물화된 텍스트만 남은 것과 같은 느낌이 드는 것이다.

그런 자각으로 우리 나라에서의 영미문학 연구의 사회적 의의 또는 위치가 무엇인가에 대한 소박한 생각을 펴보기로 한다. 이 글의 목적에는 변화된 시대적 상황에 대한 긍정적 인식과 함께 문학의 고유한 존재 이유를 잃지 않고자 하는 염원이 전제하고 있음을 밝혀둔다.

흔히 지난 20세기를 이론의 시대라고 한다. 그런데 이제 현대비평에서 이론의 시대는 끝나간다고 말한다. 지금은 고속도로 달려가는 지식 정보화 시대의 새로운 역사의 장의 시대라고 말한다. 구조주의, 탈구조주의, 페미니즘, 정신분석학, 마르크스주의 그리고 신역사주의 등, 이 많은 이론 때문에 문학 연구의 성격이 20세기에 들어와서 급격히 변화했다. 너무나 많은 '문학외적' 사항들이 문학에 끼어 들어 주객이 전도된 양상도 보게 되었다. 활발한 비평 활동에 의해 문학 텍스트를 보는 시야를 넓혀주고 방법론을 제시하여 이전에 못 보던 요소들을 찾아낼 수 있었던 학문의 성과는 대단한 것이었다. 예로 20세기 전반기에 등장한 미국의 신비평이 그 후 60년대를 전후하여 우리 나라에도 고스란히 유입 전수됐을 때 대학의 영문학도들은 신학문에 눈을 뜨듯 새롭게 학문에의 열정을 북돋았던 것이다. 그때 분석방법의 매력은 그 스승의 제자가 스승이 된 오늘에도 영문학을 가르치는 효과적인 방법의 하나로 전수되고 있는 실정이다. 이론의 시대는 끝나간다는 말도 또 하나의 이론에 지나지 않으며, 우리 나라의 영문학 연구자가 모이는 학회에는 지금도 한창 이론의 발표장이 되고 있는게 현실이다.

그 동안의 추세를 간략하게 살펴보면, 이론의 시대는 특히 프랑스 구조주의와 탈구조주의 영향하에서 80년대까지 거의 20년간으로 영미문학 비평에 큰 영향을 준 시기라고 할 수 있다. 비평의 체계가 잡히고 과학시대에 알맞는 정밀한 분석력이 동원되었다. 구조주의와 기호학적 접근, 그리고 독자 수용론이나 정신분석적 시각으로 변모하고, 그 과학적이며 객관성에 입각한 분석력도 탈구조주의에 이르러선 희미해졌다. 이어서 셰익스피어 비평의 경우를 보아도 그의 작품의 내용들이 문화현상의 분석대상이 되고 이데올로기 분석의 마르크스주의 비평이나 성의 정치성, 그리고 페미니즘비평과 신역사주의에 의한 다양한 접근이 이루어졌다. 특히 신역사주의는 방법론적으로 탈구조, 정신분석, 푸코의 권력이론, 인류학, 마르크스주의 등을 포용하면서 여러 가지 풍부한 자료와 정밀한 조사를 통해 이전의 역사주의에서 볼 수 없었던 새로운 세계상을 보여주었다. 미국에서의 신역사주의는 권력관계, 이민족 교류에서 일어나는 문제, 반 질서적 문제 등 정치 사회적 문제를 두드러지게 부상시켰다. 성의 문제에 있어서는 셰익스피어 초상의 하나에는 왼쪽 귀에 귀걸이가 걸려 있다는 것만으로도 만발의 추론이 가해진다. 20세기 이론의 시대란 무엇이든지 담론의 대상이 될 수 있다는 것을 말해주었다.

무엇을 위한 이론인가. 오늘날 난해한 시를 쓰면 이론의 관심을 끌지만 그것을 읽어보려는 사람들은 점점 그 수가 적어진다. 지적관심도가 높을수록 그만큼 대단한 노력을 기울여야 한다. 그런데 오늘날 사람들은 정보를 통해 처리된 지식을 손쉽게 받을 수 있는 통로가 있다는 이유로 혼자 힘들게 사색하여 뜻을 찾지 않는다. 그 지식의 통로도 서로 공유하고 공감하는 터전이 아니다. 그런 터는 이제까지는 교실 안이 적절한 기능을 갖고 있었다. 그러나 요즘 영문학 강의실에서 문학의 의미를 탐색하려는 학생은 현저하게 줄어들었다. 가령 30명이 앉아있으면, 아마도 3분의 1쯤은 문학의 문 안을 들여다볼 의향이 있고, 나머지 학생들은 차근차근 영어문장이나 해석해주기를 바라거나 아니면 왜 대학에 와 앉아있는지 스스로도 한심하다는 얼굴을 하고 있다. 그들에게 난해한 이론을 약술하여 관심을 끌어보려고 시도한들 끝없는 해설의 미로에 휘말릴 뿐 무슨 큰 도움이 되겠는가. 그들의 실제 삶에서 공리성이 없는 과목 중 하나가 요즈음 우리 나라의 영문학 강의가 아닌가 싶다.

우리 나라에 영미문학이 들어온지도 100년이 넘는다. 영미문학이 대학에 정규과목으로 채택된지도 50년이 넘었다. 한때 일반인에게 영문과는 서양문화를 만나는 지식의 창구로 비추어졌던 시기가 있었다. 서양인의 사유체계는 한국인의 정통적 정신 유산과 큰 거리감이 있기에 더욱 호기심을 자극했을 것이다. 그러나 두 가치를 융합 합성화하는 작업은 쉬운 일이 아니다. 지식의 개방성에 오히려 신선한 가치를 발견한 듯 우리 나라 영문학 연구는 때로는 비판없이 그들의 이론에 매료되었는지도 모른다. 다행히도 우리 모습에 대한 반성의 목소리도 높다. 이러한 현상은 비단 영문학 연구 분야에만 해당되지는 않는다. 지금도 국제화시대를 부르짖으면서도 주체성의 유지와 개방의 필요를 어떻게 적절히 융화시키는가가 특히 경제분야에서는 커다란 도전으로 부각되고 있는 실정이다.

II. 역동적 사회의 메카니즘 안에서 진부하지 않는 영문학

그럼 오늘의 현황을 좀더 자세히 들여다 보기로 하자. 우리 나라 고등학생들은 두꺼운 고전 문학작품은 커녕 다이제스트판도 읽을 시간이 없이 규격화된 대학 입시 터널을 등을 굽히고 들어간다. 그것을 훤히 아는 대학의 교원들은 수능시험 점수만으로 도저히 정당한 선발이 불가능하다고 생각하여 논술문제에 고전의 지식을 요하는 질문들을 이것저것 집어넣고서 내놓는다. 학생들은 부랴부랴 입시용 고전문 종합책을 읽는다. 그 안에 희랍의 문화나 셰익스피어와 관련된 문장이 있다고 해도 문학을 이해하는 것과는 거리가 멀다. 더구나 일시적 암기용으로 사용된 문장의 뜻이 오래 머리에 남을 리가 없다. 그래서 대학에 들어와 영문학 강의를 들어도 새삼 처음 만나는 문구처럼 생소할 수 밖에 없다. 그나마 그들이 가졌던 고전에 대한 지식은 그 단계에서 종결되고, 다음은 취직용 실제 영어 실력 배양이 급선무임을 사회와 가정에서 그리고 심지어 학교에서까지 일깨워준다. 사회의 낙오자를 만드는 것이 교육의 목적은 아니기 때문에 어쩔 수 없이 실용영어에 무게를 실어준다. 문학을 해설할 때도 유용한 문장이 나오면 숨을 돌려 영어공부에 도움되는 해설을 덧붙여 준다. 머리 속은 원대한 문학세계의 의미를 전달해 주고 싶은 조바심에 차 있고, 이와는 반대로 학생들의 머리 속에는 영문해석의 지름길을 찾는 강박관념이 꽉 차있다. 작품 정독의 중요성을 이야기하면, 교실에서 셰익스피어 대사를 문법적으로 차근차근 해석해 줄 것을 기대하는 학생들,

그런 학생은 학과목 평가서에 의례히 한 작품만 차근히 하기를 원한다고 쓴
다. 그는 여러 작품을 통한 폭넓은 이해가 곧 다른 학과목 공부에도 지혜의
눈을 열어준다는 인식도 없고 공부하는 즐거움 같은 것에도 아예 문을 닫고
있다. 한 학생의 글씨체가 독특하여 곧 그의 시험 답안지를 알아볼 수 있었
다. 생각대로 그는 전 문제에 걸쳐 제대로 쓴 것이 하나도 없었다. 그가 번역
본이라도 읽었으면 작품을 이해할 수 있었거늘 마치 토익식 문답풀이로『로
미오와 줄리엣』의 아름다운 발코니 씬을 해석하려다가 실패하고 만 것이다.
그 학생의 강의 평가서는 무슨 의미가 있는가.

　그 많은 시간의 경과 끝에 우리 나라 대학강단에서 바라보는 문학 낙제생
들의 모습은 10여년 전까지만해도 목마르듯 영문과 교수의 강의를 지적 양
식으로 삼았던 그때의 학생들의 모습과 너무나 격세지감이 있다. 이제 영어
를 통한 지식은 영어과만의 전유물이 아니다. 다른 과 선생한테서도 얼마든
지 전수 받는다. 회화쪽은 오히려 더 간편하고 자연스럽게 배우고들 있다. 영
문학을 통해 좋은 문장을 만나고 영어공부에 큰 효과를 주지만 영어습득이
학과 선택의 관건이라면 굳이 영어과에만 머물러 있을 필요는 없어졌다. 오
늘의 대학은 이제까지 있었던 강제적인 학과목 취득의 통제도 대폭적으로
완화했다. 정전화 된 영문학 작품의 리스트도 풀어 줘야 한다는 목소리는 많
지만 대폭적인 변화는 없는 듯 하다. 아무리 거대한 지식의 장에서 특정한
것을 가치 있는 것으로 정당화시켜 전수하는 방법이라 해도 영원불변의 문
학의 가치가 있을 수 없는 한 시대적 공감대가 형성되면 풀어 무방하다고 생
각한다. 학교 교육이 지향하는 공동의 이상적 가치관을 위해 시대에 따른 정
전의 선별화는 타당한 것이다. 서구 대학에서 오래 전부터 사용해온 목록대
로 따른 것은 초기에는 편리했을지 모른다. 그러나 본고장에서도 취사선택의
변화를 시도하는 마당에 우리가 운신의 폭을 묶어 놓을 필요는 없는 것이다.
그것보다도 누가 책임 있게 오늘의 현실에 적절한 내용의 새로운 정전을 만
들어 줄 것인가가 관심사이다. 오히려 20세기 초기 서구의 대학에서 영문과
신설의 목적을 건전한 사회 만들기의 일환으로 희망과 지혜와 윤리의식을
고취시킬 수 있는 작품들을 읽게 한 것처럼 지금 단계에선 교양함양의 목적
을 되살리는 방법도 좋을 것이다.

영문학을 주체적으로 가르쳐야 한다는 말도 듣기에는 의미있는 말이지만 구체적으로 그 주체의 주인은 어떤 의식의 어느 계층인가 그리고 교육받는 대상의 욕구를 묵살 또는 오도할 소지는 없는가 등 여러 문제를 안고 있다. 80년대 말부터 유행하는 탈식민주의 담론에서 기존의 가치체계를 해체하는 식의 저항적 방법은 식민지 정치를 경험한 모든 나라와 동일시 할 수 없는 해법이다. 우리 나라의 80년대 정치 사회 현상에서 보여진 부정적 요소들을 비판하면서도, 또한 90년대 민주와 주체성의 이미지 만들기에 식민지 흔적을 부셔버리는 작업이 있었다는 것을 생각하면서, 지금 우리사회의 경제구조도 일대 변혁을 단행하지 않으면 국제적 기준의 평가를 피할 수 없다는 긴장감 등을 통합하여 반추해 보지 않는다면 매우 짧은 안목의 한시적 처방 밖에 나올 수가 없는 것이다. 우리 현실에 대한 진단도 누가 또는 어느 소그룹의 시각으로 하는 것이냐에 따라 다르며, 영문학 연구가 사회 전반의 대체적 합의와 부응을 기대할 수 있는 가도 의심스럽다. 매우 비관적이며 소극적인 방향으로 말이 흘러가지만 요즘 우리 사회의 새로운 엘리트 계층은 이미 공유한 지식의 터전을 보수적 전통으로 보는 경향이 있다. 그들은 독특한 나만의 이야기를 창출하는 방법에 관심이 높다. 그래서 반의적 어법이나 저항적 문구, 아니면 이제까지 학술어에 사용하지 않았던 어휘들의 합성어 사용으로 참신함을 도출해내기도 한다. 이 또한 과거의 어법 중 수식어의 나열로 핵심을 피할 수 있었던 것처럼 그 내용에는 현실성과 실체성이 없는 경우가 허다하다. 담론을 이론적 토대 위에서 가장 심도 있게 다룬 미셸 푸코는 담론은 전략적 가능성이며 권력에 기초한 문화에서, 언어사용자가 누구든 그들의 이해관계에서 진행되는, 투쟁의 일부로 보았다.

우선 언어의 새로움의 함정을 우리가 요즘 한껏 체험하고 있는 일상의 소비생활 문화에서 찾아보자. 문학적 언어와 일상어의 성격이 이전처럼 차별화하지 않는다는 오늘의 현상을 문학 연구자는 눈여겨볼 필요가 있다. 굳이 어느 학설이나 이론을 인용하지 않아도 '지금 여기' 현장에서 느낄 수 있다. 문학이 그 시대의 반영이라면 이것은 매우 중요한 문제로 제기된다. 비평이론의 시대가 끝났다는 말의 기조에는 오늘의 세계적 공통의 사회 현상이 중요한 원인 제공을 하고 있는 것이다.

예로 낭만주의 시대 19세기까지는 문학의 언어표현은 역사나 사회 또는 경제적인 것과는 차별화된 특별한 영역에 자리하고 있는 것이라고 생각했다. 리얼리즘 시대에 와서 문학이 외적 현실의 반영이라는 생각에선 무엇보다도 사회학적이며 역사적 그리고 심리학적 고찰이 우위에 서고 문학의 독자성이 없어졌다. 문학의 고유의 기능을 찾는 상징파 운동이나 20세기의 모더니즘, 러시아 퍼머리즘 운동이 일어났지만 생각의 중심은 18세기 중반으로 거슬러 올라간 예술철학과 대동소이한 것이었다.

문학이 외적현실의 반영이 아닌 독자적 세계, 독자적 언어로 존재할 수는 없는 것인가. 앞서 언급한대로 20세기 초두에 언어의 힘만으로, 마치 음악적 세계가 그러하듯, 어떤 개념이나 사회적 사상도 개입시키지 않고 존재하는 것이 과연 가능한가에 대한 시도는 상징파 시인들이 실험했다. 그럼에도 불구하고 외부현실을 보지 않는 문학운동은 잠시 뿐 이제 그것은 진부한 이야기가 되었다. 개인으로서의 생각이 지극히 개체적인 것이니 외부의 영향 받을 것이 없다는 생각은 사회적 제도 안에서 교육받고 생활한 사람들에게는 망상과 같은 것이다. 정도의 차이는 있으나 사회의 영향을 받았거나 받고 있는 상태에서의 사고형성이다. 테리 이글튼의 말을 빌리면, "예술은 19세기 후반에 철학적인 것, 윤리적인 것, 도덕적인 것, 정치적인 것에서 자유로워졌다. 그러나 이 자율적으로 된 경로는 역설적으로 예술이 기묘하게 자본주의적 생산양식에 통합됨으로써 비로소 자율적이 되었다"는 것이다. 예술이 상품화되면서 그 이전까지의 전통적인 기능, 즉 교회와 궁전과 국가에 봉사하는 기능으로부터 해방되고 자유경제 속에서 움직이게 되었다는 말은 오늘을 내다 본 혜안이다. 특정한 문학수용자만 상대하는 것이 아니라 문학을 즐기며 감상할 수 있고 사 볼 수 있는 사람들이 문학 향수자가 된다는 것이다. 이렇듯 예술의 상품화는 상품으로서의 독특한 힘의 책략에 의해서 지탱해 간다는 것, 그리고 일상화된 존재 가치는 이제 특별히 우대 받는 차단된 영역에서 족보를 따지고 있을 게재가 아니다. 인간에게 상상력을 공급하고 감상의 즐거움, 지혜의 샘물이 있음을 알게 하려면 거대하고 냉철하게 움직이는 역동적 사회의 메카니즘 안에서 문화의 다른 장르에 비해 진부하지 않게 갈고 닦아 함께 활력을 주고받음이 있어야 하는 것이다.

이글턴의 「미(美)의 이데올로기」에서 자율성의 문제는 누군가에 얽매이지 않는 자유로운 존재라는 것이나 여기에서 생각해보면 이러한 자유도 결국은 문학이 외부사회의 변화된 영향력을 받은 것이며 문학이 독자적으로 창안에 갇힌 것이 아니라 오히려 사회와의 공존 속에 열리게 된 것을 의미한다.

Ⅲ. 소비문화구조 속에서 범람하는 의사시어(pseudo-poetic diction)들의 문제, 문학적 텍스트의 생명은 무엇인가

오늘날 우리 사회도 목소리를 높여 참여코자 하는 문화의 국제화 시대란 무엇인가. 과학 문명이건 예술과 문화이건 어느 특정한 시대에서 개성을 띠고 탄생하지만 일단 그것이 주목받을 만한 산물이면 개인과 국적을 떠나 세계에 유통된다. 어떤 형식과 내용이 좋다는 정형화된 원리가 오랜 역사의 경험 속에 자리잡고 있을 때는 문학세계에 대한 접근방식도 이에 따라 몇 가지 원칙을 따르면 자명해지는 편리한 통로가 있었다. 그러나 대개 19세기 말부터 20세기 초에 들어 서서히 그런 원리가 깨어졌다. 오늘날의 세계 중요 도시는 문화적으로 연대하여 공시성(共時性)을 띨 뿐 아니라 어떤 특정 사물과 상황에 대한 표현은 신속하고 단순화된 공통어를 갖게 되었다. 컴퓨터 사용 인구의 증가는 이러한 세계적 공통어를 짧은 기간 안에 확산시켰다. 교육을 통해 검증된 언어구사는 공적 역할에서나 기능을 발휘하는 것이고 오히려 활자에서 떠나 범람하는 언어들이 시각적 수준에서 쉽게 수용되고 더 감각적으로 신선하게 받아들일 수 있어 접근이 쉽고 평준화되었다. 학력고사 점수에 상관없이 시각적 언어들은 누구에게나 보기 쉽고 알기 쉽게 다가온다. 언어가 음악보다는 미술의 세계와 가까워진 것이다. 문외한이 보면 알 수 없는 그림이 피카소류의 천재성을 띠었다고 인정받는다. 특히 오늘의 대중문화 속에서 창출된 미적 가치기준이 언어를 생명으로 하는 문학에 시각적 감각을 압도적으로 침범시킨다면 생각하는 글보다 생각을 배제하고 보는 것으로 충분한 것은 너무나 당연하다. 기호적 역할을 하는 문장들이 도시 문화, 대량

소비 문화 속에 부상되고, 상품이건 체육 경기이건 또는 대형 음악회에서나 일상방송매체 언어로 전달받고 사는 대중들은 이제 따로 시를 읽을 필요가 없다고 느끼게 되는 것이다. 사실 요즈음 그러한 매체에 종사하는 기능인들이 더 세련되고 국제 문화감각이 높아 보이는 언어를 구사한다. 긴급한 뉴스를 생방송으로 전하는 TV 아나운서의 방송용어를 들어보면 종전의 사실보도 형식에서 벗어난 수식에 찬 상황묘사를 한다. 예로 홍수의 현장보도에서 위급 상황이나 대피요령을 알리는 사실보도 보다는 마치 시를 읊듯이 "…여기 저기 유유히 떠내려가는 가재도구들, 황토빛 물결 위에 겁먹은 듯 황소의 눈망울이 원망스럽게 하늘을 치켜보며…"하는 식으로, 화면 없이 활자화하면 하나도 위급 상황이 아닌 장면을 떠올리게 만든다.

이렇듯 의사시어(pseudo-poetic diction)를 일상용어에서 빈번하게 사용하다 보면 고정화되는 어휘가 생긴다. 계절이 '성큼' 다가온다던가, 꽃망울이 '수줍은 듯…'라는 식의 표현은 의례 일기예보 속에 안착해 있는 어휘들이다. 일상용어에 문학적 표현이 대폭 유입된다는 것은 그 만큼 삶을 윤택하게 만드는 면도 있지만 역기능적으로 단순미를 흐려놓는 면이 있다. 그런 예는 요즘 유행하는 생활영어 학습에서 더욱 빈번하게 볼 수 있다. 일생동안 몰라도 불편 없이 지낼 수 있는 어휘, 어느 모퉁이에서 끄집어낸 듯한 희귀한 어구를 영어가 모국어가 아닌 학습자에게 주입시키는 지각없는 교육이 마치 새로운 방법처럼 유행하고 있다. 실험적이고 방법의식에 사로잡힐 때 더욱 선행적 모형이 됨은 자명한 일이다. 내용도 출처도 의미도 알 필요 없이 시각적으로 감각적으로 튀는 말들의 범람은 마침내 문학성의 고유 영역을 지킬 수 없게 만든다. 누구나 쉽게 근접할 수 있는 보편성을 드디어 얻어낸 것 같지만 한편 수세기에 걸쳐 세련시킨 문화적 유산으로서의 중요한 부분을 문학을 필요로 하지 않거나 아낄 마음이 없는 사람들의 술수에 넘어가고 있다는 느낌이다. 지적 평준화에 만족하는 사람들에게 쉽게 접근 할 수 있는 방법인 것이다.

이렇듯 축적된 문화유산의 관점으로 볼 때 앞서 나가는 시간이 꼭 전세기 보다 나은 것은 아니다. 문학 예술에 있어 20세기는 19세기에 비해 오히려 뒤떨어진 느낌이다. 19세기 인상파 회화에 대한 관심은 일반인에게는 오늘날에도 압도적이다. 또한 낭만주의 시구의 공감성은 사랑, 꿈, 자연에 대한 인간의 희망이 사라지지 않는 한 인용될 것이다. 20세기의 유명한 『황무지』를 읽어보지도 않은 사람들도 '아 4월은 잔인한 달'이라는 구절을 적당히 잘 활용한다. 무의식적 반복이다. 문학은 본질을 넘어 효과만 있으면 인정받게 되었다. 우리 나라 서점이나 신문광고에서의 베스트 셀러 선전문을 읽고 있으면 문학의 상품화가 실감난다. 요즘의 상품의 선전은 상식적인 것을 거부한다. 문화상품도 마찬가지 조류를 타고 있다. 그 동안 표면에 내놓기가 주저된 말이나 모습들이 당당하게 표출되고 '고정관념 깨기'란 유행어는 얼핏 라깡적 정신분석에서의 주체의 문제를 상기시킨다. 언어에 의해 '욕구'가 '요구'로 변화된다는 것은 곧 언어로 표현하지 못하는 무의식의 '욕망'을 탄생시킨다. 그러나 무의식의 욕망을 표명하기 위해 쓰여지는 언어는 환유(換喩)의 구조 속에서 돌려지기 때문에 항상 충분히 말하지 못한 상태로 끝나버린다. 우리 사회에 유행된 고정관념 깨기란 말도 실은 말만큼 깨버린 것도 없이 오로지 무의식에 의해 아직도 그것을 요구하고 있는 상태로 남아 있는 것이 아닌가. 그리고 문학은 한때 행사했던 중간 위치에서의 책임 있는 비판의식과 통어 조정하는 역할을 빼앗기고 소비문화구조의 권력체제가 직접 무의식에 작용하여 문학의 '깊이 읽기' 대신 대량의 정보를 '빨리 읽기'로 명령하고 있다.

오늘의 수많은 정보매체 속에서 문학적 텍스트의 생명이란 무엇인가. 그것은 단순히 주어진 정보를 받아들이는 것이 아니라 미지의 세계로까지 독자를 연결해 주는 것이 있다. 우리가 어떤 어구나 표현 앞에서 멈춰 생각하게 하는, 그것은 새로움에 찬 섬광적인 지혜의 빛일 수도 있고, 포프(Alexander Pope)가 말한 '늘 생각했지만 일찍이 그토록 잘 표현된 적이 없는' 잘 가다듬어진 문장일 수 있다. 단지 신문기사 읽기처럼 문학 텍스트를 아무리 샅샅이 읽는다해도 그 안에서 미지의 타자의 세계와의 만남 없이 읽기가 끝난다면 얼마나 무미건조한 것인가. 그 만남의 기쁨은 어디에서 나오는 것인가를 탐구하는 과정도 행복한 독자의 경험인 것이다.

IV. 다양한 가치속의 주체성과 개방성의 문제, 언어표현의 미적 유산과 새로움의 함정

어떻게 하면 문학을 대하는 기쁨을 유지, 아니 되찾을 수 있을 것인가. 먼저 다원화된 현실의 사회적 조건을 인식하는 것으로부터 시작해보자. 개인이 좋던 싫던 문화 속의 문학도 주체성과 개방성을 동시에 생각하지 않을 수 없다. 이제는 영문학의 권위를 학문하는 식으로 유지할 수 없다. 셰익스피어가 학문으로 자리 잡은 후 더 재미있게 읽은 사람은 연구자들뿐일 것이다. 그의 작품들이 보고 즐기는 극장을 위해 탄생했고, 그 가치를 판단한 관객들은 귀족이던 일반시민이건 그 사회의 중간 지점같은 극장이란 공간에서, 공동체 훈련을 받은 사람들처럼 왕관 찬탈자를 똑같이 허망한 일에 피를 뿌려 죄를 짓는 어리석은 인간으로 연민하는 것이다. 오셀로의 비극이 20세기에 나온 식민지주의 이론으로 분석하여 무어 종족인과 백인간의 결혼을 그 원인(原因)으로 규정한다고 해서 더 흥미로운 것은 아니다. 오히려 19세기 코울리지가 말한 '동기부재'의 악역 이아고의 행동을 지켜보는 것이 관객을 미지의 세계로 끌고 가는 것이다. 사실 이아고는 그토록 간교한 전략으로 '고귀한' 오셀로를 선(善)쪽에서 악으로 끌어내려 철저하게 파멸시켰다. 작품상 이아고는 범행 발각후 한마디도 동기에 관해 언급하지 않는다. 그 침묵의 공간이 바로 새로운 비평이론의 접근을 허용한다. 그의 극들을 특성대로 세분화하여 가부장적 권력구조와 정치성으로 바라보는 것도 역시 금세기의 신역사주의나 문화유물론적 논의이며 페미니즘 계통의 성과 젠다의 논의도, 프로이드의 정신분석학적 접근도, 16세기 셰익스피어 자신은 그런 이론들을 꿈에도 생각해 보지 않았을 것이다.

연이어 나온 이론의 증가로 인해 이미 잘 알려진 작품에 대한 해석이 새롭고 다양하게 이루어짐으로써 작품을 보는 시각을 넓혀준 것은 사실이다. 그러나 상대적으로 덜 다루어진 작가는 점점 더 비평의 현장에서 밀려나가게 된다. 예로 셰익스피어처럼 이미 유명해진 작가가 20세기 후반에 와서 또 한 번 샅샅이 그의 작품들이 논문의 수렵지가 되어 온 것은 어떤 면에서는 그 보다 나을 수 있었던 당대의 벤 죤슨(Ben Jonson)같은 작가나,『파우스트』(Dr.Faustus)에서 빛나는 대사를 담은 마로우(Christopher Marlowe)같은 훌륭한 작가도 상대적으로 차단되어 점점 한정된 관심밖에 끌지 못한다면 얼마나 아쉬운 일인가. 우선 작품수로서 압도적인 우세를 갖고 있다는 것은 다양한 이론적 접근에 필요한 소재가 풍부한 것이다. 여기서 다루지 못한 것은 저 작품에 끼어 맞추는 식으로 셰익스피어에 대한 연구 항목은 열려진 것이라고 하겠다.

그토록 많은 영문학 비평의 대상으로 최고봉에 있었다고 하는 셰익스피어 작품은 원래 교시적 기능보다는 오락성이 중요시되었을 대본들을 시대가 지나면서 문학의 상위권에서 군림하게 한 것이다. 처음부터 문학이라는 객관적 대상으로 존재하는 것이 아닌, 어떤 특정집단의 가치판단 기준에 따라 선별된 것이다. 그러한 역사적 변화를 받는 가치기준을 이글턴은 한마디로 이데올로기라고 했다. 가치 기준이 사회적 이데올로기와 밀접한 관계에 있고, 그 이데올로기는 단지 개인적 취향에서가 아니라 특정 사회 집단이 다른 집단에 권력을 행사하고 그것을 유지해 가기 위한 전제 사항이라는 주장은 오늘날의 우리 나라 영문학계 현상 파악의 한 척도로 생각해 보고 싶다. 특히 근래 우리 나라 영문과 교육의 현장에서 정전의 문제가 논의되고 있는 것과 맞물려 시사하는 바가 크기 때문이다. 만일 앞으로 셰익스피어극이 더 이상 인간의 보편성을 보여준 탁월한 걸작이 아니라고 권위 있는 누군가가 말하고, 그의 언어의 문학성이야말로 진부하여 재미없다고 하여 무대에 올려지는 횟수가 줄고, 영국에선 그의 생가에 몰렸던 관광버스의 숫자보다 더 많은 차들이 부름스베리나 새로운 다른 곳을 향하는 대체문화산업이 일어날지도 모른다는, 그런 상상을 할 수 있는 사람이라면 우리 나라 현황의 진단도 자유롭게 할 수 있으리라. 우리 나라 관광객 중 셰익스피어 고향을 방문한 사람들은 과연 몇 사람이나 문학의 본질을 알고 그곳을 보고 느끼고 했는가. 그들은 작가를 더 유명하게 해준 협조자이나 선전에 따라 얼마든지 방향을 바꿔도 아쉬울 것이 없는 사람들이다.

우리는 이 땅에 한 세기가 넘는 영문학 유입과 교육의 역사를 갖고 있다.

우리사회 여건과 수용자의 의식 배경을 고려한 작품 선정이라기 보다 서구 대학의 학과목에 들어있는 것을 옮겨왔다면 그 동안 비평의 이론마저 더 추가한 일없이 고스란히 전수하지 않았는가. 영문학자가 자리하고 있던 지적 권위는 우리사회 발전의 세력과 아무 상충되는 요소 없이 유지되었던 것이다. 오늘날 문학을 문학으로 보고자 하는 시도에서도 이전에 비해 왜 그토록 많은 철학적 술어들을 차용하지 않으면 안되는 것인가. 그것은 문학 연구의 환경이 풍요로워지고 문학에 대한 통찰이 다변적인 문학 밖의 지식체계와 연결짓지 않을 수 없는 다양한 가치가 부상된 시대였기 때문이다. 여러 분야의 연구도 세분화되어 각기 전문적 지식을 바탕으로 하지 않으면 개인적 공리성이나 사회적 기여도가 떨어질 수밖에 없는 세상이다. 그러면서도 한가지 이론에 지나치게 기울어서 배타적 의도가 있을 때 문학은 없고 비판과 투쟁의 소재만 남는다. 신비평으로부터 탈구조주의와 해체주의 주장에서 간혹 볼 수 있었던 형식과 언어적 유희의 역기능적 면을 생각하면 앞으로도 문학에 대해 논한다는 것이 두려운 작업임을 일깨워준다.

새로움의 함정은 언제든지 있을 것이다. 언어에 대한 문학적 감각이란 내용이 진지한가 아닌가를 떠나서 사용자의 의식의 문제이다. 그것은 과학자가 아무렇게나 기기를 다룰 수 없는 것처럼 파괴의 결과를 가져오기 때문이다. 언어의 유희적 기교로 새로움을 단장하고 공통의 말을 의도적으로 무시한다는 것은 일차적으론 전통을 경시하는 의식이 깔려있기 때문이다. 어떤 작품 선집에도 속하지 않고 정전도 열어놓은 자유로운 공간에서의 주체의식, 거기에서 그의 자그마한 도덕적 증거도 찾아볼 수 없다면 무엇을 위한 개방성이며 자율성인가. 그러나 아직은 우리의 교육 현장에서 문학의 가치를 논하고 작품의 선별기준을 신중하게 고려하고 있다는 것은 꽤 다행한 일이다. 아무리 열린 학습방법을 채택하는 교육환경에서도 자연 시류적인 것도 때로는 필요하지만 언어를 매체로 하는 문학이 존재하는 한, 언어표현의 미적유산을 도외시한 컴퓨터식 기발한 신조어의 나열을 창출시키는 것은 문학교육이 아니라고 생각한다.

원래 문학이라는 영원불변의 존재 자체는 없다. 또한 어떤 문장만이 꼭 문학적이라는 정설도 없다. 그러나 고대로부터 좋은 문학은 인간의 보편적 삶의 양식과 교양을 높여주는 역할을 해왔다. 작가가 교시적 목적을 전혀 세우지 않아도 문학의 걸작으로 불리는 작품들은 인간의 삶을 사람답게 만드는 정신적 영양이 듬뿍 있었던 것이다. 그래서 은연중 그 시대마다 건강한 사회 만들기에 협력자가 된 셈이다. 문학 연구자의 자세도 때때로 이런 원점에서 사색의 문을 여는 사람이어야 하지 않을까. 세상의 모든 것을 써내는 자유가 있는 시대의 비평가보다는 오히려 욕심을 삼가는 절제의 붓이 더 설득력이 있을 것이다. 이론은 막연한 추정이 아니라 검색된 확고한 것을 말한다. 영문학계의 학회의 강단은 간혹 참석자들의 시간만 소모하는 이론 소개의 시험장은 되지 말아야 한다.

Ⅴ. 창의성과 상상력의 토대를 구축하는 문화환경의 중요성

그 동안 영문학이 점점 딱딱한 학문으로 치닫게 된 것을 이제는 숨을 돌려 좀 평이한 쪽으로 돌아가보자. 시대적 감성과 너무 동떨어진 문학 작품을 학생들에게 읽히게 한다면 그것은 마치 상상할 수 없는 세계의 캄캄한 골방에 앉혀놓는 체벌과 같은 것이다. 영미 문학의 배경에서 중요시 되어온 희랍문학의 대 영웅 서사시인 호메로스의 『일리아드』와 『오디세이아』도 당시에는 사람들이 모여 저녁식사 후에 즐겨 듣던 시낭송이었다. 지금은 두개 밖에 남아 있는 것이 없어 최고작이라고 하지만 그 내용과 형식의 세련미로 보아 그때의 문화 환경에선 그렇듯 고도로 발달된 시문학이 더 많이 있었으리라고 추정되고 있다. 고도로 세련된 언어적 기교가 이미 기원전 800년 전후하여 있었고 그 전통을 소중하게 아낀 사회적 환경이 꽤 오래 지속되었던 것이다. 오늘의 컴퓨터 시대에 그때처럼 며칠이 걸려야 끝나는 이야기를 장장 밤을 세우면서 듣기를 원하는 사람은 거의 찾아볼 수 없을 것이다. 우리가 문학 속에 담긴 꿈, 사랑, 슬픔 같은 것을 말할 때도 수용자가 이해하는 언어라야 오늘의 교실안에서 감동의 종합작용을 이끌어 낼 수 있을 것이다. 서양적 감성을 달리 설명해야 할 때도 있겠지만 한국의 바탕에 융합한 보편적 성격의 것일 때 감정 이입이 쉬운 것은 당연하다 하겠다.

영문학 연구자가 익혀온 방법론적 태도는 여전히 그의 연구를 발전시키는 데 변함없이 중요하리라고 생각한다. 다만 하나의 방법이 보편성의 문제를 무시하거나 극단적인 주체성으로 타자의 문화를 혼동시키지 말아야 한다. 식민지주의 이론을 인도나 기타 아시아 지역, 그리고 아프리카와 중동에 똑같이 적용시킬 수 없는데도 새로운 이론의 무비판적 전파가 학회의 발표장에서 일어나고 있는 문제를 생각한다. 또한 문화에 문학을 포함시켜 그 규칙이나 관계를 살피는 방법도 오늘과 같은 다양하게 상호 교류하는 사회를 보는 눈을 열어준다. 그러나 오늘의 대중문화 수용론에서 햄릿의 독백을 록뮤직으로 듣는다는 식은 하나의 실습이지 셰익스피어극의 본질은 아니다. 그의 시나 극작품에는 당대 유럽의 여러 가지 중요한 사상 뿐 아니라 더 멀리 고대 희랍이나 로마 시대로부터 르네상스에 이르는 긴 역사 동안의 학문과 경험 등이 들어가 있다. 그것에 대한 해설은 영화 필름이나 발라드식 노랫말로 표현할 수 없는 이면의 지식이 들어있다. 극장 중심으로 쓴 것이라는 말이 꼭 쉽고 재미있다는 것과 동일시되지 않는다. 그랬으면 아마도 이토록 오래 영문학 속에 자리잡고 있지는 않았을 것이다. 동서양의 사유세계에 똑같이 공감을 주는 보편성이 있기에 생명이 오래 지속되고 있는 것이다. 당시 지중해 문명으로부터 가장 멀리 떨어진 곳 영국에서 셰익스피어극이 번영을 이룬 것을 생각하면 우리에게도 시사하는 바가 크다. 작가는 그 시대를 저해하는 사상에도 영향받지만 무엇보다도 작가의 풍부한 상상력과 예리한 통찰력이 자유로울 때 예술성이 개화할 수 있는 것이다. 16세기의 영국이 스페인 전쟁에서 승리하여 자신감에 넘쳤던 시대에 셰익스피어는 살았었다. 16세기말 연극의 황금시대의 기반이 천재적 인물을 배출시킬 수 있었던 것이다.

교육 철학은 바로 그러한 창의성과 상상력의 토대를 제공해야 된다. 펜실베니아 대학과 웨슬리안 대학에서 프랑스 문학과 철학을 가르치고 47년 이후는 르린스톤 신학교의 기독교 철학 교수를 지낸 에밀 까이에(Emile Cailliet)는 미국 문단의 혼란상을 진단하면서 "세론을 지도해야 할 입장에 있는 사람들이 그 책임을 다 하지 않았기 때문"이라고 비판했다. 문단을 움직이는 사람과 종교계 사람들의 격리현상은 서구 문명의 유산을 넓게 신(神)과의 관련으로 생각지 않는데서 비롯된 것이라고 보았다. 그가 간파한 당시의 문학 풍토는 우리의 오늘날의 상황에 교시하는 바 크다. 현대인들은 문학이 비실용적이라고 생각하며 라디오, TV 그리고 영화보는 정도로까지 편했으면 하는 생각이 있다. 자기 상식으로 소화할 수 있는 책이면 족하고 그것을 잘 아는 작가들 또는 출판사는 독자 수준에 맞추게 된다. 내용의 단편화나 비속화를 가져와도 결과적으로 문학 정신의 현대적 풍토라고 하면 그만이다. 까이에는 내용의 단편화 내지 왜소화의 예로 다이제스트판 성서, 즉석 셰익스피어, 근대판 초서, 어린이용 칼 마르크스를 지적하며 이런 현실을 개탄했다. 이런 식의 절단현상에 흥미를 잃어버린 독자가 더욱 실망하게되는 것은 소위 위대한 문학을 손에 들 때 만나게 되는 생소한 어휘들, 어떤 진리를 아름답게 펼치려 할 때도 적절한 용어로 사용해야 함에도 내용과 형식이 따로 떨어져 있음을 그는 지적한다. 이와 반대로 독자 또는 학생에게 소위 인기 있는 강의를 한다는 것에도 왜곡된 모습을 볼 수 있다. 어려운 것을 생략하고 재미있는 실례를 들어 문학을 논함으로써 크게 인기를 끌고 저명한 칼럼니스트가 되었다는 예는 우리 나라에도 들려오는 이야기이다. 편안하고 자연스런 분위기에서 영문학을 대하는 일이 꼭 지식체계의 과도한 해체에서 나온다고 생각하지 않는다. T. S. 엘리엇이 현대 문명 속의 인간의 정신적 불모를 예리하게 그의 시속에서 그려냈지만 그의 작가적 인생의 종착점에서 쓴 『원로정치가』(The Elder Statesman)에서는 결국 사회와 인생에 대해 용서와 관용과 사랑의 마음을 갖는 것을 알려주었다. 그것이 새로운 희망을 담을 수 있는 여유있는 문학의 정신이 아니겠는가.

결국 문학 교육자들의 정신적·문화적 경험에 따라 위에서 적어 본 우리 나라의 영문학 연구자들이 당면하고 있는 고민들이 풀려갈 것이다. 바로 눈 앞에 열려 있는 새로운 시대에 바라기는, 그 동안 다하지 못했던 문학 전반의 교류 특히 국내에서는 국문학을 비롯하여 때로는 상호 의존도가 높은 철학과 신학에서도 공동의 연구과제를 더욱 활발하게 전개했으면 한다. 그리고 지도상에 가까이 있으면서 등한시 했던 아시아 여러 나라와 지식의 정보를 나누며 세계 예술 문화 전통에 기여하고, 앞으로 서구의 영문학자들이 우리의 이론으로 문학을 논하는 일이 많았으면 한다. 또한 영어과 학생들이 취직용 실용영어에만 관심 두지 않고, 그들의 삶을 보다 높은 차원으로 아름답게 형성해주는 생명력이 영문학 텍스트 안에 있다는 것도 알게 되기를 바란다. 그렇게 되면 눈앞의 공리성이 보이지 않더라도, 인생에 관한 소중한 의미가 깊이 그들의 가슴에 새겨질 것이다. 그러려면 오늘의 엄청난 변화를 겪고 있는 지식 정보화 사회에 대한 대처와, 역동적 사회의 메카니즘 안에서 영문학 존재가치의 새로운 지표를 짜야한다. 한편 작품에 대한 비평해석은 그 성과에 상관없이 앞으로도 제한없이 탐구될 것이며, 우리에게 알맞는 뜻밖의 전망을 보여주어 우리의 창의적 토대를 넓혀 주리라고 생각한다.

『코머스』에 나타난 밀턴의 기독교적 이상주의

박 세 근
(경기대)

I

17세기에 영국이 낳은 위대한 시인 존 밀턴(John Milton)의 그 위대성은 시인의 뛰어난 문학적 재능도 재능이려니와 그의 고매한 정신과 사상에 있다고 볼 수 있다. 시인 밀턴을 존경했던 19세기의 낭만주의 시인 윌리엄 워어즈워어스(William Wordsworth)는 'Sonnet on Milton'에서 밀턴의 위대한 정신을 노래하고 있다. 이 소네트에서 보면 법이 잘 지켜지지 않는 어둠 속에서와 야망의 경쟁과 불타오르는 증오 속에서 그리고 여러 가지 사회의 병폐로 혼란을 겪는 곳에서도 밀턴은 불굴의 정신으로 학문에 정진하고 있었음을 본다. 그는 시인의 재능을 꽃피우는 일도 중요했지만 그에게 있어서 더욱 귀중한 일은 우리의 짧은 인생을 어떻게 하면 보람되게 살아갈 수 있을 것인가 하는 문제였다. 그리고 우리 인간이 모두 다 겸허하게 순종해야 하는 정의와 그 정의가 가져다주는 풍요로운 삶이었다. 이러한 고매한 정신을 추구했던 밀턴을 시인 워어즈워어스는 노르웨이의 황량한 산 바위 위에서 늘 푸르게 자라는 웅대한 소나무에 비유하고 있다.

그러면 밀턴이 어떻게 이러한 위대한 정신과 사상을 소유하게 되었는지 그 생애의 배경을 고찰하지 않을 수 없게 된다. 그가 어려서 자라난 가정생

활의 배경은 학문과 예술을 소중하게 생각하면서도 신앙의 경건을 중시했던
요람이었다. 밀턴의 아버지는 신앙이 돈독한 청교도인으로 타고난 음악가이
며 작곡가이기도 했지만 대서인(scrivener)으로 성공한 후 어린 밀턴에게 신앙
적인 교육과 음악적인 교육을 가정에서 시켰다. 그래서 스코틀랜드의 장로교
인으로 신앙이 돈독한 신학자였던 토머스 영(Thomas Young)을 밀턴의 가정
교사로 모셔서 기독교 신앙교육을 시켰던 것이다. 어린 밀턴은 오르간을 치
는 법과 노래하는 법을 부모님 밑에서 배우고 깊은 신앙심은 토머스 영으로
부터 뿌리를 내리게 되었다. 토머스 영의 신앙교육의 영향을 벗어난 후에도
소년 밀턴은 런던의 세인트 폴(St. Paul)에 입학한 후 계속해서 신앙의 경건한
삶을 훈련받았다. 어린 소년 밀턴은 이곳에서 다른 소년들처럼 소년 예수를
본받는 생활을 교육받게 되었다.

그 다음 밀턴이 옥스포드(Oxford) 대학이 아닌 케임브리지(Cambridge) 대학
을 들어가게 된 동기도 케임브리지에는 전통적으로 강력한 청교도 정신
(Puritanism)이 가득한 대학이었기 때문이었다(Potter 7). 밀턴은 이곳 케임브리
지에서 "크라이스트 칼리지의 숙녀"(Lady of Christ's College)라는 별명이 붙
게 되었다. 그 별명은 시인 자신의 말에 의하면 그는 방탕한 부랑아 같은 만
용이 아니라 품행이 단정하고 신앙심이 깊은 젊은이였다는 이유에서 온 것
이었다.

한 번은 밀턴이 프로렌스(Florence)로부터 고국에 돌아오던 중 썼다는 편지
내용을 보면 밀턴은 방탕한 생활이나 부도덕한 생활이나 죄악과는 온전히
무관하려고 애썼던 사람임을 보여준다(Butler 10). 그의 고결한 삶은 사람의
눈에 비치는 삶의 차원을 넘어서 하나님 보시기에 성결한 삶을 살았던 생애
였다. 사람이 인간의 눈을 피해서는 어느 정도 훌륭한 인격의 사람처럼 보일
수 있으나 인간의 중심 내면을 보시는 전지전능하신 하나님 앞에서는 결코
그 어떤 가면을 쓸 수 없다는 것이 밀턴의 신념이었다. 그러므로 하나님 보
시기에 의로운 삶을 살아가야 된다는 것이 밀턴의 지속적인 삶의 척도였다.
밀턴의 어떤 친구들은 그가 너무 얌전하고 어떻게 보면 여성스럽다는 생각
을 하면서 그를 빈정대기도 했다. 그러나 밀턴은 마음속으로는 그 자신의 성
결한 삶을 자랑스럽게 생각하였다. 그것은 데니스 사우랩(Denis Saurat)이 지

적했듯이 그가 시인으로서 초자연적인 힘을 얻기 위해서는 성결한 삶이 요구되었던 것이다(Saurat 7). 여기서 초자연적인 힘이란 『실낙원』(*Paradise Lost*)에서는 "하늘의 뮤우즈"(Heavenly Muse)로부터 받게 되는 시적 영감을 암시하며 성령으로부터 받는 시인의 영감이었던 것이다. 하나님으로부터 영감을 받기 위해서는 세속적인 삶을 떠나서 성결한 삶을 살아가야 된다는 것이 밀턴의 확고한 신념이었다.

밀턴의 자서전 요소가 짙은 「실명의 소네트」("Sonnet on Blindness")에서 보면 그의 가치관이 더욱 뚜렷이 나타나 있다. 그의 삶의 목적은 그 자신의 명예나 야망의 실현이 아니라 그가 창조주로부터 받은 재능을 꽃피우고 열매 맺게 하는 일이었다. 그가 시인으로서 받은 재능을 잘 꽃피우고 아름다운 결실을 가져올 때, 창조주를 기쁘시게 해드리고 이웃을 위하여 봉사하게 된다는 사명감이었다. 그렇게 하면 참으로 이 세상에서 보람된 삶을 살아갈 뿐만 아니라 그가 심판주 앞에 가는 날 그가 받은 재능을 잘 관리했다는 성실한 청지기의 칭찬을 받게 된다는 생각이었다.

> 비록 나의 영혼은 그것을 가지고 나의 창조주를 섬기려
> 마음을 쏟고 그 분께서 꾸지람하시지 않도록
> 나의 참된 계산서를 보여 드리려고 하지만
>
> (though my soul more bent
> To serve theirwith my Maker, and present
> My true account, lest he returning chide ;)

이와 같이 밀턴의 삶의 주인은 자기 자신이나 어떤 사람이 아니라 그의 창조주 하나님이시었다. 그러므로 사람을 의식하거나 두려워하지 않고 독실한 청교도 신앙인으로서 하나님을 두려워하고 재능을 부여받은 시인으로서 그 하나님의 뜻을 이루고 전달하려는 사신(messenger)이었다. 이러한 사실은 그의 걸작 서사시인 『실낙원』과 『복낙원』(*Paradise Regained*)에서 그리고 극시 『투사 삼손』(*Samson Agoniste*)에서 너무나 잘 나타나 있을 뿐만 아니라 많은 단편시들에서도 마찬가지이다. 이제 우리가 다루려고 하는 『코머스』

(Comus)에서도 그 예외는 아니다. 사우랱이 지적하였듯이 『코머스』에는 밀턴의 '선'(good)의 개념이 싹터 있는 작품이다(Saurat 16). 이 작품에서는 인간의 관능성(sensuality)의 유혹과 도전을 '선'이 어떻게 극복하고 승리하는가 하는 문제이다. 이 과정에서 '선'과 '악'의 갈등 가운데 인간의 힘은 제한되어 있지만 '선'의 편에 계신 전능하신 하나님께서 배후에서 섭리하시고 계신다는 확고한 신념이 있었다. 이러한 신념도 시인의 뿌리깊은 기독교 신앙에 기초를 두고 있고 휴우 스카이즈 데이비즈가 지적한대로 밀턴의 주요한 재능과 뛰어난 능력은 무엇보다도 시인으로서 숭고한 사상을 소유하고 있다는 점이라고 말할 수 있다(Davis 96). 더글러스 부쉬(Douglas Bush)도 주장하기를 "밀턴의 신념과 삶의 원리는 그의 학식에 의하여 철학적으로 사색된 것일 뿐만 아니라 청교도주의자의 열정으로 고양된 것"이라고 하였다(Bush 295). 그러므로 한 때는 '악'이 그 세력을 떨치고 '선'을 능가하는 것 같지만 결국은 '선'이 '악'을 물리치게 되는 것은 섭리주 하나님께서 '선'을 지지하시고 그 '선'이 승리하도록 주장하고 계시기 때문이라는 숭고한 사상을 밀턴은 그의 가면극 『코머스』에서 투영하고 있는 것이다. 이 가면극의 주인공 아가씨(Lady)는 그녀의 덕성(virtue)의 힘으로 마법사인 코머스의 유혹에 끝까지 도전한다. 그러나 그녀의 노력과 힘에 한계에 부딪쳤을 때 「선」의 편에 계신 전능하신 섭리주 하나님께서 호위천사 틸시스(Thyrsis)와 써번(Severn)강의 여신 사브리나(Sabrina)를 보내시어 그녀가 승리하도록 도우신다. 『코머스』는 한 마디로 말하자면 밀턴의 기독교적 이상주의가 꽃을 피운 작품이라고 할 수 있는 것인데 다음 장에서 밀턴의 기독교적 이상주의가 어떻게 구체적으로 나타나 있는가를 언급하고자 한다.

II

가면극(Masque or Masks)이란 전통적으로 춤(dance)과 가장(disguises)이 뒤따르는 극적 여흥(dramatic entertainments)으로서 구경거리와 음악적인 요소가 이야기 줄거리나 성격묘사보다 더 우세한 장르였다. 아마추어들에 의하여 실내에서 흥행되었고 때로는 관중들을 그 가면극의 액션에 끌어넣도록 구상하였고 때로는 단순히 결론 짓는 춤(concluding dance)이 맨 끝에 왔다. 대개 가면극은 궁정에서 흥행되었고 종종 비용이 많이 들었으며 많은 경우에 정치적인 암시와 의미를 지녔었다. 가면극의 기원은 이태리로 보고 있으며 영국에서는 16세기와 17세기에 뚜렷한 성격을 띠었다. 많은 위대한 시인들과 극작가들이 가면극을 썼었는데 그 중에서도 벤 죤슨(Ben Johnson)의 『슬픈 목동』(*The Sad Shepherd*)과 죤 밀턴의 『코머스』가 관중들의 사랑을 받았는데 이 장르는 전원곡(pastoral dramas)에 가까웠다. 『코머스』는 밀턴의 친구인 헨리 로즈(Henry Lawes)의 제안에 의하여 쓰여졌고 그 목적은 브리지워터(Bridgewater) 백작이 웨일즈(Wales)와 그 국경지대에 지사(President)의 직무를 맡게 된 것을 축하하기 위한 것이었다. 그런데 이 가면극은 단순히 극적 여흥이나 축하하기 위한 전원극의 차원을 넘어서 밀턴은 심오한 의미를 투영하고 있는 것이다. 인간의 과도한 격정은 모든 악의 근원이 되고 우리를 노예로 만들어 버린다는 사실을 밀턴은 『코머스』에서 보여 주고 있다(Saurat, 17). 그리고 이 작품에서 주인공인 정숙한 아가씨가 마법사 코머스의 유혹을 물리치고 그녀의 정숙함을 지키는 힘은 그녀 자신의 힘이라기보다는 하나님의 은총의 힘과 하나님의 사랑의 힘이라는 사실이다(Brooks, 199). 왜냐하면 그녀가 코머스와 싸울 때 그녀의 힘은 제한된 것이기에 전능하신 하나님의 은총이라는 힘이 필요했기 때문이다.

그러면 이제부터 『코머스』의 플롯을 따라서 어떻게 하나님의 은총의 힘이 구체적으로 나타나 있는가를 살펴보겠다. 황량한 숲 속에서 고귀한 아가씨가 날이 저물었는데 갈 길을 잃었다. 그녀와 동행했던 두 남동생들은 애타게 기다려도 돌아오지 않아 더욱 당황하고 있었다. 그 때 아가씨는 목동으로 변장한 코머스를 만나게 되었다. 코머스는 그녀를 보호해 준다고 제의하면서 그녀를 그의 오두막집으로 안내했다.

한 편 남동생들에게 목동으로 가장한 호위천사 틸시스가 나타나서 마법사 코머스의 유혹의 위험한 함정에 빠져 있는 그들의 누님인 아가씨의 상황을 알려주었다. 동생은 무력한 처녀인 누님의 신변의 안전에 대하여 매우 큰 걱정을 했다. 그러나 형은 그 누님의 훌륭한 덕성이 그녀를 보호해 줄 것이라고 믿었다. 그 때 틸시스는 고귀한 아가씨를 코머스로부터 구해내기 위하여 동생들에게 해모니(Haemony)라는 신비한 능력을 가지고 있는 약초를 건네주었다. 그 약초를 잘 간직하고 있다가 마법사 코머스의 집을 공격하라는 것이었다.

위에서 마법사 코머스가 길을 잃고 방황하는 아가씨에게 나타나 그녀를 그의 오두막집으로 안내하는 일과 호위천사 틸시스가 남동생들에게 나타나 누님의 위험한 상황을 알려 주고 신비한 약초 해모니를 그들에 건네주는 일은 분명히 빛과 어둠의 이미저리라고 분석할 수 있다. 밀턴은 여기서 이 가면극의 주인공인 아가씨가 만나는 삶의 명암은 바로 우리 인간 모두가 만나는 인생의 명암을 암시하고 있다. 그리고 그 명암의 교차는 우리의 삶에 행복과 불행의 교차일 수도 있고 '선'과 '악'의 교차일 수도 있다. 그러면 끊임없이 '선'과 '악'의 명암의 이미저리가 펼쳐지는 이 세상에서 어떻게 승리할 수가 있을까 하는 문제는 이 가면극의 주인공인 아가씨의 문제일 수도 있고 바로 우리 모든 인간들의 문제일 수도 있다. 이 문제는 다음의 큰 동생의 대화 속에서 찾을 수가 있다.

> 덕성은 공격은 받을 수 있으나 결단코
> 옳지 않은 힘에 의하여 해를 입거나
> 공격을 받아 노예가 되지는 않는다.
>
> (Virtue may be assailed, but never hurt,
> Surprised by unjust force, but never hurt.) (589-590)

위에서 큰 동생이 덕성은 항상 그 덕성을 소유한 자의 안전을 보장해 준다고 말하고 있다. 이러한 큰 동생의 말은 바로 젊은 밀턴의 관점을 재확인해 주는 것이라고 데이비드 다이처스(David Daiches)는 지적하고 있다(Daiches 70). '악'의 화신인 코머스가 연약하고 무방비한 듯한 아가씨를 유혹의 소굴로 데리고 가지만 사실은 그녀의 덕성은 "초월적인 신비한 힘"(some superior power - 801)이 있음을 암시한다. 그리하여 아무리 코머스의 유혹의 어둠이 가까이 그녀에게 접근해 오더라도 그녀의 덕성은 정신적인 안내자가 되어 빛의 상징으로 나타난다.

이 가면극의 플롯은 계속 진행되어 으리으리한 궁전의 장면으로 바뀐다. 이곳에서 뽐내며 그의 부하들과 함께 있는 코머스는 아가씨를 유혹한다. 수정같이 빛나는 아름다운 잔 속에서 춤추며 빛나는 달콤하고 향기로운 술을 마시도록 권유하는 것이었다. 그 술을 마시면 갈증을 식혀줄 뿐만 아니라 말할 수 없는 기쁨을 주고 정다운 생명을 가져다준다는 것이었다. 그 술 한 모금만 마시면 축 처진 기분을 씻어 주고 환상적인 기쁨을 맛보게 된다고 온갖 유혹의 달콤한 말로 그녀의 이성(reason)을 흐리게 하려고 애쓰는 것이었다. 한 걸음 더 나아가서 코머스는 아가씨가 생명보다 더 소중히 지키는 처녀성을 간직할 것이 아니라 그와 함께 즐길 것이라고 권유하며 궤변을 토해내는 것이었다.

그러나 정숙한 아가씨는 코머스의 그 어떠한 달콤한 유혹이나 궤변에도 넘어가지 않고 그녀 자신을 잘 방어하였다. 여기서 그녀의 덕성은 코머스를 물리치는 힘이 되었다(Evans 47). 그런데 에반즈(Evans) 교수의 언급처럼 정숙한 아가씨의 덕성은 코머스의 공격을 물리치는 힘이 되었지만 그 덕성의 힘도 한계성이 있음을 보여 준다. 코머스는 그의 마술지팡이를 한 번 휘두르기만 하면 그녀를 단번에 설화석고로 변하게 할 것이라고 위협했고 결국 코머스는 마법으로 그녀를 돌의 족쇄로 고정시켜 꼼짝도 못하게 해 놓았다. 그러나 이렇게 그녀가 한계성에 부딪칠 때 다음과 같이 은총의 빛은 나타나는 것이었다.

거룩한 정숙은 하나님께 큰 사랑을 받아서
어떤 영혼이 정말 그렇게 정숙한 옷을 입고 있을 때
죄와 비행의 모든 것을 몰아 내면서
하늘의 아름다운 옷을 입은 수많은 천사들이 그녀를 돌보아 준다.

(So dear to Heaven is saintly chastity
That when a soul is found sincerely so,
A thousand liveried angels lackey her.
Driving far off each thing of sin and guilt.) (453-456)

천사가 하는 일이란 하나님의 명령을 받들어 그 심부름을 하는 것이다. 호위천사 틸시스는 정숙한 아가씨를 코머스로부터 구해내기 위하여 하나님께로부터 보내어진 존재이다. 그 하나님의 은총을 실현하기 위하여 어둠을 몰아내는 빛의 사자인 것이다. 여기서도 빛과 어둠의 이미저리는 계속 진행되어 나타난다.

또 한편 그 정숙한 아가씨는 코머스가 마술지팡이를 휘두르면서 위협할 때 조금도 두려워하지 않고 선(善)하신 하나님께서 그녀를 지켜주실 것이라고 믿고 있었다.

> 자랑하지 마시라 바보 같은 이여
> 당신의 마법으로는 절대로
> 나의 마음의 자유를 빼앗을 수 없소
> 비록 이 육체의 껍데기를 당신이 구속했더라도
> 하나님께서 선을 지켜보고 계시는 한
>
> (Fool, do not boast ;
> Thou canst not touch the freedom of my mind
> With all thy charms, although this corporal rind
> Though hast immanacled, while Heaven sees good.)

위에서 인용한 시구절은 주인공 아가씨의 입을 통하여 하나님께서는 「선」의 편에 계셔서 종국적으로는 '선'이 '악'을 이기도록 하신다는 밀턴의 신념을 투영하고 있다. 이러한 그의 신념은 부쉬가 지적한대로 밀턴이 항상 성서를 모든 다른 서적들보다 더 우위에 놓았던 사실 위에 기초를 두고 있는 것이다. 그 옛날 희랍의 철학과 고도로 발달한 과학이 교만한 인간의 산물처럼 보이는 것은 바로 겸손한 크리스천의 신앙과 미덕이라는 숭고한 빛과 대조를 이루기 때문이다(Bush 294). 그리고 코머스가 그의 마법의 힘으로 아가씨의 육체를 가두어 두었다고 해도 더욱 깊숙이 자리잡고 더욱 가치 있는 그녀의 마음을 절대로 구속할 수 없다고 주장한다. 이것은 덕성이 깊은 아가씨가 그녀의 순결을 지키기 위하여 생명을 내던질 각오를 암시하는 것이다. 숭고한 그녀의 정신은 신앙의 정조를 지키기 위하여 생명을 기꺼이 바치는 순교자의 이미지가 나타나 있다.

드디어 이 가면극의 마지막 부분에 두 남동생은 돌진해 들어와 코머스의 일당들을 내쫓아 내었다. 그러나 불행하게도 코머스의 마술지팡이는 빼앗지 못하였으므로 마력에 걸린 의자에서 꼼짝못하도록 묶어 놓은 그들의 누님을 구해낼 수가 없었다. 그러나 이 때 호위천사는 가까이에 있는 쎄번 강의 여신 사브리나의 도움을 청했다. 사브리나는 기꺼이 아가씨를 구하는데 응해 주었다. 마음씨 고운 사브리나는 아가씨의 손가락끝과 입술 위에 치유력있는 물방울을 뿌려 주고 독이 묻어 있는 대리석 의자에는 종려나무를 갖다 대니 코머스의 지배력은 그 힘을 잃어버렸다. 여기서 알리고리의 기법으로 본다면 마력을 걸어 정숙한 아가씨를 꼼짝못하게 묶어 놓은 코머스는 성서에 나오는 사탄(Satan)을 암시하며 코머스의 힘을 완전히 무력하게 한 종려나무는 사탄을 물리치신 예수그리스도의 십자가의 능력을 암시하기도 한다. 어쨌든 아가씨는 자유로운 몸이 되어 두 남동생과 함께 집으로 돌아가 기쁨으로 그들의 부모님을 뵙게 되었다.

III

이와 같이 가면극 『코머스』는 엘리자베스 시대의 르네상스에 속한 극이라기보다는 도덕극에 가까운 면이 있어 주인공의 성격묘사라든가 연극무대의 효과 등은 미흡한 점이 있다. 그러나 대시인 밀턴의 심오한 사색과 기법으로 이루어진 극시로 읽을 때 이 작품은 엘리자베스 시대 시인들의 정수와 고전 시인들의 여운을 맛보게 한다. 그러므로 시를 아름답게 장식하기 위하여 전원시와 이교도적인 요소의 우아함과 풍요로움이 있는가 하면 엘리자베스 시대의 신선함과 스펜서(Edmund Spenser)다운 매력이 넘친다. 그러나 무엇보다도 기독교적인 신앙과 신념이 여러 곳에 충만하다. 가면극은 르네상스에서 유래하고 궁정과 귀족들 사회에서 성행되었던 것으로 청교도들의 배척을 받았다. 그러나 밀턴은 그 가면극이라는 장르를 취하면서도 고매하고 차원 높은 하나님의 섭리에 대한 신념을 토로하고 있다. 다시 말하자면 르네상스의 배경을 이루면서도 시인의 확고한 청교도주의를 힘차게 표명하고 있는 것이다(박세근 94).

　이 가면극에서 주인공 아가씨의 덕성은 참으로 아름답고 참된 힘이며 승리의 중요한 요소가 되었다. 그러나 좀더 이 작품을 깊이 음미해 보면 그 승리의 원천은 길 잃은 세 남매를 도우려고 목동으로 변장하고 나선 호위천사 틸시스와 쎄번 강의 여신 사브리나가 있었던 것이다. 주인공 아가씨의 승리는 근원적으로 분석해 보면 이 우주를 섭리하시고 「선」으로 인도하시는 섭리주 하나님의 손안에 있었던 것이다. 『실낙원』에서 아담과 이브를 유혹했던 사탄처럼 마법사 코머스가 아가씨를 유혹하여 그의 검은 손아귀에 넣었었다. 『실낙원』에서 사탄이 아담과 이브를 유혹하여 하나님께서 금지하신 열매를 먹도록 했고 온 인류를 멸망의 구렁텅이로 몰아 넣었지만, 하나님께서는 독생자 예수 그리스도를 통하여 온 인류를 구원하셨다. 그와 같이 코머스는 순진한 아가씨를 거의 유혹의 손아귀에 넣었었지만 선하신 섭리주 하나님께서 그녀를 구원해 내셨던 것이다. 여기서 쎄번 강의 여신 사브리나는 시어즈 제인(Sears Jayne)이 지적한 것처럼(Jane 102), 바다의 신 넵튠(Neptune)의 사자(agent)이지만 사브리나는 어디까지나 섭리주 하나님의 섭리의 허락과 도구로서 준비된 자연의 힘을 암시한다. 이와같이 밀턴은 이교도적인 배경을 깔면서도 청교도주의를 훌륭하게 표명하였던 것이다. 이 세상에서는 한 때 「악」이 번영하고 사탄이 승리하는 것 같지만 그것은 한 순간에 지나지 않고 결국 최후의 승리는 「선」의 편에 돌아간다는 확신이었다. 그것은 하나님의 선하시고 공의로우신 섭리가 우주를 지배한다는 신념이 있었기 때문이었다. 일찍부터 섭리주 하나님을 경외하고 성서를 사랑하던 시인 밀턴의 인생관과 확고한 신념은 특별히 구약성시 시편 1편 6절 — "대저 의인의 길은 여호와께서 인정하시나 악인의 길은 망하리로다"(The Lord watches over the way of the righteous, but the way of the wicked is doomed.)(*The New English Bible* 611) — 에 기초를 두고 있었던 것이다. 그런데 한편 호위천사는 성서적 배경을 두고 있으므로(*The New English Bible* 164) 틸시스는 기독교적인 요소이다. 이와 같이 밀턴은 이교도적인 요소와 기독교적인 요소가 아름답게 조화를 이루도록 하였다.

가면극 『코머스』는 부룩스 교수의 지적대로 말한다면 덕성(Virtue)과 악 (Evil)의 갈등을 주제로 한 알리고리의 작품이다(Brooks 187). 그러나 이 작품 을 좀 더 깊이 음미한다면 이 가면극은 존 번연(John Bunyan)의 『천로역정』 (*The Pilgrim's Progress*)에서처럼 천성문을 향하여 나아가는 우리 신앙의 순 례자들의 과정을 알리고리로 나타낸 작품으로 볼 수 있다. 그것은 이 가면극 의 구조를 통해서 조명해 볼 수가 있다. 『코머스』의 첫 번째 장면은 1-658행 으로 세 남매가 길을 잃고 방황하는 어둡고 위험이 도사리는 숲속이다. 이 숲속은 상징적으로는 선과 악이 공존하는 이 세상이다. 두 번째 장면은 659-957행으로 정숙한 아가씨를 자기의 안전한 오두막집으로 인도한다고 약 속했으나 실상은 코머스의 궁전이었다. 이 궁전은 암시적으로는 사탄의 달콤 한 유혹과 사악한 범죄로 들끓는 범죄의 소굴이다. 마지막 장면 958-1022행 은 정숙한 아가씨가 그녀의 순결을 지키려는 덕성과 하나님의 은총으로 코 머스의 유혹을 물리치고 승리하는 장면이다. 특별히 여기서 코머스는 사탄을 암시하며 그가 달콤한 말과 궤변으로 우리를 속이고 거짓된 길로 인도하고 결국은 멸망의 길로 이끄는 인류의 대적임을 암시한다. 이 시의 종장에 해당 되는 이 부분에서 세 남매가 사랑하는 부모님 품으로 돌아오는데 그 부모님 의 집은 죄와 심판을 이긴 성도들이 승리의 왕관을 쓰고 들어가는 천국을 암 시하고 있다.

이와 같이 밀턴이 『코머스』에서 순결이라는 미덕을 이 가면극의 주된 주 제로 삼았는데, 그 순결은 비록 감추어진 힘이지만 모든 위험 속에서도 그 미덕을 지닌 사람을 전능하신 하나님께서 지켜주시는 최상의 방어이며 가장 신비한 힘이라는 사실을 확신했던 것이다. 그리하여 틸야드(Tillyard) 교수가 지적한대로 이 작품은 밀턴의 도덕적 이상주의가 그 자신의 낭만적인 열정 의 힘에 의하여 꽃을 피운 것이다(Tillyard 72-73). 끝으로 밀턴은 『코머스』에 서 이미 그 후에 위대한 서사시 『실낙원』에서 사용했던 약강 5보격의 무운시 (blank verse)를 사용함으로써 시의 운율에서도 훌륭한 자질을 보여 주었다.

인용 문헌

박세근. 『John Milton의 가면극 『코머스』 번역 및 작품 해설』. 서울: Golden
　　　Wings Pub. Co. 1999.

Bush, Douglas, "Milton", *Milton Cristicism: Selections from Four Centuries* Ed.
　　　James Thorpe. London: Routledge & Kegan Paul LTD., 1950.

Butler, F. W. Robertson. *Puritanism in the Poetical Works of Milton*. London :
　　　Hunter & Longhurst, 1913.

Brooks, Cleanth and Hardy, John Edward. *Poems of Mr. John Milton with Essays
　　　in Analysis*. New York: Gordian Press, INC., 1968.

Dariches, David. *Milton*. London: Hutchinson & CO. LTD., 1966.

Davies, Hugh Sykes. *The Poets and Their Critics*. Harmondsworth: Penguin
　　　Books Co., 1943.

Evan,s Ifor. *A Short History of English Literature* Harmondsworth: Penguin
　　　Books Ltd., 1971.

Jane, Sears. "The Subject of Milton's Ludlow Mask," *Milton: Modern Essays in
　　　Criticism* Ed. Arthur E. Barker. Oxford: Oxford UP, 1972.

Oxford and Cambridge UP. *The New English Bible*. 1970.

Potters, Lois. *A Preface to Milton*. New York: Charles Scribner's Sons, 1971.

Saurat, Denis. *Milton: Man and Thinker*. London: J. M. Dent & Sons LTD.,
　　　1946.

Tillyard, E. M. W. *Milton*. London: Chatto and Windus, 1949.

예이츠의 모드 곤에의 사랑의 시편들

이 창 배
(동국대 명예교수)

예이츠의 친구이자 그의 연구가인 쳴 T. R. Henn은 그의 저서 『고탑』(*The Lonely Tower*)의 서문에서 예이츠의 시가 독자에게 감명을 주는 핵심은 '지혜'라고 했지만 필자는 그것을 성실성이라고 말하고 싶다. 성실성이란 말은 지혜라는 말보다 다소 막연한 뜻이기 때문에 나는 그 말을 시인이 자기의 사사로운 감정을 솔직히 드러낸다는 뜻으로 제한해서 쓴다. 그의 시가 같은 현대 영시의 대가 엘리엇과 크게 다른 점은 그 사사로운 감정의 노출이다. 그의 시의 대부분은 그의 전기적 사실과 부합될 뿐 아니라 그 사실의 가식 없는 기록이다. 엘리엇도 그의 예이츠론에서 그 점을 인정하여 예이츠의 위대성은 "강렬한 개인적인 경험에서 보편적 진리를 표현할 수 있었던" 점이라고 지적한 일이 있다.

예이츠의 개인적인 경험은 대부분의 대시인들의 그것보다 다양한 편이다. 그것을 몇 가지 카테고리로 분류하는 것이 무리이긴 하지만, 크게 세 가지로 구분할 수 있다고 생각한다. 한 가지는 정치적 사회적 사건과의 연류, 또 한 가지는 비교(秘敎)나 환상·신화의 세계에의 몰입, 그리고 다음은 남녀 친구들과의 교우 관계, 특히 모드 곤과의 연애 사건이다. 이 세 가지 카테고리에서 생겨난 시를 정치시·철학시·연애시라고 이름붙일 수 있고, 예이츠의 시는 결국 이 세 가지 카테고리로서 대별할 수 있다고 보는 것이 필자의 생각이다.

예이츠가 모드 곤에게 표시한 사랑의 감정은, 그가 23세 때에 그녀를 만난 이래, 수차례에 걸친 청혼과 결국 그것이 받아들여지지 않자 51세 때에 드디어 단념하고 하이드 - 리즈 Georgie Hyde-Lee와 결혼할 때까지 거의 30년에 걸친 지속적인, 그리고 수많은 우여곡절을 겪은 다양한 감정인 점에서 시인의 인간과 시를 아는 중요한 관건이 될 수 있다. 이 논문은 대략 근 60편[1]의 시에 걸쳐 드러난 예이츠의 연애 감정의 복잡한 변화 과정을 살펴봄으로써 시인의 인간과 시의 진면목을 알아보고자 하는 데에 목적을 둔다.

예이츠가 모드 곤을 처음 만난 것은 예이츠가 23세, 곤이 22세 되는 어느 이른 봄날 아침이었다. 이때에 예이츠는 이미 『더블린 대학리뷰』 등을 통해서 시를 발표하여 약간의 문명을 얻고 있었기 때문에 곤이 예이츠의 시를 읽었으리라고 짐작은 가지만 아일랜드의 독립운동에 전념하고 있던 그녀가 이날 예이츠를 방문한 것은 문학적 목적이 아니라, 정치적 용무로 파리에 가는 도중 잠시 런던에 들른 계제였다.

한 영국 장교의 딸로 열렬한 민족주의자였던 곤은 183센티미터 정도 되는 큰 키에 매력이 넘치는 "아일랜드 최고의 미인"이었다. 이 희대의 미인과의 최초의 만남은 앞으로 이 시인의 생애에 깊은 영향을 미치는 중대한 사건이었다. 그는 이때 이 미모의 민족 운동가를 만난 인상을 그의 자서전에서 다음과 같이 기술하고 있다.

> 곧 모드 곤이 탄 마차 한 대가 베드포드 파크에 있던 우리집 문간에 멎었다. 그녀는 페니어회의 지도자 존 올리어리로부터 아버지에게 보내는 소개장을 가지고 왔다. 그녀는 전쟁을 찬양함으로써 아버지를 화나게 했다. 전쟁도 어떤 명분을 세우는 전쟁이 아니라, 흥분 자체에 무슨 명분이 있는 듯한 전쟁을 위한 전쟁을 찬양하는 것이었다. 나도 아버지에 맞서서 그녀의 편을 들었으므로 아버지는 더욱 화가 나셨다…
>
> 아버지께서는 나 같은 젊은이가 그렇게 아름답고 젊은 여성과 의견

---

1) Seiden은 예이츠의 모드 곤에의 연서를 조사하여 54편의 시명을 제시하고, 실은 그보다 훨씬 더 많다고 강조하였다. Morton Irving Seidon, *W. B. Yeats: The Poet as a Mythmaker*, p. 191.

을 달리할 수 없으리라는 것을 이해하셨다. 그녀는 큰 키에 변할 것 같지 않는 그 모습의 윤곽이 마치…고전에서 보는 '봄'의 인격신 같았고, "그녀는 여신처럼 걷는다"는 버질의 찬사는 오직 그녀만을 위한 말 같았다. 안색은 빛을 받은 사과꽃의 윤기처럼 빛났고, 생각컨대 그 첫날 그녀는 마치 창문에 어리는 그러한 꽃무더기 옆에 서 있었던 것처럼 기억이 난다.[2]

예이츠는 또 다른 미발표 자서전에서 그녀를 만나기 전에 이미 그 '절세미인'의 이름을 들은 일이 있고, 그녀의 이름만 듣고서 이미 흥분했었다고 술회하였다. 그는 "23세 때에 내 인생의 환난이 시작되었다"고 말하고서 그녀를 만나고 난 후에 이제 그녀가 자기 인생에 깊숙이 파고들어 "압도적인 소음"[3]을 내기 시작했다는 말과 함께 그녀를 찬미하는 온갖 화려한 용어를 쏟고 있다.

예이츠가 모드 곤을 만난 그의 나이 23세 무렵은 예이츠의 일생에서 특기할 만한 시기이다. 그가 일반 대학에 다니지 않고 2년 간 미술 학교에 다니다가 전적으로 시를 쓰려고 미술 학교를 포기한 것이 21세 때(1886)이다. 실생활에 대한 관심은 전연 없이 비교(比較) 학회나 접신술 학회 등에 가담하여 초자연적 신비 세계에 깊숙이 몰두하고,[4] 윌리엄 모리스 William Morris 등 전 라파엘파 화가·시인 들과의 교분을 맺으면서, 셸리, 블레이크 등 영국 낭만파 시인들을 읽고, 『아신의 방랑』(The Wanderings of Oisin)과 같은 몽상적인 시를 쓴 것 등이 20대 초반의 그의 정신 활동의 중요한 국면이다.

이러한 시기에 그가 생각한 사랑이 어떤 성질의 것이었겠는가 하는 것은 자명하다. 현실성이 없는 꿈같이 허망한 것을 찾던 예이츠에게 사랑이니 여자니 하는 것이 모두가 무지개처럼 아름답고 신비롭고 그저 황홀하기만 한 것이었다. 영원하고 아름답고 완전한 것은 낭만 시인들이 추구한 실체인바, 감수성이 예민한 20대 초반의 예이츠가 추구한 사랑도 예외는 아니었다. 그는 위대한 사랑을 꿈꾸면서 이렇게 말했다.

---

2) Yeats, *Autobiographies*, p. 123.
3) A Norman Jeffares, *W. B. Yeats: Man and Poet*, pp. 59~60.
4) 그가 Dublin Hermetic Society에 입회한 것이 1886년이고, Blavatsky Lodge of Theosophical Society in London에 가입한 것이 1887년이다.

　　…나는 셸리와 낭만시인들로부터 완전한 사랑의 사상을 배웠다. 아마
　　나는 교회에서 결혼하는 일은 결코 없을 것이지만 한 여인을 평생동
　　안 사랑할 것이다.5)

　그가 꿈꾸는 위대한 사랑은 이성간의 결혼을 전제로 한 혹은 에로틱한 충
동에서 찾는 사랑이 아니라, 시로써 찬미할 수 있는 관념적인 사랑이었다. 그
리고 그는 실제로 아직 여자를 몰랐고, 수줍은 총각이었다. 그가 최초의 시집
『아신의 방랑』에서 취급한 아신의 사랑도 사랑이 무엇인지 모르고 막연히
요정 니아브의 가슴을 동경한 몽상적인 사랑이었다.
　이러한 때에 현실적으로 나타난 모드 곤 역시 예이츠의 꿈속의 여인이고
'위대한 사랑'의 표상이었다. 예이츠가 그녀를 보고서, "나는 지금까지 살아
있는 여자 중에서 그렇게 위대한 아름다움을 본 일이 없다"느니, "그녀는 여
신처럼 보였다"6)느니 하고 극치의 찬사를 보낸 것은 그녀의 실상을 말한 것
이 아니라, 그녀를 관념 속의 절대 완전한 여인상과 동일화한 것에 불과하다.
이후 예이츠는 시 속에서 그 관념의 여인상과 더불어 때로는 황홀하고 때로
는 안타깝고, 때로는 슬퍼하는 오랜 방황의 길을 걷게 된다. 초기 시집『장
미』(The Rose 1893)에 실린「이 세상의 장미」("The Rose of the World"),「사랑
의 연민」("The Pity of Love"),「사랑의 슬픔」("The Sorrow of Love"),「그대가
늙었을 때」("When You are Old"),「흰 새들」("The White Birds"),「낙원에 있
는 캐들린 백작 부인」("The countess Cathleen in Paradise"),「두 그루의 나무」
("The Two Trees")등은 모두가 모드 곤을 염두에 두고 쓴 시들이다. 그러나
그 모드 곤은 하나의 관념이기 때문에 그것이 기타의 초월적 존재나 가치와
혼돈되는 수가 많이 있다. 다음 시("To the Rose upon the Rood of Time," II.
1~12)에서 그가 "장미"를 노래부를 때 그것은 모드 곤의 표상이면서 동시에
켈트 민족의 신들의 세계와 동일화되어 있다.

　　붉은 장미, 자랑스런 장미여, 내 생애의 슬픈 장미여!
　　나에게 가까이 오라, 나는 옛것들을 노래하련다,

---

5) Jeffares, p. 58.
6) 위의 책, p. 59.

사나운 조수와 싸움하던 쿠후린의 일을,
조용한 눈으로 숲에서 자란 백발의 드루이드승이
퍼거스에게 꿈과 헤아릴 수 없는 파멸을 뒤집어씌운 일을,
그리고, 네 자신의 슬픔을 노래하련다. 별들도
바다 위에서 은빛 샌들 신고서 춤추다 늙어서
네 슬픔을 소리 높이 외로운 곡조로 노래한다.
가까이 오라, 인간의 운명 때문에 현혹됨이 없이
사랑과 미움의 나뭇가지 밑에서
하루살이 가엾은 온갖 어리석은 것들 속에서
나는 본다. 홀로 제 길을 헤매는 영원한 아름다움을.

Red Rose, proud Rose, sad Rose of all my days!
Come near me, while I sing the ancient ways:
Cuchulain battling with the bitter tide:
The Druid, grey, wood-nurtured, quiet-eyed,
Who cast round Fergus dreams, and ruin untold:
And thine own sadness, whereof stars, grown old
In dancing silver-sandalled on the sea,
Sing in their high and lonely melody.
Come near, that no more blinded by man's fate,
I find under the boughs of love and hate,
In all poor foolish things that live a day,
Eternal beauty wandering on her way.[7]

　다음 「이 세상의 장미」의 경우에도 모드 곤에게서 본 영원한 아름다움이
아일랜드 신화의 인물 우스나와 그리고 그리스 신화의 헬렌과 결부되지만,
탐미주의적 예술 사조가 반영되어 필연적으로 영원과 현실의 운명적 불일치
에서 연유하는 애절한 음조가 들린다.

　　아름다움이 꿈처럼 사라진다고 누가 생각했던가.
　　이 붉은 입술 때문에, 슬픈 교만이,
　　너무 슬퍼서 새삼 기이한 생각도 일지 않는 그 입술 때문에,
　　트로이는 치솟는 죽음의 불길에 싸여 사라졌고,

---

7) 위의 책, p. 66.

우스나의 아들들도 죽었다.

우리도, 움직이는 세계도 사라진다.
하늘의 물거품, 그 꺼져가는 별들 아래,
겨울 강물의 파리한 물살처럼,
가물가물 덧없기 그지없는 인간들의 마음속에서,
이 외로운 얼굴만은 영원히 살아남으리라.

Who dreamed that beauty passes like a dream?
For these red lips, with all their mournful pride,
Mournful that no new wonder may betide,
Troy passed away in one high funeral gleam,
And Usna's children died.

We and the labouring world are passing by:
Amid men's souls, that waver and give place
Like the pale waters in their wintry race,
Under the passing stars, foam of the sky,
Lives on this lonely face.

예이츠는 모드 곤이 런던에 체류하고 있는 동안에 여러 차례 식사를 같이
하고, 연극 활동에 관하여 상의하기도 했다 예이츠는 자신이 『신화 민속담』
(*Fairy and Falk Tales*)을 편찬하면서 그 중의 한 이야기를 각색하여 그녀를
주인공으로 한 『캐들린 백작 부인』(*The Countess Cathleen*)이라는 극을 쓰겠
다고 제안하기도 했다. 그녀는 정치를 이야기하고 권력에 대한 야망을 고백
하기도 했다. 예이츠는 곤이 정치에 전념하고 이상에 불타는 여인이라는 것을
알고서 크게 감명을 받고 그녀가 정력적이고 자신감에 넘치는 여인이라는
것을 알았다. 그는 그녀의 정치적 관심이나 잔인할 정도의 자신감이 자기의
기질과 일치한다고 생각지는 않으면서도 점차 그녀에게 빠져들어갔다. 그러
나 돈도 없고, 그녀를 충분히 이해할 수도 접근할 수도 없는 상태에서 그의
사랑은 절망적이었다. 더욱이 그는 자신이 극도로 소심함을 잘 알고 있었다.
모드 곤을 만난 지 3년 후인 1891년 여름 예이츠가 아일랜드에 있을 때 그
는 모드 곤이 더블린에 있다는 말을 듣고서 호텔로 그녀를 찾아갔다. 이때에

그녀에 대한 그의 사랑은 다시 불붙었다. 그는 그때의 감정을 다음과 같이 적고 있다.

> 우리의 이야기가 친숙해지자 그녀는 어떤 불행 같은 것, 어떤 실망 같은 것을 비쳤다. 그녀에게서 전날의 딱딱한 울림이 가셨을 때 그녀는 상냥하고 느슨해졌다. 그때 다시 한번 사랑의 감정이 치밀었고 나는 더 이상 그 감정을 억누르고 싶지 않았다. 나는 이 여자가 어떤 류의 아내가 될 것인지를 생각지 않고, 이 여자에게는 보호와 마음의 평화가 필요하다는 것만을 생각했다.[8]

그 후 얼마 안 있어 예이츠는 처음으로 그녀에게 청혼을 했다. 이날의 사정을 시인은 다음과 같이 기록하고 있다.

> 나는 교묘한 일을 기억하고 있다. 나는 마음먹은 바가 있어 방에 들어갔으나 그녀를 쳐다볼 수도 없었고, 그녀의 아름다움을 생각하지도 못하면서, 앉아서 그녀의 손을 쥔 채 열을 올려 말을 했다. 그녀가 잠시 손을 뿌리치지 않고 있어서 나는 말을 그쳤다. 이렇게 말없이 앉아있자, 나는 자신이 없어지는 것을 알았다. 곧 그녀는 손을 물리쳤다. 그녀는 결혼을 할 수 없다는 것이었고 … 나와는 우정을 요구했다.[9]

이런 거절로써 예이츠의 사랑이 식은 것은 아니지만 그에게 심한 고독과 좌절감을 주었으리라는 것은 짐작이 간다. 바로 그 다음날 썼다는 시가 다음에 인용하는 「흰 새들」이다. 이날 오후 연인 사이가 아닌 두 사람은 하우드의 벼랑을 걸었다. 마침 쉬고 있을 때에 두 마리의 갈매기가 머리 위로 날아와 바다 쪽으로 날아갔다. 그녀는 말하기를 만일 자기가 어떤 새가 된다고 하면 자기는 갈매기가 되고 싶다고 한 말이 생각이 나서 갈매기를 주제로 시를 썼다는 것이다.

애인이여, 나는 바다 물거품 위를 나는 흰 새가 되고 싶구려!

---

8) Yeats의 미발표 원고. Jeffares, p. 67에서.
9) 위의 책, p. 68.

사라져 없어지는 유성의 불길엔 싫증이 나고,
하늘가에 나직이 걸린 황혼의 푸른 별의 불길은,
애인이여, 꺼질 줄 모르는 슬픔을 우리의 마음에 일깨워주었소.

이슬 맺힌 장미와 백합, 저 꿈같은 것들에게선 피로가 오오.
아 애인이여, 그것들, 사라지는 유성의 불길은 생각지 맙시다,
그리고 이슬질 무렵 나직이 걸려 머뭇거리는 푸른 별의 불길도.
왜냐하면 나는 떠도는 물거품 위의 흰 새가 되었으면 하니, 그대와
나는!

I would that we were, my beloved, white birds on the foam of the sea!
We tire of the flame of the meteor, before it can fade and flee;
And the flame of the blue star of twilight, huge low on the rim of the sky,
Has awaked in our hearts, my beloved, a sadness that may not die.

A weariness comes from those dreamers, dew-dabbled, the lily and rose;
Ah, dream not of them, my beloved, the flame of the meteor that goes,
Or the flame of the blue star that lingers hung low in the fall of the dew:
For I would we were changed to white birds on the wandering foam: I
and you!

청혼을 거절당한 후 그녀에 대한 그의 자세는 굳어졌지만 아주 친근한 친
구로 두 사람은 자주 만나고 여러 면에서 서로 협력하였다. 그리고 그는 이
러한 접촉과 협력 사이에서 언젠가는 그녀가 자기를 사랑하게 되리라고 믿
었다. 예이츠는 곤이 마음속에 악령 같은 것이 도사리고 있어서 고운 애정의
심성을 억누르고 정치에 광분하게 된다고 생각하여 그녀를 심령학에 관심을
갖게 하려고 런던의 연금술학회와 또 다른 심령술교단에 가입시키기도 했다.
그리고 모드 곤이 도네갈 지방에서 굶주린 농민들의 구호 사업에 전념하다
가 병을 얻었을 때에는 위로의 시를 써 보내기도 하고, 자기와 곤을 모델로
하여 극 『캐들린 백작 부인』을 써서 극중에서 시인 케빈으로 하여금 사랑에
패배한 고백을 하도록 하였다.
  예이츠는 신비 사상이나 시편으로써는 모드 곤의 관심을 자기에게 향하게
할 수 없다고 생각하여 자신이 직접 정치 운동에 가담하여 그녀의 호감을 얻

고자 마음먹었다. 그는 유명한 정치 지도자 존 올리어리 등과 어울리고, 강연
에 나서고, 아일랜드 문학회를 조직하면서 사회에서 새로운 이미지로 부각되
었다. 그리고 재정적으로 여유도 있고, 아름답고 웅변적인 모드 곤으로 하여
금 문학 단체를 위하여 활동하도록 권유하기도 했다. 그것은 그녀로 하여금
과격한 정치 활동에서 손을 떼게 하고자 하는 목적에서였다. 그는 그러한 목
적이 허사인 것을 깨닫게 되고, 자신이 정치 운동에 가담하면 할수록 자신이
분열되는 느낌에서 괴로워했다. 그는 자기가 대중 운동과 정치 활동에 참여
하는 것은 오직 모드 곤의 영향과 그녀의 환심을 사기 위한 것이니 만큼 그
것이 어리석은 일이라는 생각이 들기 시작한 것이다. 이 무렵의 감정적 혼란
기에 발표된 시들이 합쳐져서 그의 제3시집 『갈대밭에 부는 바람』(*The Wind
Among the Reeds* 1899)이 이루어졌다. 시인의 초기 서정성의 절정을 이루는
이 시집에 실려 있는 도합 37편의 시에는 거의 대부분 실연에서 연유한 실의
와 정서적 권태기가 주조를 이룬다.

「애인은 마음속의 장미를 말한다」("The Lover Tells of the Rose in His
Heart")에서는 마음속 깊숙이 피어 있는 장미꽃이 속세의 더러운 이미지로
때문을까 염려하며 고이 간직하고 싶어하는 마음을 말했고, 「고기」("The
Fish")에서는 모드 곤을 투망에 걸린 물고기에 빗대어 그것이 팔딱팔딱 뛰어
도망치려고 하니 그 심술궂고 불친절한 꼴이 불평스럽다고 말한다. 「그는 두
사람에게 닥쳐온 변화를 슬퍼하며, 세상이 끝나기를 갈망한다.」("He Mourns
for the Change That has Come upon him and His Beloved, and Longs for the
End of the World")에서는 자신을 흰 사슴을 쫓는 사냥개에 비유하여 돌길 가
시덩굴 속을 헤매며 밤낮으로 애인을 쫓는 심정을 나타냈다. 「그는 잊혀진
아름다움을 회상한다」("He Remembers Forgotten Beauty")에서 미의 허망함을
노래했고, 「한 시인이 자기 애인에게」("A Poet to His Beloved")에서는 애인에
게 헤아릴 수 없는 꿈을 선사한다.

> 나는 경건한 손으로 당신에게 바칩니다.
> 나의 헤아릴 수 없는 꿈이 실린 이 책을.
> 조수물이 비둘기빛 회색 모래 사장을 좀먹듯이

정열에 지친 흰 살결의 여인이여.

I bring you with reverent hands
The books of my numberless dreams,
White woman that passion has won
At the tide wears the dove-grey sands.

「그는 애인에게 노래를 바친다」("He Gives His Beloved Certain Rhymes"),
「그는 하늘나라의 옷감을 원한다」("He Wishes for the Cloths of Heaven")와 같
은 시에서는 찬란한 애인의 이미지와 시인 자신의 비천한 모습을 대조시켜
놓았고, 「그는 애인들로 가득 찬 골짜기를 말한다」("He Tells of Valley Full of
Lovers")에서 시인은 옛날 애인이 숲 속에서 살며시 나타나기를 바라며, 「그
는 사초의 울부짖음을 듣는다」("He Hears the Cry of the Sedge")에서는 사랑
을 잃은 허전함과 뼈저린 외로움을 다음과 같이 노래하고 있다.

나는 방황한다
바람이 사초에서 울부짖는
황량한 이 호수가를
별들을 제자리에 돌게 하는
하늘의 축이 무너지고,
동서를 가리키는 깃발이 심연에 내던져지고.
빛의 띠가 풀어질 때까지는
너의 가슴은 너의 잠자는 애인의
가슴 옆에 눕는 일 없으리라.

I wander by the edge
Of this desolate lake
Where wind cries in the sedge:
Until the axle break
That keeps the stars in their round,
And hands hurl in the deep
The banners of light is unbound,
Your breast will not lie by the breast
Of your beloved in sleep.

「보이지 않는 장미」("The secret Rose"), 「그는 애인이 죽기를 바란다」("He Wishes his Beloved Were Dead") 등에서도 애인을 손에 넣지 못함으로 사랑이 더욱 신비롭고, 초자연적 존재로 느껴지는 감정이 드러나 있다.

예이츠는 34세 경부터 점차 적극적인 정치 활동과 민족 운동에서 벗어나 순전한 문학 활동에 치중하게 되었다. 하나의 공인으로서 정치 활동에 열중하는 곤을 만나고 그녀의 마음에 들기 위하여 그는 더 이상 시간을 공적인 활동에 소비할 수 없다고 반성하기 시작한 것이다. 그것은 그가 다분히 비현실적이고 시적인 체질을 타고난 데서 오는 필연적인 결말이지 그녀에게 환멸을 느꼈거나 일찍 사랑을 체념한 결과는 아니다. 그녀는 여전히 그의 꿈속을 채우고 있는 구원의 여인이었다. 만일 그가 그녀를 단념한다면 그것은 바로 꿈을 버리는 것이고 그의 낭만이 끝나는 것을 의미한다. 예이츠의 소박한 생각으로는 곤이 비록 자기에게 결혼을 허락지는 않더라도, 어느 누구와도 결혼하지 않고서 끝내 청순한 한 떨기 장미로서 아무의 손도 닿지 않는 저만큼의 거리에 피어 있을 것으로 생각했던 것이다. 여기에 낭만주의자의 오산이 있었는지도 모른다. 아무튼 그는 하나의 이미지로서의 여인을 지키면서 기회 있을 때마다 그녀에게 결혼을 청했다.

1902년이면 예이츠가 39세 때이다. 이 해는 그가 아일랜드 연극 협회 회장으로 연극 운동에 골몰하던 때이다. 그 무렵에도 예이츠는 모드 곤에게 끈질긴 사랑의 접근을 계속했다. 다음은 모드 곤의 자서전에서의 인용인바,[10] 이것을 통하여 우리는 예이츠의 청혼의 진의와 곤의 거절의 진의를 잘 알 수 있다.

> 시인: 당신은 언제나 아름다울 것이고, 내가 아는 그 누구보다 더 아름다울 것입니다. 그럴 수밖에 없어요. 그런데 모드, 왜 나하고 결혼해서 이 비극적인 투쟁을 중단하고 평화롭게 살지 않아요. 결혼만 한다면 나는 당신이 당신을 이해하는 예술가와 작가들과 어울려서 아름다운 생활을 할 수 있게 해드릴 수 있어요.
>
> 모드: 윌리[예이츠의 애칭], 그 질문을 하는 데 싫증도 안 느끼는가요.

---

10) Maud Gonne MacBride, *A Servant of the Queen*. p. 328. Jeffares의 책. pp. 128~129.

도대체 내가 당신과 결혼하지 않는다고 얼마나 여러 번 말했어
요. 당신은 나와 같이 있으면 행복하지 않을 거예요.

시인: 나는 당신이 없으면 행복하지 않아요.

모드: 아니, 당신은 행복해요. 왜냐하면 당신은 당신이 소위 불행이라고
하는 것을 가지고 아름다운 시를 짓고, 그럼으로써 행복하니까요.
결혼이라는 것은 아주 무미건조한 일이지요. 시인은 결혼해서는
안돼요. 내가 당신하고 결혼하지 않는 것이 천만다행이지요. 한
가지 우리의 우정이 내게 큰 의미를 갖는다는 것을 말해드리렵니
다. …

시인: 당신은 행복한가요, 불행한가요.

모드: 나는 지금까지 누구보다도 행복했고, 누구보다도 불행했지만 나는
그것에 대하여 생각하지 않아요. 이 점 당신하고 달라요.. 나는
내가 맡은 일에 흥미를 가집니다. 그것이 내 인생이고 나는 생활
하고 있습니다. 그러나 대부분의 사람들은 존재할 뿐이지요. 가엾
은 사람들입니다. 그들은 멍청한 무사안일의 생활을 하고 있지요.
그들은 죽어 땅 속에 묻히는 것이 좋을지 모릅니다.

예이츠가 모드 곤을 꿈속의 여인으로서 끝내 미련을 버리지 못하고 있을
때 청천벽력 같은 하나의 현실이 그의 눈을 뜨게 했다. 38세가 되는 1903년
미국으로 강연 여행차(40회의 장기 강연)가 있을 때에 그는 모드 곤으로부터
한 통의 편지11)를 받았다. 눈익은 필체로 씌어진 그녀의 편지였지만 사연은
천만 뜻밖이었다. 곤은 결혼했음을 그에게 알렸다. 13년 간 이상을 두고 구애
해온 청순한 꿈이 이 순간에 산산조각이 난 것이다. 그녀는 예이츠와 결혼은
하지 않아도 애정이 없는 것은 아니라고 말했고, 어느 누구와도 결혼할 생각
이 없다고 말했던 것이다. 도대체 이게 어찌된 일일까. 더구나 그녀가 결혼한
상대는 시인도 아니고 학자도 아니고 비교술자(秘敎術者)도 아니다. 그녀가
택한 사람은 예이츠가 모드 곤의 애인으로 적합하다고 생각 할 수 없는 육군
소령 맥브라이드 John MacBride이다. 그토록 오래 꿈속에 지녀온 소중한 장
미를 결국은 그런 녀석이 따버릴 줄이야. 이때에 예이츠는 어떤 충격을 받았
을까. 예이츠 학자인 리차드 엘먼 Richard Ellmann 교수는 이렇게 말한다.

---

11) Ellmann은 편지라 했고(Ellmann, p. 159). Jeffares는 전보라고 했음(Jeffares, p. 139).

잠시 동안 귀가 들리지 않고, 눈도 보이지 않았다. 불만 환한 채. 예
이츠는 어떻게 할 바를 몰랐다. 그러나 별수 없이 강연을 밀고 나갔
다. 끝나고 나서 청중들이 몰려와서 강연을 잘 했다고 축하의 말을
했지만, 그는 자기가 한 말을 한마디도 기억할 수가 없었다. 그는 눈
이 활짝 뜨인 것이다. … 이때 그의 나이 38세, 그의 반생이 끝났다.
가장 소중히 간직한 그의 꿈이 사라진 이 마당에 이제 그는 어떻게
할 것인가.12)

예이츠는 후일(1908) 이때의 충격을 「화해」("Reconciliation")라는 시에서 다
음과 같이 노래하였다.

> 당신을 책망한 사람도 있었을지 몰라요, 당신이
> 내게서 떠난 그날, 나는 번갯불로 귀도 들리지 않고
> 눈도 안 보이게 되고, 그 때문에
> 사람들의 마음을 감동시키는 시를 못 쓰게 된 것을 …
> 그러나 애인이여, 내게 가까이 있어 주오. 당신이 가버린 이래,
> 삭막한 생각에 나는 뼛속까지 추위에 떱니다.

> Some may have blamed you that you took away
> The verses that could move them on the day
> When, the ears being deafened, the sight of the eyes blind
> With lightning, you went from me, …
> But, dear, cling close to me: since you were gone,
> My barren thoughts have chilled me to the bone.

모드 곤이 결혼한 맥브라이드는 영국군과 싸운 독립 투사로서 두 사람의
결혼은 애국적 동기에서였던 것으로 알려졌다. 그들의 결혼은 시인에게 큰
실망과 충격을 주었고, 후일에 가서는 젊은 시절을 낭비한 것을 후회하여
"그녀가 내 생활을 비참하게 만들었다고 비난할 것이 무엇인가"라고 노래한
일도 있지만 위에 인용한 시에서 보는 바와 같이 당장 그녀를 단념할 수는
없어서, 그는 계속해서 그녀의 아름다움을 찬미하고 사모의 정을 시에 담곤

---

12) Richard Ellmann, *Yeats: The Man and the Masks*, pp. 159~160.

했다. 이것이 1910년에 나온 『푸른 투구』(*The Green Helmet*)에 실린 시편들이다. 그러나 이 시편들은 전과 같은 낭만적인 달콤하고 몽상적인 시가 아니고, 리듬이 간결하고 냉철한 시들이다. 이 시기를 고비로 예이츠의 시는 후기시로 접어들었다고 말할 수 있다. 거기에 이르는 과정의 시집이 『일곱개의 숲에서』(*In the Seven Woods* 1904)이다. 여기에 실린 몇 편의 시에는 실연에 따른 후회가 자기 성찰이 대부분이다. 「마음을 다 바쳐서는 안된다」("Never Give all the Heart")에서 시인은 "사랑 때문에 귀가 먹고 입이 막히고/눈이 먼다면 사랑의 놀이가 잘 되겠는가./사랑의 유희를 한 자에게 남는 것은 쓰라린 희생이다. 마음을 다 바쳐서 패배한 몸이니까"라고 사랑의 희생을 경계하고, 「너무 오래 사랑하지 말라」("O Do Not Love Too Long")에서는 사람의 마음은 변하는 것인데 사랑에서 영원을 찾으려고 하는 것은 시대에 맞지 않는 일이라고 다음과 같이 노래한다.

> 그대여, 너무 오래 사랑을 말라.
> 나는 오래오래 사랑을 했다.
> 그리하여 시대에 뒤졌다
> 마치 옛 노래처럼.
>
> 우리 젊은 시절에는 언제나
> 자신의 생각을 상대방의 생각과
> 구분하는 일 따위 아예 생각지도 못했다.
> 우리는 너무나 한데 묶여 있었다.
>
> 그러나, 아 순간에 그녀는 변했다-
> 아, 너무 오래 사랑을 말라,
> 그렇지 않으면 시대에 뒤지리라
> 마치 옛 노래처럼.
>
> I loved long and long
> And grew to be out of fashion
> Like an old song

All through the years of our youth
Neither could have known
Their own thought from the other's,
We were so much at one.

But, O, in a minute she changed-
O do not love too long,
Or you will grow out of fashion
Like an old song.

이러한 자기 성찰의 자세는 시인이 자기를 객관적으로 관찰할 수 있는 눈이 뜨였다는 것을 말하며, 자기뿐 아니라, 사회와 현실을 객관적으로 관찰하는 자세로 전환함으로써 그의 시는 서서히 초기의 몽상적인 서정시에서 벗어나게 되는 것이다. 그것은 모드 곤으로부터의 실연이 가져온 결과이지만, 그것만이 아니라 그가 당시 애비 극장을 중심으로 연극에 전념하고 극작품을 쓰는 과정에서 자기 극화의 수련을 쌓은 것이 힘이 되었다고 말할 수 있다.

예이츠는 자기의 생활 자세를 바꾸고 현실에 관심을 갖는 '새 사람'이 되어가고 있었다. 곤이 결혼한 다음해인 1904년에 미국에서 돌아올 때에 더블린 사람들은 그가 '새 사람'이 된 것을 볼 수 있었다. 그의 한 친구는 그가 외면을 중시하는 사람으로 변해 있었다고 말했다. 한편 그 해 3월 15일, 뉴욕의 변호사 존 퀸에게 자기의 신간서 한 권을 보내겠다고 전하는 편지에는 당시의 시인의 심경이 잘 나타나 있다.

　　…요사이 건강은 매우 좋아졌습니다. 그리고 어떤 딴 일로 말미암아
　　나는 바깥 세계를 좀더 반항적인 눈으로 보게 되었습니다. 이 책은
　　너무 서정적이고 아득한 것에 대한 동경과 소망으로 차 있습니다. 앞
　　으로 내가 하는 일은 더 창조적인 일일 것으로 생각합니다. 나는 앞
　　으로 내 자신을 다소라도 비판적으로 표현할 수 있는 한, 직접 행동
　　으로 연결되고 일종의 기교로 연결되는 그런 류의 생각으로써 내 자
　　신을 표현할까 합니다.13)

---

13) Yeats, *The Letters*, p. 403.

여기에서 말하고 있는 "어떤 딴 일"들이란 모드 곤의 결혼을 언급하는 것임에 틀림없다. 그 일로 말미암아 자신의 과거를 반성하고 장래의 각오를 다짐하고 있는 점에 우리의 관심이 간다. 예이츠는 자기의 과거가 미칠 수 없는 서정적인 생활을 해왔다는 뜻을 말하고 있다. 즉, 서정적이고 몽상적이고 신비스런 세계는 일단 청산된 셈이다. 그의 사생활에서뿐 아니라 시세계에서도 그렇다. 그래서 그의 시 가운데 모드 곤의 결혼 이전의 시를 19세기적 낭만시라고 한다면, 그 이후 그의 시는 현대시로 변모하였다고 말할 수 있다.

예이츠의 시는 『푸른 투구와 기타의 시편들』(*The Green Helmet and Other Poems* 1910)에 이르러 사회와 현실을 더욱 객관적인 눈으로 바라보는 비판적인 자세를 드러낸다. 한편 모드 곤에 대한 시는 현저히 줄어드는 경향이어서 이 시집에 실린 21편의 시 중에서 모드 곤에 관련되는 시는 고작 7편이다. 그 시편들에서 모드 곤은 관념의 상이 아니라 특정한 장소와 시간 속에 놓인 현실적인 인물로서 언급된다.

> 오늘날과 같은 시대에는 어울리지 않는 여자.
> 고귀하고, 고고하고, 아주 준엄한 마음을 가진
> 그녀를 무엇으로 편안하게 할 수 있었을까
> 도대체, 그런 여자로서 무엇을 할 수 있었을까.
> 그녀에게 불태울 트로이가 또 달리 있었던가

> What could have made her peaceful with a mind…
> That is not natural in an age like this,
> Being high and solitary and mist stem?
> Why, what could she have done, being what she is?
> Was there another Troy for her to burn?[14]

이제 시인은 모드 곤을 이렇게 비판적으로 보게 되었다. 비판과 원망조의 이 시에서 시인은 모드 곤을 트로이의 헬렌과 동일시하여, 그녀가 남녀간의 사랑 같은 일에 정력을 쏟을 수 없음을 높이 평가한다. 한때 그는 그녀를 구름이나 타고 있는 듯 미화해서 바라보았다. 다음 시에서는 과거 자기가 모드

---

14) "No Second Troy," II. 9~12.

곤을 어떻게 보았는가를 성찰한다.

> 내가 젊었을 때에
> 그녀는 불같은 피가 끓는 여인이었다.
> 호머가 노래한 여인의 상이어서
> 마치 구름에 올라앉은 듯,
> 아름답고 호기 있는 걸음걸이였기에
> 내게는 인생이나 문학이
> 영웅 시대를 비치는 꿈으로밖에 안 보였다.

> For she had fiery blood
> When I was young,
> And trod so sweetly proud
> As 'twere upon a cloud,
> A woman Homer sung,
> That life and letters seem
> But an heroic dream.[15]

다음 「말」("Words")이란 시에서도 시인은 자기가 모드 곤에게 바친 노력과 정성이 무엇 때문이었으며 그 결과가 무엇인가를 반성한다.

> 나는 얼마 전까지 이런 생각을 했다.
> "나의 애인은 이해하지 못한다
> 이 눈먼 처참한 나라에서 내가
> 지금까지 해온 일, 그리고 하고자 하는 일을."

> 나는 햇볕을 보는 데도 지쳤지만
> 드디어 내 생각이 다시 개어,
> 상기했다. 내가 최선을 다해서 한 일은
> 그것을 알리기 위함이었음을

> 그리고 매년 나는 외쳐왔다.
> "내 애인이 결국 그것을 이해할 것이다.

15) "A Woman Homer Sung," ll. 15~21.

나는 실력을 갖게 되어
말이 내 뜻대로 쓰이게 된다"라고

그러나 만일 그녀가 이해했더라면
도대체 체에서 무엇이 걸려 나왔겠는가.

어쩌면 나는 빈약한 말 따위 집어치우고서
편안히 안주했을지도 모른다.

I had this thought a while ago,
'My darling cannot understand
What I have done, or what would do
In this blind bitter land.'

And I grew weary of the sun
Until my thoughts deared up again,
Remembering that the best I have done
Was done to make it plain:

That every year I have cried, 'At length
My darling understands it all,
Because I have dome into my strength,
And words obey my call':

That had she done so who can say
What would have shaken from the sieve?
I might have thrown poor words away
And been content to live.

　시인은 이 시에 붙인 주에서도 같은 말을 하고 있다. 즉 그녀는 자기의 계획이나 성품이나 사상을 결코 이해하지 못한다고, 그리고 자기가 지금까지 한 일, 그리고 하고 있는 일은 자신을 그녀에게 알리기 위한 것에 불과하다는 것을. 예이츠의 사상이나 계획을 모드 곤이 이해할 수 없었다. 곤이 예이츠가 정치적 목적이나 선전 목적의 글을 써주기를 바랐고, 예이츠는 그녀가 과격 행동에서 손을 떼고서 문학과 예술 속에서 품위 있고 평화롭게 살아주기를 바랐었다. 그러나 시인은 이 시에서 자기로 하여금 말이 뜻대로 구사되는 시인이 되게 한 것은 모드 곤이니까, 그녀가 자기를 이해하지 못해도 상관없고, 오히려 이해하지 못한 것이 다행이라고 말한다. 만일 그녀가 이해했더라면, 자기는 일찍 시작(詩作)을 포기하고 그 힘든 일을 하지 않고서 편안히 살았을지도 모른다는 것이다.

이제 예이츠는 50세의 문턱에 이르렀다. 이 무렵에 나온 시집 『책임』(*Responsibilities* 1914)에서 그는 선조들과 사회와 국가와 자기에 대한 책임을 느끼면서 지난날의 부질없는 사랑을 후회한다.

> 나는 49세에 가까워지고 있지만,
> 아직 자식도 없고, 있는 건 책 한 권뿐,
> 선조님들의 피와 내 피를 증명할 것은 아무것도 없으니.

> Although I have come close on forty-nine,
> I have no child, I have nothing but a book,
> Nothing but that to prove your blood and mine.[16]

다음은 「젊은 날의 추억」("A Memory of Youth")에서 두 연을 옮긴 것이다.

> 시간은 순간순간 놀이에서처럼 사라졌다.
> 네게 사랑에서 얻어낸 지혜도 있었고,
> 내겐 타고난 재질도 갖추어져 있었다.
> 그런데 재능껏 말을 했지만,
> 그리고 그것을 가지고 그녀를 칭찬해댔지만,
> 살을 에이는 북풍에서 불려온 구름 한 점에
> 순간 사랑의 달은 가리워지고 말았다.

> 한마디 한마디 진심으로 말했고,
> 나는 그녀의 몸과 마음을 찬미했다.
> 그러면 그녀의 눈은 자부심에 빛났고,

---

16) 시집 *Responsibilities*(1914)의 서시(序詩) ll. 19~21.

기뻐서 두 뺨은 새빨개지고,
우쭐해서 발걸음도 가벼웠지.
그러나, 온갖 찬미에도 불구하고
어둠만이 우리의 머리 위를 덮고 말았다.

The moments passed as at a play;
I had the wisdom love brings forth;
I had my share of mother-wit,
And yet for all that I could say,
And though I had her praise for it,
A cloud blown from the cut-throat North
Suddenly hid Love's moon away.

Believing every word I said,
I praised her body and her mind
Till pride had made her eyes grow bright,
And pleasure made her cheeks grow red,
And vanity her footfall light,
Yet we, for all that praise, could find
Nothing but darkness overhead.

이 시에는 짙은 체념과 늙음을 의식하는 어조가 역력하여 독자의 가슴을 무겁게 한다. 늙음이 시인에게만이 아니라 한때의 '절세 미인'이었던 그녀에게도 다가왔다. 다음은 「꺼져버린 권위」("Fallen Majesty")의 전문이다.

한때는 그녀가 얼굴을 나타내면 사람들이 모여들었고,
노인들의 눈까지도 충혈되었건만, 지금은 내 손만이,
마치 집시의 야영장에서 꺼진 권위를 지껄이는
살아남은 마지막 정신(廷臣)처럼 지난날을 기록한다.

얼굴 생김새며, 웃으면 마음이 감미로워지던 심정이며,
이런 것은 옛날 그대로, 그러나 나는 지난날을 기록한다. 사람들이
모여들겠지만, 알지 못할 것이다. 그들이 걷는 길이
한때 불타는 구름처럼 보였던 그녀가 걷던 길임을.

Although crowds gathered once if she but showed her face,
And even old men's eyes grew dim, this hand alone,
Like some last courtier at a gypsy camping-place
Babbling of fallen majesty, records what's gone.

The lineaments, a heart that laughter has made sweet,
These, these remain, but I record what's gone. A crowd
Will gather, and not know it walks the very street
Whereon a thing once walked that seemed a burning cloud.

이 시는 모드 곤이 과거 군중 집회 같은 데서 찬연히 빛나던 모습을 상기하여 쓴 시이다. 예이츠는 자신의 사랑을 때로 후회하면서도 "한때 불타는 구름처럼 보였던" 그녀에 대한 생각을 바꾸지는 않는다. 그녀의 신념에 불타는 투쟁 정신이며 당당한 삶이 영웅 정신의 표상처럼 그를 매혹했던 것이다. 영웅 정신에 대한 흠모는 예이츠가 모드 곤에게 이끌린 중요한 동기의 일면이다.

그녀는 폭풍과 투쟁 속에서 살았다.
그녀의 마음은 자랑스런 죽음으로 이룰 수 있는
그런 영광을 동경했기 때문에
인생의 일상적인 행복 따위는
참아낼 수가 없었다.
그러나 왕자처럼 살았다.
자신의 혼례식 날
작은 깃발과 삼각 깃발로 장식하고
트럼펫과 팀파니를 울려대고
요란하게 축포를 쏘아
시간을 재촉하며
밤이 오기를 기다리는 왕자처럼.

She lived in storm and strife,
Her soul had such desire
For what proud death may bring
That it could not endure

The common good of life,
But lived as 'twere a king
That packed his marriage day
With banneret and pennon,
Trumpet and kettledrum,
And the outrageous cannon,
To bundle time away
That the night come.[17]

이 무렵 예이츠는 아직 독신이었고, 맥브라이드와 결혼한 곤도 사실상 독신이었다. 본래 누가 보아도 부적당한 결합이라고 생각되었던 곤과 맥브라이드의 결혼은 2년 후에 합법적인 별거 상태에 들어갔다. 그러는 가운데 1916년의 유명한 부활절 봉기 사건에 연루되어 맥브라이드는 처형당했다. 처형이 있은 후에 예이츠는 파리에 머무르고 있는 곤 여사를 찾아가 다시 청혼하였다. 그것은 청혼을 하면서 그녀에게 정치에서 손을 뗄 것을 조언으로 내세웠다. 그러나 그녀는 예이츠가 점점 대중과 멀어지고 아일랜드 독립과 자유의 문제를 의식하지 않는 점이 못마땅해서 예상했던 대로 청혼을 거절했다.[18] 그리고 나서 그는 곤이 자칭 양녀라고 하는(실은 곤의 사생아) 이졸트 Iseult (1894~1954)에게 반하여 청혼했지만 그녀에게도 거절당했다. 예이츠가 결국 아내로 맞이하게 된 사람은 오래전부터 알고 사귀어온 조지 하이드 - 리즈 Georgie Hyde-Lees였다. 이때 예이츠는 52세, 신부 하이드 - 리즈는 26세. 그의 결혼은 모드 곤과 이졸트에게서 다같이 청혼을 거절당한 데 대한 반발의 결과여서, 결혼초의 시인은 심신이 피곤한 상태였다. 남편의 이러한 상태를 간파하고 그의 관심을 다른 곳에 집중시키도록 신비술의 방법으로 처방을 가한 것이 부인이었다. 비교(秘敎) 연구와 심령 과학에 다같이 흥미를 가졌을 뿐 아니라 무당으로서 무술을 실천했던 하이드 - 리즈는 재능 있고 유머 감각이 풍부한 여자이어서 시인의 오랜 방황에 종지부를 찍고, 그로 하여금 평온한 생활 속에서 예술과 사상 체계를 완성시키는 데 좋은 반려자가 된 것이

---

17) "That the Night Come," 전문.
18) Jeffares, p. 141.

다(그 중 특기할 일이 그가 아내의 자동 기술의 방법으로 얻어진 『비전』(*A Vision*)[1925]의 저술이다).[19] 그러나 그가 결혼함으로써 그의 마음에서 모드 곤이 완전히 청산된 것은 아니다.

　예이츠의 결혼 후의 시에서 모드 곤에 관한 시는 현저히 줄어들고, 그것도 시 전체에서가 아니고 어느 행 혹은 어느 연에서 언급되는 정도이다. 1919년의 『쿨 호의 야생 백조』(*The Wild Swans at Coole*) 이후 『최후 시집』(*Last Poems* 1936~1939)에 이르기까지 5권의 시집에서 모드 곤이 시의 주제에 포함된 시는 2, 3편 정도이다. 이 중에서도 그 대부분이 『쿨 호의 야생 백조들』에 포함되어 있는데, 제페어스 교수의 조사에 의하면 그 중 「쿨 호의 야생 백조들」, 「그의 불사조」, 「깨어진 꿈」, 「굳은 맹세」, 「유령들」, 「그녀의 칭찬」 등이 모드 곤에 관계되는 시들이지만 그것들은 사실상 예이츠의 결혼 전의 시들이라 한다. 이 시편들은 곤의 찬란한 과거와 현재의 사라진 영광에 관계되는 시들이다. 그는 그녀의 이름이 이제 잊혀진 것을 아쉬워하며 그녀에 대한 칭찬의 말이 듣고 싶다고 다음과 같이 노래한다.

　　　　남루한 옷을 입는 곳에선 그녀의 이름을 알 것이고
　　　　기꺼이 기억할 것이다. 옛날에는
　　　　그녀가 젊은이에게선 칭찬을, 노인에게선 비난을 받았지만,
　　　　가난한 사람들 사이에선 젊은이 늙은이 모두가 그녀를 칭찬했었지.

　　　　If there be rage enough he will know her name
　　　　And be well pleased remembering it, for in the old days,
　　　　Though she had young men's praise and old men's blame
　　　　Among the poor both old and young gave her praise.[20]

　「깨어진 꿈」에선 그녀의 늙음을 아쉬워하면서 아직도 한 가닥 그녀에 대

---

19) 시인은 결혼 얼마 후 그레고리 부인에게 자기의 결혼 생활에 만족한다고 다음과 같은 편지를 보냈다. "내 아내는 친절하고 현명하고 사심이 없는 완전한 아내입니다. 당신도 젊어서는 그러한 여자였겠지요. 아내는 이제 내 생활을 평온하고 질서있게 해주었습니다." Joseph Hone, *W. B. Yeats.* p. 307.
20) "Her Praise," II. 15~18.

한 미련을 감추지 못하고 있다.

> 당신의 아름다움은 이제 우리들 사이에서
> 겨우 희미한 추억, 오직 추억일 뿐.
> 어떤 젊은이는 노인들의 얘기가 끝나면
> 그 중 한 노인에게 부탁할 것이다. "늙어서
> 그의 피가 식을 나이에 이르기까지. 짓궂게
> 연정을 쏟았던 그 시인이 노래한 그 여인에 대해서 얘기해달라고."

> 희미한 추억, 오직 추억일 뿐.
> 그러나 무덤에 들면 모두 모두가 되살아난다.
> 틀림없이 나는 옛날의 당신을 만날 것이오.
> 여자로서 최고의 아름다움으로 빛나며
> 기대거나 서 있거나 '걷고 있는 당신의 모습을.'
> 나는 그것을 젊은 날의 뜨거운 눈으로 바라볼 것이오.
> 그렇게 믿기에 나는 바보처럼 중얼거리며 살아온 것이오.

> Your beauty can but leave among us
> Vague memories, nothing but memories.
> A young man when the old men are done talking
> Will say to an old man, 'Tell me of that lady
> The poet stubborn with his passion sang us
> When age might well have chilled his blood.
>
> Vague memories, nothing but memories,
> But in the grave all, shall be renewed.
> The certainty that I shall see that lady
> Leaning or standing or walking
> In the first loveliness of womenhood,
> And with the fervour of my youthful eyes,
> Has set me muttering like a fool.[21]

이 시는 그의 결혼 2년 전(1915)에 씌어진 것이고 이렇게 그녀에 대한 미

---

21) "Broken Dreams." ll. 14~26.

런을 버리지 못했기 때문에 결혼 직전까지 그녀에게 청혼을 계속했던 것이다. 다음 「굳은 맹세」("A Deep-Sworn Vow")도 같은 해에 씌어진 시이다.

> 다른 여자들을 친구로 삼은 것은
> 당신이 그렇게 깊이 언약한 맹세를 저버렸기 때문이죠.
> 그러나 죽음을 정면으로 바라볼 때,
> 또는 깊은 잠속에 빠질 때
> 또는 술로 마음이 달아오를 때 언제나
> 느닷없이 당신의 얼굴이 떠오른답니다.

> Others because you did not keep
> That deep-sworn vow have been friends of mine:
> Yet always when I look death in the face,
> When I clamber to the heights of sleep,
> Or when I grow excited with wine,
> Suddenly I meet your face.22)

「나의 딸을 위한 기도」("A Prayer for my Daughter")에 이르러 시인은 돌연히 완고한 고집과 정치적 증오심이 여성 고유의 미덕을 손상시킨다고 모드 곤을 빗대어 맹렬히 비난한다.

> 지적인 증오심이 가장 나쁜 것이다.
> 그러니 이 애에게 고집은 저주스러운 것임을 알리자.
> 풍요의 보각의 입에서 태어나나 가장 아름다운 여성도
> 독단적인 고집 때문에,
> 그 풍요의 보각과, 차분한 천성으로써
> 이해되는 온갖 선을 버리고,
> 분노의 바람으로 가득 찬 낡은 풍구를
> 차지하는 것을 내가 보지 않았던가.

---

22) 이 시에서 언급하는 "다른 여자들"이란 예이츠의 평생의 여자 친구들. 올리비아 셰익스피어와 그레고리 부인이다. 이 중 올리비아와는 아주 깊은 관계까지 맺었었다. 그리고 2행에서 말하는 "깊이 언약한 맹세"는 모드 곤이 결혼하지 않겠다고 다짐한 것을 말한다.

An intellectual hatred is the worst,
So let her think opinions are accursed.
Have I not seen the loveliest woman born
Out of the mouth of Plenty's horn.
Because of her opinionated mind
Barter that horn and every good
By quite natures understood
For an old bellows full of angry wind?

시인이 이 시에서 여성의 지나친 미모와 지적인 투쟁 정신과 완고한 성품을 비난하면서, 반면 동양의 전통적 여성상과 유사한 미덕을 강조한 것은 그가 친절하고 상냥한 아내 하이드 - 리즈와 오랜간 만에 갖는 가정의 따스함에 만족했기 때문이며 그런 상황에서 반사적으로 모드 곤에게 비난의 화살을 던지는 것으로 해석할 수 있다. 시인에게 한때의 우상이었고 영원한 미와 영웅 정신의 화신이었던 모드 곤이 이제는 추억의 대상으로 멀어져간다. 「학교 아이들 사이에서」에서 시인은 그녀의 과거의 "헬렌과 같은" 미녀 시절과 합죽 할머니가 된 현재의 모습을 번갈아 생각하면서 변화하는 현실과 변하지 않는 영원의 상에 대하여 생각한다.[23]

예이츠가 모드 곤에 관해서 쓴 거의 마지막 시는 「청동 두상」("A Bronze Head" 1938)[24]이다. 이 시는 더블린 시립 근대 미술관에 놓인 모드 곤의 청동 두상을 앞에 놓고 그녀의 고결한 정신과 초인간적인 투쟁 정신을 회상하며 감회에 젖는 내용이다.

여기 입구 오른쪽에 청동의 두상,
인간이면서 초인간, 새의 둥근 눈,
그 눈 이외는 모두가 말라버린 미라의 시체 그대로.
어떤 고귀한 영이 무덤을 드나들며 먼 하늘을 훑어보면서

---

23) 시 「학교 아이들 사이에서」와 그 해설을 참조할 것.
24) Norman Jeffares의 *A Commentary on the Collected Poems of W. B. Yeats*(p. 499)에 의하면 "A Bronze Head"의 제작 연도가 불확실하여 대강 1937-1938로 추정하고 있다.

(다른 것은 죽었는데 하늘에는 무엇인가 떠도는 듯하다.)
공포를. 자신의 공허에서 오는 '발작적 격정'을
감소시키는 것이 아무것도 보이지 않는다고 생각하는가.

한때는 묘지를 드나들던 망령이 아니고. 온몸이
고결한 빛에 충만한 듯했고.
그러나 아주 상냥한 여인이었다. 그 모습에서
어느 쪽이 진정한 실체를 보였는가는 모를 일이다.
학식 풍부한 맥타갓이 생각한 바와 같이, 어쩌면
그 실체는 혼합이었는지도 모르고, 한 모금의 숨결에
생과 사의 극한이 들어 있었는지도 모른다.

그러나 매끄럽고 새롭게 출발하던 시점에서도
그녀에게는 야성미가 있어서, 나는 생각했다
인생에서 앞으로 겪고 나가야 할 공포의 환영에 시달려
그녀의 영혼이 산산조각난 것이라고. 그러자 친근감이
상상력을 불러일으켰고. 상상 이외는 남는 것이
없을 경지까지 고조되어, 나도 야성스럽게 되어
"귀여운 것아. 귀여운 것아!"라고 중얼대며 여기저기를 헤맸었다.

아니, 나는 또 달리 그녀를 초인간이라 생각했다.
그 눈에서는 한층 준엄한 시선이 비쳐나와
이 망해가는 더러운 세상을 노려보고,
가냘픈 족속은 커지고 큰 족속은 말라버리며.
조상 전래의 진주는 모두 돼지우리에 던져지고,
영웅적 환상이 어릿광대와 악한에게 비웃음당하는 이 세상에서
그래도 살육하고서 구원할 만한 것이 남아 있는가를 생각했다.

Here at right of the entrance this bronze head,
Human, superhuman, a bird's round eye,
Everything else withered and mummy-dead.
What great tomb-haunter sweeps the distant sky
(Something may linger there though all else die:)
And finds there nothing to make its terror less
Hysteria Passio of its own emptiness?

No dark tomb-haunter once: her form all full
As though with magnanimity of light,
Yet a most gentle woman: who can tell
Which of her forms has shown her substance right?
Or maybe substance can be composite,
Profound McTaggart thought so, and in a breath
A mouthful held the extreme of life and death.

But even at the starting-post, all sleek and new,
I saw the wildness in her and I thought
A vision of terror that it must live through
had shattered her soul. Propinquity had brought
Imagination to that pitch where it casts out
All that is not itself: I had grown wild
And wandered murmuring everywhere, "my child, My child"

Or else I thought her supernatural:
As though a sterner eye looked through her eye
On this foul world in its decline and fall:
On gangling stocks grown great, great stocks run dry,
Ancestral pearls all pitched into a sty,
Heroic reverie mocked by clown and knave,
And wondered what was left for massacre to save.

이 시는 예이츠가 모드 곤을 어떻게 보았기에 거의 반생 동안을 그녀에게 이끌렸는가 하는 이유를 결론적으로 간명하게 말해준다. 그는 모드 곤에게서 두 가지 면을 동시에 본다. 한 면은 그녀의 상냥한 여성적인 아름다움이고, 또 한 면은 그녀의 "고결한 빛에 충만"된 초인간적인 면이다. 예이츠가 모드 곤을 처음 보았을 때 그녀를 "봄의 인격신"처럼 절세의 미인으로 보고 그 황홀한 아름다움에 도취하여 얼마 안 있어 청혼을 하였고, 한편 청혼이 거절된 후에도 계속 그 매력을 뿌리칠 수 없었던 것은 영국의 식민주의자들에게 맞서서 싸운 그녀의 숭고한 영웅 정신과 가난하고 약한 사람들을 도우려고 헌신적이 노력을 한 희생 정신 등에 이끌렸기 때문이다. 그녀의 육체적인 매력과 정신적인 매력은 표리를 함께하면서 계속 시인을 매혹하였던 바 그는 그 양면을 구분할 수 없다고 생각한 것이다. 그는 "어느 것이 진정한 실체를 보였는가는 모를 일이다"라고 말하면서 그 "실체는 혼합"된 것이어서 구분이 어렵다고 말한다. 그는 「학교 아이들 사이에서」에서도 영혼과 육체는 구분할 수 없다고 똑같은 생각을 말한 바 있다. 그는 그 시에서 춤추는 사람과 춤의 아름다움은 구분할 수가 없는 것이며 그것은 "통합된 움직임"이라고 말한 바 있다.

　예이츠에게 있어 모드 곤의 매력은 끝내 양면적인 것이 아니었다. 그러나 그녀가 이제 늙어서 "바람을 마시고 그림자를 먹은 듯 뺨이 홀쭉한" 보기 흉한 노파가 된 후에도 그는 그녀에게서 실망하지 않았다. 한때 영원한 아름다움의 상징이었던 그녀는 이제 하나의 영웅 정신의 상징으로서 남아 있었다. 그래서 예이츠는 곤이 한때 맥브라이드와 별거함으로써 대중의 비난을 받았을 때에나 나이들어서 정치 활동에서 손을 떼었을 때에도 그녀를 비난하거나 실망스럽게 생각하지 않고 그녀를 옹호하고 끝내 그 높은 정신 세계를 찬미하였다. 미의 표상이었던 모드 곤의 이미지가 이념의 표상으로 바뀐 것을 의미하는 것이 아니라. 그에게 있어 미와 이념은 동질적인 것이다. 그렇지만 그것은 다같이 이미지일 뿐 실체는 아니었기에 그는 이미지와 실체의 통합을 염원하였지만 모드 곤은 죽어서 "청동 두상"의 이미지로 남아 실망을 줄 뿐이다. 예이츠는 때로 이미지에 끌려 황홀한 초원을 체험하다가, 다시 "사닥다리 밑으로" 내려오는 반복 속에서 사색과 시세계의 깊이를 더해간 시인인 즉, 그가 비록 모드 곤과 결혼은 못 했지만, 그녀가 시인의 일생의 중요한 부분이 되어 그의 사색과 시세계의 깊이를 더해주었다고 말할 수 있다.

T. S. Eliot(1888-1965)의 시극(詩劇) 『원로 정치가』(*The Elder Statesman*)의 구조와 의미

최 종 수
(전 외대 교수)

Ⅰ. 서론

Eliot은 60년 가까운 긴 본격적인 문학활동의 기간 중에서 그 후반기 이후에 5편의 시극을 발표하였다. 즉 *The Murder in the Cathedral*(1935), *The Family Reunion*(1939), *The Cocktail Party*(1949), *The Confidential Clerk*(1953), 그리고 *The Elder Statesman*(1958)이 그것이다. 이번에 여름학교의 조직위원회로부터 본인에게 요청한 것은 Eliot의 시극 중에서 비교적 덜 알려진 작품 한편을 골라서 다루어 달라는 것이었다. 이에 본인은 Eliot의 시와 비평과 시극을 합친 전체 작품 중에서 최후로 발표된 『원로 정치가』를 택하여 살펴보기로 하였다.

이 작품을 논하기 앞서 먼저 시극(詩劇) 자체에 대한 엘리엇의 견해를 알아보는 것이 순서일 것이다. 시극이란 일반적으로 말해서 연극에 등장하는 인물들이 나누는 대화의 많은 부분이 산문(散文)이 아닌 운문(韻文)으로 되어 있는 극본을 가리키는 것이다. 영국의 극시 중에서 우리에게 잘 알려진 대표적인 것의 하나를 예시한다면, Shakespeare의 *Macbeth* 제5막 제5장에서, 맥베스가 자기 아내의 죽음의 소식을 듣고, 절망에 빠진 상태에서 읊는 다음과 같은 시행을 지적할 수 있을 것이다.

She should have died hereafter;
There would have been a time for such a word.
Tomorrow, and tomorrow, and tomorrow,
Creeps in this petty pace from day to day,
To the last syllable of recorded time;
And all our yesterdays have lighted fools
The way to dusty death. Out, out, brief candles!
Life's but a walking shadow, a poor player,
That struts and frets his hour upon the stage,
And then is heard no more. It is a tale
Told by an idiot, full of sound and fury
Signifying nothing.

그녀는 언젠가는 죽어야 할 몸이었다./ 그런 소식이 한 번쯤은 들려
왔어야만 했다./ 내일이 오고, 또 내일이 오고, 또 내일이 와서,/ 하루
하루는 기록된 최후의 순간까지/ 일보일보 우리들의 이 하찮은 발걸
음 속으로 기어들고,/ 우리의 모든 지난날은 바보들이/ 티끌로 돌아가
는 죽음의 길을 비춰주었다. 꺼져라, 꺼져라, 짧은 촛불아!/ 인생은 걸
어가는 그림자, 가련한 광대에 불과하다./ 자기가 맡은 시간 동안은
무대 위에서 우쭐거리며 떠들어대지만/ 그것이 끝나면 종적도 없이
살아진다./ 인생은 바보가 지껄이는/ 이야기, 음향과 분노는 가득 차
있지만/ 의미는 아무 것도 없다.

오늘날의 연극 관개들은 산문(散文)극에 익숙해 있는 사람들이기 때문에
이들의 기호에 맞지 않는 운문(韻文)극을 시도하는 작가는 아주 드물게 되었
다. 거기에는 여러 가지 이유가 있겠지만 가장 두드러진 원인으로서는, 첫째
우리가 살고 있는 현대세계에서 적어도 연극에 있어서는 눈의 기능이 귀의
기능보다는 훨씬 더 중시되고 있다는 사실에서 찾아볼 수가 있을 것이다. 영
국 연극의 절정기를 이루었던 Elizabeth 시대 사람들은 보는 연극보다는 귀로
듣는 시극을 더 좋아했다. 그러나 시각적 매개체인 영화나 TV 등의 자극을
많이 받게 된 오늘날의 관객들은 귀를 즐겁게 하는 시극보다는 눈을 더 만족
시키는 산문극에 더 많은 매력을 느끼고 있는 것이다.

그리고 시극이 퇴색하게 된 또 하나의 원인은, 오늘날의 문학에서는 시보

다는 소설이 압도적인 영향력을 발휘하고 있다는 사실에서 찾아볼 수 있다. 18세기 이후 시민의식의 자각과 상공업의 발달로 중산층의 세력이 강화되고 과학지식의 보급으로 사실추구의 정신이 존중되자, 정서와 계시의 언어라고 볼 수 있는 운문보다는 사실과 지식의 언어라고 할 수 있는 산문이 보다 보편적인 문학형식으로 등장하게 되었다. 이 사실은 또한 연극에 대해서도 영향을 끼치지 않을 수 없었다. 그 결과 오늘날 대다수의 연극 애호가들은 시극을 난해하고 부담스럽고 고답적인 것으로 간주하여 이를 경원시할 단계에까지 이르게 되었다.

그러나 시극, 즉 운문극이 차지하고 있었던 지난날의 영광을 회복하기를 염원하고, 또 이를 위하여 크게 노력한 사람이 바로 Eliot이다. 일반적으로 Eliot는 시인 및 비평가로서 더 잘 알려져 있지만, 사실 그의 일평생의 과제는 시극의 재흥(再興)이란 문제와 부단히 관련되어 왔음을 부인할 수 없다. 그렇다면 Eliot의 시극관(詩劇觀)은 어떤 것인가? 그는 1928년에 발표한 논문 "A Dialogue on Dramatic Poetry"란 논문에서 말하기를 "산문극은 운문극의 부산물에 불과하다. … 감정의 기복이 고도에 이르면 인간의 영혼은 운문에 의하여 자기를 표현하고 싶어한다. … 산문극은 일시적, 표면적 면만을 강조하는 성질이 있으므로, 항구적인 것 보편적인 것을 추구하고 싶을 때 우리는 운문으로 자기를 표현하고 싶어한다."고 하였다. 또 그는 1951년에 발표한 글 "Poetry and Drama"에서는 "이름 지을 수 없고 분류할 수 없는 정서와 행동을 지향했을 때의 우리의 의식생활을 표현하는 데는 산문극이 적당하지만, 우리가 행동에서 일시적으로 초연하게 물러나 있을 때만 의식할 수 있는 감정의 무한 세계, 더욱이 이 미묘한 감정이 최고도로 강조되었을 때는 이것을 표현하는 데는 시극으로 표현해야 한다."고 말하였다. 결국 이런 주장은 요약하면 산문극은 인생에 있어서 일시적 피상적인 것을 표현하며, 시극은 영구적 근본적인 것을 표현하는 것이며, 또한 산문극은 인간의 의식 생활에서 확실히 파악할 수 있는 감정을 다루며, 시극은 그 감정의 경계선 밖에 있는 분명히 파악할 수 없는, 이른바 눈의 한쪽 구석으로나 겨우 몽롱하게 분별할 수 있는 그런 감정을 다룬다는 말로 집약할 수가 있을 것이다.

그러나 Eliot의 이러한 시극관이 누구에게나 공감을 줄 수 있을 것인가 하는 점에 대해서는 의문이 없지 않다. 따라서 우리는 이상과 같은 그의 극시관을 인정하면서도, 그가 극시의 재흥을 염원하는 직접적인 이유를 다른 각도에서 추측해 볼 필요가 있을 것이다. 그것은 단적으로 말해서 현대에 있어서 시를 보다 많은 사람들에게 알리게 하는 수단으로서 극장을 택했다는 말로 요약할 수가 있을 것이다. 현대에 있어서 대중으로부터 멀리 단절되어 있는 시를 극장을 통해서 대중에게 이해시키도록 만들어야 하겠다는 Eliot의 의도는 시의 사회적 기능과도 밀접한 관계가 있는 것이다. 1957년에 발표한 그의 논문 "The Social Function of Poetry"에서 그는 말하기를 "결국 시는 한 사회의 전체 구성원의 언어, 감수성, 생활에 대해서, 공동체의 전체 구성원에 대해서, 국민 전체에 대해서, 그들이 시를 읽고 즐기든 않든 간에, 심지어 그들이 자기 나라의 최고급 시인의 이름을 알든 모르든 간에 영향을 끼치는 것이다."고 하였다. 이와 같이 시가 국민 전체의 문화 및 정신 생활에 지대한 영향을 끼치는 것이라면, 시인이 자신의 사회적 사명을 완수하기 위하여 극장을 통한 시작의 발표를 중요시해야 한다는 사실은 지극히 당연하다고 하겠다.

지금으로부터 400년 가까운 그 옛날, 영국 극시의 전성기에 있어서 세계 최대의 극작가인 동시에 영시의 정점을 이룩했던 Shakespeare가 엘리자베스 시대의 극장 무대 위에서, Macbeth의 입을 빌어서 앞에서 인용한 시구를 노래함으로써, 관객들의 가슴에 시에 대한 열정을 점화시켰던 사실을 상기할 때, 우리는 Eliot가 자기의 최후의 극시 *The Elder Statesman*에서 주인공 클래버튼 경(Lord Claverton)의 입을 빌어서 한 등장 인물의 개인적인 심정을 토로하면서도 모든 인간에게 보편적으로 적용될 수 있는 인간실존의 한 순간의 모습을 다음과 같은 운문으로 표현했던 이유가 나변에 있는 가를 쉽게 짐작할 수 있을 것이다.

> If I had the energy to work myself to death
> How gladly would I face death! But waiting, simply waiting,
> With no desire to act, yet a loathing of inaction.
> A fear of the vacuum, and no desire to fill it.
> It's just like sitting in an empty waiting room

In a railway station on a branch line,
After the last train, after all the other passengers
Have left, and the booking office is closed
And the porters have gone. What am I waiting for
In a cold and empty room before an empty grate?
For no one. For nothing.

만일 스스로 목숨을 끊을 수 있는 힘만 있다면/ 얼마나 기쁘게 죽음을 직면할 것인가. 그러나 실제는 기다리고 있을 뿐./ 행동에의 의지도 없이, 그러면서도 무위로 있는 것도 싫어./ 진공의 상태를 두려워하면서도, 그것을 채우고자하는 의욕도 없다./ 그것은 마치 이딘가 철도 지선(支線)의 작은 역사 안/ 텅 빈 대합실에 앉아 있는 것과 같다./ 마지막 열차도 떠나고, 승객도 흩어져버려/ 개찰구 사무실의 문도 잠기고,/ 짐꾼들의 모습도 보이지 않는다. 차가운 텅 빈 방/ 불 꺼진 난로 앞에서 누구를 기다리는 것인가?/ 누구를 기다리는 것도 아니고, 무엇을 기다리는 것도 아니다.

*The Elder Statesman*이 Eliot의 창작활동을 장식하는 마지막 작품이 되었다는 사실을 감안할 때, 우리는 그가 극시라는 예술 형식을 통하여 인간의 사회생활의 순화와 문명의 올바른 진로 제시를 위하여 얼마나 진지한 노력을 경주했는가를 짐작할 수 있다.

II. 본론

1. 작품의 줄거리:

여름학교의 조직위원회로부터 이번 모임에서는 작품의 정독을 중시하는 노력을 보여달라는 주문이었다. 그러나 짧은 시간에 작품 전체를 살펴보아야 하는 관계로, 결국 작품의 개요를 다소 상세하게 소개하는 방법을 택함으로써 이 요구에 응하고자 하였다.

제1막: 런던에 있는 클래버튼 경(Lord Claverton)의 응접실, 시각은 하오 4시. Claverton 경은 아버지의 재산과 어머니의 가운을 배경으로 정계에서 유명해져, 장관의 지위까지 올랐으나 50세 때에 물러나와, 재계(財界)에 진출하여 거물로서 활약을 했다. 지금은 60세가 되어 건강이 좋지 않아 은퇴를 하여, 딸 모니카(Monica)과 둘이서 살고 있다. 막이 열리면 딸과 그녀의 애인 챠르즈(Charles)가 등장한다. Charles는 Monica와 빨리 결혼하기를 바라고 있지만, 아버지에 대한 효심이 깊은 Monica는 가까운 시일 안에 아버지의 간호원이 되어 고급 호텔 같은 노인요양소에 들어가 살 계획이다. 아버지 Claverton 경은 고독을 두려워하며, 남을 만나는 일도 두려워하고 있다. 게다가 병세는 본인이 자각하고 있는 것 이상으로 악화되어 있다.

차를 마실 시간이 되어, Monica와 Charles보다는 한 걸음 늦게 무대에 등장한 Claverton 경은 손에 비망록(engagement book)을 들고 있다. 그는 예정된 일정이 빈틈없이 기입되어 있는 지난날의 꽉 짜여진 예정표와는 대조적으로, 빈칸이 계속적으로 남아 있는 미래의 예정표를 쳐다보면서, 허무한 생각에 빠져 있다. 이제는 행동에 대한 의욕도 없고, 그렇다고 무위하게 지내는 것도 견디기 힘들다고 말하는 Claverton 경의 술회를 듣고, Monica와 Charles는 그를 격려하기 위하여 그의 은퇴식이 훌륭했고 신문에 보도된 찬사도 괄목할 만했다고 말한다. 그러나 Claverton 경은 그것도 지금의 자기에게는 실패한 성공자, 성공한 실패자의 장례식("the exequies of the failed successes, the successful failures")에 지나지 않는다고 말한다.

이 때 하인인 램버드(Lambert)가 들어와 방문객이 왔다고 알려준다. 외국인처럼 보이지만 훌륭한 영어를 사용하는 인상이 좋은 남자인데, 일단 면회를 거절했지만, 주인에게 이 편지를 전해달라는 요청을 하기에 그의 부탁대로 했다는 것이다. 그 편지를 받아 읽은 Claverton 경은 방문객을 안으로 안내하라고 말한다. 그러자 Monica와 Charles는 객실에서 물러간다. 방문자는 자기의 이름을 고메즈(Gomez)라고 소개했지만, 기실 그는 Claverton 경의 학창시절의 친구였던 칼버웰(Calverwell)이다. 객실에 들어오자마자 그는 Claverton 경을 옛날의 애칭인 "Dick"으로 부른다. 이때부터 두 사람 사이에서는 긴 대화가 계속되면서, Claverton 경의 과거의 모습이 회상된다. Gomez라는 인물은 제2막 이후에 등장하는 카길 여사(Mrs. Carghill)와 마찬가지로, 하나의 독립된 등장인물이라기 보다는 Claverton 경의 죄의식(罪意識)을 구상화(具象化)

한 존재라고 할 수 있다.

　학생시절의 Gomez는 가정은 빈궁하였지만 품행이 방정하고 학업 성적이 우수한 인물로서, 정상적으로 성장했다면 어느 고등학교의 역사 교사쯤은 되어 있을 사람이지만, 그와는 정반대 처지에 있었던 부랑 학생인 Dick Claverton과의 친교를 계속하다가, 그의 영향을 받아 결국은 대학을 중도 퇴학하게 되었다. 그 후 Gomez는 Claverton 경의 아버지의 도움으로 직장을 얻었으나, 한 번 타락한 마음을 바로 잡을 수가 없어, 방탕한 생활을 하다가 문서위조죄로 교도소 생활을 하였고, 출옥 후에는 Claverton 경으로부터 보조를 받아, 중앙 아메리카의 산・마르코 공화국으로 건너가, 거기서 법률과 금전을 교묘히 조종하는 재주를 발휘하여 크게 성공하고, 지금은 거부가 되어 남들로부터 존경을 받고 있다. 그러한 그가 무슨 이유로 35년 만에 영국으로 되돌아왔을까?

　Claverton 경이 집요하게 그 이유를 묻자, Gomez는 낯선 외국에서의 고독한 생활을 이야기하며, 현재의 자기와 과거의 자기를 연결시키는 유일한 연결 고리인 Claverton 경을 의지하여 찾아와, 휴식을 취하고자 한다고 말한다. Gomez의 입장에서 생각한다면 현재의 자기는 완전히 학창시절의 Claverton에 의해서 운명 지워진 존재이기 때문에 그를 의지하여 찾아온 것은 당연하다는 눈치인 것이다. Claverton도 자기의 영향으로 Gomez의 인생이 달라졌다는 사실을 부정할 수는 없다. 그러나 Gomez는 Claverton에게 기억하고 싶지 않은 지난날의 수치스런 이야기를 들려준다. 그것은 Gomez만이 알고 있는 비밀인데, 그 내용은 그와 Claverton이 대학생이었던 시절의 어느 날 밤, Claverton이 여자들을 태우고 운전을 하다가 한 노인을 치었던 사실이다. 그 노인은 이미 다른 사람에 의하여 죽임을 당한 시체였지만 당시의 Claverton은 자기가 노인을 죽인줄 알고 겁을 먹고, Gomez가 옆에서 자기들의 차가 사람을 치었다고 말했지만, 차를 세우지도 않고 뺑소니를 쳐 버렸던 것이다. 이러한 옛 이야기를 이제 와서 말하는 Gomez의 진의가 무엇인지를 알 수 없어 Claverton 경은 궁금해한다. 이 때 딸 Monica는 재치를 발휘하여, 하인을 시켜 Claverton 경에게 장거리전화가 걸려왔다는 구실로 이 두 사람의 대화를 중단시킨다. 여기서 방문객인 Gomez는 물러가고, 딸 Monica가 방에 들어와, 피곤해 있는 아버지를 위로한다.

제2막: 며칠이 지난 후. 고급 요양소(療養所)인 배질리 코드(Badgley Court)의 테라스에서 Claverton 경과 그의 딸 Monica는 조용한 한 때를 즐기고 있다. 아버지는 지금까지 자기가 바쁘게 지나면서 삶을 즐긴 적이 없다는 사실을 회상한다. 거기에 이 요양소의 다소 수다스런 간호원장(看護員長)인 Mrs. Piggott가 들어와 한 바탕 회극적인 장면을 연출한 후 퇴장한다. 그리고 Monica도 나간다. 그러자 이번에는 나이 들어 보이는 카길 여사(Mrs. Carghil)라는 이름의 여성 요양자(療養者) 한 사람이 나타나, Claverton 경에게 말을 건넨다. 그는 처음에는 그녀가 누군 지를 몰랐으나, 그녀의 옛 이야기를 듣는 가운데 차차 그녀가 옛날 레뷔(revue) 가극단의 가수였으며, Claverton 경의 애인이였던 메이지(Maisie)라는 사실을 깨닫게 된다. 이 두 사람은 Claverton이 옥스퍼드 대학을 졸업한 후 얼마 안 되어 만난 사이였는데, 여자는 자기 친구들의 충고를 무시하고 남자를 진심으로 사랑했지만, 남자는 아버지의 반대가 있자 곧 그녀를 버렸다. 그녀는 이 때의 경험을 소재로하여 "It's Not Too Late for You to Love Me"라는 노래를 불러 히트를 쳤으나, 불행하게도 결혼생활은 순탄치 않았다.

그러나 Carghill 여사에게는 Claverton과의 첫 사랑의 실패가 준 상처가 아직도 남아 있으며, 그녀는 지금도 밤마다 지난날의 Claverton 경의 편지를 끄집어내어 읽고 있다는 것이다. 그러나 Claverton 경은 그 연애는 이미 끝난 것이며, 자기는 아무런 양심의 가책도 받지 않는다고 말한다. 그 때 마침 조금 전에 나왔던 Mrs. Piggot가 나타나 Mrs. Carghill을 나가게 하고, 이어서 Monica가 나타나 Mrs. Piggot를 나가게 한다. 이번에는 Monica의 주선으로 그녀의 동생, 즉 Claverton 경의 아들인 마이클(Michael)이 등장한다.

Michael은 젊은 날의 Claverton을 상기시키는 불량 청년으로서, 아버지의 근심의 씨앗이 되고 있는 인물이다. 그러나 아들의 입장으로서는 어디를 가도 항상 아버지의 그림자가 따라다니기 때문에 남으로부터 항상 따돌림을 받고 괴로움을 당하고 있다는 것이다. 따라서 차제에 해외로 나가서 자주적인 생활을 시도해 보겠다는 말을 한다. 아버지는 아들에게 훌륭한 동기에서 해외로 나가는 것은 좋지만, 다만 과거로부터의 탈피를 위한 것이라면 비겁한 짓이라고 충고한다. 이 때 다시 Mrs. Carghill이 등장하여, Michael를 보고 어쩌면 이렇게 아버지를 닮았느냐고 말한다. 그러자 이번에는 Gomez가 이 요양원의 입원자가 되어 다시 등장한다. 그리하여 Mrs. Carghill과 Gomez, 이 두 사람은 의기투합(意氣投合)하여 Claverton 경의 과거의 비밀을 파헤쳐 보기로 한다. 이러한 딱한 사정을 보고 있던 딸 Monica는 아버지의 건강을 이유로 모두에게 나가주기를 청하고, 아버지에게도 이곳을 빠져나가자고 제의한다.

Claverton 경은 자기가 도피하고 싶은 것은 자신의 과거로부터라고 말하며, 조금 전에 자기의 아들에게 일러준 충고가 얼마나 모순된 것인가를 깨닫는다. 이제 자기는 아들과 함께 처음부터 새로 배우기 시작하지 않으면 안 되는 처지이지만, 때가 너무 늦어버린 것이 아닌가하고 근심을 한다.

제3막: 그 다음 날 하오, 같은 장소. Monica가 혼자 있는 장면에 그녀의 편지를 받고 그녀의 애인인 Charles가 나타난다. Monica는 매우 기뻐하면서 그를 맞으며, 지금 자기에게는 그가 절실히 필요하다고 말한다. 그러자 지금까지 정원의 나무 밑에서 쉬고 있었던 Claverton 경이 그들이 있는 곳으로 나온다. Claverton 경은 딸 Monica에게, 세상에는 법률적으로는 범죄가 되지 않는 실수나 비밀이, 또 남에게 알리고 싶지 않은 에피소드 등이 있다고 말하면서, 사람은 평생에 단 한 사람이라도 그에게 자신의 모든 비밀을 고백할 수 있는 사람을 가지게된다면, 그것은 곧 사랑이 되며, 그 사랑은 사람을 구원하게 된다고 말한다.

Claverton 경은 자신의 과거를 되돌아보면서 말한다. 자기는 아내와의 사이에 의사의 소통도 상호이해도 없었고, 딸에 대해서도 가면을 쓴 채 위선적인 우상이 되어 왔는데, 이제는 자신의 정체를 딸에게 보여주기로 결심했다는 것이다. Monica는 아버지에 대해서 아는 것이 많아지면 많아질 수록 더욱 사모하게 된다고 말한다. Claverton 경은 Gomez와 Mrs. Carghill, 다시 말하면 자신의 지난날의 망령(亡靈)들에 대해서도 이야기를 시작하여, 자기가 그들의 약점이나 사랑을 희롱했던 사실, 노인을 치어 죽이고서도 자동차를 세우지

않았던 사실, 또 그 때 들었던 Gomez의 고함 소리로 인하여 일평생 괴로움
에 시달려 왔다는 사실 등을 고백한다. 지난날의 자기는 죄악으로부터 도피
를 했지만, 이제는 그렇게 하지 않겠다고 말한다. 자신의 죄악을 바로 직면하
는 것이 죄악으로부터의 해방이기 때문이라는 것이다. 이런 사실을 딸에게
고백하는 것이 Claverton 경에게는 자유에로 옮겨가는 제일보가 되는 것이다.

여기에 Mrs. Carghill이 등장하여, Claverton 경의 아들 Michael의 장래를 생
각하여, 그를 Gomez에게 부탁하여 중남미(中南美)로 데려가 줄 것을 부탁하
였던 바 Gomez는 쾌히 승낙했다는 이야기를 Claverton 경에게 전한다. 그 순
간 바로 Gomez와 Michael이 등장하여, 자기들은 그렇게 하기로 합의했다는
사실을 밝힌다. Claverton 경과 Monica는 Michael을 그렇게 못하도록 말리지
만 Michael의 결심은 부동이다. 독립적으로 살고 싶다는 아들의 욕구를 결국
아버지는 받아 드린다. 모두가 다 떠난 후 Monica는 아버지 Claverton 경을
위로한다. 그러나 아버지는 뜻 밖에도 자기는 마음의 평화를 누리고 있다고
말한다. 지금까지는 자식들에게 자신의 뜻을 억지로 강요하고, 자신의 허상
(虛像)을 사모하도록 요구했지만, 이제 Claverton 경은 가식 없는, 있는 그대
로의 인간이 되고, 이와 동시에 사랑이 무엇인가를 깨닫게 되어 행복하다고
말한다. 그리고 Monica가 허식 없는 있는 그대로의 남자, 즉 그녀의 애인
Charles를 사랑하게 된 것을 축복한다.

이제 Claverton 경은 산책을 하겠다면서 밖으로 나간다. 그 모습을 Charles
는 마치 Claverton 경이 보이지 않는 문을 통과한 후 되돌아서서 영원한 작별
을 고하는 것처럼 보인다고 말한다. Monica는 아버지가 정원에 있는 너도밤
나무 아래의 조용하고 차가운 장소로 갔다고 말하며, Claverton 경이 정신적
죽음과 함께 육체적 죽음을 맞이한 것을 암시한다. 남아 있는 Monica와
Charles는 자기들이 이 세상이 시작할 때부터 있었던 사랑의 힘에 의하여 결
속되어 있다고 느끼며 행복감에 젖는다. 그들은 아버지를 찾으려 나간다.

2. 작품 구조에 있어서 주목할 점:

Eliot 자신이 밝힌 것처럼 이 작품은 고대 그리스의 극작가 Sophocles의
*Oedipus at Colonus*를 작품 구성의 모형으로 삼고 있음을 주목하지 않을 수

없다. 그리스의 이 비극은 Sophocles의 마지막 작품으로 그가 아주 늙었을 때에 지은 작품이다. 이 점은 이 작품이 Eliot의 마지막 작품인 점과 일맥상통하는 바가 있다. Sophocles의 이 비극에 나오는 Oedipus는 본인의 의사와는 너무나도 상반되게 신들의 뜻에 따라 자기 아버지를 죽이고 자기 어머니를 아내로 삼아, 어려운 처지에 놓인 나라를 다스리는 왕이 된다. 그러나 후에 이러한 불륜이 밝혀지고 그는 스스로 장님이 되어, 이 죄악을 속죄하기 위하여 추방된 몸이 되어 유랑의 고난을 겪는다.

결국 유랑 끝에 그는 허약한 늙은이가 되어 그의 딸 Antigone의 도움을 받아 죽음을 맞이하기 위하여 자신의 출생지인 White Colonus로 되돌아온다. 그의 일생은 시련이 많고 수치스러운 것이었으나, 그의 최후가 치욕으로 끝날 수는 없었다. 결국 그는 Colonus에서 응분의 대접을 받고 마음의 평화와 딸의 사랑을 확인한 후, 성화(聖化)된 숲에서 최후를 맞이한다. 그가 자기의 딸에게 준 다음과 같은 최후의 말은 Eliot의 이 시극의 주제를 반영하는 것처럼 보이기도 한다.

> one word
> Makes all those difficulties disappear:
> That word is love.

> 한 마디 말이/ 그 모든 어려움을 사라지게 만든다:/ 그 한 마디 말은 사랑이다.

한편 Eliot의 시극에서 원로 정치가인 Claverton 경은 젊었을 때 Gomez라는 친구를 타락시키는 데 많은 영향을 끼쳤고, 자동차로 노인을 치우고도 뺑소니를 쳤으며, 자기를 진심으로 사랑하는 여자와의 관계를 돈으로 해결했으며, 자기 자식들에게는 항상 허식과 위선을 가장하는 아버지로 일관하였던 것이다. 이처럼 Claverton의 과거가 타락하고 비양심적인 삶의 연속이었다는 점은 Oedipus의 삶이 시련과 괴로움의 일생이었다는 점과 어떤 면에서는 유사하다고 하겠다. 지난날의 실수와 원한을 상기시키는 유령으로부터 괴로움을 당하고, 인생 자체의 허무를 깨닫고 실의에 빠져 있을 때, 딸 Monica의 사

랑으로 인하여 Claverton 경이 지난날의 잘못을 고백하고 뉘우치며, 마음의
평화를 되찾고 정원의 너도밤나무 아래로 가서 사라진다는 이 기본적 구조
는 두 작품이 크게 닮았다고 하겠다. 또한 Claverton 경이 딸에게 하는 마지
막 대사 속에 다음과 같은 말이 나오는 것도 유사점을 강조한다:

> I've only just now had the illumination
> Of knowing what love is.

(나는 이제야 겨우 사랑이 무엇인가를/ 분명히 알았다.)

이처럼 Eliot의 시극이 그 바탕에 Sophocles의 비극을 모형으로 깔고 있다
는 사실은 어쩌면 은연중에, Eliot가 내세우는 "어떤 시인이나 어떤 예술가도,
과거의 시인들과 과거의 예술들과의 관계를 떠나서는 그의 완전한 의의를
가질 수 없다"는 그의 전통론을 집요하게 의식하고 있다는 증거인지도 모르
겠다.

다음으로 *The Elder Statesman*의 구조에 있어서 또 하나 우리가 주목할 점
은, 이 작품의 주제라고 볼 수 있는 재생(再生)의 문제가 등장 인물들의 외형
적인 조건들에 의하여 암시되고 있다는 사실이다. 그것은 등장 인물들의 다
수가 연극이 진행하는 동안에 새로운 인물로 변해간다는 사실이다. 그들은
이름이 변하면서 전진적으로 그들의 인품도 또한 달라지고 있다. 예컨대
Dick Ferry가 Mr. Richard Claverton-Ferry가 되고 그것이 다시 Lord Claverton
이 된 사실; Fred Culverwell 이 Federico Gomez로 바뀌고; Maisie Batterton이
Maisie Montjoy로 바뀌고 다시 Mrs. John Carghill로 변하는 것 등이다. 이러한
이름의 변화는 그 인물들의 내면적 변화의 암시처럼 보인다. 이 인물들은 시
간이 지남에 따라 다른 사람으로 변하여, 연극의 끝에 가서는 우리가 처음에
알았던 사람과는 다른 인품의 사람이 되고 있다. 관객이 처음에 만나는
Claverton 경은 학식에 숙달한 늙은 정치가이며 동시에 부유한 명사로 나타나
지만, 종말에 가서는 자신의 정체를 발견하기 위하여 가면을 벗어 던지고, 정
직하게 자신의 타락상을 직면하지 않고서는 구원을 받을 수 없게 된다.
Gomez와 Mrs. Carghill도 처음에는 계속적으로 자신들의 정체를 숨기고,

Claverton 경에 대하여 복수를 시도하고 지난날의 억울함을 보상받으려는 인상을 엿보이지만, 끝에 가서는 화해를 도모하는 것이다.

　이 작품 구성에 있어서 우리가 주목할만한 세 번째 사실은, 이 작품이 Eliot의 자서전적(自敍傳的) 요소를 포함하고 있다는 사실이다. Lyndall Gordon이 쓴 *Eliot's New Life*(Oxford University Press, 1989)에는 Eliot의 재혼에 관한 사정이 자상하게 기술되어 있거니와, *The Elder Statesman*에 등장하는 Claverton 경과 그의 딸 Monica의 관계, 특히 아버지에 대한 딸의 애정과, 이로 인한 아버지의 자아 재발견과 정신적 재생의 모습은, Eliot의 자서전적 맥락에서는 재혼한 부인 Valerie Fletcher와 Eliot 사이의 상호 신뢰와 깊은 애정 관계로, 나아가 Eliot 자신의 과거에 보이지 않았던 놀라운 기쁨으로 변모되어 나타나는 것이다. Eliot은 그의 신부에게 부치는 다음과 같은 사랑의 시구를 이 시극의 제사(題詞)로 사용하고 있다.

> To whom I owe the leaping delight
> That quickens my senses in our awakingtime,
> And the rhythm that governs the repose of our sleepintime,
> The breathing in unison
>
> Of lovers ……
> who think the same thoughts without need of speech
> And babble the same speech without need of meaning:
>
> To you I dedicate this book, to return as best I can
> With words a little part of what you have given me.
> The words mean what they say, but some have a further meaning
> For you and me only.

(눈뜨고 있을 때의, 나의 감각을 소생케 하는/ 그대로 인한 가슴 뛰는 기쁨./ 잠잘 때의 휴식을 지배하는/ 그대로 인한 율동./ 애인들의 일치된 호흡./ 그들은 말을 나눌 필요도 없이 같은 생각을 하고/ 의미를 밝힐 필요도 없이 같은 말을 조잘거린다./ 이 책을 그대에게 바친다. 내가 할 수 있는/ 최선의 말을 다하여 그대가 베푼 것에 대한 작은 정성으로./ 말이란 표현대로의 뜻을 가지지만, 어떤 말은 오로지 그대

와 나만을 위한 보다 깊은 의미를 가지고 있다.)

Eliot 자신과 그 아내와의 가슴 뛰게하는 사랑을 이 시극의 마지막 부문에서 Claverton이 Monica에게 하는 다음과 같은 말과 대비시켜볼 때, 우리는 그들이 비록 한쪽은 아버지와 딸, 다른 쪽은 남편과 아내의 관계이지만, 모두가 순수한 사랑으로 인한 행복에 도달해 있다는 점에서는 일치하고 있음을 알 수 있다.

> And now I am happy …
> In spite of everything, in defiance of reason,
> I have brushed by the wing of happiness.

> (나는 지금 행복하다./ 여러 가지 일이 있었지만, 이유는 개의치 말고,/ 나의 마음 속에는 행복의 새가 날개를 치고 있다.)

14세 때에 Eliot의 시 "The Journey of the Magi"의 낭독을 듣고, Eliot에게 접근하여 그와 함께 일하고 싶다는 소원을 품었던 Valerie Fletcher는 소원을 성취하여 22세가 되어 Eliot의 개인 비서가 되었다. 내성적이지만 남다른 능력과 강한 책임감을 소유한 그녀가 세계적인 명성을 획득한, 그러나 전처와의 이혼 이후 오랫동안 고독을 지켜온 Eliot와 재혼의 화촉을 밝힌 것은, 1957년 1월 10일, Eliot의 나이 68세, Valerie의 나이 30세 때였다. 결혼이 발표되기 전까지의 Eliot에 대한 그녀의 절대적인 헌신이 이러한 연령 차이가 심한 남녀간의 보기 드문 결속을 성사시켰음은 물론이다.

The Elder Statesman에서 Claverton이 자신에 관한 과거의 진실과 자신의 심정을 밝히는 것은 제3막에 가서인데, 그 시기는 Eliot이 결혼한 이후에 해당되는 때이다. Eliot는 결혼 후 1년이 지난 1958년 1월에 이 시극의 초고를 완성한 후 이렇게 말했다. "내가 말할 수 있는 것은 이 작품이 내가 결혼하기 전에 완성되었더라면 지금의 작품과는 매우 다른 것이 되었을 것이라는 점이다. 이 작품의 매우 많은 부분은 지난 1년 동안에 쓰여졌다(그리고 지금의 것이 처음의 것보다 더 나은 것이라고 나는 믿는다)." 이 말은 이 작품 속에서 Claverton 경에 대하여 표시한 Monica의 사랑이 결코 추상적인 것이 아니라, Valerie가 Eliot에게 보여준 현실적인 기쁨과 행복을 근거로 한 체험에서 우러나온 것이란 자신감을 반영하는 것이라고 볼 수 있다. 그의 결혼은 이 작품이 표현하는 사랑의 의미에 대해서 그에게 깊은 차원의 깨달음 부여하였다고 말할 수 있을 것이다.

3. 작품의 의미:

　이상의 진술을 통하여 이 작품에서 Eliot가 독자에게 전달코자하는 의미가 무엇인가 하는 점은 어느 정도 드러났다고 말 할 수 있겠지만, 이것을 간단히 정리하면 다음과 같이 표현할 수 있을 것이다. 이 시극의 중심 인물인 Claverton은 그의 지난날의 실수와 비겁한 행동을 폭로하는 유령들에 의하여 괴로움을 당하지만, 제3막에 와서는 자신의 지난날의 행동을 정당화하거나 변호하기를 지양하고, 서서히 거짓 없는 자신의 참 모습을 바로 인식하기 시작한다. 또한 그의 자식들에 대한 사랑도 허식과 위선으로 감추어진 자기중심적인 것이었음을 깨닫고, 딸에게 자기의 진심을 고백하고 개오(改悟)를 통하여 마음의 평화와 행복을 발견하게 된다. 따라서 이 작품의 의미는 Eliot의 모든 시극에서 그가 일관되게 추구해온 이른바 "진정한 자아의 발견과 새로운 삶으로의 출발"이라는 주제의 또 하나의 변형이라는 사실에서 찾을 수 있을 것이다.

　그리고 이러한 자기개혁의 근본 동기는 사랑에 기인된다는 것은 재언의 여지가 없다. 이 작품의 맨 끝에서 딸 Monica는,

> Age and decrepitude can have no terrors for me,
> Loss and vicissitude cannot appal me,
> Not even death can dismay or amaze me
> Fixed in the certainty of love unchanging.

> 노년도 노쇠도 나에게는 두려움이 될 수 없다./ 상실이나 흥망도 나를 놀라게 하지는 못한다./ 죽음조차도 나를 당황케 하거나, 놀라게 만들 수 없다./ 변하지 않는 사랑의 확신 속에 고정된 나를.

이라고 말하고 있지만, 이것은 작품의 의미를 단적으로 표명한 것인데, 이 작품에서 의미하는 사랑의 개념은 두 가지 면에서 우리의 주목을 끈다. 첫째는 여기서 말하는 사랑은 *The Murder in the Cathedreal*이나 *The Cocktail Party* 등에서 볼 수 있는 신(神)에게 바치거나 신의 가르침을 직접적으로 실천하는 사랑이라기보다는, 다분히 인간적인, 인간끼리의 결속을 강화하기 위한 사랑을 강조하고 있는 것으로 볼 수 있다. 그러나 이것은 결국 인생의 황혼기에 처하게 된 Eliot로서는, 신을 위한 또는 신의 가르침을 직접적으로 실천하는 사랑도 결국은 인간이라는 가시적이고 구체적인 존재를 통해서 나타날 때에, 비로소 본연의 빛을 발휘할 수 있다는 사실을 강조할 필요가 있다고 생각했기 때문일 것이다.

그리고 또 한가지 주목할 것은, 이 작품에서의 사랑은 아버지 Claverton이 자기의 딸을 진정한 의미에서 사랑하게 되었다는 뜻만이 아니라, 허식이나 위선을 버린, 그리고 자기중심적인 자세에서 개오를 거친 참된 사랑을 아버지로부터 발견한 Monica가, 그런 사랑을 자기의 애인인 Charles에게도 확인시키고, 이로 인하여 Charles가 다시 다음과 같은 말을 통하여 그의 진정한 사랑을 Monica에게 고백하는 양식을 취하고 있다는 사실이다. 이것은 진실한 사랑은 자기 확장력을 갖고 있기 때문에 한 곳에만 정체하는 것이 아니라, 물이 흐르듯 여러 곳으로 번져 간다는 사실을 암시하는 것이다.

> So that now we are conscious of a new person
> Who is you and me together.
> Oh, my dear,
> I love you to the limits of speech, and beyond..
> It's strange that words are so inadequate,
> Yet, like the asthmatic struggling for breath,
> So the lover must struggle for words.

> 그리하여 이제 우리는 당신이기도 하고 나이기고 한/ 새로운 한 인물을 의식한다. 오, 사랑하는 이여,/ 나는 당신을 말이 미치는 한계점까지, 아니 그 넘으로까지./ 말이 이렇게도 쓸모없음은 참으로 이상하다./ 그러나 호흡을 위하여 몸부림치는 천식환자처럼,/ 애인은 말을 찾아서 몸부림친다.

III. 결론

우리는 문학 작품을 읽고 분석하고 해석하고 비평하는 과정을 통해서 문학을 보다 더 깊이 이해하고 우리의 삶을 풍성하고 보람있게 하려고 노력한다. 그러나 이 작업에 몰두하다 보면 종종 무엇 때문에 문학을 연구하고 공부하는 가에 대한 목적의식을 잊어버리기가 쉽다. 문학 작품을 읽거나 그것을 이해하려고 노력하기 위하여 소비하거나 바친 신간과 정력의 보상을 받고 있는가, 또는 그만한 수고의 보람을 느끼고 있는가 하는 문제를 생각하는 여유를 갖지 못하는 경우가 많다는 말이다. 물론 문학에서 즐거움을 찾는 일을 무슨 상품 거래의 경우처럼 즉석에서 가시적인 대가나 이윤을 챙기는 일로 생각할 수는 없겠지만, 그래도 현대와 같이 시간의 귀중함과 삶에 대한 비평적 노력의 소중함이 무엇보다도 강조되고 있는 생활 속에서, 문학공부에 바친 만큼의 보상 획득을 항시 염두에 둔다는 것은, 단순히 막연하게 문학공부는 우리의 삶을 풍요롭게 할 것이라는 희망 속에서 안이하게 시간을 소비하는 것보다는 우리의 삶을 실질적으로 더 유익하고 즐겁게 만드는 데 기여하리라고 믿는다.

그렇다면 우리가 시극(詩劇)과 같은 예술작품을 연구하고 이해하는 데 있어서 어떻게 하면 그것을 위하여 바친 시간과 노력만큼의 보람을 찾을 수 있을까? 그것은 사람에 따라서 그 내용과 방법이 다를 것이기 때문에 일률적으로 논할 수는 없을 것이다. 다만 필자가 여기서 제의하고 싶은 한가지 사실은 시나 시극 같은 압축적이고 집약적인 형식의 문학작품은 그 줄거리를 기억해둔다든가 그 주제나 의미나 교훈 등을 명심해두는 것도 주요하지만, 보다 더 직접적으로 우리의 의식 속에 항시적(恒時的)으로 자극과 영향을 제공하고 정신적 활력소가 되게 하는 것은, 그 작품에 나오는 대표적인 좋은 구절들을 택하여 반복하여 읽고 암송하거나, 숙지하여 그것을 자기의 지적 생활의 순간들 속에서 쉽게 상기하거나 인용하거나 깊이 음미해볼 수 있는 보는 여유를 가지는 일이 긴요하리라는 사실이다. 그런 역할을 하는 구절로서 Eliot의 작품 중에서 찾을 수 있는 것은 결코 적지 않을 것이다. 그 예를 두 개만 들고 이 강의를 끝맺기로 하겠다.

Some dissatisfaction
With myself, I suspect, very deep within myself
Has impelled me all my life to find justification
Not so much to the world--first of all to myself.
What is this self inside us, this silent observer,
Severe and speechless critic, who can terrorise us
And in the end, judge us still more severely
For the errors into which his own reproaches drove us?

(제2막 중에서)

내 자신의 아주 깊은 곳에/ 도사리고 있는 나 자신에 대한 불만이 있어,/ 그것은 일평생 나를 재촉하였다./ 이로 인하여 세상을 시인하기에 앞서, 먼저 나를 시인하려고 애를 썼다./ 우리의 내부에 있는 이 자아, 이 침묵의 관찰자는 무엇인가?/ 가혹하고 말없는 이 비평가는 우리를 위협하고/ 종국에는 그 자신의 힐책으로 우리를 과오로 몰아넣고,/ 이것 때문에 우리를 더욱 가혹하게 심판할 수 있다.

A man may prefer to forget all the women
He has loved. But a woman doesn't want to forget
A single one of her admirers. Why, even a faithless lover
Is still, in her memory, a kind of testimonial.
Men live by forgetting--women live on memories.
Besides a woman has nothing to be ashamed of:
A man is always trying to forget
His own shabby behaviour.(제2막 중에서)

남자는 자기가 사랑한 모든 여자를 잊어버리고자 한다./ 그러나 여자는 자기를 숭배한 남자들을 한 사람도 남기지 않고, 잊지 않으려 한다./ 자기를 배신한 남자조차도, 일종의 표창장처럼 기억 속에 담고 있다./ 남자는 망각으로 살고 있으며, 여자는 추억으로 살고 있다./ 더구나 여자에게는 부끄러워 해야할 아무것도 없다./ 그러나 남자는 자신의/ 비열한 행위를 잊으려고 언제나 애를 쓰고 있다.

Translating England: Carol Ann Duffy의 시

허 현 숙
(건국대)

1993년 블러덱시(Bloodaxe) 출판사에서 발간된『새로운 시』(*The New Poetry*)는 80년대 영국 시에 대해 평가하면서 80년대의 시가 접근성과 민주주의 및 수용성, 유머, 진지함 등을 새로이 지니게 되고 대중적 발언으로서의 사회적 의미를 재확인하게 되었음을 지적한 바 있다(16). 이러한 평가는 80년대에 대표적인 두 권의 시집을 발표한 케롤 안 더피(Carol Ann Duffy)에 대한 평가라고 해도 무방할 정도로 더피의 시는 80년대 영국시의 일반적인 경향을 보여준다. 왜냐하면 그의 첫 시집이라 할 수 있는『서 있는 여성 누드 모델』(*The Standing Female Nude*, 1985)과『맨하탄 팔기』(*Selling Manhattan*, 1987) 및『다른 나라』(*The Other Country*, 1990)에서 더피는 성차별주의와 인종차별주의, 이민문제, 사회 폭력의 문제, 그리고 서정시의 주요 주제인 사랑의 문제를 진지하면서도 대중적인 호소력을 지니는 구어체적인 어법과 극적 독백을 통해 드러내기 때문이다. 특히, 70년대 영국의 노동당 정부에서 겪었던 전반적인 문화의 침체기를 지나 대처(Margaret Thatcher) 내각의 연임에 따른 자본주의의 심화 및 국가정체성의 문제는 더피의 시에서 매우 중요한 주제로 다루어지고 있다. 70년대의 성장과정을 리버풀과 런던, 맨체스터에서 보낸 더피는 이들 도시와 산업 환경을 배경으로 이민과 민족의 문제를 보다 더 직접적으로 경험했던 것으로 보이며, 그 자신이 영국의 주류에 속하는가에 대해 진지하게 성찰한다. 이를 통해 국외자로서 낼 수 있는 목소리가 어떤 주장을 할 수 있는가에 대해 그의 시는 좋은 예를 제시하고 있기도 하다. 그렇지만 어느 하나의 일관된 목소리를 취하기보다는 다름과 동일함, 속함과 배척 등 서로 대치되는 자리를 오가면서 그의 시는 민족적으로 뿐만 아니라 문화적으로도 이제 다양해진 영국의 모습을 그려 보인다.

1979년 처음 대처 행정부가 출범할 당시 아직도 유럽의 다른 국가들에 비해 경제적으로 뒤떨어져 침체되어 있던 영국 사회의 분위기는 대처 정부의 잇단 정권 재창출 기간 동안, 즉 80년대 내내 보다 더 활기 있는 자본주의의 사회 분위기로 바뀌게 되었다. 이 과정에서 영국은 성장 일로로 치닫는 과정상의 여러 문제들에 봉착하게 된다. 그 중에서 과거 국가 주도의 경제논리에서 벗어남에 따라 개인에 의한 자본 축적과 시장 논리가 우세해졌고, 이에 따라 영국국민을 어느 범주까지 한정할 것이며, 공공자본의 사유화가 개인의 행복과 어떤 관련을 맺느냐의 문제, 경제적 성장에 따른 이득이 어느 집단에까지 허용되어져야 하는가의 문제 등이 중요한 사회적 이슈로 대두하게 된 것이다. 예를 들어 영국 철도(British Rail)의 민영화, 자유시장 논리의 우세, 그리고 사회 보장 제도의 이완 등이 대처 정부에 의해 급진적으로 추진되었고, 이를 통해 전통적인 가족의 개념과 영국 국민의 범주에 대한 논의와 영국의 민족주의에 대한 논란이 가속화되기 시작했다. 이전의 체제에 비한다면 가히 혁명이라고도 할 만큼 당시의 영국으로서는 격심한 변화를 겪고 있었던 것이다.

이러한 혁명적 변화의 와중에서 일어나기 시작한 영국의 민족주의는 영국 사회를 이제 더 이상 '제국'의 개념으로서 파악하지 않고 인종과 민족의 개념으로 접근하고자 하였다(Smith 3). 가령, 대처 정부가 출범하면서 내걸었던 경제논리들은 백인이 아닌 다른 인종과 민족 때문에 영국의 자본이 잠식되고 허비되고 있다는 인식을 바탕으로 삼고 있었고, 이러한 인식은 그들의 선거 캠페인 문구에서 암암리에 암시했던 인종적 편견을 조장하였다. 그런데, 문제는 영국 내의 어느 인종이나 민족도 자신이 대처주의가 함축하고 있던 '진실한 영국'의 범주 안에 든다고 확신할 수 없었다는 점이다. 대다수의 영국인들이 과거 빅토리아조 시대의 영국으로 돌아가기를 원한다 할지라도 이제 더 이상 그러한 순수 백인들로만 이루어진 사회는 불가능한 사회가 된 것이다. 영국제국주의가 무너지면서 식민지로부터 많은 이민자들이 유입했고, 자본의 이동에 따른 영국민들의 지역간 이주 역시 이전보다 더 많은 비율로 이루어졌기 때문에 과연 현대의 영국이 민족주의라는 개념을 주장할 수 있는지, 현재의 내가 영국민인지에 대하여, 설혹 영국인이라는 확신이 있다 할지라도 그것이 어떤 의미를 지니는지에 대해 질의하는 태도들이 이전보다 더 두드러지게 된 것이다. 그러므로, '고향'(home)이라든가 '외국인'(alien), '혈통'(origin), '정체성'(identity) 등의 어휘들이 곧잘 회자되고, 그 속에서 같은 문화권 또는 민족권에 속하는가 아닌가의 여부가 함축적으로 전달되기도 한다.

케롤 안 더피의 시는 영국인이면서도 영국인인지에 대해 스스로 의심스러운 당대 영국의 많은 사람들의 의식을 드러내 보인다. 이는 그 자신이 한 인터뷰에서 밝히고 있듯이 당대 사람들과 그들의 습관, 사건을 주의 깊게 관심을 갖고(MacAllister 70) 시로 씀으로써 이루어지고 있다. 더피는 풍경을 소재로 다루기보다는 당대의 사건을 다루고, 그것을 통해 영국의 당대 상황과 경험을 있는 그대로 기록하는 것이다. 그러나, 현대 영국인의 삶의 모습, 특히 이민자들의 어려움을 사실적으로 기록하면서도 그의 시는 언어를 통한 기록이 어떤 의미를 지니는지, 그리고, 언어가 이민자들의 삶에 어떤 영향을 지니는지를 새삼 생각하게 한다. 더피는 시인이 시 한편을 쓸 때에 처음부터 언어의 몸을 얻는 것이 아니라 무엇인지 모르지만 '비언어적인 음', '음과 언어 사이의 그 어떤 것'에서부터 시작하여 차츰 언어의 형체를 찾아간다고 말한 바 있다. 그에게 있어 언어는 현상을, 삶을 '시로 번역하는'(MacAllister 75) 매체인 것이다.

그런데, 언어는 비트겐슈타인에서부터 데리다에 이르기까지 현대의 많은 철학자들이 이미 말한 바 있듯이 현실의 현상을 그대로 전달하는 것이지는 않다. 의미되어지는 것(signified)과 의미하는 것(signifier) 사이의 관계는 전혀 서로 상관없는 것끼리 맺어져 있는 것인데, 오랜 역사를 통해 전달되어온 하나의 약속이다. 그리고 그 약속은 사회의 한 구성원이 되고자 하는 개인들이 습득하여 익히는 도구이기도 하다. 그러나, 언어를 익히는 과정에서 언어 사용자는 그 자신도 모르는 사이에 의미되어지는 것과 의미하고 있는 것 사이의 간격과 거리가 전혀 없는 것인 냥 그 언어를 사용하게 된다. 뿐만 아니라 언어는 그것을 일반적으로 사용해온 사람들의 사회 일반의 가치와 판단의 기준을 담고 있다. 예를 들어 한국인이 쓰고 있는 한국어 사회에서 '우리'라는 어휘는 한민족, 남성들의 사회, 나아가 일부일처제 가족의 개념과 그 가치를 품는다. 이러한 사회에서 한민족이 아닌 다른 민족 또는 다른 인종의 사람, 여성, 또는 동성애자가 '우리'라는 말을 사용할 때에는 일반적인 어휘의 '우리'와는 다른 뜻을 지니게 된다. 이때 그들은 다른 일반적인 의미의 '우리'를 사용하는 사람들로부터 구별되는 존재로서의 정체성을 띠게 된다. 즉, 어떤 특정 언어에 의해 의사소통을 한다는 것은 그가 구사하는 언어가 내포한 가치와 의미를 이해하면서 스스로의 정체성을 인식하고 언어에 대한 그 사회의 일반적인 약속을 익혀 가는 과정에 다름 아니다.

또한 언어를 익히는 것은 그 특정의 언어를 사용하여 표현하고 정의 내리는 사회의 질서 또는 구조에 참여하는 것이기도 하다. 즉, 언어는 개인을 구조시키고 말하는 방식에 다름 아닌 것이다. 다시 말해서 개인이 말하는 언어는 이미 이전부터 존재해 왔던, 그것도 특별한 이데올로기적 의미를 지니고 존재해 왔던 '신호'로서, 후대에 그것을 배워 사용하는 개인의 주체성을 지배한다. 그러므로 사회의 약속, 또는 하나의 신호인 언어에 익숙하지 않거나 아직 그것이 사용되는 과정에 익숙하지 못한 사람, 가령 더피의 많은 시에서 소재로 다뤄지고 있는 이민자들의 경우, 영국에서 공용어로 사용되는 언어에 익숙하지 못하다는 사실 때문에 사회의 의사소통 과정에서 소외되기도 하고, 자신의 정체성을 확립할 수 없는 결과에 다다를 수 있다.

더피의 「밤 안개 속의 수상한 언어」("Strange Language in Night Fog")에서 시적 화자가 겪는 풍경의 낯설음은 아무 것도 이해할 수 없는 언어들에서 비롯된다. 어두움과 안개, 달, 연못, 나무 등등의 익숙한 사물들이 화자에게는 한 발 너머에서 서로 서로에게 건네는 사람들의 말들처럼 아무런 의미도 알 수 없는 낯선 언어들을 말하는 존재들로 받아들여진다. 그 속에 간혹 그들이 자신을 위해 전하는 말이 있기를 화자는 기대하고 있을 따름이다. 물론, 그 기대는 그들이 화자를 위해 말하는 것임을 알고 있을 때라는 단서가 따라야만 충족될 수 있다. 그리고, 자신을 향해서 하는 말도 아니고, 그들끼리 나누는 언어가 화자 자신에게 전혀 의미가 없을 때에 그것은 어두움 자체로 되어

버리고, 어두움은 그의 의식 속에서 꿈의 세계에 와 있다는 의식을 일으키는
것이다.

> 그러나 그건 수상한 언어였어,
> 단지 한두발짝 떨어진 곳에서 들려오는.
> 그런데 그게 밤을 꿈으로 바꿔버렸단 말이야.

> But it was a strange language,
> spoken only yards away,
> which turned the night into a dream; (*SM* 17)

이는 언어가 현실과 화자를 연결하는 통로임을 보여주는데, 더피에게 있
어서 그 통로의 막힘은 현실에 다가설 수 없는 상황, 현실이 아닌 다른 세계
로의 이전을 뜻하는 것이다.

그러나, 언어는 현실을 그대로 표현하는 확실한 주체도 아니다. 그것은 현
실의 실체를 말하는 하나의 기호 또는 약속에 불과한 것이지, 그것 자체가
실체를 그대로 드러내지는 않는 것이다. 소가 '움메에' 하고 운다고 해서 '움
메에'라는 말과 소의 소리는 전혀 절대적인 관계를 지니고 있는 것은 아니다.
풀이 '푸르다'고 해서 푸르다는 언어와 풀이라는 사물이 변할 수 없는 관계를
맺고 있는 것은 아니다. 그러나 풀이 붉다고 하면 그 말은 이상한 말이라고
여겨진다. 「모델들의 마을」("Model Village")에서 더피가 암시하고 있는 바가
바로 이 점이다. 각 사물과 그 사물의 특성 또는 이름을 칭하는 어휘는 서로
그렇게 관계지어진 약속이라는 것이다. 사람 역시 그러하다. '농부', '아가씨',
'교구목사'등의 어휘는 그 어휘들이 가리키는 사람들과는 관련없는 신호에
불과하다. 가령 '하나님의 말씀을 철저히 따르고 엄격하게 도덕을 준수하는
사람'이라는 의미를 부여받고 있는 '교구목사'는 그러나 실제로는 전혀 다른
삶을 살수도 있다. 더피는 이를 교구 목사의 독백을 통해 그의 외면과는 또
다른 모습을 드러낸다.

> 목사가 뭐라 말하지?

자, 사람들 모두가 사라졌으니 성가대원의 옷으로
갈아 입어야지. 난 벌써 다리의 털도 면도했는걸. 얼마나
부드러운지. 부드러운 분홍색 무릎. 내가 착하지 않다면
마땅히 벌을 받아야지. 아마도 성가대장 아줌마가
내가 오르간 뒤에서 담배 피우는 것을 볼지도 몰라. 착한 아이라면
고백하겠지. 그렇지만 나는 방탕스러운 아이야. 나는 옷 속에서
방탕함이 스멀거리는 것을 느낄 수 있어. 부드러운 분홍색의 방탕함.
성가대장 아줌마는 부츠를 신고 나를 자신의 무릎 위에 앉혀. 나는
온 몸을 떨며 어린 시절로 녹아들어 가는 거야.

What does vicar say?

Now they have all gone, I shall dress up
as a choirboy. I have shaved my legs. How smooth
they look. Smooth, pink knees. If I am not good,
I shall deserve punishment. Perhaps the choirmistress
will catch me smoking behind the organ. A good boy
would own up. I am naughty. I can feel
the naughtiness under my smock. Smooth, pink naughtiness.
The choirmistress shall wear boots and put me
over her lap. I tremble and dissolve into childhood. (*SM* 22)

「모형 인형」("The Dummy")에서도 더피는 언어가 갖는 한계를 화자와 대화하는 인형을 통해 형상화하고 있다. 발화하는 화자의 의식 속에 잠재하면서 끊임없이 의식을 괴롭히는 사회적 금기에 대한 억압된 욕망을 '인형'으로 상징하고 시인은 화자가 실제 말하고자 하는 현실의 경험이 사실은 말하는 주체인 화자의 의도와는 서로 다르다는 것을 드러낸다. 예를 들어 화자는 춤을 출 수 있다고 말하나, 인형이 보기에는 그렇지 않다. 왜냐하면 인형의 눈으로 보기에 화자는 인형 자신을 있어야 할 정확한 자리에 두지 않고 '어두운 상자 안'에 두고 있어서 인형 자신의 의도까지는 드러내지 않기 때문이다. 다시 말해서 화자가 춤에 대해 말할 때에 화자의 춤은 인형의 춤과 다른 것이다. 인형은 나름대로의 또 다른 춤을 추고 있고, 이러한 점이 그와 대화하는 사람에게 근심을 갖게 한다.

너 춤출 수 있어? 아니, 나는 네가 춤출 수 있다해도
춤추고 있다고는 생각지 않아. 그렇지? 그런데, 너는 왜 나를
저 검은 상자 안에 놓아두지? 나도 질문할 수 있어.
너 알잖아. 그게 너를 근심스럽게 한다는 것도 나는 알 수 있어. 설마.

Can you dance? No. I don't suppose
you'd be doing this if you could dance. Right? Why do you
keep me in that black box? I can ask questions too,
you know. I can see that worries you. Tough. (*SM* 20)

따라서 춤을 춘다고 말하는 사람이 춤에 대해 말한다 할지라도 그의 내면 속에 '갇혀서' 같이 춤을 추는 인형이 보기에는 그것이 춤에 대한 정확한 전달이지는 않은 것이다. 결국, 토마스가 지적하듯이 어떤 말을 사용하는 사람의 언어의 의미와 그 언어 자체는 서로 다른 의미로 각기 따로 존재한다(79). 이것은 언어가 전달하는 내용 또는 의미가 실체와 다름을 의미한다.

나아가 언어는 사용하는 사람의 의식을 규정하고 제한하기도 한다. 마치 수조 속에 갇힌 돌고래의 신세처럼 사람은 언어라는 '통' 속에 갇혀 있는 것이다. 더피는 「돌고래」("The Dolphins")에서 수조 속에서 헤엄치며 훈련을 받는 돌고래들에 빗대어 이미 한계 지어진 상황 속에서 살아가고 있는 인간의 처지를 드러내 보인다. 인간은 태어나는 순간 이미 오랜 전통과 역사 속에 갇혀진 존재로 살게 된 처지이고, 기존의 약속으로 규정되어진 신호들에 익숙해져야 하는 것이다. 그러므로, 돌고래들이 조련사들 사이의 임의적으로 약속된 신호에 따라서 수조 속의 삶을 훈련받아 살아가는 것처럼, 인간은 이미 세상을 살아가고 있는 사람들의 가르침에 따라서 약속을 익히고 그것을 통해 자신의 존재를 드러내는 운명인 것이다. 그런데, 돌고래들이 살아야 하는 환경인 수조가 그들의 삶을 제한하여 대양에서의 삶과는 다르게 하는 것처럼 사람이 살아가는 이 세상 역시 인간을 제한하고 규정하는 조건이다. 그 조건은 개인의 삶에 필요하면서도, 또한 우리를 소외시키고 제한하는 언어라 해도 무방하다. 언어는 그것을 사용하는 사람으로 하여금 사물에 이름을 붙이고 사물을 인식하게 하지만, 또 한편으로는 '언어의 수조'(linguistic pool) 속에 사람의 의식을 가두기도 한다.

이 물 속에서는 진리를 찾지 못했고,
어떤 설명도 우리의 살 위에서 파르르 떨리지 않아.
축복 받았으면서도 지금은 축복 받지 못한 우리들.
여러 날 그런 공간을 여행한 후 우리는
번역하기 시작했다. 똑 같은 공간. 늘 같은 공간이었고
그 위로 사람이 있었다.

We have found no truth in these waters,
no explanations tremble on our flesh.
We were blessed and now we are not blessed.
After travelling such space for days we began
to translate. It was the same space. It is
the same space always and above it is the man. (*SFN* 58)

그렇다면 이러한 언어들로 이루어진 문학 작품은 어떤 의미를 지니는가. 더피는 「모델들의 마을」("Model Village")에서 문학 텍스트는 현실의 사회적 관계들을 상상적으로 재구성한 것임을 암시한다. 사람들이 오랜 세월동안 지켜온 약속이자 사람들 사이의 신호인 어휘들은 그것이 지칭하고 있는 사물과 그 의미 사이에 아무런 절대적 관계를 품고 있지 않기 때문에 언어들의 행진으로 이루어진 문학 텍스트 역시 텍스트를 구성하고 있는 각 언어의 특질로 인하여 실제의 현실과 절대적인 관계를 맺고 있지는 않다. 즉, 문학 텍스트를 현실 자체로 잘못 이해해서는 안된다는 것이다. 더피에 따르면 문학 텍스트는 언어가 실제의 사물들에 일정한 형태를 부여하여 혼돈스럽지 않게 하는 것처럼 현실에 질서를 부여하고 그것을 이해하는 도구이자 한 방법일 뿐이다. 이를 더피는 「모델들의 마을」에서 도서관이 세상으로부터의 '도피처'(refuge)이며 책, 또는 언어 밖의 세상은 무질서한 세계라는 도서관 사서의 언급을 통해서 드러낸다. 이러한 언급을 통해 더피는 언어 또는 글로 쓰여진 것들은 나아가 현실의 무질서에 대해 안정감을 갖게 하면서 각 개인으로 하여금 현실을 자신이 통제하고 있다는 느낌을 갖게 한다는 점을 암시하고 있다.

쉿. 나는 그들이 오가는 것을 여러 해 동안 보아 왔어,
내 귀는 모든 속삭임에 귀기울여 왔고. 이곳은

도피처야. 책 더미들은 가만히 있는 책꽂이 위에서 조용하게
숨쉬고 있어. 나는 그들 사이를 마치 회진하는 의사처럼
둘러보며 살피지. 책들은 해를 끼치지 않아. 그러니 나는
이곳에서 안전해. 밖은 암흑이고 아무 체계도 없이 살아가지.
현관 너머마다 진리 곧 위험이 숨어 있어. 나는 허구를 퍼뜨려.
당신들은 나를 믿지
모든 사람들의 머리 속에 있는 책들이 더 낯설다는 것을 …

Sssh. I've seen them come and go over the years,
my ears tuned for every whisper. This place
is a refuge, the volumes breathing calmly
on their still shelves. I glide between them
like a doctor on his rounds, know their cases. Tomes
do no harm, here I'm safe. Outside is chaos,
lives with no sense of plot. Behind each front door
lurks truth, danger. I peddle fiction. Believe
you me, the books in everyone's head are stranger … (*SM* 22)

　　리버풀 대학에서 철학을 공부한 더피로서는 언어가 빚어내는 여러 문제들
에 시인으로서의 관심을 보이는 것은 당연하다고 할 수 있을 것이다. 특히,
대학을 졸업한 후 런던과 맨체스터 등의 도시에서 만났던 다양한 민족 및 인
종의 문제와 언어의 문제를 관련지어 시로 다루고 있는 점은 더피의 시가 갖
는 특징이라 할 수 있겠다. 영어를 모국어로 사용하고 있는 사람들조차도 언
어 자체가 지닌 가변성으로 인해 사물 인식 및 존재 증명의 도구로 영어를
사용한다는 것에 한계를 갖고 있는데, 하물며 영어를 외국어로 익힌 사람들
에게 있어서 언어의 문제는 매우 절실하고도 심각한 문제로 대두되는 것에
더피의 시는 주목하고 있다. 가령, 더피는 외국에서 영국에 이민 온 사람들의
문제를 언어와 연관하여 살피면서 영국의 모습을 번역해 내고 있는데, 이를
통해 그는 이민자들이 영국인과 같은 언어를 사용하면서 오랜 기간 영국인
들 속에서 살아간다 해도 여전히 외국인으로서의 소외와 거리감을 지닐 수
밖에 없음을 보여준다. 예를 들어 「동맹」("Alliance")은 영국 남자와 혼인한
프랑스 여성을 소재로 삼아, 영어가 일상의 도구이면서도 가장 내면적인 욕

구는 결국 자신의 모국어로 드러내는 외국인의 모습을 보여준다. 영국 남자와 혼인하여 아이를 낳고 영국에서 오랜 기간 살고 있는 프랑스 여자는 더피가 보기에 영국인 남편과 어떤 일체감도 없이 다만 '동맹'의 결의를 맺고 있는 외국인과의 관계를 유지하고 있을 따름이다.

> 그 여자는 언어에 완벽하다. 여러 해 동안 그는 가장 좋은 맥주를 마
> 실 정도로
> 승승장구했어. 그러는 사이에도 그 여자에겐 방이 없었지.
> "쥬뗌므"라는 말은 그 속에 없었지.
> 어느 아침 그녀는 옆에 외국인이 누워있음을 깨달았어. 가슴이 쿵 닫
> 히는 것이었어.

> She is word-perfect. Over the years he has inflated
> with best bitter till she has no room. Je t'aime
> isn't in it. One morning she awoke to a foreigner
> lying beside her and her heart slammed shut. (SFN 26)

이 여성은 결국 위기가 닥치는 매순간 남편이나 아이와는 다른 언어로 '내년의 휴가'를 꿈꾸고 있다. 더피는 이러한 프랑스 여성의 경우를 통해 영국 국민으로서의 합법적인 지위를 갖고 있다할지라도 영국인 남편의 언어와는 다른 언어로 꿈꾸는 한 영국에 속할 수 없는 이민자의 의식, 그 어디에도 속하지 못하고, 가장 가까운 사람과도 제대로 의사소통을 하지 못하는 심리적 상태를 드러내 보인다. 그렇다고 이 프랑스 여성이 영국인이 아니라고 할 수도 없다.

1970년대 들어 영국 사회에서 드러나기 시작한 이민자의 문제는 대처 정부가 선거에서 이기기 위해 제기한 이슈이기도 했다. 특히 1979년의 선거에서 대처의 보수당은 노동당을 이기고 난 직후 영국의 식민지 제국에서 이주해온 이민자들을 영국인으로 받아들였던 1948년부터의 법을 폐지하므로써 이민자에 대한 제한을 가하기 시작하였다. 그리고, 이러한 제한을 1987년 영국국가법령(British Nationality Act)이라는 이름으로 완전히 성문화하여 대처 정부는 영국 땅에서 태어난 조상을 둔 사람들에게만 영국민이라는 법적 지

위를 부여하였다. 그러므로, 이전 영국의 식민지였던 영연방제국에서 영국으로 이주해온 사람들은 더 이상 영국 국민일 수 없게 되었다. 영국의 식민지였던 나라에서 태어나 줄곧 자신이 영국인이라 생각하고 영어를 모국어로 써 온 사람들조차도 순전히 영국 땅에서 태어나지 않았다는 것 때문에 영국인으로 인정받을 수 없는 상황이 된 것이다. 더피는 영국인이면서도 여전히 영국인이지 않은 많은 영국인들의 상황을 「외국」("Foreign")이라는 시에서 보다 더 직접적으로 다루고 있다. 이 시는 20년 전에 영국으로 이주해 살고 있는 사람을 소재로 한 시이다. 20년 동안 영국에 살고 있는 이 시의 화자는 자신의 영어가 영국인의 영어라고 인정하지 않는다. 그가 듣기에 자신은 여전히 외국인의 억양으로 말하고 있을 뿐이다. 그리고, 화자는 아무리 오랫동안 영어를 일상의 언어로 사용해 왔다 할지라도 머리로는 고국의 언어로 생각하고, 고국의 집으로 편지할 때마다 눈물 고이는 심정을 어떻게 표현해야 할지 난감해 한다. 그에게 있어서 영어는 오랜 기간 동안 사용해 왔다 할지라도 자신의 언어가 아니고, '그들의' 언어인 것이다.

> 낯설고 어두운 도시에서 20년 동안 산다는 것을 상상해 보라.
> 동쪽 어딘가에 음울하게 돋아 있는 곳들이 있고, 그 중
> 한 곳이 그대가 살고 있는 곳이다. 그곳에 닿으면 그대의
> 외국인의 억양이 계단 아래로 메아리치는 것을 듣게 될 터이다.
> 그리고 그대는 자신의 언어로 생각하고 그들의 언어로 말하는 거다.

> Imagine living in a strange, dark city for twenty years.
> There are some dismal swellings on the east side
> and one of them is yours. On the landing, you hear
> your foreign accent echo down the stairs. You think
> in a language of your own and talk in theirs. (*SM* 47)

사용하고 있는 언어를 자신의 언어로 받아들이지 않는다는 것은 그가 영국인이라는 정체성을 여전히 지니지 못하고 있음을 드러낸다.

정체성 의문의 주제는 더피의 시에서 이민자의 극적 독백의 형식으로 전달됨으로써 그 호소력을 더한다. 1990년에 발표한 『다른 나라』(*The Other*

Country)에 첫 번째 시로 실려져 있는 「원래는」("Originally")은 영국으로 이민
온 어린아이의 처지를 극적 독백의 형식으로 전달한다. 자신의 억양이 '잘못
된' 억양으로 받아들여지는 생소한 나라에서 아이는 점차 이전의 나라를 그
리워하지 않게 되고 말의 억양 역시 '마치 뱀이 허물을 벗듯이' 이전의 억양
을 완전히 떨구고 새로 만난 이곳의 아이들과 다를 바 없는 말을 구사하게
된다. 그러나, 더피가 보기에 이렇게 언어적 순응과 적응을 이루었다 할지라
도 그것이 이 아이의 정체성이 완전히 영국인의 그것이라고 할 수 있게 하는
지는 의심스럽다. 이전 나라의 환경과 문화를 벗어나 새로운 나라 영국에 정
착했지만 '어디에서 왔는가'라는 질문에 대해서 여전히 '원래요?'(Originally?)
를 되물으며 그 대답을 주저하게 되기 때문이다.

> 나는 내 말이 마치 뱀처럼
> 껍질 벗은 것을 기억한다. 그래서 내 말소리는 교실에서
> 다른 아이들과 같이 들린다. 그러니 나는 다만 강과
> 문화, 말, 첫 공간의 감각과 올바른 장소를 잃었다고 생각하면
> 되는가. 지금, 낯선 누군가가 너 어디에서 왔느냐고 물으면
> 나는 원래요? 라고 되묻는다. 그리고 나는 망설인다.

> I remember my tongue
> shedding its skin like a snake, my voice
> in the classroom sounding just like the rest. Do I only think
> I lost a river, culture, speech, sense of first space
> and the right place? Now, Where do you come from?
> strangers ask. Originally? And I hesitate. (*OC* 7)

이러한 이민자들의 망설이는 자세는 그들의 마음속에 자신의 정체성에 대
한 의문이 여전히 남아 있음을 반영한다. 이민 온 사람들이 '우리 자신들의
나라'(our own country)라는 말을 할 때 그것이 과연 60년대 민족주의자들이
의미했던 것과 같은 영국인지 아니면 이 시의 어린아이가 원래 태어나 잠깐
지냈던 예전의 나라인지가 불분명하다. 그리고, '우리 나라'(my country)라고
말할 때의 그것이 영국 백인민족주의자들이 의미하는 영국인지도 또한 알

수 없는 것이다. 이를 통해 더피가 암시하는 것은 결국 누가 그 어휘를 쓰느냐에 따라서 그것의 의미는 달라질 수밖에 없는 것이고, 따라서 영국의 민족주의와 영국이라는 나라(country)의 의미 역시 각기 다를 수밖에 없다는 점이다.

특히 과거 영국의 식민지였던 나라에서 영국으로 이주해온 사람들에 대한 처우는 1960년대부터 1980년대에 이르기까지 여러 우여곡절을 겪으면서 그들의 의식에 많은 변화를 일으켰다. 60년대 이전만 하더라도 인도나 파키스탄 등의 이전 식민지로부터 영국에 이주해온 사람들과 그 가족들은 자연스럽게 영국인의 지위를 부여받았었다. 그런데, 1968년 파월(Enoch Powell) 등이 이민자에 의존하여 영국에 들어오는 이민자들과 그 가족들이 영국의 문화에 동화되지 않아 영국의 문화를 분화시키므로 이민자 가족의 법적 지위를 재고해야 한다고 주장했고, 이런 주장은 많은 공감을 얻었다. 특히, 아시아 식민지에서 유입된 이민자들이 어느 해에는 수만 명을 넘어서면서 사회적으로 크게 눈에 띄는 존재들로 부상하게 되었지만, 그들은 자신들의 이전 문화를 영국에서도 고수하면서 영국의 전통과 문화를 분열시킨다는 비난을 받기도 하였다. 이에 따라 'entry clearance'라는 법령이 제정되어 이민자 가족은 이민국에서 엄격한 입국절차를 밟게 하였는데, 그 과정에서 탈락한 사람들은 영국으로 이주할 수 없게 되었다. 즉, 이미 영국에 정착한 이민자는 그 가족들과 함께 살 수 없는 지경에 처하게 되는 경우가 허다하게 된 것이다.

이러한 사실을 배경으로 한 「국외추방」("Deportation")은 오랜 기간 영국에서 살았으면서도 이민자 가족으로 인정받지 못한 사람의 내면을 그려 보인다. 그는 자신이 오랜 동안 영국에서 살면서 성실하게 노동을 하면서 다른 영국인들과 다름없이 큰 잘못 없이 살아왔는데, 과연 자신이 외국인이냐는 의문을 제기한다. 이 세상은 하나의 나라라고, '커다란 어두움(big dark) 속에서 빛나고 있는, 우리가 살고 있는 곳(*SM* 59)'이라고 알고 있던 화자에게 이민국에서 받은 '외국인'(alien)이라는 지위는 이해할 수 없는 수수께끼와 같다. 그러므로 아무리 영국에서 익힌 친절과 감사, 사랑을 담고 있는 언어를 구사한다 할지라도 실제 영국 사회가 그들에게 전혀 그런 덕목들을 베풀지 않았다는 인식이 이민자의 의식 속에 자리잡게 되고, 결국은 영국 밖으로 추방되는 것이다.

그들은 이곳에서 친절하지 않았다. 지금 나는 떠나야만 한다.
애원하고 감사하기 위해 배운 말들은 모두 쓸모없는 것이 될 것이다.
사랑은
어떤 말로든 눈 속에 담겨진 표정이지만, 이곳에서는,
그리고 올해는 아니다. 그들은 환영하지 않았던 것이다.

나는 세상이 우리가 살고 있는, 커다란 어두움 속에서
빛나는 하나의 나라라고 생각하곤 했었는데.
나는 어린 시절의 사진을 들여다 본다.

나는 지금 외국인이다.

They have not been kind here. Now I must leave,
the words I've learned for supplication,
gratitude, will go unused. Love is a look
in the eyes in any language, but not here,
not this year. they have not been welcoming.

I used to think the world was where we lived
in space, one country shining in big dark.
I saw a photograph when I was small.

Now I am alien. (*SM* 59)

    이러한 과정을 통해 영국 밖으로 추방되는 사태는 더피의 눈에는 대처 정부가 강조한 '가족'의 중요성과는 모순되는 정책의 결과로 보인다. '나의 사랑이 우리 아이를 낳고, 내가 이곳에서 일을 하여, 가정을 찾는 것'(*SM* 59)이라는 더피의 시구절이 암시하듯, '가정'은 바로 가장이 일하고 있는 장소에서 사랑하는 사람과 꾸려나가는 것인데, 결국 대처 정부가 강조한 가족은 순수 앵글로 색슨 족에게나 해당되는 것이었지 아시아 계 또는 아프리카 계 영국인에게는 적용되지 않는 것이다. 그리고, 이러한 배제는 언어의 다름, 언어를 이해할 수 없다는 사실로 암시되고 있다. 즉, 이민국에서 이들이 듣는 온갖 친절한 언어들은 그들로서는 이해할 수 없는 전문적인 언어들이라는 사실을 지적함으로써 더피는 이들에 대한 추방 결정이 언어의 소통 불능과 관련됨을 지적해 보인다.

> 그들은 예의 바르다. 끝없이 공식적인 용어들을 들먹인다.
> 에프 양식. 12번 방. 6번 상자. 나는 이민국 건물 안으로
> 들어갈 때보다 구름 속으로 사라지는 산맥 아래에서
> 덜 왜소해진다. 영구차 같은 택시들이 터미널을 향해
> 비 흩뿌리는 거리를 기어간다.

> They are polite, recite official jargon endlessly.
> Form F. Room 12. Box 6. I have felt less small
> below mountains disappearing into cloud
> than entering the Building of Exile. Hearse taxis
> crawl the drizzling streets towards the terminal. (*SM* 59)

더피의 시에서 이민자가 겪는 문제는 특히 언어를 익히지 못한 이민자들이 겪는 사회로부터의 소외와 격리를 다루면서 사회적 차원 안에서 이민자의 문제가 어떤 의미와 파장을 지니는지를 재고시킨다. 「그래요, 경찰관 나리」("Yes, Officer")의 화자가 드러내는 범죄자로의 전락이 그 한 예이다. 그는 알리바이를 증명할 수 없는 상태에서 경찰관들이 요구하는 대로 범죄 인정서에 사인을 해 버린다. 이는 그가 자신의 언어가 아닌 언어 앞에서는 앞을 못 보는 소경과 다를 바 없는 영어 문맹자이기 때문에 빚어진 결과이다. 이를 그 자신이 잘 알면서도 어쩔 수 없이 경찰관의 요구에 응하고는 죄인이 되어버린다. 그리고, 그가 범죄를 저질렀다는 것은 그들의 언어가 인정하고 있는 것이지, 그의 언어가 인정하고 있는 것은 아님을 암시하여 더피는 그가 과연 죄인인가에 대해 의심하는 태도를 함축시킨다.

> 내 언어가 없이는 나는 잘못 찾아든 집 속의
> 눈 먼 사람이다. 주먹이 날아들고, 발길질이 그 다음이다.
> 나는 구석에 몸을 웅크리고 공허한 모음들을 내뱉는다, 그들이
>
> 자신들의 진실을 지니게 될 때까지. 그게 내 이름이다.

내 선량한 팔로 위조문서에 사인한다. 그래요, 경찰관 나리,
내가 했어요. 내가 했다구요. 바로 당신들의 말뿐인 이것이 인정하고
있잖아요.

Without my own language, I am a blind man
in the wrong house. Here come the fist, the boots.
I curl in a corner, uttering empty vowels until

they have their truth. That is my full name.
With my good arm I sign a forgery. Yes, Officer,
I did. I did and these, your words, admit it.

그런데, 언어를 이해할 수 없어서 봉착하게 된 문제가 이러한 개인적 차원
에서 죄인이 되어버리는 것에만 있다면 덜 심각할 수 있을 것이다. 의사소통
이 제대로 되지 않는 상황에서 겪는 소외와 당혹스러움이 실제로 범죄를 일
으켜서 자신의 존재를 인정받고자 하는 심리를 불러일으킬 수 있는 것이다.
즉, 자신의 정체성을 인정받으려는 심리적 동기에서 파괴적이고도 반사회적
인 행동을 하게 되는 것이다. 「그래, 오늘은 어떠한지」("And How Are We
Today")에서 보여주는 화자의 암시는 이러한 맥락에서 이해할 수 있다.

라디오 속의 작은 사람들이 다시 나를
쪼아댄다. 화창한 날인데, 그러나 그들은 비가 오게
한다. 그들의 목소리가 싫다. 마치 막이 낀
차가운 차 같은 그들의 목소리가. 아아아.

...

눈을 빼서 삼켜버릴까 보다, 관심을 내게로
끌기 위해. 윈스턴이 그랬지.
그의 이름이 신문에 났어. 당분간은 그들을
성가시게 나도 소란을 피워야지. 그래서 미친놈이 되는 거야.

The little people in the radio are picking on me
again. It is sunny, but they are going to make it

rain. I do not like their voices, they have voices
like cold tea with skin on. I go O O O.

...

I might take my eye out and swallow it
to bring some attention to myself. Winston did.
His name was in the paper. For the time being
I make noises to annoy them and then I go BASTARDS. (*SM* 27)

　그는 언어에 의한 사회적 의사 소통을 그리 성공적으로 하고 있지 못한
인물이다. 그는 맑은 날씨를 사람들이 비가 내리는 날씨로 바꾸려 한다고 생
각하고, 자신의 말을 다른 사람들이 '청진기를 들이대고 듣는다'고 생각할 정
도로 다른 사람들과 의사소통에 어려움을 겪는다. 그리하여 화자는 결국은
자신의 눈알을 뽑아 삼키는 행동에 대해서도 생각해 보곤 하는데, 그럼으로
써 자신에게 사람들의 관심이 쏟아질 것을 기대하고 있다. 그리고는 하다 못
해 시끄럽고 못된 행동을 해서 욕을 먹는 사람이 되더라도 사람들의 주의를
끌어볼까 고려한다고 독백을 끝맺음으로써 이 시의 화자는 사회에서 소외된
이민자들이 어떻게 반사회적 행위를 하게 되는지를 드러내 보이는 것이다.
　언어의 소통 불능으로 인해 반사회적이고도 파괴적 행동에 이르는 이민자
들에 대한 더피의 묘사는 그런 행동을 하는 사람에 대해 어떻게 반응할 것인
가에 대해 재고하게 한다. 처음에는 그리 큰 소동이 아닌 것으로, 그저 나와
는 상관없는 다른 하찮은 동물을 해치는 것에 지나지 않는 것쯤으로 받아들
일 수도 있지만, 독자라 할 수 있는 다른 영국인들은 차츰 그 행동이 야기하
는 폐해를 인식하기를 더피의 시는 요구한다. 뿐만 아니라 그들의 언어를 이
해하지 못하는 것은 결국 자신의 시를 이해하지 못하는 것과 다를 바 없다는
암시까지 함으로써 시인으로서 언어를 사용하는 것 역시 아무런 이해도 얻
을 수 없는 이민자의 처지와 다를 바 없음을 암시하기도 한다. 그리고, 이렇
게 제한된 언어로 사회를 번역해 내는 시는 결국 번역의 과정에서 또한 많은
것을 상실할 수밖에 없다.

인용 문헌

Duffy, Carol Ann. *Standing Female Nude*. London: Anvil, 1985.

_____ .*Selling Manhattan*. London: Anvi, 1987.

_____ .*The Other Country*. London: Anvil, 1990.

_____ .*Mean Time*. London: Anvil, 1993.

_____ .*The World's Wife*. London: Picador, 1999.

Bertram, Vicki. "Postfeminist Poetry?: "one more word for balls"." James Acheson & Romana Huk. Eds., *Contemporary British Poetry: Essays in Theory And Criticism*. Albany: New York State Univ. Press Ltd., 1996:269-292.

DiMarco, Danette. "Exposing Nude Art: Carol Ann Duffy's Response to Robert Browning." *Mosaic*. vol 31, Sept., 1998: 25-39.

Hulse, Michael, David Kennedy, and David Morley, Eds., *The New Poetry*. Newcastle: Bloodaxe, 1993.

Kinnahan, Linda A. "Look for the Doing Words: Carol Ann Duffy and Questions of Convention." James Acheson & Romana Huk. Eds. *Contemporary British Poetry: Essays in Theory and Criticism*. Albany: New York State Univ. Press., 1996: 245-268.

MacAllister, Andrew. An Interview with Carol Ann Duffy. *Bete Noire* 6, winter, 1988: 69-77.

Rees-Jones, Deryn. *Carol Ann Duffy*. Devon: Northcote House Publishers Ltd., 2001.

Smith, Anna Marie. *New Right Discourse on Race and Sexuality*. Cambridge: Cambridge Univ. Press, 1994.

Thomas, Jane E. "'The Intolerable Wrestle with Words': The Poetry of Carol Ann Duffy." *Bete Noire* 6, 1988: 78-88.

북미연작시(North American Sequence)에 나타나는 뢰트케의 동경

강 방 영
(제주한라대)

I

뢰트케(Theodore Roethke 1908-1963)는 그의 시에서 존재의 뿌리를 자연의 흐름 가운데에서 발견하는 과정을 자주 다룬다. 자연의 무의식과 접촉함으로써 이뤄지는 심리적 탄생이 많은 시의 주제가 된다. 극복하기 어려운 장애를 만날 때 원초적 물인 자연으로 되돌아가 심리적 와해에서 벗어나 재생을 획득하는 내성과 역행의 주제가 반복된다. 그의 많은 시가 원시적 생명의 근저로 깊이 침잠했다가 부상하는 새로운 자아의 출현을 다룬다(Applewhite 199-208).

이러한 그의 시 특성은 후기 작품에서도 나타나며, 그의 마지막 시집 『먼 들판』(*The Far Field* 1964)에는 죽음에 대한 인식에서 오는 우수와 좌절에서 출발하여, 명상을 통해 자연계의 영원한 생명과 접하여 본연적인 자아의 힘을 회복하고, 자연과의 합일로 가려는 노력을 보여주는 시들이 많다. 이 시집은 4장으로 나뉘며 북미연작시(North American Sequence)는 제1장을 이루는 6개의 장시이다. 「동경」("The Longing"), 「오이스터 강에서의 명상」("Meditation at Oyster River"), 「오지로의 여행」("Journey to the Interior"), 「긴 강」("The Long Waters"), 「먼 들판」("The Far Field"), 「장미」("The Rose")라는 제목의 시들이다.

　이 연작시에서 화자는 내적 침체상태에서 삶의 무의미로 고통을 받다가 오랜 명상과 회상을 통해 환희에 이르는 상태를 교체한다. 극단적인 두 가지 심리상태를 왕복하면서 그는 고통스러운 부정과 즐거운 희열을 반복하여 나타낸다. 뢰트케는 여기에서 자유로운 형식으로 광활한 자연과 지리적 세부 묘사를 통해 심리상태를 표출하고 탐사해 나간다. 목록 나열과 대상에 맞는 언어 및 형식, 대상에 충실하고 밀착된 시선(*SP* 83)으로 자연계의 사물과 주인공의 의식을 드러내고 심화한다. 세계를 포용할 수 있는 인간의 정신과 우주적 삶에 일체가 되는 인간의 능력을 "궁극적인 인간"(the final man)이라 예찬하며 그러한 순간에 이르기를 갈망한다. 이 시들은 존재의 중심으로 가는 비전을 얻고(Pearce 316) 죽음의 공포에 따르는 영혼의 어둠에서 벗어나 자연질서를 수용하는 평화와 성스러움을 표출한다. 이는 뢰트케가 내적 침체에서 벗어나 도달하고자 지속적으로 추구하는 상태이다. 그의 체험 속에 있는 자연이 명상과 관조를 통해 삶의 신비와 자연 만물과 인간의 일체감을 일깨우도록 그려진다. 자연 풍경과 동식물들의 연상으로 시인의 의식은 자유를 얻고 궁극적 삶의 현실에 도달하고 희열을 맛보게 된다.

　또한 물의 image가 두드러지게 활용되어 인간의 체험, 삶의 시작과 끝, 생명과 동시에 죽음의 의미로 사용된다. 물은 그 외면적 변화로 영혼의 무기력 또는 진행 상태를 나타내기도 하고 생명의 영원함을 상징하기도 한다. 대지 역시 그 함축성이 다양하여 고정되고 침체된 죽음의 장소인가 하면 새 생명이 자라는 터전이며, 시인이 신비한 생명의 본질과 접하게 되는 현시의 들판이 되기도 한다. 뢰트케는 두 가지가 이루는 변증법적 구조와 그 합일을 추구하여 바닷가 장미에 이른다(Ross-Bryant 138). 대지와 물의 imagery가 교체하면서 육지와 바다, 불과 어둠(불길과 그림자)의 대응이 나타나고, 언급되는 30여종이 넘는 새와 동물의 무리는 자연계에서 총체적인 삶의 의의를 추구하는 뢰트케의 의지를 드러낸다(Staples 191-196).

　북미연작시(North American Sequence)의 첫 시 「동경」("The Longing")은 뢰트케가 추구하는 세계와 이 연작시 전체의 방향을 포괄한다. 활력을 잃은 인간 정신이 상실한 행복과 생기, 열정적인 동작을 회복하기 위해 방법을 모색하는 것이 이 연작시의 출발점이며, 앞으로 나아가지 못하고 위축된 영혼을 직시하면서, 영혼과 육신이 함께 생동하는 사람만이 행복할 수 있다는 주제가 전개된다. 자연계 모든 삶에 대한 공감과 이를 계기로 진전하기 시작하는 영혼, 격노나 악의 증오 대신 자연 풍경에서 맛 볼 수 있는 기쁨이 제시된다. 이 시를 통해 뢰트케는 자연계 형상들의 핵심에 있는 불멸의 정적, 광대한 북미 자연 경관, 죽음과 삶의 환원 과정을 명상함으로써 자연계에 내재하는 원시를 접촉하여 정체된 자아를 살리고 진정한 삶의 기쁨을 되찾는 길을 추구한다. 다음에 나오는 5개의 시에서도 이와 유사한 주제와 명상 과정이 색채를 달리하면서 반복된다.

두 번째 시 「오이스터 강에서의 명상」("Meditation at Oyster River")에서는 끊이지 않고 다가오는 물결의 양상이 다양한 삶의 형태를 나타내고 있다. 풍경과 함께 전개되는 죽음에 관한 명상은 시간, 육신, 순수한 정신의 자세, 인간 정신이 도달해야 하는 경지 등으로 옮아간다. 스스로의 속박에서 벗어나 움직이기 시작하는 인간의 정신이 얼음이 풀려 흐르기 시작하는 냇물에 비유되고 물과 같은 정신 자세가 강조되고 있다.

세 번째 시 「오지로의 여행」("Journey to the Interior")은 자아를 회복하기 위해 자아 밖으로 나아가는 여행이면서 동시에 자아의 핵심을 찾아 떠나는 여행이 다뤄진다. 위험이 도사리고 있는 험난한 여정, 성공하기 위해서 필요한 여러 가지 기교, 평화 상태에 이르는 영혼, 고통과 어둠을 거쳐 도달하는 행복, 순간 속의 영원 등이 함축되어 있다. 시인의 연상과 명상은 삶을 축복으로 바꾼다.

네 번째 시 「긴 강」("The Long Waters")은 시인의 명상 과정을 비유적으로 나타내고 있다. 완벽한 평정 상태와 부단한 삶의 물결을 대비하면서 자신을 찾고 다시 잃는 과정을 거쳐 주인공이 세상을 포용하고 긍정적으로 삶을 받아들이는 과정이 제시된다.

시집과 같은 제목의 다섯 번째 시 「먼 들판」("The Far Field")의 주제는 노년에 맛보는 회의와 임박한 죽음의 인식에서 오는 공포를 신비한 삶의 비전을 포착함으로써 해소하는 것이다. 온 세상을 포괄하는 인간의 정신은 공포를 초월하고, 자연의 리듬에 합류하는 새로운 생명의 시작으로 죽음을 받아

들일 수 있다. 길 잃은 자아는 자연계에 대한 명상을 통해 변모하고, 존재의
바다로 향하여 나아가면서 우주의 삶을 그 내면에 수용하는 것이다.

북미 연작시 가운데 마지막 시 「장미」("The Rose")는 민물과 바닷물이 만
나는 장소에서 벌어지는 새들의 활동과 물결의 움직임, 시간과 인간의 기원,
환생 등에 관한 명상으로 이뤄진다. 이 시 역시 앞에 시들과 비슷한 과정을
거치는데, 온실세계와 미국의 대자연이 섞여 더욱 긴 시를 이룬다.

이 글에서는 '뢰트케의 동경'이라는 주제로 북미연작시(North American
Sequence)를 살펴보려고 한다. 이 연작시는 뢰트케의 중요한 명상 과정과 그
의 시집들을 일관하는 동경을 집중적으로 드러내고 있으므로 그의 시 특성
을 포괄적으로 함축하여 이해할 수 있다고 여겨진다.

II

「동경」("The Longing")의 주인공은 육체적 도덕적 부패, 도시의 일상 생활
에서 느끼는 무의미로 인해 마비된 것 같은 고통을 느낀다. 과거의 빛과 희
열을 잃고 그의 영혼은 정체 상태에서 반으로 위축되어 끈끈한 어둠의 세계
로 퇴행하고 있다. 1부에는 진부한 도시 일상이 잠들어 있는 삶, 악취와 한숨
으로 가득한 세계로 제시된다. 침이 질질 흐르는 마이크, 고뇌만 있는 술집,
욕망이 지치게 만들어 버린 영혼, 모든 것이 죽음으로 덮여있는 듯 암울하고
어디에도 행복의 가능성은 없어 보인다.

> 황량한 시간, 일주일만 비가 내려도 일년 내내 내리는 듯하고
> 거친 도시 변두리에는 광산재가 김을 뿜고
> 야릇한 쓰레기 더미 위로 갈매기들 날고
> 큰 나무들도 더 이상 빛을 내지 않으며
> 검댕이들 조차 춤추지 않는다
>
> 정신은 앞으로 나아가지 못하여
> 자신의 크기보다 줄어 반만의 삶으로 위축되고

괄태충처럼 흐물흐물 벌레처럼 떨어지면서
구멍만 있으면 숨으려 한다,
눈 없는 응시자 된다.

In a bleak time, when a week of rain is a year,
The slag-heaps fume at the edge of the raw cities:
The gulls wheel over their singular garbage;
The great trees no longer shimmer;
Not even the soot dances.

And the spirit fails to move forward,
But shrinks into a half-life, less than itself,
Falls back, a slug, a loose warm
Ready for any crevice,
An eyeless starer. (*CP* 181)

위축되어 숨을 곳만 찾는 영혼, 쓸쓸하고 불결한 주위 환경, 주인공은 영
혼을 고갈시키는 어둠에서 나가고자 시도하고 그 방법을 모색한다. 뢰트케에
게 난국을 헤쳐나가는 길은 언제나 식물들의 세계와 관련된 연상을 하는 것
이다. 특히 장미는 완벽한 삶의 상태에 도달한 상태를 상징하곤 하는데 여기
에서도 장미에 관한 연상은 시의 전환점을 이루는 계기가 된다.

장미가 우리를 능가한다
………………………
해 없는 바다에서 거대한 불꽃이 솟아오르고
빛이 소리치고 나는 그 소리를 거기에서 듣는다
나는 달을 너머 가리라
새싹처럼 벗은 몸으로 한 마리 벌레처럼 맨 몸으로

The rose exceeds, the rose exceeds us all.
………………………
A great flame rises from the sunless sea;
The light cries out, and I am there to hear …
I'd beyond; I'd beyond the moon,
Bare as a bud, and naked as a worm. (*CP* 182)

장미를 통해 뢰트케는 도달 가능한 궁극적인 삶, 순간을 통해 감지하는 영원을 나타내며 이 연작시는 장미로 상징되는 순간적 현시를 향해 가는 과정의 기록이라 할 수 있다. 장미와 같은 상태에 이를 때 고통받는 자아는 희열에 도달하고 해 없는 어두운 바다에 솟구치는 거대한 불길과 같이 인간의 자아가 삶의 흐름 저변에 존재하는 원초적 근원에 접하는 순간이 온다. 뢰트케가 추구하는 것은 삶의 조건 내에서 인간이 도달할 수 있는 성스러운 순간과 그 희열이다. 그에 이르는 길은 새싹과 벌레처럼 벗은 몸으로 삶을 맞고 원초적 생명의 물기에 젖어 영혼의 생기를 되찾는 데 있다. 불꽃, 바다, 빛, 달, 새싹, 벌레 등은 생명력으로 가득한 대상들이며 인간의 이성을 초월하는 존재들이다. 무방비 상태로 온몸을 드러내어 삶을 맞는 자연계의 식물 동물들은 삶의 본질과 용기를 일깨우는 대상들이며, 인간의 자아 역시 자의식의 장애 없이 순수한 삶의 자세를 갖추게 될 때 생기를 회복하게 된다.

3부에는 자연계의 작은 생명체들과 합일하고자 하는 갈망과 삶의 모든 현상을 기쁘게 수용하려는 주인공의 의지가 나타난다. 삶의 진수를 보여줄 신비한 순간의 현시를 기다리면서 주인공은 용기를 순진성에서 비롯되는 삶의 신비한 힘으로 파악하고 작은 생명체들과 아이들에게서 이를 본다. 물고기, 쥐, 어린 아이, 꽃, 나무 가지, 새 등은 형태를 초월하는 생명체 고유의 진실을 지니며 자연질서를 대표하고, 직관적으로 삶을 포용하는 예지와 주의 깊은 수동상태를 가르쳐 준다. 주인공은 존재의 영원한 핵심을 유한한 개체들의 삶을 통해 깨닫는다.

> 나는 동경한다 형태들의 핵심에 있는 불멸의 정적을
> 나는 흐르고 싶다 시내가 되어 늦여름 줄무늬 진 거대한 바위 밑을
> 하나의 잎새, 나는 잎들을 사랑하리라, 지상의 삶 향기로운 무질서,
> 이 복병, 이 침묵에 기뻐하면서,
> 그늘은 불꽃으로 바뀔 수 있고
> 이 곳에서는 어둠은 잊혀질 수 있다.

> I long for the imperishable quiet at the hear of form;
> I would be a stream, winding between great striated rocks in late summer;
> A leaf, I would love the leaves, delighting in the redolent disorder of

this mortal life,
This ambush, this silence,
Where shadow can change into flame,
And the dark be forgotten. (*CP* 182)

무기력한 영혼의 수면 상태를 벗어나 주인공은 더 강렬하고 심오한 상태로 전이가 필요하다고 느낀다. 충분하게 생기를 띄지 못한 상태를 "고래의 몸은 떠났지만 밤의 입은 넓다"고 비유하고 있다. 그 다음 드넓은 초원으로 사고의 초점이 바뀌면서 매들이 날고 호수가 적은 모래 언덕에 키 큰 목초와 여름 열기, 죽은 들소의 축축한 모피가 햇빛 속에서 마르며 내는 악취, 쭈그러드는 살점 등이 연상되고 주인공은 인디언식 삶을 취하기로 다짐한다.

노인은 탐험가가 되어야 한다고?
나는 인디언이 되겠다
평원의 원주민?
이로쿠아족.

Old men should be explorers?
I'll be an Indian.
Ogallala?
Iroquois.(*CP* 183)

문명과 이성의 세계 대신 뢰트케가 택하는 탐험 대상은 원시 세계이다. 시인의 목표는 원초적 자연계 속으로 침잠하여 호수지방의 인디언(Iroquois)처럼 원시상태의 삶을 탐사하는 것이다. 인디언은 자연의 원시적 힘과 접해 있으며 삶의 지혜를 지닌다. 야생의 삶은 뢰트케에게 엘리엇의 노인이 귀의하는 종교에 대응한다(Blessing 119). 황폐한 도시 풍경으로 생동하지 못하는 정신의 고통을 자연계의 사물 연상으로 치유하면서 주인공은 물과 연관되고 호수 지방의 인디언이 되고 싶다는 바램을 지닌다. 인위적인 환경은 영혼을 위축시키는 반면 참된 생명력은 자연과의 교류에서 우러나온다는 뢰트케의 신념이 드러난다.

북미 연작시를 통해 시인의 영혼은 탈진과 깨어남을 반복하며 진창에서 빠져나와 느리게 나아가고, 진전하는 영혼은 피어나는 꽃과 같다(Gardener 237-252). 「동경」은 이러한 여정의 출발점이다.

두 번째 시 「오이스터 강에서의 명상」("Meditation at Oyster River")에서부터 물의 image가 두드러지기 시작한다. 물은 무형의 삶의 속성을 나타내면서 다가오는 죽음, 개체를 함몰시키는 우주의 진행 등을 뜻한다. 바다는 영원한 생명의 모체이며 거기 흘러드는 강이나 시내는 개체들의 삶을 나타내고, 강과 만이 합쳐지는 해변은 죽음과 재생의 장소이다. 물에 합류하는 것은 생명의 기원으로 돌아가고 재생으로 가는 길이다(Malkoff 178). 개체들의 삶은 물에서 시작되어 물로 끝난다.

1부에는 높고 낮게 교체하는 조류와 가벼운 바람, 해변의 석양과 정적이 묘사된다. 강물이 바다로 흘러들어 합쳐지는 만의 바위 위에 앉아 주인공은 거의 몽환 상태에 잠겨 물결을 관찰하며 죽음과 삶의 image들을 섞고 있다(Ross-Bryant, 138-139). 모든 생명의 총체이며 모태인 바다 물결은 시인을 끌어들이려는 듯이 다가온다. 밀려오는 물결에는 죽은 조개 껍질들이 떠있는데, 육지에서 흘러와 바다로 들어가는 물에는 물고기와 게들이 활발하게 살아있다. 물은 죽음을 안고 있으며 동시에 생명체를 기르고 있다. 물은 두려움과 동시에 경외의 대상이나 아직 주인공은 물결을 맞아 대양에 합류할 준비가 되지 않았다.

> 마침내 길고도 파동 치는 물결이,
> 내가 앉아있는 곳에서는 검푸르게 보이는데,
> 막고 있는 작은 돌들을 넘어서 밀려오는 파도를 이룬다,
> 가라앉아 있는 통나무를 가볍게 때리며.
> 나는 앞으로 미끄러져 오는 소금기 있는 거품 속에 발가락으로 물을
> 튀겨 본다,
> 그러다 절벽 쪽 좀더 높은 바위로 물러난다.
> 바람이 느슨해진다, 돌에 부채질하는 나방처럼 가벼이:
> 석양 무렵의 바람, 어린아이 숨결처럼 가벼운 바람
> 한 장의 나뭇잎도 뒤집지 않고 물결도 일으키지 않는다.

At last one long undulant ripple,
Blue-black from where I am sitting,
Makes almost a wave over a barrier of small stones,
Slapping lightly against a sunken log.
I dabble my toes in the brackish foam sliding forward,
Then retire to a rock higher up on the cliff-side.
The wind slackens, light as a moth fanning a stone:
A twilight wind, light as a child's breath
Turning not a leaf, not a ripple. (*CP* 184)

장벽을 넘어 물결은 다가오지만 이를 맞아들이는 대신 주인공은 뒤에 있
는 바위로 후퇴한다. 그러면서도 물결을 인식하는 주인공은 자연계 속에서
움직이는 생명 활동에 더욱 민감하게 반응하기 시작한다. 무심한 빛의 번득
임도 의미 깊고 생동하는 것이 되며, 저녁 바람도 돌에 날개 짓 하는 나방과
어린이의 숨결에 비유되어 생명을 일깨우는 섬세한 기운으로 부각된다. 물가
의 풀 위에 내리는 이슬, 불타서 부서진 나무들의 숲, 강어귀에 있는 죽은 나
무를 횟대로 삼고 있는 갈가마귀, 그 날개에서 반사되는 햇빛 등 모두가 소
중한 의미를 담고 있다.

2부에서는 자아와 죽음과 함께 같은 조건 속에서 살아가는 동물들을 명상
하면서 주인공은 다가오는 물결을 받아들이려고 시도한다. 죽어 가는 별처럼
빛과 생기를 잃는 자아는 짐승들에 대한 공명과 자연계와의 일체감을 갈망
하게 된다.

이들과 함께 나는 있으리
그리고 물과 함께: 끊이지 않고 앞으로 밀려오는 물결들,
모래톱에서 바닷말이 자란 바닥에서, 이리 저리 표류하는 나무 조각
에 모양을 바꾸는 물결,
거슬러 부는 바람 물 머리에 받으며, 구불구불한 저류에 이끌리면서
조수는 밀려들고, 돌 등성이들 사이로 미끄러지면서,
물의 혀들, 고요히 기어서 온다.

With these I would be.
And with water: the waves coming forward, without cessation,

The waves, altered by sand-bars, beds of kelp, miscellaneous driftwood,
Topped by cross-winds, tugged at by sinuous undercurrents
The tide rustling in, sliding between the ridges of stone,
The tongues of water, creeping in, quietly. (*CP* 184)

　삶의 흐름을 쉬지 않고 파동 치는 물결로 파악하고 자아는 마비 상태인 잠과 두려움 속에서 나오기 위해 죽음을 짐승들과 연관시켜서 바라본다. 암사슴, 어린 뱀, 벌새 등 동물들의 활동하는 모습은 죽음을 새롭게 인식하도록 하며, 주인공은 물과 밀려오는 물결들에 합류하기를 원하고 거부하지 않고 받아들이려 한다.

　3부에서는 인간의 삶이 하나의 물결이 탄생하고 먼 길을 흘러 바다로 이르는 과정으로 요약된다. 시내의 탄생과 강의 해빙장면으로 주인공은 자신의 심리를 대신 제시한다. 시냇물이 바다로 가는 도중 마주치게 되는 갖가지 장애, 그 변전과 좌절의 과정은 주인공 자신의 생애를 비유한다고 할 수 있다. 꽁꽁 얼어서 겨울 동안 막혔던 수로가 봄과 함께 트이면서 다리를 뒤흔들며 흐르는 급류는 모든 장애를 뚫고 자유를 향해 힘차게 나아가려는 주인공의 갈망을 드러낸다. 이 같은 연상은 심리적 긴장과 이완을 제공하고 주인공은 유아상태와 같은 순진함과 수동성을 회복한다(Ross-Bryant 198). 이어지는 고요한 정적은 시간의 억압을 벗어나 축복 받은 순간인 듯 주인공에게 새들의 무사태평한 자세와 확실하고 단순한 삶의 기술을 보게 한다. 과거 미시건의 냇물이 움직이는 양상과 봄철 해빙기의 강도 유년기의 회상으로 자신의 기원과 다시 접촉하는 주인공에게 힘과 지혜의 원천으로 작용한다. 평정과 고요를 획득한 주인공은 4부에서 다시 현재의 시간으로 돌아온다.

　　지금, 이 이지러지는 빛 속에서
　　나는 아침의 동작과 함께 흔들린다;
　　있는 모든 것들의 요람 속에서
　　나는 철썩이는 물결과
　　뻑뻑도요새에 의해
　　반-잠 속으로 잠재워진다
　　물은 나의 의지이며 나의 길,

간헐적으로 정신은 달린다,
작은 파도들 속으로 밖으로
두려움 모르는 물새들과 함께
위험 앞에 작은 것들은 얼마나 아름다운가!

Now, in this waning of light,
I rock with the motion of morning;
In the cradle of all that is,
I'm lulled into half-sleep
By the lapping of water,
Cries of the sandpiper.
Water's my will, and my way,
And the spirit runs, intermittently,
In and out of the small waves,
Runs with the intrepid shorebirds ···
How graceful the small before danger! (*CP* 185)

주인공은 자신이 취해야 할 유연한 정신 자세에 도달한다. 스러지는 빛 속에 아침을 감지하면서 그는 모든 존재의 요람인 자연에 안겨 생성과 소멸의 주기에 참여한다. 수동적 참여 속에 재생의 암시가 있다. 나약해지는 빛이 새로운 아침의 약속이듯 밀려오는 물결은 태어나고 스러지며 영원히 이어지는 생명을 나타낸다. 주인공은 이 영원의 물결에 자신을 맡김으로써 흐르는 존재의 법칙에 동참하고자 한다.

세 번째 시 「오지로의 여행」("Journey to the Interior")은 전체적인 삶의 흐름에 합류하기 위해 주인공이 자신 밖으로 나가는 여정이다. 자아를 벗어나 밖으로 나가는 여행은 길고 온갖 위험이 수반되는 것으로 묘사된다. 1부에서는 주인공이 내면에서 맛보는 위기감이 황량한 풍경을 통해 나아가는 자동차 운전으로 표출된다. 홍수로 씻겨 내린 헐벗은 땅에서 위험하게 미끄러지는 낙석, 모서리를 겨우 돌면 아슬아슬하게 가장자리에 걸쳐져 있는 차바퀴, 물 마른 수로, 헐벗은 외딴 언덕과 협곡, 갑작스런 호우로 물이 불어서 좁은 계곡을 울리며 넘치는 샛강, 비와 바람에 시달리고 긴 겨울 동안 시들어 뿌리 근처가 타서 드러누운 갈대, 좁아지는 길, 늪을 지나면 쓰러진 전나무로

길은 막히고 만다. 고립과 어둠만이 남는 여정이다. 자아를 벗어나는 힘든 여행은 2부에서 주인공의 과거 여행 회상으로 연결된다. 자동차를 기술적으로 몰아 위험한 비탈과 깊은 저지대를 벗어나 지저분한 읍내를 질주했던 때가 회상을 통해 다시 살아 흐르기 시작한다. 고속도로, 모래 언덕, 읍내, 교각, 마을 공동묘지, 죽은 뱀과 쥐의 잔해, 건조해서 헐떡거리는 거북이, 물 마른 샛강 바닥의 보랏빛 관목 숲, 떠다니는 매와 새들, 풀 뜯는 소 떼의 풍경이 펼쳐진다. 이와 함께 주인공의 내면에는 원초적 생명력이 일깨워지기 시작한다.

> 초원의 바다에 나는 떠오르고 가라앉고,
> 바람은 차를 살짝 기울게 하고
> 빨래 줄을 때리고, 목화밭을 갈라놓고,
> 먼지 낀 목장 주택의 삐죽삐죽한 방풍림을 흔들고,
> 나는 떠오르고 가라앉고, 시간은
> 긴 순간으로 접힌다;
> 그리고 나는 듣는다 이끼가 말하는 것을,
> 그 하얀 도마뱀 같은 발로 담장이가 나아가는 것을 …
> 어렴풋이 빛나는 길 위에서,
> 먼지 낀 우회로에서.

> I rise and fall in the slow sea of a grassy plain,
> The wind veering the car slightly to the right,
> Whipping the line of white laundry, bending the cottonwoods apart,
> The scraggly wind-break of a dusty ranch-house.
> I rise and fall, and time folds
> Into a long moment;
> And I hear the lichen speak,
> And the ivy advance with its white lizard feet …
> On the shimmering road,
> On the dusty detour. (*CP* 188)

자아 회복을 위해 떠난 여정에서 직진하는 길이 없을 때 주인공은 먼 길을 우회한다. 열정과 기쁨을 회복하기를 갈망하는 그는 자연의 흐름에 그대로 자신을 맡기기 시작한다. 회상과 연상을 통해 자아는 극도로 예민해지고 흐르는 시간 속에서 영원과 같은 순간을 감지한다. 1부 2부의 과정으로 주인 공은 기억과 명상을 통해 신비한 삶의 순간에 접근하여 평정에 도달하고 자아 밖으로 나갈 수 있도록 준비한다.

3부에서는 2부의 강렬한 명상과 예민한 체험 뒤에 오는 비현실적 환시가 그려진다. 물과 꽃, 실제 꽃과 꽃의 영상을 합치는 물, 달빛 등을 통해 주인 공은 영혼의 평정을 나타낸다.

> 나는 본다 모든 물의 꽃, 나의 위와 아래로, 결코 물러가지 않는 꽃을,
> 움직이면서, 바짝 마른 땅 속에서 움직이지 않는, 달빛 속에서 하얀
> 꽃을:
> 고요한 정지 상태에 있는 영혼,
> 육신을 잠재운 후 편안해진 영혼을,
> 유리 같은 물 표면에서 섞이는 꽃 이파리들과 그 투영을
> 어부가 돌들 위로 그물을 끌 때 낮아지는 물결들을.

> I see the flower of all water, above and below me, the never receding,
> Moving, unmoving in a parched land, white in the moonlight:
> The soul at a still-stand,
> At ease after rocking the flesh to sleep,
> Petals and reflections of petals mixed on the surface of a glassy pool,
> And the waves flattening out when the fishermen drag their nets over the stones. (*CP* 188)

이어서 주인공은 순간의 의미 깊은 체험에 대해 깊이 사색한다. 물방울이 맺히고 미처 떨어지기 전 동안 깨닫는 태양의 핵심, 어둠과 빛 속에서 한 밤중의 울부짖음 뒤에 들리는 가벼운 노래 등으로 어려움을 겪은 후 맛보게 되는 신비한 계시의 순간들을 포착하려 한다. 그러한 순간들이야말로 주인공이 접하려고 추구하는 삶의 목표이다.

> 나 자신은 준비한다:
> 죽음의 면전에서 꼿꼿이 서는 것을,
> 표면의 변화와 물결 위의 반짝이는 빛에 기뻐하면서,
> 나는 다른 곳도 돌아다닌다, 생각하는 나의 육신은,

빛의 다른 면을 향해 돌아서고,
바람의 탑 안에서, 나는 대기 속에서 한가로운 한 그루 나무,

I rehearse myself for this:
The stand at the stretch in the face of death,
Delighting in surface change, the glitter of light on waves,
And I roam elsewhere, my body thinking,
Turning toward the other side of light,
In a tower of wind, a tree idling in air, (*CP* 189)

변모하는 이 세상의 유동적 상황에 적응하면서 동시에 표면적 변화 너머 우주적인 질서를 감지하고자 주인공은 열망한다. 삶을 기쁘게 수용하고 죽음을 두려워하지 않는 용기를 원하며, 심리적 동요나 혼란을 극복하고 자아의 영역을 확산시키고자 하는 그의 갈망은 내면적 자아의 총체를 드러냄으로써 실현되기 시작한다. 생기로 충만한 순간 육체는 영혼과 통일을 이루게 되고 증가된 각성에 의해 죽음의 공포가 사라지면 영혼은 더 넓은 세계로 나갈 자세를 갖춘다.

주인공은 "장님이 아침을 느끼는 것"처럼 내면에 일어나는 변화를 느끼며 새로이 삶을 이해한다. 분노의 정신은 축복에 넘치는 정신이 될 수 있으며, 죽음은 새로운 각도에서 볼 때 생명으로 충만한 것이다. 주인공의 시각에 이런 변화를 일으키도록 하는 것은 새를 비롯한 자연 속의 삶들이다. 단순하게 자연을 따라 살면 죽음은 소멸이 아니라 다른 형태로의 전이라는 깨달음이 온다. 죽음을 수용하는 순간 삶의 조건에 대한 분노는 사라지고 삶을 축복으로 인식하게 된다. 그럴 때 죽음의 공포는 더 이상 삶을 부식하지 않는다.

네 번째 시 「긴 강들」("The Long Waters")에서는 지상의 사물에서 느끼는 기쁨을 통해 인간의 한계를 수용하는 명상 과정이 그려진다. 시 제목 자체가 주인공의 사고의 흐름과 부단한 시간 속에 이어지는 삶의 흐름을 뜻한다. 1부에서 주인공은 향기와 춤의 세계에 속하는 꿀벌, 벌레, 황어, 나비 등이 표현하는 기쁨에 넘치는 삶을 응시하면서 자신도 그들의 세계에서 살고자 한다. 또한 자아의 잠재성에 대해 극단적인 실험을 해보고자 하여 그 누구도

가본 적이 없는 땅, 빛이 돌이 되는 곳, 즉 모든 모순이 화해로 끝나는 세계를 갈구한다. 미지의 자아의 영역을 철저하게 탐사해보고자 하는 욕구는 주인공을 불붙었던 숲 가장자리 바닷가로 향하게 하는데, 풀이 새로 돋아나고 쓰러진 나무다발은 햇살 속에서 껍질을 벗으며, 담수와 바닷물이 만나는 곳, 바다 바람과 소나무, 만과 후미, 작은 개울이 바다로 흘러드는 장소는 다양한 잠재능력을 내포한다. 자아의 모든 능력을 일깨우고자 하는 주인공의 갈망과, 영원으로 가는 길은 이 지상의 삶에서 찾을 수 있다는 신념이 나타나 있다.

2부에서 주인공은 자아의 잠재 능력을 발견하기 위해 행동을 취하는 것을 잠깐 주저하지만, 삶의 신비를 답사하기로 나아간다. 자연계에서 얻을 수 있는 찰나의 즐거움과 육체의 기쁨을 암시하고 주인공은 변화하고 생성되는 이 세계의 삶과 위험을 기꺼이 감수하려는 의지를 보인다(Ross-Bryant 146).

3부에서는 자연계의 다양한 삶과 죽음이 삶으로 흡수되는 과정이 구체적으로 제시된다. 낮게 날고 있는 곤충을 먹으려고 뛰어오르는 송어와 연어, 잘려서 내던져진 자리에서 뿌리를 내리는 담쟁이, 강어귀에 뿌리째 뽑혀 비스듬히 쓰러진 소나무를 횃대로 삼는 물수리와 다리로 이용하는 어부 등은 죽음이 또 다른 탄생의 기초가 되고 있음을 보여준다. 이들을 통해 주인공은 과거의 어린 시절 가족의 온실에서 피어나던 갖가지 꽃들을 연상한다. 싱그럽게 피어나던 백합, 나리, 거름이 되는 마른 우엉 등 연상을 하면서 자연질서를 다시 발견하고, 그는 기쁜 마음으로 자신의 현재를 받아들인다. 자신이 맞게 될 죽음은 "바람과 물이 이루는 풍요로운 폐허"와 합일하는 것이며 그 속에는 새로운 생명이 잠재한다고 보는 것이다.

4부에서 주인공은 이른 아침 물결과 바위가 이루는 풍경 속에서 자신을 향해 다가오는 물결을 커다란 백조에 비유하고, 기억 속에 바위를 생성 소멸의 부단한 와중에서 이를 벗어나 변치 않고 존재하는 중심으로 제시한다.

> 나는 기억한다 소용돌이치는 물결을 부수는 돌을,
> 희지도 않고 붉지도 않으며 완전한 중간에 있는 돌을,
> 그 곳에서 충동은 더 이상 지배하지 않고, 어두워지는 음영도 지배
> 않는다,

다치기 쉬운 그 곳,
모래와 부서진 조개와 물의 파편에 둘러싸인 곳.

I remember a stone breaking the eddying current,
Neither white nor red, in the dead middle way,
Where impulse no longer dictates, nor the darkening shadow,
A vulnerable place,
Surrounded by sand, broken shells, the wreckage of water. (*CP* 191)

부단히 흐르는 물결과 영원히 존속하는 돌의 기억은 주인공의 의식을 채우고, 이에 비추어 보면 인간의 충동이나 우울한 심경은 큰 의미가 없고, 흐름과 그 핵심에 존재하는 불변이라는 생명의 법칙만이 있게 된다.

5부는 빛과 물과 대지와 바람이 어우러져 영원과 재생의 의미를 전달한다. 늦은 오후에 호수가 반사하는 여명, 날아다니는 박쥐, 낮은 물결이 살짝 스치는 물가의 자갈, 오래 전에 꺼져버린 줄 알았는데 굴뚝에서 아래로 불어온 바람을 받고 불꽃으로 다시 살아나는 불, 낮은 언덕에서 불어오는 미풍 등을 연상을 통해 되살림으로서 주인공은 자신의 육신도 가벼운 불꽃처럼 빛나고 있다고 느낀다. 깊이 파묻힌 자아의 잠재 능력을 감촉하면서 잠자던 혼은 일깨워져 되살아나는 것이다.

나는 밀려오고 밀려가는 물 속에서 본다
나의 잠 속에서 나의 울음 속에서 나왔던 형태를:
그 영원한 형상, 어린 아이, 흔들리는 덩굴 줄기,
열리는 꽃 주위에 원
바람 부는 곳에서 내 앞을 달리는 친구
목소리도 아닌 환상도 아닌.
....
나의 눈은 가장 먼 물결의 꽃들 너머로 확산된다;
나는 긴 물 속에서 자신을 잃고 찾는다;
다시 한번 나는 모아지고;
나는 세상을 껴안는다.

I see in the advancing and retreating waters

The shape that came from my sleep, weeping:
The eternal one, the child, the swaying vine branch,
The numinous ring around the opening flower,
The friend that runs before me on the windy headlands,
Neither voice nor vision.
....

My eyes extend beyond the farthest bloom of the waves;
I lose and find myself in the long water;
I am gathered together once more;
I embrace the world. (*CP* 192)

부단한 삶의 흐름과 영원히 이어지는 생명은 어린 아이와 덩굴, 피어나는 꽃의 성스러움 속에 나타난다. 명상 끝에 도달하는 무시간의 삶의 비전을 바람 센 곳을 앞서 달리는 친구로 제시하며 주인공은 다시 물과 꽃의 이미지 속에서 삶을 긍정하고 세계를 포용하게 된다.

다섯 번째 시 「먼 들판」("The Far Field")에서도 암울한 현실을 명상을 통해 극복하는 과정이 전개된다. 1부에서는 자아가 수행해야 할 죽음을 겨울 여행으로 시각화한다. 죽음을 맞는 것이 좁아지는 동굴 속으로 날아 들어가는 박쥐와 눈 내리는 밤 홀로 자동차를 몰고 반도의 끝으로 가는 여행에 비유되어 있다. 눈 쌓인 포장도로에서 자갈길로 들어가 차가 모래에 빠져 속수무책의 상태에서 헛되이 바퀴만 돌리다가 드디어 불이 꺼져버리는 여정으로 죽음이 그려지고, 극단적인 외로움과 속수무책의 무력감이 제시된다.

2부에서 주인공은 어린 날을 회상하며 들판으로 나아가 자연계의 죽음을 검토한다. 자연 속에서 죽음은 일상적 삶의 연속일 뿐이다. 새들은 새끼를 치고 철마다 꽃은 바뀌며, 쓰레기가 쌓이고 주검의 부패가 진행되는 곳에서 생명활동은 지속 반복되고 있다. 죽음은 삶을 살지게 하고, 영원은 부패 속에 있으며 생명체들은 죽음을 통해 원소로 돌아가 합성과 해체를 반복한다 (Malkoff 184). 또한 새들의 노래와 활기가 주인공에게 일깨워 주던 의미가 강조되고, 지저귀는 새들을 만나는 것은 시간과 죽음을 잊어버리는 것이라고 다양한 새들의 다채로운 기억들이 열거된다.

그 다음 주인공은 느린 물이 야트막하게 흐르며 모래를 쌓아놓는 어귀에서 자신이 여러 가지 다른 형태의 존재였을 수도 있다는 생각을 펼친다. 조개, 이끼 긴 늪 밑바닥에 쌓여있었던 광물이었을 수도 있고, 또 환생하여 뱀이나 새, 운 좋으면 사자로 탄생할지도 모른다고 생각한다. 전환하는 주기의 하나로 죽음을 자연스럽게 받아들이고 자연계와 동화함으로써 주인공은 죽음을 다른 삶으로 가는 길로 보려는 것이다. 이어서 죽음을 먼 들판, 바람 부는 영원의 절벽, 내일의 하얀 빛 속에 죽어 가는 시간, 스스로를 밀며 돌아가는 바퀴, 퍼져나가고 다가오는 물 등으로 형상화하고, 이러한 구체화를 통해 죽음을 긍정하려고 한다.

> 나는 배웠다 무한을 두려워하지 않도록,
> 먼 들판, 바람 부는 영원의 절벽을,
> 내일의 백광 속에 죽는 시간을,
> 스스로에게서 나와 돌아가는 바퀴를,
> 물결의 퍼져 나감을,
> 다가오는 물을.

> I learned not to fear infinity,
> The far field, the windy cliffs of forever,
> The dying of time in the white light of tomorrow,
> The wheel turning away from itself,
> The sprawl of the wave,
> The on-coming water. (*CP* 194)

여기에서도 물은 다가오는 삶인 동시에 압도하는 죽음의 위협이며, 영원한 휴식이다. 무한, 먼 들판, 영원의 절벽, 죽어 가는 시간, 바퀴, 퍼지는 물결, 다가오는 물 등으로 주인공의 삶을 흡수할 영원과 죽음이 표출되어 있다. 이를 공포의 대상이 아닌 것으로 수용하는 것이 주인공의 과제이다.

3부에서는 다양하게 바뀌는 수로를 거치며 흐르는 강물의 양상이 제시된다. 삶과 죽음의 의미 함축하면서 물은 진로를 바꾸고 다채로운 양상을 띠며 진행한다. 삶과 개체 너머 큰 흐름에 합류하는 죽음이 흐름과 그 바닥의 돌로 변전과 불변을 내포하며 다시 강조된다.

나는 어떤 정지에 도달했다, 그러나 깊은 중심은 아니다,
반짝이는 물결 밖의 어떤 한 점에;

I have come to a still, but not a deep center,
A pint outside the glittering current; (*CP* 195)

지금까지 주인공의 자아는 보다 확산된 자아로 변모하는 과정을 겪으며
나아간다. 죽음에 관한 명상으로 자아를 새롭게 가다듬고 재 속의 낮은 불길
을 부채질하는 바람처럼 숨은 자아의 저력을 부각시킨 주인공은 자연 속에
모든 가능성이 있다고 느끼게 된다. 자아가 발랄해지면서 그의 내면에는 애
정이 솟아나기 시작하고, 이를 바탕으로 바로 가까이 지상과 대기 속에 자신
이 갈망하는 모든 것이 있다는 확신에 이른다.

4부에는 길 잃은 자아가 바다로 향하면서 변화하고 성숙하는 모습이 제시
된다. 죽음을 맞는 일이 바다로 나아가는 것과 이별의 녹색 옷을 입고 불 앞
에 발을 쬐는 것에 비유되고 있다. 자신의 기원을 깨닫고 그를 향해 나아가
면서 동시에 이를 자각하는 힘이 인간정신의 위대함이다. 이는 유한한 시선
으로 무한을 보면서, 광활한 공간에 거대한 물결과 합류하는 것으로 죽음을
받아들여 압도당하지 않는 능력이다. 기억과 상상력을 통해 인간은 삶의 모
든 영역을 포용하고, 우주적인 삶과 죽음의 주기에 순응하면서 동시에 이를
초월하는 것이다.

자신의 무한과 직면한 인간이
모든 물결을 깨운다, 그 느슨한 떠도는 불길을 일깨운다.
절대의 속삭임, 왜 태어났는가
하는 의문은 그의 벌거벗은 귀에 들리지 않는다.
그의 정신은 햇살 부서지는 푸른 고원에 부드럽게 스치는
불후의 바람처럼 움직인다.
그는 사물들의 끝이며, 궁극적 인간이다.

모든 유한한 것들이 무한을 드러낸다:
....
가라앉은 나무 위에 물의 침묵:

한 사람 안에 있는 기억의 순수한 고요, …
하나의 돌에서 넓어지는 물결
세계의 물들을 에워싼다.

A man faced with his own immensity
Wakes all the waves, all their loose wandering fire.
The murmur of the absolute, the why
Of being born fails on his naked ears.
His spirit moves like monumental wind
That gentles on a sunny blue plateau.
he is the end of things, the final man.

All finite things reveal infinitude:
....
Silence of water above a sunken tree:
The pure serene pf memry in one man, …
A ripple widening from a single stone
Winding around the waters of the world. (*CP* 195)

　　무한을 직면해야 하는 인간은 나약한 존재이나 인식을 통해 세계를 지각
함으로 이 세상을 생동하도록 한다. 왜 태어났는가 하는 논리적 이성적 사고
는 탄생의 목적이 삶 자체이기 때문에 무의미하다. 삶은 논리나 이성적 추론
이 아니며, 초원에 부서지는 햇살과 부드럽게 스치는 바람처럼 모든 생명체
는 존재할 뿐이다. 이 모든 것을 포용하는 정신으로 인간은 사물들의 끝 궁
극적 존재이다.
　　연작시 가운데 마지막 시 「장미」("The Rose")에는 시간과 공간의 제한을
벗어나 완성의 순간에 이르는 삶의 비전이 나온다. 바다바람에 흔들리는 야
생장미는 전체성에 도달한 존재로서 경이로운 삶을 상징한다. 지상의 구체적
사물의 중요성을 강조하면서 1부가 시작되는데 배경은 다시 석양의 해변이
다. 주인공은 소외감 대신 자연과 합일상태에서 강렬한 응시와 귀기울임으로
세계와 접하고 있다. 자연계가 평화 속에서 조화를 이루는 것을 감지하고, 다
양한 조류의 움직임을 열거하면서 주인공은 살아있는 것 자체의 장엄함과

독특함을 전달한다. 실재 세계의 세부를 통해 우주질서의 완벽한 조화를 깨 달으며 그는 자아 밖으로 나가 자연 속에 몰입하려고 한다.

자연풍경 제시로 뢰트케는 독자의 상상 속에 광활한 자연을 떠올라 펼쳐 지게 하여 거기에서 고요와 힘이 우러나오도록 하는데, 이 시에서도 구체적 장소와 동식물, 물결과 바람, 빛, 시간 등이 어우려져 주인공이 필요로 하는 정적을 전달하고 있다. 1부에는 바람을 받고 선회하는 매, 전나무 주위로 낮 게 나는 독수리, 항구 후미에서 우는 갈매기, 까마귀, 양과 토끼가 베어먹는 풀에 다가오는 조수가 제시되고 주인공은 관조를 통해 시간에 대해 명상한 다. 물고기를 잡는 왜가리, 소리내는 피리새 등 갖가지 새들을 바라보는 시 간, 물 너머로 가라앉는 태양과 여명 속을 날아가는 기러기, 구름 속으로 물 러가는 달, 부엉이 소리, 물 속으로 가라앉은 오래된 통나무 등을 관찰하는 시간에 대한 명상으로 그는 정적에 도달하고, 정적 속에서 그의 자아는 밖으 로 나오는 움직임을 시작한다.

> 나는 나 자신의 밖으로 기울어진다
> 어두워지는 흐름 속으로,
> 자잘한 부목들이 쏟아지는 곳으로,
> 작은 곶을 휘돌아 소용돌이쳐 지나는 물 속으로.

> I sway outside myself
> Into the darkening currents,
> Into the small spillage of driftwood,
> The waters swirling past the tiny headlands. (*CP* 196)

자아 밖으로 나오면서 주인공은 일시적이지만 바위와 빛과 비가 모여드는 세상과 자신이 동화됨을 느끼게 된다.

2부에서는 가벼운 바람을 받으며 경쾌하게 움직이는 배와 그에 따라 일어 나는 작은 물결을 비유로 하여 자연과 조화를 이룬 인간 정신이 그려진다. 끊이지 않고 발전하려는 영혼의 움직임이 배와 물결로 비유되며, 이어서 바 다 장미가 유한한 시간 속에 개체의 삶이 영원을 누리는 완성된 삶의 상징으 로 제시된다.

그러나 이 장미, 이 바닷바람 속의 장미는
머무른다,
이 진정한 장소에 머무른다,
어둠 속에서 꽃 피워 나와
정오의 한낮에 넓어지면서, 얼굴을 위로 향하고

But this rose, this rose in the sea-wind
Stays,
Stays in this true place,
Flowering out of the dark,
Widening at high noon, face upward, (*CP* 197)

변동과 지속적인 머무름을 동시에 나타내는 바다장미는 변전의 세계에서 주위의 가시와 잡초와 덩굴과 나무들을 능가하여 아름다움을 완성한다. 바다의 검은 모래로 굽이쳐 흘러드는 샛강은 전체의 흐름 속으로 함몰하는 개체의 삶을 뜻하며 장미는 그러한 소멸과 재생의 반복되는 자연주기에 참여하면서 동시에 그를 초월하는 삶을 나타낸다. 바람을 따라 흔들리면서도 개체의 고유함을 고수하고, 살아가는 모든 생명체들이 지니는 독특함과 장엄함을 대표하는 장미는 절대적 순간에 도달한 존재이다. 야생 장미를 계기로 주인공은 과거 온실로 돌아가 부친이 가꾸어내던 장미를 기억 속에 되살린다. 만개한 장미의 물결을 번쩍 들어 올려 준 부친의 팔 안에서 바라보던 "천국이 따로 없는 순간"이 재현된다. 과거 온실 속 장미들은 주인공을 향해 물결쳐 오고 자아 밖으로 나오라고 손짓하였다. 자연계의 사물과 부친과 일체감을 느끼던 그 때 어린 아이는 주위 세계와의 진정한 관계에 있었다(Ross-Bryant 155).

3부에서 주인공은 소리와 정적이 우리에게 일깨우는 것은 무엇인가 고요한 물가에서 자신의 체험 속에 연상할 수 있는 여러 가지 소리를 다 떠올려본다. 둔덕과 자기들만의 이야기를 말하는 것 같은 풍경들 소리, 홀로 노래하는 지빠귀, 물떼새, 쌀새, 파랑새, 귀를 뚫을 듯 날카롭게 소리내는 매미, 기름 통 위에 떨어지는 싸락눈 소리, 겨울 바람 속에서 잉잉거리는 전신줄, 낡은 지붕 널을 뜯어낼 때 삐걱거리는 못 소리, 불도저, 호른 다양한 소리가 나열된다. 이 모든 소리에 대한 기억을 불러내는 동안 주인공의 영혼 속에 빛이 들어오고, 거의 들리지 않을 만큼 미약하지만 영혼은 소리를 내게 된다. 기억과 감수성을 통해 주인공은 자신의 영혼을 잠에서 깨어나도록 한 것이다. 이어서 여름 들판의 가장자리에 놓여있는 바위와 고요한 빛을 연상하면서 주인공의 의식 속에서 바위는 노래하고 빛은 정적을 이루게 된다. 느릅나무에 머뭇거리는 달과 그 빛나는 은빛, 새벽이 오기 직전 고적한 시간, 황량한 언덕 비탈을 굽이 돌아가는 화물열차, 희미한 달빛 속에 나무를 흔드는 바람, 갓 잡힌 물고기의 눈빛처럼 나뭇잎 끝에 달렸다가 떠오르는 햇살에 미끄러지는 빗물 방울들 등이 나열되고 시각적 imagery가 삶의 신비한 순간을 표출한다.

4부에서 주인공은 자신의 삶을 주위의 세계와 연결시키고, 암석들과 그 둘레의 잡초와 초록빛 이끼 및 날카로운 돌의 모서리들, 바다 진흙이 돌에 파 놓은 구멍과 멀리 파도가 부서지고 출렁이는 물결, 연어가 나아가는 해초 깔린 바다 밑, 섬들 사이에서 방향을 바꾸는 바다 등과 합류를 시도한다. 삶의 현장에 나아가 공존함으로써 주인공은 삶 자체를 아름다움으로 긍정하려 한다.

이 생성소멸의 세계에 합일하면서 시인은 고요와 빛에 의해 절대 자아로 존재하는 집약된 순간을 체험하게 된다. 바닷가 야생장미 옆, 햇볕에 바짝 마르고 바람에 시달린 낮은 관목 덤불과 반은 죽은 것 같은 나무 사이에서 주인공은 자아의 진정한 평화에 도달한다. 새로워진 자아의 출현과 신비로운 삶의 직관적 깨달음이 형상화되어 있다.

> 나는 나 자신 밖에 서 있었다.
> 생성과 소멸 너머에,
> 완전히 새로운 어떤 것으로,
> 생동하는 거친 물결 위에서 흔들리며 나온 듯이,
> 그러면서도 고요하게.
>
> And I stood outside myself,
> Beyond becoming and perishing,
> A something wholly other,
> As if I swayed out on the wildest wave alive,

And yet was still. (*CP* 199)

주인공은 환시 속에서 자신의 존재를 기뻐하고, 나무 가지 뒤로 날아 오르며 노래하는 새, 검게 바뀌는 파도에서 솟아오르는 돌고래 등으로 희열을 대신 표현한다. 그리고 다시 야생 장미로 시선이 옮겨지고, 바닷바람 속에서 돌에 뿌리를 내리고 빛 전체를 지니며 그 둘레에 소리와 정적을 모으는 장미로 시인은 총체적 삶의 아름다움을 제시한다. 자신과 바닷바람 소리와 고요 역시 장미를 통해 나타내려고 한다.

이 연작시는 명상과 연상을 통해 주인공이 삶의 의의를 새롭게 하면서 시들어 가는 자아가 새로운 활기를 띠고 긍정적으로 자연계 삶에 참여하게 되는 과정을 보여준다. 주인공의 명상 과정은 죽음을 재생으로 가는 길로 바꾸며, 영원과 무한을 유한한 삶 속에 순간을 통해 포착하도록 하고 있다. 정신이 자유로워지면서 주인공의 자아는 협소한 영역을 벗어나 더 넓은 생명의 세계로 나아가게 된다. 자아의 소멸이라는 고정된 개념을 버리고 삶과 죽음을 통합하는 전체 생명의 주기로 죽음을 바라보게 되면 공포 없이 죽음을 수용할 수 있다. 주인공은 광활한 공간과 시간을 포용하고 외부세계와 자신의 경계를 벗어나 자연계 전체를 자신과 동일시하여 또 다른 삶으로 가는 전이 과정으로 죽음을 받아들인다. 개체의 소멸 속에 새로운 삶의 시작이 들어있다고 확신하는 순간 새로운 삶의 비전에 도달하는 것이다.

III

뢰트케는 그의 시를 통해 우주적이고도 원초적인 image로 생명이 충만한 세계를 추구하고 거기에 합일하는 영원한 자아를 창조하려 했다. 자아는 다른 존재들과의 합일을 이룰 때 희열을 느끼게 된다는 나름대로의 믿음을 펼치고 있다. 삶의 특성을 파악하는데 자연과 자아의 상응에서 그 원천을 찾고 있다. 또 삶의 조건에 수반되는 여러 가지 억압에서 자유로와 지기 위해서 인간의 영혼은 물과 같이 자유롭게 흐르면서 무한히 확산될 수 있어야 한다

(*SP* 21). 그의 시는 유동적이며 최종적으로 안주하는 지점이 없지만, 언제나 외부세계가 강조되어 지상의 사물들로 이루어지며, 사물들을 통해 그는 자아의 정체성을 회복한다. 북미연작시 6편을 통해서도 이런 특성이 나타나며, 뢰트케가 추구하고 포착하려 했던 존재의 신비와 생명의 근원에 접촉한 순간들이 이 시들을 구성한다.

지금까지 살핀 연작시 6편의 시들은 뢰트케의 갈망과 명상을 통해 자아 또는 인간의 영혼이 생동하면서 살아갈 수 있는 방법과 그 길을 찾아가는 과정을 펼친다. 자아를 벗어나 자연계의 동식물처럼 수동적으로 자연스럽게 삶의 물결에 합류하여 자아를 던지는 길, 자아의 벽을 허무는 것이 자아가 생명을 얻는 길로 제시된다.

사물의 끝에 존재하는 궁극적 인간이 도달할 수 있는 경지와 세계의 중심이 되어 삶의 모든 의미를 창출해 내는 인간 정신의 위대함을 인식하도록 하는 것이 이 연작시들의 귀착점이라 할 수 있다.

인용 문헌

Applewhite, James. *Seas and Inland Journey: Landscape and Consciousness from Wordsworth to Roethke.* Athens, Ga.: The University of Georgia Press, 1985.

Blessing, Richard Allen. *Theodore Roethke's Dynamic Vision.* Bloomington: Indiana University Press, 1974.

Gardener, Thomas. "North American Sequence: Theodore Roethke and the Contemporary American Long Poem" in *Essays in Literature,* Vol. 11, No. 2 (Fall 1984), 237-252.

Heaney, Seamus. "Canticles to the Earth," *The Listener,* 22 (August 1968), 245-246.

Malkoff, Karl. *Theodore Roethke: An Introduction to the Poetry.* New York: Columbia University Press, 1966.

Parini, Jay. *Theodore Roethke: An American Romantic* (Amherst: University of Massachusetts Press, 1979.

Pearce, Roy Harvey. "Theodore Roethke: The Power of Sympathy" *Historicism Once More: Problems and Occasions for the American Scholar.* Princeton, N.J.: Princeton University Press, 1969.

Roethke, Theodore. *The Collected Poems of Theodore Roethke.* New York: Doubleday, 1966

_____, *On the Poet and His Craft: Selected Prose of Theodore Roethke.* ed. Ralph J. Mills, Jr. Seattle: University of Washington Press, 1979.

_____, *The Theodore Roethke Papers and Notebooks,* University of Washington Library, Seattle.

Ross-Bryant, Lynn. *Theodore Roethke: Poetry of the Earth ···Poet of the Spirit···* New York: Kennikat Press Corp. 1981.

Staples, Hugh B. "The Rose in the Sea-Wind: A Reading of Theodore Roethke's North American Sequence" American Literature, Vol. 36, No. 2 (May 1964), 189-203.

자본과 에즈라 파운드의 경제관

고 길 환
(위덕대)

뉴 밀레니엄이라고 일컫는 이 시대의 가장 큰 특징 중 하나는 신자유주의라는 가면을 쓴 자본의 세계화이다. 경제를 사회에서 분리, 독립시켜 국가와 사회로부터 아무런 규제도 받지 않고 자본주의 자체의 확장만을 목표로 한다는 신자유주의는 민주주의와 시장 경제의 세계화를, 즉 평등한 세계 시장을 주창하지만, 실상 "경제적 세계화는 미국의 외교와 국내 정책에 의해 형성"(기든스 112)된 것으로 미국의 이익을 대변하는 논리인 것이다. 십자군 전쟁이 특정 집단, 즉 권력과 부의 획득이라는 세력 확장을 원했던 교회, 이슬람교의 진출을 막고자 했던 비잔틴 제국과 비잔틴 교회(그리스 정교회), 전리품을 원했거나 빚을 진 귀족과 기사들, 유산이 적거나 전혀 없던 귀족의 젊은 자제들의 이익을 위한 전쟁으로서(휴버먼 34-37), 성전이라는 미명하에 벌어진 약탈과 토지를 얻기 위한 전쟁이었던 것처럼, 신자유주의는 민주주의와 시장 경제에 의한 경제 발전보다는 경제적 격차의 확대, 불평등의 심화, 지구 환경의 악화 등을 초래할 뿐이다. 다시 말하면 민주주의와 시장 경제의 확산이라는 가면을 쓴 신자유주의는 세계 경제의 가장 약한 고리를 무차별 공격하고 있으며, "역동적이고 배타적인 세계 자본주의 모델의 잠재적인 결과는 근본주의의 출현, 새로운 전염병의 전파, 지구 전체에 걸친 범죄적 경제의 확대, 생물과 핵을 이용한 테러리즘의 공포, 돌이킬 수 없는 환경 파괴, 인간성 상실"(캐스텔스 148) 등으로 나타날 것이다. 우리는 그 공격을 쉽게 실감할 수 있는데, 왜냐하면 국제 통화 기금의 구제 금융이라는 외환 위기를 겪은 우리 나라에서 실직자의 양산, 빈부 차의 확대, 파괴된 가정과 결식 아동의 급증 현상이 벌어지는 것을 분명하게 보았기 때문이다.

우리 나라의 구제 금융 사태의 요인을 내적 요인과 외적 요인으로 나누어 볼 수 있다. 내적 요인은 국제 유동성 자금의 움직임에 대해 제대로 알지 못하고 대비하지 못한 채 경제 운용을 적절히 하지 못한 것이다. 외적 요인은 무자비한 파괴력을 지닌 국제 금융 자본주의이다. 그런데 우리 나라가 IMF 관리 체제에 편입된 것은 내적 요인보다는 외적 요인이 훨씬 더 크게 작용했다고 볼 수 있다. 이것은 또한 창조적 파괴를 그 특징으로 한다는 자본주의에서 창조보다는 파괴의 모습을 더 잘 드러낸 것이기는 하다. 물론 전자 화폐와 정보 고속도로 등 과학 기술의 진보로 국가 간의 경계가 허물어지는 세계화는 불가피한 것이며, 시간과 공간의 장벽을 어느 정도 허물고, 식량의 이동을 원활하게 하며 인간의 활동 영역을 넓힌다는 측면에서 세계화는 긍정적이다. 하지만 자본의 구조적 위기에 대한 자본의 대응책, 즉 더 많은 자본 이득을 얻기 위한 책략으로서 자본의 세계화는 "상업에 대한 윤리적, 생태적 한계들을 무너뜨리"(시바 255)면서 인류의 삶을 위협한다. 그 예로 유전자 조작 식품, 재생이 안 되는 종자인 터미네이터 씨앗, 광우병, 오염 물질 등의 전지구적 확산을 들 수 있다. 신자유주의의 폐해인 것이다.

그래서 본 논문은 창조적 파괴를 특징으로 하는 자본주의가 이익 추구라는 인간 행위의 주요 동기를 부여하고 창조적 혁신 능력으로 새로운 기회를 부여하는 창조적 측면보다는 사회적 불평등과 불의를 야기하는 파괴적 측면을 살펴보고, "자본주의 체제에 매달리는 것이 평화와 평온을 보장해 주는 보험 증권이 아니기"(싱어 310)에 자본주의의 문제점을 근본적으로 개선할 수 있는 길을 적극적으로 모색할 것을 촉구하면서, 개선할 수 있는 길이 없다면, 자본주의의 대안을 모색하고 자본주의의 지평을 넘어서자고 제안하는 것이다. 왜냐하면 영원한 주류 이데올로기는 없을 뿐 아니라 사회에 존재하는 갈등과 모순을 직시하고, 이를 해결해 가는 과정에 참여하는 것이 인간 존재의 의미를 확인하는 길이기 때문이다. 또한 에즈라 파운드(Ezra Pound)의 경제관을 활용하여 자본에 얽혀 매몰 당하지 않는 인간 정신을 고취하고자

하는 이 글은 문학, 또는 인문학이 현실의 개선에 전혀 기여할 수 없는 순수하게 정신에만 작용하는 공허한 학문이 아니라, 직접적으로 인간의 삶에 도움이 되는 방향을 제시하는 실질적인 학문임을 보여주는 한 예가 될 수 있으리라고 본다.

자본주의는 "이윤 창출을 제1의 목적으로 상품의 자유 교환에 기초한 사회 체제"(휴버만 193)이다. 그리고 "이윤을 남기거나 되팔기 위해 상품이나 노동을 사는데 사용될 때만 돈은 자본이 된다"(휴버만, 197). 자본주의 조직의 발단을 볼 수 있는 것은 13-14세기 또는 그 이전의 이탈리아이다. 물론 중세 초기에는 이자를 받고 돈을 빌려주는 것을 금하였고, 중세에는 자신이 먹고사는데 필요한 것보다 더 많은 돈을 모으는 것을 부도덕하게 여겨서, 부자가 천국에 들어가는 것보다 낙타가 바늘구멍에 들어가는 것이 더 쉽다는 말을 믿었고, 부를 얻기 위해 끊임없이 일하는 것을 사악한 탐욕과 육욕, 자기과시 때문이라고 보았다. 한 마디로 자본주의 자체를 천하게 본 것이다. 현대에도 천민 자본주의라는 말이 있듯이, 돈만 아는 자본주의를 천하게 여기는 전통이 여전히 남아있기는 하다.

이처럼 자본주의를 천하게 여기던 중세에서 자본주의 싹이 트기 시작했지만, 진정한 자본주의 생산 시대가 열린 것은 아메리카의 금과 은의 발견, 원주민 말살과 노예화, 동인도에 대한 정복과 약탈의 시작, 아프리카를 상업적인 흑인 사냥터로 만들고 나서이다. 다시 말하면 자본주의의 기반이 된 상업이 교역과 더불어 "정복, 해적질, 약탈, 수탈"(휴버만 199)의 방식으로 이루어진 것이다. 근본적으로 자본주의는 악업을 타고난 이데올로기라 할 수 있다. 그리고 부자가 되는 것은 지옥으로 가는 길이라고 강론했던 교회도 서서히 사회 변화에 따라 변하였고, 칼뱅은 자본주의 기업정신을 가르쳤다. 이익욕이라는 죄를 짓는 자라고 상인들을 비난했던 가톨릭 교회의 입장도 변하였고, 근면과 부지런함으로 부를 얻는 것을 옹호하는 칼뱅주의가 부르주아지의 신념이 된 것이다. 더불어 자본의 축적과 함께 공업 자본주의에 없어서는 안 되는 무산 노동 계급이 생겨났다. 이 무산 계급을 바탕으로 새롭게 부자들이 된 자들은 저축하고 저축을 재투자하면 천국이 그들의 것이 된다고 믿으면서 자본을 공장에 재투자했다. 여기서 근대 체제가 탄생한 것이다.

　자본의 근대 체제가 탄생하면서 대두된 가장 큰 문제가 노동 착취이다. 특히 여성과 아동의 노동이 아주 취약하다. 여성과 아동의 노동 착취가 확대된 것은 자본주의 공업이 일으킨 가장 큰 특징인 시장의 팽창 때문이다. 시장의 팽창, 즉 수요의 증가에 부응하기 위해서는 노동자가 더 많이 필요하며, 자본가들은 최소한의 비용으로 되도록 많은 노동력을 얻으려하기 때문에, 남성보다 적은 임금을 받는 여성과 어린이들을 많이 고용하게 되면서 여성과 아동의 노동을 더 많이 착취하게 된다. 산업혁명 시대에 아동의 노동 착취를 잘 보여주는 블레이크(William Blake)의 시, 「굴뚝 청소부」("The Chimney Sweeper")의 1연과 2연을 보자.

　　　어머니가 돌아가셨을 때 나는 매우 어렸다
　　　그리고 아버지는 나를 팔아먹었다 내 혀가 겨우
　　　" - 울어! - 울어! - 울어! - 울어!"하고 소리칠 수 있었을 때
　　　그래서 여러분의 굴뚝을 청소하고 검댕이 속에서 잔다.

　　　어린 톰 데이커가 있었는데, 양의 등처럼 곱슬곱슬한
　　　머리를 면도 당했을 때, 그는 울었다: 그래서 내가 말했다,
　　　"조용, 톰! 신경 쓰지마, 네 머리가 대머리일 때
　　　검댕이가 너의 흰 머리칼을 더럽힐 수 없다는 것을 너도 알잖아."

　　　When my mother died I was very young,
　　　And my Father sold me while yet my tongue
　　　Could scarcely cry "'weep! 'weep! 'weep! 'weep!"
　　　So your chimneys I sweep, and in soot I sleep.

　　　There's little Tom Dacre, who cried when his head,
　　　That curled like a lamb's back, was shaved: so I said,
　　　"Hush, Tom! never mind it, for when your head's bare
　　　You know that the soot cannot spoil your white hair." (33)

　산업 혁명이 이루어지면서 동시에 굴뚝도 많아졌다. 이 굴뚝에 어른이 들어가서 청소하기에는 너무 구멍이 작아서 어린 아이일수록 이 일에 적합하다고 여겼고, 그래서 굴뚝을 청소하는데도 아동의 노동 착취가 이루어진다.

이 시의 화자는 "어머니가 돌아가"시고, "청소"(sweep)라는 말을 제대로 못해서 "울어"(weep)라고 말할 정도로 어렸을 때, 아버지가 아주 어린 그 아들을 팔아먹는다. 이렇게 돈에 팔린, 우리 시대의 앵벌이와 같은 어린 굴뚝 청소부는 천진난만하고 순진무구한 어린이여서, 머리카락이 없는 것이 오히려 "흰 머리칼을 더럽힐 수 없다"며 또 다른 굴뚝 청소부인 어린 톰을 위로한다. 시인은 돈을 위해 자신의 아들까지 인신매매하는 산업 사회의 인간사를 비판하면서, "인간의 허위와 위선을 역설적으로 풍자"(Frye 237)하고 있는 것이다. 이 시에 나타난 것처럼 아동의 노동 착취는 18-9세기에만 횡행한 것이 아니다. 심지어 20세기에도(그것도 미국에서!) 두 세 살의 어린이들까지도 노동을 해야 했다(휴버만 148-150).

프롤레타리아 혁명을 희망했던 셸리(P. B. Shelly)는 산업 혁명이 일어난 이후에 자본가의 노동자 착취에 대해 대응할 것을 소리 높여 외쳤는데, 영국 노동운동가가 된 그의 시, 「노래 : 영국의 노동자들」("A Song : Men of England")을 1연에서 5연까지 보자.

영국의 노동자들이여, 무엇 때문에 그대들을 업신여기는
지주들을 위해 밭을 가는가?
그대들의 폭군들이 입을 사치스런 옷을
무엇 때문에 근심하며 힘들여 짜는가?

무엇 때문에 태어나서 죽을 때까지
먹이고, 입히고, 지켜 주는가?
그대들의 땀을 짜내려 드는, ― 아니 그대들의 피를 마시려 드는
저 배은망덕한 게으름뱅이들을

영국의 근면한 이들이여, 무엇 때문에
많은 무기와 사슬과 채찍을 만드는가?
고통을 모르는 이 게으름뱅이들은 그것들로
그대들의 강요된 노동의 생산물을 약탈할 텐데

그대들은 여가, 안락함, 평온,
피난처, 음식, 연인의 부드러운 향기를 누리는가?

아니면 그토록 값비싼 고통과 근심으로
그대들이 얻는 것은 무엇인가?

그대들이 뿌린 씨앗을 다른 사람들이 거두네.
그대들이 찾아 낸 부를 다른 사람이 갖네.
그대들이 짠 옷을 다른 사람이 입네.
그대들이 벼려만든 무기를 다른 사람이 지니네.

씨앗을 뿌려라 — 그러나 폭군이 거두지 못하게 하라.
부를 찾아라 — 그러나 사기꾼이 갖지 못하게 하라.
옷을 짜라 — 그러나 게으름뱅이가 입지 못하게 하라.
무기를 만들어라 — 그대들을 지키기 위해서 지녀라.

 Men of England, wherefore plough
For the lords who lay ye low?
Wherefore weave with toil and care
The rich robes your tyrants wear?

Wherefore feed and clothe and save
From the cradle to the grave
Those ungrateful drones who would
Drain your sweat-nay, drink your blood?

Wherefore, Bees of England, forge
Many a weapon, chain, and scourge,
That these stingless drones may spoil
The forced produce of your toil?

Have ye leisure, comfort, calm,
Shelter, food, love's gentle balm?
Or what is it ye buy so dear
With your pain and with your fear?

The seed ye sow, another reaps;
The wealth ye find, another keeps;
The robes ye weave, another wears;

The arms ye forge, another bears.

Sow seed — but let no tyrant reap.
Find wealth — let no impostor keep;
Weave robes — let not the idle wear;
Forge arms — in your defence to bear. (701)

"지주들을 위해 밭을 갈"거나, "폭군들"의 "사치스런 옷"을 짜는 등, 남을 위해서 노동하지 말고, 자신의 "여가, 안락함, 평온, 피난처, 음식, 연인의 부드러운 향기를 누릴" 수 있도록, 즉 노동자 자신의 더 나은 생활 환경을 만들기 위해 노동을 하고, 노동자 자신의 노동의 대가를 잘 간수하도록 투쟁할 것을 강조하고 있다. 이 시에서 알 수 있듯이, 자본주의가 가장 발달하고, 복종, 근면, 규칙 준수의 습관을 전통으로 갖고 있는 영국은 소수의 낙원은 될지언정 다수의 낙원은 아니다. 현재에도, 비록 노동 환경이 개선되었지만, 자본주의의 폐해, 즉 소수의 이익과 다수의 희생은 여전하다.

근대 사회에서 투자가와 제조업자는 모두 식민지를 지배하거나 조정하는 정책에 협력하는 것이 공동의 이익이라는 것을 깨달았다. 제국주의 시대에 금융과 산업간의 동맹이 이루어진 것이다. 오늘날의 세계를 지배하는 것도 막대한 자본을 지배하는 금융과, 이윤을 얻기 위해 그 자본을 활용하는 산업이 결합한 금융 자본이다. 물론 무자비하게 이익을 추구하는 데에 정객들도 빠질 수 없다. 금융자본으로 이득을 보는 자들, 특히 정객들과 금융업자 그리고 군수업자의 이익 추구는 인간 세계를 지옥으로 만든다. 파운드가 「시편 14」에서 묘사하고 있는 현대의 지옥을 보자.

　　　　나는 모든 빛이 침묵하는 곳에 왔도다;

　　　　젖은 석탄의 악취, 정객들
　　　　……e와 ……n, 그들의 발목에,
　　　　그들의 손목이 묶였다
　　　　엉덩이를 드러낸 채 서 있고,
　　　　그들의 둔부에 그려진 얼굴들,

170 고길환

평평한 엉덩이에 크게 벌어진 눈,
더부룩하게 매달린 수염,
그들의 항문을 통해 군중에게 연설하는, 영원, 물괄태충, 물구더기
늪의 무리에게 연설하는,
그리고 그것들과 더불어 ……r,
양심적으로 깨끗한 테이블 보
그의 남근 밑에 끼워 넣었다.
그리고 ……m
구어를 싫어했던 자,
뻣뻣하게 풀먹인, 그러나 더럽혀진, 칼라들
그의 다리를 억누르는
여드름 나고 털투성이인 피부
칼라의 끝을 밀어젖히며,
똥으로 달콤해진 피를 마시는 모리배들,
그리고 그들 뒤로 ……f와 금융업자들
철사로 그들을 심하게 매질하며,

Io vennni in luogo d'ogni luce muto:
The stench of wet coal, politicians
……e and ……n, their wrists bound to
their ankles,
Standing bare bum,
Faces smeared on their rumps,
wide eye on flat buttock,
Bush hanging for beard,
Addressing crowds through their arse-holes,
Addressing the multitudes in the ooze,
newts, water-slugs, water-maggots,
And with them ……r,
a scrupulously clean table-napkin
Tucked under his penis,
and ……m
Who disliked colloquial language,
Stiff-starched, but soiled, collars
circumscribing his legs,
The pimply and hairy skin

pushing over the collar's edge,
Profiteers drinking blood sweetened with sh-t,
And behind them ……f and the financiers
lashing them with steel wires. (61)

이 지옥의 시편은 1차 세계 대전(1914-1918년) 동안에 벌어진 혼란을 이야기하고 있는데, 첫 행의 "나는 모든 빛이 침묵하는 곳에 왔도다"는 죄를 지은 망령들이 있는 지옥(제2원)에 단테가 도착한 것을 표현한 「지옥」편 제5곡 28행에서 따온 것이다. 이 시행은 단테가 한 역할을 파운드 자신도 할 것임을 선언하는 것이다. 단테는 지옥의 제7원을 이웃과 이웃의 소유물, 자신과 자신의 소유물, 하느님과 자연에 폭력을 행사하는 고리 대금업자, 자살자, 욕설가, 소돔의 인간들의 자리로 만든다. 반면에 파운드는 현대의 지옥에 자리잡고 있는 인물들 중 첫 번째를 정객으로 삼는다. 그 대표적인 인물이 "……e와 ……n"으로 표현된, 1916~1922년까지 영국 수상이었던 데이비드 로이드 조지(David Lloyd George)와 미국 대통령이었던 우드로우 윌슨(Woodrow Wilson)이다. 이들은 "그들의 항문을 통해", "늪의 무리"인 "영원, 물괄태충, 물구더기"와 같은 더러운 군중들에게 연설한다. 이 정객들과 함께 자리하고 있는 자들이 전쟁에서 이익을 얻는 "똥으로 달콤해진 피를 마시는 모리배들"과 군수업자, 즉 군수업계의 거물인 제노스 메테브스키(Zenos Metevsky)의 이름인 자하로프(Zaharoff)를 지칭하는 "……f와 금융업자들"이다. 정객과 군수업자 그리고 금융업자를 파운드는 현대 세계를 지옥으로 만드는 제1의 인물들로 보는데, 자본주의가 계속 지배 이데올로기로 있는 한, 정객과 군수업자 그리고 금융업자의 이익 추구는 인간 세계를 계속 지옥으로 만들 것이다.

프레데릭 제임슨은 사회가 시장 자본주의, 독점 자본주의, 다국적 자본주의로 발전해 가고 있다고 설명하고 있는데, 다국적 자본주의 시대인 지금, 자본은 이윤 추구를 유일한 목적으로 하며, 모든 영역을 상품화하고 있다. 즉 지금은 자본에 의한 세계의 상품화 시대이며, 이러한 신식민주의 경향을 미국이 주도하고 있다.

자본주의 사회의 근본 모순은, 집단적 노력과 노동의 결과인 생산 자체는 갈수록 사회화하는 반면에 소유는 개인적(사적)이라는 사실에 기인한다. 노동이 창조한 것을 자본이 차지하고, 부자와 가난한 자의 구별이 더욱 명확해지는 것이다. 마르크스는 자본주의의 모든 해악이 생산 수단의 사적 소유에서 비롯된다고 보았기에 혁명을 통한 사유 재산의 폐지를 제시했다. 그러나 구소련의 붕괴 이후 생산수단의 사적 소유는 더욱 더 신성 불가침이 되었다. 하지만 이러한 자본주의는 부의 불평등한 분배를 심화시킨다. 게다가 변칙 증여를 통해 부를 부정하게 세습하는 경우에 부의 재분배는 불평등을 더욱 악화시킨다. 한 예를 보자. "이건희 삼성 회장의 아들인 재용씨는 1995년부터 아버지한테서 물려받은 46억 8천만 원을 종잣돈으로 삼성에스원, 삼성엔지니어링, 에버랜드, 삼성전자, 제일기획, 삼성에스디에스 등의 전환사채, 사모사채, 신주인수권부사채 등을 매입하거나 인수했다. 그는 불과 4년 만에 46억 원을 4조 원(지난해초 기준)으로 불리고 우리 나라 최대그룹을 사실상 상속받았다. 그동안 그가 낸 세금은 16억 원이 전부다"(2001년 1월 3일, 한겨레 신문). 단순 계산으로 4조 원의 재산을 물려받으면, 증여세로 8천억 원에서 1조 6천억 원(세율을 최소 20%에서 최대 40%를 적용하여 - 비교 삼아서, 박찬호가 미국에서 번 돈을 국내에 들여온다면, 28%의 세금을 내야 한다고 한다)을 내야만 한다. 이와 같이 교묘하게 법망을 피해나가는(이 일을 도와주는 자는 또 다른 지식인!) 방식으로 부를 세습하는 것은 부자와 가난한 자 사이의 간격을 넓히는 것일 뿐이다. 그리고 이와 같은 부의 불평등한 분배는 "경제 공황의 본질적 원인"(휴버만 328)이 된다.

어쨌든 그렇게 돈을 가진 사람들은 최고의 수익과 최대의 이윤을 얻을 수 있는 투자 대상을 찾아 헤매는 성향이 있다. 그들은 더 많은 부를 얻기 위해 부를 사용하는 수많은 방법을 구사한다. 헤지 펀드도 그러한 것 중 하나이다. 부로 부를 얻는 하나의 방법이자 다국적 자본주의를 대표하는 것으로 첨단 금융 기법 중 하나인 헤지 펀드는 통일된 정의도 없고 실체 파악도 어렵다. 1999년에 나온 한국 은행의 자료인 "헤지펀드 전략과 대응방향"과 "헤지펀드의 실태와 LTCM 위기의 교훈"을 바탕으로 헤지 펀드를 대략적으로 살펴보자면, 헤지 펀드는 1949년 미국의 알프레드 존스가 처음 만든 것으로, 사모 방식에 의해 소수의 투자자로부터 모집한 자본금을 주식, 채권, 통화, 파생금융 상품 등에 투자하여 수익을 배당하는 투자 회사를 말한다. 주로 위험 회피(헤징) 기법, 즉 시장 위험 최소화를 통한 안정적인 투자 기법을 이용하여 투자하기에 헤지 펀드로 명명되었으나, 1980년대 후반부터 세계적으로 금융 자유화가 확산되면서 급속히 성장하였고, 그 성격도 변해가고 있다(예를 들면, 고수익 - 고위험). 미국의 투자 회사법에는 100명 이하의 투자자로 구성된 투자 회사는 부정 행위 방지 규정을 제외하고는 증권 거래 위원회 등록, 공시 자산 운영 등에 관한 감독 기관의 규제 대상에서 제외된다. 그래서 헤지 펀드는 규제 대상에서 제외되어 운영상의 제약을 덜 받고자 소수의 투자자로 기금을 구성한다. 1998년 현재, 헤지 펀드의 수는 2,500 - 3,500개, 자본금 규모는 2,000 - 3,000억 달러, 총 자산 규모는 8,000억 - 1조 달러에 이르는 것으로 추정된다.

사실, 헤지 펀드는 일반적으로 개인 투자자의 경우 100만 달러 이상의 순 자산을 보유하고 있거나 일정액 이상의 소득이 있는 투자자들로 이루어지는데, 이들은 고위험 - 고수익 투자 자산을 선호하는 부유한 개인 투자자들이며, 기관 투자자들로는 보험 회사, 연기금 등이 있고, 뮤추얼 펀드와는 달리 헤지 펀드 매니저도 자기 자금을 자신이 관리하는 헤지 펀드에 투자, 운용할 수 있다.

이와 같은 헤지 펀드는 다양한 유형이 존재하는데, 투자 형태로 보면, (1) 기회주의형: 펀드 매니저가 시황에 따라 이익극대화를 위하여 투자 대상, 투자 전략, 투자 기법 등에 구애받지 않고 자기 재량에 따라 자금 운용, (2) 시장 중립형: 포트폴리오의 약 50%는 장기 투자, 나머지는 단기 투자를 하여 시장 변동에 따른 위험을 줄이는 유형, (3) 다른 펀드 예치형: 펀드 매니저가 직접 운용하지 않고 자기 펀드의 자금을 다른 펀드에 예치, 운용하거나 고객의 취향에 맞는 펀드를 조합하는 유형, 투자 지역별로 보면, (1) 범세계 거시경제형: 세계 경제 동향 및 각국의 거시경제 변수를 검토 분석하여 투자 대상 국가를 선정하고 그곳의 금융, 실물 자산에 투자하는 유형. 공격적인 펀드로서 환투기의 주요 세력으로 알려져 있음, (2) 신흥 자본 시장형: 신흥 개발 도상국의 주식 및 채권에 투자, 운용하는 펀드, 투자과실로 보면 (1) 소득 중시형과 (2) 자산가치 중시형이 있고, 중점투자 대상별로 보면 (1) 금융 상품

형, (2) 건강의료산업형, (3)미디어통신 산업형, (4) 하이테크형 등이 있다.

물론 이러한 헤지 펀드가 국가 간의 자본 이동을 확대하고 금융시장의 효율성을 증대시킨다는 순기능을 갖고 있는 것은 사실이지만, 실제로는 금융 불안을 야기하거나, 환투기로 공격 대상 국가의 금융위기를 일으킬 가능성이 크다. 헤지 펀드는 자신의 자본 이익만을 위하여 무자비하고 다양한 방식을 취하기 때문이다. 이 점이 자본주의의 파괴성의 대표적인 예이다. 실상 구소련의 붕괴 이후, 탐욕스런 국제 금융 자본이 세계를 하나로 묶어내며 자신의 이익을 극대화하면서 국제 사회를 지배하고 있다.

우리는 서구의 헤게모니적 지배가 존재하는 사회에서, 뉴욕 월가의 금융이 중심이 된 공격적이고 탐욕스런 다국적 자본주의와, 국가 미사일 방어체제(NMD)에서 전역 미사일 방어체제(TMD)로 다시 미사일 방어체제(MD)로 말을 바꾸면서 세계 군사 패권을 계속 쥐려는 미국의 신식민주의적 세계 주도에 수동적인 존재가 되는 것이 아니라 저항하는 새로운 능동적 주체가 되어야 한다. 즉, 독립적인 하나의 주변부가 되어야 한다. 이것이 서구의 신제국주의적 지배에서 벗어나 인류가 인간답게 살 수 있는 길이 될 것이다. 이것은 유토피아적 삶을 갈구하는 인간의 이상과 조악한 현실 사이의 간격을 메꾸는 길이다. 그렇다면 그 구체적인 방법으로, 파운드의 경제관을 살펴보면서 자본주의의 폐해에서 벗어나, 현실에서 유토피아를 실현할 수 있는 정치-경제의 사회를 모색해 보자.

파운드는 미국 문제의 본질이 "화폐, 신용, 통화의 본질에 대한 무지막지한 무지"에 기인하며, "경제학을 모르고는 역사를 이해할 수 없다"(Selected Prose, 293)고 할 정도로 경제의 중요성을 잘 인식하고 있었다. 그리고 "돈에 대한 탐욕이 정신의 생산적 운동을 마비시킨다"(Nicholls 33)고 본 그는 경제 질서를 교란시키고 전쟁을 유발하는 국제적인 금융업자를 비난하면서, 자연의 질서에 반하고 사회를 타락시키며, 경제적 정의를 가로막는 제도로 고리대금업을 들고 있다. 고리대금업은 헤지 펀드와 마찬가지로 자본의 무자비한 이익을 추구하며, 그러한 점에서 자본주의를 대표한다고 할 수 있다. 그래서 파운드는 『시편』(The Cantos)의 여러 시편에서 고리대금업을 비판하고 있다. 고리대금업 시편이라 불리는 「시편 45」에서 고리대금업의 구체적인 폐해를,

고리대금업 때문에 초래되는 지옥에 대한 묘사를 보자.

> 고리대금업 때문에
> 고리대금업 때문에 어느 누구도 훌륭한 돌로 지은 집을 가질 수 없다
> 각각의 블록이 부드럽고 잘 어울리게 세공된
> 그 디자인이 정면을 감쌀 만큼,
> 고리대금업 때문에
> 어느 누구도 교회 벽에 채색된 낙원을 가질 수 없다
> 하프와 수금이 있는
> 또는 처녀가 소식을 받고
> 절단된 곳으로부터 후광이 나오는 곳에서,
> 고리대금업 때문에
> 어느 누구도 곤자가에서 그의 후예들과 첩들을 보지 못한다
> 어떤 그림도 오래 지속되거나 더불어 살기 위해 만들어지지 않는다
> 단지 빨리 팔고 또 팔기 위해 만들어진다
> 자연에 반하는 죄, 고리대금업 때문에,
> 산에서 나는 밀과 강력분 밀가루가 없기 때문에
> 그대의 빵이 종이처럼 마르고
> 그대의 빵이 더욱 더 말라 비틀어진 부스러기가 되고,
> 고리대금업 때문에 선이 굵어진다
> 고리대금업 때문에 선명한 구획이 없다
> 그리고 어느 누구도 거주 장소를 찾을 수 없다.

> With *Usura*
> With usura hath no man a house of good stone
> each block cut smooth and well fitting
> that design might cover their face,
> with usura
> hath no man a painted paradise on his church wall
> *harpes et luz*
> or where virgin receiveth message
> and halo projects from incision,
> with usura
> seeth no man Gonzaga his heirs and his concubines
> no picture is made to endure nor to live with

but it is made to sell and sell quickly
with usura, sin against nature,
is thy bread ever more of stale rags
is thy bread dry as paper,
with no mountain wheat, no strong flour
with usura the line grows thick
with usura is no clear demarcation
and no man can find site for his dwelling. (229)

이 고리대금업(금융업)은 이윤추구를 최대 목표로 삼고 있는 자본주의를 대표하는 것 중의 하나이다. 이러한 고리대금업 때문에 "부드럽고 잘 어울리게 세공된", "훌륭한 돌로 지은" 멋드러진 집을 가질 수 있는 사람이 아무도 없으며, 낙원이 멋지게 그려진 교회 벽도 볼 수 없고, "곤자가"(프레스코 벽화)에서 후손들도 보지 못하며, 미술품도 진정한 예술품이 아닌 상업용 미술품만이 만들어지는 것을 볼 수 있을 뿐이다. 그리고 생존의 기본적인 품목인 빵조차도 제대로 만들 수 없고, 거주할 장소도 찾을 수 없다. 고리대금업 때문에 생존의 기본 조건인 의식주를 제대로 갖출 수 없고, 그 결과로 물질적인 삶뿐만 아니라 정신적 삶도 황폐해지는 것이다. 이러한 고리대금업의 폐해와 그것이 초래한 사회적 병폐를 파운드는 「시편 51」에서도 계속 강조한다.

고리대금업 때문에 어느 누구도 돌로 지은 훌륭한
집을 가질 수 없고, 교회 벽의 낙원도 가질 수 없다.
고리대금업 때문에 석공은 자신의 돌로부터 배척받고
직공은 자신의 베틀로부터 배척받는다 고리대금업 때문에
모직물은 시장에 나오지 못한다.
농부는 자신의 곡물을 먹지 못한다
(중략)
고리대금업은 자궁 속의 아이를 죽이고
젊은이의 구애를 끊어버린다
고리대금업은 노년을 젊음에 출현시킨다: 신부와 신랑 사이에
드러눕는다
고리대금업은 자연의 증대에 반한다.
엘레우시스로 온 창녀들;

고리대금업 아래에서 어떤 돌도 부드럽게 깎이지 않는다
농부는 자신의 양떼에서 이득을 보지 못한다.

With usury has no man a good house
made of stone, no paradise on his church wall
With usury the stone cutter is kept from his stone
the weaver is kept from his loom by usura
Wool does not come into market
the peasant does not eat his own grain
(…)
Usury kills the child in the womb
And breaks short the young man's courting
Usury brings age into youth; it lies between the bride
and the bridegroom
Usury is against Nature's increase.
Whores for Eleusis;
Under usury no stone is cut smooth
Peasant has no gain from his sheep herd (250)

파운드는 고리대금업자들을 "자연에 반하고 농업 또는 그 어떤 생산적인 일의 자연스런 증가에 반하는 자들"(*Literary Essays*, 211)로 규정한다. "자연에 반하는" 고리대금업 때문에 인간은 인간다운 삶을 살지 못한다. 사람들은 자신들의 정당한 노동에 따른 정당하고 안정된 삶을 누릴 수 있어야 하는데, 석공은 자신은 일감인 "돌로부터 배척받고", "직공은 자신의 베틀로부터 배척받는다". 그리고 "농부는 자신의 곡물을 먹지 못하"고, 당연히 태어나야할 "자궁 속의 아이"도 죽고 만다. 고리대금업은 자연이 본래 지니고 있는 생명력을 훼손하는 것이다. 그리고 고리대금업을 "엘레우시스로 온 창녀들"이라고 표현한 것은 고리대금업이 농업, 풍요, 결혼의 여신인 데메테르를 기리는 신비적 성격의 제의인 엘레우시스의 풍요의 원천을 파괴함을 의미하는 것이다. 결국 고리대금업은 "인간이 지상 낙원을 만드는 것을 방해하는, 인간 본성에 작용한 힘"(Terrell, 178)으로, 인간의 물질적인 삶뿐만이 아니라 정신적 삶도 황폐하게 하는 것이다. 우리 나라의 경우에도 최근의 사례를 보자면,

IMF 관리체제에 편입된 후에 이자 제한법이 폐지된 상태에서 최근에 일어난 것으로, 고리대금업자가 돈을 빌려주면서 기한 내에 돈을 못 갚으면 신체를 포기한다는 각서를 받고 나서, 기한이 차지도 않은 상태에서 젊은 여자들을 인신매매한 것도 고리대금업의 끔찍한 폐해 중 한 예이다.

또한 고리대금업의 폐해, 즉 경제적 정의가 무엇인지를 잘 알고 있던 파운드는 국민의 복지를 위하여 "효과적인 식량 공급"(*Guide to Kulchur*, 42)이 이루어져야 한다고 할 정도로 분배 정의에 관심이 많았다. 파운드는 코시모 데 메디치(Cosimo de'Medici, 1389-1464)를 르네상스 시대의 영웅으로 여기는데, 왜냐하면 그가 창조적, 건설적 충동을 지닌 인물로 돈을 사회 질서와 평화 유지를 위해 사용하고 르네상스 시대의 예술과 인문주의의 발달에 기여했기 때문이다.

> 그리고 "그의 채권으로 베니스의 돈을 빼갔다" –
> 그것이 코시모였다 –
> "그리고 나폴리의 돈도, 그래서 두 국가는 그의 평화안을 받아들이게 되었다."
> 그리고 그는 어린 소년 피치노를 데려다가
> 그리스어를 배우게 했다;
>
> And "with his credit emptied Venice of money" –
> That was Cosimo –
> "And Naples, and mad them accept his peace."
> And he caught the young boy Ficino
> And had him taught the greek language; (96)

1452년 전쟁에서 코시모는 자신이 설립한 은행을 통해 전쟁 자금을 회수함으로써, 플로렌스에 대항하여 동맹을 맺은 나폴리와 베니스, 그들 사이에 평화 협정을 끌어냈고, 자신을 돌보던 주치의 아들인 피치노에게 그리스어를 배우도록 하여 그리스 철학을 해석하도록 한 것과 같은 인재 양성에도 힘을 썼던 인물이다.

파운드는 우리 시대의 경제의 빛이 관료들에게서 나오는 것이 아니라 자유인인 기술자와 상업인에게서 나온다고 본다(*Guide to Kulchur*, 246). 파운드가 이들을 높이 평가하는 이유는, 자본주의의 문제점, 즉 인간과 자연 대신 재정만을 중요시해서 재정 확보를 목적으로 인적 자원을 비효율적으로 활용하고 자연을 무분별하게 개발하여 질서를 파괴하는 문제에 대해 단순 명쾌한 해결책을 제시하기 때문이다. 파운드가 존중하면서 받아들이는 경제 이론가는 더글라스(C. H. Douglas, 1879-1952)와 게셀(S. Gesell)이다. 영국의 기술자이자 경제학자인 더글라스는 경제 질서를 파괴하는 것을 상품 가격과 구매력의 차이로 본다.

> "방해물이 있고 그러므로 틀림없이 있을 것이다
> 그리고 구매력은 결코
> (현 제도 아래에서) 가격을
> 따라잡을 수 없다,
>
> and there is and must be therefore a clog
> and the power to purchase can never
> (under the present system) catch up with
> prices at large, (190)

이익을 남기려는 욕심이 가장 대표적인 경제 질서의 "방해물"인데, 이 욕심 때문에 물건을 생산한 비용보다 더 높게 책정된 상품 가격은 구매력과 일치하지 않는다. 상품가격과 구매력의 불일치에서 잉여 생산물이 생기고, 이를 처분하기 위해 경쟁하고 전쟁까지 벌어지는 것이다. 이익을 남기려는 욕심이 경제 질서에 혼란을 일으키고 사회의 혼란으로 이어지는 것이다. 한편 게셀은 화폐 흐름의 왜곡이 경제 질서의 혼란을 일으킨다고 본다. 그 왜곡의 원인을 "화폐의 저장"(*Selected Prose*, 247) 때문이라고 생각했다. 그래서 그 해결책으로 "교환의 매개와 척도를 제공"(*Selected Prose*, 266)하는 "우표 지폐"(*Selected Prose*, 265)를 발행할 것을 제안한다. 이것은 화폐 소유자가 매달 첫 번째 날에 자신이 지니고 있는 그 화폐의 명목 가치의 1%를 우표로 붙이는 것이다. 이것은 일종의 세금 역할을 하며, 이 세금을 내지 않기 위해서라도 누구나 화폐를 장기적으로 소유하지 않으려 할 것이기 때문에, 화폐의 흐름이 원활해지며 경제 질서도 유지된다는 것이다. 이 우표 화폐를 받아들이자고 파운드가 주장하는 것은 "돈이 교환 과정에서 부당한 특권을 얻게 된다"(Nicholls 144)고 확신하기 때문이다. 우표 화폐가 현재의 복잡한 경제 구조와 상황에 비추어 너무 단순한 논리일지라도, 자본주의의 근본적인 악인 자본에 의한 이윤 추구와 자본의 축적을 막을 수 있는 한 방법이자 자본주의의 상징적 대안인 것이다.

물론 복잡한 현대 사회에서는 현실에 맞게 변형된 우표화폐 제도를 도입해야 할 것이다. 즉 자본주의 체제의 성능과 효율성은 나름대로 좋은 만큼 사적 소유를 완전히 금지하는 방식이 아니라, 사적 소유의 장점을 살리면서 자본주의를 통제할 도덕성과 사회적 안전 장치를 마련하자는 것이다. 수소가 자신의 전자 하나를 내 놓고 다른 수소도 한 개의 전자를 내 놓음으로써 우주의 최초의 분자가 이루어졌듯이, 우리 인간도, 최초의 우주 분자가 공유 결합에 의해 생겨났듯이, 서로 자신의 것을 내놓음으로써 서로의 이익을 얻는 공조를 해야 한다. 그것은 사적 소유의 한계를 깨닫게 하고 끝없는 탐욕을 부리는 것이 의미 없는 짓임을 깨닫게 하는 교육이 필요할 것이다. 이것은 교육계와 종교계가 중심 역할을 해야 할 것이다. 그리하여 인간을 시장 독재에 굴복시키고 희생시키는 자본주의에서 벗어나 "자연과 공동체로부터 유리된 도구적 개체가 아닌, 자연과 공동체적 관계를 자율적으로 구성해 가는 존재"(조혜정 46)의 인간적 사회 속에서 미래를 지향하는 가치를 공유하고, 경제의 불평등(분배) 문제를 해결해야 할 것이다. 그러면 더불어 안락하고 조화롭게 살아가는 세계를 만들 수 있을 것이다. 현재, 사회에 존재하는 갈등과 모순을 직시하고 이를 해결하려는 노력으로는, 아직은 규모가 작지만 법정화폐의 대안 화폐로서 지역 통화 운동이 있다. 지역 통화가 활성화되면 지역 경제의 자생력과 풀뿌리 공동체의 유대를 강화하고 사회 안전망 역할과 경제적 약자의 희생을 줄일 수 있다. 개인이 직접 돈을 소유하고 있지 않기 때문에 돈을 강탈하거나, 빼앗기 위해 살인하는 그러한 범죄도 사라질 것이다 ((예) 대전의 시민 모임인 한밭 레츠에서 운용하는 '두루'). 그리고 시민지원을 위한 금융거래 과세 실현 운동(아탁. ATTAC)이나 1999년 12월 시애틀의 세계 무역기구 회의를 무산시킨 반세계화 시민 운동단체의 활동, 세계은행

채권 불매 운동(World Bank Bond Boycott), 외채 탕감 2000(주빌리 2000), 열대 우림 행동 네트 워크(Rainforest Action Network) 등이 있다. 이들은 자본의 세계화에 대한 반대 운동들인데, 이 운동들에서 알 수 있듯이, 자본주의는 인류의 다수를 행복하게 하는 이데올로기가 아닌 것은 분명하다. 그러므로 자본에 의한 맹목적인 이윤만을 추구하는 자본주의 이데올로기 자체를 자본주의의 창조성은 유지한 채 파괴성은 없애는 이데올로기로 바꾸도록 우리 모두 노력해야 할 것이다. 그렇게 해야만 인간이 인간다운 삶을 누릴 수 있을 것이다.

인용 문헌

다니엘 싱어.『누구를 위한 세계화인가』. 윤길순(역). 살림. 2000.

리오 휴버만.『자본주의 역사 바로 알기』. 장상환(역). 책벌레. 2000.

매뉴얼 캐스텔스.「네트웨크 경제와 정보자본주의」.『기로에 선 자본주의』. 기든스와 윌 허튼(편저). 박찬욱 외(역). 생각의 나무, 2000. 122-159.

반다나 시바.「벼랑 끝에 몰린 세상: 환경 제국주의와 생명의 사유화」.『기로에 선 자본주의』기든스와 윌 허튼(편저). 박찬욱 외(역). 생각의 나무, 2000. 228-257.

앤서니 기든스.「세계화 시대의 자본주의는 어디로 갈 것인가」.『기로에 선 자본주의』. 앤서니 기든스와 윌 허튼(편저). 박찬욱 외(역). 생각의 나무, 2000. 26-121.

조혜정.『한국의 여성과 남성』. 문학과 지성사. 1997.

Blake, W. *William Blake's Writings 1.* Ed. G. E. Bentley, Jr. Oxford: Oxford UP, 1978.

Frye, N. *Fearful Symmetry : A Study of William Blake.* Princeton: Princeton UP, 1947.

Nicholls, P. *Ezra Pound: Politics, Economics and Writing: A Study of The Cantos.* London: The Macmillan Press, 1984.

Pound, E. *The Cantos.* London: Faber and Faber, 1981.

_____. *Selected Prose 1909-1965.* Ed. William Cookson. London: Faber and Faber, 1978.

_____. *Literary Essays of Ezra Pound.* Ed. T. S. Eliot. London and Boston: Faber and Faber, 1985.

_____. *Guide to Kulchur.* Connecticut: A New Directions Book, 1968.

Shelly, P. B. *The Norton Anthology of English Literature* 2. Ed. M. H. Abrams &c. New York & London: W. W. Norton & Company, 1979.

Terrell, C. P. A *Companion to The Cantos of Ezra Pound.* Berkeley & Los Angeles: University of California Press, 1993.

「바람 부는 밤의 광상시」의 베르그송적 해석

김 구 슬
(협성대)

I

　시와 문학비평에 있어서 T. S. 엘리엇(T. S. Eliot)의 기본 관심사는 분열된 세계 속에서 통합을 추구하는 것이었다. 이러한 그의 관심의 저변에는 통합된 세계를 지향하는 철학적 사유가 자리하고 있다. 이른바 주관과 객관의 대립과 갈등, 그리고 그것의 극복 내지는 화해라는 기본 구도로 공식화될 수 있는 그의 인식론에 가장 큰 영향을 미친 철학자가 브래들리(F. H. Bradley)라는 점은 대부분이 동의하는 바이다. 엘리엇이 1916년에 쓴 브래들리에 관한 박사학위 논문이 정식으로 출간된 것은 1964년이었으며, 그 이후 엘리엇과 브래들리의 관계를 연구하는 작업이 본격적으로 진행되었다. 엘리엇 연구의 공통된 주장은 전통론을 비롯한 그의 대부분의 문학비평의 지적 토대가 브래들리에 의해 형성되었다는 것이다. 물질과 정신을 구분하는 서구의 이원론에 대한 반역의 기수로서 브래들리는 특히 유물론에 대해 강한 반격을 시도했다. 그의 철학의 원론적인 텍스트인 『현상과 실재』(*Appearance and Reality*)의 기본 취지는 "실재"(reality)란 무엇이며, 우리는 그것을 어떻게 알 수 있는가 라는 인식론에 있다. 그것은 엘리엇이 브래들리 논문에서 "직접적 경험은……무시간적 통합체"(*KE* 31)라고 주장한 바 있듯이 소위 주관과 객관이 분열되기 이전의 "직접적 경험"(immediate experience)으로부터 출발한다. 엘리엇이 브래들리 철학의 특징을 "회의주의"라고 규정했듯이(*SE* 449-50), 브래들리는 시간과 공간, 그리고 대상과 자아의 개념을 본질적으로 의심스러운 것으로 보았다. 왜냐하면 그것들은 지성으로 파악된 구축물들이기 때문이다. 브래들리는 이성의 산물인 지성으로는 실재를 파악할 수 없으며, 실재는 지성을 초월하는 것이라고 보았던 것이다. 브래들리의 인식론에 관한 이러한 기본 논리는 본 논문이 시도하고자 하는 관점, 요컨대 베르그송의 실재관이 어떻게 엘리엇의 시에 반영되어 나타나는가를 해명하는 중요한 디딤돌이 될 것이다.

고든(Lyndall Gordon)에 의하면 엘리엇이 프랑스의 현대 철학자인 베르그송(Henri Bergson)의 강의를 들은 것은 1910-11년 빠리 체재 기간 동안이었지만, 그에 관한 논문을 쓴 것은 그가 하버드로 돌아온 이후인 1913-14년으로 추정된다는 것이다(41). 엘리엇의 브래들리 논문이 기본적으로 그의 철학을 옹호하려는 것이었음에도 불구하고 엘리엇은 그의 철학이 많은 문제점들을 가정하고 있음을 지적하고 그러한 문제점들에 관해 많은 의문을 제기했다. 이와 마찬가지로 엘리엇은 "한 개인의 영향으로 자신이 전향되었던 유일한 경우는 잠시 베르그송주의에 심취한 것이었다"(Douglass 54 재인용)라고 1948년 회상한 바 있음에도 불구하고 기본적으로 베르그송의 철학에 대해 강한 반발을 보였던 것이 사실이다. 그럼에도 불구하고 엘리엇이 베르그송 강의를 들었던 시기인 1910년대의 많은 초기시들은 베르그송의 영향하에서 쓰여졌다는 것이 일반적인 평자들의 지적이다. 엘리엇과 브래들리의 관계를 단순히 영향 관계로만 이해하기보다는 기본적으로 기질상의 유사성이 전제된 것으로 해석할 수 있는 것처럼, 엘리엇과 베르그송의 관계 역시 기본적으로 기질상의 유사성으로 볼 수도 있을 것이다. 그러나 이러한 기질상의 유사성은 더 근본적으로는 동일한 시대정신, 말하자면 20세기의 특수한 지적 풍토의 독자적인 예술적, 철학적 표현으로 보아야 할 것이다. 그것은 20세기의 문턱을 넘어서면서 서구의 전통적인 합리주의와 주지주의에 대한 철학적 반성이 크게 일었고, 과학과 철학, 그리고 예술 전반에 이른바 반지성주의와 비합리주의가 팽배했었기 때문이다. 베르그송은 이성에 근거한 종래의 합리주의적 철학

의 생기 잃은 우주관을 통렬하게 공박하면서 시간과 변화에 입각한 생명의
철학을 체계화하였다. 그는 지성과 직관, 공간과 시간, 물질과 생명이라는 독
특한 이분법을 통해 지성의 본질과 한계를 극명하게 밝힘으로써 20세기 철
학의 전개에 신선한 바람을 불러일으켰다. 그의 반지성주의적 논리는 그 명
쾌한 논리와 아름다운 문체로 인해 철학 이외의 분야, 특히 문학의 분야에서
크게 환영을 받았다(김진성 117-19). 베르그송에 의하면 실재란 기본적으로
고정된 것이 아니라 오히려 "포착하기 어려운"(elusive) 것이어서 사물을 고
정화하고 법칙화하는 종래의 과학적 지성으로는 다채롭게 변화하는 실재를
파악할 수 없다는 것이다(CM 178). 우리의 의식의 근저에 우리가 미처 알지
못했던 참다운 생이 약동하고 있으며, 이러한 의식의 심연을 탐험하기 위해
서는 지성의 억압으로부터 해방된 "직관"(intuition)이 필요하다는 베르그송의
이론은 당시의 예술가들에게 고도의 미감을 촉발하는 계기를 제공하게 되었다.[1]
그렇다면 베르그송이 엘리엇에게 끼친 영향은 어떻게 규정될 수 있을까?
고든은 엘리엇의 가장 중요한 관념들과 자세들이 형성된 시기를 1911-14년이
라고 정확하게 지적하고 있는가 하면(54), 르 브룅(Philip Le Brun)은 시간과
변화와 개인의 의식 등에 관한 베르그송의 이론이 엘리엇에게 끼친 영향을
지적하면서, 엘리엇이 베르그송의 철학적 저술들을 몰랐더라면 전통이라든
가 예술가의 감수성, 그리고 객관 상관물로서의 예술 작품 등을 비롯한 그의
중요한 시적 형성이 현재와는 아주 다른 것이 되었을 정도로 그 영향은 지대
한 것이었다고 역설하고 있다(149). 그러나 베르그송이 엘리엇에게 끼친 직
접적인 영향은 더글러스가 지적하듯이 1910-11년이라는 아주 제한된 시기에
해당된다고 보는 것이 일반적인 견해이다(49). 엘리엇은 자신이 잠시나마 심
취한 유일한 경우가 있다면 그것은 베르그송주의라고 고백한 바 있음에도
불구하고, 하버드로 돌아온 이후 곧 베르그송에게 강한 불만을 보이면서 베
르그송이 제시한 시간과 경험의 개념들을 재빨리 넘어섰으며, 이후 베르그송

---

1) 더글러스(Paul Douglass)는 언어 및 주제와 관련하여 베르그송의 영향을 받은 작가
들을 소개하면서 이러한 비전이 주제에 있어서 윤리적인 포크너(William Faulker)와
엘리엇과 같은 예술을 낳았다고 지적하고 있다(7). 물론 프랑스의 경우는 단연 프
루스트(Marcel Proust)를 꼽을 수 있을 것이다.

에 관한 엘리엇의 글들은 공공연히 그에 대해 적대적인 시각을 보여주게 되었다(Douglass 10). 그럼에도 불구하고 버그스텐(Staffan Bergsten)이 지적하듯이 "비평가로서 엘리엇은 베르그송의 철학을 거부한 것 같지만 시인으로서 그는 분명 베르그송의 영향을 받았"(13)으며, 엘리엇이 가장 직접적으로 베르그송의 영향에 노출되었던 시기는 물론 1910-11년이지만 이후에도 베르그송의 흔적이 엘리엇의 사유의 근저에 남아 있었다는 것이 필자의 생각이다.

엘리엇이 베르그송 철학에 불만을 가졌다면 그것은 기본적으로 엘리엇 자신이 가지고 있던 회의주의적 기질에서 연유하며, 이러한 관점은 브래들리와 베르그송의 비교 · 논의를 통해 자연스럽게 입증될 수 있을 것이다. 앞에서 잠시 언급되었듯이 브래들리와 베르그송은 기본적으로 이성에 근거한 지성으로는 유동하는 실재를 파악할 수 없다는 반지성주의적인 입장을 취한다는 점에서 그 출발점은 같다고 하겠다. 브래들리의 경우 인식의 출발점은 "직접적 경험"이며, 그것은 주관과 객관의 구분이 상실되어 우리의 의식으로 환원이 불가능한 다소 신비주의적인 색채를 띤다. 그런 의미에서 엘리엇은 브래들리 논문에서 "직접적 경험"이란 "우리의 여행의 시작에서든 끝에서든 소멸이며 완전한 밤"(*KE* 31)이라고 말한 바 있다. 베르그송의 경우도 그의 철학의 중요한 개념이자 인식의 출발점은 지속이다. 의식의 심연에서 꿈틀대는 베르그송의 내적 자아의 지속 역시 우리의 의식적인 노력으로는 접촉하기 힘든 신비의 영역이다. 그러나 그들의 해결은 아주 다른 방향을 향한다. 브래들리가 "직접적 경험"을 하나의 환상으로 생각하고 인식의 귀결점인 "절대"(Absolute) 역시 미적 경험으로는 포착할 수 없는 것으로 가정하였다는 점에서 그는 극단적 회의주의라고 할 수 있을 것이다(Douglass 53).

그런가 하면 엘리엇은 기본적으로 베르그송 철학이 신비주의적일 뿐만 아니라 낙관적이라고 생각했다. "사고"(thinking)는 기본적으로 고통스럽게 끊임없이 노력해야 하는 인간의 불완전성의 표시임에도 불구하고 베르그송의 진화의 개념은 인간의 사고가 더 이상 필요하지 않다는 인식을 보여줄 정도로 극단화되어 인간이 그 자체로 완전하다는 생각을 갖도록 고무한다는 것이다. 이런 의미에서 엘리엇은 베르그송 철학을 19세기 후반의 진보주의 전통에 위치시키며, 그의 철학을 낙관주의적인 운명론이라고 비난한다(54-56). 이로

써 같은 지점에서 출발했던 브래들리와 베르그송은 극단주의적 회의론과 낙
관론이라는 각기 다른 방향을 향하며 결별하게 된다. 기질적으로 회의주의적
이었던 엘리엇이 베르그송에게 등을 돌리고 브래들리를 선택하게 된 부분적
인 이유를 여기에서 발견할 수 있을 것이다. 그러나 베르그송에 대한 엘리엇
의 저항을 전면적인 거부로만 볼 수 없는 것은 엘리엇은 브래들리에 의해 회
의주의적으로 제기되고 있는 "절대"에 대한 대안의 근거를 베르그송에게서
발견했기 때문이다. 엘리엇은 베르그송의 지속의 개념을 통해 유동하는 삶
속에서 영원한 실재를 파악할 수 있는 긍정적인 희망의 실마리를 발견했던
것이며, 무엇보다 바로 이 점이 엘리엇으로 하여금 잠시나마 베르그송에 심
취하도록 했던 동인이 되었을 것이다. 엘리엇이 브래들리를 읽기 시작한 것
이 1913년이고, 고든이 추정하듯이 베르그송에 관한 글들을 쓴 것이 1913-14
년이라는 점을 고려해볼 때, 엘리엇은 브래들리를 읽고 있던 중에도 베르그
송에 관해 진지하게 연구를 했던 것으로 볼 수 있으며, 베르그송에게서 브래
들리가 제기한 "절대"에 대한 회의론과 화해할 수 있는 단서를 발견했던 것
은 아닐까 하는 생각을 해볼 수 있다.

　더글러스 역시 엘리엇의 베르그송 논문이 베르그송을 직접적으로 공격하
거나 그의 관점을 비난하려는 것이 아니라 브래들리의 관점을 베르그송에게
적용시킴으로써 오히려 브래들리 철학과 베르그송 철학을 중첩시키려는 시
도로 보고 있다(62). 그렇다면 베르그송에 대한 엘리엇의 관심은 분명 궁극적
실재와 그것의 표현의 문제가 될 것이며, 이는 곧 철학의 문학적 변용의 가
능성을 타진한 것으로 이해할 수 있다. 베르그송의 철학은 "지속"(duration)이
나 직관 등의 개념으로 대변되는 시간의 심리학이다. 베르그송 철학의 근원
은 지성에 얽매어 있는 표층적 자아와는 다른 진정한 자아, 이른바 내적 자
아의 지속에 있으며, 그의 철학은 지속의 직접적 파악을 가능하게 하는 직관
으로부터 출발한다(김진성 121). 본 논문은 일차적으로 엘리엇의 지적 배경
을 형성한 브래들리와 베르그송 철학의 비교·논의를 통해 엘리엇의 사유의
방향을 점검하고, 본 논문에 기본 틀을 제공하게 될 베르그송 철학의 시간,
예컨대 지속과 직관 그리고 기억에 관한 개념들을 고찰해봄으로써 그것들이
어떻게 문학적으로 변용되어 나타나는지를 살펴보고자 한다.

॥

베르그송의 최초의 저서는 그의 학위논문인 『의식의 직접적 소여(所與)에 관한 시론(試論)』(*Essai sur les Données Immédiates de la Conscience*)[2]으로서 이 저서는 제목이 암시하듯이 우리의 의식에 직접적으로 주어진 실재로서의 내적 자아를 종래와는 다른 새로운 시각으로 보여준다. 앞에서 밝힌 바 있듯이 그의 철학의 근원은 변화의 원리에 기초한 내적 자아의 지속에 있다.[3] 베르그송은 『시간과 자유의지』에서 지속의 두 가지 개념을 다음과 같이 정의하고 있다.

> … 지속에 관해서는 두 가지 개념이 있을 수 있는데, 하나는 혼합이 전혀 없는 순수한 것이고, 다른 하나는 공간의 개념이 슬그머니 개입된 것이다. 완전히 순수한 지속이란 우리의 자아가 스스로 살도록 되어 과거의 상태와 현재의 상태간에 구분점을 더 이상 설정하지 않을 때의 우리의 의식 상태의 연속이 취하는 형태이다. … 마치 하나의 멜로디의 여러 음들이 모두 용해되어버린 것으로 상기할 때처럼 말이다. … 그리고 멜로디의 전체는 어떤 살아 있는 존재—그의 여러 요소들이 비록 구별될지라도 그들의 연대성의 결과에 의해 상호 침투되어 있는—에 비유될 수 있다고 할 수는 없을까?(93)[4]

2) 이것은 후에 『시간과 자유의지』(Time and Free Will)로 영역되었다. 앞으로의 인용은 『시간과 자유의지』에 의하되 필요한 경우 수정·번역한다.
3) 변화의 원론에 기초한 생의 철학을 제시한 베르그송은 지속하는 자아를 다음과 같이 말하고 있다. "우리의 내적 생의 끊임없는 멜로디—처음부터 우리의 의식적 존재의 끝에 이르기까지 분리할 수 없이 변화하고 있으며, 또 변화하게 될 멜로디가 있다. 우리의 인격은 바로 이것이다"(*CM* 176).
4) 그는 이어 다음과 같이 지속의 특징을 구체화하고 있다. "우리는 구분이 없는 연속성을 생각할 수 있는데 그것은 상호 침투성, 연대성, 여러 요소들의 내적인 유기성으로 생각할 수 있다. 그리고 이러한 연속성을 구성하는 의식의 여러 요소는, 하나하나가 전체를 대표하는 것으로서 오직 추상적 사고에 의해서만 전체로부터 구별되고 분리될 수 있을 뿐이다. 구분이 없는 연속성은 동일하면서 동시에 변화하는 존재, 그리고 아무런 공간의 개념도 갖고 있지 않는 존재가 지속에서 얻을 수 있는 표상이라는 것은 아무런 의심의 여지가 없다"(93-94). 여기에서 중요한 것은 베르그송은 단순한 연속으로서의 지속과 순수 지속을 구분하여 공간의 개념이 개입된

베르그송에 의하면 지속의 두 가지 개념들 중 하나는 지성의 작용의 산물로서, 공간의 개념이 개입됨으로써 시간이 과거와 현재 등으로 공간적으로 병렬되어 있어 각기 분리 가능한 단순한 연속이고, 다른 하나는 그러한 개념이 배제되어 "마치 하나의 멜로디의 여러 음들이 모두 용해되어버린 것"처럼 과거와 현재가 동시적으로 존재하는 "순수 지속"(real duration)이며, 이 순수 지속이 진정한 의미의 "시간"이다.5) 베르그송이 비유적으로 표현하고 있듯이 순수 지속이란 음악의 멜로디와도 같이 우리의 의식의 심연에서 파도처럼 출렁이고 있는 생이다. 중요한 것은 베르그송이 멜로디를 "살아 있는 존재", 즉 생에 비유하고 있다는 점이다. 그에게 지속이란 생에 다름 아닌 것이므로 순수 지속 가운데에 있을 때 우리는 비로소 산다고 할 수 있다. 이와 같은 문맥에서 더글러스는 엘리엇이 베르그송 논문에서 베르그송이 의식을 "리듬의 문제"로 축소시키고 있다고 비난한 바 있지만, 엘리엇 자신 "시 또는 시의 한 귀절은 그것이 단어들로 표현되기 전에 어떤 특수한 리듬으로 우선 실현되는 경향이 있으며", "이 리듬이 관념이나 이미지를 낳을 수도 있다"(*OPP* 32)라고 말한 것으로 보아 엘리엇 역시 리듬이 시적 의식의 본질이 될 수 있으며, 시를 통해 변화의 핵심을 간파할 수 있다고 생각한 것으로 이해할 수 있다(Douglass 65-66).

위의 베르그송의 인용문에서 볼 수 있듯이 공간과 가분성으로 규정되는 지성적 사고 또는 추상적 사고는 지속의 유기성과 내재성을 분리시키고 파괴할 뿐이다. 지성은 대상을 고정화하고 불변하는 것들의 병렬로 환원시켜 사고하는 능력이기 때문에 본질적으로 끊임없이 파동하는 참다운 실재인 지속, 즉 생명과 시간 현상을 파악할 수 없다는 것이다(『시간과 자유의지』 109-10). 지속하는 자아는 이러한 공간적인 성격을 지닌 동질성, 병렬성, 가분

지속과는 달리 순수 지속이란 상호 침투적이어서 내적 유기성을 가지고 있으며, 그것은 단지 지성에 의한 추상적인 사고에 의해서만 분리되고 구별된다는 생각을 가지고 있다는 것이다. 그러므로 베르그송에게 지속이란 단순한 연속이 아니라 순수 지속을 의미하는 것이다.

5) 베르그송은 『창조적 정신』(*Creative Mind*)에서 "순수 지속이란 표현할 수 없고 신비로운 어떤 것"이며 … "우리가 항상 시간이라고 불러왔던 것, 그러나 분리할 수 없는 것으로 지각되는 시간이다"라고 말하고 있다(176).

성, 상호 외재성이 배제된 순수한 이질성으로서 이는 매 순간 끊임없이 변화한다. 그러므로 베르그송의 창조적 진화가 함의하듯이 지속의 관점에서 볼 때 "의식하는 존재에 있어서 존재한다는 것은 변화한다는 것이며, 변화한다는 것은 성숙한다는 것이며, 성숙한다는 것은 끊임없이 자신을 창조한다는 것이다."(CE 10)

변화를 통한 생의 이해로부터 출발한 베르그송의 기본 논리는 『창조적 진화』에서 볼 수 있듯이 급진적인 진화론적 원리로 발전되며, 이는 지나친 낙관론의 위험을 노정한다는 점에서 엘리엇의 비판의 과녁이 된다. 그러나 여기에서 고려해야 할 것은 시간을 공간 형식으로 환원해서 파악하는 지성적 사유가 더 심각한 결과를 낳을 수도 있다는 입장을 베르그송이 취하고 있다는 점이다. 엘리엇 역시 변화의 원리를 그의 문학관의 중요한 개념으로 파악하고 있다는 점에 있어서는 베르그송과 입장을 같이 한다. 「보들레르」("Baudelaire")론에서 볼 수 있듯이 엘리엇은 고정성이나 불변성은 인간 존재를 부정하는 것일 뿐이라는 생각을 갖고 있기 때문이다.

> 우리가 인간인 한, 우리는 악이든 선을 행해야 한다. 우리가 악이든 선을 행하는 한 우리는 인간이다; 역설적으로 말해서 아무 것도 하지 않는 것보다 차라리 악을 행하는 것이 낫다. 적어도 우리는 존재하니까. (SE 429)

변화는 존재를 증명한다. 베르그송에 있어서처럼 엘리엇에게 변화는 삶의, 그리고 삶의 가장 기본적인 경험의 결정적인 특징이 된다. 변화는 일견 무질서하게 보이지만 그것의 불가분적인 연속이 진정 약동하는 생의 형식이 될 때에는 마치 하나의 멜로디와도 같이 과거와 현재는 혼연히 융합되어 영원한 현재가 되고, 매 순간은 끊임없이 새로운 것으로 변용되며, 이럴 때 우리는 존재한다고 할 수 있기 때문이다(CM 176-80). 더글러스가 지적하듯이 엘리엇과 베르그송은 모두 정신의 기본적인 성질이 경험의 본질을 허위화함으로써 우리로 하여금 진정한 실재의 파악을 방해한다는 인식을 보여준다는 점에서 동일한 세계관을 가지고 있다고 볼 수 있다(64). 여기서 정신이란 물론 지성의 작용 기재를 의미한다. 지성이 아닌 "직관"이 약동하는 생으로서의 실재를 파악하는 중요한 의식 작용이 되는 이유가 여기에 있다(*CM* 191).

베르그송 철학에 있어서 지속의 이론은 기억의 이론과 불가분의 관계를 맺는다. 베르그송에 의하면 존재한다는 것은 변화한다는 것이며, 변화한다는 것은 지속한다는 것이며, 지속은 기억을 통하여 가능한 것이기 때문이다. 그렇다면 기억을 수반하지 않는 의식 존재란 있을 수 없으며, 지속의 특징이 상호 침투성에 있듯이 기억을 통하여 현재와 과거가 상호 침투되어 베르그송이 말한 바 내적 지속이 가능한 것이다. 베르그송은 『의식의 직접적 소여에 관한 시론』의 후속편이라 할 수 있는 그의 두 번째 저서인 『물질과 기억』(*Matter and Memory*)에서 기억에 관한 문제를 집중적으로 다루고 있다. 베르그송은 이 저서에서 기억을 두 가지로 나누어 설명하고 있는데 그 하나는 기계적 기억인 "습관 기억"(habit memory)이며, 다른 하나는 "자발적 기억"(spontaneous memory) 또는 이른바 "순수 기억"(pure memory)이다.6)

베르그송에 의하면 우리가 보통 기억이라고 말하는 것은 가령 우리가 학과를 반복해서 암기함으로써 학과의 내용을 기억하는 것과 같이 일종의 습득에 의한 습관 기억이라는 것이다. 그러므로 우리가 반복을 통해 습득한 기억은 학과를 암기할 때의 그 특정한 시간 속에서 일어난 독특한 인상과 감정을 지니고 있지 않다. 지성의 작용에 의한 습관 기억은 단지 "지적으로 구축된 메카니즘"으로서 과거로부터 우리의 실용적인 관심이 요구하는 사실들만을 선택하여 과거와 동일한 시간 질서 속에 공간화하여 재구성할 뿐이므로 그것은 단지 "과거의 경험을 행동하는 것이지 그 이미지를 환기하지는 않는다는 것이다(*MM* 195). 이렇게 볼 때 습관 기억은 엄밀한 의미에서 "기억이라

---

6) … 우리의 거의 대부분의 기억은 우리의 삶의 사건들과 세목들을 나타낸다. 이러한 기억의 본질은 그의 날짜를 가지고 있어서 결코 되풀이될 수 없다는 것이다. … 기억에 의한 독특한 인상들과 사실들의 기록은 지속의 모든 순간에서 일어난다. 그러나 습득에 의한 기억이 보다 유용하기 때문에 사람들은 이 기억에 보다 많은 관심을 집중한다. … 자발적 기억은 본래 완전하다. 시간이 이 기억의 성질을 바꾸지 않는 한 그것의 인상에 무엇인가를 부가하게 되면 이 기억의 성질은 변형된다. 그것은 기억 속에 제 자리와 날짜를 가지고 있기 때문이다. 이와 반대로 습득에 의한 기억은 우리가 학과를 더 잘 숙지하면 할수록 시간 밖으로 나올 것이다. 즉 그것은 점점 비인격적이고 우리의 과거의 생에서 이탈하게 될 것이다(*MM* 94-95).

기보다는 습관"에 불과하다고 볼 수 있다. 습관 기억은 그것이 과거의 특정한 사건과 인상이 지니는 고유한 경험의 질과 감흥을 가지고 있지 않다는 의미에서 "비인격적"(impersonal)이 되고 그럼으로써 과거의 생에 낯선 것이 된다. 그러나 습관 기억은 실천적 삶에 매우 유용하므로 사람들은 보통 이 습관 기억에 보다 많은 관심을 가지게 된다(94-95).

반면 자발적 기억이란 특정한 순간의 독특한 인상들을 고스란히 상기할 때의 기억을 의미한다. 그것은 유일한 일회적 지평 구조를 가지고 있으므로 매 순간 새로운 것이며 결코 되풀이될 수 없는 것이다. 지속의 모든 순간에서 아무런 의지의 개입 없이 이루어지는 이 자발적 기억은 생의 모든 사건들과 세목들을 그 고유한 날짜와 장소로 보존하고 있어 진정한 시간의 기록이며, 그런 의미에서 그것은 참된 자아의 실재라고 할 수 있다(94-95). 습관 기억이 생에 "관심"(attention)을 기울이는 행동적인 삶의 표상이라면 "과거의 각기 독특한 순간이 살아나는 순수 기억은 본질적으로 삶으로부터 초연한 것이다."(179) 그러면 우리는 어떻게 습관 기억으로부터 벗어나 순수 기억을 체험할 수 있는가. 그것은 베르그송이 말하고 있듯이 "순수 기억은 잠재적이고 무의식적"(181)이기 때문이다. 말하자면 의식이 눈뜬 이래로 우리의 의식의 심연에는 과거의 기억의 기록이 고스란히 남아 있으므로 어떤 특정한 순간 우리는 잃어버린 과거를 온전하게 되찾을 수 있다는 것이다.

그렇다면 우리는 어떻게 잃어버린 과거를 되찾을 수 있을까? 앞에서 언급한 바 있듯이 실제적 삶에 주의하고 있는 습관 기억은 기본적으로 실천적 행위에 밀착되어 있으므로 대부분의 경우 순수 기억을 방해한다. 그러나 "순수 기억은 본질적으로 삶으로부터 초연"하며 기억은 조금도 손상됨이 없이 의식의 심층에 보존되어 있으므로 특정한 순간, 즉 현재적 생으로부터 관심이 전도된 무관심한 순간 기억의 저편으로 사라졌던 과거는 파노라마처럼 눈앞에 고스란히 되살아나는 것이다. 이런 순간을 베르그송은 잠이나 꿈의 상태, 그리고 위기에 처해 있거나 죽음에 직면한 사람이 가질 수 있는 특권의 순간으로 이해한다(CM 179-80). 이런 상황에서는 현재적 생에 대한 주의나 관심 또는 행위는 무의미할 뿐 아니라 불가능하기도 하다. 이 순간 우리는 바야흐로 살기보다 꿈꾸는 존재가 된다.7) 왜냐하면 "잠의 세계에서는 우리는 지속을 더 이상 계산하지 않고 느끼기 때문이다. 이때 지속은 양에서 질의 상태로 전이된다. 흘러간 시간에 대한 수학적 이해는 꿈에서는 더 이상 이루어지지 않"(『시간과 자유의지』 108)기 때문이다.

III

엘리엇은 「시극의 가능성」("The Possibility of a Poetic Drama")에서 예술과 철학의 관계를 논하면서 베르그송의 철학을 예술 작품이라고 할 수 있다면 그것은 정서적인 자극에 있음을 밝히고 있다.

> … 우리는 우리 시대가 향유하는 장르의 복합을 가지고 있다. 모든 상상적인 작품은 철학을 가지고 있어야 한다; 그리고 모든 철학은 예술 작품이어야 한다―베르그송이 예술가라는 것을 우리는 얼마나 자주 들어왔는가! 그것은 그의 제자들의 자랑거리이다. … 어떤 철학 저술들은 예술 작품이라 불릴 수 있을 것이다. … 그러나 이것은 베르그송의 숭배자들이. … 의미하는 바는 아니다. 그들이 정확히 의미하는 바는 명확하지는 않지만 정서적인 자극이다. (*SW* 37)

1920년에 쓰여진 이 글은 베르그송에 대한 엘리엇의 태도의 변화를 분명하게 보여준다(Douglass 49). 물론 여기에서 엘리엇의 어조는 대단히 냉소적이다. 그럼에도 불구하고 이제까지의 논의를 위의 인용문과 관련시켜볼 때 직관을 통해 존재를 철학적으로 해명하려는 베르그송의 시도에서 엘리엇은 문학적인 "정서적인 자극," 요컨대 정서적 경험을 지적으로 정당화할 수 있는 근거를 발견했던 것 같다. 그의 베르그송에 대한 태도의 전환에도 불구하고 그의 초기시는 분명 베르그송의 영향을 보이며, 특히 1911년에 쓰여진 「바람부는 밤의 광상시(狂想詩)」("Rhapsody on a Windy Night")는 베르그송의

---

7) 베르그송은 꿈꾸는 존재에 대해 이렇게 말하고 있다. "자신의 삶을 사는 것이 아니라 꿈꾸어야 하는 사람은 분명 매 순간 자신의 과거의 역사의 무한한 다양한 세목들을 매 순간 자기의 눈앞에 보존하게 될 것이다"(*MM* 201).

지속과 기억의 이론을 철학적 배경으로 한 가장 대표적인 예가 될 것이다.8) 이제 이 작품 전편에 베르그송의 지속과 기억의 이론이 어떻게 문학적으로 변용되어 미학적으로 형상화되는가를 살펴보기로 하자.

> 열두 시.
> 달의 종합 속에 갇힌
> 거리의 원류를 따라
> 속삭이는 달의 주문(呪文)은
> 기억의 밑바닥과
> 그 모든 분명한 관계와,
> 그 구분과 정확성을 용해한다.
> 내가 스쳐 지나가는 가로등은 하나하나
> 숙명적인 북처럼 울리고
> 어둠의 공간을 통하여
> 한밤중이 기억을 뒤흔든다,
> 광인이 죽은 제라늄을 흔들듯이.

> Twelve o'clock.
> Along the reaches of the street
> Held in a lunar synthesis,
> Whispering lunar incantations
> Dissolve the floors of memory
> And all its clear relations,
> Its divisions and precisions.
> Every street lamp that I pass
> Beats like a fatalistic drum,
> And through the spaces of the dark
> Midnight shakes the memory
> As a madman shakes a dead geranium. (*CPP* 1-12)9)

---

8) 피어스 그레이(Piers Gray)는 이 작품 외에도 「서시」("Preludes") III, IV부와 「프루프록의 사랑 노래」("The Love Song of J. Alfred Prufrock")가 모두 베르그송적이라고 믿고 있다(Gray 3).

9) 작품의 인용은 *The Complete Poems and Plays of T.S. Eliot*에서 하며, 앞으로 행수만 표시한다. 작품의 번역은 이창배 교수의 번역을 참고로 하되, 필요할 경우 수정을 하였음을 밝혀둔다.

베르그송의 『물질과 기억』이 자신의 지적 발전에 중요한 영향을 주었음을
엘리엇 자신도 시인한 바 있듯이(Gray 39), 이 작품을 해명하는 중요한 열쇠
는 베르그송 철학의 핵심적인 개념인 기억과 지속이다. 이 작품은 자정부터
새벽 네 시까지의 시간의 진전을 따라 진행되며, 가로등과 달이라는 두 개의
빛의 이미지의 대비를 통해 베르그송의 물질과 기억, 지성과 지속이 어떻게
미학적인 긴장 관계를 유지해 나가는지를 보여준다. 우선 1연의 시간은 자
정, 화자는 빠리의 거리들을 통해 가로등을 스쳐 지나간다. 이 거리들은 엘리
엇의 초기시에 빈번하게 나타나는 추악하고 더러운 욕망의 거리들이다.

베르그송에 의하면 인간의 의식에는 크게 두 가지 상태가 있는데, 그 하나
는 육체로 대변되는 행위의 상태이며, 다른 하나는 정신의 영역인 순수 기억,
즉 지속을 의미한다.[10] 베르그송이 말하는 행위란 실제적이며 실용적인 것을
추구하는 지성의 산물이며, 지성은 자신의 실용적 목적에 부합하는 사실들을
선택적으로 취하여 단편적이며 공간적으로 재구성할 뿐이다. 이러한 관점에
서 볼 때 가로등은 차일즈(Donald J. Childs)가 지적하듯이 행위와 관련된 사
물들에 주의하도록 하는 실제적이며 목적 지향적인 지성을 대변하며, 달은
순수 기억을 대변한다고 볼 수 있다(54). 순수 기억이란 일종의 지속으로서
과거와 현재가 동시적으로 존재하는 것이라고 말한 바 있다. 지성을 대변하
는 가로등은 화자의 관심을 아주 특정한 대상들에 집중시키며, 그 대상들은
문제의 관심있는 대상들만을 포함하고 다른 모든 대상들은 배제해버리는 둥
근 빛에 의해 조명된다(54). 그러나 의식이 지속이기 위해서는 행위에 집착하
는 지성적 사고로부터 벗어나 실용적인 관심들을 떨쳐버려야 한다. 그러므로
달로 상징되는 순수 기억은 지성의 산물인 "모든 분명한 관계와,/ 그 구분과
정확성을 용해"해야 한다. 중요한 것은 1연에서 지배적인 것이 달의 세계라
는 것이다. 달은 과거와 현재가 하나가 되는 순수 기억, 또는 지속을 의미한

10) 우리의 육체가 그 과거를 운동 습관들로 응축시켜버린 상태인 행위의 상태와, 우
리의 정신이 우리의 과거의 삶의 모습을 아주 세부적으로 유지하고 있는 순수 기
억의 상태 사이에서 우리는 수많은 다양한 상태의 의식을, 우리가 살아가는 과정
의 경험 전체의 수많은 필수적이며 다양한 반복을 발견할 수 있다고 믿는다(*MM*
322).

다고 말한 바 있다. 이런 의미에서 달은 "종합"이라고 할 수 있으며, "달의 종합 속에 갇힌/ 거리의 원류"란 의식의 심연에 존재하는 기억의 출발점을 의미한다. 그 배경이 한밤중으로 되어 있는 것은 베르그송이 말한 바 있듯이 지속이 순간적으로나마 가능한 것은 잠이나 꿈과 유사한 "긴장의 이완" (relaxing of tension; *MM* 228) 상태이기 때문이다. 잠과 꿈의 상태를 가능하게 하는 어둠의 공간을 통해 기억은 뒤흔들린다. 그것을 시인은 광인이 죽은 제라늄을 흔드는 것에 비유하고 있다. 지성의 관점에서 볼 때 "주문"을 "속삭이는" 달은 분명 광인의 그것과 유사할 것이다. 이 작품의 제목이 환기하듯이 일상으로부터 일탈된 광인의 의식은 어쩌면 예술가나 신비주의 명상가에게 찾아오는 직관의 순간과 비슷한 것이기도 하다. 신비주의자의 명상은 더글러스가 언더힐(Evelyn Underhill)을 빌어 말하고 있듯이 "훈련되고 발전된 직관"에 다름 아니기 때문이다(97). 베르그송에 의하면 "꿈은 광기를 모방"하고 "광기의 근원은 두뇌의 소진에 있으며", "잠과 광기는 기억과 관심을 감각 기계적인 기능으로부터 유리시켜 영원한 현재로 들어간다"(*MM* 227-28)는 것이다.

그렇다면 광인이 흔드는 "죽은 제라늄"은 무엇인가? 제라늄은 보통 창가에 놓는 가장 일반적인 일년생 식물로서 그 냄새가 대단히 강렬하다(McArthur 512). 식물은 생의 상징인 변화를 가장 잘 보여주는 것이다. 제라늄이 죽어 있다는 것은 변화를 표상하는 생명의 죽음을 의미하는 것일 터이며, 광인이 죽은 식물을 뒤흔든다는 것은 죽음으로부터 생으로의 회복을 열망한다는 것일 터이다. 이른바 광인의 의식에 비유될 수 있는 달이 함의하고 있는 시적 상상력이나 신비주의적 요소가 죽음과도 같은 실제적인 지성을 밀어내고 지속을, 순수 기억을 촉발한다는 것이다(Childs 55). 이로써 1연의 의미는 분명하게 드러난다. 지성의 작용에 의한 모든 분명한 구분과 관계를 융해해버리는 달이 "종합"일 수 있는 것은 그것이 이른바 기억의 상호침투성에 의해 과거와 현재의 순간이 하나가 되는 순수 기억의 가능성을 내포하고 있기 때문이다. 달은 "거리의 원류"가 상징하는 기억의 심연을 따라 마치 광인처럼 주문을 속삭인다. 속삭이는 달의 주문은 순수 지속을 지향하는 화자의 의식을 반영하는 것이라고 할 수 있다.

한 시 반,
가로등은 말을 지껄여댔고
가로등은 중얼거렸고,
가로등은 말했다, "저 여자를 보라,
싱긋 웃는 듯이 열려 있는 문에서 새어나오는
불빛 속에 서서 그대를 향하여 주저하는.
그대는 본다, 그녀의 옷자락이 찢어지고
모래로 더럽혀진 것을.
그리고 그대는 본다,
그녀의 눈가가 구부러진 핀처럼 비틀어진 것을."

추억은 수많은 비틀린 것들을
표면으로 던져 올린다,
해변의 비틀린 가지 하나
부식되어 매끈하고, 반지르르하여
마치 세상이
빳빳하고 하얀
그 뼈대의 비밀을 표기한 것만 같다.
공장 마당의 망가진 용수철,
힘이 가해져 딱딱하게 구부러지고
꺾일 지경이 된 그 형체에 달라붙은 녹.

Half-past one,
The street-lamp sputtered,
The street-lamp muttered,
The street-lamp said, 'Regard that woman
Who hesitates towards you in the light of the door
Which opens on her like a grin.
You see the border of her dress
Is torn and stained with sand,
And you see the corner of her eye
Twists like a crooked pin.'

The memory throws up high and dry
A crowd of twisted things;
A twisted branch upon the beach

Eaten smooth, and polished
As if the world gave up
The secret of its skeleton,
Stiff and white.
A broken spring in a factory yard.
Rust that clings to the form that the strength has left
Hard and curled and ready to snap. (*CPP* 13-32)

　1연에서는 달의 역할이 지배적이었다면 2연부터 4연까지는 가로등이 역할이 우세하다. 인용부호로 처리된 "지껄여"대고 "중얼"거리는 가로등의 말은 여인의 이미지로 재현된 빠리 뒷골목의 추악한 풍경을 가리킨다. 그것은 화자를 유혹하려는 행위에 집중하는 지성이 선택한 삶에 대한 실제적 태도이다. 여기에서 한 가지 덧붙일 것은 반쯤 열린 문으로부터 새어나오는 빛의 곡선이 반짝이는 이빨을 가진 미소짓는 입의 곡선을 연상하게 함으로써 여인이 초현실주의적인 이미지로 표현되고 있다는 것이다(Skaff 175). 이러한 초현실주의적인 기법은 이 작품이 가지고 있는 기묘하고 몽환적인 분위기를 더욱 강화한다. 그런가 하면 "찢어"지고 더러운 드레스와 눈가의 "비틀"림 등의 왜곡된 이미지로 여인이 묘사됨으로써 여인에 대한 화자의 혐오감이 은연중에 드러나고 있다. 눈가가 비틀린 여인은 화자의 마음속에서 삶보다는 죽음과 관계되며, 가로등이 드러내는 것에 대한 반동으로 죽음의 이미지들이 되살아난다(Childs 56). 기계적인 것에 불과한 이 습관 기억은 수많은 "비틀린 것들을" 의식의 표면으로 던져 올려 그것을 화자의 마음속에 공간적으로 병렬시키는 것이다. 마치 세계의 비밀을 보여주듯이 앙상하게 드러난 "해변의 비틀린 가지 하나", 그리고 공장 마당의 녹슨 "용수철"이 그것들이다. 앙상하게 드러난 가지 하나와 녹슨 용수철에 대한 기억들은 뒤틀린 형상들과 그것들의 본질에 접근할 때 대단히 실제적인 것으로 작용하여 화자로 하여금 여인의 유혹을 무시하도록 한다(56). 여인의 비틀린 모습이 기억 속의 "수많은 비틀린 것들"을 되살아나도록 촉발하며, 기억으로부터 솟아오른 이미지들은 단지 습관 기억의 환기물일 뿐이다.
　문제는 베르그송에 의하면 습관 기억은 "유사성"만을 환기하고(*MM* 201),

지속은 본질적으로 "완전" 하지만 이미지는 기본적으로 "불완전"한 것이어서 "어떤 이미지도 지속의 직관을 대신할 수 없으며", 내적 지속은 "이미지들에 의해 재현될 수 없다"는 것이다(*CM* 194-95). 다시 말하면 내적 지속이란 단지 환기된 유사한 이미지에 의해 재현될 수는 없다는 것이다. 그러므로 3연의 이미지들은 차일즈가 지적하듯이 삶에 대한 해석이라기보다는 이미지들의 본질에 관한 메타 코멘트를 제공하고 있는 셈이며, 이는 궁극적으로 단편화하고 고정화하는 지성의 본질에 대한 논평이라고 할 수 있을 것이다(58). 그러므로 이것은 화자가 아직 달이 암시하는 순수 지속의 상태에 이르지 못했음을 보여주는 것이다.

> 두 시 반.
> 가로등이 말했다—
> "도랑에 납작하게 엎드려
> 혀를 쑥 내밀고 냄새 고약한 버터 한 조각을
> 게걸스럽게 먹는 고양이를 보라"
> 그처럼 그 아이의 손이 자동적으로
> 불쑥 나와 부두를 달리는 장난감을 주머니에 넣었다.
> 나는 그 아이의 눈 뒤에 아무 것도 볼 수 없었다.
> 나는 거리에서 불켜진 덧문들 사이로
> 응시하려는 눈들을 보았다.
> 그리고 어느 날 오후, 웅덩이에서 한 마리 게가
> 등에 조개 삿갓이 달린 한 마리 늙은 게가
> 내가 그를 향해 내민 막대기 끝을 움켜잡았다.

Half-past two,
The street-lamp said,
'Remark the cat which flattens itself in the gutter,
Slips out its tongue
And devours a morsel of rancid butter.'
So the hand of the child, automatic,
Slipped out and pocketed a toy that was running along the quay,
I could see nothing behind that child's eye.
I have seen eyes in the street

Trying to peer through lighted shutters,
And a crab one afternoon in a pool,
An old crab with barnacles on his back,
Gripped the end of a stick which I held him. (*CPP* 33-45)

4연 역시 가로등으로 대변되는 지성에 의한 기계적 기억을 다룬다. "도랑에 납작하게 엎드려" 있는 고양이의 모습은 즉각 화자로 하여금 기억 속에 있는 이것과 유사한 이미지들인 어린아이와 게를 떠올리게 한다. 베르그송에 의하면 순수 기억이 "차이"를 환기한다면 습관 기억을 "유사성"을 환기하기 때문이다(*MM* 201). 여기에서 한 가지 지적되어야 할 것은 엘리엇의 시에 유사한 이미지가 반복적으로 나타난다는 점이다. 이 작품의 경우에는 "고양이"와 "게" 등을 들 수 있는데, 이는 더글러스가 지적하듯이 엘리엇이 셰익스피어를 두고 말한 개성의 지속적인 발전 내지는 예술의 유기성에 대한 자신의 태도를 보여주는 것이며, 이러한 태도는 베르그송의 유기적이며 진화론적인 관점과 맥을 같이 하는 것이라 볼 수 있다(94-95). 기억과 관련하여 고양이가 촉발한 어린아이와 게의 행동이 보여주는 공통적인 특징은 본능적이며 기계적인 반응에 있다. 이들이 보여주는 본능적인 반응은 동물의 그것과 같아서 오직 본능적 지각에 의존하며 현재적 삶에 얽매어 있다는 것이다. 이런 의미에서 습관 기억의 극단은 본능적인 인간이며, 이것은 "동물의 기억"이라 할 수 있다(93). 중요한 것은 이러한 본능적인 습관 기억이 극단화될수록 순수 기억을 방해하며 위축시킨다는 것이다. 베르그송이 두 개의 기억을 두고 말했듯이 순수 기억은 우리의 과거를 "재현"(represent) 하지만 습관 기억은 단지 과거를 "행동"(act)할 뿐이다. 습관 기억 역시 기억이라 불릴 수 있는 것은 그것이 지나간 이미지들을 보존하고 있어서가 아니라 단지 이 기억의 이미지들을 환기하여 그것의 유용한 효과를 현재적 순간으로 연장시키기 때문이다(93). 습관 기억이 "유사성"을 환기한다고 말한 의미가 이것이다.

이와 관련하여 그레이는 고양이와 게와 같은 하등 동물과 어린아이의 자동적인 손이 보여주는 본능적인 세계는 한편으로는 메마르고 황량하여 반성적인 기억이 없는 세계이지만 다른 한편 「프루프록의 사랑 노래」에서 화자가 "나는 고요한 바다 밑바닥을 어기적거리는/ 한 쌍의 엉성한 게다리나 되었더라면"이라고 말하고 있듯이 부러움을 촉발시킬만한 것이어서 여기에서 아이러니가 성립된다고 말하고 있다(42). 그러나 중요한 차이점은 「프루프록의 사랑 노래」에서 게가 상상력을 함의하는 바다를 배경으로 등장하는 것과는 달리 이 작품의 게는 단지 메마름을 상징하는 웅덩이에서 발견됨으로써 그것을 통해 상상력이 없는 황량한 세계가 더욱 강조되고 있음을 볼 수 있다는 것이다. 이것을 뒷받침하는 것이 "그 아이의 눈 뒤에 아무 것도 볼 수 없었다"는 것이다. 그렇다면 그레이가 지적하듯이 엘리엇은 본능적인 하등 동물들과 자동적인 반응을 보이는 아이를 통하여 상상력이 결여된 세계를 상상하고 있다고 말할 수 있을 것이다(42).

> 세 시 반,
> 가로등이 지껄여댔고
> 가로등이 어둠 속에서 중얼거렸다.
> 가로등이 웅얼거렸다—
> "저 달을 보라.
> 달은 아무 원한도 없다.
> 그녀는 희미한 눈을 깜박거리며,
> 구석구석에 미소를 보낸다.
> 그녀는 풀의 털을 쓰다듬는다.
> 달은 기억을 잃어버렸다.
> 색바랜 천연두로 그녀의 얼굴엔 금이 가고
> 그녀의 손이 종이 장미를 비튼다,
> 그 장미에서 먼지와 오 드 꼴로뉴 냄새가 난다.
> 그녀는 홀로
> 머리 속을 교차하고 또 교차하는
> 온갖 밤의 묵은 냄새와 더불어 있다"
> 추억이 떠오른다.
> 햇빛 못 받은 마른 제라늄과
> 틈새에 낀 먼지와
> 거리의 밤(栗) 냄새와
> 덧문 닫힌 방들에서의 여인의 냄새와
> 회랑의 담배와

술집의 칵테일 냄새의 추억이.

Half-past three,
The lamp sputtered,
The lamp muttered in the dark.
The lamp hummed:
'Regard the moon,
La lune ne garde aucune rancune,
She winks a feeble eye,
She smiles into corners.
She smooths the hair of the grass.
The moon has lost her memory.
A washed-out smallpox cracks her face,
Her hand twists a paper rose,
That smells of dust and eau de Cologne,
She is alone
With all the old nocturnal smells
That cross and cross across her brain.'
The reminiscence comes
Of sunless dry geraniums
And dust in crevices,
Smells of chestnuts in the streets,
And female smells in shuttered rooms,
And cigarettes in corridors
And cocktail smells in bars. (*CPP* 46-68)

5연은 이 작품에서 극적인 전환을 보여준다. 이제까지 우세하던 지성을 대변하던 가로등이 5연에 이르러 달에 의해 그 위치가 전도되어 순수 기억의 가능성을 보여준다는 것이다. 베르그송에 의하면 일상의 삶 속에서 우리는 지성의 작용에 의해 일상적으로 현재니, 과거니 하는 공간화된 시간 속에 위치하게 된다는 것이다. 그리하여 "우리는 간단없는 생의 심연의 웅얼거림에 귀기울이는 것에 전혀 관심이 없다. 그러나 순수 지속이 바로 여기에 있다 (*CM* 176). 차일즈 역시 이 "웅얼"거림의 베르그송적 의미에 집중하여 세 시반의 가로등의 "웅얼거"림(the lamp hummed)은 이전의 가로등이 대변하던

"그 모든 분명한 관계와,/ 그 구분과 정확성"의 기능이 사라짐으로써 지성의
목소리가 용해되고 순수 지속이 재구성되는 지점이라고 지적하며, 빛의 이미
저리의 관점에서 볼 때 가로등의 인위적인 빛의 기능은 축소 내지는 상실되
고 그 대립적인 기능으로서 달이 관심의 초점이 된다고 말하고 있다(Childs
60). 그러기에 "저 달을 보라"라고 명령형으로 우리의 관심을 유도하고 있지
않은가. 이제까지의 지성적 기능을 점점 상실해 가는 가로등은 달이 "아무
원한도 없다", "달은 기억을 상실했다"라고 말하면서 달의 수동적이며 망각
적인 면을 비난한다(60). 그러나 달이 기억을 상실했다는 것은 이제까지의 가
로등으로 대변된 습관 기억의 기능을 상실했다는 의미이므로 이것은 달이
함의하는 긍정적인 역할로의 극적인 전환을 유도하는 계기를 마련하고 있는
셈이다. 이제 달의 순수 기억의 기능이 예고된다. 이것을 가로등의 말의 변화
를 통해 살펴보자. 2연에서 "지껄여"대고 "중얼거"리던 가로등의 말은 이제
5연에 이르러 "웅얼"거림으로 바뀐다는 것이다. 이 웅얼거림은 달의 기능이
우세했던 1연의 "속삭이는 달의 주문"을 연상시키며 그것과 연결된다. 그러
나 웅얼거림을 통한 이 극적인 전환의 계기는 가로등이 지배적이던 2연에서
더욱 분명하게 드러난다. 그것을 매개하는 것이 2연의 가로등의 "중얼"거림
이다. 말하는 방법을 두고 볼 때 지성을 대변하는 가로등의 말하는 방식이
기본적으로 "지껄여"대는 것이라면, 순수 기억을 대변하는 달의 방법은 기본
적으로 "웅얼"거림이라는 것이다. 그렇다면 그것을 매개하는 것이 "중얼"거
림이 될 수 있을 것이다.

또 하나의 중요한 사실은 달이 단순히 여인으로 의인화되는 것이 아니라,
여인으로 변용되어 완전히 동일시되고 있다는 점이다. 베르그송에 의하면 순
수 기억은 "상상"(imagines)하고 습관 기억은 "반복"(repeats)한다(*MM* 93). 4연
에서 하등 동물과 아이가 보여주는 세계가 상상력이 결여된 세계라면, 달이
상징하는 세계는 상상력의 세계이다. 달의 여인으로의 변용 역시 이러한 관
점에서 볼 수 있다. 2연에서 왜곡된 이미지로 묘사된 바 있는 눈가가 "비틀
린" 그녀는 희미한 "눈"을 깜박거리며,/ "구석구석에 미소를 보"내며, "풀의
털을 쓰다듬는다." 가로등의 웅얼거림을 전환점으로 하여 지각되는 대상들과
기억의 이미지들은 모든 구분을 상실하고 하나의 지속이 되고 있다는 것이

다(61). 1연의 "속삭이는 달의 주문"이 "기억의 밑바닥과. 그 모든 분명한 관계와,/ 그 구분과 정확성을 용해"하듯이, 달과 여인은 하나가 되고, 이제 과거와 현재가 만나는 순수 지속의 가능성이 엿보인다.

한 가지 주목해야 할 것은 이러한 순간이 감각으로 더욱 촉발된다는 것이다. 베르그송은 말한다. "장미의 향기를 맡는다. 그 순간 어렸을 적의 희미한 추억들이 나의 기억에 되살아난다. … 나는 바로 향기 자체에서 추억을 숨쉰 것이며, 나에게는 향기가 전부인 것이다"(『시간과 자유의지』 129). 베르그송의 영향을 가장 직접적으로 받은 프루스트의 소설 『잃어버린 시간을 찾아서』(*A la Recherche du Temps Perdu*)의 주인공이 감각, 특히 후각과 미각에 의해 과거의 시간을 되찾듯이, 이 작품에서 과거와 현재가 만나는 순간 역시 감각, 여기에서는 주로 후각으로 촉발되고 있다는 것이다. 달빛 비친 현재의 "종이 장미"와 과거의 "햇빛 못 받은 마른 제라늄"이 만나고, 현재의 장미의 "먼지"와 과거의 "틈에 낀 먼지"가 만나고, 현재의 "오 드 꼴로뉴"의 냄새와 "온갖 밤의 묵은 냄새"가 과거의 "여인의 냄새" 그리고 "담배" 냄새, "칵테일 냄새" 등과 하나가 된다(Childs 61).

이 작품에서 기억의 재생 기능으로서 후각의 중요성은 이미 언급한 바 있다. 이와 관련하여 주목해야 할 것은 제라늄의 냄새가 매우 강렬하다는 것이다. 그렇다면 1연에서 광인이 죽은 제라늄을 흔드는 것은 제라늄의 강렬한 냄새가 후각을 자극하게 함으로써 죽음을 생으로 재생시키려는 의도가 깔려 있음을 알 수 있다. 이런 관점에서 볼 때 무서운 기억의 재생력을 가진 후각을 통해 과거의 기억을 회복시킴으로써, "달의 종합"이 함의하듯이 과거와 현재가 하나가 되는 지속의 가능성은 이미 1연에서 가정되어 있다고 볼 수 있다. 뿐만 아니라 "거리의 원류"가 "달의 종합 속에 갇"혀 있다는 것은 과거와 현재가 만나는 지속 속에 그 시발점으로서의 잊혀진 먼 과거의 기억이 잠재되어 있다는 것을 의미하기도 한다. 이제 "달의 종합"을 대신해 여인이 쥐고 있는 것은 맥아더가 지적하듯이 "먼지와 물"(dust and water)이라는 두개의 상반물의 냄새를 풍기는 "종이 장미"이다. 요컨대 "달의 종합"의 역할을 종이 장미가 대신하고 있는 셈이다. 그녀가 종이 장미를 비트는 행위 역시 기억을 촉발시키는 행위로서 광인이 제라늄을 뒤흔드는 것을 상기시키기 때문이다(McArthur 517). 그러나 이 신비로운 경험의 순간은 짧고 덧없는 것이다 (Childs 61). 그것은 마치 순수 지속을 약속하는 잠과 꿈, 또는 극도의 위기의 순간이 짧고 덧없듯이 지성의 작용이 위축되고 순수 기억이 강화되어 순간 적으로 방심했던 의식이 다시 깨어나 순수 기억의 통로를 봉쇄하고 다시 실 천적 삶이 요구하는 실용적인 기억만을 떠올리게 하기 때문이다.

> 가로등이 말했다,
> "네 시,
> 문 위에 번호가 있다.
> 기억!
> 너는 열쇠를 가지고 있다.
> 작은 등(燈)이 계단에 원을 펼친다.
> 올라가라.
> 침대는 비어 있다. 칫솔이 벽에 걸려 있다,
> 신을 문간에 놓고, 잠자라, 삶에 대비하라."
>
> 나이프의 마지막 비틀음.

> The lamp said,
> 'Four o'clock,
> Here is the number on the door.
> Memory!
> You have the key,
> The little lamp spreads a ring on the stair.
> Mount.
> The bed is open; the tooth-brush hangs on the wall,
> Put your shoes at the door, sleep, prepare for life.'
>
> The last twist of the knife. (*CPP* 69-78)

6연에 이르러 지성을 대변하는 가로등의 기능이 다시 회복됨으로써 또 다른 전환이 이루어진다. 그것은 베르그송이 말하듯이 습관 기억의 자동화 기능은 본질적으로 그 활동 범위가 넓으므로 재현적 기능의 순수 기억을 빈번히 습관 기억으로 대체하거나 순수 기억을 가장하는 속성이 있기 때문이다 (*MM* 99). 가로등은 이제 화자가 살고 있는 집의 문의 번호를 밝힘으로써 실제적 행동인으로서의 화자의 역할을 상기시킨다. "기억!"이라는 감탄사는 화자를 일상의 실천적 삶으로 되돌아가게 하는 촉매가 된다. 기억이 열쇠를 가지고 있는 것은 그것이 화자를 습관 기억으로도 순수 기억으로도 데려갈 수 있기 때문이다. 과거와 현재가 하나가 되는 지속의 경험은 하나의 가능성일 뿐 화자를 기다리고 있는 것은 미래의 삶에 대비해야 할 현재적 순간일 뿐이며, 과거와 현재란 단지 미래를 위해 존재하는 실천적 삶의 의미를 지닐 뿐이다. 그런데 베르그송에 의하면 기억에는 "수많은 가능한 상태들"(219)이 있어 기억의 이 두 형태는 원칙적으로 종류는 다르지만 삶에 있어서 양자는 서로 혼합되어 있어 명확하게 구분짓기가 힘들 때가 있다는 것이다(103, 218). 그러므로 보통의 경우 양자 사이에서 흔들리는 인간은 "기억의 강도"(tension in memory; 219)에 따라 실천적인 삶에 적응하는 행동인이 되기도 하고, 사는 대신 존재를 명상하거나 꿈꾸는 자가 되기도 한다고 볼 수 있다.

IV

이 작품에서 눈여겨보아야 할 것은 "잠"과 "삶"이 각기 그 역설적인 함축으로 인하여 이 작품에 긴장을 부여한다는 점이다. 베르그송에 의하면 지속은 지성이 사라진 일종의 잠이나 꿈과 같은 상태이다. 그러나 문제는 이 작품에서 "잠"은 실천적 삶으로부터 해방되어 지속을 약속하는 긍정적인 잠이 아니라 단지 미래의 삶에 대비하기 위해 존재하는 실제적인 잠이라는 것이다. 다시 말하면 그 잠은 긴장이 극도로 이완되어 지속 자체를 파괴해버리는 잠이라는 것이다. 그 잠이 실제적인 잠인 한 그러한 삶은 행동에 의존하는 실천적인 삶에 불과하고, 그것이 지속을 촉발할 수 있을 때, 요컨대 잠이 가정하는 일시적인 무관심의 상태와 의식의 긴장이 동시에 작용하는 잠이 될 때 그것은 약동하는 생이 될 수 있다는 것이다. 이런 의미에서 차일즈는 "실제적인 지식의 삶은 죽음이고, 실제적인 지성의 죽음은 영원한 생의 불멸이다"(62) 라고 말하고 있다. 마지막으로 "나이프의 마지막 비틀음"에 관해서는 많은 논란이 있을 수 있다. 그러나 이 작품에 빈번하게 나타나는 비틀음(twist)의 이미지, 특히 2연의 눈가가 "비틀린" 여인, 그리고 그것이 촉발하는 "많은 비틀린 것들", 그리고 5연에서 화자가 다시 일상으로 되돌아온 것을 상기해볼 때 마지막으로 나이프를 비튼다는 것은 실천적 삶을 표상하는 지성의 역할이 다시 강조되는 것으로 해석해볼 수 있을 것이다. 그것을 칼의 이미지로 표현하고 있는 것은 순수 지속을 지향하는 화자의 입장에서 볼 때 이것은 일종의 "자살 행위"(63)가 될 수도 있기 때문이다. 이로써 지성이 약화된 순간 얼핏 보았던 순수 지속은 다시 하나의 가능성으로 존재하게 된다.

고든은 베르그송의 실재관을 실험하고 있는 이 작품이 대단히 환정적임에도 불구하고 인상들이 응집되지 못할 뿐만 아니라 포착될 직관이 없다는 이유로 이 작품을 철학적인 견지에서는 실패작이라고 단정하고 있다(40-41). 그러나 이 작품 자체가 부분적으로는 대단히 모호하여 해석상의 어려움을 안고 있음에도 불구하고 이 작품의 요지는 일차적으로는 우리가 실제적 지성의 한계를 극복하는 것이 얼마나 어려운 일인가를 보여주고자 한 것이며, 그런 의미에서 이 작품의 결미는 그러한 노력이 무용하다기보다는 베르그송적 노력이 오히려 더욱 더 절실히 요구된다는 점을 강조하고 있는 것으로 이해되어야 할 것이다(Childs 63). 물론 실재를 제대로 인식하기 위해서는 지성적 방향과는 다른 직관이 요구된다. 그러나 직관이란 주관과 객관이 만나는 순간에 가능한 것이므로 이는 대단히 고통스러울 뿐 아니라 그 순간 역시 덧없고 짧을 수밖에 없다. 그럼에도 불구하고 참다운 생이란 잠이나 꿈과 같이 순간적으로 정신이 이완되면서 동시에 정신이 팽팽하게 긴장된 복합적인 의식 상태를 통해 포착될 수밖에 없으므로, 그것이 아무리 고통스럽다해도 우리는 이러한 고통스러운 과정을 피할 수 없다.11) 이러한 견지에서 볼 때 베

---

11) 초기의 베르그송 이론에 의하면 순수 지속은 꿈이나 잠과 같은 무관심한 순간 찾아온다는 것이다. 이러한 이론은 누구보다 약동하는 생의 중요성을 강조한 베르그송 철학이 정적주의나 현실 도피적인 철학으로 빠지는 것이 아닌가하는 의문을 제기하게 한다. 그러나 후기에 접어들면서 그는 초기의 무관심 이론을 지속의 긴

르그송의 기억의 이론을 문학적으로 형상화한 「바람 부는 밤의 광상시」는
실패작이라기보다는 오히려 지성의 기능이 극대화된 오늘의 삶 속에서 우리의
의식의 심연에서 출렁이는 참다운 생을 찾고자 하는 노력이 얼마나 필요한
일인가를 일깨워주는 긍정적인 의미를 갖는 것으로 평가되어야 할 것이다.

장 이론으로 수정·보완하여 풀어 나가고 있다. 이에 대한 논의는 다음 과제로
남겨둔다.

인용 문헌

김진성. 『베르그송 연구』. 서울: 문학과 지성사, 1985.

Bergson, Henri. *Creative Evolution*. trans. Arthur Mitchell. New York: Random House Inc. 1944.

_____. *The Creative Mind. trans*. Mabelle L. Andison. New York: F. Hubner & Co.

_____. *Matter and Memory*. trans. Nancy Margaret Paul and W. Scott Palmer. London: George Allen & Unwin Ltd.

_____. 『시간과 자유의지』. 정석해. 정경석 역. 서울: 삼성출판사, 1990.

Bergsten, Staffan. *Time and Eternity: A Study in the Structure and Symbolism of T. S. Eliot's Four Quartets*. William Heinemann, 1960.

Childs, Donald. *From Philosophy to Poetry*. London: Athlone P, 2001.

Douglass, Paul. *Bergson, Eliot, and American Literature*. UP of Kentucky, 1986.

Eliot, T. S. *The Complete Poems and Plays of T.S. Eliot*. London: Faber, 1969.

_____. *Knowledge And Experience in the Philosophy of F. H. Bradley*. New York: Farrar, 1964.

_____. *On Poetry and Poets*. New York: Farrar, 1961.

_____. *The Sacred Wood and Major Early Essays*. New York: Dover P, 1998.

_____. *Selected Essays*. London: Faber, 1980.

Gordon, Lyndall. *Eliot's Early Years*. New York: Noonday P, 1977.

Gray, Piers. *T. S. Eliot's Intellectual and Poetic Development 1909-1922*. Sussex: Harvester Press, 1982.

Le Brun, Philip. "T. S. Eliot and Henri Bergson." *Review of English Studies*. New Series. Vol. XVIII, No. 70, 1967.

McArthur, Murray. "Deciphering Eliot: "Rhapsody on a Windy Night" and the Dialectic of the Cipher." *American Literature*. Vol. 66. No. 3, Sep.

(1994). Duke UP, 1994.

Skaff, William. *The Philosophy of T.S. Eliot*. Philadelphia: U of Pennsy-lvania P, 1986.

성서적 관점에서 본 여성주의와 애드리엔 리치의 시

김 명 옥
(한국외국어대 영어학부)

I

그 동안 여성주의의 초점이 가부장 제도 아래에서 살아온 여성들의 삶을 표면화시키고 어두운 그늘 속에서 지금까지 거부당해온 여성들의 생명의 존엄성과 생존권을 되찾으려는 노력에 모아져 왔다고 볼 수 있다. 그러나 여성주의자들의 이러한 노력은 때로는 기존의 남성중심의 사회로부터 배척 당하거나 무시되어 왔으며 심지어 같은 여성들로부터 도외시 혹은 방관되어온 것 또한 사실이다. 흑인 지도자 킹목사(Martin Luther King, Jr.)가 흑인의 해방운동에서 걸림돌 역할을 한 자들은 백인 3K단원(Ku Klux Klanner)이 아니라 선의를 가지고 얄팍한 이해를 내세워 미온적인 태도를 취하는 "백인 온건주의자"(the white moderate)들이라고 고발했다. 이들은 늘 시간이 가면 자연히 해결될 것이라는 소극적인 자세로 흑인들의 해방 운동에 찬물을 끼얹곤 했으니 이러한 현상은 여성주의 운동에서도 예외가 아니다. 다만 여성주의 운동이 세상을 남자 - 여자로 나누고 시이소 게임에서처럼 결국 힘센 자가 승리하는 힘의 논리에 따라 남녀 위상 바꾸기의 모형이 되지 않을까 하는 우려의 시각이 있는 것도 사실이다. 그러나 그 동안 여성주의자들이 남녀의 왜곡된 실상을 직시하고 잃었던 여성의 권리와 생존권을 되찾는 힘들고 고된 노력이 없었다면 어떻게 기울어진 시이소의 균형을 바로잡을 수 있겠는가. 앞으로 완전한 남녀의 균형을 이루기 위해 더 멀고 험한 길을 가야 하지만 항상 실천에 앞서 이론 정립이 우선되어야 함을 고려할 때 현시점이 앞으로 전개될 여성주의 운동이 무게의 중심을 다른 한편으로 지나치게 옮겨 시이소의 균형을 다시 깨는 일이 없도록 미래 지향적인 방법론에 대해 신중한 토의가 진행되어야 할 때라고 본다. 바로 이러한 고찰의 일환으로 필자는 우선 창조주가 만든 남녀의 원형이 어떤 것이며 그 원형이 인간의 타락 이후 인류의 역사 속에서 어떻게 왜곡되었는지 성서를 중심으로 살펴보고 여류 시인인 애드리엔 리치(Adrienne Rich 1929 -)의 여성주의 활동이 그녀의 작품 속에 어떻게 표현되고 있는지를 고찰함으로서 현재 여성주의 시인의 활동이 남녀의 창조 원형에 비추어 어떤 위상으로 전개되고 있는지를 간접적으로 밝혀보려고 한다. 이는 리치가 현대 여성의 한 사람으로 그리고 한 시대 정신을 표현하는 시인으로 여성의 정체성을 발견하고 왜곡된 남 - 여상을 바로 잡기 위해 노력해온 것을 감안할 때 그녀의 작품을 통해 이루어놓은 그녀의 몫을 창조의 원형에 비추어 검증하는 일은 앞으로 여성주의의 올바른 방향 설정을 위해서 뿐만 아니라 인류의 모든 불평등의 영역들 즉 빈부, 인종, 그리고 계급간의 차별을 해결하기 위해서도 매우 중요한 일이라고 보기 때문이다.

II

성경은 우리에게 남성과 여성에 대한 최초의 모형을 제시한다. 하나님이 처음 빛을 만드신 후 빛과 어둠 그리고 물과 뭍을 나누시고 그곳을 각종 짐승과 식물을 만들어 채우신 후에 마지막으로 "하나님의 형상대로 사람을 창조하시되 남자와 여자를 창조"(Ge 1:27)하셨다. 그리고 여자를 남자의 "돕는 배필"(a helper suitable)로 만드시고 "남자가 부모를 떠나 그 아내와 연합하여 둘이 한 몸을 이루게 되리라"(a man will leave his father and mother and be united to his wife and they will become one flesh. Ge 2:24)는 예고와 함께 그

둘의 자손으로 "생육하고 번성하여 땅에 충만 하라"(Be fruitful and increase in number; fill the earth)는 축복을 주신다. 여기서 우리가 알게되는 남녀의 창조 모형은 인간이 남성 - 여성으로 나뉘어 성적 차별을 가진 남녀의 개별성 보다는 남자와 여자가 하나로 연합한 공동체 즉 가정을 이루는 구성원의 모습을 부각하고 있음을 보여준다. 또한 인간을 하나님의 형상으로 만들었다는 사실이 한 남자와 한 여자가 결합하여 한 몸을 이룰 수 있는 비밀의 열쇠임을 짐작하게 된다. 남자와 여자의 결합이 생리적, 신체적으로 그 차별성이 첨예하게 드러나는 사춘기 이후에 완전히 구별되는 독립체로서 남성과 여성의 두 개체가 하나로 결합할 수 있는 비밀은 "하나님의 형상대로" 창조되었다는 사실에서 찾아볼 수 있겠다. 즉 하나님의 형상대로 만들어진 인간은 "영"(Spirit)으로 존재하는 하나님(Jn 4:24)의 영혼을 소유하고 있으며 남녀의 완전한 결합은 성차별 없는 하나님과 동일한 하나의 영으로 만날 때 하나가 될 수 있기 때문이다(Fiorenza 27).[1]

그렇다면 남녀가 하나가 되는 창조의 모형이 왜 인류의 역사 속에서 지배와 종속의 관계로 변하였는가? 그 원인을 우리는 아담과 하와의 타락 사건에서 발견하게 된다. 즉 아담과 하와의 타락이후 창조주는 "또 여자에게 이르시되 … 너는 남편을 사모하고 남편은 너를 다스릴 것이니라"(To the woman he said, … Your desire will be for your husband, and he will rule over you. Ge 3:16)라는 벌을 하와에게 내린다. 그리고 여자가 남편에게 순종해야하는 이러한 벌의 근거를 바울(Paul)은 "아담이 꾀임을 보지 아니하고 여자가 꾀임을 보아 죄에 빠진"(1 Dim 2:14) 사실 즉 하와가 먼저 사단의 꾀임에 넘어간 이유에서 찾고 있다. 엄밀한 의미에서 이러한 결과는 인간의 타락 사건 이후 하나님과 인간의 영적 관계가 끊어져 더 이상 하나님의 보호 아래 있지 않고 인간은 육체의 욕심대로 살면서 타락한 죄에 방치되었으니(Ro 1:24-32) 하나

---

1) "The nonsexual monism of the divine pertains to the soul redeemed from the duality of bodily sexuality. The soul is equal and of the same essence in man and woman. Male and female are equal in divine likeness because on the level of the soul there is neither male nor female…" E. S. Fiorenza, *In Memory of Her: A Feminist Theological Reconstruction of Christian Origin*(New York: The Crossroad PC, 1990). p. 277.

님이 만든 창조의 원형이 변형되어 결국 인간 - 인간 특히 남자 - 여자의 대
등 관계가 불평등한 종속의 관계로 바뀌고 남자가 여자를 지배하는 결과를
낳게 되었다. 아담과 이브의 타락 이후 인간의 사악함이 세상에 만연하고 마
음의 생각의 모든 계획이 악해지면서(man's wickedness on the earth had
become, and that every inclination of the thoughts of his heart was only evil all
the time. 6:6) 가인이 동생을 죽이는 형제간에 살인이 일어나고 가인의 후손
인 라멕은 처음으로 두 아내를 취하여 하나님의 창조 모형인 일부일처의 가
정 질서가 파괴되기 시작했다. 모든 인간들이 오직 하나이신 하나님의 통치
에서 벗어나면서 인간 세상은 힘센 자가 지배하는 힘의 논리가 통하게 되고
창조시의 남녀의 원형은 파괴되어 남녀는 하나가 아닌 두 개체로 서로 대립
되었으니 그 실상은 인류의 역사가 증거 하는 그대로이다.

그러나 창조주는 이러한 비극의 역사를 예수로 인해 다시 회복하고 있다.
즉 "우리가 원수 되었을 때에 그 아들의 죽으심으로 말미암아 하나님으로 더
불어 화목 되었으니"(For if, when we were God's enemies, we were reconciled
to him through the death of his Son … Ro 5:10) 예수의 죽음은 하나님과 죄인
된 인간을 하나로 화목하게 묶어주는 자기 희생의 징표이며 인간 사랑의 확
증인 셈이다. 결국 예수는 하나님과 인간의 깨어진 관계를 다시 이어주기 위
해 이 땅위에 오신 남녀의 재결합의 중매인의 역할을 하신 것이다(Col
1:19-23). 예수는 자신에게 올가미를 씌우려고 "사람이 아내를 내어버리는 것
이 옳으니이까?"하고 묻는 바리세인들에게 "창조 시로부터 저희를 남자와 여
자로 만드셨으니 이러므로 사람이 그 부모를 떠나서 그 둘이 한 몸이 될찌니
라 이러한즉 이제 둘이 아니요 한 몸이니 그러므로 하나님이 짝지어 주신 것
을 사람이 나누지 못할찌니라"(Mk 10:6-9)2)고 답하여 오히려 그들의 심중의
사악함을 고발한다. 예수는 하나님의 법을 지킨다고 스스로 자랑하는 교만한
당시 남자들을 향하여 하나님이 창조한 남녀의 원형을 상기시키면서 "하나

2) "But at the beginning of creation God 'made them male and female.' For this reason a
man will leave his father and mother and be united to his wife, and the two will
become one flesh. So they are no longer two, but one. Therefore what God has joined
together, let man not separate." (Mk 10:6-9)

님의 중재로 결합한 남녀를 인간이 마음대로 갈라놓지 못한다"고 설파하여
남자들의 독선으로 아내를 버리려는 그 의중을 공격한다. 그들을 향한 예수
의 이러한 답변은 "하나님은 가부장제를 만들거나 의도한 바도 없으며 오직
남자와 여자라는 인간을 만들었다"(God did not create or intend patriarchy but
created persons as male and female human beings.)(Fiorenza 143)는 사실과 "남
자와 여자 두 사람이 동등하게 창조되었기에 공동의 삶과 사회적 관계에 들
어선다"(the two persons--man and woman--enter into a common human life and
social relationship because they are created as equals.)(143)는 창조 질서의 논리
를 간접적으로 시사하고 있다. 결국 하나님이 인간을 남녀로 만들어 하나로
결합하게 하였으나 그들의 타락으로 둘 사이의 균형이 깨지고3) 힘센 자의
지배하에서 타락하는 인류에게 예수를 중매자로 희생시켜 타락 이전의 상태
즉 남녀가 하나로 화합하는 길을 열어놓은 셈이다.

---

3) 그렇다면 성경에 나오는 남녀 차별의 말씀들은 과연 어떻게 받아들여야 할까하는
의구심이 생긴다.
　　이는 초대 교회가 기존 사회에 복음 전파의 사명을 펼쳐가는 과정속에서 기존
사회의 도덕적, 사회적 관습 및 규범과의 마찰을 최소화할 필요성이 생겼으니 교회
내부에서 여자의 역할을 제한하거나 더 나아가 여자의 위치를 남자의 권위 아래
두려는 장치들이 생기게 되었다고 볼 수 있다. 그 예로는 "여자의 가르치는 것과
남자를 주관하는 것을 허락치 아니하노니 오직 종용할찌니라,"(I do not permit a
woman to teach or to have authority over a man; she must be silent. 1Dim 2:12) 혹은
"남자는 하나님의 형상과 영광이니 그 머리에 마땅히 쓰지 않거니와 여자는 남자
의 영광이니라…"(A man ought not to cover his head, since he is the image and glory
of God; but the woman is the glory of man.1 Cor 11:7) 등으로 여자의 활동 뿐만 아
니라 머리를 수건으로 가리는 작은 부분까지 제한을 두어 남자의 권위를 강조하고
있다. 바로 이러한 말씀들은 이미 설명한 그 당시 교회와 이교 사회의 마찰과 갈등
의 사회상을 참고하지 않을 경우 그리고 말씀의 앞뒤 문맥이나 하나님의 본래의
창조 질서를 바르게 이해하지 못할 경우 남녀를 차별화하는 불평등의 근거로 논란
이 될 수 있는 소지가 충분하다. 그리고 당시 사도인 바울이 쓴 서신들은 주로 당
시 그가 세운 교회 속에서 일어난 문제점들 특히 당시 사회의 풍습이나 관습과의
마찰들 즉 결혼, 우상에 바쳤던 제물, 공중 예배 등에 대한 충언을 교회의 교리에
근거하여 제시한 사람의 '권도' 즉 허용(concession)이며 결코 하나님의 '명령'(command)
이 아님을 바울은 밝히고 있다(1Cor 7:6, 12).

그러기에 이제는 "너희가 다 믿음으로 말미암아 그리스도 예수 안에서 하나님의 아들이 되었으니 누구든지 그리스도와 합하여 세례를 받은 자는 그리스도로 옷 입었느니라. 너희는 유대인이나 헬라인이나 종이나 자주자나 <u>남자나 여자 없이 다 그리스도 예수 안에서 하나</u>"4)(밑줄은 필자 Gal 3:26-28)가 될 수 있게 되었다. 이는 하나님과 예수가 영으로 하나이기에 우리가 예수와 하나가 되어 결국 그리스도 안에서 남자와 여자가 한 분이신 하나님과 한 영으로 연합하게 되었으니 비록 복종과 구속의 옛 관습을 좇으면서 살던 "옛 사람"(old self)의 남녀가 성령의 세례로 "새 사람"(the new self)으로 거듭나면서 하나님의 형상을 되찾고 남녀가 하나되는 창조의 질서가 다시 회복되는 것이다(Eph 4:22-24).

이상에서 우리는 성경에 나타난 남녀의 창조의 모형과 그것의 상실 그리고 예수로 인한 회복의 길을 살펴보았다. 성경은 우리에게 현대에 사는 남녀가 예수 안에서 즉 그의 희생을 통한 사랑을 서로 보이며 섬길 때 남녀가 하나가 될 수 있음을 제시하고 있다. 그렇다면 시인 애드리엔 리치가 타락한 인류의 가부장제도하에서 여성으로의 자신의 정체성을 발견하고 경직되어온 남녀의 지배 논리를 고발하면서 그녀 나름대로의 대안을 제시하는 과정이 그녀의 창작품에서 어떻게 표현되어 있는가를 주로 살펴보고 여성주의 운동에서 그녀가 감당한 역할이 하나님의 창조 원형에 비추어 어느 정도의 몫을 차지하고 있는지를 살펴보기로 한다.

III

여성 시인인 리치는 현대시인 중에서 특히 여성주의 운동에 동참하여 매우 적극적인 활동을 전개시킨 여류시인으로 많은 주목을 받고 있다. 그녀는 자신의 삶의 여정을 한 여인의 "자아인식"(self-awareness)과 정체성의 발견

---

4) "You are all sons of God through faith in Christ Jesus, for all of you who were baptized into Christ have clothed yourselves with Christ. There us neither Jew nor Greek, slave nor free, male nor female, for <u>you are all one in Christ Jesus</u>."

그리고 불평등한 사회 고발의 한 모델로 추적해간 고백시인이다. 많은 시집과 산문에서 그녀는 자신의 현재와 과거의 경험뿐만 아니라 다른 시대의 여인들의 삶의 노정을 들추어 그 속에 숨어 있는 보편적인 여성의 문제들을 부각시키고 이를 집요하게 추적하는 탐험가의 자세를 보이고 있는 만큼 이러한 그녀의 활동이 1960년대 이후 여성주의 운동의 부흥과 맞물려 많은 관심과 논의의 대상이 되고 있는 것은 매우 당연하다. 그녀가 "여성주의 운동이 없었다면 내가 작가로서 계속 성장할 수 있었다고 볼 수 없다"(without a feminist movement I don't see how I could have gone on growing as a writer)는 고백처럼 여성 운동은 작가로서 그녀에게 "금기와 침묵으로부터 해방시키고 가능성을 열어주어"(It [the women's movement] opened up possibilities, freed me from taboos and silences,)(Bulkin 51; Cooper 111에서 재인용) 그녀로 하여금 새로운 지평을 여는 촉매제가 되고 있음을 알게된다.

실제 리치는 자신의 삶을 소재로 한 인간이 독립된 개체로 성숙해 가는 경험의 노정을 시로 표현하고 있는 만큼(Werner 13) 우리는 그녀의 시가 기존의 질서 속에서 상실한 정체성을 되찾고 이를 키워 가는 한 여성의 의지의 구현임을 쉽게 발견할 수 있다. 처음 그녀의 시는 기존 질서에 순응하는 삶에서 출발한다. 그러기에 세 아들의 어머니이자 한 남편의 아내이었던 그녀의 초기 시들은 기존의 남성 시인들의 형식주의(formalism)의 문체를 모방하여 우아하고 여성스런 문체와 운율을 잘 살리고 있으며 오든 W. H. Auden은 이러한 그녀 시의 시적 기교에 찬사를 보내고 있다(PP 278). 또한 이 시기는 여성으로서 그녀의 실제 삶 속에서 결혼한 여성으로 맡겨진 가정 일을 하면서 어머니와 아내의 역할을 완벽하게 감당하여(19) 전통 사회의 요구에 자신을 맞추려고 노력하는 시기이기도 하였다((McDaniel p. 309에서 재인용). 리치의 첫 시집 『세상의 변화』(A Change of World 1951)에 실린 「못해본 말」("A Unsaid Word")에서 그려진 한 여인의 모습은 전통적인 여인의 인고의 삶의 한 단면을 보여준다. 즉 한 남자가 방황할 때는 평정을 잃지 않고 인내로 그를 자유롭게 놓아주다가 그가 다시 돌아올 때는 그가 떠난 바로 그 자리에서 그를 다시 받아주면서 인내로 참는 연습을 하는 한 여자의 모습이 그려져 있다(PP 5).

그러나 차츰 가정에서 한 여성으로의 의무와 한 인간으로서 자신의 정체를 찾아가려는 창작 활동 사이에 갈등이 생기고 자아의 정체성을 잃어가고 있다는 "자아상실"(self-losing)의 위협을 느끼면서 기존 질서를 거부하고 반발하는 시기를 맞는다. 그녀는 이 시기의 갈등을 회상하면서 가장 가까이 있는 자들과 자기 자신에 대해 죄의식을 느꼈다고 고백하고 있다. 이 시기에 쓴 『어느 며느리의 스냅 사진들: 1954-1962 시편』(*Snapshots of a Daughter-in-Law: Poems* 1954-1962)은 그녀가 처음으로 여성 시인으로의 정체성을 발견하고 자신의 체험이 누구나 공유하는 보편적인 주제로서 다루어야할 의무감을 느끼고 쓴 최초의 시집이었다(22-23). 그 시집의 제목이 된 「어느 며느리의 스냅 사진들」("Snapshots of a Daughter-in-Law")에서 "그녀"는 그릇을 닦으면서 마음속에서 일어나는 불만과 반항의 속삭임에 귀를 기울인다.

> 커피 주전자를 싱크대 속에 쾅 던지면서
> 그녀는 천사가 꾸짖는 소리를 들으며 밖을 내다본다
> 갈퀴질한 정원너머 질퍽한 하늘을.
> '<u>인내하지 말라</u>'라고 그들이 말한 지 겨우 일주일이 되었다.
>
> 그 다음은 '<u>만족하지 말라</u>'.
> 그 후에는 '<u>너 자신을 구하라. 너는 다른 이들을 구할 수 없다</u>'고 속삭였다.
> 이따금 그녀는 뜨거운 수돗물에 팔을 데고
> 성냥불로 엄지손톱까지 태웠다. …
>
> Banging the coffee-pot into the sink
> She hears the angels chiding, and looks out
> past the raked gardens to the sloppy sky.
> Only a week since They said: Have no patience.
>
> The next time it was: *Be insatiable.*
> Then: *Save yourself; others you cannot save.*
> Sometimes she's let the tapstream scald her arm,
> a match burn to her thumbnail … (*PP* 9)

스스로의 정체를 "나"(I)라고 표현할 용기도 없는 이 시의 화자 "그녀"(she)
는 반복되는 부엌일에 짜증나서 멍하니 밖을 내다보다가 팔을 데는 실수를
할 때면 그녀의 내면에서 현실에 만족하거나 인내하지 말며 가족을 위해 희
생하지 말라고 부추기는 천사의 소리를 듣게 된다. 화자는 그 내면의 소리를
자신을 구하려는 천사의 속삭임으로 믿고 싶어 하지만 사실은 그녀를 거머
쥐고 있는 악마의 속삭임임을 알고 있다(A thinking woman sleeps with
monsters./ The beak that grips her, she becomes). 이는 스스로 일상의 굴레에서
벗어나고 싶어하는 그녀의 자의식보다는 가족을 위해 일하는 어머니 혹은
아내로서의 역할을 던져버리는 것에 대한 죄의식이 그녀를 더욱 강하게 지
배하고 있음을 잘 드러낸 표현이다.

한편 『생활의 필수품: 1962-1965 시편』(*Necessities of Life: Poems* 1954-
1965)에서 비로소 시인은 일인칭 화자인 "나"를 등장시켜 자신의 정체성을
구현해간다. 「생활의 필수품」("Necessities of Life")의 화자는 불만스런 일상의
삶을 마치 애굽의 노예의 삶에 비유하고 있으나 그러한 삶을 자신의 삶으로
수용하여 새로운 삶을 다시 시작하고자 한다. 처음에 "하나의 작은, 고정된
점"(a small, fixed dot)으로 인생을 시작하면서 비록 애굽의 노예의 신분이지
만 자기가 구운 따뜻한 벽돌을 애정을 가지고 만진다. 화자는 마치 아담이
에덴 동산에서 사물의 이름을 지어주었듯이 생활용품에 이름을 지어주면서
(now and again to name/ over the bare necessities) 새로운 일을 활기차게 시작
할 것을 다짐한다(*PP* 18-19). 여기서 "헐벗은 필수품에 이름을 지어 입혀주
는" 행위는 기존의 가면을 벗기고 새로운 인식의 시각으로 사물을 형상화하
는 시인의 창작 행위를 암시하는 만큼 스티븐즈(Wallace Stevens)가 주장하는
"최고의 허구"(Supreme Fiction)를 만들어 가는 시인의 작업에 해당한다.[5]

---

5) 스티븐즈는 「최고의 허구에 대한 글」("Notes toward a Supreme Fiction")이란 시에서
"시가 삶을 신선하게 하여 우리가 한순간/ 최초의 개념을 나눈다"(The poem
refreshes life so that we share,/ For a moment, the first idea…)고 묘사한다. 즉 그가
말하는 시인은 아담이 처음 사물을 보고서 그의 생각을 추상화하여 각 사물에 이
름을 붙이던(Ge 2:19) 그 '최초의 개념'에 가장 근접한 '최고의 허구'를 형상화하는
자이다. Wallace Stevens, *The Collected Poems of Wallace Stevens*(New York: Vintage
Books, 1982), p. 382.

일상의 삶을 적극적으로 수용하고 자신의 정체성을 새로운 방향으로 정립하려는 화자의 이러한 자세는 그 후 차츰 역사 속에서 무명으로 사라져간 많은 여인들의 삶에 대한 관심으로 확대된다. 리치 자신은 "나는 이론으로 시를 쓰지 않았다. 나는 불분명하고 말할 수 없는 것을 열어서 보이게 할 필요가 있어서 썼다"(I didn't make poetry out of theories; I wrote from the need to make open and visible what was obscure and unspeakable.)(*AP* 140)고 고백한 것처럼 그녀는 과거의 인류 역사 속에서 남성 중심의 가부장 제도에 눌려 모든 어려움과 고난을 견디면서 살다가 사라져간 여성들의 삶을 발굴하고 그 삶에 분노한다("From an Old House in America"). 리치는 남성 중심의 사회에서 힘센 자로 인해 겪은 약자의 희생과 분노를 특히 여성 시인들이 탐구할 소재라고 주장하면서(27-28) 그러한 사명을 자신이 시인으로 감당하고자 한다.

이러한 리치의 사명감은 불의한 일을 하면서도 금식하며 의를 행한다고 외치는 이스라엘 백성에게 그릇된 것과 마땅히 해야할 일을 선포하는 선지자의 역할과 다르지 않다. 이사야 선지자가 타락한 지도자들에게 "나의 기뻐하는 금식은 흉악의 결박을 풀어 주며 멍에의 줄을 끌러 주며 압제 당하는 자를 자유케 하며 모든 멍에를 꺾는 것이 아니겠느냐"(Is this the kind of fast I have chosen: to loose the chains of injustice and untie the words of the yoke, to set the oppressed free and break every yoke? Isa 58:6)라고 외쳤던 것처럼 그녀는 인류의 역사 속에서 자행되는 "광기·자살·살인"의 장면에서 빠져 나올 길을 찾지 못하는 분노의 현장을 고발한다.

> 5. 광기 · 자살 · 살인.
> 이런 것 말고는 빠져 나올 길이 없는가?
> 눈 신을 신고서 그 다음 숲으로
> 항상 사라지던 그 적은
> 눈으로 뿌연 지긋지긋한 눈사람으로 수의를 입었다.
> … 한 때는 가장 파괴적이며
> 가장 도망을 잘 가던 자로
> 마이 라이 전투에서 아기들에게 총을 난사하고
> 대치의 상황에서 사라지던 바로 그자였다

5. Madness · Suicide · Murder.
Is there no way out but these?
The enemy, always just out of sight
snowshoeing the next forest, shrouded
In a snowy blur, abominable snowman
··· at once the most destructive
and the most elusive being
gunning down the babies at My Lai
vanishing in the face of confrontation. (*PP* 56-57)

베트남전에서 총기를 난사하면서 폭력을 휘두르던 자가 결국 눈 속에 파묻혀 생을 마친 적군의 잔학성과 함께 허무한 생의 종말을 고발하면서 시인은 남성 중심의 폭력으로 얼룩진 전쟁에 대한 분노를 폭로한다. 화자는 폭력을 위장한 남성들의 "가면"(the mask)과 그들의 허위를 드러내는 "말"(words)을 증오한다. 이 시에서 그녀는

9. 내가 느꼈던 유일한 참 사랑은
어린이와 다른 여인들에 대한 것이었다.
다른 모든 것은 음욕, 연민,
자학, 연민, 음욕이었다.
이것이 한 여인의 고백이다.

9. The only real love I have ever felt
was for children and other women.
Everything else was lust, pity,
self-hatred, pity, lust.
This is a woman's confession. (59)

라고 자신의 사랑의 대상을 남자를 제외한 여인들과 아이들로 제한하여 남성 중심의 잔학성에 간접적으로 도전한다. 그러나 리치는 이러한 분노를 고발할 때 결코 시인으로서 객관성을 잃지 않으려 한다. "몸의 편안함과 / 정신의 재건"(for the relief of the body/ and the reconstruction of the mind)을 사명으로 인간의 생명을 이미지로 바꾸는 시인으로의 역할("Planetarium")에 충실

하여 "객관성과 초연함"(objectivity and detachment)을 잃지 않으려는 시인으로서의 성실함이 여성주의 운동의 현재 위치를 지켜주는 큰 요인이라고 말할 수 있다(*AP* 27-28).

이 시점에서 화자는 약자의 분노를 고발하는 자기 자신이 가부장적 사회의 "이방인"임을 발견한다. 비록 동일한 장소를 거닐고 있어도 더 이상 의사소통이 불가능한 "죽은 언어"를 사용하는 그곳 사람들에게 낯선 자가 된 화자는 자신의 정체성을 "자웅 동체"(androgyne)로 소개한다.

> 만약 내가 싸늘한 뿌연 불빛에서 나와 방으로 들어서서
> 그들이 죽은 말을 하는 이야기를 듣게 되면
> 만약 그들이 내게 나의 정체를 묻는다면
> 내가 할 수 있는 말은 오직
> 나는 자웅동체이며
> 나는 살아있는 정신이다
> 당신의 죽은 언어로는 표현하지 못하는
> 잃어버린 명사, 부정사의 형태로만
> 남아있는 동사이다
> 내 이름자는 갓 태어난 아이의
> 눈까풀아래 쓰여있다

> if I come into a room out of the sharp misty light
> and hear them talking a dead language
> if they ask me my identity
> what can I say but
> I am the androgyne
> I am the living mind you fail to describe
> in your dead language
> the lost noun, the verb surviving
> only in the infinitive
> the letters of my name are written under the lids
> of the newborn child (52)

화자는 의사소통이 불가능한 "죽은 언어"를 사용하는 자들에게 자신의 정체성을 "살아 있는 정신"이며 남녀를 한 몸에 지닌 "자웅동체"로 밝힌다. 더

이상 다른 성의 필요성을 인정하지 않으면서 이 시대의 모순을 고발하는 살아있는 정신이기를 천명한다. 화자는 상대들이 사용하는 죽은 언어로는 자신의 정체성을 밝히는 일이 부질없음을 잘 알기에 오히려 새로 태어난 아이 속에 각인시켜 자신의 역할을 다하기를 바란다. 그들과 대화할 수 없는 절망은 상대에 대한 분노가 너무 큰 탓이기도 하다. "나는 당신을 증오한다/ 나는 증오한다 당신이 쓰고 있는 가면을, 깊이를 추측하는/ 당신의 눈을"(I hate you./ I hate the mask you wear, your eyes/ assuming a depth…)이라고 거듭 반복되는 격한 감정은 화자로 하여금 더 이상 남성들과의 관계가 필요 없는 그래서 스스로 완전한 자웅동체의 존재임을 선언하기에 이른다. 시에서처럼 스스로의 정체를 남녀 양성으로 밝히는 시적 화자는 「난파선으로 잠수하기」("Diving into the Wreck")에서도 그와 같은 모습으로 스스로를 인식하면서 역사 속에 파묻힌 과거를 찾아 홀로 탐험을 나선다.

가부장체제 속에서 과거의 역사 속에 묻힌 분노의 현장을 탐색하는 시인의 작업은 「난파선으로 잠수하기」에서 치밀한 구성과 시어로 매우 생생하게 묘사되어 있다. 잠수부의 장비와 복장 그리고 차츰 바다 밑으로 잠수해 가는 과정 그리고 바다 밑에 놓여 있는 난파선의 모습은 마치 화자가 메고 간 카메라로 찍어온 사진처럼 매우 세밀하고 사실적으로 그려있다. 난파하여 좌초된 배를 탐색하기 위하여 바다 밑으로 잠수하는 화자인 "나"는 혼자서 지도(maps)와 목적(purposes)인 "말"(words)을 가지고 바다 밑의 광경을 탐사한다. 그리고 "파손의 증거"(the evidence of damage)인 난파선의 "재앙의 늑재"(the ribs of the disaster)를 살피면서 그 속에 죽어있는 시체들을 보는 순간 자신이 그들과 하나임을 발견한다.

> 이곳이 그 장소이다.
> 그리고 나는 여기에 검은 머리카락이
> 검게 너울거리는 여자 인어이고 갑옷 입은 남자 인어이다
> 우리는 조용히 돈다
> 이 난파선 주변을
> 우리는 그 안으로 잠수한다.
> 나는 여자이다. 나는 남자이다

물에 잠긴 그 얼굴은 눈을 뜬 채 잠을 잔다
그의 젖가슴은 아직도 압박을 받고 있다
......
우리는 한 때 항로를 잡았던
절반이 파괴된 기구들이다
물에 침식된 나무 토막
못쓰게된 콤파스

우리는, 나는, 당신은
겁이 나서 혹은 용기를 내어
이 장면까지 찾아온 자이다.
칼과 카메라
그 속에
우리 이름이 없는
신화집을 들고서.

This the place.
And I am here, the mermaid whose dark hair
streams black, the merman in his armored body
We circle silently
about this wreck
we dive into the hold.
I am she: I am he

whose drowned face sleeps with open eyes
whose breasts still bear the stress
......
we are the half-destroyed instruments
that once held to a course
the water-eaten log
the fouled compass

We are, I am, you are
By cowardice or courage
the one who find our way
back to this scene

carrying a knife, a camera
a book of myths
in which
our names do not appear. (55)

난파의 현장에서 화자인 "나"는 남자에 의해 정복되어온 권력의 세상과는 다른 영역인 바다 속에서(the sea is another story/ the sea is not a question of power) 자신의 모습이 여자인 동시에 남자인 양성의 모습을 발견한다. 침몰된 배속에 누워있는 시체 역시 역사의 신화 속에서 시간의 지배를 벗어나 자고있으나 아직도 당시의 아픔을 그대로 지닌 채 긴장된 모습 그대로이다. 난파선에 도착한 "나"는 과거가 현재 속에 묻혀있는 그 공간 속에서는 "너"와 구별되지 않는 "우리"로 공존하고 있다. 결국 가부장제의 역사 속에서 파괴된 과거의 삶을 탐색하는 과정 속에서 화자는 함께 파멸한 "우리" 즉, 성(gender) 구별이 불필요한 인류의 비극을 목격하고 있다(Werner 174-5). 그리고 그곳까지 탐색에 나선 "나"는 결국 정복자나 피정복자나 모두 힘으로 파멸된 비극적인 역사의 주인공들임을 목격하게 되고 "너"와 "나"로 나뉘어진 "우리"의 세계는 쓸모 없는 "반쪽"의 도구에 지나지 않음을 확인하게 된다.

시인 리치는 가부장사회로 진행된 인류의 역사가 거의 힘을 잃어가면서 파멸의 길을 걷고 있다고 경고하면서(*AP* 29) "남자의 세계. 그러나 끝났다./ 그들 자신이 그 세계를 기계에 팔았다"(A man's world. But finished./ They themselves have sold it to the machines "Waking in the Dark")고 선언하여 힘의 논리로 진행된 남성 중심의 문명 세계가 산업혁명의 결과로 결국 멸망할 것을 선지자적인 안목으로 예견한다(Martin 227). 바로 남성 중심의 세계는 아담과 하와가 타락한 이후의 인류 역사이었으며 남 - 여/ 힘센 자 - 힘없는 자로 나뉘고 그 한편이 다른 한편을 힘과 폭력으로 제압한 시대로서 그 역사의 종말은 성경 속에서 많은 선지자의 입을 통해 끊임없이 선포된 묵시의 내용이기도 한만큼6) 리치의 역사 의식은 성서적인 종말론을 닮았다. 과거의 역사

---

6) "The Lord is coming from his heavenly dwelling place to punish the people of the earth for their sins. The murders that were secretly committed on the earth will be

를 탐색하면서 파멸의 종말을 예견하는 리치의 이러한 역사 의식은 당연히 그녀로 하여금 하나의 탈출을 모색하도록 하였다. 즉 인간 역사가 남성의 권위 중심의 파라다임을 바꾸지 않는 한 멸망을 피할 수 없다는 시인의 선지자적인 깨달음은 그녀로 하여금 지금까지 발굴되지 않은 반쪽의 문명 세계(this still unexcavated hole/ called civilization, this act of translation, this half-world "Twenty-One Love Poems")의 재건을 위한 방법을 모색하게 되고 그러한 시도는 결국 여성들로 구성된 공동체의 형태를 취하게 된다. 이미 그 이전의 시에서도 암시되었으나(PP 58) 그녀가 꿈꾸는 비전은 남성이 제외된 여성들로 구성된 사회로서 이에서 힘과 가능성을 찾고 이를 시로 형상화하는 시인으로서 여성주의 운동의 미래상을 제시하고자 한다.

특히 『공통 언어의 꿈』(The Dream of a Common Language)(1978)에서 리치가 보여준 비전은 반더보쉬(Jane Vanderbosch)의 말처럼 인간의 측면에서 여성을 바라보는 대신 여성의 관점에서 인간을 정의하는 자세를 반영하고 있어(Vanderbosch 114) 역사적으로 무너진 세계를 회복하는 해결책으로는 한계성을 드러내고 있다. 바로 그녀의 한계성은 성서적 창조 원형에 비추어 볼 때 즉 남녀가 창조주안에서 하나로 연합하여 사랑의 공동체를 이루어 남성 중심으로 편향된 갈등과 편견의 사회를 적극적으로 수정하는 방법에 비해서 매우 제한적이며 소극적인 방법이라 할 수 있으며 그녀가 1970년대의 여성주의 운동의 대표자의 하나라는 점을 감안할 때 그녀의 꿈은 바로 당시의 여성주의의 한계로도 볼 수 있다. 개인적으로 그녀와 별거했던 남편이 1970년에 자살하고 1976년에는 자신이 동성연애자(lesbian)임을 공공연히 밝혔던 리치로서는7) 반쪽 세계인 "남성"의 카리스마적인 권위에 대한 분노를 사랑으로 용해할만한 신앙적 뒷받침이 없었다. 그녀는 자신의 생의 반을 여성간의 사랑을 부인하면서 거짓된 모습으로 살아왔다고 고백하면서 제도적인 틀에

---

revealed, and the ground will no longer hide those who have been killed."(Isa 26:20-21).

7) "The suppressed lesbian I had been carrying in me since adolescence began to stretch her limbs, and her first full-fledged act was to fall in love with a Jewish woman."(PP 237)

눌려서 솔직하지 못한 침묵으로 살아온 여성의 과거가 모두를 거짓말쟁이로 만들고 있다고 선언한다(*AS* 36). 성서적인 관점에서 특히 동성애는 남녀의 "자연스런 관계"(natural relation)와 대치되는 "부자연스런 관계"(unnatural relations)이다. 성경은 이러한 남녀의 부자연스런 관계를 하나님이 창조주에게 감사할 줄 모르는 타락한 인간들을 "마음의 정욕대로 더러움에 내어 버려 두사 저희 몸을 서로 욕되게" 벌을 준 결과로 설명하고있는 만큼(Ro 1:21-24)[8] 그러한 관점에서 리치가 공개한 동성애는 죄이다. 리치가 어린이와 다른 여성에 대한 사랑이 참 사랑이며(*PP* 58) 가부장의 세상에서 이루어진 남녀의 관계를 모두 "음욕"(lust)이라 표현한다면 성경은 남녀간의 하나되는 사랑이 아닌 탐욕에 이끌린 모든 관계를 "음행"(sexual immorality)으로 여기며 "음행하는 자나 더러운 자나 탐하는 자"(immoral, impure or greedy person) 모두를 "우상 숭배자"(an idolater)와 동일시하고 있다(Eph 5:5). 인간이 타락한 이후 본성이 "죄성"(sinful nature)을 가진 타락한 마음이기에 만물을 하나님이 창조하였다는 사실과 그 아들 예수 그리스도로 구원의 길을 열어준 사실을 불변의 진리라 하고 이러한 진리를 믿지 않고 오히려 타락한 본성에 이끌리어 이를 우상으로 바꾸는 것을 죄로 지목하는 성서적 관점(Ro 1:21-25)과는 대조적으로 리치는 오직 타고난 본성에 거짓 없이 진실 할 때 오히려 동성 특히 여성간의 사랑은 "모성애"(motherhood)나 사춘기 여학생의 우정과 동일한 차원의 순수한 감정이라고 생각하고 있다(*PP* 218).

『공통 언어의 꿈』은 여성 세계 즉 여성의 자의식, 다른 여성과의 관계성 그리고 여성의 환경 등으로 구성된 여성적 비전을 주로 다룬다. 여성 등반대가 레닌 봉을 정복하려다 죽은 실화를 소재로 한 「엘비아 사타에브를 위한 환상」("Phantasia for Elvira Sharayev")에서 화자는 여성들로 이루어진 공동체

---

8) "For although they knew God, they neither glorified him as God nor gave thanks to him, but their thinking became futile and their foolish hearts were darkened. Although they claimed to be wise, they became fools and exchanged the glory of the immortal God for images made to look like mortal man and birds and animals and reptiles. Therefore God gave them over in the sinful desires of their hearts to sexual impurity for the degrading of their bodies with one another(Ro 1:21-24).

의 서로 협력하고 나누는 삶이 남성 중심의 사회에서 소유하지 못했던 "힘"(forces)을 느끼게 하고 "거의 힘들이지 않고서 사랑하며 움직이고 있음"(we are moving almost effortlessly in our love)을 고백한다. 또한 여성이 남성과의 관계 속에서 죽고 착취당한 과거의 삶을 돌아보면서 "나는 나의 힘을 두려워하는 남자와/ 혹은 우리가 위험에 놓여있지 않다고/ 생각하는 연인과/ 지금은 누울 수 없다"(I cannot now lie down/ with a man who dears my power/ … or with a lover who imagines/ we are not in danger)("From an Old House in America")고 선언하고 특히 "아이들과 다른 여인"(children and other women)에 대한 사랑 이외의 모든 것은 욕정, 연민, 자기 증오라고 증언하며("The Phenomenology of Anger") 여성들의 공동체는 타락한 남성의 가부장제와는 달리 무소유, 비폭력, 비파괴의 방법이 될 것임을 천명한다(McDaniel 20). 그러면서도 그녀는 비록 부분적이기는 하지만 진정한 "힘"은 생명을 살리는 대지에서 오며 특히 대지를 닮은 여인들의 인고와 희생의 삶에서 발견할 수 있음을 고백하고 있다. 바로 「힘」("Power")에서 리치는 그러한 힘을 보여준 한 예로 인류를 위해 스스로를 희생한 마리 퀴리(Marie Curie)의 참된 힘의 진면목을 소개한다.

우리 역사를 담고 있는 토양에서 살면서

오늘 괭이로 허물어지는 대지의 옆구리에서 파냈다
완벽한 병 모습의 백년 된 호박琥珀을
열병이나 우울증의 치료제 강장제이다
이런 풍토의 겨울에 이 땅에서 살 때 필요한

오늘 나는 마리 퀴리에 대해 읽었다
그녀는 자신이 방사선 병을 앓고 있음을 알았을 것이다.
그녀의 몸은 그녀가 걸러낸
원소로 인해 수년동안 치명상을 입었다
그녀는 끝까지 부인했던 것으로 보인다
그 눈의 백내장의 원인을
더 이상 시험관이나 연필을 잡을 수 없을 때까지
그녀의 손가락 끝이 터지고 곪는 피부를

그녀는 유명한 여성으로 죽었다
그녀의 상처들을 부인하면서
부인하면서
그녀의 상처는 그녀의 힘과 동일한 근원에서 왔다

Living in the earth-deposits of our history

Today a backhoe divulged out of a crumbling flank of earth
one bottle amber perfect a hundred-year-old
cure for fever or melancholy a tonic
for living on this earth in the winters of this climate

Today I was reading about Marie Curie:
she must have known she suffered from radiation sickness
her body bombarded for years by the element
she had purified
It seems she denied to the end
the source of the cataracts on her eyes
the cracked and suppurating skin of her finger-ends
till she could no longer hold a test-tube or a pencil

She died a famous woman denying
her wounds
denying
her wounds came from the same source as her power (73)

송진이 땅 속에 백년동안 파묻혔다가 오늘 생명을 살리고 또 몸을 치유하는 "호박"이라는 보석으로 변한 사실을 마담 퀴리가 인류를 위해 발명한 바로 그 방사선으로 치명적인 병에 걸렸으나 그 사실을 끝까지 숨긴 채 죽은 사실과 병치시켜 동일한 "힘"의 원리를 발견한다. 즉 퀴리 부인에게서 리치는 인류를 위해 자신을 죽이는 무서운 사랑의 "힘"을 깨닫고 있다. 바로 이 힘은 인류의 구원을 위해 자신의 생명을 버린 예수의 죽음과 "한 알의 밀이 땅에 떨어져 죽지 아니하면 한 알 그대로 있고 죽으면 많은 열매를 맺는"(Jn 12:24) 생명의 창조 원리와 동일한 근원에서 나온다. 이 논리를 남 - 여의 관계에 적용시킨다면 남녀가 모두 사는 길은 결국 양편이 하나로의 완성을 위해 스스로를 포기하는 희생의 관계라 할 수 있다.

1986년에 발표한 『너의 고향 땅, 너의 삶의 시편』(*Your Native Land, Your Life: Poems*)에 실린 「근원」("Sources")에서는 화자인 시인이 여성이 아닌 한 인간으로의 삶의 근원을 찾아가고 있다. 특히 이 시는 고향으로 회기하는 내용을 그려 인류를 하나로 묶는 공유의 공간이 생존의 뿌리에 있음을 암시한다. 산문과 운문으로 쓰여진 「근원」은 16년 만에 고향집을 찾아온 시인의 자사전적 고백 시이다. 옛 모습을 회상하면서 농장, 곳간, 집 주변을 둘러보는 화자는 "바로 이곳에서/ 나의 힘이 왔다"(This is from where/ my strength comes)는 사실을 깨닫고 지금까지 거부해온 가족의 뿌리에 관한 비밀 즉 미국에 이주해온 유대인이라는 사실과 정직하게 대면한다. 가부장제의 권위로 가족의 비밀을 숨긴 채 미국 땅에 애써 뿌리를 내리려고 노력했던 아버지는 남성의 오만과 힘의 대명사였기에 많은 세월 남자인 아버지와 싸웠던 과거를 회상하는 현재 속에서 그녀는 새삼 그 가면 밑에 숨어 있던 "이방인"의 아픔을 확인한다.

> 나는 남성의 힘과 오만을 당신의 진짜 수위 표로 보았으나 그 밑에 깔린 유대인의 고통을, 당신이 지닌 이방의 각인을 보지 못하였다. 왜냐하면 당신은 일부러 그것이 내게 보이지 않도록 잘 처리했기 때문이다. 비로소 지금에야 강력한 여성다운 렌즈를 통해서 내가 당신의 고통을 올바로 해독하고 내 고통의 일부임을 부인하지 않는다. (*PP* 104)

이방인으로 자신의 정체성을 애써 부인하면서 새로운 신대륙에서 "세계의 시민"(a citizen of the world)으로 뿌리를 내리고 허공에 "공중 누각"(a castle of air)을 지었던 남부 유대인인 아버지의 고통을 아버지가 죽고 난 후에야 그것도 여성의 시각으로 비로소 볼 수 있게 되었다. 큰딸에게 기도 대신 공부하도록 가르쳤던 아버지의 가부장적 권위에 늘 도전했던 딸은 비로소 아버지의 고통이 자신의 고통의 일부임을 그 뿌리를 찾아온 지금 새삼 확인하게 된다. 아버지를 남성의 대변인으로 보았고 그 부권의 권위에 딸이 아닌 여성으로 대항해온 화자는 다 무너진 벽에 전에는 못 보았던 "나는 결코 너에게 알리지 않겠어"(I will never let you know)라고 쓰여진 글을 발견하고 아버지의 고통을, 그리고 조상 유대 민족의 고통을 느끼면서 스스로에게 "만약 나의 모습이 가족이라는 가정을 찢는 폭탄이 된다면/ 이것은 배반인가"(And if my look becomes the bomb that rips/ the family home apart/ is this betrayal)라고 반문한다. 한편 그녀는 자신의 반쪽인 남편에 대해서도 아버지보다 더 큰 연민을 가지고 있음을 독백한다. 남편을 보호하려는 배려에서 남편을 자신의 시의 소재로 다루지 않았다고 고백하면서 고통을 종식하고 역사의 법들을 바꾸기를 원하는 자는 함께 앉아서 울어줄 동료가 있어야하고 그런 자리를 만들어야한다고 죽은 남편에게 충고한다(113). 그러나 이는 지금까지 여성주의자로서 활동하고 또 살아온 시인이 뜻을 함께 하는 동료와 연합하여 살아가게 된 리치 자신의 삶에 대한 해명으로 볼 수 있다. 여성의 시각으로 비로소 남성의 아픔을 보게된 그녀는 인류 역사 속에서 고통을 영원히 종식하는 길은 고통에 무감각해 지는 것이 아니라 세상과 그 속에서 자신의 위치를 아는 일 즉 정체성을 발견하는 일이며, 이 일은 "강력하고 여성다운 일련의 선택"(a powerful and womanly series of choices)을 통해서 이루어진다고 말하여 여성운동의 방법론을 제기하는 것으로 이 시는 마무리한다(114).

이상으로 우리는 시와 산문에 나타난 여류 시인 리치의 삶의 궤적을 살펴보았다. 남성 중심의 가부장제도하에서 무너진 반쪽을 "강력한, 여성다운"(powerful, womanly) 방법으로 재건하려는 리치의 노력은 하나님이 창조한 남녀의 원형을 회복하는 직접적인 방법 즉 예수의 말씀을 통해 남녀가 한 영으로 연합하여 사랑과 희생의 공동체를 이루는 방법에 비추어볼 때 그 한계성을 보이고 있다. 왜냐하면 완전한 남녀의 화해는 악의 요소들을 공격하여 제거하는 일이 아니라("Hunger") 오히려 그것을 사랑으로 끌어안는 적극적인 방법으로 성취될 수 있음을 우리는 성서에서 배우게 된다. 바로 그것은 성서가 말해주는 생명의 진리이며 예수의 삶을 통해 열어놓은 "좁은 십자가의 희생의 길"이다. 그럼에도 불구하고 여성으로 그리고 시인으로의 리치의 삶이 가치 있게 보이는 까닭은 그녀의 일생이 속박의 사슬에 묶여 있는 자들을 해방시키는 창조주의 인류를 향한 궁극의 목적에 부합하는 사명자의 삶인 동시에 언어를 도구로 하여 이 시대의 정신을 밝혀주는 시인의 희생적인 노력의 연속이기 때문이다. 이처럼 리치는 해방의 기치를 들고 전진하는 여성운동의 현 시점에서 자신이 맡은 몫을 성실히 감당하고 있다는 점에서 그 역할을 높이 평가할 수 있겠다. 그녀가 헌신했던 여성주의 운동이 열매를 맺기 위해서는 그녀가 이루어 놓은 바로 그 시점에서 다음 단계 즉, 창조주의 창조의 원리에 근거를 둔 남녀 화합의 길로 접근하는 방법론이 뒤따라야 할 것이다.

인용 문헌

Clifford, Anne M. *Introducing Feminist Theology*. New York: Orbis Books, 2001. pp. 219-260.

Fiorenza, Elizabeth Schussler. *In Memory of Her: A Feminist Theological Reconstruction of Christian Origin*. New York: The Crossroad PC, 1990.

Gelpi, Babbara C and Gelpi, Albert. ed. *Adrienne Rich's Poetry and Prose*. New York: W.W. Norton & Company, 193. (*PP*로 표기)

McDaniel, Judith. "Reconstituting the World: The Poetry and Vision of Adrienne Rich". *Reading Adrienne Rich: Reviews and Re-Visions, 1951-81*. ed. Jane Roberta Cooper. Ann Arbor: The Michigan UP, 1984. pp. 3-29. (*RAR*)

Martin, Wendy. *An American Triptych: Anne Bradstreet, Emily Dickinson, Adrienne Rich*. The U. of North Carolina Press, 1984.

『NIV 한영해설성경』. 아가페 출판사, 1998.

Rich, Adrienne Rich. *Arts of the Possible*. New York: W.W. Norton & Company, 2001. (*AP*로 표기)

Vanderbosch, Jane. "Beginning Again". *RAR*. pp. 111-139.

Werner, Craig. *Adrienne Rich: The Poet and Her Critics*. Chicago: American Library Association, 1988.

Whelchel, Marianne. "Mining the 'Earth-Deposits.'" *RAR*. pp. 51-71.

Wilner, Eleanor. "This Accurate Dreamer": An Appreciation of *Poems: Selected and New 1950-1974. RAR*. pp. 244-262.

아버지의 이름을 넘어서
-『진지함의 중요성』과 '퀴어 페미니즘'-

노 승 희
(전남대)

　학계 안에서 페미니즘이 진지한 학문적 탐구영역으로 자리잡은 지 반 세기가 지났다. 페미니즘이 부상하고 성장한 20세기 후반은 이론의 춘추전국시대라고 할 수 있을 만큼 다양한 이론들이 서로 경합하였을 뿐만 아니라 동시에 상호간의 교류와 섞임이 이루어졌다. 페미니즘의 경우에도 탈구조주의, 정신분석이론, 문화유물론, 포스트모더니즘, 탈식민주의 등과 교섭하는 가운데 계급, 인종, 지역, 민족, 섹슈얼리티 등, 내부의 차이들이 부각되었고 본질주의를 비판하는 목소리들이 나왔다. 새롭게 드러난 다양성과 차이가 페미니즘의 지평을 넓히고 한층 풍부한 논의를 생산하는 데 기여했음은 논란의 여지가 없는 사실이다. 그러나 다른 한편으로는 이론가들 각자가 다른 입장과 관점을 지지하면서 서로 갈등하고 대립하는 관계에 서게 된 것도 또한 사실이다. 1980년대 말부터 페미니즘 진영 내부의 갈등에 관한 논의가 시작되었으며, 특히 1990년대 중반에 이르러서는 서로 입장이 다른 이론가들이 갈등을 유발하는 문제들에 대해 함께 성찰하고 의견을 교환함으로써 새로운 발전의 계기로 삼으려는 노력들이 나타났다.[1]

---

1) 1980년대 말 페미니즘 내부의 갈등을 다룬 것으로, *Competition: A Feminist Taboo?* ed., Valery Miner and Helen E. Longino(New York: Feminist Press, 1987); *Conflicts in Feminism*, ed., Marianne Hirsch and Evelyn Fox Keller(New York: Routledge, 1990) 참

그러나 그런 자기 성찰적 과정이 한결같이 상호간의 차이에 대한 관용과
이해로 일관하지는 않았으며 때로는 퇴행적인 반동의 목소리도 섞이게 되었
다. 그 한 예로, 1998년에 『크리티컬 인콰이어리』(*Critical Inquiry*)에 게재된
수잔 구바(Susan Gubar)의 논문 「무엇이 페미니스트 비평을 앓게 만드는가?」
("What Ails Feminist Criticism?")를 꼽을 수 있다. 이 논문은 필자가 초기 페
미니즘이 학문적 인정을 받도록 하는 데 크게 공헌한 원로학자들 가운데 한
사람이라는 사실만으로도 시선을 끌지만, 그것보다는 페미니즘의 현재 상황
을 진단하는 그녀의 시각과 입장이 많은 논쟁의 여지를 안고 있기 때문에 주
목할 만하다. 이 글은 먼저 구바의 글을 계기로 드러나게 된 페미니즘의 젠
더 중심적인 정체성의 정치학이 안고 있는 문제점들을 살펴본 후에, 페미니
즘과 젠더 이분법의 해체를 강조하는 퀴어이론 사이에 전략적으로 상호 보
완적인 교류가 가능한 지점을 탐색해 보고 그런 시도를 텍스트 분석에 적용
해 보고자 한다.

Ⅰ. 거식증에 걸린 페미니즘?

앞에서 언급된 구바의 논문은 시종 격앙된 어조로 페미니스트 비평이 마
치 무슨 중병에라도 걸린 듯이 과장하고 그 사태를 초래한 "사악한 죄인들
일단"(878)을 고발한다.2) 1980년대, 90년대에 전개된 인종적 정체성의 정치학

조. 90년대 중반 페미니즘의 자기 성찰기획 중 몇 가지 예를 들자면, *Feminism
Beside Itself*, ed., Diane Elam and Robyn Wigman(New York: Routledge, 1995);
Feminist Contentions: A Philosophical Exchange, co-authored, Seyla Benhabib, Judith
Butler, Drucilla Cornell and Nancy Fraser(New York: Routledge, 1995); *Generations:
Academic Feminists in Dialogue*, ed., Devoney Looser and E. Ann Kaplan(Minneapolis:
U of Minnesota P, 1997); *Who's Afraid of Feminism?: Seeing through the Backlash*,
ed., Ann Oakley and Juliet Mitchell(New York: The New Press, 1997).
2) 구바에 의하면 원래 이 논문은 「누가 페미니즘 비평을 죽였는가?」("Who Killed
Feminist Criticism")라는 제목의 강연원고로 기획했었다고 한다(878). 흔히 살인탐
정소설들이 범인을 추적해가는 과정에서 오히려 범인의 색출보다 연속된 살인행

과 포스트구조주의를 지향하는 페미니즘 이론가들이 바로 그 죄인들이며, 이들의 소행은 학계 안팎의 페미니스트들을 분산시키고 20세기말에도 아직 미해결로 남은 "공동 과업"(구바는 그것이 무엇인지 설명하지 않는다.)을 의심의 나락으로 몰고 간다는 것이다(880). 한편 구바는 이들 죄인들이 아직 등장하기 전인 70년대의 페미니스트 비평을 "고양된, 진정으로 분기한, 의식의 낙원"(881)에 있던 상태였다고 술회한다. 물론 구바 자신의 비평도 그 "낙원"에 속하는 것임은 말할 나위도 없다. "낙원"과 그것을 파괴한 "죄인들"을 대립시킴으로써 가부장제의 낡은 신화를 반복하고 있는 점에 대해서는 아무런 해명도 없다. 이것보다 더욱 충격적인 사실은 고발된 "죄인들"의 리스트이다. 벨 훅스(bell hooks), 헤이젤 카비(Hazel Carby), 찬드라 탈페이드 모한티(Chandra Talpade Mohanty), 가야트리 차크라보티 스피박(Gayatri Chakravorty Spivak), 줄리아 크리스테바(Julia Kristeva), 쥬디스 버틀러(Judith Butler), 다나 해러웨이(Donna Haraway) 등이 바로 그 "사악한 죄인들 일단"의 주역들인데, 이들은 각자 흑인 페미니즘, 제3세계 페미니즘, 탈식민주의 페미니즘, 포스트모던 페미니즘의 발전에 주도적 역할을 한 선구적 이론가들로 널리 알려진 인물들이다. 구바가 고발하는 이들의 공통된 죄는 '차이들'을 이론화함으로써 페미니즘의 집단적 정체성을 붕괴시켰다는 것이다. 이런 지적은 페미니즘 진영 안에서 새로운 것이 아니다. 이미 수년 전에 낸시 밀러(Nancy K. Miller)도, 한쪽에서는 유색여성들이 "보편적인 페미니스트"(the feminist universal)는 백인의 허구라고 비판하고 다른 한쪽에서는 포스트구조주의자들이 "지반을 둔 주체"(the grounded subject)를 불신하기 때문에 소위 "우리들"(we)이라고 말할 수 있는 페미니스트 주체를 설정하기가 어렵게 되었다고 토로한 적이 있다.3) 구바는 밀러의 말에 전적으로 동조하면서 그런 수사적 해체로 인해

위와 즐비한 희생자들을 묘사하는 일에 몰두하듯이, 구바의 글에도 그녀가 휘두르는 펜에 희생된 이론가들의 이름들이 줄지어 깔려있다.

3) Miller, *Getting Personal: Feminist Occasions and Other Autobiographical Acts*(New York: 1991), pp. 74-75; 구바(881)에서 재인용. 밀러나 구바와는 다른 시각에서 '여성'이라는 범주의 해체를 문제삼은 예로는 Tania Modleski, *Feminism without Women: Culture and Criticism in a "Postfeminist" Age*(New York: 1991) 참조.

페미니즘 비평이 "치명적인 거식증"(critical anorexia)(901)에 걸렸다고 주장한
다. 질병에 비유할 정도로 사태를 심각하게 보는 이유는 "인종화된 정체성의
정치학이 '여성들'이라는 단어를 오로지 지극히 특정한 종류의 여성만을 지
칭하게끔 축소시켰고, 포스트구조주의자들은 아예 그 단어를 사라지게 했
[기]"(901) 때문이라는 것이다.

　이러한 구바의 진단과 주장은 초기 페미니스트 비평을 개척한 선구자들
중 한 사람으로서 후배들이 좀 더 분발하도록 독려하고자 한 비판이라고 이
해하면서도, 페미니즘의 장래에 대해 진지하게 생각해 볼 때 잠자코 묵과하
기 어려운 문제들을 내포하고 있다. 우선 구바의 진단은 실상을 제대로 고려
하지 않은 오진이라고 하지 않을 수 없다. 첫째, 페미니즘 혹은 페미니스트
비평은 현재 '거식증'에 걸리기는 커녕 오히려 어느 때보다도 더욱 풍부해지
고 보다 광범위한 영역에서 활발하게 전개되고 있기 때문이다. 그 근거로, 시
종 단수로 '페미니스트 비평'(feminist criticism)을 논하는 구바와는 달리, 학계
에서는 이미 오래 전부터 연구자들의 다양한 관심과 방법론을 존중하여 복
수 '페미니즘들'(feminisms)을 사용해왔다.4) 로빈 위그먼(Robyn Wiegman)의
지적과도 같이, 전통적으로 페미니즘은 교차적 분석(intersectional analysis)을
통해 새로운 지식생산을 해냈다는 사실을 감안해보면, 현재 학계 페미니즘이
부닥친 다중적인 차이들의 문제는 여성들의 투쟁사가 그만큼 다채롭다는 것
을 시사하며 계속 페미니즘의 비판적 개입이 필요함을 뜻한다(570). 둘째,
1995년에 베이징에서 개최되었던 제4차 세계여성대회가 말해주듯이, 여성들
이라는 단어는 사라지기는 커녕 오히려 전지구적 차원에서 작동하는 여성억
압장치들에 대항하여 여성들 각자가 안고있는 국지적 차이들에 관한 상호
이해를 발전시키고 집단적으로 연대의 정치학을 실천해나가는 데 필수적 용
어가 되었다. 한편 학계 페미니즘은 다중적 차이들을 주요 논제로 삼음으로
써 페미니즘이 특수한 그룹의 여성들의 전유물이 아니라 좀 더 많은 여성들
의 공동체적 운동과 정치적 투쟁에 준거가 될 수 있게끔 한다.5) 이런 명백한

---

4) 이미 10년(구바의 글보다는 7년) 전에 페미니즘은 '페미니즘들'로 수정되었음을 참
　고할 것. *Feminisms: an anthology of literary theory and criticism*, ed., Robyn R.
　Warhol and Diane Price Herndl(Rutgers UP, 1991).

사실들을 스스로 열렬한 중견 페미니스트 학자임을 자임하는 구바가 몰랐으리라고는 상상하기 어렵다.

구바의 오진은 '우리' 혹은 '여성들'이라는 집단적 정체성을 맹신함으로써 실제로 그 집단적 정체성 내부를 구성하고 있는 주체들의 다중성 즉 '차이들'을 불식하는 데서 비롯되었다고 할 수 있다. 이처럼 차이를 인정하지 않으려는 태도는 페미니즘이 한결같이 비판해온 남성학자들의 자아동일성과 유사할 뿐만 아니라 가부장제가 만들어놓은 이분법적인 젠더의 형틀에 스스로 갇히게 될 위험성이 있다. 구바 자신도 이런 잠재적 위험성을 인식해서인지 자신이 시종 비난한 "불일치"가 혹시 성장과정에 필요한 "정화의 단계"일수도 있다고 마지못해 양보하는 제스처를 취하면서, 최근 페미니스트 비평에 활기를 불어넣고 있는 유색/포스트식민 학자들의 작업과 레즈비언 연구와 퀴어이론에 대해 언급한다(901). 그러나 그런 언급마저 또 다른 억압을 가리기 위한 생색내기가 아닌지 의심하지 않을 수 없게 한다.

같은 논문에서 구바는 자신을 포함하여 최근 상당한 숫자의 백인 페미니스트 학자들이 아프리칸-어메리칸 문학비평과 탈식민 페미니스트 비평에 참여하고 있는 추세를 고려해서인지, 유색/포스트식민 학자들의 연구가 페미니즘 비평에 "가상적 '인종변환'"(virtual "racechange")의 길을 열어주었다고 찬사를 하는 반면에, 레즈비언 연구와 퀴어이론에 대해서는 "다른(혹은 다른 사람의) 글의 논제"라고 유보한다(901). 다시 말해 인종적 차이에 대해 관대함을 보이는 것과는 대조적으로 성적 차이의 문제들에 대해서는 자신이 상관할 바가 아니라는 자세이다. 이처럼 성적 차이에 대해 관여하기를 회피하는 것은 스스로 페미니즘의 문제틀을 젠더 정치학에 한정하는 한편 결코 젠더로 환원할 수 없는 섹슈얼리티에 대해서는 페미니즘의 의제에서 배제하는

---

5) 학계와 여성운동이 유리되었다는 구바의 주장을 반박하기 위해 위그먼이 제시한 예들 가운데 지구적 차원에서의 여성운동과 연관된 것을 재인용해 보면, *Feminist Genealogies, Colonial Legacies, Democratic Futures*, ed. M. Jacqui Alexander and Chandra Talpade Mohanty (New York: Routledge, 1995); *Dangerous Women: Gender and Korean Nationalism*, ed. Elaine H. Kim and Chungmoo Choi(New York: Routledge, 1998); and *Transitions, Environments, Translations: Feminisms in International Politics*, ed. Joan W. Scott, Cora Kaplan and Debra Keates(New York: 1997).

것과 크게 다르지 않다. 관대함이 특권을 누리는 자의 태도라면 무관심과 배제는 배타적 순수주의를 신봉하고 규범에 맹종하는 자의 전략이다. 구바는 앞에서 언급한 "죄인들"에 대해 "치명적인 선별"(critical election), "치명적인 유기"(critical abjection) 또는 "반계몽주의"(obscurantism)(881)라는 혐의를 두었는데, 그 혐의는 섹슈얼리티에 관한 그녀의 입장에도 적용될 수 있는 것이다.

설령 구바의 주장대로 페미니즘이 '거식증'을 앓고 있다고(901) 하더라도, 그것은 '차이들'로 인한 것이기보다 오히려 그 '차이들'을 거부한 데서 생긴 것으로 보아야 할 것이다. 여러 페미니스트 학자들이 분석했듯이, 거식증은 19세기의 히스테리아와 유사하게 가부장문화가 조장한 불안과 환상의 논리적인 표현이다(Bordo 139-64). 여성의 가늘고 유약한 몸을 쾌락의 대상으로 추구하는 남성의 욕망과 시선을 내면화하고 그 시선의 포로가 됨으로써, 여성 자신의 몸을 강박적으로 사물화하는 동시에 자신의 욕망을 부정하고 억압하는 데서 거식증이 나타나기 때문이다. 날씬한 여성의 몸매는 결혼시장에서의 성공을 보장하는 한편, 아내와 어머니의 역할을 만족스럽게 수행하기 위해서는 자기보다 다른 사람들의 욕구를 충족시켜주어야 한다는 논리를 은근하게 과시한다.6) 따라서 거식증은 가부장체제가 구축한 여성성의 한 양식이라는 데에 사회문화적 함의가 있으며, 하나의 불가능한 이상을 추구하는 점에서 젠더 정치학이 성적 차이들을 간과한 채 하나의 환상적인 정체성에 몰두하는 것과 유사성이 있다.

이렇게 볼 때 거식증은 이론적이든 실천적이든, 둘 다 여성의 욕망과 몸을 부인한다는 면에서 광의의 여성혐오주의와도 통한다. 흥미롭게도 구바는 「페미니스트 여성혐오주의」("Feminist Misogyny")라는 제목의 논문에서 매리 울스톤크래프트에서부터 현대 페미니스트 학자들에 이르기까지, 그들이 비판하는 여성혐오적인 남성작가/이론가들의 글과 관점을 일부 그대로 반복하거나 반향하고 있는 모순을 분석한 적이 있다.7) 구바에 의하면, 역사적으로 페미니즘

---

6) Susie Orbach, *Hunger Strike: The Anorexic's Struggle as a Metaphor for Our Age* (New York: W. W. Norton, 1986); 보르도(47)에서 재인용.

7) 구바의 논문과 동일한 제목아래, 그러나 다른 시각에서 페미니즘의 자기반성을 시도한 글이있다. Theresa Ann Sears, "Feminist Misogyny; or, What Kind of a Woman

이 여성혐오주의가 나타나게 된 조건이지는 않았다고 해도 사회에 만연한 여성혐오주의적 위협이 페미니즘을 태동시켰기 때문에, 루쏘와 울스톤크래프트, 노만 메일러와 케이트 밀렛(혹은 안드레아 드워킨), 또는 라캉과 이리가라이(혹은 씩수)의 경우처럼, 페미니스트 곁에는 여성혐오주의자가, 또 여성혐오주의자 곁에는 페미니스트가 있다는 것이다(142). 이런 주장이 타당한 지는 좀더 면밀하게 검토해봐야 하겠지만, 여기서 우리의 시선을 끄는 것은 여성혐오주의를 구성요소로 안고 있는 페미니즘의 자기모순이다. 이런 모순이 계속 재생산되는 이유는 모든 문제제기가 하나의 동일한 적대적 체계, 즉 젠더체계로 환원되고 논의의 범위가 이분법적인 젠더 정치학에 한정되기 때문이다.

이처럼 차이들이 존중되지 않는 상황에서는 어떤 급진적인 변화를 기대하기 어렵다. 페미니즘의 젠더 정치학은 거식증과 여성혐오주의 같은 가부장문화의 병적 징후를 비판하는 데 유효하지만, 거식증과 여성혐오주의를 생산하는 문화 그 자체를 바꾸어내기 위해서는 젠더의 틀에 포박되지 않은 섹슈얼리티의 정치학이 요구된다. 이런 맥락에서 1990년대 이후 본격화되기 시작한 페미니즘과 퀴어이론의 교섭은 구바의 비유처럼 낙원으로부터의 추방이 아니라 페미니즘의 이론적 반성과 재활성화라는 차원에서 진지하게 고려되어야 한다. 비이성애적인 섹슈얼리티의 문제를 주요 의제로 다루는 퀴어이론과의 만남은 상대적으로 페미니즘의 젠더 중심성과 이성애 편향성을 부각하기도 하겠지만, 반대로 페미니즘의 강점인 교차적 분석을 통해 두 이론 모두에게 전환적 계기가 될 수도 있을 것이다.

II. 페미니즘과 퀴어이론의 만남

이미 1991년과 1994년에 페미니스트 문화연구저널 『디퍼런시스』(*Differences*)

Are You?," in *Generations: Academic Feminists in Dialogue*, pp. 267~273. '여성들'이라는 단일한 집단적 정체성을 고집하는 페미니즘 정치학은 개별 여성들의 능력과 개성을 부정할 뿐만 아니라 차이들을 인정하지 않으려고 하기 때문에 또 다른 형태의 여성혐오주의라고 시어쓰는 주장한다.

가 퀴어이론을 특집으로 다룬 사실이 말해주듯이 페미니즘 진영 안에서 퀴어이론과 만나려는 노력은 1990년대 초부터 나타났다.8)『디퍼런시스』의 편집자인 엘리자베쓰 위드(Elizabeth Weed)도 지적했듯이, 페미니즘과 퀴어이론은 학계에서 대체로 동일한 그룹에 속하는 두 지류라고 이해될 정도로 공통점 혹은 유사성을 갖고 있다. 우선 두 이론 모두 사회문화현장의 정치적 운동에 연결되어있고 지배적인 체제에 대해 비판적인 입장에 서서 학제간 연구를 추구한다. 또한 퀴어이론이 레즈비언 게이 연구들과 마찬가지로 페미니즘 이론과 여성학에 지적인 빚을 졌다고 한다면 페미니즘 이론도 퀴어이론의 영향을 받은 것이 사실이다(Weed vii; Warner 3).9) 그런만큼 페미니즘과 퀴어이론의 만남은 대수롭지 않게 보일 수도 있겠지만, 그러나 또 다른 관점에서 보면 그 양자는 어울리지 않는 한 쌍에 가깝다. 위드에 의하면, 두 이론들 사이의 관계를 특히 어색하게 만드는 것은 퀴어이론이 페미니즘을 보는 방식이다. 퀴어이론의 측에서 볼 때 페미니즘은 젠더를 마치 전유물인양 다룸으로써 섹슈얼리티의 복잡성을 간과한다는 것이다(Weed viii). 언뜻 보기에 이런 평가는 부당하게 젠더를 생물학적 범주로 환원하고 페미니즘을 성적 청교주의로 왜곡하는 것처럼 보이겠지만,10) 퀴어이론이 제기하는 비판의 핵

---

8) 그 외에도 90년대에 들어와 퀴어이론의 급속한 학계진입은 여러 학술지들의 특집 기획에서 입증된다. 1991년에 *Social Text*(9권 4호), 1992년에 *Socialist Review*(22권 1호), 1994년에 *Sociological Theory, Diacritics*(24권 2-3호)를 들 수 있는데, 이 저널들은 특별히 페미니즘과의 만남에 치중하지는 않았다. 1993년에 *GLQ: A Journal of Lesbian and Gay Studies*, 1995년에 *Sociological InQueeries*와 같이 퀴어이론을 표방하는 저널들이 새롭게 창간되기도 했다. "페미니즘이 퀴어이론을 만나다"(*Feminism Meets Queer Theory*)라는 타이틀로 간행되었던 *Differences* 6권 2-3호는 3년 후에 단행본으로 출판되었는데, 이 글은 단행본을 참고했다. Elizabeth Weed and Naomi Schor, eds., *feminism meets queer theory*(Bloomington: Indiana UP, 1997).

9) 한편 호모포비아에 대항하여 투쟁하는 에이즈 액티비즘과 여성들의 유방암퇴치운동이 상호 모델이 된 것처럼 정치적 실천의 장에서도 페미니즘과 퀴어진영간의 협조 사례를 찾아볼 수 있다(Sedgwick 1993: 15). 한편 페미니스트 입장에서 퀴어이론을 연구하는 비디 마틴(Biddy Martin)은 섹슈얼리티도 젠더 체계와 전혀 무관하지 않음에도 불구하고 일부 퀴어이론가들이 마치 섹슈얼리티가 젠더 억압과 불균형을 모두 해결해줄 수 있는 듯이 과장하는 것은 문제있다고 지적한다(104-105).

10) 페미니즘의 영역을 젠더로 제한하려는 시도의 문제성에 대해서는 버틀러(1997)를

심은 페미니즘이 비이성애적인 섹슈얼리티에 대해서는 노골적으로 거부하지 않는다고 하더라도 무관심과 침묵으로 일관함으로써 이성애를 당연한 것으로 지지한다는 점이다.

이런 퀴어이론의 비판과는 별도로 앞에서 구바의 논문들과 관련하여 논의했듯이 페미니즘의 젠더 - 이성애 - 중심적 전제는 스스로를 약화시킬 뿐만 아니라, 더욱 심각하게는 페미니즘 내부에 여성혐오주의를 들여놓고서 교착상태를 초래하기도 한다. 그렇다면 이제 젠더 정치학은 더 이상 유효하지 않은 것인가? 이 질문에 대해 긍정이든 부정이든 확정적인 답을 하는 것은 여전히 성차별적인 요소들이 존재하는 사회문화적 상황을 고려할 때 전혀 무의미하다. 문제는 젠더 정치학이 스스로 비판적 입장을 지양하고 탈정치화하는 지점을 찾아내어 변화의 가능성이 잠복해 있는 전선으로 재배치하는 일이다. 이런 맥락에서 퀴어이론과의 조우는 페미니즘이 자기 성찰과 변화를 모색해볼 수 있는 기회가 된다. 왜냐하면 퀴어이론은 페미니즘의 이론적 전제가 된 이분법적 젠더체계와 그것을 뒤받침하는 이성애중심주의를 모두 억압의 형태로 보기 때문이다.

퀴어이론을 계보학적으로 설명하자면 레즈비언/게이연구에 포스트구조주의 이론이 접속하여 발전한 것이라고 할 수 있다. 명칭에서 보듯이 퀴어이론은 페미니즘과 마찬가지로 정체성에 관한 문제설정을 하고 있으면서도 실제로 내용과 접근방식에 있어서는 매우 다르다. 페미니즘의 '여성'은 과잉 재현의 문제를 갖고 있다면, 퀴어이론의 '퀴어'와 결부된 문제는 한사코 재현에 저항한다는 점이다. 정체성의 스펙트럼에서 퀴어는 통념상 동성애자들과 아울러 다른 성적 소수자들까지 포괄적으로 지칭하는 용어로 이해되지만 역으로 레즈비언 혹은 게이가 언제나 퀴어와 동의어로 통하지는 않는다.[11] 이런 불확

볼 것. 버틀러에 의하면 일부 게이/레즈비언 이론가들이 젠더와 섹슈얼리티 사이에 경계를 긋는 것도 문제있지만 그 차이를 불식하는 일부 페미니즘 시각도 문제다. 80년대 페미니즘의 중심축을 젠더로 이동시켜 놓은 반포르노그라피 담론의 경우, 젠더의 위계적 관계에 섹슈얼리티의 지배와 종속 모델을 대입하여 여성에 대해 결정론적인 피해자담론을 주장할 뿐, 급진주의 페미니즘이 개진한 성해방론적 관점들을 놓친다. 또한 페미니즘을 젠더이론으로 재단하는 것은 인종주의와 식민성의 문제를 다룬 유색 페미니즘 전통을 간과한다.

정성으로 인해 퀴어는 전통적인 정체성의 정치학을 교란시킨다. 자기 자신을 인식함에 있어서 의미가 안정되지 않은 어떤 것을 도입하는 일은 실험적인 시도인 동시에 기존의 인식체계를 해체하는 전복적인 실천이지 않을 수 없다. 페미니즘의 경우, 정형화된 '여성성'의 틀을 깨트리고 페미니스트 주체의 입장을 세운다는 점에서 실천적 이론이 된다. 퀴어이론은 특정한 입장을 설정하여 놓거나 지향하지 않는다는 점에서 페미니즘과는 다른 차원에서 전복적이라고 할 수 있다. 퀴어이론의 주된 관심은 섹스, 젠더, 섹슈얼리티 사이의 비일관성을 부각시키고 정체성의 투명성에 문제를 제기하는 데 있다(Jagose 3-6).

퀴어는 젠더와 섹슈얼리티의 범주 이외에도 인종, 피부색, 언어, 국적 등처럼 정체성과 결부된 다문화적 분절양식들과도 조합함으로써 더욱 복잡해지고 유동적이게 되었다. 그러므로 '퀴어'라는 용어 그 자체를 개연성있게 정의하기는 어렵지만, 그 속에 녹아있는 불확정성과 유동성은 급진적 정치학의 원동력이 된다. 안나마리 재고즈(Annamarie Jagose)에 의하면, 퀴어가 자아정의를 위한 용어로 수용된 것은 비교적 최근의 현상이지만, 돌연변이적인 출현이라기보다는 19세기 이후 동성애에 관한 의미와 용어들이 거듭 변화한 끝에 나타난 것이라고 할 수 있다(72). 19세기 후반에 '호모섹슈얼'이라는 성정체성의 범주가 고안됨으로써 사회적으로 성적 소수자들이 구획되었고 1960년대의 해방담론에 의해 '게이' 혹은 '레즈비언'이라는 용어가 추가되면서 정치적 대항담론이 나타났다. 그리고 다시 1990년대에 들어와 '퀴어'의 출현이 현저하게 된 것은 포스트구조주의적 구성론에 의해 보편적인 정체성의 범주가 문제화되는 한편 비이성애적 섹슈얼리티에 관한 담론을 전략적으로 재전유할 가능성이 열렸기 때문이다.

이처럼 섹슈얼리티와 관련된 담론의 역사 속에서 퀴어가 진화해온 과정은 퀴어이론의 핵심적 문제설정이 어디에 있는지를 보여준다. 동성애자, 게이,

---

11) 1991년에 『디퍼런시스』는 페미니스트 저널 중에서 처음으로 퀴어이론에 대한 특집을 마련했는데, 그 서문을 쓴 테레사 드 로레티스는 레즈비언/게이로부터 비판적인 거리를 두기위해 "퀴어"라는 용어가 쓰인 것이며, 마찬가지로 그 당시 유통되던 게이/레즈비언 담론에 대해 문제를 제기하고자 퀴어이론이 등장하게 되었다고 설명한다(de Lauretis, iii; v).

레즈비언, 퀴어는 단순히 성적 소수자의 범주에 그치지 않고 각각 도덕적인 낙인과 거세, 그런 지배담론에 저항하는 대항담론의 생성, 의미의 재전유가 일어난 지점들을 가리킨다. 다시 말하자면 동성애자이든, 게이 혹은 레즈비언이든, 정체성은 어떤 자연적인 토대에 기초한 확정적인 범주가 아니라 담론적 효과에 따른 구성물이며 그렇기 때문에 유동적이고 가변적이다. 페미니즘의 젠더 정치학과 같이 레즈비언/게이 정치학이 대항담론의 차원에서 자아 동일성으로 인식되는 정체성에 지반을 두고 전개되었다면, 퀴어이론은 그런 정체성을 해체하는 것에 초점을 둔다. 정체성의 해체가 정치학의 해체를 뜻하지는 않는다. 오히려 그것은 정체성을 형상화하는 용어들과 조건들이 존재론적으로 결정된 것이 아니라 정치적으로 동원되고 작동한다는 사실을 강조한다(Butler 1990: 148).

그래서 퀴어이론은 발화자의 자아 인식과 소속을 드러내는 발화위치를 주시한다. 같은 이름이라도 누군가를 마치 질병처럼 간주하여 그렇게 부르는 것과 긍정적인 의미의 재현을 위해 그것을 사용하는 것은 매우 다르다. 이브 쎄지윅(Eve Sedgwick)같은 이론가는 퀴어에 관해 극단적으로 이질적인 평가들이 얽혀있기 때문에 오직 일인칭과 결부되었을 때에만 '퀴어'라는 단어가 진정한 의미를 가질 수 있다고 본다(9). 한편 버틀러는 퀴어가 원래 병리화된 섹슈얼리티의 범주를 지칭한 용어였다는 사실을 환기시키면서 그런 비하적인 의미에서 '퀴어'라는 단어를 사용할 경우 성적 합법성의 경계를 담론적으로 규제할 뿐만 아니라 발화자 자신은 정상성의 수호자로 행세하는 것이라고 설명한다(Butler 1993: 223). 이 두 가지 설명에서 공통적으로 추론할 수 있는 것은 발화위치에 따라 의미의 차이가 생길 수 있으며 발화행위에는 권력과 권위의 문제가 개입되어 있다는 사실이다. 발화위치와 발화행위에 관한 이런 분석을 통해 퀴어이론은 기존의 정체성의 정치학들이 봉착한 문제를 돌파할 수 있는 관점을 도출해낸다.

여기서 우리가 주목하게 되는 것이 버틀러가 젠더/정체성이 본질이 없는 담론적 구성물 혹은 "규제적 허구"(1990: 141)임을 논증하기 위해 제시한 수행성(performativity) 이론이다.12) 수행성은 원래 언어학자 오스틴(J. L. Austin)이 진술적 발화와 수행적 발화를 구분한 것에 착안한 것인데, 진술적 발화는 주어진 것의 진위를 기술하는 데 그친다면, 수행적 발화는 언급된 것이 바로 그 발화행위를 통해 현실태로 성립하게 만든다. 예를 들어 결혼식에서 "이제 부터 그대들은 남편과 아내가 되었음을 공표한다."와 같은 발화행위는 독립 된 두 개체들로부터 한 쌍의 부부를 구성해낸다. 결혼식 이외에도 법적 판결 문, 세례식, 취임식, 소유권 선언 등의 예에서 보듯이 수행적 발화는 무언가 를 새롭게 구성해내고 그것에 일정한 구속력을 행사하는 권위적 발화이기도 하다. 하지만 특정한 발화행위의 권위와 수행적 효과는 발화자의 의지에서 유래한다기 보다는 법과 관습의 요구에 부합하고 그런 법과 관습을 인용하 기 때문이다. 이를테면 결혼식의 발표문은 이성애와 젠더체계의 맥락 속에서 권위와 구속력을 갖게 되며, 동시에 이성애와 젠더체계는 그 발표문을 통해 서 규제적인 힘을 행사한다.

이와 같이 수행성에 대한 논의는 자유로운 유희나 또는 연극적인 자기재 현을 말하는 것이 아니라 인식가능한 정체성이나 주체의 생산과 결부된 제 약에 대해 통찰하는 것이다. 이런 구성적 제약은 수행성의 한계를 설정하는 것이라기 보다 오히려 수행성의 조건이다(Butler 1993: 94-5). 그리고 여기서 말하는 구성적 제약은 법 혹은 규범의 다른 이름이라고 볼 수 있다. 예를 들 어 페미니즘의 경우에 그런 구성적 제약의 궁극적인 작인은 '남근'(the Phallus)이라는 초월적 기표 혹은 '아버지의 이름/법'(the Name/Law of the Father)이다. 게일 루빈(Gayle Rubin)에 의하면, 사회적/상징적 교환회로 속에 서 "여자들을 통과하여 남자들에 정착"하는(192) 남근의 행로는 남성지배의 메커니즘을 나타내며 여성을 남성주체들간의 관계를 매개하는 교환대상이 되게 한다. 또한 이리가라이(Irigaray)에 의하면, 아버지의 이름으로 대표되는 사회적/상징적 질서는 남성들만의 동성애적 독점경제이며 여성은 그 구조를 지탱하는 하부구조에 지나지 않고 상품으로서만 가치가 있다. 그리고 이성애 는 교환주체와 상품으로서의 경제적 역할을 할당하는 체제일뿐이다(Irigaray 170-197). 수행성을 중시하는 퀴어이론의 관점에서 보면, 남근 혹은 아버지의

---

12) 버틀러는 젠더 정체성은 문화적으로 규정된 젠더 행위나 양식화된 젠더 표현을 반복 수행함으로써 구체화된 것이라고 논증한다. 버틀러의 '젠더 수행성'에 대해 서 필자의 졸고 「젠더와 성 정치」 p. 412~415 참조.

이름/법이 명령한 근친상간 금지 타부와 그로부터 제정된 강제적 이성애라는 구성적 제약의 효과로 여성과 남성은 각각 교환대상과 교환주체로 생산된다.

따라서 퀴어이론의 비판적 초점이 집중되는 지점은 이성애를 기점으로 권력이 작동하는 방식이다. 페미니즘이 기존 담론이 남성의 입장을 전제하고 강화해온 방식을 드러내기 위해 노력했던 것처럼, 퀴어이론은 사회문화의 광범위한 영역에서 규제적인 권력을 담보하는 "헤테로규범성"(heteronormativity), 즉 이성애의 규범적 위상을 문제삼는다.13) 이성애가 규범으로 자리잡게 된 역사적 과정을 분석하기는 쉽지 않다. 그 이유는 쎄지윅이 지적하듯이, 이성애는 스스로를 특정한 섹슈얼리티로 나타내지 않고 "상속, 결혼, 왕조, 가족, 가정, 인구 등과 같은 제도적인 차명들 아래 역사 그 자체인양 가장할 수 있었기"(11) 때문이며, 그만큼 이데올로기화되었기 때문이다. 그럼에도 불구하고 섹슈얼리티의 역사에 관한 푸꼬의 탁월한 연구를 보면, 이성애가 보편적이고 정상적인 성애로 설정되게 된 것은 재생산의 문제와 결부되어 있으며 가족제도는 이성애의 규범성을 강화하는 장치라는 사실을 알 수 있다. 또한 같은 맥락에서 비이성애적 섹슈얼리티는 궁극적으로 가족제도의 존속을 위해 필요한 재생산에 부합하지 않는 잉여적 성이므로 권력의 검열대상이 된다. 마이클 워너(Michael Warner)에 의하면, 가족은 인종적, 민족적 투쟁에 연대와 가치를 담보해줄 수도 있지만, 그러나 재생산모델에 치우친 기존의 가족담론은 비이성애자들에게는 "유배의 언어"일 뿐이다(12-13).

지금까지 보았듯이 퀴어이론은 성적 소수자담론으로서의 레즈비어니즘이나 게이정치학처럼 특정한 정체성의 존재론적 위상을 적극적으로 옹호하지도 않고 그렇다고 해서 구성론의 입장을 맹신하여 섹슈얼리티를 단순히 의지와 선택의 문제로 환원하지도 않는다. 퀴어이론의 정치성은 정체성이나 섹슈얼리티의 범주들이 어떤 역사적, 인식론적 과정을 거쳐서 어떻게 사회문화

---

13) "헤테로규범성"은 다른 이론들의 이성애적 전제를 비판하기 위해 사용한 마이클 워너(Michael Warner 14)의 표현이다. 워너가 편집한 *Fear of a Queer Planet: Queer Politics and Social Theory*(1994)는 인류학, 마르크스와 엥겔스의 계급이론, 프로이트의 정신분석이론뿐만 아니라 법이론, 보건담론에 들어있는 '헤테로규범성'의 전제를 분석하는 글들을 싣고 있다.

적으로 재현되고 관리되는지를 분석함으로써 지배담론에 의해 배제되거나 기형화된 성적 양식들도 유의미한 몸으로 재배치되고 사회적 의미와 가치를 실현할 수 있는 가능성을 열어놓는다는 점에서 찾을 수 있다. 이런 퀴어이론의 비전이 담긴 대표적 분석틀로 버틀러의 패로디의 정치학을 꼽을 수 있다.

버틀러에 의하면, 부취와 펨, 드랙, 양성애자, 복장도착자들처럼 규범적인 젠더정체성에서 벗어나 있는 이들이 종종 행하는 일차적 젠더 정체성(여성/남성)에 대한 패로디를 보면 해부학적인 섹스, 젠더 정체성, 젠더 연기, 이 세 가지 몸에 관련된 차원들간의 불일치와 불확정성이 드러난다(Butler 1990: 137). 이들의 젠더 패로디는 젠더 그 자체의 모방적 구조를 해체해 보여주는 것이다. 아예 모방할 원본이 있지 않다라는 사실, 다시 말해 '원본'이 환상적 구성물이라는 사실은 규범이 내세우는 존재론적 당위성을 무너뜨린다. 흔히 '고유성'이 있다고 할 때에는 "항상 그리고 오로지 강제체제의 효과로 부당하게 설정된 것"이라고 역설하는 버틀러의 관점에서 보면, 정체성은 사실은 규제체제에 의해 강제된 모방의 효과에 지나지 않으며, 그 모방이 반복되는 과정에서 규범적 이상으로 구체화된다(Butler 1991: 21). 예컨대, 드랙이 '완벽한 여성상'을 창조해내는 것은 '여성'이라는 젠더의 기호를 충실히 연기하기 때문이며, 한편 그 기호의 요구에 대해 드랙이 보이는 과장된 동조는 젠더 규범 자체의 과장된 위상을 시사한다(Butler 1993: 237). 여기서 '과장됨'은 부자연스러움, 실패를 말한다. 그렇기 때문에 버틀러는 드랙을 이성애에 대한 반대라기 보다는 이성애의 우울증에 대한 우화로 본다. 우울증에 대한 정신분석학의 설명을 보면, 상실한 사랑에 대해 이성적으로 인정하지 않고 그 대상을 심리적으로 합병하여 자아상실을 초래할만큼 병적으로 집착하는 현상이다. 이성애가 동성애에 대한 타자화를 통해 스스로 규범적 토대를 강화하는 문화적 맥락에서, 이성애적 정체성은 부인하는 사랑을 내재화한 우울증을 띠게 되는 것이다.14) 남성 젠더는 남성에 대한 금지된 사랑의 가능성을 애도하

---

14) 흔히 정신분석학이나 인류학에 의하면 이성애는 근친상간 금지를 통해 제도적으로 만들어지는 것으로 설명된다. 하지만 버틀러의 분석에 의하면 근친상간 금지는 욕망의 이성애적 지향성을 가정한 것이므로, 근친상간 금지에는 이미 동성애에 대한 금지가 필요조건으로 전제되어 있다. 그러므로 이성애적 틀 안에서 구성

기를 거부함으로써 형성되고, 여성 젠더는 사랑의 대상에서 여성을 배제해야 하지만 여성동일시를 극대화함으로써 배제된 대상을 보존한다. 드랙의 연기는 젠더 수행이 헤게머니 담론에 의해 금지된 일련의 부인된 사랑 혹은 동일시에 의해 구성된다는 사실과 정체성에는 구성적 외부가 있음을 가시화한다. 따라서 드랙의 패로디가 우화적인 방식으로 전하는 전복적인 메시지를 읽어보면, 이성애가 강박적으로 '남성' 혹은 '여성'의 과장된 젠더 정체성을 강제하는 까닭은 젠더 규범의 비효용성, 즉 젠더 규범이 부합하기 어려운 이상을 만들어내기 때문임을 알 수 있다.

이와 같이 젠더 패로디의 정치학이 시사하는 것은 젠더 규범의 작위성과 불확정성뿐만 아니라 그런 규범을 완전히 담보해내지 못하는 이성애체제의 한계이다. 또한 젠더와 섹슈얼리티가 전혀 별개의 문제가 아니라 복잡하게 중층결정되어 있음을 알 수 있다. 이런 사실들은 페미니즘과 퀴어이론이 서로 공조할 수 있음을 말해 준다. 퀴어이론의 수행성이론이나 패로디 정치학은 페미니즘에게도 가부장제의 헤게머니 담론에 대항하기 위한 효과적인 저항전략이 될 수 있다. 그러므로 페미니즘과 퀴어이론의 논점들이 상호보완적으로 작동하는 분석양식을 잠정적으로 '퀴어 페미니즘'이라고 하고, 오스카 와일드(Oscar Wilde)의 『진지함의 중요성』(*The Importance of Being Earnest*)에 대한 분석을 통해 그것의 가능성을 확인해보기로 한다.

III. 『진지함의 중요성』과 '퀴어 페미니즘'

문학텍스트는 언어라는 기호로 이루어진 구조물이며, 그것은 경험세계를

되는 동성부모와의 동일시와 이성부모(와 그 대체자)에 대한 욕망을 통해서 구성되는 젠더 정체성은 남아에게나 여아에게나 모두 문제있게 된다. 여아의 경우, 엄마에 대한 사랑을 포기해야 할 뿐만 아니라 아예 동성애적 가능성을 배제해야만 아빠나 그의 대체자들이 욕망의 대상으로 다가오고 엄마는 편치않은 동일시의 지점이 된다. 남아의 경우, 엄마는 거부된 동일시의 형태로 남게 되므로 그의 욕망에는 거부된 동일시가 내재하게 되고, 남성성은 거부(여성성, 동성애에 대한)의 논리로 구조화된다(Butler 1997: 132-150).

거울처럼 반영하는 것 같지만 결코 그것의 복사본이라고는 할 수 없다. 그
이유는 문학텍스트는 사회에서 일반적으로 통용되는 언어에 예술가의 사상
과 욕망과 비전이 함께 작용하여 창조된 것이기 때문이다. 마찬가지로 문학
텍스트 읽기에도 읽는 주체의 사상과 욕망과 비전이 함께 작용하기 때문에,
하나의 텍스트는 읽는 주체에 따라 또 하나의 새로운 텍스트로 재구성된다
고 할 수 있다. 이런 주장을 입증하기 위해 구태여 롤랑 바르트의 텍스트론
을 거론할 필요가 없다. 가까이 국내 영미드라마학계에서 우연히도 같은 해
(1999년)에 발표된 세 편의 논문들이 와일드의 『진지함의 중요성』에 관해서
각각 서로 다른 논의를 전개하고 있는 것을 참작해볼 수 있기 때문이다. 김
소임의 논문은 와일드의 '뒤집기' 전략에 초점을 두고 있고, 손동호의 논문은
와일드가 추구한 미학의 모더니티를 분석하며, 오경심의 논문은 '글쓰기'라는
모티프를 중심으로 라캉과 데리다의 이론에 기대어 와일드의 개인주의 미학
을 해명한다.15) 그러나 이런 차이들에도 불구하고 세 논문들에 공통되는 사
실이 있다. 이들은 정도와 접근방식에 있어 차이가 있지만 모두 미학적 스타
일 분석에 치중함으로써 와일드의 텍스트에 섬세하게 짜넣어진 '진지한' 제
안을 간과하고 있다. 여기에서는 와일드의 텍스트가 어떤 제안을 하고 있는
지 살펴보기로 한다.

　일반적으로 작품의 제목은 내용을 함축적으로 제시하는 것이라고 본다면
단순히 "진지함의 중요성"이 이 극의 주제이자 제안이라고 볼 수도 있을 것
이다. '진지함'은 와일드가 살았던 빅토리아조 영국사회를 지배했던 이데올로
기로서 새롭게 중심세력으로 부상한 중산층 부르주아지의 도덕적 엄숙주의
를 완곡하게 표현한 것이다.16) '진지함'의 구체적인 내용을 보면, 프로테스탄

---

15) 김소임, 「The Importance of Being Earnest 연구: 뒤집기에 대하여」, 『현대영미드라
　　마』 10호(1999년 봄): 5-37; 손동호, 「Oscar Wilde 미학의 모더니티: The Importance
　　of Being Earnestness」, 『현대영미드라마』 10호(1999년 봄): 87-106; 오경심, 「The
　　Importance of Being Earnestness에 나타난 글쓰기와 개인주의」, 『현대영미드라마』
　　11호(1999년 가을): 169-89.
16) 퀴어 비평가 앨런 신필드(Alan Sinfield)는 'Earnest'를 동성애자를 뜻하는 단어
　　'uraniste'와 같은 것으로 해석하는 일부 학자들의 견해를 반박하면서, 필자와 마찬
　　가지로 빅토리아조 중산층의 가치인 '진지함'(earnest)을 뜻한다고 주장한다(38).

트의 노동윤리인 근면과 성실, 그리고 가부장의 권위 등이 남성적 가치로서 중시되었고, 여성들에게는 순수와 순결이 여성의 미덕으로 강조됨으로써 공적 영역에서 격리된 채 기꺼이 '집안의 천사'의 역할을 수행하도록 훈육하였으며 생식적인 성을 벗어난 섹슈얼리티를 규제하였다. 그러므로 '진지함'은 와일드의 동시대인들을 지배했던 자본주의의 노동착취 음모와 가부장제의 여성억압, 그리고 이성애 규범에 의한 섹슈얼리티의 규제체제를 함축적으로 가리키는 키워드라고 할 수 있다.17)

그런데 문제는 '진지함'에 해당하는 영어 단어 'Earnest'는 '어니스트'(Ernest)라는 사람이름의 동음이의어라는 데 있다. '어니스트'는 극중 인물 잭 워딩(Jack Worthing)이 우여곡절 끝에 되찾은 자신의 진짜 이름(세례명)인 동시에 그 이전에 신분을 감추고 도시의 쾌락을 즐기기 위해 사용한 가짜 이름이었던 것이다. 하나의 단어로 진짜와 가짜를 동시에 가리키는 것은 '진지함'과는 거리가 먼 패로디의 영역에 속한다.18) 이름 '어니스트'(Ernest)는 지배담론 '진지함'(Earnest)을 무력화시키기 위해 지어낸 신조어(neologism)인 동시에 단어 오용(catachresis)이라고 볼 수 있다. 신조어나 단어오용은 규범화된 의미체계에 의문을 제기하는 불순한 의도를 내포한 것으로서, 지배담론의 한계를 가리킨다.

신필드는 와일드의 극 속에서 중산층의 가치를 거부하는 댄디의 '부박함'(frivolity)에 초점을 두고 남성 댄디의 여자같음(effeminacy)과 사교계의 유한 계급 여성들의 과잉된 여성성(femininity) 간의 유사성을 논한다. 신필드는 또한 19세기 말에 댄디의 여자같음이 반드시 동성애를 뜻하는 것은 아니었으나 간혹 그런 의미에 근접하기도 했다고 지적한다(49). 한편, 에드 코힌(Ed Cohen)은 동성애자는 빅토리아조의 '진정한' 부르주아 남성의 반대명제였으며 와일드는 저술과 재판을 통해 부르주아 범주의 진정성을 위협하는 '남자답지 못한' 신분상승자를 대표하게 되었다고 주장한다(69, 71).

17) 최근 퀴어이론의 부상과 더불어 와일드의 탈본질주의적 성향에 대한 논의가 섹슈얼리티의 문제에 치중되는 경향이 있다. 그러나 누노카와에 의하면, 와일드의 탈본질주의적 충동은 이성애 헤게머니를 거부하는 것과 같은 정도로 인간을 노동하는 기계로 전락시키는 프로테스탄트 윤리에 대한 저항이라고 볼 수 있다(Nunokawa 245).

18) 김소임도 진지함과 결혼이 이 극의 큰 틀이기는 하지만 실제로는 결혼의 의미를 철저히 부정하는 등, 풍자와 패러디 위주임을 지적한다(6-11).

한편 사회적 규범인 '진지함'(Earnest)은 잭이 가공의 인물 '어니스트'(Ernest)로 변신하게 하는 구성적 제약이 된다. 이런 사실은 '진지함'과는 정반대인 쾌락을 찬양하는 것이 극중에서 주인공 잭/어니스트에게 주어진 첫 번째 대사라는 점에서도 추정된다("오! 쾌락, 쾌락! 그것말고 사람을 움직이게 하는 것이 또 있을까?").19) 기표로서의 '어니스트'는 잭의 정체성을 숨기는 동시에 드러내는 기능을 한다. '어니스트'라는 기표는 잭이 사회의 규제적 이상('진지함') 이 몰아낸 이단적 가치인 쾌락을 추구할 수 있게 한다. 버틀러에 의하면, 정체성은 반복적인 인용에 의해 구체화되는 것이지만 그것이 변화할 가능성은 정체성의 기표를 비자기동일적인 방식으로 불충하게 인용하는 데 있다(1993: 220). 이름의 기표 'Ernest'는 규범의 기표 'Earnest'를 불충하게 인용한 것으로서, 잭을 책임있는 후견인에서 쾌락을 추구하는 주체로 재의미화 한다.

따라서 이 극의 제목은 오히려 '진지함'을 풍자하고 패로디하기 위한 것일 수도 있으며, 그것을 이해하기 위해서는 'Earnest/Ernest'라는 단어에 함축된 다중적 의미를 이해하는 일이 선행되어야 할 것이다. 특히 철저하게 비순응적이고 위반적인 미학을 추구한 개인주의적 작가였던20) 와일드가 그의 텍스트에서 가장 핵심적인 단어를 사회의 규제적 이상과 한 개인의 정체성이 교차하는 장소로 제공했다는 사실은 각별히 주목을 요한다.

무엇보다도 이름짓기는 가부장의 독점적인 특권이다. 버틀러에 의하면 "이름은 일종의 금지로서 기능하지만 또한 발생동기로서도 작용한다"(Butler 1993: 152). 우선, 이름은 그것이 지시하는 대상에 특정한 자기동일성을 부여하는 기능을 갖고 있어서, 그 이름으로 호명되는 주체가 성립하게 한다. 그러나 정작 그 이름의 지속성과 가시성과 합법성을 담보하는 것은 사회적 규약이다. 따라서 라캉에 의하면 "이름짓기는 두 주체가 동일한 대상을 동시에 인식하기로 합의하는 데 근거가 되는 규약을 구성하는 것이다"(Seminar II 169; Butler 1993: 152 재인용). 그 규약은 '아버지의 법'(the Law of the Father)

---

19) Wilde, The Importance of Being Earnest. The Complete Works of Oscar Wilde. p. 323. 향후 이 텍스트의 인용은 괄호안에 쪽수만 표시함.

20) 와일드의 위반적 욕망과 미학, 개인주의에 대한 세밀한 논의는 Jonathan Dollimore, Sexual Dissidence, 1장과 4장 참조.

에 기초한 것이며, 한편 '아버지의 법'은 아버지의 이름(patronym)이 영속할 수 있도록 한 부계상속장치이다. 앞에서 본 것처럼 부계상속은 여성의 교환을 통해 확립된다. 서양의 결혼관습에서 여성은 결혼하면 성을 바꾼다. 여기서 알 수 있듯이 이름 자체는 결코 영속적이지 못하며, 아버지의 이름이 영속적인 것처럼 보이는 데 필수적인 요건은 여성 이름의 교환가능성이고, 이름에 합법성을 부여하는 사회적 규약 속에는 남성주의와 이성애적 특권이 함축되어 있는데 아무도 그것을 문제삼지 않기 때문에 고유명사가 지시적 기능을 한다고 버틀러는 지적한다. 결국 "이름을 가진 주체의 지속성은 고유명사의 기능이라기 보다는, 위계적인 친족제도의 축도라고 할 수 있는 아버지의 이름의 기능인 것이다"(Butler 1993: 154).

이와같이 이름에 관련된 사회적/상징적 차원을 염두에 두고 제목의 Earnest를 이름 Ernest의 동음이의어로 볼 경우, 이 극이 제안하는 "진지함의 중요성"은 첫째, 그 이름의 주인공인 잭의 정체성과 결부되어 있으며, 둘째 모든 극중 인물들이 다양한 방식으로 그 이름과 관련되어있다는 사실에서 유추해 볼 수 있듯이 개인의 존재양식과 '아버지의 법'이 지배하는 사회적/상징적 질서의 관계와 결부되어 있다고 말할 수 있다. 또한 버틀러의 시도처럼 이름의 기능을 친족제도의 맥락에서 해명하는 것은 젠더와 섹슈얼리티의 문제를 수반한다. 따라서 페미니즘의 젠더 이론과 퀴어이론의 이성애규범성 비판은 '어니스트'라는 이름에 연루된 문제들을 분석하는 데 유용한 관점과 어휘들을 제공해 줄 수 있다.

하나의 단어에 다중적인 의미가 중첩되어 있다는 것은 고정된 질서를 교란시킬 수 있는 가능성이 있음을 뜻한다. 먼저 잭의 정체성과 관련하여 살펴보자. 앨저논(Algernon)을 비롯한 도시의 친구들에게 잭은 어니스트라는 가명으로 알려져 있다. 그런데 그가 후견인으로 돌보는 쎄실리(Cecily)에게서 선물받은 담배곽을 앨저논이 우연히 습득하여 거기에 새겨진 잭의 이름이 어니스트가 아니라는 것을 발견한다. 앨저논이 담배곽에서 또 어니스트 워딩으로 적힌 명함을 끄내들며 "너는 내 평생 본 중에서 가장 진지해 보이는 사람이다. 너의 이름이 어니스트가 아니라고 말하는 것은 정말 황당하다"라고 항의하자, 잭은 "내 이름은 도시에서는 어니스트이고 시골에서는 잭인데, 담배

곽은 시골에서 받은 것"이라고 대답한다(325). 그리고 이중이름을 갖는 동기로서, 후견인의 임무를 수행하는 데 매우 도덕적인 어조를 유지해야 하지만 그런 자세가 지나치면 자기 건강이나 행복에 도움이 되지 않기 때문에 도시에 나오기 위해서 알바니에 어니스트라는 골치덩어리 동생이 있다고 가장한다고 설명한다. 이 말을 들은 앨저논은 잭을 가장 세련된 번버리스트(Bunburyist) 중 한 사람이라고 말하면서 자기도 시골에 가기 위한 구실로 '번버리'(Bunbury)라는 이름의 아주 병약한 친구를 지어냈음을 고백한다(326). 번버리를 핑계로 앨저논이 피하고자 하는 것은 가족 혹은 친척과의 회동이다. '번버리스트'인 잭이 '어니스트'로 변신하는 것도 앨저논과 같은 목적에서이다. 간략히 말해, '어니스트'와 '번버리'는 각각 잭과 앨저논이 특정한 목적하에 만들어낸 허구적 인물들의 이름이다. 이 가짜인물들/이름들은 잭과 앨저논이 도덕적 엄숙주의가 짓누르는 가족/친족제도로부터 벗어날 수 있도록 기능한다.

그런데 잭과 앨저논에게 가짜 이름은 단순히 일시적인 방편에 그치지 않는다. 그들이 가짜 이름을 사용하는 것은 앞에서 보았던 퀴어 수행성의 예가 된다. 시골과 도시에서 각각 잭 혹은 어니스트로 변신하는 것은 고정된 정체성 대신에 담론적 상황에 따라 유동적인 주체구성이 가능하고 언제나 재협상을 할 수 있다는 것을 보여준다. 앨저논이 잭을 "번버리스트"라고 부르는데서 알 수 있듯이 가짜 이름들은 그들의 정체를 새롭게 구성한다. 또한 돈이 있더라도 어니스트의 이름으로 행세할 때에는 결코 돈을 지불하지 않는다는 잭의 말에서 알 수 있듯이 가짜 이름은 그들의 행동을 새롭게 양식화한다. 또 잭이 궨돌른(Gwendolen)에게 청혼할 것을 생각하면서 어니스트를 죽이겠다고 말하는 것은 가짜 이름들이 구성하는 정체성과 행동은 결혼제도, 즉 이성애 제도에 배치되는 것이기 때문이다. '어니스트'는 쎄실리에 대한 잭의 가부장적 후견인 역할을 정지시키는 한편, '번버리'는 가족(친족)관계망의 밖에 위치하거나 혹은 이성애 커플 사이에 개입하여 가족의 폐쇄구조를 파괴한다.

한 와일드 학자에 의하면 '번버리'라는 단어의 출전은 와일드가 구독하던 조간지(*The Morning Post*)의 부고란에 실린 사망자이름 리스트라고 한다(Mackie 328-29). 이미 죽은 자들의 이름은 모든 사회적/제도적 관계망으로부터 자유로운 신분인 동시에 모든 의무와 채무로부터의 해방을 말한다. 다시 말해 잭과 앨저논이 번버리스트로 남아있는 한, 그들은 '아버지의 이름'과 무관한 잉여적 존재들이며 '아버지의 법'이 제정한 사회적/상징적 질서를 위반하고 위협한다. 극의 표면에서 잭 - 궨돌른, 앨저논 - 쎄실리의 이성애적 결합이 이루어지지만 그것은 잭의 신분이 어니스트임이 드러남으로써 가능해진 것이다. 궨돌른은 어니스트 행세를 하는 잭을 만나기도 전에 이미 앨저논의 친구라고 알려진 어니스트의 이름과 사랑에 빠졌는데, 그 이유는 "삶의 현실과 전혀 무관한 형이상학적인 상념"(330) 때문이라고 한다. 또한 그녀는 흔히 '잭'의 이름을 가진 자들은 평범하기 짝이 없는 자들이며 따분한 가정생활을 연상시키기만 한다고 일축한다. 영국에서 '잭'은 전형적인 영국인을 뜻하는 '존'의 애칭이라는 점을 고려한다면 궨돌른이 반대하는 것은 규범의 코드들이다. 궨돌른에게 이름 '잭'은 정형화된 빅토리아조 가정을 가리키는 기표에 다름아니다. 그러므로 잭이 어니스트임이 드러난 이상 결혼은 성사되겠지만 궨돌른이 꿈꾸는 것은 성실한 가정생활이 아니라 그것에서 벗어나는 것이므로 결국 남편이 돼버린 어니스트 대신 다른 사람을 동경하게 될 것이다. 그렇기 때문에 앨저논도 잭에게 "결혼생활에서 셋은 일행이지만 둘은 아무것도 아니다."(327)라고 하면서 비록 잭이 어니스트 행세를 그만두고 궨돌른과 결혼한다고 하더라도 궨돌른이 스스로 번버리를 찾게 될 것이라고 말하는 것이다. 따라서 극의 마지막에 잭이 말하는 "어니스트인 것의 지극한 중요성"(384)은 전복적인 이중의미를 갖는다. '어니스트'는 한편으로는 잭이 새롭게 획득한 가족관계망 속의 정체성을 지칭하는 것이지만, 또 한편으로는 번버리스트의 가짜 정체성을 가리키는 불순한 기표로서 이성애와 비이성애 섹슈얼리티 사이의 경계를 불확정한 것으로 만드는 것이다.

또한 극의 결말에 잭의 본명이 어니스트였음이 돌연 밝혀지는 것은 기존의 부계이름상속제도가 건재함을 증명하는 것이라기보다 오히려 그 제도를 조롱하는 것이라고 볼 수 있다. 잭의 이름 확인에 앞서 가족관계가 먼저 확인된다.

　　프리즘 양: … (브래크넬 부인을 가리키며) 당신이 정말로 누구인지

말해 줄 수 있는 부인이 저기 서 계십니다. (무대 뒤로 물러난다.)
잭 (잠시 멈춘 후에): 브래크넬 부인, 귀찮게 해드리고 싶진 않지만,
내가 누구인지 말씀해주시겠어요?
브래크넬 부인: 내가 알려주는 것이 자네 마음에 들 지 모르겠군.
자네는 내 가련한 여동생, 몽크리프 부인의 아들이고 따라서 앨저논
의 형이라네.
잭: 앨지의 형이라고요! 그렇다면 나는 마침내 동생이 있네. 난 동생
이 있는 줄 알았어! 난 동생이 있다고 늘 말했지! 쎄실리, 내가 동생
이 있다는 걸 감히 어떻게 의심할 수 있었느냐 말야! (앨저논을 붙잡
으며) 채수블 박사님, 내 복없는 동생입니다. 프리즘 선생님, 내 복없
는 동생입니다. 궨돌른, 내 복없는 동생입니다. 앨지, 너 이 악당, 앞
으론 나에게 좀 더 존경하는 태도를 보여야 할 것이다. 한 번도 나를
형으로 대한 적이 없었잖아. (380)

여기서 관심의 초점은 잭의 새 이름보다도 새로운 가족의 구성에 있다. 이
가족에서 아버지의 흔적은 없다. 잭이 기뻐하는 것은 동생이 생겼다는 사실
이며 더욱이 그 동생이 앨저논이라는 점이다. 잭/어니스트와 앨저논이 이루
는 형제간의 가족은 부모와 자식으로 이루어진 기존의 위계적인 가족과는
전혀 다르다. 더욱이 우리는 이미 앨저논이 가족제도에 구속되기를 싫어하는
번버리스트라는 것을 알고 있다. 또한 잭이 새롭게 획득한 정체성도 번버리
스트인 잭을 지시하던 기표 '어니스트'에 의해 재현된다는 사실을 함께 고려
해보면, 잭과 앨저논이 맺게 된 형제관계는 혈연에 의한 확정적 관계를 뜻하
기보다는 가족제도 밖에 위치하던 번버리스트들이 규범적인 가족의 틀을 재
전유하여 그들 사이의 관계를 가시화한 것으로 볼 수 있다. 이 점은 잭이 궨
돌른에게 늘 자기 이름이 어니스트라고 말했던 것을 주지시키면서 "그래, 결
국 내 이름이 어니스트이네. 내 말인즉 **자연적으로 어니스트**라는 것이
지"(383, 필자 강조)라고 경탄하는 데서도 추론할 수 있다. 즉 번버리스트인
'어니스트'와 가족관계망 속에 진입한 '어니스트'는 별개의 몸이 아니라 기표
의 반복적 인용으로 인해 형상화된 하나의 유의미한 몸인 것이다.
　가부장적 성/젠더체계의 상징이자 법적 토대인 '아버지의 이름'은 족외혼
이라는 사회적 교환을 성립시키고 또 그 교환은 '아버지의 이름'의 영속성을

보장하는 장치다. '아버지의 이름' 또는 '아버지의 법'이 갖는 권위는 이성애를 규범적 성애로 성문화함으로써 비생식적 성을 이단으로 규정하는 데 있다. '어니스트'라는 이름의 중요성은 그런 아버지의 이름을 대체했다는 데 있다. 거세의 위협과 근친상간 타부와 같이 기존의 가족을 정의하고 지탱하던 금지/ 배제의 명령은 더 이상 잭/ 어니스트와 궨돌른, 앨저논과 쎄실리가 결합하는 데 장애가 되지 않는다. 궨돌른이 잭/ 어니스트에게 결혼요건으로 어니스트의 세례명을 요구하는 것은 여성 대신에 '아버지의 이름'을 교환대상으로 만들어 족외혼제도를 패로디한 것이다. 어거스타 이모가 기억하기도 싫어할 정도로 엄격한 가부장이었던 몽크리프 장군의 이름은 이미 멸망해가고 있는 제국의 장교 리스트에서나 찾아볼 수 있는 것으로 유명무실하게 되었다. 그 뿐만 아니라 '어니스트'는 일탈적 쾌락을 추구하는 잭의 기표라는 사실이 암시하듯이 잭과 궨돌른이 '어니스트'라는 이름으로 새롭게 구성하는 가족은 비록 표면상으로 이성애적인 결합이라고 하더라도 가부장의 이름의 권위에 의해 정의되던 규범적 이성애 결혼과 같을 수 없다. 궨돌른은 쾌락을 보장하는 '어니스트'를 획득함으로써 여성을 집안의 천사와 재생산 담당자로 제한하는 빅토리아조의 도덕적 엄숙주의로부터 해방될 수 있게 된 것이다.

IV. 글을 나가며

이 글의 서두에서 보았듯이 초기의 페미니즘이 지지했던 정체성의 정치학은 포스트구조주의적 주체이론과 충돌하지 않을 수 없었다. 페미니즘은 백인 중산층 여성들의 주도하에 이론화되는 과정을 거침으로써, '여성'이라는 정체성 혹은 '우리 여성들'라는 집단적인 페미니즘 주체의 설정이 계급, 인종, 지역, 섹슈얼리티 등 다른 차이의 지점들을 간과하거나 억압하는 결과를 초래했기 때문이다. 포스트구조주의 이론은 고유 정체성이나 단일한 주체 따위는 환상에 불과하고 차이를 생산하는 관계망 속에서 주체가 구성된다고 역설한다. 차이를 강조하는 것은 일부 이론가들이 일부 페미니즘 진영 내부에 불일치와 갈등을 조장한다고 우려하는 것과는 달리, 다양한 억압 기제들에 대한 주의를 환기시켜 주는 동시에 그런 기제들을 바꾸어낼 수 있는 새로운 의미 생성의 가능성을 시사한다. 푸꼬가 밝혔듯이 권력의 전개는 세력관계들의 전략적 배치를 통해서 이루어지기 때문이다. 퀴어이론이 섹슈얼리티에 관한 포스트구조주의적 입장을 발전시켜 이성애의 헤게머니를 해체하는 방식은 페미니즘이 젠더중심적 틀의 자기폐쇄성을 극복하고 좀 더 역동적인 변화를 담보해낼 수 있는 이론으로 전화하기 위해 나아갈 방향을 시사해준다. 와일드의 극중 인물들에 대한 앞의 분석에서처럼, 주체의 구성적 차원과 수행성을 강조하는 퀴어이론은 페미니즘이 이분법적인 젠더체계의 억압구조에서 벗어나 적극적으로 변화를 일구어내는 방법을 찾는 작업에 즐거운 동반자가 될 수 있다.

인용 문헌

김소임. *"The Importance of Being Earnest* 연구: 뒤집기에 대하여." 『현대영미 드라마』 10 (1999): 5-39.

노승희. 「페미니즘 이론의 실천적 지평―젠더와 성정치」. 『페미니즘 어제와 오늘』 한국영미문학페미니즘 편. 서울: 민음사, 2000. 387-420.

손동호. "Oscar Wilde 미학의 모더니티: *The Importance of Being Earnest.*" 『현 대영미드라마』 10 (1999): 87-108.

오경심. 「*The Importance of Being Earnestness*에 나타난 글쓰기와 개인주의」. 『현대영미드라마』 11호(1999년 가을): 169-89.

Bordo, Susan. *Unbearable Weight: Feminism, Western Culture, and the Body.* Berkeley: U of California P, 1993.

Butler, Judith. *Gender Trouble: Feminism and the Subversion of Identity.* New York: Routledge, 1990.

_____. "Imitation and Gender Insubordination." *Inside/Out: Lesbian Theories, Gay Theories.* Ed. Diana Fuss. New York: Routledge, 1991. 13-32.

_____. *Bodies That Matter: On the Discursive Limits of "Sex."* New York: Routledge, 1993.

_____. *The Psychic Life of Power: Theories in Subjection.* Stanford: Stanford UP, 1997.

_____. "Against Proper Objects." *Feminism Meets Queer Theory.* Ed. Elizabeth Weed and Naomi Schor. Intro. Elizabeth Weed. Bloomington: Indiana UP, 1997.

Cohen, Ed. "Writing Gone Wilde: Homoerotic Desire in the Closet of Representation." Ed. Reginia Gagnier. *Critical Essays on Oscar Wilde.* New York: G. K. Hall, 1991. 68-87.

de Lauretis, Teresa. "Queer Theory: Lesbian and Gay Sexualities." *Differences* 3.2 (1991): iii-xviii.

Dollimore, Jonathan. Sexual Dissidence: *Augustine to Wilde, Freud to Foucault*. London: Oxford, 1991.

Green, William. "Oscar Wilde and the Bunburys." *Modern Drama* 21 (1978): 67-79.

Gubar, Susan. "Feminist Misogyny: Mary Wollstonecraft and the Paradox of 'It Takes One to Know One." *Feminism Beside Itself*. Ed. Diane Elam and Robyn Wiegman. New York: Routledge, 133-154.

_____. "What Ails Feminist Criticism?" *Critical Inquiry* 24 (Summer 1998): 878-902.

Irigaray, Luce. *This Sex Which Is Not One*. Ithaca: Cornell UP, 1985.

Jagose, Annamarie. *Queer Theory: An Introduction*. New York: New York UP, 1996.

Mackie, W. Craven. "Bunbury Pure and Simple." *Modern Drama* 41 (1998): 327-330.

Martin, Biddy. "Sexualities without Genders, and the Limits of Subjective Agency." *Diacritics* 24.2-3 (1994): 104-121.

Nunokawa, Jeff. "The Protestant Ethic and the Spirit of Anorexia: The Case of Oscar Wilde." *What's Left of Theory: New Work on the Politics of Literary Theory*. Ed. Judith Butler, John Guillory and Kendall Thomas. New York: Routledge, 2000. 240-272.

Rubin, Gayle. "The Traffic in Women: Notes on the 'Political Economy' of Sex." *Toward an Anthropology of Women*. Ed. Rayna R. Reiter. New York: Monthly Review, 1975.

Sedgwick, Eve Kosofsky. *Tendencies*. Durham: Duke UP, 1993.

Sinfield, Alan, "'Effeminacy' and 'Femininity': Sexual Politics in Wilde's Comedies." *Modern Drama* 37 (1994): 34-52.

Warner, Michael. "Introduction: Fear of a Queer Planet." *Social Text* 29 (1991): 3-17.

Warner, Michael, ed. *Fear of a Queer Planet: Queer Politics and Social Theory*. Minneapolis: Minnesota UP, 1994.

Weed, Elizabeth. "Introduction." *Feminism Meets Queer Theory*. Ed. Elizabeth Weed and Naomi Schor. Bloomington: Indiana UP, 1997. vii-xiii.

Wilde, Oscar, *The Importance of Being Earnest. The Complete Works of Oscar Wilde*. Intro. Vyvyan Holland. New York: Harper & Row, 1989.

Melville의 "Benito Cereno"
-미국적 이데올로기와 이중서술기법을 중심으로-

박 미 정
(한국외국어대)

I

20세기에 이후 미국적 민주주의에 대한 문제 제기와 더불어 미국의 역사와 문화를 다시 비판적으로 재고찰해 보고자하는 움직임이 현저해졌다. 이러한 끊임없는 비판과 도전의 정신은 인간 역사를 발전시킨 힘일 뿐만 아니라 문학에 대한 규정과 접근 방법을 활성화시키는 데에도 자극제가 되고 있다. 이러한 경향은 문학 텍스트가 고정되고 일관된 의미체계가 아니라 실제와의 관계 속에서 빚어지는 복잡다단한 의미층이라는 인식과 더불어 텍스트의 해석 방법에 있어서도 컨텍스트와의 관련성 속에서 보다 면밀하게 살펴볼 필요가 있음을 환기시켜주었다. 짧은 역사 속에서도 인간의 가능성과 잠재성의 실현이 이루어졌다고 자부하는 미국의 경우, 초기 건국의 이념인 종교적인 믿음과 민주주의의 실현이라는 담론 배후에는 역설적으로 타인종에 대한 억압과 다양한 견해에 대한 획일화 그리고 이를 가능하게 하는 이데올로기적 역할의 강화라는 어두운 그림자가 드리워져 있다. 이러한 모순적이고 이중적인 역사, 특히 국가주의적 팽창주의라는 대의가 강하게 작용하던 19세기 미국의 현실을 작가는 문학적으로 어떻게 형상화했는지를 살펴보는 것은 대단히 흥미있는 주제임에 틀림없다. 이 글에서 당대 미국 르네상스시기의 대표적 작가중의 한 사람인 멜빌(Herman Melville)의 중편소설, 「베니토 세레노」 ("Benito Cereno")를 살펴보려는 시도 또한 위와 같은 취지에서이다. 이 작품 은 종교적, 형이상학적, 심리적, 사회사적 소재들이 중첩되어 있을 뿐만 아니 라 작품의 전체 구성 자체도 독특하기 때문에 다양한 해석을 유발해왔다.

『미국의 르네쌍스』(The American Renaissance)에서 미국문학의 전통을 민주 주의의 실현에 기여한 궤적이라는 특징으로 설정하여 문학과 문화사를 관련 시켜 문학사를 기술한 매티센(Matthiessen)의 경우도 미국적 전통을 협소하게 제한시킨 나머지 「베니토 세레노」에 대해 기존의 비평적 견해에서 벗어나지 않는 흑과 백, 악과 선의 이분법적 대결구도로 설정하였다. 그러나 이럴 경우 실제 작품이 역사적 현실과 관련하여 지닌 복합적 의미와 역동성을 사상시 킬 우려가 있다.

실제로 멜빌이 이 작품을 썼던 1850년대는 특히 노예제에 대한 남북의 정 치적 견해가 첨예하게 대립되고 있었을 뿐만 아니라 아미스태드(Amistad)나 크레올(Creole) 등의 항해중인 여러 배에서 노예해방을 이루려는 반란도 적지 않아 백인 대중들 사이에 심리적 두려움과 위기감이 팽배해있었다. 당시 노 예 폐지론에 대해 보다 진보적이었던 미국 북부에서는 국가적 단결을 위한 남북 연방이라는 더 큰 대의를 유지하기 위해 불가피하게 1850년 협약, 즉 북부로 도망해 온 노예라 할지라도 남부로 다시 돌려보낸다는 이른바 '도망 노예법'(Fugitive Slave Act)을 제정하여 노예 폐지론자들로부터 강한 비난을 받았다. 이런 사회적 분위기 속에서 멜빌이 선상의 노예 반란을 소재로 다룬 소설을 출판했다는 것은 특별한 의미를 지닌다고 볼 수 있다.

원래 이 중편소설은 당시의 선장이었던 아마사 딜라노(Amasa Delano)의 여행기인 「항해와 여행기」(A Narrative of Voyages and Travels)(1817)를 멜빌 이 개작한(rewriting) 작품이다. 멜빌은 보잘 것 없는 대중적 작품이나 사소한 사건, 신문기사 거리일지라도 당대의 다른 작가, 즉 "예리한 시각을 견지하는 독자"(a lynx-eyed reader)의 창조적인 상상력에 이바지하는 바가 크다고 언급 한 바 있다(Reynold 4). 작품의 상호 텍스트성을 과감하게 정당화하고 있는 이 말에 의거하여 보면 그가 텍스트의 근거가 되는 전 텍스트(pre-text)를 바 라보는 작가의 시각이나 의도를 중요하게 간주했다는 이야기가 된다. 스스로를 예리한 시각을 가진 독자로 자부한 멜빌은 또한 「베니토 세레노」에서 자신의 텍스트를 대하는 독자의 면밀한 읽기를 기대한다는 암시를 많은 부분에서 던지고 있다. 멜빌이 독자에게 자신의 텍스트를 세심하게 제대로 읽어낼 것을 요구하는 것은 회고적 시점을 사용하여 시간적 순서를 무시한 이야기의 구성과 화자의 이중적 목소리의 말하기의 서술전략을 활용하고 있다는 점과 관련지어볼 수 있다.

이 글에서는 멜빌이 활용하고있는 이중 서술양식을 통해 자신의 모습일수도 있는 미국적 이데올로기에 젖은 전형적인 미국인의 무지와 한계를 폭로하는 한편, 그것과 비판적인 거리를 유지함으로써 자신과 동시대인이 처한 갈등 상황을 암시한다고 하는 점에 중심을 두어 이를 천착해보려 한다. 이와 같은 시도를 통해 독립적인 듯이 분리되어있는 작품의 구성, 즉 딜라노 (Delano)의 모험이야기와 노예의 반란을 판결한 재판기록문, 그리고 공간상 결말 부분에 배치된 두 인물, 베니토(Benito)와 딜라노의 대화의 장면, 이 모호한 세 부분의 구성을 유기적으로 관련시켜 볼 수 있을 것이다.

II

「베니토 세레노」의 전반부는 전형적인 미국 백인이라 할 수 있는 딜라노가 그의 도움이 필요해 산타 마리아(Santa Maria)항에 정박중인 노예 매매선 산 도미니크(San Dominick) 호의 내부에서 벌어졌던 사건을 이해해 가는, 그래서 궁극적으로 노예반란 사건의 정체와 음모를 알아나가는 과정에서 비롯되는 각 인물들 간의 속임과 갈등 그리고 그것이 해소되는 과정을 그리고 있다. 이 작품을 대하는 대부분의 독자는 온정적인 성격의 소유자이면서 배철러스 딜라이트(Bachelor's Delight)라는 배의 선장이라는 지위를 가진 백인의 시각과 자신의 시각을 동일시하면서 그를 통해 사건을 바라다보고 체험을 공유하게 된다. 더구나 작품내용이 주는 불가해한 요소가 주는 의문과 긴장감으로 인해 인물이나 구체적인 세목보다는 사건 중심으로 작품에 접근하게 되는 것이 일반적인 독서 경험이 될 것이다.

그리고 이어지는 재판 기록문은 딜라노가 노예선 내부에서 느낀 혼란스러운 인상과 경험을 보다 일목요연하게 객관적으로 정리해 주고 사건에 얽힌 의혹을 풀어주는 역할을 한다. 따라서 법률 기록문이라는 담론이 지니는 권위에 의거하여 앞서 전개된 이야기에 대한 독자의 궁금증이 해소되며, 사건의 발단이었던 노예들의 불법적이고 폭력적인 반란이 정의롭게 처벌되는 상황은 지극히 온당하게 보인다. 그러나 재판기록문에 이어지는 결말 부분에서 같은 사건을 경험한 스페인 선장인 베니토와 딜라노의 대화를 통해, 흑인 노예들의 위협을 받았던 베니토의 경우 흑인이라는 존재가 그에게 남긴 어두움에서 자유롭지 못하며 이러한 점으로 인해 낙관적인 태도를 보이는 딜라노와의 심리적인 거리감이 증폭되고 있다는 느낌에 이르면, 결말부분에 이르러 독자는 오히려 해석상의 어려움에 부딪치게 된다. 이 대목이 바로 「베니토 세레노」를 다시 읽어야 할 동기를 제공해준다.

재판이 이루어지는 장소인 리마(Lima)에 이르기 전에 배의 선상에서 이루어지는 대화를 재판의 결과를 담은 기록문 뒤인 결말부분에 의식적으로 위치지움으로서 이 이야기는 노예의 불법적인 반란과 그들의 음흉한 음모를 봉쇄해 버리는 미국 백인 선장의 영웅담 이상의 의미를 담게 되는 것이다. 작가는 작품의 초두에서 딜라노의 성격을 파악함에 있어 지각있는 독자의 판단을 기대한다는 암시를 던진다.

> Whether, in view of what humanity Is capable, such a trait implies, along with a benevolent heart, more than ordinary quickness and accuracy of intellectual perception may be left to the wise to determine. (218)

작가는 바로 앞에서 딜라노를 "의심할 줄 모르는 선량하고 단순한 성격의 사람"(a person of a singularly undistrustful good nature)이라고 긍정적으로 평가하는 태도를 취하면서도, 다음에서 그러한 선량한 성격이 보다 지적인 예민함을 결여하고 있음을 은근히 암시하면서 독자의 섣부른 신뢰를 다시 거두고 있다. 또한 딜라노에 대한 작가의 설명을 고려할 때 그가 당시 19세기 국가팽창주의와 낙관주의를 대표하는 미국적 자아의 전형이라는 점에서 보면, 구시대의 악습을 피해 신대륙에 건너온 미국인이 주창한 '새로운 인간성의 진보적인 실현'이라는 대의와 그 결과에 대해 의문을 제기하고 있다고도 볼 수 있으며, 앞으로 전개될 내용이 그러한 인간성의 탐구와 그것을 보여주는 장이 될 것이라는 의도로 읽을 수도 있다. 화자는 딜라노가 산 도미니크호의 상황을 파악해 나가는 과정에서 그를 가리켜 "우둔한 사고에 갇힌 미국인의 시각"(the blunt-thinking American's eyes, 217) "미국인의 자선"(this American Charity, 225), "음모를 모르는 미국인의 순진함"(the singular guilelessness of American honest, 267) 등으로 표현하고 있고, 작중 인물인 스페인 선장 베니토 또한 딜라노의 "미숙한 시각"(inexperienced eyes, 230)을 지적하고 있다. 여기서 미국적 전통과 자아에 관해 관심을 기울인 제임스(Henry James)가『미국인』(The American)이나『데이지 밀러』(Daisy Miller)에서 유럽인의 간교한 악과 미국인의 순진함과 무지를 대비시켜 궁극적으로 후자를 옹호한 경우를 상기할 수도 있겠으나, 이 소설에서 화자가 딜라노를 보는 시각은 좀 더 복합적이며 미묘하다. 즉, 화자는 하루동안에 산 도미니크 호에서 베니토와 함께 생활하면서 배후의 음모를 알아차리지 못하는 딜라노의 무지를 개인의 지적 능력의 결함이라기보다는 미국인의 규범적이고 전형적 성격에 기인한 특성으로 설정하고 있음을 감지할 수 있다.[1]

화자가 딜라노를 바라보고 표현하는 어조 속에는 명백히 거리감이 존재하는데, 이는 서술구조 속에 그가 딜라노를 읽는 하나의 방식, 담론이 내재되어 있기 때문이다. 여기서 소설의 특성을 혼종적인 언어의 교차와 그 대화적 성격으로 설명한 바흐찐(Mikhail Bakhtin)의 이론을 적용하여 생각해 본다면, 화자의 담론은 내적 대화의 형식에서 이차적인 목소리가 해내는 역할에 해당된다고 볼 수 있다. 담론의 유형학을 분류한 바흐찐은 개인이 사회집단의 규범과 이데올로기에 직면해서 갈등을 일으키는 경우, 소설 내에서 개인 내부의 내적 대화는 이중적인 목소리로 드러나며 우세한 목소리가 다른 목소리

---

1) 미국적 이데올로기와 관련하여 Delano를 자세히 분석한 글로는 James H. Kavanagh의 'The Hive of Subtlety. "Benito Cereno" and the Liberal Hero'를 볼 것. 또한 당시의 도망노예법과 상관관계하에 접근한 신역사주의적 입장을 보여주는 글로 Brook Thomas의 'The Legal Fictions of Herman Melville and Lemuel Shaw'가 설득력이 있다.

를 패로디화하는 경향을 지닌다는 점을 지적하였다(Bakhtin 259-422. 토도로
프 105-6에서 재인용)2). 이런 관점에서 화자, 나아가 작가는 딜라노를 미국적
이데올로기에 침윤된 자신의 모습으로 객관화시켜 보기도 하면서, 의식적으
로 그것과 비판적 거리를 유지하면서 그 성격을 패로디화하고 있다고 볼 수
있다. 실제로 작품 속에서 화자는 때로는 딜라노의 의식 속에서 그를 대신하
여 말하고 있기도 하지만, 다른 한편 비판적 어조와 자의식적 태도로써 자신
의 입장을 견지하고 있다. 레이놀드(David Reynold)는 멜빌의 소설에서 드러
나는 규범적 인물 유형을 「필경사 바틀비」("Bartleby the Scribner")에서 중심
화자로 등장하는 자본주의 도시의 중산층 인물인 법률가와 미국적 자긍심과
선량한 성격을 지닌 딜라노를 같은 맥락에 위치지우면서, 이 두 소설은 모두
전형적인 미국적 인물이 전복적(subversive)이고 불가사의한 인물에 직면하여
그들이 겪는 심리상태의 불안감과 궁극적 한계를 노정시켰다고 평가기도 하
였다(297-8).

작품의 중요인물인 딜라노는 당시 19세기에 미국이 표방한 대의, 즉 신의
섭리가 실현되는 땅에 기반한 선민 의식과 국가적 가치관의 영토확장을 정
당화하는 '명백한 운명'(Manifest Destiny)3)이라는 슬로건으로 집약될 수 있는
팽창주의와 낙관주의적 시각을 견지한 미국인으로 구현되어있다. 자아문제
와 관련하여 알뛰세(Althusser)의 이데올로기에 대한 정의, 즉 '실제에 대한

---

2) 멜빌이 이러한 이중적 서술의 양식을 사용하는 것은 이 작품에만 한정된 것은 아
   니다. 일례로 이러한 바흐찐의 이중서술담론을 빌어 조금 다른 맥락에서 『모디
   딕』의 화자인 이쉬마엘의 내러티브를 분석한 포터(Carole Porter)도 다음과 같이 말
   하고 있다. 즉 멜빌은 이쉬마엘의 내러티브를 활용하여 그가 전복하려고하는 문화
   적 권위를 빌어 그것을 해체하려한다는 것이다. 그는 문화적으로 합법화된 언어를
   의도적으로 사용하여 큰 위험을 감수하지 않고도 독자들이 가져온 신념이나 시각
   을 불안정한 것으로 흩뜨려놓는 효과를, 즉 규범화된 경계들을 혼란스럽게 모호하
   게 만들어버린다고 말한다. "How to make Double-Talk Speak," *New Essays on Moby-
   Dick*(Cambridge: Cambridge UP, 1986). 93-94.
3) 1824-8년을 즈음한 Jackson 시대의 팽창주의 시대의 슬로건. 이 말은 1845년 뉴욕
   의 잡지 편집자인 John O'Sullivan의 "해마다 늘어가는 우리 국민의 자유의 실현을
   위해 신이 마련해 준 대륙으로 퍼져나가는 것이 우리의 운명"이라는 언급에서 유
   래된 것이다. 이주영의 「미국사」, p. 120 참조.

개인이 상상적으로 체험하는 관계'를 상기해 본다면, 이데올로기는 한 개인이 감각을 통해 지각할 수 있는 경험의 틀을 제한하고 그의 사회적 역할 규범을 내면화시키는 역할을 한다고 볼 수 있다. 산 도미니크 호의 낯선 상황에서의 딜라노의 경험양식은 당시 인종주의와 유아주의에 경도된 미국적 이데올로기를 그대로 보여준다. 딜라노와 관련하여 등장하고 있는 단어들이 암시하듯이, 그가 존중하는 가치는 질서라든가 권위, 예의와 같은 것인데 이런 상황에서 벗어난 경우 그는 불편함과 불안감을 느끼게 된다. 전반부에서 스페인 선장 베니토의 강력한 지도력의 부재로 인해 야기되는 백인과 흑인노예 사이의 질서체계의 혼란을 목격하고 딜라노는 불쾌감과 아울러 의아함을 느끼게 되는데, 한편 그의 이러한 의심을 해소시켜주는 것은 흑인 노예들이 보여주는 성실성과 주인에 대한 충실성이며 병중에 시달리는 베니토를 세심하게 보살펴 주는 흑인 노예인 바보(Babo)에 대해 딜라노가 느끼는 감정은 계급관계를 넘어선 인간적인 교감으로까지 고양되어 표현된다.

> 'Faithful fellow!' cried Captain Delano. 'Don Bonito, 1 envy you such a
> friend ; slave I cannot call him' As master and man stood before him,
> the black upholding the white, Captain Delano could not but bethink him
> of the beauty of that relationship which could present such a spectacle of
> fidelity on the one hand and confidence on the other. (231)

그러나 여기서 나타나듯이 이러한 상황에서 자비로운 성격을 자처하는 딜라노가 감동적인 인간관계를 확인하는 사고의 근저에는 백인과 흑인의 상호관계가 동등한 것이 아닌 신뢰와 충성과 같은 미덕에 기반한다는 엄격한 계급관계의 토대를 읽을 수 있다. 딜라노가 흑인에 대해 갖는 입장은 동등한 인간애에 대한 박애주의적인 것이라기보다는 온정과 동정이상을 넘지 못한다. 노예폐지에 대해 진보적 입장을 견지했던 북부 메사츄세츠(Massachusetts) 출신인 딜라노가 보여주는 한계는 당시의 도망 노예법으로 나타난 북부 노예 폐지론자들이 타협한 국가주의적 입장을 재현하는 것이다. 또한 『미국의 민주주의』(Democracy in America)의 저자인 토크빌(Tocqueville)이 외부인으로서 미국을 여행하면서 미국인이 흑인에 대해 갖는 고질화된 편견을 지적하고 노예폐지의 궁극적 이해관계가 바로 자국의 이익, 백인을 위한 것이라고 지적한 바에서 크게 벗어나 있지 않다(343-4).

딜라노가 갖는 흑인에 대한 당시의 인종주의적 편견을 잘 보여주는 사례는 흑인을 동물적인 이미지로 표현하여 야만적인 상태로 그들을 고정화시켜 보려는 태도이다. 예컨대 산 도미니크 호에서 아이를 안고 누워 있는 흑인 여인을 "수풀 속 바위 그늘에 누운 암사슴"(a doe in the shade off woodland rock) 혹은 "어미 짐승"(dam 251)으로 표현한다던가, 반란을 꾀한 바보의 머리를 "음모를 꾀하는 벌집통"(hive of subtlety)으로 표현하는데서 드러난다. 아직 문명화되지 않은 여인의 특징으로 "애정어린 보살핌과 강인한 육체의 소유자"이며 "자식을 위해서라면 즉시 싸울 태세가 된 모성애의 화신"(…, they seemed at once tender of heart and tough of constitution: equally ready to die for their infants or fight for them. 251)이라는 사고방식 또한 역시 그러하다. 딜라노는 한편으로 배 위에서의 어두운 그림자나 그것을 가리려는 음모에 대해 막연히 불안한 예감을 가지면서도, 뒤이어 이런 스스로의 고정된 사고 틀의 내용을 확인하는 순간 의심을 떨쳐버리고 자신감과 편안함을 느끼게 된다.

19세기 유럽이나 미국에서의 제국주의적 움직임과 남부의 노예제 옹호전략과 관련해서 과학적 논지로 자신들의 입지를 정당화시키려는 인종주의의 내용은 흑인은 본래 열등한 존재이며 따라서 그들에게 어울리는 하인과 같은 천직이 따로 정해져 있다는 사고방식을 포함한다. 딜라노는 바보가 베니토를 위협하고 있는 상황을 감추기 위해 벌이는 이발장면(barber)을 눈앞에 두고서도, 그 상황의 실체를 알아차리지 못하는데 이 역시 그의 고정된 편견에 기인하는 바가 크다.

> There is something in the negro which, in a peculiar way, fits him for avocations about one's person Most negroes are natural valets and hairdressers ;taking to the comb and brush congenially as to the castinets, and flourishing them apparently with almost equal satisfaction. There is, too, a smooth tact about them in this employment, with a marvelous, noiseless, gliding briskness, not ungraceful in its way, singularly pleasing

to behold, and still more so to be the manipulated subject of, And above all is the great gift of good-humor. Not the mere grin or laugh is here meant. Those were unsuitable. But a certain easy cheerfulness, harmonious in every glance and gesture; as though God had set the whole negro to some pleasant tune. (264)

딜라노의 사고의 근저에는 그들이 본래적으로 머리를 다듬는 종류의 일에 있어서는 부드럽고 능숙하게 해낼 뿐 아니라, 신이 이미 그들에게 예정하였 듯이 백인에게 봉사하는데 알맞은 존재이며 따라서 다루기 쉬운 존재라는 당시의 백인들의 흑인에 대한 생각이 포함되어 있다. 열등하고 야만적인 존 재로 흑인을 간주하는 행위는 문명 전파자로서의 백인이 갖는 유색인종에 대한 상대적 우월감의 표현이며, 근대성이 야기한 '문명의 역설'이 아닐 수 없다. 그는 배에서의 불가해한 상황에 대해 직감적으로 반응하면서도 기본적 으로 흑인을 열등한 존재로 간주하기 때문에, 백인인 베니토 선장이 그들의 목적을 받쳐주는 꼭두각시 노릇을 하고 있다는 생각은 할 수 없으며, 이러한 생각은 원칙적으로 그의 사고 영역 바깥에 있다.

여기서 아이러니칼한 것은 무지하다고 믿고 있는 흑인 노예에게 실제로는 백인인 딜라노가 속고 있다는 상황이다. 이것이 바로 딜라노가 가진 사고의 한계를 확연히 보여주는 상황으로써 그는 그가 직면한 불가해한 상황을 자 신의 경험과 사고범위 내에서 제대로 풀어내지 못하는 것이다. 이 상황은 산 도미니크 호의 늙은 선원이 그에게 풀어보라고 던진 몇 겹으로 꼬인 "밧줄" 이라던가, 베니토와 노예들의 허구적 관계를 상징하는 "열쇠"와 "자물쇠"같 은 이미지를 통해서 암시되기도 하는데, 실재와 피상적 현실, 또는 허구의 상 반된 모티브는 멜빌의 『모비 딕』(Moby-Dick)을 위시한 여러 작품에서 변주된 형이상학적인 문학적 표현물로 자주 등장한다.

작가의 시각에서는 위와 같은 상황은 미국적 이데올로기의 영향을 입은 자신을 포함한 모든 개인이 처한 공통적 조건이다. 결말 부분에서 베니토도 역시 모든 인간의 조건으로 일반화시키고 있기도 하지만, 제대로 현실과 허 상을 분간하지 못하는 딜라노의 마지막 행위, 즉 갑자기 보원트에 뛰어내린 베니토를 마치 자신을 해치려는 "악마"(monster)처럼 움켜잡는 행위 또한 무지의 소산이다("··· and yet, your last act was to clutch for a monster, not only an innocent man but the most pitiable of all men." 306).

궁극적으로 흑인과 백인 모두에게 비극적 상황을 초래하게 된 원인은 베니토가 궁극적으로 인식하게되는 바이기도 하지만 인간 사이에 편견, 악과 증오, 그리고 폭력을 초래한 제도적이고 인간적 모순에 대한 두려움이라 할 수 있다. 많은 비평가들이 이 소설에서 위장된 흑인 노예의 정체를 '인간 내면의 악', 심지어 『오델로』(Othello)에서 나타난 '정직한' 이아고(Iago)의 레토릭에서와 같이 "충실한" 노예인 바보의 뒤에 감추어진 '동기 없는 악'으로까지 규정하지만(Sidney Kaplan 42) 다시 메티센 식의 논리를 빌어와 이야기해 보자면 엄밀한 의미에서 이미 백인에 의해 악이 흑인에게 가해진 상태이므로 역사적 관계성을 고려하지 않고 단순히 흑인을 악과 폭력의 화신으로 단순화시키는 해석은 타당성이 결여되어 있다.

딜라노의 순진함과 자선의 이면에는 그가 결국 노예의 반란을 알아차리자, 베니토의 만류에도 불구하고 악으로 상징되는 그들을 끝까지 추적하여 철저한 응징을 가하려는 집요함과 아울러 그것을 동기화하는 백인위주의 이해관계가 내재되어 있다. 작품 전반에서 딜라노가 보여주는 행위는 백인에게 흑인은 전반부의 태도처럼 동정의 대상이거나, 반항하는 경우 이렇듯 철저한 억압과 봉쇄의 대상이 되어야한다는 사례를 보여준다. 이러한 태도에 대항하는 의미에서 산 도미니크 호의 노예들은 반란을 일으키고 배의 이물장식(figure-head)인 콜럼버스(Columbus)의 상을 노예소유주인 아란다(Aranda)의 시신으로 대신 내걸고 백인 선원에게 위협을 가하는데 이는 희망과 약속의 땅인 미국의 역사 이면에 감추어진 타인종에 대한 억압의 역사를 드러내기 위해 멜빌이 고안한 장치로 보인다. 카플란(Sidney Kaplan)은 멜빌이 아란다의 머리를 걸어놓는 장치를 활용한 것을 카니발적 의미와 관련시키기도 하는데, 이런 견지에서 보면 흑인들이 카니발적 희생 제의를 통해 노예소유주인 백인을 장사지냄으로써 자신들의 해방과 탈출의 의지를 상징화했다고 볼 수 있다.

「베니토 세레노」를 미국적 이데올로기를 구현한 개인인 딜라노의 행위를 중심으로 읽어보면, 일차적 독서에서 그를 정당화하는 듯이 보이던 완결된

체계의 상징인 법률 보고문의 담론도 딜라노라는 인물과 동일한 맥락에서 해체가 가능해진다. 이 객관적인 듯한 담론의 법률보고문에는 딜라노의 미국적 이데올로기에서 비롯된 제한된 경험과 마찬가지로, 선택과 배제라는 가치체계가 작용하고 있다. 이 법률보고문에는 흑인 노예들이 반란을 일으킨 동기와 그들의 권리는 배제되어 있으며, 딜라노와 베니토의 행위와 이데올로기를 더 보충해 주고 정당화시켜주는 선택적 사실의 나열일 뿐이다. 작가는 미국의 독립선언서와 마찬가지로 자유와 평등이라는 민주주의적 신념의 실천적 산물인 미국 법률과 그것이 상징하는 공정성과 객관성에 대해 회의적인 태도를 취하고 있다고 볼 수 있다. 긴 재판기록문을 이야기 구성에 도입하는 연결부분(link)에서도 작가는 특유의 서술전략, 즉 이중적 노출(double-exposure), 혹은 이중적 서술(double-talk)을 활용하고 있다. 이 기록문이 산 도미니크 호의 "진정한 역사"(true history)의 서술임을 내보이면서도, 이것은 전문이 아닌 부분적인 발췌문이고, 스페인 공식문서의 번역본이며 게다가 아직 건강을 회복하지 못한 증인인 베니토가 엇갈린 진술을 하고 있다는 사실을 궁극적 진위여부의 유보조항으로 처리함으로써 그 객관적, 총체적 성격을 의심하게끔 두 가지 목소리를 섞고 있다. 여기에는 법률문의 객관적인 언어와, 더 나아가 언어 자체가 지니는 대상지시성에 대한 작가로서의 자의식적 태도가 엿보이며, 언어 혹은 그것을 발화하는 행위는 뒤의 결말 부분에서 보여지는 베니토와 바보가 취하는 의도적인 '침묵'과 대비되어 언어체계가 지니는 권위와 안정성, 믿음이 오히려 진실을 왜곡할 수 있다는 작가의 가치관이 짙게 배어 있다. 이는 신역사주의자들이 특히 주장하는 '역사의 텍스트성'과 관련시킬 수 있는 부분이기도 하다. 이러한 회의적 태도는 법률보고문과 마지막 결말을 연결하는 작가의 목소리에서도 확연히 드러난다.

> If the Deposition have served as the key to fit into the lock of the complications which precede it, then, as a vault whose door has been flung back, the San Dominick's hull lies open to-day.
> Hitherto the nature of this narrative, besides rendering the intricacies in the beginning unavoidable, has more or less required that many things, instead of being set down in the order of occurrence, should be

retrospectively, or irregularly given; this last is the case with the
following passages, which will conclude the account:(304)

멜빌은 법률보고문을 제시한 후에 이것이 복잡한 사건의 진위를 여는 열
쇠가 된다하더라도, 실제 일어났던 비극적 상황을 아우라적인 경험으로 담고
있는 산 도미니크(San Dominick)의 선체는 "마치 문이 활짝 열려있는 지하
감옥"처럼 오늘날까지 (우리 앞에) 놓여 있다는 비유를 덧붙여, 현실에 대한
진실의 규명을 긍정하면서도 해체하는 태도로서의 진술을 하고 있다. 여기서
사건이 일어났던 산 도미니크 호는 마치 텍스트처럼 그 의미가 개방되어 남
아있다고 볼 수 있다. 이어 마찬가지로 작가는 자신의 글에 대해서도 자의식
적 태도를 견지하여 독자로 하여금 이야기 표면의 자명성을 의심하도록 유
도하는데, 이야기의 성격상 사건을 회고적이고 불규칙하게 배열하게 되었으
며 마지막으로 덧붙이는 대화를 결말로 삼겠다는 의도를 밝힌다. 결말부분은
딜라노와 베니토가 리마로 가는 도중에서 일어난 짤막한 대화인데 자연과
인간의 대비를 통해 사건을 경험한 두 인물의 견해차를 암시적으로 드러내
어 준다. 흑인노예의 반란을 평정하고 침묵시킨 딜라노에게 과거는 눈 앞의
"밝은 태양"(the bright sun), "푸른 바다"(the blue sea), "푸른 하늘"(the blue
sky)이 새로운 싹을 키우듯 지나간 것이고 당연히 잊어야 할 대상이다. 그리
고 바람은 인간에게 치유의 힘을 주는 변함없는 친구라는 낭만주의적 초월
주의적 견해로 베니토를 위로하려고 하는데 이는 일찌기 에머슨(Emerson)이
미국적 자연을 앞에 두고 표명한 낙관적 신념과 공통된 가치관을 상기시킨
다. 그러나 베니토에게 과거와 기억이란 현재를 짓누르는 심리적 압박감으로
남아 있다. 딜라노와 달리 경험의 도덕적 의의를 받아들이는 베니토에게는
사건 속에서 법률보고문으로 다 해소되지 못하는, 아직 발설되지 않고, 인용
되지 않은, 즉 침묵과 공백으로 드러나는 진실, 실재의 어두움이 남아 있다.
이는 산 도미니크 호에서 경험한 흑인 노예들의 폭력과 그 속에 내재된 악을
단순히 피해자로 경험한 것 이상의 의미를 담고 있으며 흑인과 백인간의 증
오와 폭력을 유발시킨 제도와 권력, 그것을 뒷받침하는 이데올로기가 담고
있는 무자비함에 대한 공포로 해석해 볼 수 있다. 베니토의 침묵과 죽음에

대해 선퀴스트(Eric J. Sundquist)는 멜빌의 회고적 시점을 강조하여 사건이 일어난 1799년에 베니토가 느낀 역사적 죄의식이 당시 1855년 작가의 세대에까지 영향을 미치고 있다는 사실로 해석한다. 덧붙여 그는 『일곱 박공의 집』(*The House of the Seven Gables*)이나 『주홍글씨』(*The Scarlet Letter*)에서 동일한 주제를 형상화한 호손 (Hawthorne)과 관련시켜 과거조상들의 죄가 후세에 미치는 심리적 죄의식, 과거의 현재적 의미의 모티브로써 미국소설의 한 특징을 형성한다고 말한다(85).

결말에서 화자와 작가의 시선은 베니토의 침묵과 우울, 그리고 수도원에서의 죽음으로 이어지는 그의 정신적 고뇌에 대해 연민과 공감을 실어보내고 있는데, 이는 베리만(Charles Berryman)이 지적했듯이 멜빌이 딜라노의 여행기를 개작하면서 베니토를 이기적인 겁장이에서 정신적인 금욕주의자로 인물의 변형을 가한 점을 강조했다는 사실로도 뒷받침이 된다(4). 그러나 작품의 결말이 주는 모호함에 대해 여러 견해가 분분한 것이 사실이다. 특히 많은 비평가들은 멜빌이 이 작품에서 당시의 논쟁 중이던 노예제 폐지와 도망 노예법에 대해 궁극적으로 어떤 정치적 입장을 견지하고 있는지에 대해 관심을 두고 있기도 하지만, 무엇보다 작가의 관심은 당시의 시대적 분위기와 그것을 바라보는 자신의 도덕적 딜레마와, 미국적 이념이 내포한 모순과 악 속에서 의식적으로 거리를 유지하려는 비판적 태도를 반영하는데 있다고 하겠다.

III

위에서 살펴본 바와 같이 에머슨(Emerson) 이후 미국 작가들이 자각하게 된 '악'의 정체는 멜빌의 경우 단순히 추상적이고 형이상학적 차원에 머무르는 것이 아니라 당대의 미국 역사 속에 내재된 상반된 모순에 대한 공포감과 전율이 문학적으로 형상화된 것이라 볼 수 있다. 「베니토 세레노」는 이분법적 해석으로는 제대로 평가될 수 없는 작품이며, 실재와 허구간에 빚어지는 역설적 상황을 중첩시켜, 특정한 이데올로기에 갇힌 사람이 보지 못하고 판단하지 못하는 상황을 독자에게 이중의 목소리로 보여주려는 동기로 씌여진 작품이라 할 수 있다. 즉, 자유주의적 영웅의 이야기이면서 동시에 해체되어 읽히는 이야기, 일차적 읽기와 이차적 읽기, 눈에 보이는 현실과 그 근저를 이루는 실재, 말하여진 것과 침묵으로 남은 것 사이의 대비와 역설적인 효과를 통해 독자에게 심리적 공명감을 의도한 작가의 전략이 숨어 있다. 이는 작품이 담고 있는 의미 혹은 그 가능성이 단순치 않다는 것을 말하는 것이며 역으로 독자의 읽는 행위에서의 깊이를 요구한다. 바로, 읽기의 행위는 텍스트와 독자, 텍스트와 컨텍스트, 현재뿐 아니라 과거가 만나는 대화적 관계를 의미하는 적극적인 활동이며, 현대문화, 문학 이론에 이르러 그 중요성을 더욱 인정받고 있다. 이 작품이 다시 쓰기의 과정을 거친 개작된 작품이라는 점을 감안한다면 더욱 그러하다.

이제까지의 미국문학사는 트릴링(Trilling)의 평가처럼 사회와 동떨어진 것으로 해석되거나 메티센의 경우처럼 대중적인 상상력의 작품을 논외로 친다거나 여성이나 소수인종의 목소리를 제외시킴으로써 미국적 전통을 오히려 협소화시키고 왜곡시키는 결과를 초래했다. 「베니토 세레노」 역시 침묵된 목소리인 소외된 타자, 가령 노예인 바보의 시각으로 다시 씌여질 수 있다.『쓸모없는 과거』(*Unusable Past*)의 저자인 레이징(Reising)은 텍스트나 컨텍스트 간의 상호관련 연구나 소외된 주체를 복원시키려는 움직임의 의의를 "이러한 시도는 주요작가와 이차작가를 단순히 대체하자거나 기존의 비평방법을 사회 비평으로 대체하자는 것이 아니라 미국적인 것의 범위를 넓히고 누가, 무엇이 미국 문학을 형성해 왔는지에 대해 폭넓게 사고하려는 것"(223)이라고 설명하는데 이는 매우 타당한 지적이 아닐 수 없다. 이 작품에서 멜빌은 딜라노를 통해 미국적 이데올로기의 한계를 지적하고, 나아가 그것이 개인 주체의 의식에 미치는 폐해를 드러내고 있는데, 현재 주체구성과 이데올로기의 관계에서 연구가 되고 있듯이, 이 둘의 상관관계는 절대적이라고는 할 수 없다. 다시 말해, 딜라노에서 보듯이 이데올로기가 주체를 구성하는데 절대적인 영향을 끼칠 수 있다는 부정적인 측면에도 불구하고, 이 글에서의 화자인 작가나 베니토의 경우를 통해 보듯이 사회의 규정된 이데올로기에 대해 비판적 태도를 취할 수 있는 하나의 가능성을 던져 주기 때문이다.

인용 문헌

이주영, 「미국사」. 서울 대한 교과서 주식회사, 1993.

토도로프, 『바흐찐: 문학 사회학과 대화이론』. 최현무 역, 서울: 도서출판 까치, 1988.

Althusser, Louis. *Lenin and Philosophy and Other Essays*. New York and London: Monthly Review Press, 1971.

Bakhtin, Mikhail. *The Dialogic Imagination*, Trans. Caryl Emerson and Michael Holquist, Austin: University of Texas Press, 1981.

Berryman Charles. ""Benito Cereno" and the Black Friars," *American Literature, vol.18* (1990 Autumn No.2) University of Southern California.

Kaplan, Sidney. 'Herman Melville and The American National Sin: The Meaning of "Benito Cereno,"' *Journal of Negro History*.(1957)

Karanagh, J. H. ""Benito Cereno" and the Liberal Hero," *Ideology and Classic American Literature*. Ed. Sacvan Bercovitch and Myra Jehlen, Cambridge: Cambridge UP, 1986.

Melville, Herman. "Benito Cereno," *Billy Budd, sailor and Other Stories*. The Penguin English Library, 1980.

Metthiesson, F.O. *American Renaissance*. Oxford: Oxford UP, 1979.

Porter Carolyn "Call me Ishmael, or How to Make Double-Talk Speak," *New Essays on Moby-Dick*. Ed. Richard H. Brodhead. Cambridge: Cambridge UP, 1986.

Reising, Russel J. *The Unusable Past: Theory and the Study of American Literature*. New York: Metheun, 1986.

Reynold, S. Davis. *Beneath the American Renaissance: The Subversive Imagination in the Age of Emerson and Melville*. Cambridge, Massachusetts, London: Harvard Univ. Press, 1989.

Sandquist, Eric J. "Suspense and Tautology in "Benito Cereno,"" *Modern Critical Interpretations*. Ed. Harold Blood, New York and Philadelphia: Chelsea House, 1987.

Thomas, Blook "The Legal Fiction of Herman Melville and Lemuel Shaw." *Critical Inquiry* (1984)

Tocqueville, Alixisde. *Democracy in America, vol. 1*, New York: Perennia Library, 1969.

르네상스 문체론의 발달과 궁정문화

박 우 수
(한국외국어대 영어학부)

문체론은 화제발견(창안), 배열, 기억, 전달과 함께 수사학의 다섯 구성 요소 중에서 가장 중심적인 위치를 차지하고 있다. 고대로부터 문체는 말과 사물을 연결시켜주는 일종의 가교로 간주되었기 때문에, 아무리 사고, 혹은 화제가 훌륭하더라도 그것이 문체라는 의상을 입지 않으면 칼집에 들어있는 칼과 마찬가지로 효용이 없는 것으로 간주되었다. 고대에 있어서 가장 큰 영향력을 발휘한 수사학서 중의 한 권인『헤레니우스에게 바친 수사학』(기원전 80년경)에 따르면 문체란 "발견된 화제에 적합한 표현(단어와 문장)을 갖다 붙이는 것"(1. 3)이다. 여기서 자연스럽게 문체란 말의 치장, 화장술, 의상이란 비유가 등장한다. 그래서 중세에는 수사학을 화려하게 화장을 하고 성장을 한 여인에 비유하기도 하고, 따라서 수사학을 가장이나 장식과 동일시하는 경향이 지배적이게 된다. 수사학에 대한 일반적인 편견은 지금도 그러하지만 이러한 장식적 측면을 수사학의 전부요 요체라고 오해하는 데서 비롯한 것이다.

문체가 말의 옷이라면 화제의 종류에 따라 거기에 적합한 의상을 갖춰 입는 것이 필요할 것이다. 키케로를 비롯한 고대의 수사학자들은 문체의 종류를 세 가지로 분류한다. 우선 첫째는 평이체다(genus humile). 그 반대편에 있는 것이 장엄체다(genus grande). 이 양자의 특성을 합쳐 놓은 것이 중간체다(genus medium). 이러한 구분은 말하는 사람의 의도와 각각 상응하는 것이어서 만약 가르치는 것이 목적인 경우는 평이체가 적격이며, 감동을 주는 것이 웅변이나 글의 목적이라면 거기에는 장엄체가 가장 적합하다. 기원 전 1세기 희랍 태생으로 로마에서 활동했던 롱기누스가 쓴 『숭고성에 관하여』(*Peri Hypsos*)란 글은 어떠한 표현들이 인간의 마음을 휩쓸어 버리는 폭풍과 같은 힘으로 감동을 주는가를 잘 보여주는 글이다. 여기서도 롱기누스가 가장 중요하게 여기는 것은 크고 높은 생각에서 장엄하고 숭고한 표현이 나온다는 점이다. 그에 따르면 숭고성, 즉 지극히 높고 커서 큰 물줄기가 흐름을 가로막는 바위덩어리들을 휩쓸고 내려가듯이 인간의 영혼을 찢어놓고 앗아가 버리는, 칸트의 표현을 빌리자면 인간의 이성의 한계점에 이르러 이성의 영역에 질식을 가져오지만 다음 순간 역시 이성의 힘에 의해서 그 대상의 크기가 어렴풋하게 인식됨으로써 이성의 영역의 변경에 머무는 대상에 대한 표현은 "위대한 영혼의 울림"의 표현, 혹은 유출이다. "숭고한 구절은 불가항력적인 힘으로 위압해 오고 그것을 듣는 사람은 누구라도 다 압도당하고 만다. 기발한 기교, 소재의 질서 정연한 배열은 여기저기에서 한두 번 나타나고 마는 것이 아니라 작품의 전체를 통하여 차츰차츰 나타나게 된다. 반면 적시에 쓰인 숭고한 필치는 마치 천둥 번개처럼 모든 것을 흩어버리고 작가의 전 능력을 단숨에 드러내 보여준다." 숭고성이 절대 군주라면 이 숭고성과 접한 독자나 청중은 여기에 절대복종하는 노예의 상태가 된다. 여기서 쉽게 우리들은 감동을 목적으로 하는 웅변과 글, 즉 표현의 문체가 지향하는 바를 포착할 수 있다. 비록 민간 어원설에 근거한 것일지라도 서구인들은 말, 사유, 표현, 체계로서의 언어 등을 모두 의미하는 로고스(logos)에 해당하는 라틴어 "lingua"라는 단어가 "묶다"(ligare, bond)라는 단어와 동근어(同根語)라고 생각하고 있다(Rhodes 7). 따라서 르네상스시대에 홍수처럼 수사학 교본들이 서구 각 국에서 출판된 현상은 자국어에 대한 인식을 토대로 새롭게 부흥하는 국가와 민족의식을 하나로 묶으려는 정치적인 고려도 숨어있다. 그리고 그러한 수사학 교본들이 표현의 기법과 문체론에 치중한 것은 "르네상스 인문주의의 핵심에 웅변의 실제적인 힘에 대한 믿음이 자리하고 있음"(Rhodes 25)을 증명하는 것이다.

고대에 있어서 말과 사물, 내용과 형식(표현)은 별개의 것이 아니라 유기적인 통일체로 인식되고 있다. 말하는 사람의 목적이 듣는 사람에게 기쁨을 주는 것이라면 평이체와 장엄체를 적절하게 혼용하는 중간체가 가장 적격일 것이다. 평이체는 가르침이나 증명을 목적으로 하기 때문에 전통적으로 편지나 일기, 교훈적인 글, 고전 희극이나 풍자문, 과학적인 담론 등에 적합하다. 여기서는 가급적 수사적 장식을 배제하고 일상적인 어휘와 대화체를 주로 사용한다. 과거 사실의 증명과 상대방의 과실을 밝혀내는 것에 치중하는 법정 연설문은 대체로 평이체에 치중한다고 말할 수 있다. 한편 중간체는 평이체보다는 장식적이고 세련된 어휘를 구사하며, 주로 전원 목가시, 연애시, 셰익스피어의 희극 등에서 사용된다. 이 중간체는 셰익스피어의 로마 비극 『줄리어스 시저』(1599)에 나오는 브루터스와 마크 앤토니의 연설문에서 볼 수 있듯이 어떠한 사건이나 사람에 대한 칭찬과 비난을 목적으로 하는 기념식사와 같은 과시적인 연설문이나 글에 적합하다. 우리 주변에서 흔히 접하는 결혼식 주례사나 장례식 조사 등은 모두 중간체를 주로 사용한다. 장엄체는 거대한 물줄기처럼 청중의 마음을 휩쓸어버리는 감동을 가져오는 것을 목적으로 하기 때문에 매우 장식적이고 무거운 어휘와 문장을 사용한다. 고전 비극이나 서사시 등은 한결같이 이 장중체를 사용하며, 정치적 선동을 꾀하는 연설문 또한 장중체를 빈번하게 사용한다. 그러나 이러한 구분은 어디까지나 일반적이고 편의적인 것이며 청중의 성격이나 분위기 등에 따라서 이들 세 가지 문체들을 그때그때 사용할 수 있는 즉흥적인 순발력이 중요하다.

문체의 종류와 그 목적, 그것과 어울리는 장르를 설정하고 나면 중요하게 떠오르는 것이 말의 적격이다. 적격, 혹은 적정(aptum, decorum)이란 화제의 종류에 어울리는 표현을 부합시키는 것을 의미한다. 우리가 때와 장소에 따라서 옷을 갈아입듯이 말의 종류에 따라서 거기에 적합한 표현이 있기 마련이다. 적격을 의도적으로 파괴하는 경우 이것은 독자나 청중의 반응을 기존의 것과는 정 반대의 방향으로 인도하려는 의도가 숨어있는 경우가 빈번하다. 예컨대 알렉산더 포프의 의사(擬似) 서사시 「머릿단 강탈」에서 보듯이 여인의 머리카락을 한 움큼 잘랐다고 해서 두 가문이 원수가 되는 것의 어리석음을 조롱하기 위해서 포프는 기존의 서사시에는 전혀 어울리지 않는 주제를 가지고 서사시적인 장엄체를 사용하고 있다. 포스트모더니즘 예술 양식의

가장 두드러진 장치중의 하나인 패로디 역시 이러한 성격의 것이다. 패로디
란 글자 그대로 어떤 원래의 노래에 병행하는 노래, 혹은 빗대인 노래란 의
미인데, 포스트모더니즘에서의 패로디란 모더니즘 예술이 갖는 엘리트주의
와 인공성 및 예술작품의 그 자체로서의 자족적인 완결성에 대한 우상화를
희화화함으로써 예술 전반을 시장에서 누구나 값싸게 살 수 있는 대중 상품
화하는 효과를 노린다. 적격이란 따라서 매우 규범적인 것이다. 고전 수사학
에서 적격을 강조하는 것은 말하는 사람의 신분과 사회적 도덕성을 강조하
는 수단이 된다. 데코럼에 대한 강조는 르네상스시기에 와서 유난히 부각되
는데 이것은 르네상스기에 근대초기 자본주의의 발흥으로 기존의 계급적 신
분제도가 와해되고 있음을 반증하는 것이다. 왕은 장중한 무운시로 말해야
하고, 노인은 세상에 대한 지혜가 베인 진중한 문체를 사용하며, 광대나 하층
민들은 산문으로 말하고, 목동이나 농부는 촌스런 말투를 구사하는 적격을
지킴으로써 르네상스 문학은 성격묘사를 발전시킨 긍정적인 측면도 보인다.

　문체가 고전 수사학에서 강조한 말과 사물의 가교, 사상의 의상에서 표현
술 자체로 경도되는 두드러진 경향을 보인 것은 르네상스시기에 와서이다.
볼프강 뮐러(Wolfgang Muller)가 주장하듯이 르네상스시기에 고전 작가들을
재발견한 것은 다름 아닌 수사학의 재발견을 의미했다. 에라스무스 같은 인
문학자들은 수사적인 능력을 완벽한 인간의 능력을 구현시키는 핵심적인 기
능으로 간주할 정도였다.

　수사학에서 표현의 기술을 강조한 점에서 르네상스는 중세기와 크게 다를
바가 없지만, 르네상스 시기에 문체론에 대한 강조는 보다 보편적이고 전면
적인 것이었다. 르네상스 문헌학에 지대한 공헌을 한 로렌조 발라(Lorenzo
Valla)의 『라틴어의 아름다움』(1444) 역시 표현기법을 강조한 수사학서이며,
1512년에 출판된 이래 지속적으로 르네상스 수사학 교육에 영향을 미친 에
라스무스의 『말과 사물의 풍만함에 관하여』 역시 다양한 수사 기법을 강조
하고 있다. 이곳에서 에라스무스는 "당신의 편지는 나를 대단히 기쁘게 했습
니다"란 표현을 147가지의 다른 방식으로 표현하는 실례들을 들고 있다. 또
한 "내가 살아 있는 한 항상 당신을 기억할 것입니다"라는 표현은 무려 203
가지로 변주한다. 정체를 파악할 수 없을 정도로 끊임없이 자신의 모습을 변

신하는 희랍신화에 나오는 바다의 신 프로테우스처럼 한 가지 말을 다양하게 표현하려는 욕망은 르네상스 인들의 자기실현, 혹은 자기 표출의 욕구를 한편으로는 반영하는 것이며, 다른 한편으로는 고리대금업의 성행과 식민지 개척, 국가적인 규모의 해적질이나 무역업의 성행과 마찬가지로 증식의 욕망과 맞닿아 있다. 표현의 다양성을 추구하는 것은 말을 증식시키고 증폭시키는 힘을 장악하는 방식이기도 하다. 르네상스시대에 말에 활력을 불어넣고 힘을 부가하는 회화적인 수사기법(enargeia)과 힘(energeia)이란 단어가 동일한 의미로 사용되었다는 사실에서도 이를 확인할 수 있다. 에라스무스는 진정한 수사가는 호머가 그리고 있는 오디세우스처럼 다양한 상황에 따라 쉽게 변화하는 인물(polytropos)이어야 한다고 주장하며, 자신의 수사학 교본을 통해서 이처럼 상황에 쉽게 변화할 수 있는 새로운 인간을 형성하고 교육하는 것을 목표로 하였다. 여기서도 다양한 수사비유(poly tropes)는 언어 표현에 그치지 않고 적응력이 뛰어난 인간(polytropos)으로 발전하고 있음을 주목할 필요가 있다. 가브리엘 하비(Gabriel Harvey) 역시 에라스무스는 주어진 경우에 따라서 사람들이 시간과 장소에 맞추도록 가르친다고 주장한다(Norbrook 144). 르네상스 수사학은 주어진 현실 문제에 대한 실제적인 적응과 해결방안에 치중함으로써, 주어진 명제나 문제의 진리치, 혹은 사실성을 입증하는 데 치중한 중세 스콜라 철학자들의 사유방식과 논리학에 일대 비판을 가하고 이를 통해서 실천적이고 현실적인 새로운 인간(homo novo), 즉 수사적인 인간상을 역사의 중심부에 올려놓았다. 이러한 변화무쌍하며 현실적인 수사를 통해서 자신의 출세를 꾀한 사람들이 대표적으로 르네상스의 궁정인들이며, 하비 역시 이들 중 한 명에 속한다.

르네상스 인들의 자기표현에의 욕구와 증식의 욕망은 문체의 모방 논쟁으로 발전한다. 중세기에 있어서 키케로는 고전 라틴어의 모범이었다. 그러나 르네상스시기에 이러한 신화는 흔들리기 시작했다. 키케로의 문체만을 답습한다는 것은 자신의 특징과 주관성을 무시하고 고전적인 전범에 자신을 종속시키는 것을 의미했기 르네상스 유럽 전반에 걸쳐서 키케로의 문체에 반대하는 목소리들이 나오기 시작한다. 아무리 키케로의 문체가 훌륭하다고 할지라도 한 사람의 미인만을 모델로 하여 그린 초상화보다는 여러 사람들의 가장 아름다운 부분들을 종합하여 그린 초상화가 더욱 훌륭하다는 주장이 그것이다. 1574년에서 1576년까지 케임브리지 대학에서 수사학 교수를 지냈던 가브리엘 하비는 1576년 부활절 주간에 그곳의 학부 학생들을 대상으로 『키케로주의자』(*Ciceronianus*)란 강연을 한다. 여기서 그는 자신이 젊었을 때 얼마나 키케로에 매료되었었는지를 강조하며, 자신이 심취했던 키케로의 특성이란 내용 보다는 말의 기교, 상투적인 표현, 독자성이 결여된 제한된 사고 등이었음을 회고하며 말의 풍부함과 다양함에 있어서 다른 작가들은 키케로와 비교해서 호머가 말하듯이 유령들처럼 흩어져버리는 것 같았다고 말한다 (51). 심지어 그는 발견의 기술마저도 키케로의 『화제론』이나 『웅변에 관해서』의 앤토니우스의 말을 쫓아서 설명할 정도였다. "나는 내용보다는 말을, 사고보다는 언어를, 수많은 지식의 대상들보다는 단 한 가지 말하는 기술을 가치 있는 것으로 중시했다. 나는 철학자들과 수학자들의 모든 공리들보다는 마커스 툴리(Marcus Tully)의 유일한 문체만을 선호했다. 나는 모방의 뼈와 살이 가능한 한 많은 번쩍이고 화려한 단어들을 선택해서, 이것들을 질서 있게 배열하고, 리듬감 있는 긴 문장으로 서로 연결시킬 수 있는 나의 능력에 있다고 믿었다. 내 판단에 있어서—아니 판단이 아니라 내 의견이라고 말하는 편이 낫겠는데—그것이 바로 키케로 주의자가 된다는 것을 의미하는 것이었다"(69). 그러나 하비는 맹목적으로 키케로의 표현만을 답습하는 것이 진정으로 키케로주의자가 되는 길이 아님을 라무스의 저서와 접함으로써 비로소 인식하기 시작하고, 키케로 이외의 라틴 작가들도 모두 훌륭한 문장과 사고를 구사하고 있음을 깨닫게 된다. "라무스를 통하여 효과가 아니라 근원을 찾아가는 기본원리를 나는 배우게 되었다."라고 말하며 하비는 라무스의 『키케로주의자』(1557)란 저서를 직접 인용한다. "키케로를 모방함에 있어서 모방자는 키케로의 라틴어 표현뿐만 아니라 그의 지혜와 사실적인 지식, 그리고 무엇보다도 그의 성품과 행동의 모든 미덕의 원천을 연구해야만 한다. 그는 또한 키케로의 편지, 연설문, 강연, 논문뿐만 아니라 이처럼 위대한 웅변가를 만들어낸 선생들과 공부의 과정과 기억의 수고와 잠 못 이루고 한 사고에도 주의를 기울여야 한다. 이렇게 해서 모방자는 키케로의 웅변의 완성보다는 그 기원을 심사숙고해야만 한다"(73). 다시 말해서 하비는 라무스를 통

하여 진정한 키케로 주의자란 키케로적인 것을 따르고 모방하는 사람을 의
미하며, 키케로적인 것이란 가장 칭찬할 만하고 우수한 특성들을 가리키며,
이러한 특성들은 키케로뿐만 아니라 다른 작가들에게도 현저하게 나타나 있
다는 사실을 알게 되어 그 전까지는 의도적으로 무시했던 에라스무스에게도
눈을 돌리게 된다. 에라스무스 역시 그의 『케케로주의자』(1528)란 대화론에
서 키케로의 전체적인 정신을 모방할 것을 주장한다. 라무스를 통하여 하비
는 모방이 표현술, 말의 기술에 그쳐서는 안된다는 점을 인식하게 되었지만,
사실 아이러닉하게도 철학과 웅변, 지혜와 말의 기술을 결합하는 것은 키케
로의 최고의 목표였다. "라무스 당신은 웅변과 철학을 가장 다정스런 우정의
고리로 연결시켰다. 키케로주의자에게 준 당신의 선물은 화려한 색상이나 갓
물들인 흰색과 붉은 색의 색조가 아니라 화장품을 덕지덕지 바르지 않은 붉
은 건강한 혈색이 가득 번진 타고난 아름다움의 색깔이다. 당신은 뼈와 살과
강한 근육을 주었고, '설득이라는 골수'를 주었다"(75). 하비는 라무스를 통하
여 수사학이 표현의 기술보다는 사고의 논리, 형식보다는 내용의 기술이 되
어야 한다는 사실을 인식하지만, 이러한 인식은 르네상스시기에 그만큼 수사
학이 문체론과 동일시될 정도로 비중있게 다루어졌음을 반증하는 것이다.

사실 라무스의 목적은 당대에 유행하던 사이비 키케로주의자들의 기술적
인 모방을 배격하고 진정한 키케로주의자가 된다는 것은 무엇을 의미하는
것인가를 보여주는 것이었다. 우선 그는 훌륭한 용법과 부합하는 것을 키케
로적인 것이라고 정의한다. 최고의 작가들을 모두 모방하고 이들로부터 표현
의 풍만함과 함께 유익함을 거둬들이는 것이 또한 키케로적인 것이다. 키케
로는 폭 넓은 독서를 주장했지만 말만을 모방하는 것은 저주했다. 따라서 최
상의 사람들로부터 모든 것을 받아들이는 것이야말로 확실하게 키케로적인
것이다. 그는 또한 미덕과 권위를 강조했으며, 그의 웅변가 정의에 있어서 미
덕이 중요한 역할을 한다. 이상적인 웅변가의 덕목은 절재와 일관됨, 공평,
애국심 등이다(Scott 101-102). 여기서 우리들은 문체의 모방에 대한 논쟁이
자연스럽게 이상적인 웅변가상에 대한 논의로 발전됨을 볼 수 있다. 탁월한
도덕성을 지닌 웅변가상을 공화국의 통치에 있어서 끊임없이 관심과 주의를
기울이는 정치적인 인물로 부각시킨 것은 르네상스 궁정인들이 웅변과 도덕

성, 국가적인 이해를 부합시킬 것을 요구받는 것과 마찬가지이다.

이러한 르네상스 모방논쟁과 반키케로주의를 표방한 문체론의 대두는 르네상스시기와 맞물린 종교개혁의 운동과도 그 맥을 같이하는 것이다. 하비의 글에서도 알 수 있듯이 라무스는 16세기 중반 영국의 케임브리지에서 큰 영향력을 행사했는데, 이는 그의 교육적인 새로운 방법론의 영향과 더불어 그가 프로테스탄티즘의 순교자라는 전기적인 사실도 크게 작용했다. 여전히 아리스토텔레스의 철학과 방법론을 중시하는 보수적인 옥스퍼드와 대조적으로 케임브리지는 프로테스탄트 교도들을 중심으로 매우 혁신적인 개혁의 기운을 쉽게 받아 들였다. 필립 시드니 경, 존 밀튼 등도 모두 이러한 영향 하에 있었던 인물들이다. 신 앞에 단독자로서 개인의 양심과 성향을 중시한 종교개혁 운동은 키케로적인 화려한 문체보다는 타키투스의 간명한 라틴 문체를 선호하는 경향을 보인다. 하비가 라무스의 선물은 화장술에 의한 인공적인 색상이 아니라 자연 그대로의 건강한 혈색이며, 뼈와 살이라고 말할 때, 그는 진리는 스스로 말한다는 표현을 최대한 간명하게 환원하는 종교개혁가들의 평이체에 대한 선호를 반영한다. 에라스무스 역시 키케로식 문체에 반대하여 키케로의 문체와 어휘로는 기독교적인 주제들을 다루기에 부적합하다고 주장한다(Scott 50). 에라스무스는 『케케로주의자, 혹은 최선의 말하기 문체에 관한 대화론』에서 불레포러스(Bulephorus)의 입을 통해서 "만약 키케로의 문체가 남성적인 힘이 부족하다면, 장식적이고 우아하게 말하기보다는 미덕 가운데서 살기를 모든 면에서 꾀하며, 삶 가운데서 모든 화장과 연극적인 효과를 멀리 치워버려야만 하는 기독교인들에게 그 문체가 적합하다고 생각하시오?"(84)라고 수사적인 질문을 던진다. 르네상스는 종교개혁의 기운과 맞물려 웅변의 중요성을 강조하며, 특히 표현의 기술을 중요하게 여기면서도 동시에 웅변가와 표현기법의 도덕성을 역시 부각시킴으로써 말의 정치성을 한껏 드러낸다.

문체론을 말의 장식으로 한정하는 르네상스시기의 경향은 시를 으뜸가는 수사적 장식물로 보는 데서도 나타난다. 인간의 정서에 영향을 주어서 설득과 감동을 가져오는 것이 수사학의 목적이라면 시가 가장 효과적이라는 생각은 르네상스 영국에서 흔히 찾아 볼 수 있는 것이다. 조오지 퍼튼햄(George

Puttenham)은 그의 『영시의 기술』(1589)에서 시의 심미적 기쁨을 본격적으로 강조하며 시인을 최고의 수사가로 간주한다. "운문은 참신한 장식과 치장을 통해서 사람의 판단력을 농락하고, 귀가 받는 인상에 의해서 마음이 끌리게 하는 결과 듣는 사람의 의견이 이쪽저쪽으로 쏠리게끔 한다"(24). 따라서 "시인 역시 애초부터 최선의 설득가요 그들의 웅변은 세상에서 최초의 수사이다"(25)라고 퍼튼햄은 주장한다. 문체의 면에서 시와 수사학을 이처럼 동일시하는 경향은 헨리 피첨(Henry Peacham)의 『웅변이라는 정원』(1577)에서도 극명하게 나타난다. 여기서 웅변이란 말의 표현기술을 의미한다. 피첨은 엘리자베스 여왕 밑에서 추밀원의 실질적인 책임자였던 존 퍼커링 경(John Puckering)에게 바친 1593년 판의 헌사에서 지혜와 웅변이 문명이라는 수레의 두 축을 형성하고 있음을 주장하며 웅변의 중요성을 강조한다. 그에 따르면 지혜가 인간의 영예를 뜻한다면 웅변은 지혜를 밝게 빛내주는 불빛이다. 지혜가 신의 선물로 인간을 키워주는 자애롭고 풍요로운 어머니라면, 이 지혜의 숨은 불꽃을 드러나도록 하는 것이 웅변이다. 마치 태양빛에 의해서 식물의 뿌리의 힘이 꽃과 열매를 통해서 우리에게 드러나듯이 신묘한 인간의 지혜가 드러나도록 해주는 햇빛이 바로 웅변이다.

 적절한 표현력이 없이 대단한 지식만을 소유한다는 것은 마치 소용도 없이 큰 재화를 소유하는 것과 마찬가지이다. 반대로 분별력 있는 지혜가 없이 웅변을 행사한다는 것은 재주도 없이 악기를 만지는 것과 마찬가지이다. 이들 양자(지혜와 웅변)의 행복한 결합은 너무나 막강하여서 지혜를 통해서 웅변가는 강제하고 웅변을 통해서 현혹시키며 양자를 작용시켜서 자신이 칭찬하는 바를 사랑받게 하고, 비난하는 것은 혐오의 대상이 되게 하며, 그가 행하도록 설득하는 것은 순종을 받게 하며 행하지 않도록 설득하는 바는 회피하도록 만든다. 왜냐하면 웅변가는 어떤 점에서 인간의 마음과 정서를 다스리는 제왕과 같은 존재이며 하나님의 도움과 은총으로 설득의 힘에 있어서 하나님 다음가는 존재이기 때문이다. 이 신묘한 효과를 자아내는 데 있어서 인간을 주도적으로 돕는 장치들은 바로 이 저서에 포함되어 있는 수사 비유와 언어의 형식들인데 이것들은 과일이 열린 웅변의 나뭇가지들이며 가장 힘센 웅변의 시냇물이다.

수사비유적인 언어표현들의 효율성과 힘, 미덕에 관해서 나는 단지 비유적으로 밖에는 효과적으로 말할 수가 없다. 말하자면 이들 수사적 언어는 빛을 발하는 뭇별과 같고, 위안을 주는 강장제이며, 즐거움을 주는 화음이며, 슬픈 감정을 불러일으키는 애상적인 장면이며, 이성을 아름답게 하는 동방의 번쩍이는 색상과 같은 것이다. 그리고 마지막으로 수사비유는 공격과 방어에 모두 필요한 병기와 같은 것이다. 항상 이들을 손에 넣고 있어서 우리 자신을 보호할 수 있고, 적을 무찌르고, 우리가 받은 해악에 복수를 하고, 약자를 돕고, 어리석은 자를 위험에서 구출하고 참된 종교를 보호하고 우상 숭배를 타파하는데 있어서 이보다 우리에게 도움이 되고 필요한 도구가 또 어디 있겠는가? 칼이 전쟁에서 행하는 바를 이 언어의 미덕은 평화롭게 수행할 수가 있다. 그것도 칼이 피를 흘리며 행하는 바를 이것은 감정을 꿰뚫어 행사하며, 칼이 죽음에 대한 욕망을 가진 데 반해서 이것은 목숨을 특별히 아끼는 커다란 차이점을 보인다("헌사" *AB* III-IV).

여기서 볼 수 있듯이 피첨은 웅변의 힘, 즉 표현기술의 요체를 수사적 장식에 둔다. "수사 장식은 보통 사람들이 일상적으로 말하거나 글을 쓸 때 사용하는 방식과는 다르게 기술에 의해서 새롭게 된 단어나 연설이나 문장의 형식"(1)을 의미한다. 피첨은 기쁨과 유익함이라는 기준에 준거하여 200여 개의 수사법의 용법과 그것들을 사용함에 있어서 주의할 점들을 상세하게 기술하고 있다. 이처럼 르네상스 수사학에서 문체론에 대한 지나친 중시는 수사학과 시학을 동일시하며, 말의 장식과 수사학을 같은 것으로 파악하는 "줄어든 수사학"의 경향을 보인다. 그러면서도 이곳에서 피첨은 수사학의 실질적인 효용성을 강조한다. 수사학과 웅변이 칼보다 위대하며 인간을 야만과 구분 지워주며 문명의 발전을 담보해 주는 것이란 생각은 로렌조 발라가 『라틴어의 아름다움』이란 글에서도 이미 보여준 일상적인 화제이지만 그럼에도 불구하고 르네상스 수사학자들에게는 매력적인 화제였다.

그러나 르네상스 수사학의 문체론적 편향을 가장 극단적으로 보여주는 것은 라무스와 탈론(Omer Talon)의 새로운 수사학이다. 사실 이들의 수사학은 르네상스시기에 만연한 수사학의 문체론적 경향을 정전화하고 결정화한 성격이 짙다. 이들은 고전 수사학의 화제 발견(창안)과 배열의 부분을 논리학의 영역에 위임해 버리고, 수사학은 다만 말의 장식적인 표현술, 즉 문체론과 전달법 정도로 국한시킨다. 이들은 말의 기술과 사고의 기술을 철저하게 분리시킴으로써 아리스토텔레스나 키케로의 고전 수사학에서 주장한 말과 사물의 불가분의 관계와는 대척점에 서게 된다. 라무스는 논리학을 중시한 나머지 시란 논리가 박약하기 때문에 확실히 유치한 것이며 따라서 "굳건한" 논리의 효과를 받아들이기가 불가능한 어린아이들에게나 가르칠 수 있는 것이라고 시를 폄하한다(Ong 253). 이들에게 시란 운율을 잘 만드는 기술에 불과하다. 라무스의 수사학이란 자신을 잘 표현하는 기술에 국한되기 때문에 소리 없는 작문의 기술로 고착화되며, 아무도 말대꾸를 해오지 않는 독백술로 떨어지는 성향을 보인다(Ong 287). 웅변술이 귀와 몸짓을 동반한 종합적인 기술이었다면 라무스 수사학에서 웅변술은 눈의 기능에 치중한 분석적인 기술로 변화된다. 라무스가 장식적인 요소를 배제한 평이한 문체를 선호한 것은 이런 점에서 쉽게 이해가 간다. 라무스 수사학은 말의 논리를 떠나서 사물의 논리, 사고의 논리를 쫓는 과학적 담론의 길을 예비한다. 페리 밀러 (Perry Miller)가 주장하듯이 라무스의 논리학은 17세기 뉴 잉글랜드의 퓨리턴들에게 성 어거스틴이나 캘빈에 버금가는 영향력을 행사했다(116). 라무스의 수사학은 16세기 중반 영국에서 캠브리지를 중심으로 큰 영향력을 행사하는데, 아브라함 프랜스(Abraham Fraunce)의 『아르카디아 수사학』(1588)은 이러한 경향을 보여주는 대표적인 저서이다. 작시법과 수사비유만을 다루고 있는 이 저서에서 프랜스는 제목이 암시하듯이 필립 시드니 경의 로맨스인 『아르카디아』(1581)에서 모든 수사비유의 사례들을 빌려 예증한다. 프랜스에 따르면 "수사학은 말하는 기술이다. 그것은 웅변과 전달이라는 두 부분으로 되어 있다. 웅변은 수사학의 첫 부분으로 말의 배열과 장식에 관한 것이다"(3). 여기서 프랜스는 모든 화제나 주제를 둘씩 나눠서 설명하고 분석하는 특유의 라무스적인 방법론을 쫓아서 수사학을 설명한다. 그의 저서는 2권으로 구성되어 있는데, 1권은 수사비유법에 관한 것이고, 2권은 전달에 관한 것으로 전래적인 수사학의 다른 구성요소들은 어디에서도 찾아볼 수 없다. 수사학은 이제 철저하게 문체론, 혹은 작문의 기술로 국한되어버린 것이다. 라무스의 목적은 시, 논리, 수사 등의 제반 학문의 영역들이 통일된 지식의 체계 안에

서 상호관련되어 있음을 주장하고 예증하는 것이었지만 이들의 중첩과 반복
을 배제하고 독자적인 영역을 강조함으로써 역설적으로 학문의 분화와 고립
화를 초래하는 결과를 가져왔다.

르네상스 수사학의 문체론적 편향은 당대의 궁정문화의 문맥에서 이해될
수 있는 성질의 것이기도 하다. 앞서 인용한 피첨의 글에서도 드러나듯이 지
혜가 자연이라면, 이를 담아내는 웅변은 인공적인 가공품이며 기술이다. 오
르페우스나 앰피온의 전설에 암시되어 있듯이 인간을 자연 상태에서 문화의
단계로 끌어올리며 인간과 동물을 구분 짓는 것이 말이라면, 이러한 문화와
교양으로서 말이 가장 집약적이며 정제되어 표현되는 곳이 궁정이다. 궁정문
화는 카스틸리오네(Baldassare Castiglione)의 『궁신』(Il Cortegian)에서 볼 수
있듯이 자연 상태에 가해진 인위적인 도덕성과 세련미, 즉 가공을 필요로 한
다. 이곳에서 도덕적인 미덕들이 자연적으로 하나님이 인간에게 부여한 무상
의 선물이라고 주장하는 가스파르 경의 의견에 맞서 오타리언 경은 돌을 하
늘로 수천 번 던져 올려도 결국 스스로 올라가지 못하고 땅에 떨어지듯이 궁
신이 필요한 선한 마음이라든가 자제심과 같은 도덕적인 미덕은 학습에 의
한 것임을 주장하며 자연에 부과된 기술과 학습의 필요성을 역설한다. 탐욕
스런 욕망, 즉 육체적인 자연 상태가 인간의 이성을 지배하게 되는 경우는
참된 지식이 결여되고 무식이 그 자리를 차지하게 되기 때문이다(266-270).
여성을 둘러싸고 교양인의 전형을 제시하며 중세에서 근대로 넘어가면서 유
럽적인 신사양반의 모습을 구체적으로 제시하는 일종의 수신서가 바로 카스
틸리오네의 저서이다. 자연은 학습과 전달이 불가능하지만 기술은 그 반대이
기 때문에 르네상스 시기의 수사적인 문화풍토에서 자기 자신을 표현하려는
기술, 즉 문체론이 기술의 측면에서 강조된 것은 자아실현의 욕구에 충만한
신흥 중산층의 필요를 반영하는 사회적인 현상이다. 르네상스 수사학에서 수
사비유적인 표현들이 한결 같이 자연이나 맨몸에 가해진 일종의 가공기술이
나 화려한 의상술로 표현되는 것은 뛰어 넘을 수 없는 자연이라는 장벽을 기
술, 혹은 방법화된 자연으로 치환하려고 하는 그들의 사회 심미적 열망을 반
영한 것이다.

르네상스 수사학이 웅변술에서 작문기술로, 소리에서 문자로, 귀의 문화에

서 눈의 문화로 변모되는 과정과 더불어 표현기술로 국한되는 상황을 궁정
이라는 공공의 영역이 더욱 사유화된 공간인 서재로 탈바꿈되고 있음을 통
해서 잘 보여주는 글이 엔젤 데이(Angel Day)의 『영국의 대필가』(1586)이다.
국가의 비밀을 간직하고 국사를 돌보는 대신의 덕목과 모습을 주인의 서신
을 대필하는 대필가는 그대로 떠맡아야 한다고 주장함으로써 데이는 국가의
대신과 대필가를 동일한 위치에 놓는다. 이로써 그는 자기 표현술에 능한 대
필가를 비록 주인에게 고용되어 주인의 의사를 전달하는 사람이지만 주인의
마음을 읽고 그의 비밀을 터놓고 이야기하며 지켜주는 일종의 친구로 간주
한다. 따라서 그는 행동과 말에 있어서 주인과 어울리는 신사양반이 될 것을
요구받는다.

> 대필가가 고용되어 있는 입장에서 보거나, 의당 받았다고 간주되는
> 교육, 출생 성분이나 다른 모든 자질로 보거나, 그에게 이미 부여된
> 보통을 넘어서는 막중한 신뢰도로 보거나 그는 일반적인 신하에게
> 통상 요구되는 것보다 모든 점에서 월등한 목적에 부합되어야 하는
> 인물처럼 보인다. 따라서 그는 일거수일투족에 있어서 보다 현저한
> 능숙함과 절제, 조심성, 사리분별, 이성적인 온전함을 통해서 자신의
> 안과 밖의 모든 행동과 판단을 조절하고, 평판에 있어서 신사양반이
> 라는 소리를 들을 수 있도록 힘쓰며, 신사양반에 어울리는 분별심을
> 가진 사람들과 대화함으로써 신사양반과 주로 관계되는 어떠한 것을
> 축내거나 잘못 알아보게끔 만드는 하등의 것으로부터 조금도 더럽혀
> 짐을 받지 않게 될 수 있을 것이다(2권 111).

이처럼 신사로 탈바꿈한 대필가는 신사계층에 어울리는 덕목이 요구된다. 이
들 덕목은 교육과 훈련, 절도 있는 생활과 같은 기술적인 측면이 강조되는
만큼 세습 귀족들의 덕목과는 거리가 있고 중산층의 자아실현의 욕구를 매
개하는 것들이다. 대필가는 마치 가장 좋은 밀랍에 가장 아름다운 모습이 찍
혀지듯이 외모가 준수해야 되며 과음을 피하고 절도 있는 생활을 통해 육체
를 가꾸어야 된다. 그는 또한 다방면에 대한 독서와 교육을 통해 자신에게
부과된 임무를 수행할 수 있는 지식과 능력을 갖추어야 한다. 이런 점에 있
어서 그는 자신을 잘 표현할 수 있는 능력과 신사양반이 되는 덕목을 동시적

으로 파악한 르네상스시대 수사 문화를 대변하는 인물이다.

그렇다고 르네상스 궁정문화가 세련된 가공미와 기술만을 강조하는 것은 아니다. 카스틸리오네에게 있어서도 여전히 중요한 것은 기술을 감출 수 있는 고도의 기술, 즉 즉흥적인 자발성(sprezzatura)이듯이, 르네상스 문화와 예술에 있어서 자연과 기술의 관계는 상호 보완적인 것이면서도 여전히 그 경계선을 잃지 않고 있다. 기술은 자연을 모방하고 거울처럼 이를 비추어 내지만 마치 햇빛과 적당한 수분이 뿌리를 싹틔워 꽃을 피우고 열매를 맺게 할 수는 있지만 햇빛과 수분이 뿌리의 역할을 대신할 수는 없듯이 기술은 어디까지나 자연을 더욱 세련되고 하고 개발시키는 조력자의 위치에 머문다. 르네상스시대에 "치장"(ornament)이란 단어가 부속품, 장비, 기계 등의 의미를 지니고 있다는 사실이 이를 뒷받침한다. 기술이 지나치게 강조되다 보면 자연, 즉 타고난 혈통이나 세습적인 위치 등이 위협을 받게 된다. 그렇지만 르네상스 문화에서 기술, 혹은 인간의 독자적인 주체성의 확보는 근대적인 산업혁명과 더불어 비로소 가능한 일로, 르네상스 영국에서 기술은 여전히 자연의 조력자의 위치를 넘어서지 못한다. 따라서 르네상스 궁정문화가 기술과 학습을 강조하면서도 여전히 적격에 큰 비중을 두는 것은 위계질서가 엄격한 사회적인 신분계급에 의한 말의 제약을 의미한다. 언어의 자율성이 강조되면 될수록 상대적으로 말의 도덕적 측면, 즉 적격이 강조되는 것이다.

퍼튼햄의 주장처럼 수사비유를 잘 사용할 수 있는 능력은 하나님의 창조력에 버금가는 것으로 인간을 완벽하게 고양시킬 수 있는 힘이지만, 이들 새로운 언어표현들을 너무나 지나치게 인위적으로 사용하면 그 효과를 오히려 반감시킬 수 있기 때문에 사려 깊은 판단력이 시인이나 웅변가에게 요구되는 것이다.

> 모든 일에 있어서 예절을 지키는 것, 그것만이 모든 것에 우아한 아름다움을 부여하며 이것이 없이는 사람의 말 가운데 어느 것도 아름답고 적절하게 보일 수가 없다. 흔히 이 예법은 아름다운 비유법을 기괴한 모습으로 떨어지게 만들기도 하고 다른 한편으로는 사악한 말을 아름답고 즐겁게 보이도록 만들기도 한다. 따라서 이 예법이야말로 모든 훌륭한 시인들이 자신들의 임무를 수행하는 척도이다(268).

퍼튼햄은 지금껏 수사비유적인 표현들을 기술적인 것으로 상술한 다음 이것들을 적절하게 사용할 수 있는 근거를 그것들을 사용하는 사람의 판단력에 귀결시킨다. 이것은 마치 아리스토텔레스가 그의 『시학』에서 "은유를 마음껏 사용하는 것이 문학에 있어서 가장 위대한 일이다. 그러나 이것만은 다른 사람에게 전달 될 수 없는 것이다. 훌륭한 은유를 사용한다는 것은 유사성을 발견하는 안목을 가졌다는 것을 암시하기 때문에 이것은 천재의 징표이다" 라고 그가 『수사학』에서 일종의 기술로 제시하였던 은유의 사용을 취소하는 것과 마찬가지의 전략이다. 퍼튼햄은 기술적인 측면에서 수사적인 비유들을 자세히 예증하고 나서 "이들 모든 시적이거나 수사적인 비유들은 단지 낯선 말들에 대한 관찰에 불과하며 그 자체로 어떠한 기술을 필요로 하지 않고서도 우리가 사용하며, 어떠한 훈련도 없이 자연스럽게 우리가 일상적으로 사용하는 것들이다"(301)라고 말함으로써 결국은 기술이란 자연에 대한 관찰을 체계화한 것에 불과함을 강조한다. 그가 시의 비유법으로 높은 점수를 주고 있는 우의법 역시 그의 영어 번역에 의하면 "궁신(宮臣), 혹은 아름답게 드러내 보이는 문체"인데, 궁신의 특성은 그럴싸하게 아름답게 드러내 보이는 기술에 있지, 그 자체가 아름다움인 것은 아니다. 그만큼 자연과 기술 사이에는 거리가 있는 것이다. 말과 사물의 긴장과 거리감을 한껏 부추기는 과장법 역시 그의 표현에 의하면 "분수 모르고 날뛰는 자, 혹은 허풍선이 거짓말쟁이" 이다. 이처럼 퍼튼햄에게 있어서 수사비유, 혹은 말을 새롭게 사용하는 방식은 일종의 행동, 혹은 행위자이기 때문에 곧바로 도덕성을 함축하고 있다. 르네상스 수사학에 지대한 영향을 미친 헤르모제네스(Hermogenes) 역시 그의 『문체의 유형에 관해서』(A.D. 161년 경)란 글에서 말의 힘이란 모든 문체들을 적절하게 사용하는(101), 즉 어떤 때 어떤 곳에서 어떤 문체와 어떤 사고를 사용해야 할 줄을 아는 것임을 강조한다. 그러나 말의 힘을 보장해주는 적격의 문제를 기술하는 것은 인간의 능력 밖의 일로 신의 힘을 필요로 한다고 적격의 문제를 자연의 영역으로 환원시켜 버린다(107).

르네상스 시기 수사학의 문체론적 편향은 비유법에 대한 지나친 강조로 말미암아 말보다는 작문의 기술로 화하는 근대적인 줄어든 수사학의 전범을 보인다. 그렇지만 다른 한편으로는 적격과 자연을 강조함으로써 어디까지나

궁정문화의 주체가 되는 세습 귀족들의 권위를 도드라지게 하는 효과를 낳고 있다. 수사비유가 자연이라는 알몸에 입혀진 아름다운 의상이라면 때와 장소에 따른 의상의 예법이 있게 마련이다. 그러나 의상의 예법이 중시되는 곳에서는 아무나 돈이 있다고 해서 신분과 지위를 무시하고 자신이 원하는 옷을 걸칠 수는 없다. 따라서 르네상스 문체론은 자연과 기술의 조화와 갈등만큼이나 독자적인 개성의 표현과 의상이라는 규범 사이를 오가며 전개되고 있다. 문체가 곧 개성이다, 즉 문체가 사람을 드러낸다는 문체에 대한 낭만주의적인 생각을 보여준다는 점에 있어서 르네상스 문체론은 한편으로는 근대의 선두에 서 있으나, 다른 한편으로는 문체론에 여전히 사회심미적인 입장에서 도덕적인 굴레를 씌우고 있다는 점에서 중세의 끝에 머물고 있다.

인용 문헌

Castiglione, Baldassare. *The Book of Courtier.* Trans. Thomas Hoby. London: J. M. Dent & Sons, 1974.

Day, Angel. *The English Secretary.* Ed. Robert Evans. Gainsville, Florida: Scholars' Facsimiles & Reprints, 1967.

Enos, Theresa. Ed. *Encyclopedia of Rhetoric and Composition.* New York: Garland Publishing, Inc., 1996.

Erasmus, Desiderius. *De Copia.* Trans. Betty I. Knott. Toronto: U of Toronto P, 1978.

_____. *Ciceronianus.* Trans. Izora Scott in his *Contorversies over The Imitation of Cicero.* New York: Colombia UP, 1910.

Fraunce, Abraham. *The Arcadian Rhetorike.* Ed. Ethel Seaton. Oxford: Basil Blackwell, 1950.

Harvey, Gabriel. *Ciceronianus.* Trans. Clarence A. Forbes. U. of Nebraska Studies, 1945.

Hermogenes. *On Types of Style.* Trans. Cecil W. Wooten. Chapel Hill: U of North Carolina P, 1987.

Kelley, Donald R. *Renaissance Humanism.* Boston: Twayne Publishers, 1991.

Mack, Peter. Ed. *Renaissance Rhetoric.* London: St. Martin's Press, 1994.

Miller, Perry. *The New England Mind: The Seventeenth Century.* Boston: Beacon Press, 1965.

Ong, Walter J. *Ramus, Method, and the Decay of Dialogue.* Cambridge, Mass. : Harvard UP, 1983.

Peacham, Henry. *The Garden of Eloquence.* Ed. William G. Crane. Gainsville, Florida: Scholars' Facsimiles & Reprints, 1954.

Puttenham, George. *The Arte of English Poesie.* Kent, Ohio: The Kent State UP,

1970.

Rhodes, Neil. *The Power of Eloquence and English Renaissance Literature.*
 Hemel Hempstead: Harvest Wheatsheaf, 1992.

Sloane, Thomas O. Ed. *Encyclopedia of Rhetoric.* Oxford: OUP, 2001.

박우수.『수사적 인간』. 서울: 도서출판 민, 1995.

Seamus Heaney의 예술 생산양식

배 인 영
(한국외국어대)

영문학을 전공한 전문적인 시인으로서 히니(Seamus Heaney)는 문화적 전통과 아일랜드의 특수성을 자기 방식으로 독특하게 창조하는 시인이다. 그는 모든 문화적인 세목들을 현재와 과거의 역사의 저장소로부터 끌어내어 시의 소재로 삼는다. 과거의 유물들을 적극적으로 찾아내는 그의 방식은 매우 자의식적이지만 동시대의 다른 시인들과 달리 그는 이미 고정된 이미지로 사용되는 민족주의적인 기표들을 버리고 늘 새롭고 낯선 기표들을 찾아 시에 차용한다. 실제의 히니의 삶 또한 어느 한 곳에 고정되지 않고 늘 이사하고 여행하면서 자신의 의식을 새롭게 고취시키려고 노력했다. 그의 이미지와 상징은 시대와 장소를 움직여 가면서 새롭게 변화한다. 역사와 문화를 기초로 하여 기표를 발굴하는 화자를 코코란(Neil Cocoran)은 "운전자로서의 주인공"(the protagonist as a driver)이라는 표현을 쓴다(62). 코코란은 『어둠으로의 문』(Door into the Dark)부터 시작하여 『겨울 나기』(Wintering out)을 거쳐 『북쪽』(North), 『순례섬』(Station Ireland)의 '도로에서'(On the Road)에 이르기까지 히니가 모든 역사와 현실을 오르내리며 갈등으로부터 화해의 투쟁을 꾸준히 해왔다고 한다.(62)

그런데 히니가 이렇게 역사와 문화를 탐구하는 태도는 현실에 대한 자신의 판단이나 주장을 뒷받침해 줄 자료를 찾는 것이 아니라 어느 정도 현실과 거리를 유지하고서 역사와 문화 속에서 이에 상응하는 이미지를 찾는 방식이다. 자신의 고향 Massbawn과 Wood의 전원적인 따뜻함과 친밀성을 노래하던 『어느 자연주의자의 죽음』(*Death of a Naturalist*)의 히니는 1969년 이후 전개되는 아일랜드의 폭력적인 정치 상황을 시로 써야 한다는 강한 요구를 받게 된다. 현실을 예술적으로 생산할 수 있는 이미지와 상징을 찾던 그는 이분법적인 선택을 강요받는 세계 속에서 자신의 입장을 어느 한쪽에 귀속시키지 않는 양가치적 태도를 취한다. 본 글에서는 그의 이러한 양가치적 태도가 정치적 회의 때문이 아니라, 그의 독특한 문화 "엿보기"(vouyer)라는 방법을 통하여 예술을 생산해내는 과정에서 비롯된다고 본다. 그는 전통을 유사성의 방법으로 반복하면서도, 동시에 전통과의 차이를 이룰 수 있는 이미지나 상징, 언어 등을 끊임없이 발굴하여 자신의 시를 창조해 나가, 후기시에 이르면 유사성과 차이에 의해 모든 담론이 해체되면서 독자의 적극적인 개입이 요구되는 복수성과 비결정성의 텍스트로 발전한다. 그러므로 본 글에서는 문화적 자료(material)를 추적하여 고정된 문화를 해체시키고 새로운 것을 재창조하려는 그의 예술 생산 방식의 진화 과정을 문화와 예술과의 관계 속에서 살펴보고자 한다.

Heany의 양가치적 태도는 초기시부터 후기시까지 일관하고 있는 특징이다. 시인의 목소리로 대변되는 화자의 위치는 시의 안과 밖의 경계선에서 어느 한쪽에도 고정되지 않고 항상 움직인다. 그러므로 히니의 시에 등장하는 화자들은 하나의 목소리가 아닌 유동적인 다양한 목소리를 지녀, '순례섬'(Station Island)에서처럼 같은 제목의 시에서도 다양한 목소리들의 화자들이 등장하여 각기 다른 목소리로 자신의 입장을 이야기한다.

　이와 같은 히니 시의 특성을 몰리노(Michael R. Molino)는 『전통, 언어, 그리고 신화에 대한 질문』(*Questioning Tradition, Language, and Myth: The Poetry of Seamus Heany*)에서 바흐친(M. M. Bahktin)의 다성성[1]의 개념으로 접근하여 그의 시에 화자의 목소리만 있는 것이 아니라 시속에서의 다양한 목소리

---

1) 바흐친은 사회적인 담론이 문학에 들어가는 양식을 다성성이라는 개념으로 접근한다. 바흐친은 다성성과 대화성은 주로 소설 텍스트에 나타나며, 시의 경우는 작가의 자기독백적 요소 때문에 담론으로서의 가치가 떨어진다고 말한다(Bakhtin 272-3).

들의 만남과 충돌의 투쟁 과정이라는 있는 특징을 지닌다고 한다(Molino 77). 특히 몰리노는 히니의 시의 특성에 대해 코코란과 같은 비평가들이 주장하는 갈등의 화합이라는 모더니즘적인 구조를 부정하고서, 히니의 시가 비결정적 요소를 가지고 있는 점과, 작가 개인의 목소리보다 공동체적인 목소리의 창조, 데리다적인 유사성과 차이에 의한 반복을 통하여 전통적 이미지를 해체하고 새로운 이미지를 재창조하는 등 포스트모던적인 구조를 가지고 있음을 강조한다.

유사성과 차이를 교묘히 이용하여 새로운 시의 세계를 구축하는 히니의 글쓰기 방식은 경계선에 있는 예술가들의 현재의 문화에 대한 예술적 거리 두기에 의해서만 가능하다. 정치적인 콘텍스트가 비교적 적고 시인으로서의 정체성을 탐구하는 '어느 자연주의자의 죽음'(*Death of a Naturalist*)시절에도, 화자는 노동과 자연의 폭력성이 지배하는 아버지의 세계로부터 떨어져 아버지와 할아버지를 관찰하는 위치에 있었다. 그러면서도 그는 그들을 부러워하고 따라가고 싶은 욕구를 가지고 그들을 바라본다. 땅을 솜씨 있게 파는 아버지와 토탄을 능숙하게 메고 가는 할아버지의 노동의 힘에는, 육체 노동에 익숙하지 못한 화자와 대조되는 능숙함이 있었다. 미숙함을 단련시켜 익숙한 전문가가 된다는 인간 행위의 발전 과정을 내용으로 하는 '뒤따르는 자' (Follower)에서 말고삐를 잡고 혀를 차면서 눈짓작만으로도 정확하게 이랑을 가는 '전문가' 아버지와, 아버지가 갈아 놓은 곳을 따라가다가 비틀거리며 넘어지는 화자의 대조는 유머러스하기까지 하다. 히니의 화자는 늘 중심적이고 지배적인 위치보다는 약하고 주변적인 위치에서 중심적인 행위를 거리를 두고 또한 갈망하면서 그것을 관찰한다. '아내의 이야기'(The Wife's Tale)에서는 남자의 노동에서 제외된 여자의 위치에서, '장례식'(Funeral Rites)에서는 장례식의 행위를 매우 생경하게 바라보는 하객의 위치에서 그들의 행위를 관찰한다.

미숙에서 익숙으로의 과정은 그의 예술관과 연관되는 문제이다. 히니는 손으로 하는 일과 언어의 숙달 과정, 그리고 전문가적인 숙달된 예술가의 과정이 모두 교육이라는 과정을 통해서 이루어지는 유사성을 갖는 것으로 파악한다. '알파벳'에서 화자는 언어를 배우는 과정을 손으로 글씨를 쓰는 과정과, 나아가서는 시의 창작 행위와 동일한 선상에서 진행되는 것으로 묘사한다,

I
처음에는 '복사하기', 그런 다음엔 '영어'
기댄 작은 호미로 정확하게 표시했다.

II
집같이 편안하게 느껴지는 새 필체
이 알파벳 글자는 나무였다.

III
그는 세익스피어를 언급한다. 그는 그래이브즈를 언급한다.
시간이 학교와 학교 창문을 불도저로 밀어버린다.(SP 231-2)2)

　'뒤따르는 자'에서 손으로 하는 노동이 시간 속에서 더욱 익숙해지고 성숙해지는 것과 달리, '알파벳'에서는 학교 교육의 영어와 영문학에 익숙해져 가는 과정은 "복사하기"와 같은 기계적인 과정을 통해서 이루어지고 있으며 그와 같은 학교 교육이 시간의 파괴성에 의해 무산될 수 있음을 암시한다.

　네일 코코란(Neil Cocoran), 엘머 엔드류즈(Elmer Andrews), 마이클 몰리노(Michael R. Molino), 마이클 파커(Michael Parker)와 같은 히니를 연구하는 많은 비평가들은 히니의 시에 들어 있는 과거의 전통, 특히 스펜서, 워즈워드, 홉킨스와, 동시대 작가 테드 휴즈, 지오프리 힐 등 영국 문학의 전통과 예이츠와 조이스, 카바나(Kavahnah)같은 아일랜드 문학의 전통과의 상호 텍스트성을 연구하여 그의 시가 영문학의 전통과의 깊은 연관성을 밝힌다. '전통과 개인의 재능'이라는 에세이에서 엘리오트는 진정한 예술가는 역사적인 안목으로 과거의 것과 현재, 그리고 미래를 연결시킬 수 있는 힘을 가진 자라고 정의한다. 또 문화 유물론자인 삐에르 부르뒤에(Pierre Bourdieu)는 예술 생산 과정에 있어서 작가의 개인적인 창조적 능력보다는 그가 자신이 속한 문화 속에서 문화적인 코드에 익숙해지고 그것을 예술로 표현했을 때 작가와 독자의 진정한 의사 소통이 가능하다고 한다. 또한 부르뒤에는 예술 생산이 가능한 문화적인 코드에 익숙해지기 위해서는 교육이 필수적이지만 학교 교육에 의한 카리스마적 교육은 부르조아의 지배 이데올로기를 강제적으로 전수

---

2) *Selected Poems*의 약자.

하는 역할을 담당하므로 이러한 교육에 의해서는 현재의 이데올로기에 의해 숨겨진 살아있는 진실을 찾아내고 현재의 모든 지배적인 이데올로기에 도전 하고 새롭게 예술을 재생산하는 진정한 예술가가 나올 수 없다고 한다(Bourdieu 228-234).

　히니는 모든 진정한 예술가들이 그러하듯이 그는 사회적인 어떤 한 범주 에 속하지 않고 범주와 범주 사이의 경계선에서 사회에서 일어나는 모든 일 들을 바라본다. 그의 시선은 비판자의 냉소적인 태도나 죄를 지적하는 단호 한 태도가 아닌, 늘 그 어느 쪽에도 속할 수 없는 것에 대한 죄의식을 가지고 바라본다. 그의 의식에서는 영국식 교육에 의해 식민지화된 지식과, 고향의 땅과 자연이 가르쳐 준 지식 사이의 투쟁과 상호 침투가 일어난다. 초기 시 '자연주의자의 죽음'의 Miss Wall이 가르쳐 준 너무 추상적인 지식과 사춘기 소년의 성적인 경험에 의한 지식은 서로 분리되어 투쟁하고 있으며 그의 자 연의 경험은 언어로 체계화시켜 정의 내리기 힘든 모호하고 혼란스러운 지 식들이다. 그가 직접 자기의 땅에서 보고 듣고 느끼는 경험들은 『겨울나기』 와 『북쪽』의 신화화된 과거 역사와 연결된다. 독자에게 익숙하지 않은 인물 과 장소의 단어들이 종종 출현하는 이 시들은 모호하지만 생생하고 현실을 일깨우는 폭력성이 있다. 시인과 독자를 깨어나게 하고 생각하게 하는 이러 한 무의식의 지식들과의 순간적인 만남은 죄의식의 고통을 시로 표현할 수 있는 재료들이 된다. '알파벳'에서 추상적 기호의 암기는 그의 자연으로부터 의 경험으로 침투되어 모든 글자들은 "나무"가 되고 "꽃"이 되고 "숲의 노 래"(woodnote)가 된다. 그의 시가 아일랜드의 민담과 전설의 아련하고 추상적 인 세계에 머물지 않고 생생한 현재의 시로 읽힐 수 있는 원인은 이와 같은 그의 무의식의 세계를 기표로 끌어낼 수 있는 언어의 힘이다.

　전통의 지식이 훈련에 의해 강요되는 카리스마적 지식이라면 그것은 실제 로 예술적인 힘을 발휘하지 못한다. 그가 전통을 배우는 방법은 자율적인 방 법, 즉 현재의 문제 해결을 위해 적극적으로 과거의 지식을 탐구하고, 과거의 저장소로부터 차용된 지식과의 순간적인 만남으로 새로운 지식을 창조하는 재창조의 방법이다. 그러나 오든이 지적한대로 그의 예술이 사회에 영향을 미쳐 변화시키는 일은 거의 드물다. 히니는 자신의 예술에 대한 자의식을 갖고 있다. 예술이 예술로서만 머물 수 없으며 예술과 사회는 연결될 수밖에 없다는 것을 알고 있지만 아무런 영향력도 미칠 수 없는 자신을 그는 "예술적 관음증자"(artful vouyer)라고 표현한다. '지하'(Underground)에서도 히니는 자신의 예술을 통해 지상의 사회를 변화시킬 수 없는 땅 밑의 세계에 자신이 속하고 있음을 역시 알고 있었다. 너무나 갈망하는 대상이 달아나는 것을 붙잡으려 해도 붙잡을 수 없고 자신이 속하고 싶지 않은 세계로부터 도망가려 하다가 갈대가 되어버린 모든 불가능과 무능한 위치에 예술가가 속하기 때문에, '지하'와 '결혼식 날'(Wedding Day)에서 화자는 자신의 고통을 아무런 내용상의 설명 없이 장면 장면을 그대로 기술하여 독자는 낯선 극적 장면 앞에서 당황하게 된다. 아무런 단서도 주어지지 않은 채 나열되는 이와 같은 시들은 다양한 인간들의 다양한 경험들로 경험될 수밖에 없다. 화자는 다만 '처형'(Punishment)의 화자처럼 멀리서 "아무 말도 없이 난간을 붙들고 우는", "예술적인 관음증자"의 위치에 머물 뿐이다. 바로 이러한 모호한 경계선의 위치에서 독자의 개입이 적극적으로 이루어질 수 있으며, 수많은 문화적인 암호가 산재한 가운데 독자의 주관적인 해석이 다양하게 이루어질 수 있는 간접성의 공간이 형성 될 수 있는 것이다. 『북쪽』 이후의 개인적인 인간들의 경험으로 이루어지는 시들은 신화를 차용하는 『겨울나기』, 『북쪽』보다 이와 같은 언어의 모호성을 이용하는 비결정성의 공간이 많이 나타난다.

그는 '순례 섬'에서 사회적인 문제가 흑백 논리에 의해 풀기 "어려운 문제"(that's above my head)임을 알면서도 수많은 문제들을 안고 죽은 혼령들과 만나서 그들과 대화하고 그 대화를 옮길 수밖에 없다. 시인으로서 그가 현실에 대해 행동할 수 있는 방법은 언어 행위 밖에 없다. 『겨울나기』에서 히니는 영국과 아일랜드, 카톨릭과 프로테스탄트, 남부와 북부 등 이분화 시키려는 모든 경직된 힘에 저항하는 기제로서 유동성의 이미지와 모음의 소리 원리를 이용한다. 아나호리쉬(Anahorish)는 히니가 가르쳤던 학교이름이다. 영국식이 아닌 아일랜드식 이름인 아나호리쉬는 유동성의 '물'의 이미지로 나타난다.

내 '깨끗한 물'의 장소는

세계에서 첫 번째 언덕이며
그 곳에선 샘물이 빛나는 풀 속을 씻어주었다.

그리고 시꺼매진 자갈들은
길 위에 있다.
아나호리쉬. 자음과 모음 풀밭의 부드러운 변화.(SP 29)l

　유동적인 물은 밝은 곳과 어두운 곳을 모두 움직여 다닌다. 물의 유동성은 "비의 선물들"(Gifts of Rain)에서 "모욜라"(Moyola)라는 강의 이름을 "황갈색 후두음 강"(The tawny guttural water)이라고 하여 아일랜드 말에 대한 시인의 자의식적인 태도를 엿볼 수 있다. 모욜라의 홍수를 통해 모든 인간이 세운 과거와 현재의 문화는 물에 의해 뒤덮히며, 이 모두가 "소리를 짝짓는"(a mating call of sound) 작가의 "모음과 역사"(vowel and history)의 경험 속에 혼합되어 존재한다. 이것은 '어느 자연주의자의 죽음'에서 무더운 여름날 썩어가는 아마댐의 냄새주위에 "청파리"가 "짜넣는" 종합적인 소리들의 혼란과 같은 혼돈과 모호성의 언어는 모든 갈등과 대립을 수용하는 유동성의 또 다른 방식일 것이다.
　그러나 히니의 시에서 모든 예술적인 투쟁과 노력은 이질적인 것의 통합을 위한 것은 결코 아니다. 그는 다양한 모든 것들이 어느 것도 지워지거나 부정되지 않고 그대로 존재한다는 것, 그 자체를 중요시한다. 과거의 역사에서 히니가 차용한 신화는 기존의 문학 장르에서 사용되어왔던 기독교와 희랍, 그리고 아일랜드의 신화를 넘어서 고대 철기 시대의 북유럽의 역사를 자신의 신화로 차용한다. '땅파기'에서 히니는 아일랜드의 땅을 과거의 기억의 저장소로 삼고 토탄과 갈탄층으로 이루어진 아일랜드 특유의 땅의 특성을 과거의 역사를 탐구하는 이미지로 차용했다. 또한 그는 아일랜드의 정치적 현실을 바라보면서 인간의 체제나 종족의 정체성을 보존하기 위해 희생되어야 하는 인간의 폭력성을 북유럽의 역사에서 발견하게 된다. 그의 이러한 역사 탐색 작업은 기존의 역사주의적인 해석 방법이 아니다. 히니의 역사 탐색 방법은 월터 벤야민(Walter Benjamin)이 현대 파시스트의 도그마 뒤에 숨겨진 폭력성을 고발하기 위해 과거의 역사를 복원시킨 방법과 동일하다고 볼 수 있다. 벤야민은 과거의 알레고리를 적극적으로 추적하는 가운데 현재와 조응(correspondence)되는 과거의 순간과 만남이 이루어질 때 예술로서의 가치를 지닌다고 한다. 그런데 이러한 조응들은 역사에 기록되지 않는 전설이나 민담 또는 고문서 등에 남아 있는 기억(remembrance)의 자료들이지 기록된 역사의 데이타가 아니라고 한다(Benjamin 226). 벤야민이 과거의 문헌과 구전문학에서 이미지를 탐색했듯이, 히니는 정치적인 폭력과 혼란이 난무하는 현대의 아일랜드의 모습을 그대로 묘사하여 고발하고 전통적인 신화를 차용하는 방법을 지양하고, 고고학을 연구하여 아일랜드의 알려지지 않은 역사에서, 또 북유럽의 무의식의 기억의 기록인 P. V. Glob의 *The Bog People*에서 사회적 폭력에 의해 희생된 이미지와 상징을 찾아낸다. '톨룬드의 사람'(The Tollund man)과 '처형'의 윈드비 소녀, '수렁의 여왕'(The Bog Queen)의 인간의 모든 역사를 수용하는 토탄과 역청층의 땅의 이미지는 현대의 이데올로기에 의해 희생되는 아일랜드인들의 모습을 적절하게 제시하여 로버트 로월(Robert Lowell)로부터 "예이츠 이후 최고의 시인에 의해 쓰여진 새로운 종류의 정치시"라는 찬사를 받는다(Cocoran 32). 아일랜드의 고고학을 연구하던 히니는 청동기시대에 더블린을 침략했던 바이킹과, 과거의 아일랜드의 영웅들과 패자들을 그의 상상력에 의해 North의 이미지들로 재창조한다.

아일랜드 문예부흥 시기에 민족의 정체성을 찾기 위해 자신들의 고유의 언어와 문화와 역사를 발굴하여 영국의 제국주의에 대항하는 자의식적인 아일랜드의 문학의 주류를 이루는 것은 민족주의 사상이다. 몰리노는 19세기 이후 아일랜드에서 일어난 과거의 역사와 전설 속에서 민족의 정체성을 찾으려는 아일랜드의 문화 운동으로 발굴된 민족주의적인 신화와 인유가 20세기에 끊임없이 계속되는 프로테스탄트와 카톨릭의 반목과 질시로 인해 그 의미가 퇴색되었음을 지적한다(10). 이처럼 아일랜드 작가들의 자의식적인 노력에 의해 발굴된 이미지들은 원래의 민족주의적인 기표로서 자리를 이탈하여 자기의 정치적 입장을 옹호하려는 이데올로기로 사용되게 된다. 들뢰즈(Deleuze)와 가따리(Guattari)는 인간의 끊임없이 욕망의 분자적 흐름을 멈추게 하고 울타리 안에 가두는 것을 영토화(territorialization), 또는 재영토화(reterritorialization) 이라고 부르며, 이러한 코드화 시키는 것에서 끊임없이 도망가고 어떠한 코드화의 벽이나 경계선도 뛰어넘으려는 움직임을 탈영토화 (deterrioralization)이라 부른다(Deleuze and Guattari 106-107). 언어의 위치가 탈영토화에서 재영토화가 되고 나면 그 언어는 다시 탈영토화의 과정을 겪게 되는데, 히니의 시는 영국 문화로부터 탈영토화로 이루어진 19세기 민족주의적 신화들의 재영토화를 해체시키고 다시 이것에서 탈영토화하려는 운동의 시라고 할 수 있다. Bog Poem 시들과 '순례 섬'의 귀신들, 『북쪽』, 아일랜드와 아이슬란드, 덴마크 등 북부 유럽의 전설들의 발굴은 민족주의로부터의 탈영토화를 위해 그가 차용하는 기법인 동시에 영국 문화로부터의 탈영토화라 할 수 있다. 다시 말해서 문학에 있어서 탈영토화란 유사성과 차이의 반복에 의해 미시적인 차이에 의해 생겨나는 예술적인 독특성을 만들어 가는 과정이라 할 수 있다. 신화와 역사의 발굴이외에도 히니는 영어와 차이가 나는 모음과 후두음이 영어와 차이가 나는 장소나 사람의 이름을 탈영토화의 전략으로 사용한다. 러시아 형식주의자 빅토르 쉬클로프스키를 연상케하는 시, '낯설게 하기'(Making Strange)를 살펴보면 히니의 예술의 탈영토화에 대한 자의식적인 노력을 발견하게 된다.

> '계속 설득하고 설득하는
> 모든 신뢰받고 있는 것을
> 이 눈들과 흙탕물과 돌들을 벗어나서
> 내가 처음 그대를 방문했을 때
>
> 얼마나 그대가 대담했었나 회상해 보라
> 처음으로 돌아갈 수는 없지.'
> 방울새가 재에서 톡 날라왔다.
> 그 다음에 나는 내가 낯선 사람을 몰고 가고 있음을 깨달았다.
> 나의 나라 전체로,
> 사투리에 능숙한 나는
> 내가 알고 있는 모든 것을
> 자랑스러워했고 똑같은 것을 암송하면서도
> 낯설게 하기를 시작한 것에
> 자부심을 느꼈다. (*SP* 172-73)

히니는 아일랜드 독자에게 뿐 아니라, 아일랜드 밖의 '낯선' 독자에게도 수용될 수 있는 문학의 형태의 뿌리가 자신의 나라 아일랜드에 있음을 다시 확인한다. "신뢰받고"있는 기존의 모든 상투적인 언어를 그대로 답습하는 "암송"을 "벗어나기" 위해서 그는 모음과 후두음의 아일랜드 사투리를 사용한 낯설게 하기 방법을 선택한다. 그는 이러한 언어의 청각성이 가져다주는 특징이야말로 자신의 문학이 아일랜드의 정치적 도그마에서 벗어나 범세계적으로 새로운 문학이 될 수 있다고 생각한다(Molino 69-70).

『북쪽』의 어둡고 침침한 늪 속의 분위기에서『들일』에서 갑자기 바뀌어진 활기찬 분위기로 히니는 문학과 순수한 언어 그 자체를 갈망한다. 1970-71의 미국 체류 기간에 아일랜드 인들과 달리, 시를 정치적인 색안경을 끼고 바라보지 않는 미국 독자들로부터 신선한 충격을 받은 히니는 정치와 역사 그 모든 것이 문학에 용해되는 과정을 '굴'(Oysters) 통해서 사색한다.『들일』의 첫 번째 시, '굴'(Oysters)에서 부자유스러운 정치적인 억압에서 벗어나 자유로운 예술활동을 갈망하던 그는 조개의 여성적인 모습(genital shape)에서 거대한 대양의 폭력적인 강탈을 오랜 세월동안 견디어 낸 강인한 힘과 인내력을 발견한다.

> 살아있고 침략당하는
> 그들은 얼음의 침대 위에 누워있다.
> 조개들: 그 갈라진 둥근 구근과
> 희롱하는 바다의 한숨.
> 수백만 개가 찢기고 벗겨지고 뿌려져 있었다. (*SP* 107)

친구와 함께 저녁 식사를 하다가 저녁식사의 요리로 나온 굴을 보고서 작가적 책임의식에 의해 그는 '굴'에서 사회적인 목소리를 듣고 그것을 작가의 상상력에 의해 예술로 변용시킨다. 그러다 갑자기 그의 역사적 상상력은 "알프스를 넘어" 과거의 로마로 거슬러 올라간다.

> 알프스 산맥을 넘어, 건초와 눈 속에 깊이 싸여
> 로마 사람들은 굴을 남쪽 로마로 끌고 갔다. (*SP* 107)

천오백년 전 로마가 아일랜드를 침략했던 식민지의 역사의 시작이 기억의 저장소로부터 끌려 올라온다. 과거 로마의 "과다한 특권"(Glut of privilege)을 작가의 특유의 상상적 "엿보기" 행위에 의해 바라보며(I saw damp panniers disgorge) 그의 경험은 언어의 순수성을 방출시킨다(its tang/ Might quicken me all into verb, pure verb). 과거의 역사는 바로 지금 여기에서 다시 반복되고 있다. "살아있다는 것은 침략을 당하는 것"(Alive and violated)이라는 생각은, 고통이라는 공통 분모로 역사와 정치와 예술이 공존하게 한다(Molino 134).

'굴'에서 히니는 정치가 인생의 즐거움을 억제시킬 수 없고 역사의 반복되는 고통을 무시할 수도 없으며 또 예술도 과거와 문화의 기억으로부터 도망갈 수 없다고 말한다. 이러한 문화에 대한 자의식으로 '낯설게 하기'(Making Strange)에서 히니는 자신의 시적 뿌리가 아일랜드에 있음을 확인하여 개인적이고 지방색이 짙은 경험을 넘어서며, '부활한 스위니'(Sweeney Revivus)에서는 전통적인 아일랜드의 가치에서 벗어나는 능력을 이야기한다. 고대의 역사로 가득 차 있던 그의 시는 점점 비워져 간다.『북쪽』까지 중심을 향한 힘찬 운동은 이제 빈 공간의 주위를 도는 것으로 대체된다(Parker 218). 모든 영향력과 전통으로 벗어나는 것, 그것은 자신의 모든 껍데기를 벗는 고백과 참회의 길이다.『순례섬』에서 히니는 상징과 인유로부터 벗어나 수많은 개인들과의 만나 그들과 대화를 시작한다. 늘 중심을 향하여 '엿보기'만 하던 그는 이제 그와 익숙했던 사람들과 만나 대화를 나눈다. 그 동안 신화와 인유의 텍스트 속에서 sub-text로 존재해 왔던 모든 죄의식이 지하의 세계에서 지상의 세계로 나온다.

지금까지 살펴보았듯이 대부분 히니의 시는 작가의 자기독백적 시라기보다는 과거와 현재가 교차하는 극적인 장면에서 또 다른 타자와의 만남으로 이루어지는 대화적이고 연극적인 시이다. 아일랜드의 풍경이나 역사적 자료를 통해 제시되는 극적인 장면 속에서 그의 언어는 자기를 주장하는 위치가 아닌 상황이나 타자의 언어에 의해 갈등을 겪어, 결국 화자의 주장은 없어지게 되고 모든 타자들의 언어들만 남게된다. 극적 장면에서 전개되는 그의 신화적 이미지나 인유는 지배적인 이데올로기를 유지하기 위한 보편성을 결론으로 제시하기 위한 것이 아니다. 그의 시는 여러 가지 다양한 타자들의 목소리를 시에 등장시키고 그 목소리들간의 충돌을 통해 독자의 주관적 해석을 가능하게 하는 바흐친적인 다성성의 시이다.

'순례 섬'에서 히니는 죄를 고백하고 회개하는 단테의 종교적 순례의 패턴을 이용하여 여러 사람의 등장인물들과 만나 그들의 갈등과 문제점들을 있는 그대로 제시한다. 안식일을 어겨서 죄인 취급을 받는 땜장이 스위니에서부터 언어를 통해 새로운 종족의 문화를 꿈꾸었던 예술가 조이스 등 모든 아일랜드의 문제들이 이 시에서 그대로 방출된다. 아일랜드의 혼령들은 화자만 만난다. 다른 순례자들은 각자 자기의 길을 간다. 귀신들과의 만남으로 화자는 민족주의적 순례 행렬에서 점점 이탈되지만 오히려 지금까지 쳐다보기만 하고 아일랜드의 문제를 답답한 마음으로 바라보기만 하는 태도에서 벗어나 그들의 입장을 이해하고 수용하게 된다. 조이스의 종족의 문제는 오늘의 히니의 문제가 되고 그는 모든 권력에 대항하는 진리의 순교자들의 대열에 자연스럽게 동참한다. 죄를 고백하는 화자와 그것을 듣는 청자와의 의사 소통으로 시는 독백이 아닌 사회적 담론의 장으로 열리게 된다.

처음부터 역사와 문화의 모든 자료들에 관심을 기울인 히니는 역사, 문화 정치 예술의 모든 것들을 문학의 텍스트 용해 시켜 『산사나무 등불』(Haw Lantern)에 이르러서는 '제거'(Clearances)와 '사라지는 섬'(The disappearing Island)에서 말하듯이 "선하다고 여겼던" 모든 도그마들이 점점 "조용해지고", "지워지며", 모든 의미들은 "파도처럼 부서져" 조각난 담론으로 이루어지는 바르트(Rolan Barthes)적인 "간접성과 불연속적 유희의 언어의 기표"(Jouve 77-78)만이 남게된다.

인용 문헌

Andrews, Elmer. *A Collection of Critical Essays*. ed. Elmer Andrews. London: Macmillan, 1993.

Bakhtin, M. M. *The Dialogic Imagination*. ed Michael Holquist. Texas: Texas UP, 1981.

Benjamin, Walter. *Illuminations*. trans. by Hannah Arendt. USA: Schocken, 1969.

Bourdieu Pierre. *The Field of Cultural Production*. Oxford: Polity Press,1993.

Corcoran, Neil. *A Student's Guide to Seamus Heaney*. London: Faber and Faber, 1986.

Deleuze, G and Guattari, F. 『소수 집단의 문학을 위하여: 카프카론』. 조한경 역. 문학과 지성사. 1992.

Heaney, Seamus. *Selected Poems 1966-1987*. New York: Noonday Press, 1996.

Jouve Vincent. 『롤랑 바르트』. 하태환 역. 민음사. 1998.

Molino, Michael R. *Questioning Tradition, Language, and Myth*. Washington D. C.: Catholic University of America Press, 1994.

Parker, Michael. *The Making of the Poet*. London: Macmillan, 1992.

마크 트웨인과 제국주의

성 경 준
(한국외국어대 영어학부)

I

 트웨인의 제국주의에 대한 태도는 그 중요성에도 불구하고 지금까지 비평에서 주목을 받지 못하였다. 또한 그 비평도 다양한 시각에서 논의되지 않고 대부분 그의 반제국주의에 초점을 맞추고 있다. 가령 트웨인의 제국주의에 대한 태도를 본격적으로 최초로 다룬 윌리암 깁슨(William Gibson)의 「마크 트웨인과 하웰즈: 반제국주의자」("Mark Twain and Howells: Anti-imperialist") 는 그러한 비평 경향을 잘 보여준다. 이 글에서 깁슨은 트웨인이 미국 반제 국주의자 연맹(American Anti-Imperialist League)의 부회장을 맡았다는 사실에 논의의 기반을 두고 1890년 후반부터 1900년대까지 쓰여진 그의 정치적인 글을 분석하며 그가 얼마나 철저한 반제국주의자였는지에 초점을 맞추고 있다.

 물론 리차드 브리지만(Richard Bridgman)같은 비평가는 그의 비평서『마크 트웨인에 있어서 여행』(*Travelling in Mark Twain*)이라는 책에서 트웨인이 식민지 원주민에 대하여 제국주의적 태도도 가지고 있음을 잠시 언급하고 있기는 하다(Bridgman 143-4). 하지만 트웨인의 반제국주의에 대한 강조는 그와 제국주의에 관한 비평에서 여전히 대세인 듯 싶다. 그러한 점은 1996년 케임 브리지 대학 출판사에서 나온 트웨인 비평서『마크 트웨인에 대한 케임브리지 비평서』(*The Cambridge Companion to Mark Twain*)에 실린 잔 로우(John

Carlos Rowe)의 글「어떻게 보스는 게임을 했는가」:『커넷티컷 양키』에 나타
난 트웨인의 제국주의 비판("How the Boss Played the Game: Twain's Critique
of Imperialism in *A Connecticut Yankee in King Arthur's Court*")에서도 잘 보여
진다. 이 글에서 로우는『커넷티컷 양키』를 분석하면서 트웨인이 사실 후기
작품뿐만 아니라 "전 작품에 걸쳐 얼마나 반식민주의자이며 반제국주의적인
태도를 보여주고 있는지"를 분석하고 있다(Rowe 176).

　말년의 많은 작품에서 드러나듯이 트웨인이 제국주의에 반대했다는 것은
분명하다. 예를 들면 중국에서의 제국주의의 착취를 신랄하게 비판하고 있는
「어둠 속에 앉아 있은 사람에게」("To the Man Sitting in Darkness" 1901)라든
지, 필리핀에서의 미국 점령군의 침탈을 풍자하고 있는「펀스턴 장군의 옹호」
("A Defense of General Funston" 1902), 그리고 콩고에서의 벨기에의 왕 레오
폴드의 약탈과 학살을 풍자하고 있는「레오폴드왕의 독백」("King Leopold's
Soliloquy" 1905)은 트웨인의 제국주의에 대한 분노와 비판을 잘 대변하고 있
다. 그러나 이러한 글에만 주목하여 그의 반제국주의에 대해서만 강조하는
것은 자칫 그가 제국주의에 대해 얼마나 복잡한 생각과 태도를 가졌으며 그
의 진정한 면모가 무엇이었는지를 간과할 수가 있다.

　이러한 점에서『적도를 따라서』(*Following the Equator*)는 우리의 주목을 받
을 만 하다. 잘 알려져 있다시피 그가 적도를 따라서 세계 여행을 했던 시기
는 서구 열강의 식민지 쟁탈전이 최고조에 달했던 시기였다1). 바로 이러한
시기에 그는 하와이, 남태평양 제도, 오스트레일리아, 뉴질랜드, 인도, 실론
(Ceylon), 그리고 남아프리카 등을 여행하면서 19세기 말 당시 서구 사회와
비 서구 사회의 만남을 관찰하고 그것을 이 작품에 여러 가지 측면에서 기록
해 놓고 있다. 이러한 점에서 이 작품은 그의 후기에 있어서 제국주의에 대
한 태도를 논의할 때 아주 중요한 작품임이 분명하다. 왜냐하면 위에서 언급
한 그의 제국주의에 대한 글들은 그가 분명한 정치적 목적을 갖고 쓴 글이므

---

1) 트웨인은 페이지 식자기(Paige typesetter)에 대한 과도한 투자와 운영하던 출판사의
　부도로 1894년 파산하게 된다. 그는 1896년 재정적 위기에서 벗어나기 위해 세계
　강연 여행을 떠나게 되는데 이 작품은 바로 그 여행에서 그가 느끼고 생각한 바를
　기록한 작품이다.

로 아주 직접적으로 반제국주의적인 태도가 드러나나 이 작품은 세계 여행
중에 목격한 것에 대한 여러 가지 감정이나 생각을 기록한 것이기 때문에 그
러한 반제국주의적인 태도 속에서 감추어져 있는 그의 복잡하고도 모순된
면모를 살펴볼 수 있기 때문이다.

그런데 재미있는 것은 제국주의에 대한 그의 태도를 논하는 비평에서 이
작품이 잘 언급되고 있지 않다는 점이다. 물론 최근에 브리지만이 트웨인의
여행에 대하여 논의하면서 이 작품 속에서 드러난 그의 제국주의에 대해 짧
게 언급하고 있기는 하다. 그러나 대체로 이 작품은 제국주의에 대한 주제에
서뿐만 아니라 트웨인 비평 자체에서도 제외되고 있는 인상이다.2) 그렇게 된
데에는 트웨인에 대한 초기 비평에서 중요한 비평가인 버나드 드보토
(Bernard DeVoto)가 이 작품에 대해 "빚을 갚기 위하여 쓴"(『절망의 상징들』
(*Symbols of Despair*)143) 그러나 앞서 중요하지 않은 작품이라고 한 평가가
지금까지 영향을 미치기 때문이 아닌가 생각된다3). 언급한 바와 같이 이 작
품은 복잡하고도 애매한 그의 제국주의에 대한 태도를 살펴볼 수 있다는 점
에서 아주 중요한 의미를 지닌 작품이라고 할 수 있다. 이 논문에서는 바로
이러한 점에 주목하여 이 작품에서 나타난 그의 제국주의에 대한 복잡한 태

2) 예를 들면 트웨인과 그의 작품에 대해 광범위하게 논하고 있는 저스틴 케플런
(Justin Kaplan)의 『클레멘스씨와 마크 트웨인』(*Mr Clemens and Mark Twain*)에서도
이 작품은 그의 빚과 관련되어 약간 언급되고 있다. 이러한 비평 경향에 대해 맥
스웰 가이스마(Maxwell Geismar)는 이 작품을 "여전히 인정받지 못하고 트웨인 재
평가에서도 가장 인기없는 책"이라고 말하고 있다(Geismar 159). 이 작품에 대해서
는 최근 수잔 길만(Susan Gillman)이 『어두운 쌍둥이』(*Dark Twins*)라는 비평서에서
흑백(white/black) 문제에 대하여 그의 정치적 태도와 관련시켜 약간 언급한 것과
케임브리지 비평서에 실은 그녀의 글이 대표적일 정도로 비평가들의 주목을 받지
못하고 있다.
3) 이 작품은 출판되자마자 오 개월만에 삼만 부가 팔려 나간 베스트셀러였다. 이 숫
자는 당시 독서 시장에서 엄청난 숫자였다. 그런 점에서 이 작품은 그를 파산에서
구했다고 말할 수 있다. 그는 세계 강연 여행에서 약 삼만 불을 벌었는데 그것은
그를 파산에서 구하기에는 부족한 액수였다. 그러나 친구인 로저스(Henry Rogers)
의 현명한 투자와 이 작품의 상업적 성공으로 그는 파산에서 벗어나 그 이전처럼
풍족한 삶을 살 수 있었다. 트웨인의 재정적인 문제에 대해서는 에버레트 에머슨
(Everett Emerson)의 책 203~206쪽을 참조할 것.

도를 논의해 보고자 한다. 물론 제국주의에 대한 그의 태도를 살피기 위해
다른 작품들도 필요에 따라 논의하겠다.

II

1895년 세계여행에서 그는 하와이를 거쳐 남태평양 군도로 향한다. 그러
나 1866년 이미 그는 쎄크라멘토 유니언(Sacramento Union)지의 특파원으로
하와이에서 몇 달간 머무른 적이 있었다. 그는 그때의 경험을 1872년에 출판
된 『황야에서 살기』(Roughing It)의 뒷부분에서 몇 장에 걸쳐 쓰고 있다. 이
작품에서 그는 식민주의자들이 하와이 원주민들을 착취하고 그들의 문화를
파괴하여 이제 훌라훌라(hula hula)를 예술적으로 완벽하게 추는 아가씨가 거
의 없다"(『황야에서 살기』473)고 말하고 있다. 그러나 이 작품에서 식민주의
에 대한 그의 비판은 거기에서 머문다. 그 작품에서 그는 식민주의를 계몽과
현대문명을 지구적 차원으로 확장시키는 것으로 파악한다. 그리고 원시적인
하와이의 옛날 정치가 가졌던 전제와 야만성을 제거하고 하와이 사람들에게
계몽과 현대 문명을 전파했다는 점에서 그 곳에 있는 선교사를 찬양한다. 그
는 수많은 하와이인들이 죽음을 당했던 그 옛날의 제단을 보면서 다음과 같
이 말한다.

> 이 오래된 학살의 집이 절정기를 누렸던 야만적인 시대가 있었다. 왕
> 과 추장들이 백성들을 철권으로 다스리고 … 그들을 비참하게 살게
> 하였으며 경미한 죄에도 죽음을 선고하였다. … 선교사들은 그들을
> 입혀주고 가르쳐 줬으며, 추장들의 선제적인 권위를 무너뜨리고 모두
> 에게 자유와 그들이 생산한 것을 평등하게 즐길 수 있게 하였다. 그
> 리고 법을 어긴 자는 모두 평등하게 처벌될 수 있게 하였다. 그 옛날
> 과 현재의 차이는 엄청나다. 선교사들이 가져다준 혜택은 매우 크고
> 의심할 바 없다. … 그들의 업적은 그냥 보기만 해도 알 수 있는 것
> 이다. (『황야에서 살기』462)

그러나 『적도를 따라서』에 나타난 식민주의자들에 대한 그의 태도는 『황야에서 살기』에서의 모습과는 아주 다르다. 이제 그는 선교사들이 하와이의 원시적인 왕국을 공화국으로 바꾼 것에 대해 더 이상 열광하지 않는다. 또한 식민주의를 하와이에서의 계몽과 현대문명의 확장으로도 인식하지 않는다. 그는 식민주의에 의해 초래된 하와이 원주민 숫자의 감소에 초점을 맞추고 어떻게 사십만의 원주민이 빠른 속도로 이만 오천명으로 줄었는지 이야기하고 있다. 그러한 맥락에서 그는 유럽과 미국을 끌어들임으로써 하와이에 "문명의 위대한 혜택"(the great boon of civilization)[4]을 가져다 주었다고 칭송되는 하와이왕 카메하메하 일세(Kamehameha I)와 리홀리호(Liholiho)에 대해 조롱한다.

> 모든 지적인 사람들은 하와이 인들에게 문명의 위대한 혜택
> 을 가져다주었다고 카메하메하 일세와 리홀리호를 칭송한다.
> 나 자신도 그렇게 하고 싶다. 그러나 (그렇게 하지 못하는 것
> 을 보니) 내 지성이 지금 과로로 고장났나 보다. (54)

이 작품에서 남태평양 제도에 있어 그의 기록은 식민주의에 대한 그의 태도를 잘 보여준다. 여기에서 그는 식민주의를 서구 문명이 식민지의 타자(the Other)를 지배하고 규정하며 심지어는 위계 질서 속에서 절멸시키는 과정으로 인식하고 있다. 그리고 그는 유럽의 지배하에 있는 남태평양 제도와 오스트레일리아에서에서 어떻게 "헤겔리안적인 진보의 역사"(Hegelian history of progress)가 식민지에서 타자를 전멸시키는지 상세히 묘사하고 있다. 가령 오스트레일리아의 빅토리아 지방에서 어떻게 사만 오천 명의 원주민이 천 명으로 줄었고, 그리고 백칠십삼 명의 지이롱족(Geelong)이 이십년 후에 한 명밖에 남지 않았는가를 그가 묘사하는 부분은 그것을 잘 보여준다. 이 작품의 미국 출판사(American Publishing Company)의 초판에 있는 댄 비어드(Dan

---

4) Mark Twain, *Following the Equator: A Journey Around the World*(Hartford, Conn.: The American Publishing Company, 1897), 54. 이하 본문에서의 인용은 괄호 안에 쪽 수만 밝힌다.

Beard)—그는 『커넷티컷 양키』(*A Connecticut Yankee in King Arthur's Court*)의 삽화를 그린 사람이다—의 이 부분에 대한 삽화는 트웨인의 생각을 생생하게 보여준다. 트웨인의 동의하에 그려진 "백인의 세계"(The White Man's World)라는 제목을 가진 이 삽화에는 어두운 세계를 배경으로 총과 화약으로 무장한 한 명의 백인이 전멸한 식민지의 원주민과 동식물들을 그의 발 밑에 깔고 득의만만하게 웃고 있다. 그리고 커다란 죽음의 낫을 든 사신(死神)이 그 백인에게 식민지의 "타자"를 전멸시켰다는 "공로"로 승리의 월계관을 씌워주고 있다. 이런 점에서 오스트레일리아 딩고(Australian Dingo)의 전멸에 대하여 "이 세계는 백인을 위해 만들어졌기 때문에 그것은 정당한 것이고 반대되어질 수 없다"고 말할 때 숨어 있는 아이러니는 분명하다.5)

트웨인은 이러한 제국주의의 진행 과정들이 "문명"(civilization)이라는 이름으로 합리화되고 있음을 잘 인식하고 있다. 잔 탐슨(Jon Thompson)이 지적했다시피, 19세기 말 당시에 있어서 제국주의는 서구 정부 각료들의 회의실에서 토론되던 협소한 의미의 정치적 주제가 아니라 많은 제국주의 국가들의—특히 영국에서는—일상 생활을 지배하던 삶의 방식이었다(Thompson 82-94). 제국주의 이데올로기의 역설은 그것이 겉으로는 고상한 도덕적 목적, 예를 들면 야만인들에게 진보적인 문명을 전파한다는 명분에 의해 움직여갔다는 점이었다. 원주민들을 "규범이 없는 하등 족속"(lesser breeds without law)이라고 규정했던 『킴』(*Kim*)의 저자 키플링(Rudyard Kipling) 뿐만 아니라 대다수 서구인들에 있어서 제국주의는 파괴, 착취, 또는 지배(disruption, exploitation, subjugation)가 아니라 경제적인 발전이나 도덕적인 계몽(economic development and moral enlightenment)을 의미하였다. 『적도를 따라서』에서 퀸즈랜드의 제국주의자와 농장주들이 캐나커(Kanaka) 원주민에 대한 착취와 전

5) 흥미로운 점은 그는 식민지에서의 상황에 대해 이렇게 비판적임에도 불구하고 미국 인디언의 소멸에 대해서는 커다란 문제의식을 느끼고 있지 못하고 있다는 것이다. 즉 그가 남태평양 제도나 오스트레일리아에서 제국주의자들의 원주민들에 대한 비인간성을 공격하고 있을 때 미국에서는 인디언 전쟁의 말기로 라코타족(Lakota)이나 아파치족(Apatches)들이 미 정부의 군사력에 의해 무참히 전멸되고 있던 시기였다. 트웨인은 인디언의 그러한 현실에 대해서는 큰 문제제기를 하지 않는다. 단지 편지 한 편에서 너무 심하지 않는가 하고 언급하는 정도이다.

멸을 문명이라는 이름으로 합리화하는 모습은 이러한 제국주의 담론을 예증하고 있다.

트웨인도 명확히 인식하고 있다시피 제국주의자나 농장주들이 캐나커 원주민을 농장에서 착취하는 것은 "명백한 노예 사냥"(plain slave-catching)에 근거하고 있다. 그러나 그들은 캐나커 원주민들이 그들의 농장에서 하루 12시간씩 무보수로 일하기 위해 오는 것은 바로 자신들의 고상한 문명을 배우고, 여러 가지 문명의 이기, 가령 옷가지라든지 워터베리 시계, 또는 향수 등을 얻기 위해서 오는 것이라고 말하고 있다. 그리고 그들이 아름다운 섬에서 편안히 살기보다는 문명을 배우기 위해 스스로 선택한 것임을 강변하고 있다. 이러한 제국주의 담론에 대한 트웨인의 비판은 제국주의자나 농장주들의 수사(rhetoric)에서 자주 쓰이는 "문명"이라는 단어에 대한 그의 풍자에서 잘 드러난다.

> 모자, 우산, 허리띠, 손수건. 이런 것들이 없었으면 그들은 완전히 알몸의 상태였을 것이다. (원주민들이 만약 살아서 그들이 살던 섬에 돌아온다 해도) 그들이 그렇게 힘들여 얻었던 '문명'은 단 하루만에 녹아 없어져 버린다. 그리고 그들이 얻었던 모든 것들은 바로 없어져 버려야 한다. 그러나 그들이 '문명'에서 배운 것 중 그들에게 끝까지 남아 있는 단 한가지 것이 있으니 선교사들에 의하면 그것은 바로 욕을 해대는 것이다. 욕을 해대는 것은 예술일지니, 시인들의 말대로 예술은 영원한가 보다. (86)

더 나아가 그는 서구 문명의 진출이 식민지에서 강도질(robbery)로 귀결되고 있으며, 제국주의가 사실은 위장된 강도질임을 인식한다. 하와이의 카메하메하왕이 서구 문명과의 접촉에서 처음 배운 것이 바로 "당신의 이웃을 위해서 이웃을 터는 것"(robbing your neighbor--for your neighbor's benefit) (51)이라고 말할 때 그의 태도는 그것을 잘 보여준다. 이런 의미에서 트웨인이 백인들이 주장하는 휴머니즘에 대해 아주 비판적인 태도를 취하는 것은 어쩌면 당연한 귀결인 듯 하다. 그는 캐나커 원주민들의 사망률이 백인들이 오기 전에는 평화시 천 명당 열 두 명이었고 전쟁시 열 다섯 명이었으나 백인이

온 이후 백 오십 명이 되었음을 지적하며 원주민에겐 백인의 휴머니즘보다 "전쟁이나 역병, 기아를 소개시켜주는 것"이 더 유리할 것이라 말하는 것은 백인의 휴머니즘에 대한 그의 비판을 잘 보여주고 있다(89).

어떤 의미에서 그는 당시 서구 문명에 있어서 진보와 계몽(Progress and Enlightenment)이 원주민들을 지배하고 착취하기 위한 공허한 구호로 변질되었다는 것을 확인했다고까지 말할 수 있을 것이다. 그것은 서구 문명의 식민지로의 진출을 찬양하고 그것의 아름다운 미래를 노래한 캠벨(Campbell)의 유명한 시구에 대한 트웨인의 조롱에서 잘 나타난다. 캠벨의 "자, 시간의 마차를 타고서 어서 오라, 찬란한 진보여! 그리고 이 세계의 모든 구석구석을 비추어라"(Come, Bright Improvement! on the car of time, / And rule the spacious world from clime to clime)(89)라는 서구 문명의 식민지로의 진출을 찬양한 시구를 인용하고는 트웨인은 다음과 같이 덧붙인다.

> 글쎄, 당신도 알다시피 찬란한 진보가 왔긴 왔구려, 서구 문명과 함께. 그리고 고장난 워터베리 시계, 열대 기후에 쓸데없는 우산, 싸구려 삼류 욕설, 인간화시키나 결코 전멸시키지 않은 지배 체제와 일년에 천 명당 백 팔십 명의 사망률과 함께 모든 것이 너무나 멋지게 잘 되어가고 있구려! (89)

물론 트웨인이 제국주의자들의 수사와 실제 행위 사이의 괴리를 비판하고 있지만 그가 원주민들의 문화를 유럽중심적인(Euro-centric) 문화보다 더 훌륭하다거나 만족스럽다고 생각한 것이 아님은 분명하다. 그것은 그가 서구 문명을 표현할 때 "따뜻하고 기분좋으며 안락한"(warm and happy and comfortable)이라는 용어를 쓰고 원주민의 문화를 표현할 때 "무시무시한 황야"(hideous wilderness)라는 용어를 쓰는 점에서 잘 드러난다. 하지만 그는 서구 제국주의자들의 담론 속에 숨어있는 그들의 인식론, 즉 원주민들과의 차이를 인정하거나 존중하지 않고 그 차이를 서구의 방식으로 이해한 채 그들의 가치나 기준을 일방적으로 타자에게 강요하고 있다는 것을 잘 인식하고 있으며 그러한 서구 가치의 보편성에 의문을 제기한다.[6] 그리고 그것은 서구를 제외한 다른 사회나 문화는 서구의 기준에 비추어 "비계몽적이고"(unenlightened),

"덜 문명화되었으며"(uncivilized) 더 나아가 "야만적인"(savage) 것으로 규정
된다는 데서 출발한다는 점을 잘 인식하고 있다. 트웨인이 테스메니아(Tasmania)
의 "고상한"(noble) 원주민들이 백인들의 문명 강요로 인해 멸종당한 역사에
대해 논의할 때 문제삼고 있는 것은 바로 이러한 서구의 태도와 인식론이다.

> 원주민들은 옷과 집, 규칙적인 생활, 교회, 학교, 그리고 일요일 주일
> 학교, 그리고 기타 다른 말도 안되는 문명의 박해(persecution)에 전혀
> 적응돼 있지 않았다. … 아무리 친절한 마음을 가진 백인이라도 원주
> 민을 다루는데 있어서는 낙제점이라는 것이 언제나 분명한 것 같다.
> 그는 결코 상황을 뒤집어서 원주민의 시각으로 … 생각해 볼 수 없
> 다. … 만약 그가 어떤 지혜를 가지고 있다면 그는 그 자신의 문명이
> 그들 야만인에게는 지옥이라는 것을 잘 알 것이다. 그러나 그는 그런
> 지혜를 전혀 가지고 있지 않으며, 지금까지 가지고 있어 본 적도 없
> 다. 그리고 바로 그것 때문에 그는 저 가련한 원주민들을 그 백인의
> 문명이라는 상상조차 할 수 없는 연옥 속에 가둔 채 그들을 죽이는
> 범죄를 저지르는 것이다. … 사실 이 (백인 식민주의) 범죄자들을 거
> 의 존경하고 싶어진다. 그들은 너무 진지하게 친절하며, 부드럽고, 인
> 간적이며, 좋은 의도를 가지고 있다. 그들은 왜 그 야만인들이 죽어
> 없어지는지 알 수 없었으며, 그 이유를 생각해내려고 정직한 최선의
> 노력을 다했다. 그리고 뉴사우스 웨일즈(New South Wales)에 사는 한
> 사람이 드디어 결론에 도달했다: *그것은 인간들의 불경(不敬)과 부정
> 직함에 대한 하느님의 분노 때문이다.* (265-7)

여기에서 트웨인이 "말도 안되는 문명의 박해"나 백인의 "문명이 그들 야
만인들에게는 지옥이다"라고 했을 때 그가 서구 문명의 보편성에 대한 주장
을 무너뜨리고 있는 것은 분명하다. 그리고 백인들은 "결코 상황을 뒤집어서
원주민의 시각으로 생각해 볼 수 없다"고 했을 때 그가 말하고 있는 것은 로
버트 영(Robert Young)이 지적한 서구 문명의 속에 언제나 존재해 왔던 "타
자를 자신의 존재 속으로 규격화시켜왔던 그 인식론적인 경향"(Young 8-13)

---

6) 그렇다고 하여 트웨인이 오리엔탈리즘을 완전히 벗어났다고 이야기하는 것은 아니
  다. 그는 오리엔탈리즘을 문제화하기도 하지만 많은 경우 그 속에 있다. 『적도를
  따라서』에서 실론(Ceylon)과 인도에 대한 그의 에로틱한 묘사와 동양적인 것에 대
  한 강조는 그것을 잘 보여준다.

인 것이다. 그리고 원주민들의 멸종에 대한 뉴사우스 웨일즈 백인이 내린 결론은 그것을 서구 기독교적으로만 해석하고 있는 서구인들의 인식론에 대한 트웨인의 신랄한 비판으로 볼 수 있다.

Ⅲ

이제까지의 논의를 통해 본 바와 같이 트웨인의 제국주의에 대한 비판은 분명하다. 그러나 이 작품에서 이러한 제국주의에 대한 비판에도 불구하고 그는 서구 문명의 식민지 진출에 대하여 때때로 매우 애매한 태도를 보여준다. 인도에서의 영국의 제국주의에 대한 그의 태도는 이러한 맥락에서 우리의 주목을 끈다.

이 작품의 곳곳에서 드러나는 트웨인의 인도에 대한 태도는 매우 복잡하다. 그는 한편으로 인도와 인도인이 가진 활기에 대해 매우 끌린다. 런던과 인도의 거리를 비교하는 장면에서 잘 나타나듯이 그는 때로는 인도 문명을 활기를 잃어버린 현대 문명의 탈출구로서 인식하기도 한다. 그러나 다른 한편으로는 그 후진성(backwardness)에 대하여 비판하고 인도를 "상상할 수 없는 가난과 고난의 땅"이라고 부른다. 그리고 인도인에게 고통을 주는 것들, 가령 토착 지배자 등을 몰아내고 "더 좋은 것들로 그 자리를 채우게 했다"(385)는 점에서 영국의 제국주의를 옹호한다. 그의 써지(Thuggee: 인도 토착의 종교적 살인집단)에 대한 다음과 같은 언급은 인도인의 후진성과 영국 제국주의자들의 선진적이고 효율적인 문명에 대한 그의 생각을 잘 보여준다.

> 이 세상에 전망이 없는 일이 있다면, 그리고 가장 희망 없는 일이 있다면 그것은 여기 있다—바로 (인도에서) 써지를 없애는 일이다. 그러나 인도에 있는 저 얼마 되지도 않는 영국 관리들은 그것을 확고하고 견고하게 움켜쥐고 뿌리와 가지 모두를 완전히 뿌리뽑아 버렸다. 그들이 한 일을 생각할 때 발렌시(Vallencey) 대위의 이야기는 얼마나 겸손한 말인가. 그는 이렇게 말한다—이렇게 넓게 퍼진 악을 인도에서 완전히 뿌리뽑고 그 이름만 남게된 때 인도에서 영국 지배는 영원

하게 되는 것 같다. 아마 그가 했던 고상한 업적을 생각하면 그처럼
겸손하게 말하는 사람은 찾기 어려울 것이다. (446)

이러한 태도에 관해서는 탈식민주의의 대표적 이론가 중의 하나인 에드워
드 사이드(Edward Said)의 콘래드의 이중적인 비전에 대한 분석이 매우 유용
할 수 있을 것이다. 사이드는『문화와 제국주의』(Culture and Imperialism)에서
콘래드의 소설, 예를 들면『어둠의 속』(Heart of Darkness) 등을 분석하며 그
의 소설이 제국주의와 반제국주의를 동시에 내포하고 있음을 지적하고 있다.
즉 콘래드가 "서구의 해외 지배에 대해 그것의 자기 확신적이고 자기 기만적
인 부패에 대해 두려움 없이 그리고 염세적으로 언급하고 있을 때" 그는 반
제국주의자이다라고 말할 수 있으나 그가 "아프리카 또는 남아메리카가 독
자적인 역사나 문화를 가질 수 없다는 것을 받아들일 때" 그는 정말로 제국
주의자이다라고 지적하고 있다(Said xviii).

사이드가 언급하다시피 제국주의는 "순전한 지배이며 영토 강탈"이라는
점을 확신할 때 트웨인은 정말 반제국주의자라고 말할 수 있을 것이다. 뉴
칼레도니아(New Caledonia)에서의 프랑스의 제국주의에 대한 그의 언급은 이
러한 반제국주의자로서 그의 생각을 가장 웅변적으로 드러내고 있다. 뉴 칼
레도니아에서 프랑스의 제국주의자들이 문명의 전파라는 이름으로 원주민들
의 영토를 빼앗고 그들을 노예화하는 것에 대해 트웨인은 노골적으로 다음
과 같이 말한다.

> 당신은 (프랑스 제국주의자들의) 이러한 모든 행위가 합쳐져서 무엇
> 이 되는지 알 수 있는가? 그것은 강도질이며, 능욕이며, 궁핍과 백인
> 들의 위스키로 천천히 아주 천천히 (원주민들을) 살해하는 것이다.
> 이 세상에는 유머스러운 것이 아주 많은데 그 중에는 백인들이 자신
> 은 다른 야만인보다 덜 야만스럽다고 생각하는 것도 한 몫 차지하는
> 것 같다. (213)

그러나 이러한 반제국주의에도 불구하고 원주민들이 "유럽의 지배로부터
벗어나 자유롭고 독립적인 삶을 살 수 있도록 제국주의가 종식되어야 한

다"(Said 30)는 것을 트웨인이 의심할 때 그의 제국주의는 분명히 드러난다. 트웨인의 이러한 태도는 영국의 제국주의자 워렌 헤스팅즈(Warren Hastings) 가 대영 제국에 대한 인도 원주민들의 반란을 진압한 것에 대해 언급할 때 잘 보여진다. 트웨인은 헤스팅즈가 인도의 바나레에서의 반란을 "남자다 운"(virile) 방법으로 진압한 것에 대해 그가 인도인에게 (선진적이고) 현대적 인 문명의 혜택을 "즐길 수 있는" 기회를 주었다는 점에서 그를 아주 훌륭한 인물로 평가한다.

> 그의 행위 중 일부는 그의 이름에 결코 지울 수 없는 오점을 남겼지 만 그는 영국에 인도제국을 돌려줌으로서 인도 제국을 구해 주었다. 그리고 그것은 인도인 자신들에게, 수천 년 동안 무자비한 억압과 학 대에 시달려온 그 비참한 종족에게 베풀 수 있는 가장 훌륭한 봉사 행위이었다. (506)

앞서 잠시 논한 바와 같이, 트웨인은 서구 문명의 식민지로의 진출이 많은 경우 제국주의와 공모하고 있다는 것을 분명히 인식하고 있다. 그러나 다른 한편 그는 여전히 그것에 대해 애매하고 모순된 태도를 취하고 있으며, 많은 경우에 있어 제국주의의 본질에 대해 혼란을 일으킨다. 그리고 제국주의와 식민지에서의 서구 문명을 반드시 연결시키지 않고 있다. 따라서 그는 서구 제국주의를 비판하면서도 여전히 그것을 받아들이고 있으며 동시에 서구 문 명의 식민지에서의 진출을 변호하고 있다. 이러한 의미에서 이 작품의 한 부 분에서 트웨인이 제국주의의 혜택은 아마도 원주민들의 피비린내 나고 무질 서하고 억압적인 그 황량하고도 지겨운 세월을 계몽과 현대 문명으로써 종 식시킨 점이라고 주장하는 것은 결코 우연이 아니라고 말할 수 있다.

> 이 세상에 있는 모든 야만인들의 영토는 곧 유럽 기독교 문명 정부의 지배하에 들어가게 될 것이다. 나는 유감스럽지 않고 기쁘다. … 그 것은 어떤 경우에 있어서 야만인들에게 있어 축복이 될 것이다. … 그러한 일이 빨리 성취되면 될수록 야만인들에게는 더 좋은 일이 될 것이다. 그 피비린내와 무질서, 억압의 황량하고도 지겨운 세월은 평 화와 질서, 그리고 법에 의한 지배로 바뀌게 될 것이다. 우리가 힌두

와 마호멧의 지배자들이 통치하던 인도와 현재의 인도를 생각해 볼
때, 그리고 그 당시의 사람들의 비참함과 그들이 현재 누리고 있는
보호와 인간다운 삶을 기억할 때 우리는 인도에서의 영국의 지배가
이루어진 것이 인도인들에게 가장 행운의 사건이었다는 것을 인정해
야만 한다. (625-6)

제국주의에 대한 트웨인의 이러한 이중적 비전은 어디에서 출발하는가?
그리고 서구 문명의 식민지 진출에 대한 그의 통찰에도 불구하고 이렇게 혼
란된 모습을 보이는 것은 어디에서 연유하는가? 그것은 결코 쉽사리 답해질
수 있는 문제는 아닌 것 같다. 그러나 이 작품에서 분명한 것은 앞의 인용에
서도 암시되고 있듯이 그의 제국주의에 대한 애매모호한 태도는 많은 경우
서구 현대 문명 속에 있는 모더니티(modernity)에 대한 그의 끌림과 밀접히
관련되어 있다는 점이다. 그것은 인도 역사에 대한 그의 규정에서도 잘 드러
나고 있다. 그는 먼지에 쌓인 황량하고도 단순한 인도의 경치를 사람들에게
매력적으로 보이게 하는 것이 무엇인지 자문하고 그것은 인도가 가진 "긴 역
사"(long history) 때문일 것이라고 추측한다. 그러나 그는 인도의 "역사"라는
단어를 이탤릭체화(italicize) 시키고 그것은 계몽과 모더니티가 없다는 점에
서 "황량하고도 의미 없는 과정"(the barren and meaningless process)이라고 규
정한다. 아마도 앞서 언급한 인도에 대한 트웨인의 복잡한 태도, 즉 그가 인
도 문화의 활기에 끊임없이 끌리고 때로는 원주민의 문화 속에서 에너지를
잃어버린 당대 서구 문명의 가능성을 찾기도 하지만, 다른 한편으로 모더니
티라는 측면에서 인도의 후진성을 끊임없이 공격하는 것도 바로 같은 연유
에서 출발한 듯 싶다. 바로 이리한 맥락에서 그는 인도에 있어서 영국의 제
국주의적인 지배가 "공장, 학교, 병원, 개혁 등의 현대적인 것"(385)을 인도에
서 가능케 한다는 점에서 그것들을 찬양한다. 이런 점에서 그가 인도의 지배
자와 문명을 설명하는 장(chapter)의 맨 앞에서 인도에 있는 영국의 식민지
지배 정부의 한 건물이 가진 모더니티를 찬양하는 것은 매우 상징적이다. 그
는 토착 지배자의 궁전과 그 빌딩의 모더니티를 대조하면서 다음과 같이 말
한다.

저것이 바로 영국이며, 영국의 힘이며 영국의 문명, 즉 현대적인 개
발의 결과인 조용한 우아함과 색채와 취향과 위엄을 가진 현대 문명
(modern civilization)의 모습인 것이다. (369)

IV

『적도를 따라서』 이후의 트웨인의 후기 작품에 나타난 역사와 문명에 대
한 염세주의 역시 트웨인의 서구 제국주의에 대한 경험과 밀접한 연관이 있
는 듯 싶다. 앞서 논의한 것처럼 트웨인이 서구 문명과 식민지와의 문명 비
교를 통해 서구 문명의 모더니티에 끌리고 있으며 그로 인해 제국주의에 대
해 이중적인 태도를 보이고 있음은 분명하다. 그럼에도 불구하고 그는 서구
문명의 제국주의적 모습에 대해 절망하고 있으며 그것은 이후 그의 작품에
나타난 염세주의에 직접적인 영향을 미친 듯 싶다.

많은 비평가들은 후기의 트웨인의 염세주의를 그의 개인적인 불행, 특히
1894년의 파산과 1897년의 첫째 딸 수지(Susy)의 죽음에서 이유를 찾고 있다.
가령 드보토는 "연이은 여러 불행이 그의 인격을 바꾸어 놓았으며 그의 재능을
다른 형태로 발산되게 하였다"라고 말하고 있다(DeVoto 「서문」 ["introduction"]
xix).[7] 그리고 『적도를 따라서』에 나타난 염세주의적인 톤도 그러한 개인적
인 불행에서 비평가들은 그 원인을 찾고 있다(Ferguson 268-75). 수지가 죽은
이후인 1897년 1월 19일 트웨인이 그의 가장 절친한 친구인 트위첼(Twitchel)
에게 보낸 편지에서 자신은 수지의 죽음으로 정신적으로 "파산자"이며 "거
지"이다라고 말하는 것을 보면 그것은 어느 정도 신빙성이 있어 보인다(『마
크 트웨인의 편지』(Mark Twain's Letters) 2:641).

---

7) 드보토와 대조를 이루며 트웨인의 초기 비평에 있어 가장 중심적인 비평가였던 벤
   윅 부룩스(Van Wyck Brooks)는 트웨인 후기의 염세주의를 점잖은 전통(genteel
   tradition)속에서 절망에 빠진 작가의 모습으로 파악하고 있다. 부룩스에 따르면 청
   교도주의와 자본주의의 혼합체인 점잖은 전통은—그의 아내 리비(Livy)와 친구인
   하웰즈(Howells)로 대표되는데—트웨인의 천재성을 억압했으며 그것은 그로 하여
   금 절망과 염세주의에 빠지게 했다고 파악하고 있다(Brooks 26-36).

하지만 후기의 염세주의에 대해 그의 개인적인 불행에 너무 초점을 맞추는 것은 비평가들이 그의 절망의 원인에 대해 너무 손쉽게 결론을 내린 것으로 파악되어 진다. 물론 수지의 죽음이 그에게 커다란 충격이었던 것은 사실이다. 그러나 그의 일기나 편지, 그리고 노트를 살펴보면 그것이 그의 염세주의적인 생각, 특히 『적도를 따라서』에 나타나는 염세주의적인 톤에 영향을 미쳤다는 증거는 별반 없다. 가령 트웨인은 『적도를 따라서』를 쓰면서 그의 가장 절친한 친구에게 보낸 한 편지에서 자신이 얼마나 그 책에 집중하고 있으며 그 책이 "자랑스럽고 만족스러운지" 자신의 심경을 적고 있다(『트웨인의 헨리 로저스와의 편지』(*Mark Twain's Correspondence with Henry Huttleston Rogers* 269)). 사실 맥노톤도 지적했다시피 트웨인이 자신의 슬픔을 때때로 폭발하듯이 드러내기는 했지만 그가 딸의 죽음 속에서도 자신의 일에 커다란 자부심을 느끼고 희망에 차서 이 작품에 몰두했다는 것은 분명한 것 같다(Macnaughton 18). 그리고 그의 파산도 그의 세계 강연 여행 후 이 작품을 쓰면서 복구가 되어 1899년 이후에는 다시 재정적으로 아무런 부족함이 없이 그는 풍요롭게 살게된다. 이런 의미에서 그의 염세주의의 원인을 그의 개인적인 불행에서만 찾는 것은 다소 무리가 있어 보인다.

그렇다면 그의 염세주의의 원인을 또 어디에서 찾을 수 있을까? 『적도를 따라서』는 이러한 의문에 대하여 우리에게 또 다른 점을 시사해 준다. 즉 그의 제국주의에 대한 목격, 그리고 당시 서구 문명의 "도덕적 쇠락"의 현장에 대한 성찰은 역사와 문명에 대한 그의 생각에 지대한 영향을 미친 듯이 보인다. 이러한 점은 이 작품에서 그의 제국주의에 대한 성찰의 부분에서 역사와 문명에 대한 염세주의적인 견해가 집중적으로 피력된 것을 볼 때 분명하다. 물론 후기 염세주의가 그의 제국주의에 대한 성찰에서 출발했다는 것은 어쩌면 지나친 비약일 수가 있다. 하지만 그의 염세주의가 19세기 말의 제국주의와 서구 문명의 어두운 모습을 목격함으로써 확신을 얻었다는 것은 분명하다. 그의 제국주의에 대한 이중적인 태도에도 불구하고 서구 현대문명이 제국주의라는 모습으로 식민지에서 자행하는 "사기"와 "도덕적 타락"의 모습을 보았을 때 그에게 있어 역사와 문명은 더 이상 진보의 과정으로 다가오지 않는다. 그것은 서로가 서로에 대해 행하는 "강도질"의 반복으로서 그에게

다가온다. 서구 열강들에 의한 아프리카의 분할에 대해 "서로 상대편 것을 훔치는 인류 역사 이래로의 게임이 요즈음 다시 시작된 것"(624)이라는 그의 언급은 이러한 인식을 잘 보여주고 있다. 이러한 맥락에서 이 작품의 근간이 되는 작가의 노트북에 다음과 같이 적은 것은 결코 우연이 아니다.

> 이 세상에 서로 계속되는 소유자의 쫓아냄과 쫓김이 점철되지 않은 땅이라고는 한 뼘도 없다. 그 소유자들은 각각 자신이 소유자일 때는 자신이 '애국자임네'하고 허장성세하면서 그 다음에 그것을 뺏으러오는 '강도들'한테 신의 도움을 요청하며 애국심에 가득 차서 덤벼든다. 이제 이 트란스발에는 그런 애국자로 가득 차 있다. 그들은 신의 도움을 요청하면서 약한 흑인 원주민들에게서 땅을 뺏는다. 그리고 나서 영국 도둑놈들한테 빼앗긴 후 다시 그것을 그들에게서 훔치고 거기에 기념탑을 세워놓는다. 물론 그 다음에 오는 도둑놈들은 그것을 무너뜨리고 그것을 기념품으로 보관하게 되는 것이다. (『마크 트웨인의 노트북』 295-6)

그가 식민지에서 제국주의자들의 잔인함을 보았을 때 그는 더 이상 문명인과 야만인들과의 차이를 발견하지 못한다. 물론 그가 원주민에게서 인간성에 대한 어떤 희망을 찾을 수 있었던 것은 아니다. 인도에서의 원주민들의 반란에서 그들이 제국주의자들에게 저지른 무시무시한 살육과 잔인함에 대한 묘사는 그러한 그의 생각을 잘 보여준다. 니체가 독일의 한 시골에서 문명의 소산물인 진리, 미, 그리고 정의가 단지 권력을 위한 "가면"(mask)라고 이야기하고 있을 때 트웨인은 적도를 따라 도는 세계여행 속에서 인간의 보편적이고 영원한 타락을 확신했던 것이다. 그가 인도에서 써그의 잔인함과 무자비한 살인을 들었을 때 문명화된 백인은 단지 개량화된 써그(modified Thug)에 지나지 않는다고 말하는 것은 바로 이러한 그의 생각을 뚜렷이 나타내고 있다.

> 살인의 즐거움! 남이 살해되는 것을 보는 즐거움! 이것이 대체로 인간의 본성인 것 같다. 우리 백인들은 단지 개량화된 써그이다. 별로 두껍지도 않은 문명의 표피라는 억압 속에서 몸부림치는 써그말이다. 로마의 원형 경기장에서 살육을 보며 즐겼던 써그. 그리고 그 이후

광장에서 정통 기독교인에 의해 불태워지는 이단 기독교인들을 바라
보며 즐겼던 써그. 지금 현재 투우의 피와 비참함을 보며 즐기기 위
해 몰려드는 스페인과 나임(Nime)의 써그들. (437)

이 작품의 미국 출판사 초판의 책 표지 삽화는 트웨인의 이런 생각을 웅
변적으로 보여주고 있다. 이 삽화의 제목은 "(트웨인이 보았던) 사람들이 회
상 속에서 지나갔다"(They Passed in Review)인데 다소 유머스럽게 그려진 그
림이 그의 생각을 감추는 듯이 보인다 하지만 거기에 그려진 그가 만난 모든
사람들은—영국 신사이건 원주민이건 인도 지배층이건—모두 총이나 무기를
든 채 허리 아래로는 짐승의 모습을 하고 서로를 죽이려 하거나 공격하려 하
고 있다. 이런 모습을 보고 아주 당황해하는 트웨인의 모습은 그가 여행 속
에서 확인한 인간성에 대한 트웨인의 절망을 잘 보여주고 있다. 그가 남태평
양제도에서 제국주의와 그곳에서의 서구 문명의 모습을 본 다음 오스트레일
리아에 도착하여 쓴 다음과 같은 구절은 그러한 생각을 잘 대변해 준다.

세상의 불쌍한 모습과 아무짝에도 쓸모 없는 우주, 그리고 폭력적이
고 경멸스러운 인간 족속에 대해 조롱하는 책들, 즉 모든 넝마 같은
인간들의 행위들을 비웃고 경멸하는 책들로 이 세상이 가득 차 있지
않다는 것은 정말로 이상한 일이다. 수없이 많은 인간들이 그들의 가
슴속에 그런 감정을 가지고 매일 죽는 데도 말이다. 내가 왜 그런 책
을 쓰지 않는가? 그것은 순전히 내게 가족이 있기 때문이다. 그것 이
외에는 아무런 이유가 없다. 다른 사람도 바로 이런 이유 때문에 그
런 것일까? (『마크 트웨인의 노트북』 256)

1897년 『적도를 따라서』를 완성한 후 1897년과 1900년도 사이에 쓴 『신비
한 이방인』(The Mysterious Stranger)의 원래 초고인 『젊은 사탄의 연대기』(The
Chronicle of Young Satan)에 나오는 사탄의 말과 행동은 그의 염세주의가 어
디에서 출발했는지 다시 한 번 시사해 준다. 그 작품에서 사탄은 화자인 씨
오도르(Theodore)와 그의 친구인 세피(Seppi)에게 "인류 진보의 역사, 즉 우리
가 문명이라고 부르는 것의 발전 과정"을 보여주겠다고 말한다(『트웨인의 신
비한 이방인의 초고』 Mark Twain's Mysterious Stranger Manuscripts 134). 그러

나 문명 진보의 증거로서 사탄이 보여주는 것은 종교재판, 강국의 약국에 대한 무자비한 침탈, 그리고 민족 또는 국가 사이의 전쟁, 학살의 모습이며, 가장 가까운 실례로는 제국주의 국가들이 최신 무기로 약소 민족을 무자비하게 학살하는 모습을 보여준다. 이 모습에 놀라는 씨오도르와 세피에게 사탄은 인류 진보라는 것은 없으며 인간은 그 족속이 다 없어질 때까지 그렇게 "기괴하고 어리석은"(grotesque and foolish) 역사를 반복할 것이라고 말한다.

> 무(nothing at all)일 뿐이야. 아무 것도 얻는 것이 없지. 너희들은 언제나 그렇게 왔다가 그렇게 가는 거야. 백만년 동안 인간 종자는 이렇게 단순하게 번식하면서 이런 지겹기 짝이 없는 난센스를 끊임없이 반복해 오고 있지. (『트웨인의 신비한 이방인 초고』 138)

이런 의미에서 그가 세계여행에서 런던으로 돌아온 직후 인간과 인간의 문명에 대해 신랄한 비난을 하는 『동물의 세계에서 인간의 위치』("Man's Place in the Animal World")라는 글을 쓴 것은 결코 우연이 아니다. 그리고 『적도를 따라서』를 완성하기 직전인 1897년부터 그의 글에서 사탄이 주요 인물로 등장하여 인간과 그들의 문명에 대한 트웨인의 절망을 표현하기 시작한 것도 결코 놀라운 일은 아니다. 1897년에 그가 쓴 「사탄에게 보내는 편지」("Letters to Satan")에서 사탄의 대사(Satan's Ambassador)는 유럽의 국가들을 사탄의 훌륭한 대행인(agent)이라고 지칭하며 그것이 전 세계에 걸쳐 약소 민족을 어떻게 "훌륭히" 학살했는지 그 "공로"를 "칭찬"하고 있다. 말로우가 콩고에서 어둠의 속(heart of darkness)으로 여행했듯이 트웨인이 적도를 따라 한 여행은 바로 서구 현대 문명과 인간성의 어두운 심연을 향한 여행이었던 것이다.

인용 문헌

Bridgman, Richard. *Travelling in Mark Twain*. Berkeley: U of California P, 1987.

Brooks, Van Wyck. *The Ordeal of Mark Twain*. New York: The World Publishing Company, 1920.

DeVoto, Bernard. "Symbols of Despair." *Mark Twain: A Collection of Critical Essays*. Ed. Henry Nash Smith. Eaglewood Cliff. NJ: Prentice-Hall, 1963.

_____. Introduction. Mark Twain. *Mark Twain in Eruption*. Ed. Bernard DeVoto. NY: Harper & Brothers, 1940.

Emerson, Everett. *The Authentic Mark Twain: A Literary Biography of Samuel L. Clemens*. Philadelphia: U of Pennsylvania P, 1984.

Ferguson, Delancey. *Mark Twain: Man and Legend*. Indianapolis: Bobbs-Merrill, 1943.

Geismar, Maxwell. *Mark Twain: An American Prophet*. Boston: Houghton Mifflin Company, 1970.

Gibson, William M. "Mark Twain and Howells: Anti-Imperialist." *The New England Quarterly* 20 (December 1947): 435-70.

Gillman, Susan. *Dark Twins: Imposture and Identity in Mark Twain's America*. Chicago: U of Chicago P, 1989.

_____. "Mark Twain's Travels in the Racial Occult: *Following the Equator* and the Dream Tales." *The Cambridge Companion to Mark Twain*. Ed. Forrest G Robinson. Cambridge UP, 1995. 193-219.

Hall, Stuart. "The West and the Rest: Discourse and Power." *Formations of Modernity*. Ed. Stuart Hall ad Bram Bieben. Cambridge, UK: Polity Press, 1992. 275-332.

Kaplan, Justin. *Mr. Clemens and Mark Twain*. NY: Simon and Schuster, 1966.

Macnaughton, William R. *Mark Twain's Later Years as a Writer*. Columbia, Missouri: U of Missouri P, 1979.

Said, Edward. *Culture and Imperialism*. NY: Alfred A Knopf, 1993.

____. *Orientalism*. NY: Vintage Books, 1979.

Thompson, Jon. *Fiction, Crime, and Empire: Clues to Modernity and Postmodernism*. Urbana: U of Illinois P, 1993.

Twain, Mark. *A Connecticut Yankee in King Arthur's Court*. Berkeley: U of California P, 1983.

_____. *Following the Equator: A Journey Around the World*. Hartford: The American Publishing Company, 1897.

_____. *King Leopold's Soliloquy*. Berlin: Seven Seas Books, 1961.

_____. *Mark Twain's Letters*. 2 vols. Ed. Albert Bigelow Paine. NY: Harper, 1917.

_____. *Mark Twain's Mysterious Stranger manuscripts*. Ed. William M Gibson. Berkeley: U of California P, 1969.

_____. *Mark Twain's Notebook*. Ed. Albert Bigelow Paine. NY: Harper, 1935.

_____. *Mark Twain's Correspondence with Henry Huttleston Rogers*. 1893-1909. Ed. Lewis Leary. Berkeley: U of California P, 1969.

_____. *No 44, The Mysterious Stranger*. Berkeley: U of California P, 1982.

_____. *Roughing It*. NY: Penguin, 1985.

Wagenkneckt, Edward. *Mark Twain: The Man and His Work*. Norman: U of Oklahoma, 1935.

Young, Robert. *White Mythologies: Writing History and the West*. NY: Routledge, 1990.

20세기 전반 서구 드라마에 있어 신화의 상실과 극적 재현

손 동 호

(한국외국어대 영어학부)

로버트 부르스틴(Robert Brustein)은 『반항의 극』(*The Theater of Revolt*)의 허두에서 신전(神展)에 관한 두 개의 이미지를 들어 고전극과 모던 드라마를 구별한다. 고전극은 영교(靈交)의 극장이고 질서와 조화의 사원이다. 관객이 계급별로 질서 정연히 앉도록 계단식으로 좌석배치가 되어있는 이 사원에는 장인들, 시민들, 귀족들이 구분되어 모여 있다. 이들은 계급에 따라 나누어져 있지만 하나로 통일된 회중같은 관객을 형성한다. 사원 앞에는 제단이 있고 그 앞에는 성의(聖衣)를 입은 대사제가 서있다. 사원 밖은 도시이다. 도시 너머에는 천체들이 꾸준히 제 궤도를 선회하고 있다. 사제는 영웅담과 폭력의 신화를 모방하는 의식을 집전한다(Brustein 3).

영교의 극장은 인간과 자연과 신을 조화롭게 연결하는 의식의 장소 역할을 한다. 여기에 대조되어 모던 드라마는 반항의 극장이라 불리는데 이것은 사원은 사원이되 이미 파괴되어 잔해만 남은 폐허의 사원으로 제단이며 집기들이 망가진 채 여기저기 굴러다니고 이 주변을 시민들이 떼지어 몰려다닌다. 성직자가 있되 인간과 자연과 신의 관계를 겨냥한 희생의 의식을 집전하지 않고 그대신 관객에게 거울을 들이대서 자기들의 초라한 모습을 보고 당황 내지는 분노하여 날뛰게 만든다. 그래서 극장 전체는 혼란에 빠지고 의식은 아무런 성과 없이 실패로 끝난다. 브루스틴은 영교의 극작가로 아직 신화에 대한 믿음이 남아있던 시대에 극을 쓴 소포클레스(Sophocles), 셰익스피어, 라신느(Racine)를 꼽는다. 그리고 반항의 극으로는 관객과 극장의 관계가 불안해지는 19세기 후반부터 20세기의 전반의 극작가들, 즉 입센(Ibsen), 스트린드베리(Strindberg), 체홉(Chekhov), 쇼(Shaw), 브레히트(Brecht), 피란델로(Pirandello), 오닐(O'Neill), 쥬네(Genet) 등 여덟 명의 세계를 든다.

브루스틴이 제공한 두 개의 사원의 이미지는 19세기 후반에서 20세기 중반에 이르는 동안 사실주의 극이 비사실주의 극으로 변모하는 과정 즉 입센 이후의 극의 주제의 내면화와 형식의 공간화를 이해하는데 도움을 준다. 이러한 변화의 원인을 규명하기 위해 취할 수 있는 관점은 여러 가지이다. 이 글에서는 의식(儀式)으로서의 극이 그 기조를 이루는 신화를 상실할 때 극장르의 전통적 재현기법에 어떤 변화가 오는지를 살펴보고자 한다.

반항의 극의 대두는 19세기 낭만주의 물결의 재등장이라고 볼 수 있지만 그 근본적 뿌리는 이미 중세 말기부터 움터왔다. 르네상스 이후 신 중심의 세계관이 서서히 붕괴되고 문학과 예술에서 인간과 신의 관계도 변화를 겪는다. 18세기 이후 극의 내용과 분위기는 차츰 회의주의와 불가지론이 지배하게 되고 질서와 조화감은 혼돈과 절망감으로 대체되기 시작한다. 19세기 후반에서 20세기로 넘어오는 동안 서구는 이념뿐 아니라 사회 전반적 상황에 있어 중세 이래 가장 격렬하고 급속한 변화를 겪는다. 갈릴레오(Galileo), 베이컨(Bacon), 데카르트(Descartes)등의 선각자들이 초석을 놓은 과학적 실증주의는 사회 전 분야와 그 기관들에 빠른 속도로 침투되고 변화된 인류의 감수성과 기독교적 세계관 사이의 갈등은 깊어진다. 다아윈(Darwin), 마르크스(Marx), 니이체(Nietzsche), 르낭(Renan) 등의 인물들의 혁명적 저술은 서서히 붕괴되던 기독교 신앙과 전통적 가치관에 결정적 타격을 가한다. 산업혁명으로 인류는 과학, 기계문명의 위력을 알게 되고 거기에서 파생된 물질적 풍요를 즐기며 합리주의에 의한 사회발전의 가능성을 신봉한다. 기독교 의식의 경건하고 소박한 즐거움이 점차 매력을 상실하는 이 변화된 시대에 변화된 관객을 상대해야 하는 극작가의 어려움을 스트린드베리는 그의 『쥴리앙』(*Miss Julie*) 서문에서 이렇게 피력한다.

나는 오래 전부터 극을—많은 다른 예술들과 마찬가지로—비블리아 파우페룸(Biblia Pauperum) 즉, 문맹인들을 위한 그림성경이라고 생각해왔다. 나는 극작가는 자기시대의 사상을 알기 쉽게, 즉 극장관객의 대부분인 중산층 사람들이 너무 골치 아프게 생각하지 않고서도 이야기의 핵심을 파악할 수 있을 정도로 쉽게 만들어서 외치며 파는 세속 설교가라고 본다. 이러한 이유로, 극은 자기자신을 속일 수 있고 또 스스로 속아넘어갈 수 있는 원초적 능력을 가진 사람들—작가의 환상과 암시를 잘 받아들이는 사람들—어린이, 어중간하게 교육받은 사람들, 그리고 여자들—을 위한 국민학교 구실을 해왔다. 그래서 나는 요즘처럼 원초적 직관작용이 사고, 연구, 분석 등에 의해 대체되는 시대에 우리가 즐길 수 있는 조건을 갖추지 못한 탓으로 극이 종교처럼 버려질른지도 모른다고 생각했다. 이 가설은 지금 전 유럽을 휩쓸고 있는 위기가 증명한다. (Sprigge 61)

스트린드베리가 느꼈던 극의 위기 특히 무대로부터의 관객의 소외는 사실주의와 자연주의 극을 관찰할 때 그 본격적 시발이 드러난다. 서구드라마 사상 인간의 모습은 신화적 배경 속의 실제보다 큰(larger-than-life) 영웅에서 정상적 크기의 보통사람으로 변화하고, 시간이 지남에 따라 여기서 더 작아져서 베케트의 극에 와서는 불완전한 형태 또는 불구의 인물들이 극에 등장한다(Brustein 3-33). 17세기 프랑스의 코르네이유(Corneille)와 라신느(Racine)가 대표하는 신고전주의서부터 19세기 낭만주의 극 시대를 거치는 동안 극작가들이 점차 그러나 일관되게 느낀 것은 무대 위에 신들의 세계가 아닌 인간 현실을 펼쳐 보이는 일의 중요성이었다. 극작가들이 자기가 속한 사회의 실상을 하나 둘 작품에서 다루고자 함에 따라 극중 인간의 모습은 점점 정상인에 가까워지고 작품의 환경도 실제의 사회상을 반영한다. 에밀 졸라(Emile Zola)와 그를 추종하는 자연주의자들이 작업이 극 인물의 이 퇴행적 진화과정에서 객관적 모방의 재현극(representational theater)의 정점을 이룬다. 졸라는 무엇보다도 살아있는 인간을 극작의 대상으로 삼아야 하며 그를 실제 사회상황과 연결시켜서 활동하게해야 한다고 주장한다. "나는 추상적 인간 대신 자연적 인간을 만들어서 그에게 걸맞는 환경에 살게 한 다음 그의 삶에 영향을 주는 모든 물리적 사회적 요인을 분석하고 싶다."(Dukore 715)고 그는 말한다.

사실주의자들이 현실의 모범적 사건을 보여주기 위해 흔히 선택하는 장소는, 그 이전의 무대에서 볼 수 없었던 많은 물건들이 놓여서 부르조아 계층의 물질적 풍요를 드러내는 거실(living room)이다. 거실은 바깥공간과 교류가 적고 의미화 작업에 있어서 자급자족적이고 독립적이다. 그러나 침실과 집 밖 사회의 중간에 위치하고 있어서 개인의 사적인 세계와 사회의 공적인 세계가 교차, 교류하기 때문에 극의 의미화 작업에 있어 직접 볼 수 없는 두 세계의 움직임을 적절하게 반영시킬 수 있는 이점이 있다. 이 공간내의 무대장치와 소품들은 의미와 관계의 망을 형성한다. 쉽게 말하면 모든 물건은 작품의 의미화 과정에 참여하기 위해 즉, 인물에 의해 행위과정에 쓰이거나 아니면 적어도 그가 거하는 세계를 규정하기 위해 무대 위에 놓인다. 시간의 운영에 있어서도 현재와 미래가 같은 공간 내에 공존한다(States 67-68). 극이 시작할 때의 무대장치나 소품이 인물의 미래나 행위의 결과를 배태하고 있어서 시간이 흐름에 따라 주인공의 운명의 결정에 참여한다. 무대 위에 총이 있다면 그것은 극이 끝나기 전에 적어도 한 번은 발사되어야 한다고 체홉은 말한다.

사실주의 무대의 자치성(自治性)은 의미화 작업의 가능성을 무한정 확장시키지는 못한다. 관객의 청각에 호소하는 전통적 방법을 탈피하여 시각 중심의 새로운 의미화 작업의 가능성을 보이기는 했지만 물질중심의 재현방식이 갖는 필연적 한계를 가진다. 우선 무대설치에 많은 비용이 들뿐만 아니라, 많은 양의 무대장치와 소품을 짧은 시간 내에 교체하려면 어려움이 많기 때문에, 오늘날과 같이 발달된 기계장치가 없던 19세기 20세기 초에는 자연히 장면교체의 횟수를 많아야 2~3회로 제한할 수밖에 없었다. 따라서 사실주의 극은 시간과 공간의 함축성과 유연성, 행위의 기동성이 상당히 제한된 상황에서 의미화 작업을 한 셈이다. 셰익스피어의 극은 언어의 상상력을 통한 배경의 창조가 상당부분을 차지하기 때문에 무대가 나타낼 수 있는 공간의 범위가 거의 무한대로 확장되며 사실적 무대를 사용하지 않으므로 장면전환이 신속하게 진행되고 여러 해에 걸친 역사를 큰 저항감 없이 단 몇 시간에 일어나는 것처럼 보여주기도 한다. 이에 반해 "사실주의는 본질적으로 무엇이든지 끌어내려 고정시키는 예술이다. 무대는 지금까지 다루지 않았던 사회의 절차와 인간을 새로운 전등의 강한 불빛 아래서 조사하는 실험실의 일종구실을 했다."(States 61) 시각성을 너무 강조하다 보니 무대 위에 보이지 않는 세계는 의미화 작업에서 배제되기 일쑤이고 포함된다 하더라도 매우 제한적이다. 또 펼쳐지는 사건의 사실성이 중요시되다 보니 행위가 주로 현재라는 극히 짧은 시간에 머물러야 한다. 다시 말하면 사실주의 극은 "지금 여기"를 너무 강조하다 보니 극적 재현의 시공(時空)의 폭을 형편없이 축소시킨다.

　이점을 더 깊이 있게 논의하자면, 사실주의자가 자기의 동시대인을 실제의 사회정치적 상황 속에 살게 함으로써 객관적 모방의 재현극을 완성했다고 생각했는지 모르나 실상 이 방법은 물질세계 너머의 세계와 마음 속의 리얼리티는 빠뜨린다. 또 외부세계는 내면세계에 영향을 주고 마찬가지로 내면세계는 외부세계에 영향을 끼친다는 사실을 중요하게 간주하지 않는다. 창작의 기능을 예술가의 "내면의 표현"이라고 할 때 사실주의 극의 거실이 요구하는 "지금 여기"는 결과적으로 표현을 불완전하게 만들뿐만 아니라 작가의 상상력을 결박하는 올가미 구실까지 한다. 이 문제는 극의 텍스트와 그것의 상연이라는 극예술의 창작과정에만 국한되지 않고 사실주의 시대가 안고 있는 물질과 정신 사이의 불가피한 갈등을 암시한다. 그리고 이 갈등은 극속의 인물들의 행위에 실제로 반영된다. 작가가 무대 위에 데이비드 벨라스코(David Belasco)식의 거의 완벽한 부르조아의 거실을 꾸며놓고 그의 인물들이 행위 하기를 기대하지만 그가 얻은 결과는 인물들이 전통적 극행위를 하지 못한다는 것이었다. 전통적 극행위란 인물들이 무대 위에서 "완전한 현재의 삶"을 "타인들을 상대로", "사는 것"이다(Szondi 7-10). 사실주의 극의 인물들은 현재의 삶을 타인들을 상대로 살기보다는 "과거의 삶"을 "자기자신을 상대로", "반추하기"를 좋아한다. 극이 시작될 때 그들은 이미 긴 세월을 여러 가지 활동으로 보내고 난 후이다. 근면과 노동을 통해 이룩한 공간인 거실에서 물질적 성공에 만족하며 "지금 여기" 혹은 미래를 향해 전진하기보다 지금까지 살아오는 동안 상실한 영성(靈性)을 생각한다. 새로운 눈으로 자기들이 이룩한 세계를 돌아볼 때 지금까지의 번영과 안락의 공간이었던 거실이 영적 자유를 빼앗는 감옥 혹은 덫으로 보인다. 그래서 그들은 전통적 극

행위를 하지 않고 무대에서의 시간을 종종 후기(後記)나 회상(回想)의 기회로
사용한다. 인물들이 무대에서 행위하기보다 생각하기를 좋아하는 이 경향은
20세기 드라마에서 무대로부터 인물이 소외되고 극행위가 내면화되는 과정
의 시작이다.

내면화의 조짐을 보이는 작가로 입센이 있다. 작가생활 초기 입센은 19세
기 프랑스의 소위 "잘된극"(the well-made play)과 그것이 변화된 형태인 "문
제극"(thesis play)에서 극작을 배운다. 중기의 사실주의적 작품기에 그는 이러
한 도식적인 극작방식과 사실주의 무대의 한계를 절감하고 육체적, 물질적
표면 너머의 세계를 드러낼 수 있는 길을 모색한다. 그러나 이러한 작품경향
의 변화, 발전과 상관없이 그는 이미 초기의 『브란드』(Brand)같은 작품에서
주인공이 간단없이 추구하는 물질세계의 거부와 초극하려는 의지를 통해 비
교적 일관되게 세속적 성공과 영적인 삶 사이의 선택의 문제를 탐구한다. 만
년의 작품인 『대건설가』(The Masterbuilder), 『존 가브리엘 보르크만』(John Gabriel
Borkman), 『우리 사자(死者)들 깨어날 때』(When We Dead Awaken) 등에는 내
면세계를 탐구하려는 작가의 강한 의지가 상징주의적 방법에 반영되어 있다.
이제 입센의 극적 관심은 사실주의적 기법을 통한 인물간의(interpersonal) 관
계에서 인물 내면의(intrapersonal) 고민, 후회, 갈등의 효과적 극화로 변모한
다. 존 가브리엘 보르크만, 조각가 루벡(Rubek), 대건설가 쏠니스(Solness) 등
은 부르조아의 대표적 인물들이다. 이들은 세속적 성공에 만족하지 못하고
오히려 자기들의 영적 메마름을 한탄하며 거기에 대한 해결책을 찾고 싶어
한다. 그들의 주변환경은 한편 성공과 번영의 지표이지만 다른 한편으로는
정신의 덫이며 해방보다는 속박이다. 막이 오르면서 이들이 하는 일은 주로
지나간 과거를 회고하고 지난 결정, 예기치 않았던 사건의 추이에 대해 반성
하거나 상대방의 잘잘못을 들추어내는 것이다. 그러나 이미 지나간 시간이
현재가 되지는 못하며 과거는 그저 이야기 속의 과거로 남아있을 뿐이다. 무
대는 "항상 현재"라는 스존디의 주장에 의거하면 입센의 인물들과 무대는 잘
어울리지 못하는 셈이다(9).

입센의 인물들의 극적 행위의 궤적을 추적해보면 그들의 물질세계에 대한
거부경향이 인물의 무대로부터의 소외와 같은 선상에서 진행됨을 알 수 있

다. 극이 시작하면 한 동안 회상 혹은 과거의 토론으로 시간을 보낸 후 그들
은 자기들이 머무는 공간 즉 건물 안의 방으로부터 건물 밖으로 탈출하려는
노력을 꾸준히 한다. 그들이 머무는 도시, 병원, 가옥 등은 권태, 질병 혹은
영적인 죽음의 공간이다. 질식할 것 같은 이 공간에서 그들은 탈출하고 싶어
한다. 초, 중기 작품들에서 입센의 주인공은 이웃사람들과 싸우기도 하고(『사
회의 기둥들』(Pillars of Society)), 현실로부터 도망하거나(『인형의 집』(A Doll
House)), 총으로 자살하거나(『헤다 가블러』(Hedda Gabler)), 물에 빠져 죽는다
(『로스머숌』(Rosmersholm)). 말기 작품에서 그들은 주로 고지—언덕, 높은 탑,
혹은 산—에 오르는 행위로 탈출의지를 표현한다. 고지오르기는 존재의 세속
적 한계를 극복하고 잃어버린 영성을 회복하기 위한 투쟁의 표현이다. 투쟁
에서 승리를 거두는 순간 즉 고지에 도달하는 순간 그들은 생명을 잃는다.
목표를 성취하는 순간 그들은 인간의 한계에 이르게되며 이 때 알 수 없는
우주의 힘이 이들의 생명을 앗아간다. 인물들이 물질세계로부터 비물질적인
세계로 또는 무대 위에서 행위하지 않고 무대를 탈출하려는 이 경향은 체홉
에 와서 더욱 뚜렷해진다.

입센의 주인공은 본질적으로 자기가 이룩한 물질의 공간에 갇혀있는 상태
에서 관객과 만난다. 이에 비해 체홉의 극은 인물과 주변세계의 결속이 이미
상당히 해체된 상태에서 시작한다. 물건들이 무대 위에 놓이고 행위에 쓰이
기는 하나 사실주의 극에 전형적인 관계의 망의 일부로서 작품의 의미창조
작업에 참여하는 정도는 제한적이다. 비록 거실에 있지만 인물들은 더 이상
물질공간에 매여있지 않고, 거기에 애착을 느끼지도 않는다. 그들은 현실을
받아들이기보다는 어떤 다른 곳에서 새로운 삶을 찾으려 한다. 『체리과수원』
(The Cherry Orchard)의 트로피모프(Trofimoff)는 항상 미래만을 주장하는 반
면 라네브스카야(Ranevskaya), 가예브(Gayeff), 퓌어스(Fiers)는 반대로 과거에
집착한다. 그 작품에 현재를 사랑하는 사람은 없다고 보아야 한다. 데이비드
마가르샥(David Magarshack)은 『극작가 체홉』(Chekhov the Dramatist)에서 체
홉의 작품활동은 초기의 "직접적 행위"(direct action)의 극에서 만년의 "간접
적 행위"(indirect action)의 극으로 발전해 간다고 주장한다. 허나 그의 지적이
체홉의 후기작품에 물리적 움직임이 없다는 뜻은 아니다. 그의 인물들은 오

히려 한 곳에 오래 있지 못하고 지나칠 정도로 장소이동이 심하다. 그래서
작가는 이 작품에서 3회의 장면전환을 주문한다. 여기서 벌어지는 사건은 일
상생활의 사소한 집사에 불과하고 무대는 더 이상 의미심장한 사건이 일어
나는 곳이 아니다. 또 인물과 무대의 상호 규정적 관계가 매우 약하기 때문
에 작품 전체가 한두 군데의 장소에서 이루어진다 하여도 극의 의미화 작업
에 큰 차이가 없다. 그럼에도 불구하고 실용적 그리고 극기법상의 상식을 벗
어나 장소를 수시로 바꾸게 한 것은 그의 인물들이 한 곳에 오래 머무를 수
없을 정도로 불안과 공포에 시달리고 있기 때문이다. 그래서 어떤 비평가는
체홉의 극을 폐소공포증의 서사시라고 부른다(States 71).

　인물들이 자기가 거하는 공간으로부터 탈출하고 그 공간을 비우려는 경향
은 장면구성에도 반영된다. 예를 들어 『체리과수원』에서 몰락한 귀족인 식구
들은 항상 라네브스카야 가문의 집 밖으로 나가려고 하는 데 비해 바랴
(Varya)가 들어오려는 하인들을 한사코 못 들어오게 막는다. 『세자매』(The
Three sister)의 무대에는 분명히 정해진 중심도 없고 인물들의 행위에 초점도
없다. 체홉의 극은 생의 항상적 흐름이 원심적인 힘으로 작용하여 인물들을
온갖 방향으로 흩트려 놓는다. 스타니슬라브스키(Stanislavski)가 연출을 하던
시절 모스크바 예술극장(Moscow Arts Theater)의 배우였으며 그리고 나중에
감독으로 활약한 바 있는 유리 자바드스키(Yuri Zavadski)가 미·소 문화교류
의 일환으로 1960년 미국무성의 초청을 받아 뉴욕에서 죤 디 밋첼(Jhon D.
Mitchell) 연출의 『체리과수원』을 위해 연기지도를 할 때 1, 4막의 무대 모양
은 사각형이 아니라 가장 긴 변이 관객을 향하는 직각삼각형이었다. 무대의
양쪽에는 문이 있었고, 무대가 삼각형이었으므로 문들 사이의 거리가 짧았
다. 때문에 관객은 인물들이 무대 위에서 잠시 움직이다가 이내 나가버린다
는 인상을 받기 쉽게 되어있었다. 무대가 극적 행위를 위한 장소가 아니라
사람들이 지나다니는 통로 구실을 하는 셈이고 관객에게 인물들은 항상 이
곳에서 저곳으로 이동하는 것처럼 보였다. 다시 말하면 인물들은 극적 행위
를 위해 모이지 않고, 흩어지기 위해 모인다. 이런 의미에서 알버트 베멜
(Albert Bermel)의 『세자매』 비평은 『체리과수원』에도 적용될 수 있다. 즉 『체
리과수원』의 인물들의 행위를 지켜보는 것은 "고통스러울 정도로 느린 폭발,

즉 평원이 융기되어 파괴의 꽃으로 피어나는 영화장면중의 하나"를 보는 것 같다. "작가는 모자이크를 조각조각 다 모은 후 4막에서 산산조각으로 날려 버린다"(Bermel 75).

체홉의 말기작품의 특성이 "간접행위"라고 했을 때 마가르샥은 인물들이 무의미한 일상사를 반복하는 동안 행위의 전반적 짜임새에서 우러나는 영혼의 상태를 의미한다. 체홉 극의 행위의 패턴을 알기 쉽게 설명하면, 인물들이 서로 마주보고 연기하지 않고 각자의 역할을 자기 내면을 향해(intrapersonally) 한다. 따라서 그들은 무대에 있는 다른 사람들과 교류하며 현재의 삶을 사는 대신 외부세계와 자기 자신, 그리고 현재와 과거 사이를 배회한다. 입센의 인물들은 목숨을 잃는 한이 있어도 자기가 속한 세계에 안주하려 하지 않는다. 그래서 작가는 개인의 투쟁을 아직도 고지오르기라는 구체적인 공간이동에 의해서 표현한다. 입센의 인물들이 탈출하려고 안간힘을 쓸 때 관객이 필연적으로 느끼는 인물들과 물질세계 사이의 강한 인력이 체홉의 세계에는 없거나 매우 약하다. 체홉의 극에는 개인과 사회 사이의 갈등과 투쟁이 흔하지 않다. 극적 행위는 존재하지 않으며 전통적인 극적 공간이동은 없고 교착상태가 전편의 기본상황이다. 어디에 있건 체홉의 인물들은 정적이고, 이야기하기를 선호하며, 행동하기보다는 회고한다. 그들은 변화에 대한 토론을 좋아하며 누구나 의견과 비전을 가지고 있다. 현실과의 연결고리를 끊고 탈출하려고 시도하기보다는 공허한 토론으로 시간을 다 보내고 토론을 끝낼 즈음에 모두 지쳐서 정작 필요한 행동을 하지 못한다(Williams 107). 말만 많을 뿐 극적 움직임이 없는 이유로 체홉의 극은 정지된 화면처럼 보인다.

『체리과수원』의 마지막에 로파힌(Lopahin)은 자기가 경매에서 사들인 체리과수원을 베어버리라고 지시한 후 저택의 문을 밖에서 잠그고 떠난다. 유일하게 삼대에 걸친 하인 피어스가 집 안에 홀로 갇힌 채 소리 없이 죽어간다. 이 작품의 끝은 다가올 20세기 드라마의 형식과 내용의 변화 즉 내면화를 예고하는 중요한 사건이다. 집을 떠날 때 라네브스카야를 비롯한 거의 모든 인물들이 슬퍼하기보다는 낡고 답답한 공간에서 해방되어서 홀가분하게 생각한다. 그들은 이제 더 편안하고 새로운 공간을 찾아 새 삶을 꾸미리라 희망한다. 그러나 이후로 그들이 살아가는 세상은 무척 험난한 것이다. 체홉은 러

시아 시골의 한 귀족 가문의 몰락을 극화하여, 전통계급사회가 붕괴되고 계
급과 국가간 갈등이 깊어져 언제 어떤 형태로 폭발할지 알 수 없는 20세기
초의 세계의 어지러운 상황을 암시한다. 역사적으로는 1904년 체홉 사후 러
시아는 1905년과 1917년 두 차례의 혁명을 치른 후 사회주의 국가로 전환하
고 수천만의 국민을 숙청하였으며 1914년부터 1945년에 걸쳐 전 세계를 파
괴하고 엄청난 수의 인명피해를 낸 양차 대전은 세계사의 흐름을 완전히 바
꾸어 놓았고 이와 더불어 인간의 감수성에 결정적인 영향을 미친다. 이 와중
에 서구 극의 인물들은 세상 곳곳을 방랑하며 아주 오랫동안 안식의 공간에
돌아가지 못한다. 체홉 이후 극은 빠른 속도로 내면화되거나 사실주의적 경
향에서 탈피하여 비사실주의적 경향으로 기운다. 극작가들은 새로운 극행위
를 창조하고 인간을 위해 새로운 공간을 마련하려고 애쓰지만 극의 배경은
황야일 때가 많고 극의 내용은 정신병리의 투사에 그칠 때가 많다.

입센과 체홉의 작품에서 기미를 보였던 극행위의 내면화가 결정적인 단계
에 이른 것은 스트린드베리의 몽상극에서였다. 스트린드베리는 마음 속의 사
건들을 무대 위에서 연출할 수 있게 하는 극 기법을 개발하려고 애썼다. 그
결과, 서구 극 사상 가장 뛰어난 내면의 극을 발표한다. 그의 소위 몽상극의
내용은 꿈인 듯 하면서도 완전한 꿈이 아니고 현실인 듯 하면서도 그렇다고
완전한 현실이 아니어서 몇몇 학자들은 이것을 중간의 현실(half-reality)이라
고 부른다. 작가는 작품의 현실 속에 물질세계, 심리세계, 그리고 영(靈)의 영
역을 동시에 운영하는데, 이 세 가지 다른 영역이 상호 충돌을 일으키지 않
고 조화롭게 인간존재의 총체적 현실로서 제시된다.(Stockenstrom 108)『다마
스커스로, 1부』(To Damascus I)나『드림플레이』(A Dream Play)등의 작품의
형식은 무대 위에 꿈을 투사하는 일이다. 그 꿈의 시작과 끝은 외부현실과
잇닿아 있어 극의 주 내용인 꿈이 마치 액자에 넣은 그림처럼 보인다. 자아
의 방사(Ausstrahlungen des Ichs)로서의 인물들을 취급하는 "나"(Ich)극의 효시
로 간주되는『다마스커스로, 1부』에서, 액자의 틀 역할을 하는 현실세계는
이방인(the Stranger)이 땅바닥에 무엇인가 쓰는 행위이다(Tornqvist 95). 극의
구조는 이 장면을 둘로 나누고 그 사이에 꿈을 삽입하는 것이다. 극이 시작
할 때 관객은 이방인이 땅바닥에 무엇인가 쓰는 것을 본다. 다음 장면에서

현실은 꿈으로 바뀌어 거의 작품의 끝 부분까지 계속 이어진다. 그리고 거의 끝 부분에서 다시 이방인이 땅바닥에 무엇인가 쓰는 모습으로 마무리짓는다. 그래서 공연시 꿈이 대부분의 시간을 차지한다. 이 꿈을 해석하는 방법은 두 가지이다. 그 하나는 꿈의 장면들을, 이방인이 모래 위에 글을 쓰는 동안 그의 마음을 통과한 이상(異狀)을 무대에 순간적으로 투사한 것으로 보는 것이고, 또 하나는, 이방인이 모래 위에 쓴 것의 시각화로 보는 방법이다. 꿈속의 행위는 사실주의 전통의 극이 갖는 시간, 공간의 제약에서 벗어난다. 이 세계에서는 전통적 물리법칙에 따르는 공간개념이 무너지고, 여러 가지 계절이 한꺼번에 뒤섞이며, 일생의 시간이 단 몇 초로 축소되기도 한다. 스트린드베리는 『드림플레이』에서 한층 더 혁신적인 기법을 사용한다. 그 작품에서는 "시간과 공간이 존재하지 않는다. 「…」 인물들은 둘로 나누어지기도 하고, 둘이 합쳐 하나가 되기도 하며, 증식하기도 한다. 또 그들은 증발하고, 구체화되고, 흩어지고 모인다"(Sprigge 193). 꿈의 장면들은 현재, 과거, 미래 등 시간의 순서에 관계없이 전혀 이질적인 사건들을 무대 위에서 동시에 병치시킨다. 이것이 극행위의 공간화의 예이다.

내면화에 따른 문학형식의 공간화를 처음 본격적으로 토론한 학자는 조셉 프랑크(Joseph Frank)이다. 그는 1945년 발표한 소논문 「문학의 공간형식」("Spatial Form in Literature")에서 문학의 공간화를 우려한 레씽(Gotthold Ephraim Lessing)의 『라오쿤』(*Laocoon*)을 비판한다. 레씽의 주장은

> 회화와 시는 모방에 있어 서로 전적으로 다른 상징의 방법을 사용한다.——즉, 전자는 공간상에 형태와 색을, 후자는 시간상에 분절된 소리를 사용한다. 「…」 사물의 가시적인 면은 순간적으로 병치시킬 때 가장 잘 표현되므로 조형예술은 「…」 반드시 공간적이다. 반면에 문학은 시간을 통해 진행하는 단어의 연속으로 구성된 언어를 사용한다. 그리고 매체의 본질과 조화를 이루기 위해 문학의 형식은 일차적으로 서술의 형식에 기초하여야 한다.(Frank 7-8)

는 것이다. 그래서 레씽은 그의 시대에 한창 유행하던 그림시와 우의적 회화를 비판하고 이 두 변칙적 형식의 실험은 매체의 근본성격을 벗어나기 때문

에 실패할 것이라고 예언한다("그림시는 말로 그림을 그리려 하고 우의적 회화는 시각적 이미지로 이야기를 하려 한다").(Frank 8) 이에 대한 프랭크의 주장은, 레씽의 예언과 달리 20세기 문학은 파운드(Ezra Pound)와 엘리어트(T.S. Eliot)의 시와 플로베르(Flaubert), 마르셀 프루스트(Marcel Proust), 제임스 조이스(James Joyce), 드쥬나 반즈(Djuna Barnes)의 소설에서 공간형식의 성공적 발달을 목격한다는 것이다. 또 이 시기 문학의 미학적 효과의 상당부분은 서술보다는 본질적으로 다른 말들, 이미지들, 장면들 혹은 시간과 공간들을 병치시켜 얻어진다고 한다. 형식의 공간화 경향을 인지한 아가 프랭크 혼자는 아니었다. 독일인 학자 빌헬름 보링거(Wilhelm Worringer)는 조형예술 분야에도 이와 흡사한 변화가 있음을 감지한다. 1908년에 발표한 박사학위 논문에서 보링거는 20세기에 들어와 조형예술 분야의 미학이 자연주의적인 양식에서 비자연주의적인 양식으로 이행할 것으로 내다본다. 그는 왜 조형예술사상 자연주의적 경향과 비자연주의적 경향이 번갈아 나타나는가 하는 질문을 던진 후 "자연주의적 예술은 인간과 우주 사이의 균형을 이룩한 문화에 의해서 만들어지고",(Frank 57) 그 관계가 부조화 혹은 불균형 상태에 있을 때 비자연적인, 선 중심의 기하학적 양식의 예술이 나타난다고 스스로 해답을 제시한다.

조형예술과 달리 극은 본질적으로 무대 위에서 공연되므로 사건의 시간적 연결에 의해 재현의 임무를 수행하는 예술이지만 연극감상이 시, 소설의 독서행위와 크게 다를 바 없으며 극장에서의 공연을 관객에 의한 집단독서로 간주한다면 프랑크의 공간형식이론이 극에도 예외 없이 적용된다. 스트린드베리의 드림극 특히 『다마스커스 1부』와 『드림플레이』는 한편 시간형식에 기초하면서 다른 한편 삶의 총체적 현실을 동시에 병치해서 하나의 장면으로 보여주는 전형적인 공간형식의 극들이다. 이런 방법을 동원했을 때 극의 의미는 일상성과 특수성이 감소하고 그 대신 행위의 일반성과 보편성이 증가한다. 바꾸어 말하면 공간화된 극에서 사건의 지리적 역사적 배경은 중요하지 않으며 그 대신 인간 존재의 원형적 양식을 그리는 것이 주요 목적이다. 베케트에 이르기까지 20세기 극의 중요한 경향이 공간화인데 이 경향은 이미 스트린베리에서 시작된다. 공간화 경향은 무관심한 혹은 무자비한 우주 속에서 극도로 왜소해지고 불안해진 인간의 위상을 새로운 극형식을 통해 재정립하려는 시도에서 비롯된다. 또 이것은 중세이래 어느 때보다도 더 애매 모호해진 리얼리티를 찾기 위한 예술가들의 치열한 추구의 산물이다.

극이 내면화되고 공간화 됨에 따라 내용의 주관적 성격 때문에 무대와 관객 사이의 갈등이 심화된다. 스트린드베리의 몽상극은 본질적으로 극작가 개인의 내면의 삶을 전통적 무대관습에 거의 의존하지 않고 보여주는 까닭에 무대와 관객을 연결시키는 장치 없이는 장면들이 주마등같이 변하는 광경을 무질서하게 나열해 놓은 것에 불과하게 보일 위험이 있다. 이 문제를 해결하기 위해 작가는 진행중인 드림 행위로부터 가끔 떨어져 나와 다소 간접적이나마 관객을 향해 연기할 수 있는 서사적 중개역의 인물을 극 안에 심어놓는다. 또 이 기능을 보강하기 위해 작가는 에피소드를 순서대로 나열하는 방식으로 작품을 꾸미되 여기에 여정의 구조를 가미한다. 서사적 중개역은 드림 행위 전체를 구성하고 짜맞추는 극작가 자신에 의해서 조종된다. 『마스커스로 1부』의 이방인과 『드림플레이』의 아그네스(Agnes)가 그런 인물들이다. 이 역할은 『유령소나타』에서 험믈(Hummel)이라는 인물로 발전한다. 앞의 두 작품들에서 극작가는 어느 정도 자기의 신분을 인물들의 행위 틈틈이 비쳐 보이는데 비해 『유령소나타』에서 작가는 자기와 이 역할 사이의 끈을 잘라버린다. 작품의 일부를 소개하면, 막이 오르자 험믈은 인간상황을 상징하는 집 앞에 서서 정복할 준비를 한다. 집에는 원형의 방과 히야신스의 방(Hyacinth Room)이 있는데 이 방들에는 지극히 상징적인 물건들 예를 들어 원형의 방 안에는 젊은 여인의 흰 조상이 햇빛을 받으며 종려나무 잎에 싸여 있고 히야신스의 방의 창문에는 청색, 백색, 핑크의 히야신스 화분이 놓여있다. 이 집의 구조와 그 속의 인물들의 모습 그리고 거기에서 일어나는 사건들은 지극히 추상적인 시적 이미지이기 때문에 이해하기 어려운데, 작가는 1막에서 집 밖에 있는 험믈이 집안에서 일어나는 일을 학생(the Student)에게 차근차근 설명하게 해서 관객이 작품의 상황을 이해할 수 있게 돕는다. 스트린베리 이후 서사적 중개역할은 브레히트(Brecht)가 자기의 극을 위해 전용기법화 하기까지 더 이상 쓰이지 않는다.

많은 극작가들이 스트린드베리로부터 배워 유사한 몽상극을 발표한다. 그들 중 독일표현주의 극작가들은 정류장극(station drama)에서 몽상극 기법을 모방하려 하나 성공하지 못한다. 그들과 스트린드베리의 차이점은 첫째로 그들은 스트린드베리 극기법의 형성적 원리이며 모든 세계를 포괄하는 중간의 현실의 개념을 이해, 소화하는데 성공하지 못했고, 둘째로, 스트린드베리의 것과 흡사한 신화체계가 그들의 작품세계에는 없다. 그들은 자기 세계관을 예술작품으로 만들려는 목적 하에 당면 주제에 적당해 보이는 형식을 빌어다 사용한 반면 스트린드베리의 작품은 그대로 자기 삶의 진술한 고백이며 자기가 실제로 보고 느낀 대로 옮긴 것이기 때문에 형식과 내용을 분리시킬 수 없다. 자기작품 속에 타락, 회개, 구원의 주기를 만들어 설치한 후 작가는 스스로 순례의 여행을 하며 자기 영혼을 정화시킨다. 이에 비해 독일 표현주의 극에는 가끔씩 종교적 신앙에의 귀의로 인간을 쇄신시키려는 시도가 있기는 하다. 그러나 주인공들은 자주 1차대전 당시의 암울한 사회 정치적 배경을 극복하지 못하고 파멸하고 만다. 게오르그 카이저(Georg Kaiser)의 대표적 정거장극인 『아침에서 자정까지』(*From Morn till Midnight*)의 마지막 장면에서 은행 출납원(the Cashier)은 구세군 소녀에 이끌려 구세군 본부에 들어가 여러 회개자들의 신앙고백을 목격한다. 이들의 신앙고백 내용은 출납원의 과거를 역순으로 추적해 올라가는 것처럼 진행되는데, 이것은 드림극의 순환적 여정의 전형을 카이저가 이용해서 주인공으로 하여금 자기의 과거행적을 꿈 혹은 비전으로 보게 한 것이다. 이 광경을 목도하면서 출납원은 회개하기에 이르고 또한 구세군 소녀에 대한 연정을 품으면서 그는 자기 자신에 대한 진실, 즉 그 날 하루의 다양한 정거장들을 거친 그의 추구가 실상은 계속 잘못된 판단에 바탕을 두고 있었다는 것을 깨닫는다. 그러나 그 소녀가 그를 체포하기 위해 경찰이 제시한 상금을 타기 위해 경찰에 신고한 것을 알았을 때 그녀와 함께 새 삶을 시작하려던 그의 희망은 여지없이 부서진다.

입센 이후 내면화를 기법으로 사용하는 작품이 늘어난 것은 어쩌면 자연스런 추이인지도 모른다. 현대에 들어와 극은 인간, 자연, 신의 건강한 관계를 조명하는 의식이 되지 못하고 오히려 이 관계의 부재로 인해 인간이 겪는 정신적 고통을 불가피하게 드러낸다. 그럼에도 불구하고 금세기도 이전의 시대와 다름없이 극작가들이 지향한 것은 여전히 희랍인들이 이루었던, 건강한 세계 속에서 생과 사의 의식을 치르는 인간의 모습이다. 그러나 전통적 신과 신화가 사라져버린 세계에 사는 소외된 인간을 그리기 때문에, 그들이 만든 극은 희랍극을 모방할 수 있을지언정 그와 똑같은 구조를 가진 극행위를 만들지는 못한다. 희랍 비극이 죽음이라는 불가피한 명제를 두고, 신과 치열하게 대결하는 인간의 모습을 그려서 인간의 존재를 더욱 부각시키고 인간을 실제보다 크게(larger than life) 보이게 하는데 비해 신과 우주의 관계가 상실된 모던 드라마에서 외부세계와의 대결로서의 극행위는 불가능해지고 인간은 자기 자신과 대결할 수밖에 없어진다. 브루스틴이 반항의 극장의 사제가 관객에게 거울을 들이댄다고 말한 것이나 로져 섀턱(Roger Shattuck)이 『향연의 해들』(The Banquet Years)에서 20세기 예술의 가장 두드러진 특성은 자의식적 자기탐구라고 말한 것은 모두 이 불안한 시대의 예술이 겪어야 하는 불가피한 내향성을 의미한다.

내면화의 극과 희랍극 특히 소포클레스의 『에디푸스왕』(Oedipus the King)의 구조를 비교하면 모던 드라마가 안고 있는 구조적 문제점 즉 무대와 인물의 소외를 좀 더 분명히 알 수 있다. 만년의 몇 작품에서 입센은 무대 위에서 과거를 현재화시킴으로써 『에디푸스왕』의 극 구조—즉 현재시점에서 과거와 현재가 동시에 진행하는 구조—를 재현하였다고 생각했던 것 같다. 그러나 입센의 인물들과 그들의 행위는 하나의 동일체가 아니라 별개이다. '현재'를 사는 그들은 행위를 통해 '현재'의 객관적 진실을 발견하지 않는다. 주관적인 기억을 과거로부터 빌어올 뿐이다. 그리고 그들이 하는 일은 무대 위에서 이 빌어온 과거를 객관화시켜서 되새기는 것이다.

입센극이 좀 더 발달한 형태인 오닐(O'Neill)의 극구조도 입센의 것과 비슷하다. 오닐은 초기 작품인 『황제 존스』(The Emperor Jones)에서 실험한 기법을 말기 작품인 『밤으로의 긴 여로』(Long Day's Journey into Night)와 『사생아의 달』(A Moon for the Misbegotten) 등에서 다시 사용한다. 그 구조는 오후에 이야기가 시작할 때의 주인공의 확신이 밤이 되면서 공포, 붕괴 또는 후퇴로 바뀌고 새벽에 응보(應報)가 이어지는 주기이다(Raleigh 19). 이 구조의 중요한 요소는 두 종류의 시간이 서로 교차하는 점이다. 현재 시간이 꾸준히 전진하는 동안 인물들은 가속적으로 과거로 후퇴한다. 그들은 기억의 밑바닥에 이를 때까지 심리의 여행을 하며 그들이 과거에 저지른 실수 혹은 잘못된 선택을 거꾸로 더듬어 내려간다. 『황제 존스』에서는 존스가 쏘는 총성이 그를 하나의 과거로부터 탈출시키고 이내 더 깊은 과거로 밀어 넣는 극적 방법을 사용한다. 『밤으로의 긴 여로』의 인물들의 행위는 과거와 현재 사이를 왕복하는 진자의 운동을 닮는다. 인물들이 과거로의 여행을 위해 사용하는 방법은 술 또는 모르핀 등의 마약에 의한 환각이다. 한 사람이 무엇인가를 만진다—카드놀이를 하거나 술을 따르거나 전구를 만진다. 그러나 이것은 실상 무의미한 동작이고 이런 동작을 발판으로 삼아 인물들이 현재의 물리적 세계를 벗어나 내면에 저장되어 있는 과거의 세계로 옮겨간다. 외면세계에 무슨 일이 일어난다—예를 들어 안개경적이 울린다. 그러면 마음은 다시 현실로 돌아온다. 그러나 이것은 이내 더 깊은 과거의 세계로 들어가기 위한 일시적 후퇴이다.

오닐은 운명에 대항하여 싸우는 인물들이 실제보다 커 보이게 하는 극구조를 만드는데 실패한다. 실패의 원인은 입센과 마찬가지로 극행위의 본질상 불가피하게 두 개의 시간을 서로 교차시켜서 현재와 과거, 말과 행위가 분리되게 만든 때문이다. 오닐이 미래로 향하는 시간과 과거 지향의 행위를 엇갈리게 교차시켰을 때 그는 자기 인물들로 하여금 주어진 운명과 싸우게 하기보다는 현실의 고통이 미치지 않는 과거로 도피하도록 도와준 셈이다. 인물들은 무대에서 움직이지만 그들이 만드는 극은 현재의 삶이 아니라 과거의 재생일 뿐이다. 그들의 마음은 현재가 아닌 과거에 가 있고 그들은 그저 생각에 빠지거나 독백하기를 즐긴다. 우리는 밀러(Miller)가 『세일즈맨의 죽음』(Death of a Salesman)을 왜 처음에 『그의 머리의 내부』(The Inside of His Head)라고 불렀는지 생각해 볼 필요가 있다. 이 작품의 내용의 상당 부분은 윌리(Willy)의 머리 속에서 일어나는 회상극으로 그가 자살할 때까지 과거의 실수와 잘못 그리고 성공한 그의 형 벤(Ben)의 기억이 어지럽게 무대 위에 펼쳐진다. 그는 투사라기보다는 양심의 가책을 느끼는 병약한 현대인이다. 현재의 실패를 투쟁으로 극복하기보다는 과거를 돌아보며 절망한다. 그리고 현실의 난관을 타개할 자신이 없어질 때 그는 자살한다. 오닐의 인물들의 행위나 윌리의 자살은 모두 현실도피이다. 윌리가 자기 성씨인 Lowman이 암시하듯 신경증에 시달리는 왜소한 인간으로 등장하고 『밤으로의 긴 여로』의 인물들이 알코올과 마약의 영향으로 유령처럼 보이는 것은 20세기의 정신병리가 불가피하게 낳은 극의 구조적 특성 때문이다.

『에디푸스왕』의 구조는 입센, 오닐, 밀러의 작품 구조와 근본적으로 다르다. 시작부분에 에디푸스는 라이우스왕(Laius)의 살해범을 찾는데, 이때 극의 현재와 과거는 아무런 연관이 없는 것처럼 보인다. 극의 현실은 시간이 지남에 따라 드러나는데, 그것은 에디푸스의 현재는 과거의 연속이고 두 개의 시간은 같은 방향으로 진행한다는 점이다. 그는 현재 시점에서 과거를 살고 있는 셈이다. "에디푸스는 지금 현재 자기 아버지의 살해범이고 어머니의 남편이고 자식들의 형제이다. 그는 지금 현재 자기 땅의 오염원이고 현재를 인식하기 위해 과거를 알아내면 된다"(Szondi 13). 그는 자기의 노력으로 참된 자기 모습을 찾아낸다. 관객은 에디푸스의 과거 이야기가 아닌 현재의 그를 본다. 진실을 찾으려는 노력과 진실의 인식 과정에서 주인공의 인간으로서의 현존감이 보강되고 더불어 운명과 투쟁하는 인간의 비극적 장엄이 뚜렷이 부각된다.

베케트는 내면화와 공간화가 가장 진전된 극을 쓴다. 그의 극은 너무 주관적이어서 평범한 독자나 관객은 이해하기 어렵고 심지어 지극히 사적인 몽상에 불과하다는 비난을 받을 여지도 있다. 왜냐하면 인물들의 행위가 일관된 맥락을 갖추지 않았고 너무 단편적이어서 관객에게 아무런 이야기도 전달하지 않으며, 또 내면화의 문제를 해결하기 위해 스트린드베리가 썼던 서사적 중개역할도 에피소드식 구성도 갖추지 않았기 때문이다. 무대와 관객 사이의 교류는 지극히 드물고 또 있다 하더라도 그 효과는 미미하다. 내면화가 진전됨에 따라 이질적인 요소들의 병치에 의해 이루어지는 형식의 공간화도 베케트에 와서 그 절정을 이룬다. 그의 무대는 존재상황에 관한 시적 이미지이다. 움직임을 통해 의미창조 작업을 하는 전통적 극행위의 개념이 거의 제거된 그의 무대에서 인물들의 행위는 알 수 없는 불연속적인 몸짓의 모음으로 인간 행위의 무의미성을 암시한다. 관객이 작품 전체를 감상한 후 얻는 것은 단 하나의 정지된 장면(tableau), 혹은, "사진 한 장이다"(Peter 7). 극의 본질이 행위(to act)라는 것을 상기하면 베케트에 와서 극은 정지된다.

베케트 시대의 극은 신화를 통한 구원의 추구가 아니라 절망과 존재의 무의미성의 표현이다. 인류는 이제 어떤 길을 택하더라도 구원받을 가망이 없는 것처럼 보이며 의식으로서의 극 자체가 무의미 혹은 불가능하게 여겨진다. 베케트에게 인간은 아무것도 하지 않으며 시간 속에 갇혀 서서히 무(無)로 돌아가는 존재이다. 이 존재상황을 그리기 위해 그는 극 역사상 전통적 기법에 가장 덜 의존하는 작품을 쓴다. 현실세계의 모방으로서의 무대와 삶의 표현으로서의 전통적 극행위를 버리고 관객으로 하여금 텅 빈 공간에서 전혀 의미 없는 언어와 몸짓을 하는 인물을 만나게 한다. 사실주의 극의 무대와 행위에 익숙한, 또는 인물들의 연기를 통해 사건의 전개를 보기를 원하는 관객에게 베케트의 극은 무대 자체부터 충격적이다. 그것은 그의 작품이 전통 극과 닮은 점이 너무 적기 때문이다. 작가는 사건이 어디에서 발생하며 인물들이 어떻게 왜 거기에 있게 되었는지 전혀 언질을 주지 않는다. 전통극은 적어도 객관적 현실과 전혀 연결 지을 수 없는 세계는 보여주지 않는다. 공연의 중요한 부분은 관객이 상식으로 알아볼 수 있는 것을 제공하고 그것을 현실과 견주어 보도록 돕는 일이다. 매 공연마다 관객은 한편으로 자기들의 세계와 흡사한 면을 목격하게 되고 또 한편으로는 전혀 새로운 세계를 경험한다. 이 경우 친숙한 세계가 낯선 세계로 들어가는 통로 구실을 하는데 친숙의 정도는 사실주의 극에서 가장 크고 베케트의 작품에서 최하로 떨어진다. 베케트는 삶을 낯설고, 신비롭고, 궁극적으로 합리적인 설명이 불가능한 것으로 제시한다. 그의 극은 친숙한 세계보다는 낯선 세계가 전편을 장악하는 까닭에 관객이 공연을 즐기는 일이 쉽지 않다. 극은 삶과 죽음이라는 두려운 주제를 희극 혹은 비극이라는 양식화된 의식으로 만들어 친숙하게 만들려고 하는 시도인데, 베케트의 경우 존재의 적나라한 모습을 가린다는 이유로 이 의식의 베일을 제거해 버려 관객이 유희의 정신을 경험할 수 없게 한다.

존재의 본질을 드러내는 베케트의 방법은 무대 자체 뿐 아니라 거기에 쓰이는 모든 물건들의 극적 기능과 의미에 있어서도 독특하다. 그의 무대의 물건들은 인물들 그리고 그들의 세계와 거의 인과적 관계가 없다는 점에서 의미상 비어 있고 기능상 독립적이라고 할 수 있다. 사실주의 무대는 인물, 주변세계, 그리고 물건들 사이에 역사와 관계의 망이 밀접하게 형성되어 있다. 물건들과 주변세계는 인물들에 대해 많은 정보를 주고, 반대로 인물들은 자기들의 세계와 그 속의 물건들에 관하여 말해준다. 『체리과수원』의 라네브카야 저택의 거실에 있는 책꽂이는 그것이 속한 사회의 역사를 그대로 말해주는 중요한 가구이다. 사실주의 무대에서 배우는 자기들이 속한 사회에서 하는 행동과 그리 다르지 않은 연기를 하며, 물건들은 극장 밖에서 사용되듯이 사용된다. 이에 반해 베케트의 극장은 불씨만 남은 사실주의 극이다. 그의 극장에서 우리는 전통적 극장의 기능과 의미가 거의 모두 빠져나가고 흔적만 남은 무대를 목격한다. 극의 모든 요소, 즉 무대장치, 인물들의 모습, 물건들 그리고 그들의 언어는 그것들이 만드는 세계가 존재함보다는 부재함을 암시한다. 에스트라곤이 먹는 당근에서 관객은 하나가 제유(synecdoche)로써 나타내는 많음보다 오히려 고갈(枯渴)을 느낀다. 그에게 당근을 주면서 블라디미르는 "오래 먹어, 그게 끝이야"라고 말한다. 무대 위의 나무는 생명의 왕성함보다는 빈사상태를 암시한다.

베케트의 세계는 너무나 성긴 탓에 무대 위의 세계와 그 안에 있는 물건들을 가지고 어떤 줄거리를 가진 이야기를 꾸미는 일이 거의 불가능하다. 이러한 특성은 극작 과정에서부터 나타나는데 그는 자기 작품의 내용을 사실주의적인 기준에서 판단 가능케 하는 세목들을 제공하지 않아 행위의 시간적, 공간적 배경이 모호하거나 불확실하게 만든다. 그가 남긴 원고들을 조사해보면 작가가 초기에 작품의 추상적인 뼈대에서 시작해서 보다 사실적이고 줄거리가 갖추어진 이야기로 발전하지 않고 그 반대의 과정을 거쳤음을 알게된다. 애초의 원고에는 사회적 역사적 사실들이 상당히 포함되어 있어 현실세계와 닮은 점이 있으며 또 인물들의 행위도 전통적인 시각에서 이해될 수 있었다. 작가의 본격적인 창작과정은 여기서 사실적 세목을 제거하고 전통적 극 구조를 해체시키며 압축 모호화의 과정을 거쳐 내용이 매우 불분명한 작품으로 완성하는 것이다(Gontarski 1985, 5). 『행복한 날』의 창작 초기단계에 작가는 주인공 위니(Winnie)의 밤과 낮을 표시하기 위해 자명종 시계와 햇빛을 사용했는데 후에 이것들을 단순히 초인종과 변화 없는 빛으로 바꾸어 일상적 시간의 중요성을 격하시키고 주인공의 삶을 본질의 차원에서 바라보도록 한다. 자명종 시계와 햇빛이 주는 물리적 시간의 주기적 변화의 연상은 인간의 운명 자체를 검토하는데 도움을 주지 못하기 때문이다. 베케드의 이러한 모호화의 기법은 인물들의 행위 전반에 걸쳐 이용된다. 위니가 과거의 사건을 되새길 때 그 사건의 하나의 조리일관된 이야기로 서술되지 않고 역사적 배경도 전후의 맥락도 없는 파편으로 작품의 여기저기에 흩뿌려진다. 따라서 관객은 물론이거니와 위니 자신도 그 사건이 언제 어디서 일어났는지 확실히 모른다. 이야기의 부스러기들이 이따금씩 마음에 떠오를 때 그녀는 그것들을 내뱉을 뿐이다.("당신이 내게 준 양산 … 그 날 … (쉼) … 그 날 … 호수 … 갈대. (앞을 보며. 쉼) 어느 날? (쉼) 어느 갈대?") (Beckett 53) 심지어 그녀의 이야기가 실제 일어난 사건인지 아니면 그녀가 시간을 보내기 위해 꾸며 낸 것인지 조차 분명치 않다. 존 피터(John Peter)는 『고도를 기다리며』(Waiting for Godot)를 "닫힌 극"(a closed play)이라고 부르고 여기에 관하여 많은 질문과 함께 베케트 극의 성격을 토론한다.

> 예를 들어서 블라디미르와 에스트라곤은 무슨 일을 하는가. 그들은 무엇을 먹고 사는가? 그들은 어떤 가문 출신인가? 얼마나 오래 그리고 얼마나 자주 여기에 왔었는가? 고도와의 약속은 어떤 성격을 띤 것인가? 파쪼(Pozzo)는 무엇을 먹고 사는가? 그는 럭키(Lucky)와 진정 박람회에 갔었는가? 만약 아니라면 그들은 1막과 2막 사이에 어디에 있었는가? (Peter 7)

이 질문들에 대한 대답은 작품의 어디에도 찾을 수 없다. 블라디미르와 에스트라곤은 가끔 4복음서의 예수와 함께 처형당한 두 도둑의 이야기를 꺼내서 그들이 구원받았는가 궁금해한다. 허나 그 의문에 대한 답은 어디에서도 찾을 길이 없다. 작가의 극작법은 이러한 세목에 관심이 없는데 그 이유는 보편적 존재상황의 표현에 이 사실들이 중요하지 않기 때문이다. 그의 작품을 인물사진으로 치자면, 사진을 찍는 순간 카메라가 너무 심하게 흔들린 나머지 사람의 형태는 갖추었으되 신체의 윤곽이 흐려져서 이목구비와 얼굴표정은 고사하고 그것이 남자인지 여자인지조차 알 수 없으며 어떤 옷과 신발을 신었는지도 알 수 없는 사람의 모습을 연상하면 된다.

베케트의 무대는 닫힌 공간이다. 인물들이 무대 밖으로 나가기도 하지만 그것은 겉에서 보이는 것처럼 자유스런 외출이 아니다. 『고도를 기다리며』의 첫 무대지시는 "한 시골길. 나무 한 그루. 저녁."에 불과해서 관객은 무대가 어떤 조건이나 경계선에 의해 구분 지어지지 않는 열린, 텅 빈 공간이며 극의 세계가 완전히 자유의 세계라는 인상을 받는다. 그러나 극이 진행됨에 따라 알 수 있듯이 베케트의 무대는 은연중 인물들의 행동을 제한한다. 파쪼와 럭키는 똑같은 출입을 끝없이 반복할 운명이다. 블라디미르와 에스트라곤은 원할 경우 마음대로 무대 위에서 돌아다닐 수 있고 또 무대 밖으로 나갈 수도 있다. 그러나 어디에 가더라도 그들은 본래의 위치로, 그리고 서로 고무줄로 연결된 것처럼 같은 상대에게 되돌아오게 된다. 그들의 여정은 전진도 후퇴도 하지 않고 또 그렇다고 여행의 끝에 도달해야 할 목적지도 없다. 그들에게 무대는 집도 거실도 아닌 끝없는 황야일 뿐이어서 결코 휴식할 수 없다. 그들은 말하자면 꼼짝없이 갇힌 신세이다. 그들의 실존적 곤경이 언어와 행동의 괴리에 나타난다.

> 에스트라곤: 자, 갈까?
> 블라디미르: 그래, 가자.
> (움직이지 않는다)

『끝내기』(*Endgame*), 『크랍의 마지막 테잎』(*Krapp's Last Tape*), 『행복한 날』 그리고 『플레이』(*Play*) 등의 작품은 밀폐된 공간에서 이루어지고 이 공간은 시간이 지남에 따라 더 축소된다. 『끝내기』의 핵대피소처럼 생긴 무대는 세상의 모든 것이 종말에 이르러 마지막 남은 공간이다. 또 작가는 인간의 존재상황을 인물의 신체조건으로 드러낸다. 그의 인물들은 블라디미르나 에스트라곤처럼 사회 밑바닥의 뜨내기들이거나, 혹은 불구, 또 혹은 거의 죽음에 이를 정도로 늙은이들이다. 햄(Hamm)은 일어설 수 없고 클로브(Clov)는 앉을 수 없다. 내그(Nagg)와 넬(Nell)은 쓰레기통에 갇혀있고, 『플레이』(*Play*)의 세 인물은 목 윗 부분을 제외한 몸 전체가 항아리 속에 갇혀 있어 관객들에겐 얼굴만 보인다. 『행복한 날』에서 주인공 위니(Winnie)는 허리까지 파묻힌 상태로 발견되는 데 시간이 지남에 따라 점점 더 깊이 묻혀 2막에서는 땅 위로 그녀의 머리만 보인다. 이 작품의 전반적 상황을 단적으로 묘사하는 말은 "다 써 가는 군"(running out)이라는 위니의 말이다. 무대 위의 모든 것에 쇠퇴와 부패가 스며있다. 위니는 강모가 몇 개 남지 않은 칫솔, 거의 납작한 치약, 낡은 립스틱, 녹슨 총을 가지고 있다. 윌리의 소품들은 누렇게 바랜 신문, 낡은 손수건, 낡은 모자이다. 관객이 이 작품에서 보는 것은 위니의 존재공간의 계속적 수축이다.

베케트에 와서 극의 공간이 텅 비고 동시에 인간은 움직일 수 없게 된 까닭은 신화의 부재 때문이다. 스트린드베리의 극이 신화의 틀을 가지고 있고 모든 극행위가 이 틀을 완성시키기 위한 의미로 채워져 있는 데 비해 베케트에 와서 극은 무의미로 채워진 진공과 같으며 재현기관으로서 극장은 위기에 빠진다. 언어는 파편이 되고, 행위는 불가능해지며 삶의 배경으로 쓰이는 무대의 물질로서의 본질까지 의심스러워진다. 『페르긴트』(*Peer Gynt*) 끝 부분에 페르가 양파의 껍질을 하나씩 하나씩 벗기다가 맨 나중에 그 속에 아무것도 없음을 발견하고 놀란다. 이 페르(Peer)의 알맹이 없는 양파가 현대인의 영적 공허함의 대표적 상징이다. 드림극들에서 스트린드베리는 그의 인물들이 인생이라는 여정을 구(球) 모양의 공간을 통해서 하도록 만든다. 그는 자기가 겪은 개인적 불행과 자기의 역사관이 내포하는 세상의 혼돈을 극복하기 위해서 기독교 신앙에 바탕을 둔 순환적 여행체계를 작품 속에 건설한다. 이 여행에서 죽음은 끝이 아니라 더 나은 존재양식으로 이르는 통과의식일 뿐이다. "죽음은 위대한 입문식이다"(Eliade 238). 이에 비해 베케트 극의 현대인의 여행은 의미가 없기 때문에 스트린드베리의 인물들이 사용한 것과 같은 여정표가 주어지지 않는다. 『드림플레이』에서 주인공은 신(神) 인드라(Indra)의 딸이다. 그녀는 지구상에서 여행을 마친 후 하늘의 아버지에게 돌아간다. 베케트극의 인물들은 거지, 범죄자, 노인, 죄수 등인데 이들은 부동(不動)의 상태에서 최후를 기다린다(Brustein 32). 베케트가 본 인간의 본질은 상하거나 썩어 가는 상태에 있는 배설물, 재, 진흙 등이다. 블라디미르는 객석을 향해 "납골당! 납골당!"이라고 외친다. 페르가 양파 속에서 아무 것도 발견하지 못하듯이 현대인의 생의 여행의 목적지는 죽음일 뿐이다. 내세의 약속이 없는 죽음은 "무에 비유된다; 그리고 무 앞에서 현대인은 마비되어 움직이지 못한다"(Eliade 238). 베케트 극의 정지의 이미지는 바로 이 희망이 없는 실존적 지옥에서 비롯된다.

인용 문헌

Beckett, Samuel. *Happy Days*. New York: Grove Weidenfeld, 1961.

_____. *Waiting for Godot*. New York: Grove, 1954.

Bermel, Albert. *Contradictory Characters*: *An Introduction to the Modern Drama* New York: E.P.Dutton, 1973.

Brustein, Robert. *The Theater of Revolt*. Boston: Little, Brown, 1962.

Chekhov, Anton. *Best Plays by Chekhov*. Trans. Stark Young. New York: Modern Library, 1956.

Dukore, Bernard F. *Dramatic Theory and Criticism: Greeks to Grotowski*. New York: Holt, Rinehart and Winston, 1974.

Eliade, Mircea. *Myths, Dreams, and Mysteries*. Trans. Philip Mairet. New York: Harper and Row, 1960.

Gontarski, S.E. *Beckett's Happy Days: A Manuscript Study*. Columbus, Ohio: Ohio State UP, 1977.

_____. *The Intent of Undoing in Samuel Beckett's Dramatic Texts*. Bloomington: Indiana UP, 1985.

Magarshack, David. *Chekhov the Dramatist*. London: John Lehmann, 1952.

Peter, John. *Vladimir's Carrot*: *Modern Drama and the Modern Imagination*. London: Andre Deutsch, 1987.

Raleigh, John Henry. *The Plays of Eugene O'Neill*. Carbondale: Southern Illinois UP, 1965.

Shattuck, Roger. *The Banquet Years: The Arts in France, 1885-1918*. London: Faber and Faber, 1955.

States, Bert O. *The Shape of Paradox: An Essay on Wating For Godot*. Berkeley: U of California P, 1978.

_____. *Great Reckonings in Little Rooms: On the Phenomenology of Theater*.

Berkeley: U of California P, 1987.

Stockenstrom, Goran. "His Former Dream Play *To Damascus,*" *Strindberg's Dramen im Lichte neuerer Methodendiscussionen.* Basel: Helbing & Lichtenhahn Verlag Ag, 1982.

Szondi, Peter. *Theory of the Modern Drama.* Ed. and Trans. Michael Hays. Minneapolis: U of Minnesota P, 1987.

Williams, Raymond. *Drama from Ibsen to Brecht.* London: Hogarth, 1987.

Worringer, Wilhelm. *Abstraction and Empathy: A Contribution to the Psychology of Style.* Trans. Michael Bullock. New York: International UP, 1953.

프로스트 시에 있어서의 신의 개념

신 재 실

(인하대)

　20세기 지성의 역사는 종교와 과학의 전쟁이라는 관점에서 생각할 수 있을 것이다. 근대 과학의 발달과 함께 물리학과 역학의 필요성이 증대되면서 현대 지성의 사고도 유물론적 경향을 띄게 되었다. 이로 인하여 형이상학으로 인도하는 기존 종교의 위치가 흔들리고 과학이 그 자리를 대신하는 지경에 이르렀다. 현대의 시인들도 과학과 종교의 대립이라는 딜레마를 해결해야 할 과제에 부딪히게 되었으며 엘리어트(T. S. Eliot) 같은 시인은 종교의 편에 서서 카톨리시즘으로의 귀의를 주창하였고, 월러스 스티븐스(Wallace Stevens) 같은 시인은 과학의 편에 서서 기존의 신을 배제하고 인간의 자족성을 강조하였다. 같은 문제에서 시인 로버트 프로스트(Robert Frost)는 과학과 이성의 논리와 증거를 수용하면서도 동시에 종교적 믿음을 유지하는 절충적 태도로 접근한다.

　에머슨(Emerson)의 초월주의적 범신론, 스베덴보리(Swedenborg)의 신비주의적 종교체험에 영향을 받은 프로스트는, 한편으로는 윌리엄 제임스(William James)의 실용주의 철학, 프랑스 앙리 베르그송(Henri Bergson)의 생명철학의 영향을 크게 받아 정통적인 창조와 신의 개념을 수정하게 되었다. 현대가 직면하고 있는 종교와 과학의 대립을 한마디로 요약한다면 성서적 창조론과 과학적 진화론의 대립이라고 할 수 있을 것이다. 절충적인 프로스트는 성서의 메타포와 진화론의 가정을 제휴시킬 방법을 모색하였고 그 해답을 베르그송의 철학에서 얻은 바 많다.

프로스트가 베르그송을 처음 접하게 된 것은 1911년 베르그송의 『창조적 진화』(*Creative Evolution*) 영역 판을 통해서였고, 이후 프로스트의 첫 시집 『소년의 의지』(*A Boy's Will*, 1913)의 「존재의 시련」("The Trial by Existence") 에서부터, 『산간』(*Mountain Interval*, 1916)의 「가지 않은 길」("The Road Not Taken"), 『서쪽으로 흐르는 시냇물』(*West-Running Brook*, 1928)의 「서쪽으로 흐르는 시냇물」("West-Running Brook"), 『조팝나무 수풀』(*Steeple Bush*, 1947) 의 「지시」("Directive"), 그리고 마지막 시집 『개간지에서』(*In the Clearing*, 1962)의 「우연한 목적」("Accidentally on Purpose") 등 여러 시에서 베르그송의 아이디어와 메타포들이 동화되어 있음을 발견할 수 있는 것이다.

베르그송의 철학에서 프로스트를 매혹시킨 것은 무엇인가? 프로스트는 현대의 과학이론과 기존 종교의 접합 가능성, 다시 말해서 진화론의 가정과 성서의 메타포를 결합시킬 수 있는 방법을 베르그송의 철학에서 발견한 것이다. 프로스트는 스베덴보리 신봉자이었던 어머니의 영향으로 어려서부터 성서에 친숙하였지만, 십대에 들어서면서 유물론적 진화론이 제기한 계시 종교에 대한 도전과 씨름하기 시작했다. 이러한 때에 프로스트는 유물론적 진화론에 대항하여 유심론적 진화론에 바탕을 둔 생명철학을 제창하는 베르그송을 접하게 된 것이었다. 베르그송의 이론은 다윈(Darwin)의 진화론을 수용함과 동시에 창조의 원천으로 "생명력"(élan vital)의 개념을 도입하여, 진화는 단순히 물질적 메카니즘의 결과가 아니고, 목적성을 가진 생명력의 선택과 모험의 결과라고 주장함으로써 물질에 대한 정신의 우위성을 강조하였다. 프로스트는 베르그송의 "생명력" 개념이 우주 창조의 원천으로서의 신의 개념과 모순되지 않는다고 생각한 것이 분명하다.

베르그송은 다윈주의 철학자로 갈채를 받았던 스펜서(Spencer)를 숭배하였다. 그러나 스펜서를 연구하면 할수록 스펜서의 진화이론 즉 진화는 내적 조건이 외적 조건에 적응하는 상태로 전진하는 것이라는 환경적응론에 동조할 수 없음을 발견하고, 진화는 생명력이 어떤 요구에 따라 외적 조건들을 다시 만들어 가는 과정이라는 창조적 진화론을 주창하게 된 것이다. 베르그송이 본 진화는 하나의 영원한 창조과정이고, 항상 새로운 방향으로 움직여 나아가는 것이다. 진화를 환경적응론으로 설명하는 다윈주의를 베르그송은 비판한 것이다. 그의 말을 직접 들어보자.

> 내가 만약 같은 유리잔에 물과 술을 번갈아 붓는다면, 두 액체는 같은 모양을 갖게 될 것이고, 모양이 같은 것은 내용물이 용기의 모양에 똑같이 적응했기 때문일 것이다. 이 경우 적응은 실로 기계적 조절을 의미한다. 그 이유는 그 물질이 적응한 모양이 이미 준비되어 있어서, 물질에 자신의 모양이 강요됐기 때문이다. 그러나, 유기체의 경우 그것이 살아가야 할 환경에 적응할 때에, 그 유기물질을 기다리고 있는 미리 존재하고 있는 모양이 어디에 있는가? 환경은 생명이 삽입되어서 그 모양에 순응하는 거푸집이 아니다. 환경이 거푸집이라는 것은 그릇된 메타포이다. 아직 형이 존재하는 것이 아니므로, 생명은 자신에게 주어진 환경에 알맞은 형을 자력으로 창조해야 한다. (*Creative Evolution*. 57-58, 이하 *CE*로 약칭)

"자신에게 주어진 환경에 알맞은 형을 자력으로 창조"해 나가는 힘과 노력이 바로 베그르송이 말하는 "생명의 비약"(vital impetus)이다. "그것[생명의 비약]은 모든 장애를 극복할 수 없다. 그것이 시동시킨 운동은 때로는 빗나가고, 때로는 분산되고, 항상 저항을 만난다. 유기세계의 진화는 이런 투쟁의 전개에 불과하다"(*CE* 254)는 베르그송의 말은, 진화는 외부환경에 대한 정확하고 기계적인 적응의 결과가 아니고, 유한한 생명력의 소망과 투쟁의 결과라는 의미이다. 같은 외부 조건 하에서도 연체 동물과 척추 동물의 눈이 구조상에서 유사하지만, 기능적으로 척추동물의 눈이 훨씬 더 진화되었다는 사실은 척추동물이 연체동물보다 생명의 소망, 즉 생명의 비약이 더 강렬하였기 때문이라고 밖에 말할 수 없다(*CE* 70). 이처럼 베르그송의 철학은 본질적으로 기계적 유물론에서 탈피하여 창조적 유심론에 기초하고 있다고 말 할 수 있다.

시인 프로스트는 시인답게 "시는 하찮은 메타포, 근사한 메타포, '우아'한 메타포로 시작하여 가장 심오한 생각으로 진행한다"고 말하여 시를 하나의 메타포로 정의함과 동시에 "나는 근년에 더욱더 메타포를 사고의 전부로 삼고 싶어했습니다. 수학적 사고를 제외한 모든 사고, 또는 과학적 사고를 제외한 모든 사고가 메타포적이라는 내 생각에 동의하는 사람도 때로는 발견합니다"라고 말함으로써 수학 또는 과학이 대변하고 있는 유물론적 사고를 간접적으로 평가절하하고 난 뒤에, "숫자로 표시되는 피트, 파운드, 그리고 초"를 가지고 우주를 설명하려는 피다고라스 이후의 과학적 메타포는 "그것이 정신적 그리고 심리적, 또는 물리 세계를 벗어난 영역에 이르면 무너져 버리고 만다"(*Poetry and Prose* 332)고 말함으로써 과학적 메타포는 인간의 정신이나 심리세계, 또는 형이상학의 세계를 설명할 수 없다는 생각을 분명히 밝히고 있다. 이어서 "우주는 무엇과 같은가?"라는 형이상학의 문제에서 과학자들이 즐겨 쓰는 "메카니즘"의 메타포를 다음과 같은 일화로 비판하고 있다.

> 자 메타포가 실제로 무너지고 만 경우를 한가지 소개하겠습니다.
> 어떤 사람이 얼마 전에, "나로서는 쉽게 우주를 하나의 기계, 하나의 메카니즘으로 생각합니다"라고 내게 말했습니다.
> "우주가 기계와 같다는 뜻인가요?"라고 내가 물었습니다.
> 그 사람이 답하기를, "아닙니다. 내 생각은 우주가 기계라는 겁니다.…저, 기계 같다고 할까…"라고 어물거렸습니다.
> "우주는 하나의 기계와 같다는 말씀이군요."
> "그렇지요. 그렇다고 합시다."
> 내가 그에게 묻기를, "발을 디딜 페달, 손을 잡을 레버, 또는 손가락을 갖다댈 버튼이 없는 기계를 본적이 있습니까?"라고 했습니다.
> "아아니 - 못 보았습니다"라고 그는 대답했습니다.
> 나는 말하기를, "좋습니다. 우주는 그런 기계와 같은 가요?"라고 했습니다.
> 그랬더니 그는 말하기를, "아닙니다. 내 말은 우주가 기계 비슷하다는 것이고, 단지……"라고 했습니다.
> "……그것은 기계와 다릅니다"라고 내가 말했습니다.
> (*Poetry and Prose* 335)

사실 우주가 기계와 같다는 주장이 빈번히 이루어지고 있지만, 이것은 "기계"가 무엇을 의미하는지 생각해 보지 않은 그릇된 주장이라는 것이다. 기계는 자신의 인과법칙에 따라 저절로 굴러가는 것이라는 생각이 깔려 있는 메타포이지만, 사실 기계는 프로스트의 말대로 "페달", "레버", 또는 "버튼"을 조작하는 어떤 운전자가 있게 마련이고, 그 운전자의 판단과 의지에 따라 움직이는 방향과 속도를 달리할 수 있는 것이다. 이처럼 메카니즘의 메타포를 프로스트가 정면으로 거부하는 것은 바로 베르그송이 말하는 "생명력"의 개념과 "생명의 비약"이론을 전면적으로 받아들이고 있음을 증명하는 것이다.

프로스트의 시 「우연한 목적」은 베르그송의 철학을 가장 폭넓게 반영하고 있는 시중의 하나이다. 우선 기계론적 유물론의 입장에서 진화론을 펼치고 있는 다위니즘에 대한 풍자가 이 시의 전반부를 차지한다.

> The Universe is but the Thing of Things,
> The things but balls all going round in rings.
> Some of them mighty huge, some mighty tiny,
> All of them radiant and mighty shiny.
>
> They mean to tell us all was rolling blind
> Till accidentally it hit on mind
> In an albino monkey in a jungle,
> And even then it had to grope and bungle,
>
> Till Darwin came to earth upon a year
> To show the evolution how to steer.
> They mean to tell us, though, the Omnibus
> Had no real purpose till it get to us. (*The Poetry* 425)

우주는 사물 중의 사물일 뿐이다.
사물들은 모두 원을 그리며 굴러가는 공일뿐이다.
어떤 것들은 매우 크고, 어떤 것들은 매우 작지만,
모두가 발광(發光)하고 매우 빛난다.

그들의 말은 모든 것이 맹목적으로 구르다가
뜻하지 않게 어느 정글의
원숭이에 정신의 불이 켜져 변종이 생겼단다.
그때도 여전히 갈피를 못 잡고 더듬거릴 뿐이었는데,

마침내 어느 해에 다윈이 이 땅에 와서

　　　　진화에게 방향 잡는 법을 가르쳐 주었다.
　　　　그들의 말은, 여전히, 진화의 옴니버스는
　　　　진정 아무런 목적도 없이 인간에 이르렀단다.

　여기서 프로스트는 창조의 신비에 접근하면서 우주를 물질로만 구성되었다고 생각하는 유물론자들을 풍자하고 있다. "사물 중의 사물"에 지나지 않는 우주를 구성하고 있는 "사물들"이 생명없는 "공"이라는 메타포로 표현되고 있음에 주목할 필요가 있다. 공이 "원을 그리며 굴러"간다고 말함으로써 자연의 순환 법칙을 환기시켜 주는가 하면, 또한 천체를 구성하고 있는 "매우 큰" 공과, 생명체를 구성하고 있는 "매우 작은" 세포, 그리고 이것들을 모두 발광(發光)체, 즉 어떤 에너지의 발산체로 비유하고 있는 것은 보통 사람들이 배워 알고 있는 자연과학 지식과 부합되고 있는 것이다.

　그러나 둘째 연에서 작중화자는 다윈주의자들의 오류를 냉소적인 어조로 풍자하고 있다. 다윈의 진화론은 외부 환경과의 관계에서 적자 생존의 원리의 의해 설명되고 있으며, 하나의 노선에 의하여 앞 단계에서 다음 단계로 진화 발전한다는 직선적 진화론을 전개하고 있다. 그러나 이러한 이론으로 예컨대 인간 같은 유기체의 진화과정을 설명할 수 없다. 왜냐하면 인간은 진화의 첨단에 서 있는 것이 분명하지만, 적자생존의 원리에 부합되게 주어진 환경에 가장 잘 적응할 수 있는 신체적 기능과 구조를 타고난 종이어서 살아남았다고 주장할 수는 없는 것이다. 인간이 진화의 첨단에 서 있는 것은 말할 것도 없이 두뇌기능의 발달에 있다. 어찌하여 인간만이 창의적 사고가 가능한 두뇌가 발달하였는가? 단순한 환경적응설로는 설명하기 어렵다. 요행히 발달된 기관이 바로 사고의 기능을 갖춘 두뇌라는 기관인가? 실제로 다윈주의자들은 환경적응설로 해명할 수 없는 부분을 "돌연변이"의 개념으로 설명하고 있는 것이다. "뜻하지 않게 어느 정글의/ 원숭이에 정신의 불이 켜져 별종이 생겼단다."는 싯귀에서 작중화가 풍자하고 있는 것은 바로 다윈주의자들이 주장하는 직선적 진화와 돌연변이 이론을 그 대상으로 하고 있는 것이다. 직선적 진화론에 의하면 인간의 조상은 발전 단계로 보아 원숭이 일수밖에 없다는 결론에 다다르게 되고, 원숭이가 어느 날 갑자기 "정신"을 소유한 인간으로 진화한 것은 돌연한 요행으로밖에 설명되지 않는다. 여기서 주목되는 것은 "물질"의 존재가 정신보다 먼저이고 "정신"을 물질 운동의 우연한 산물이라는 유물론자들의 가정을 읽을 수 있다는 것이며, 둘째 연 마지막 행에서 "여전히 갈피를 못 잡고 더듬거릴 뿐이었다"는 화자의 논평은 유물론을 고집하면서도 정신을 인정하지 않을 수 없는 유물론의 자기 모순을 지적함으로써 물질에 대한 정신의 우위를 시사하고 있다는 것이다.

셋째 연은 다윈니즘에 대한 조소이다. 다윈주의자들은 사고 능력을 가진 진화된 인류의 출현까지 우주라는 공은 맹목적으로 굴러갔다고 주장한다. 즉 진화의 "옴니버스"가 인간에 이르기까지 "진정 아무런 목적도 없이" 굴러 왔다고 하지만, "마침내 어느 해에 다윈이 이 땅에 와서/ 진화에게 방향 잡는 법을 가르쳐 주었다."는 싯귀가 시사하듯, 진화 과정을 설명하려고 노력했던 다윈은 결국 진화과정을 스스로 꾸며내었다는 익살이 숨어 있다. 다윈의 진화론은 결국 사실에 부합되지 않는 날조된 것이라는 것이다.

「우연한 목적」이라는 역설적인 제명이 시사하듯 전반부는 인간의 진화를 "우연히" 이루어진 돌연변이로 해석하려는 다윈주의자들에 대한 풍자로 구성되어 있고, 후반부는 인간이 처음부터 우주의 주된 "목적"으로 창조되었다는 성서적 믿음을 인간 진화의 사실과 결합시키면서, 동시에 신의 종교적 사랑에 대한 믿음을 보이고 있다.

> Never believe it. At the very worst
> It must have had the purpose from the first
> To produce purpose as the fitter bred:
> We were just purpose coming to a head.
>
> Whose purpose was it? His or Hers or Its?
> Let's leave that to the scientific wits.
> Grant me intention, purpose, and design—
> That's near enough for me to the Divine.
>
> And yet for all this help of head and brain
> How happily instinctive we remain,

Our best guide upward further to the light,
Passionate preference such as love at sight. (*The Poetry* 425)

결코 그것을 믿지 말라. 아무리 나쁘게 말해도
틀림없이 처음부터 목적이 있었고
개량된 더 나은 적자로 의도한 것이었다:
우리는 절정에 이르고 있는 의도에 불과하였다.

그것은 누구의 목적이었는가? 그 남자, 또는 그 여자, 또는 그것의?
그런 문제는 과학자들에게 맡기자.
제게 의도, 목적, 그리고 설계를 허용해 주소서—
그것이 저로서는 신께 충분히 가까이 가는 것입니다.

그렇지만 이렇게 머리와 두뇌의 도움이 있어도
다행히도 우리는 여전히 본능적이다.
저 위를 향하여 빛으로 인도하는 최고의 안내자,
그것은 즉석 사랑과 같은 열렬한 사랑이다.

　"결코 그것을 믿지 말라"는 유물론에 대한 단호한 거부로 시작되는 넷째 연은 다윈주의가 주장하는 적자생존의 원리로 보면 인간이 진화의 "정점"에 서게된 것은 우연한 요행일 수 밖에 없을 것이지만, 이것은 결코 우연한 일이 아니고 당초부터 인간을 적어도 "개량된 더 나은 적자"로 진화시킬 의도가 있었고, 그 의도가 이제 실현되고 있다는 주장을 하고 있다. 인간을 선두에 서게 하는 목적이 무엇인지는 모른다 해도, 자신을 주된 목적으로 인식하고 있는 두뇌를 가진 인간을 창조한다는 목적만큼은 처음부터 있었던 것이 분명하다는 어조이다. 그렇지 않다면 물리적으로 연약한 인간이 어떻게 진화의 첨단에 설 수 있겠는가?

　베르그송은 "생명체에 관한 한 성공이란, 가장 다양한 환경에서, 가장 다양한 장애를 뚫고, 발달하여 가장 넓은 땅을 뒤덮을 수 있는 재능으로 이해되어야 한다"고 전제하고, "지구 전체를 자기 영역으로 차지하는 종(種)은 진정으로 지배적인, 따라서 우수한 종이다. 인간이 바로 그런 종이다. 왜냐하면 인간은 척추 동물의 진화의 정점을 대표하고 있다"(*CE* 133-34)고 하였다. 베르그송은 인간이 진화의 정점에 다다른 것에 대한 어떤 형이상학적 목적을 언급하고 있지는 않지만, 이런 사실이 유물론자들의 생각처럼, 결코 우연한 일이 아니고 인간의 창조적 역량과 재능의 결과임을 강조한다.

이를 이해하기 위해서는 베르그송의 시간의 "지속"(duration)이론에 대한 고찰이 필요하다. 한 마디로 시간은 축적, 성장, 지속이라는 것이다. "이처럼 우리의 개성은 끊임없이 싹트고, 성장하고, 성숙한다. 각각의 순간들은 앞의 순간에 첨가된 새로운 어떤 것이다. …… 우리가 하는 일은 우리가 무엇인가에 좌우된다고 말하는 것이 옳을 테지만, 그러나 또한 우리는, 어느 정도까지는, 우리가 하는 행위이고, 따라서 우리는 계속하여 우리 자신을 창조하고 있다는 말을 덧붙여야 한다. …… 존재하는 것은 변화하는 것이고, 변화한다는 것은 성숙하는 것이고, 성숙한다는 것은 끝없이 자신을 계속 창조하는 것이다"(*CE* 6-7)라고 베르그송은 논파하고 있다. 다시 말해서 실재는 시간과 지속, 생성과 변화라는 것이다. 결국 인간이 진화의 정점에 서게 된 것은 "자기 창조"의 행위에서 다른 종들을 앞질러 왔다는 의미가 된다. 인간은 수동적으로 환경에 적응해온 기계가 아니고, 부단히 자신의 새로운 발전과 성숙에 초점을 맞추어 힘을 쏟아온 창조적 진화의 중심세력이라는 것이다.

베르그송의 이러한 인간 우위론과 성서상의 인간 창조론은 프로스트에게 서로 모순되지 않는 것으로 보인 것이 분명하다. 인간은 신의 창조 활동의 절정이고, 신의 인간으로 하여금 지상의 모든 것을 통치하는 지배자로 삼으셨다는 성경 말씀은 종으로서의 인간의 성공과 그 우수성을 밝힌 베르그송의 이론과 상통하는 점이 많기 때문이다.

> Then God said, "Let us make man in our image, in our likeness, and let them rule over the fish of the sea and the birds of the air, over the livestock, over all the earth, and over all the creatures that move along the ground." (*Genesis* 1:26)

> 하나님이 가라사대, "우리의 형상을 따라 우리의 모양대로 우리가 사람을 만들고 그로 바다의 고기와 공중의 새와 육축과 온 땅과 땅에 기는 모든 것을 다스리게 하자 하시고."

「우연한 목적」의 다섯 째 연은 인간을 진화의 선두에 세운 것은 누구의 목적인가? 즉 조물주의 문제를 제기한다. 현대 신학자들 사이에서 신의 성 문제에 대한 논쟁을 예견한 프로스트는 그런 문제는 일단 과학자들에게 맡겨 버리고, 다만 "의도, 목적, 그리고 설계"의 존재가 인정되기를 소망한다. "목적"의 존재를 인정하는 것 자체가 종교적 믿음으로 기능 할 수 있다는 생각을 드러내고 있는 것이다. 앞에서 인용한 성경 구절에 의하면 인간을 신의 형상대로 창조한 것은 신이 인간에게 지상의 왕권을 위임하고 있다는 것을 의미하는 것임을 알 수 있다. 따라서 신의 "의도, 목적, 그리고 설계"를 아는 것은 인간의 당연한 소명이라 할 수 있는 것이다.

그러면 과연 신의 "의도" 또는 "설계"는 무엇인가? 베르그송의 이론을 따른다면 각 생명체는 "행동의 센터"로서 존재하게 된 것이다. 베르그송은 신을 정의하면서, 신은 "한가지도 이미 만들어진 것을 갖고 있지 않다. 신은 끊임없는 생명, 행동, 자유이다. 이렇게 생각하면, 창조는 미스테리가 아니다. 우리가 자유로이 행동할 때 우리는 창조를 자신 속에서 경험한다"(CE 248)라고 논파하고 있다. 여기서 유추할 수 있는 것은 신은 영원한 창조자이고, 신의 창조 행위는 지금도 인간을 통해 계속되고 있으며, 인간의 창조 행위는 자신의 자유 의지에 크게 좌우되고 있다는 것이다. 그러나 베르그송의 생각대로 유기 세계 전체를 통해 진화하고 있는 세력(force)은 유한한 세력, 즉 항상 자신을 초월하려고 노력하고 있지만 항상 기꺼이 만들어 내고자 하는 일에 부적당한 상태에 있다는 것이다. 이러한 생각은 전지전능한 신이 마련한 청사진에 따라 모든 것이 최선의 기능을 하도록 이미 마련되어 있다고 믿는 정통 기독교의 예정설과는 상당한 거리가 있는 것이다. 베르그송과 프로스트는 유물론적 메카니즘뿐만 아니라 기독교적 예정론도 거부한다. 창조라는 것이 옛날에 한 번 있었다가 지금은 끝마쳐지고만 하나의 행위 또는 일련의 행위라고 하는 식의 창조설을 거부하고 있는 것이다. 다위니즘과 기독교의 예정설이 모두 닫힌 우주관을 소유하고 있다면 베르그송의 그것은 열린 우주관이라 할 수 있다. 프로스트가 이 시에서 쓰고 있는 "의도, 목적, 그리고 설계"란 베르그송의 "지속"이론에서 말하는 "새로운 어떤 것", "예측할 수 없는 어떤 것", 즉 창조적이고 미래지향적인 어떤 것을 위한 것이고, 예정된 미래의 청사진을 뜻하는 것이 아니다. 다만 미래를 창조해 나가는 주요한 "목적"을 수행하는 주요 주체로서 신이 인간을 창조했다는 믿음이 이 시에 드러나 있는 것이다.

「우연한 목적」의 마지막 연은 신의 "목적"에 대한 인식의 문제를 다루고 있다. 베르그송은 무엇을 인식하든 간에 두 가지 서로 다른 방법이 있다고 생각하였다. 하나는 분석적 방법으로서 사물을 절단할 대로 절단하여 우리가 원하는 토막들을 만든다. 이 방법은 물리학(원자), 생물학(세포), 심리학(심적 상태)에서 사용되고 있다. 또 하나의 방법은 사물 속에 파고 들어가서 그 사물의 독특한 성질을 직관적으로 식별하는 것이다. 과학적 방법은 예언, 조작, 분류를 가능케 하는 우수한 방법이지만, "형이상학을 위해서는 직관적인 방법이 없을 수 없는데, 이것은 오직 이 방법만이 개별적 사물의 존재의 흠 없는 전체를 파악할 수 있게 하기 때문이다."(「서양철학사」 585) 베르그송의 생을 한 마디로 요약하면 형이상학의 체계는 이성으로서가 아니라 직관으로서만 파악할 수 있다는 것이다. 프로스트는 베르그송의 생각을 그대로 받아들이고 있다. 이 시에서 프로스트는 "이렇게 머리와 두뇌의 도움이 있어도"라고 표현하여 과학적 분석방법의 효용성을 인정하는 듯 하면서도, "다행히도 우리는 여전히 본능적이다"라고 말함으로써 인간이 "본능적" 직관을 소유하고 있어서 지성과 감성의 균형에서 지성에 대한 감성, 즉 "사랑(preference)"의 우월성을 시사하고 있다. 이 시에서 "빛"의 메타포로 표현되고 있는 신 또는 생명의 원천에 다다를 수 있는 우리의 능력은 지성이 아니라 직관, 즉 "즉석 사랑"과도 같은 "열렬한 사랑"이라고 말하고 있는 것은 바로 형이상학의 문제는 이성이나 지성이 아닌 직관과 믿음으로만 접근할 수 있다는 것을 의미하는 것이다.

프로스트는 1955년 암울했던 그의 어린 시절을 회상하면서 인간의 미래나 신의 존재 여부는 확신의 문제가 아니고 믿음의 문제라고 다음과 같이 말하였다.

> "확신과 믿음은 어디에서 갈라지는가?…", "…우리는 원자에 대한 확신이 있습니다. 원자를 시험해서 그것이 존재하고 있음을 증명할 수

있으니까요."
"뉴잉글랜드의 어떤 늙은 농부가 이와 똑같은 방법으로 신을 시험하
고자 하는 것을 목격한 적이 있습니다. 그는 뇌우가 칠 때 그의 밭에
서서 건초용 쇠갈퀴를 하늘로 향해들고 신께 그를 치라고 요구했습
니다. 그런 식으로는 결코 신을 증명할 수 없습니다." (*Interviews*,
149)

건초용 쇠갈퀴를 든 농부가 시험하려고 했지만 실패한 것과 같은 영역, 다
시 말해서 과학적 증거와 지식으로는 증명할 수 없는 정신적 영역, 증명할
수는 없지만 개인의 경험으로서는 매우 소중하고 성스러운 영역이 있다는
것을 프로스트는 그의 삶을 통해서, 시와 산문을 통해서 우리에게 말하고 있
다. "당신은 감동(stirring)을 시험할 수 없다. 당신은 신을 당신 내부에 핀으로
고정시킬 수 없다"(*Interviews*, 150)는 프로스트 자신의 말이 신에 대한 그의
믿음을 대변하고 있다.
  베르그송의 "지속" 이론에 의하면 유기세계의 "과거는, 고스란히, 현재로
연장되어, 현재 속에 실재로 그리고 역동적으로 지속한다"(*CE* 15), 그리고
"……우리의 의식적 존재의 본 바탕은 기억, 다시 말해서, 과거의 현재로의
연장, 또는 한마디로, '지속'으로서, 그것은 역동적이고 되돌릴 수 없는 것이
다"(*CE* 17). 여기서 특히 주목되는 것은 인간의 의식을 회상으로 규정하고
있다는 것이다. 기억 또는 회상은 자아와 주변세계의 이해에 본질적인 것이
다. 베르그송은 생명체는 전진을 하면서도 부단히 뒤를 돌아보게 되며, "이러
한 회고적 비전은……지성과, 따라서 개개 의식의 타고난 기능이다"(*CE* 237)
라고 말하였는데, 프로스트 역시 과거를 기억하는 기쁨이야말로 황홀한 것이
며, 시는 다름 아닌 과거의 회상이며, 살아 있는 존재를 알 수 있는 한 가지
깨달음이라고 말하고 있다.

내게 있어 첫 기쁨은 내가 알고 있다는 것을 알지 못했던 어떤 것을
기억하는 놀라움에 있다. 나는 마치 구름으로부터 육화되었거나 땅으
로부터 솟아 나온 듯이, 어떤 장소, 어떤 상황에 존재한다. 오래 잊었
던 것에 대한 즐거운 인식이 있고 나면 그 다음은 저절로 뒤따른다.
(*Poetry and Prose* 394-5)

베르그송은 회고적 비전을 "지성"과 "의식"의 타고난 기능이라고 말하였지만, 프로스트는 이를 시적 상상력의 기능으로 대치하고 있는 것이다.

「존재의 시련」("The Trial by Existence")은 바로 인간의 기원을 프로스트의 시적 상상력으로 회상해 본 것이다. "내가 알고 있다는 것을 알지 못했던 어떤 것"을 기억해 내는 것은 놀라운 회고적 비전이고, 이것은 곧 하나의 신앙이 되고 있다. 베르그송이 물질에 대한 정신의 우위성을 강조했던 것처럼, 프로스트 역시 인간의 근원은 영원 불멸의 정신이며, 인간에게는 정신으로 돌아가고 싶은 회고적 성향이 있음을 시사하고 있다. 이 시에 의하면 인간의 지상적 삶은 천국에서의 일시적 외출이다. 죽음의 잠에서 깨어난 영혼들은 다시 한번 지상적 삶에의 도전 요구를 신으로부터 받는다. 이리하여 인간의 출생은 "존재의 시련"으로 가는 길이고, "지상적 어둠"으로 가는 길이다. 지상적 삶은 온전하고 흰 빛인 하늘에서 이를 어둡게 하는 물질세계로 영혼이 이주한 것을 의미한다. 그럼에도 불구하고 용감한 영혼들은 육화를 선택함으로써, "죽음이 올 때까지" 물질에 구속된 영혼이 되고만 것이다.

> And God has taken a flower of gold
>> And broken it, and used therefrom
> The mystic link to bind and hold
>> Spirit to matter till death come. (*The Poetry* 21)

> 그리고 신은 금 꽃 한송이를 잡고
> 그것을 잘라서, 또 그것을 사용하여
> 신비의 끈으로 삼아 죽음에 이를 때까지
> 영혼을 물질에 묶어 맨 것이다.

지상에 있는 동안 영혼은 어쩔 수 없이 물질에 종속되어 살고 있지만, 천국은 영혼의 근원이고 완전한 것이다. "네가 가는 그러한 고결한 운명은/ 선택의 기억을 허용치 않는다"(*The Poetry* 21)라는 신의 말처럼 인간들은 "하늘에서 알고 있던 것을 모르고 본래의 선택도 잊고 있고, 신의 존재로 인한 위안도 받지 못하고 다른 영혼들과의 교류도 단절되어 있는"(Bieganowski 12) 어두운 삶을 살고 있다. 그러나 "죽음에 이를 때까지" 신은 "신비의 끈"으로

"영혼을 물질에" 묶어 매었다는 위의 싯귀가 시사하듯 인간과 신의 관계는 단절되지 않았다. 영혼의 근원이고 완전한 곳인 천국에 대한 분명한 기억은 없지만, 지상적 삶도 인간 영혼 스스로의 선택이었고, 육화된 영혼이 이 세상을 뚫고 나가는 것도 역시 선택에 의해서이다.

베르그송은 생물체의 선택능력은 의식에 비례한다고 다음과 같이 말하고 있다.

> 동물왕국 전체를 통해서, ……, 의식은 생물체의 선택능력에 비례하는 것 같다. 그것은 행위를 둘러싼 가능성의 영역을 밝혀 준다. 그것은 이루어진 것과 이루어질 수 있었던 것 간의 거리를 메워준다. 외부에서 바라보면, 우리는 그것을 단순한 행동의 조력자, 행동이 점화시키는 하나의 불빛, 가능한 행동들과 실제 행동의 마찰에서 일어나는 일시적인 불꽃으로 간주할 수도 있을 것이다. (*CE* 179)

동물계에서 인간이 진리의 선두에 선 것은 바로 선택능력, 즉 의식이 다른 동물들 보다 앞서 있기 때문이라고 생각할 수 있다. 그러나 위의 베르그송의 말이 시사하듯이 가능한 모든 선택을 다 할 수 없는 한계성이 있다. 가능한 행동은 많이 있지만 실제 행동은 그 중에서 하나를 선택해야 되는 것이고, 어느 것을 선택하여야 할 것인지는 의식의 도움을 받아야 된다는 것이다.

선택과 의식의 주제를 극명하게 다루고 있는 프로스트의 시가 바로 「가지 않은 길」("The Road Not Taken")이다. 등산길에 나선 작중 화자는 두 길이 갈라진 곳에 이르러 어느 쪽 길을 가야할 지 망설이게 된다. 한 쪽 길이 덤불 숲으로 굽어들어 안 보이는 곳까지 한참동안 살펴보다가, 다른 쪽 길을 택한다. 이유는 똑같이 아름답지만 덜 다닌 길로 보였기 때문이다. 그러나 실상 거의 같은 정도로 사람들이 다닌 길이었다.

> Then took the other, as just as fair,
> And having perhaps the better claim,
> Because it was grassy and wanted wear;
> Though as for that, the passing there
> Had worn them really about the same. (*The Poetry* 105)

> 그러다가 다른 쪽 길을 택했다. 똑같이 아름답고
> 어쩌면 더 나아 보였던 것이다.
> 풀이 많고 덜 다닌 길이었기 때문이다.
> 그 점에 있어서는, 사람들이 지나다녀
> 거의 같은 정도로 닳아 있었긴 했지만.

화자가 다른 쪽 길을 택한 것은 실상 합리적 증거나 이성적 판단의 결과라고 볼 수 없다. 그러기에 윈터즈(Yvor Winters)는 "충동의 정확성"에 대한 프로스트의 믿음을 한탄했고, 똑같이 니치(George Nichie)는 "행운"에 의존하고 있다고 그를 비난하였다. 그러나 인간의 선택 능력은 의식에 비례하는 것이고, 앞서 인용한 베르그송의 말처럼 의식은 "가능성의 영역"을 밝혀주는 "불꽃"과 같은 것이다. 윈터즈나 니치의 비판은 현재, 과거, 미래를 직선적인 연속으로 파악하려는 과학적 사고의 소산이다. 「가지 않은 길」에서 작중화자가 "길은 길로 뻗어 가는 것임을 알고 있어서/ 되돌아오리라고는 생각지 않았다"(*The Poetry* 105)라고 말하고 있는 것처럼, 미래는 과거의 반복이 아니다. 과거는 현재로, 현재는 미래로 "지속"하는 것이어서 지나간 시간은 되돌아오거나 반복할 수 없는 것이며, 미래는 하나의 길로 뻗어 있는 것이 아니고 여러 갈래로 갈라진 가능성들을 제시하고 있을 뿐이다. 그러기에 같은 "지속"의 길을 걸어 왔어도 서로 다른 동물들은 서로 다른 진화의 길을 걸어 왔고, 또 인종들 사이에서도 서로 다른 문화와 문명을 갖고 있는 것이다. 프로스트의 "행운"에 대한 믿음은 사실 충동적 유희가 아니고, 진지한 신앙의 행위라고 볼 수 있다. 이것은 그가 말하는 "증거에 앞서 믿는 것"이다. "내가 시를 쓸 수 있다는 증거는 무엇이었는가? 나는 그저 그것을 믿었을 뿐이다"(*Interviews* 271)라는 프로스트 자신의 말이 입증하듯 프로스트가 시인으로 성공한 것은 자신의 미래, 자신의 창작 능력을 미리 믿었기 때문이다. 시를 써보기 전에는 쓸 수 있는지 없는지 알 수 없을 것이다. 비슷하게 베르그송은 사람이 수영을 해보기 전에는 수영을 할 수 있는지 없는지 예측할 방법이 없다고 말하고 있다.

보행을 수천 가지로 변형시켜 본다해도 수영을 위한 규칙 하나 제공치 않을 것이다. 어서, 물 속에 들어가라. 수영을 하게 되면, 수영의 메카니즘이 보행의 그것과 어떻게 연관되어 있는지 이해할 것이다. 수영은 보행의 연장이지만, 보행만으로 결코 수영을 할 수 없었을 것이다. (*CE* 193)

베르그송은 "일반적으로, 생명의 진화에 있어서는, 인간사회 그리고 개개인의 운명의 진화에 있어서와 똑같이, 가장 위대한 성공은 가장 힘겨운 모험을 감수한 자들의 것이었다"(*CE* 132)고 말한 바 있는데, 프로스트 역시 모험적인 행동, 무엇보다도 충분한 증거 또는 경험이 없는 불확실한 미래에 대한 믿음을 강조하였다. 「키티호크」("Kitty Hawk")에서 프로스트는 세계 최초의 비행사 라이트형제들의 영웅적 모험을 인간의 불신을 무릅쓰고 스스로 육화한 신의 대담한 행동과 비유하고 있을 정도로 높이 평가하고 있다.

> Pulpiteers will censure
> Our instinctive venture
> Into what they call
> The material
> When we took that fall
> From the apple tree.
> But God's own descent
> Into flesh was meant
> As a demonstration
> That the supreme merit
> Lay in risking spirit
> In substantiation. (*The Poetry* 434-35)

> 설교자들은 질책할 것이다
> 그 사과나무에서
> 추락했을 때
> 그것은 우리의 본능적 모험으로
> 그들이 일컫는
> 물질로 떨어진 것이라고
> 그러나 신 자신이 육으로
> 하강한 뜻도

> 최고의 공적은
> 육화에 모험을 건
> 정신에 있음을 시범하려는 것이었다.

　라이트 형제의 인간 최초의 비행은 경탄과 비난을 동시에 받았다. 위의 인용에서 알 수 있듯이 종교적인 사람들은 그런 발명을 에덴에서 금단의 사과를 따먹은 인간의 죄에 비유해서 비판한다. 그러나 프로스트는 두 가지 일 모두 미지의 세계를 알려는 긍정적인 모험으로 보고 있다. 프로스트에게 "추락"은 신이 위험을 무릅쓰고 육화된 일에 비견되는 하나의 혁신이다. 신의 모험적인 육화는 그리스도를 인간의 육신으로 이 세상에 보낸 일을 상기시킴과 동시에, 더욱 중요한 의미는 인간의 기원이 정신임을 시사하는 것이다. 신은 인간을 주요 "목적"으로 삼고 육화하였고, 인간의 조상인 아담과 이브는 자유로이 "물질"로의 타락을 선택하여 라이트 형제의 비행기 "발명"에 이르렀다. 이제는 거꾸로 신이 인간을 구원하는 자유를 갖게 된 것이다. 인간의 타락은 결국 신의 축복인가?
　종교적인 사람들이 염려하는 것은 인간 영혼의 근원인 신을 불신하고 물질에 완전히 침잠하는 것이다. 현대 과학이 몰고 온 유물론을 경계하지만, 물질 자체를 경시하지는 않는다. 프로스트에게 "길 잃은" 유물론자는 물질에 빠져 정신적 방향감각을 상실한 사람이다.

> 어떤 사람이 물질의 견지에서 정신을 말하려고 한다는 이유만으로, 마치 그것이 죄악인 것처럼 그를 유물론자라고 하는 것은 잘못이다. 유물론이란 모든 것을 물질의 견지에서 말하려는 시도가 아니다. 유일한 유물론자는—시인, 교사, 과학자, 정객 또는 정치가를 막론하고—그의 물질 속에 침잠하여서 그것을 거두어 형과 질서를 부여하는 메타포를 수립하지 못하는 사람이다. 그 사람이야말로 길 잃은 영혼이다. (*Poetry and Prose* 336)

　베르그송의 의하면 "우주 자체에 두 가지 상반적인 운동이 식별될 수 있는데……그것은 '하강'과 '상승'이다(*CE* 11). '하강'은 열역학의 제2법칙에 해당하는 물질의 운동이고, '상승'은 이에 대항하는 생명력의 운동으로서 성숙

과 창조의 운동이다. 프로스트가 의미하는 완전한 유물론자란 물질의 하강운
동에 휩쓸려 상승 운동 능력을 완전히 상실한 자를 뜻하는 것이다. 어차피
물질의 소용돌이에 휩쓸려 하강하는 것이 지상적 삶의 특징이긴 하지만, 그
런 가운데서도 물질의 근원이 정신에 있음을 인식하고, 물질 속에서도 정신
의 메타포를 수렴하려는 노력, 「사과를 따고 나서」("After Apple-Picking")의
사다리가 상징하듯 하늘을 향하는 노력이 있어야 된다는 것이다. 메타포 수
렴은 시적 상상력을 요한다. 시를 쓰는 일이 그러하고, 건초용 풀을 가지런히
베어 가는 일이 그러하다.

프로스트가 철학자 베르그송을 따르게 된 것은 바로 기계의 메타포를 애
용하는 다윈주의자들과 달리 베르그송은 성숙과 창조를 특징으로 하는 진화
의 메타포를 제시했기 때문이다. 프로스트에게 흥미를 끈 것은 바로 "진화의
메타포"이었다.

> 그 메타포는 단지 성장하는 식물 또는 성장하는 사물의 메타포이다.
> 그리고 어떤 사람이, 오래 전에, 아주 적절하게도 전체 우주, 삼라만
> 상이 성장하는 사물과 같다고 말했다……. 예컨대, 캔디의 진화, 또는
> 엘리베이터의 진화—이것, 저것, 그리고 또 다른 것의 진화를 떠들어
> 대는 그런 논문에 나 자신 매우 싫증이 나 있긴 하지만, 그것은 매우
> 명석한 메타포임을 인정한다. (*Poetry and Prose* 333-34)

위에서 말한 "어떤 사람"은 바로 베르그송을 지칭하는 것이며, 위에서 알
수 있듯이 프로스트가 관심을 갖고 있는 것은 단순한 물질의 진화가 아니고,
물질의 하강 운동에 대항하는 "의식"의 상승운동이다. 이것은 바로 베르그송의
생명철학의 근간을 이루고 있는 것이다. 베르그송은 다음과 같이 말하고 있다.

> 총괄적으로 삶은, 세상에 생명을 밀어 넣은 첫 충동에서부터, 상승하
> 는 파도, 물질의 하강운동에 상반하는 파도와 같은 것이다. 대부분의
> 표면에서, 서로 다른 높이에서, 그 흐름은 물질로 인하여 소용돌이로
> 바뀐다. 어떤 한 지점에서만 그것이 거침없이 통과하여, 그의 진행을
> 방해하지만 멈추게 하지는 못하는 장애물을 그대로 끌고 가 버린다.
> 바로 이 지점에 있는 것이 인류이다. 그것은 우리의 특권적인 위치이다.
> 한편, 이 상승의 파도는 의식이다. 그리고 모든 의식과 마찬가지로, 이

의식은 수없이 많은 가능성을 내포한다. … 그 흐름은 계속 흘러서,
인간의 세대들을 통과하여, 개개인으로 세분이 되는 것이다. (*CE* 269)

인간은 열역학의 제2법칙이 적용되지 않는다. 물질의 하강 운동에서 오로
지 인간만이 "진행을 방해하는", "장애물"을 극복할 수 있는 "특권적인 위치"
에 있어 상승할 수 있다. 상승의 원동력은 바로 "의식"이며, 개개인 모두가
세분된 상승의 파도인 것이다.

톰슨(Lawrance Thompson)이 지적했듯이 「서쪽으로 흐르는 시냇물」("West-
Running Brook")은 프로스트가 베르그송의 생각과 메타포를 가장 집중적으로
사용한 시이다. 프로스트가 특히 좋아한 것은 바로 "물질의 흐름은 항상 하
향하지만, 생명력이 이에 저항하고, 물질을 뚫고 근원(source)을 향하여 다시
위로 올라가려고 늘 노력한다"는 것이었다(*The Early Years* 381-82).

이 시는 뉴잉글랜드의 한 농장에 있는 시냇물의 흐름에 대한 젊은 부부의
관찰과 논평으로 구성되어 있다. "검게"흐르고 있는 시냇물에서 바윗돌에 부
딪혀 흐름을 거스르는 "흰" 파도를 보고 남편은 다음과 같이 논평한다.

> Speaking of contraries, see how the brook
> In that white wave runs counter to itself.
> It if from that in water we were from
> Long, long before we were from any creature. (*The Poetry* 259)

> 상반적인 것들을 말하자면, 저 시냇물이
> 흰 파도를 이루며 스스로 역류함을 보시오.
> 우리가 오래 오래 전에 어는 동물에서
> 유래된 것도 바로 물 속의 저것에서 부터지요.

시냇물의 흐름과 거스름의 운동에서 남편 프레드(Fred)는 음양의 원리를
발견하고, 인간의 생성과 진화도 바로 그런 원리에서 비롯된 것이라고 생각
하는 것 같다. 여기서 말하는 "물 속의 저것" 즉 시냇물의 흐름에 대항하는
"흰 파도"는 베르그송이 말하는 "생명력"과 다른 것이 아니다. 이처럼 생명
력은 결국 인간의 근원인 것이다.

그러나 우주는 전반적으로 계속 하향하고 있다. 베르그송은 인간은 진행

의 방해를 받긴 하지만 멈추지 않고 거침없이 통과하는 "특권적인 위치"에
있다고 했지만 프로스트는 그렇게 낙관적이지는 않는다. "그것은 우리 사이
로, 우리 위로, 그리고 우리와 함께 흐른다"는 구절이 시사하듯 인간도 물질
의 흐름에 어쩔 수 없이 종속되어 있고, "실재적인" 모든 것, 즉 "시간, 힘,
강건, 빛, 생명, 그리고 사랑"까지도 쇠하여 "이름뿐인" 것이 되어 버린다. 현
대의 실상 그대로이다:

> It flows between us, over us, and with us.
> And it is time, strength, tone, light, life and love—
> And even substance lapsing unsubstantial;
> The universal cataract of death
> That spends to nothingness—and unresisted. (*The Poetry* 259)

> 그것은 우리 사이로, 우리위로, 그리고 우리와 함께 흐른다.
> 그리고 시간, 힘, 강건, 빛, 생명, 그리고 사랑도—
> 그리고 실재조차도 쇠하여 이름뿐이다.
> 보편적인 죽음의 폭포
> 무의 세계에 이른다—그것도 아무 저항없이.

헬라클레이토스의 유전(flux)법칙이나 열역학의 제2법칙을 확인하고 있는 매
우 비관적인 우주관이다.
   그러나 프로스트는 "이렇게 쇠퇴하고 있는 우주에 내재하고 있는 신비로
운 저항의 창조원리"(Kau, 104)를 서둘러 제시한다:

> Save by some strange resistance in itself,
> Not just a swerving, but a throwing back,
> As if regret were in it and were sacred. (*The Poetry* 259)

> 그러나 신비로운 어떤 저항이 그 자체에 있다.
> 단순한 비켜섬이 아니고 되던짐이다.
> 유감스럽지만 신성한 행위 같다.

정상적인 행로에서 약간 비켜서는 정도로는 삶의 의미를 설명할 수 없다는

어조이다. 엔트러피(entropy)를 향한 보편적 추세의 완전한 역전, 즉 "되던짐"
이라야, 이 세상에서의 생명의 존재를 설명할 수 있는 것이다. 이처럼 프로스
트는 베르그송의 생명철학을 수용해서, 만물의 유전에 저항하는 생명력의 발
휘를 종교적 차원으로 끌어올리고 있는 것이다.

　프로스트는 계속해서 생명력의 저항의 과정, 또는 창조의 과정에서 일어
나는 에너지의 손실 문제를 제기한다. 물질과 에너지는 파괴될 수 있지만, 당
연히, 창조될 수 있다는 생각이다:

> Our life runs down in sending up the clock.
> The brook runs down in sending up our life.
> The sun runs down in sending up the brook.
> And there is something sending up the sun. (*The Poetry* 259-60)

> 우리의 생명은 시계를 올리면서 흘러내린다.
> 시냇물은 우리의 생명을 올리면서 흘러내린다.
> 태양은 시냇물을 올리면서 흘러내린다.
> 그리고 태양을 올리는 무엇이 있다.

　여기서 창조 또는 저항의 과정이 "sendings-up"로 표현되어 있는데, 이것은
앞에서 사용된 "throwing back"의 이미지와 다를 바 없는 것이다. 어쨌든 프
로스트는 "창조 과정에서 줄어든 에너지의 보다 큰 공급원으로 거슬러 올라
가면서, 시간에서 출발하여 태양까지 에너지의 사슬고리를 언급하고 있다."
"시간"에서 "태양"까지는 물리적 에너지를 뜻하고 있다고 할 수 있지만, 이
런 에너지의 최종적 근원은 무엇인가? 프로스트는 "그리고 태양을 올리는 무
엇이 있다"고 말함으로써 최종적 에너지원을 막연히 "something"으로 표현하
고 있다. 이것은 신 자신을 의미하는 것이 분명하다. 태양에 에너지를 공급하
는 신의 에너지는 영원한 것인가? 이 문제에 대한 해답은 이 시에 나와 있지
않다. 그러나 앞서 고찰했던 「존재의 시련」에서 보면 "천국의 빛은 온전하고
희며", "영원히 아침의 빛"이다:

> The light of heaven falls whole and white

And is not shattered into dyes,
The light forever is morning light. (*The Poetry* 19)

하늘의 빛은 온전하고 희며
여러 색깔로 부서지지 않는다.
그 빛은 영원히 아침의 빛이다.

「서쪽으로 흐르는 시냇물」의 결부에서 프로스트는 인간의 근원을 신으로
인정하고 다시 신께 돌아가고자 하는 소망을 밝히고 있다.

It is this backward motion toward the source,
Against the stream, that most we see ourselves in,
The tribute of the current to the source. (*The Poetry* 260)

우리 거의가 자신을 발견함은, 이렇게 근원을 향해
흐름을 거슬러 거꾸로 움직이는 것,
그것이 근원에 대한 흐름의 의무이다.

우리는 「지시」("Directive")의 여행자처럼 시간을 거슬러 "근원"으로 향하는
내적 자아로의 여행을 하여, 최종적으로 "혼란을 뛰어 넘어 온전한" 사람이
되어야 하는 것이다.
　　램프레히트(S.P. Lamprecht)는 「서양철학사」에서 베르그송이 의미하는 신
을 다음과 같이 설명하고 있다.

생명의 에너지의 저장소를 베르그송은 신(神)이라고 불렀다. 그렇다
고 하면 신은 모든 생명의 원천이다. 신은 창조적이고, 자유롭고, 끝
없이 새로운 표현을 할 수 있다. 신의 창조는 아주 종결되는 법이 없
다. 그것은 한번 일어나서 영원히 끝나버린 것이 아니고, 끊임없이
계속한다. (「서양철학사」 590-91)

프로스트는 신을 "God"으로 직접 호칭한 경우도 있고, 때로는 "light", "source",
또는 "something"으로 표현하기도 하였다. 그러나 프로스트의 신은 정통적인
기독교에서 신봉하고 있는 신과는 상당한 차이가 있다. 앞서 고찰한 것처럼

인간의 기원을 신에 의한 정신의 육화라고 믿고 있어서 신에 의한 인간의 창조를 인정하면서도, 베르그송의 인간의 창조적 진화론을 수용하여, 신의 창조는 일 회로 끝난 것이 아니고 영원히 계속되고 있다는 열린 우주관을 전개하고 있는 것이다.

베르그송이 기독적 신을 명시적으로 언급한 적은 없다. 베르그송에게 "신은 끊임없는 생명, 행동, 자유이다.", "모든 개체와 모든 종을 실험도구로 삼는 이런 끊임없는 창조적 삶"이 베르그송이 말하는 신이다. "그러나 이 신은 유한하고 전능하지 못하다. 곧 물질의 제약을 받으며, 물질의 타성을 하나하나 고통스럽게 극복하는 것이다. 또한 이 신은 전지하지 못하지만, 점차적으로 인식과 의식과 '더 많은 빛'을 찾아 암중 모색을 거듭한다"(*Story of Philosophy* 461-612). 그러나 베르그송은 다른 동물과는 달리 인간의 "의식"은 "압도적인 공격에서 모든 저항을 쳐서 쓰러뜨리고 가장 무서운 장애들, 어쩌면 죽음까지도 제거할 수 있는 능력이 있다"(*CE* 270)는 매우 낙관적인 견해를 가지고 있다.

프로스트는 「서쪽으로 흐르는 시냇물」에서 고찰했듯이 인간의 능력에 대해서 그리 낙관적이지는 않다. 인간이 신의 왕권을 위임받고 지상으로 내려왔지 만서도 신은 인간에게 전지전능한 능력을 부여하지 않았다. 이런 의미에서 프로스트의 신도 유한한 신이라고 밖에 말할 수 없다. 비평가들은 흔히 프로스트를 "불가지론자"라고 평가한다. 카우(Joseph Kau)의 지적처럼 "'불가지론자'라는 말이 사물의 종국적인 근원과 본질적 특성 모두 알려져 있지 않거나 알수 없는 것, 또는 인간 지식은 경험에 한정되어 있다고 주장하는 사람을 뜻하는 것이라면, 프로스트는 불가지론자라고 하기 어렵다"(Kau 99). 왜냐하면 "안다"는 것을 경험주의적 입장에서 해석하고 있기 때문이다. 프로스트는 누구나 마찬가지로 과학적 증거가 있는 "확신"을 가지고 있지 못하지만, 분명 증거 없는 "믿음"으로 신의 존재를 인정하고 있는 것이다. 그는 신의 창조를 믿고, 만물의 정신적 특성을 수용한다. 프로스트의 신은 생명의 "원천"이고 영원한 "빛"이다. 그러나 물질과의 대결에서는 제한된 힘만을 발휘하는 유한한 신이다. 인간이 이런 유한성을 벗어나려면 결국 생명의 "원천"으로 되돌아가야 하고, 또 되돌아가려는 부단한 "저항"의 운동이 인생의 존재 이유이고 사명인 것이다.

인용 문헌

스털링 P. 램프레히트. 「서양철학사」. 김태길 외 옮김. 서울: 을유문화사, 1993.

Bergson, Henri. *Creative Evolution*. Trans. Arthur Mitchell. Lanhan, MD: University Press of American, 1983.

Bieganowski, Ronald. "Robert Frost's A Boys' will and Henri Bergson's *Creative Evolution*." *The South Carolina Review*, 35 (1992). 9-16

Durant, Will. *The Story of Philosophy*. New York: Washington Square Press, 1961.

Frost, Robert. *Interviews with Robert Frost*. Ed. Edward Connery Lathem. New York : Holt, Rinehart and Winston, 1966.

_____. *The Poetry of Robert Frost*. Ed. Edward Connery Lathem. New York: Holt and Company, 1979.

_____. *Robert Frost: Poetry and Prose*. Eds. Edward Connery Lathem and Lawance Thempson. New York: Henry Holt and Company, 1972.

Kau, Joseph. "'Trust······ to go by contraries': Incarnation and the Paradox of Belief in the Poetry of Frost," *Frost: Centennial Essays* Ⅱ. Ed. Jac Tharpe. Jackson: Up of Mississippi, 1976: 99-111.

Thompson, Lawrance. Robert Forst: *The Early Years 1874-1915*. New York: Holt, Rinehart and Winton, 1966.

D.H. 로렌스 후기 단편소설의 어머니에 대한 관점의 변화

-「흔들 목마를 탄 승리자」,「사랑스러운 귀부인」,「어머니와 딸」을 중심으로 -

안 필 규*

I

1930년에 죽음을 맞이한 로렌스(D.H. Lawrence)는 1920년 후반부에 들면서 자신의 어머니에 대하여 새롭게 평가하게 된다. 유년 시절에는 자신의 이상적인 여성으로 비쳐져 연인으로까지 여겨졌던 어머니는 더 이상 이상적인 사랑의 대상이 아니라 자신의 남성다움을 빼앗아간 존재로 인식되게 된다. 그래서 로렌스는 『무의식의 환상곡』(*Fantasia of the Unconscious*)의 「부모의 사랑」("Parent Love")이라는 글에서 남편에 대해 불만족한 어머니의 사랑이 자식에게로 전이되면, 이는 자식에게 치명적이어서 자식의 남성다움을 빼앗아간다고 주장하고 있다.

> …불행한 여자는 게걸스럽게 먹어치울 대상을 찾으면서 그녀의 물릴 줄 모르는 만족감을 추구한다. 그리고 보통, 그녀는 자신의 아이들에

* 안필규: 강릉대학교 영어영문학과 교수 / 210-702 강원도 강릉시 지변동 123 / TEL.
 (직장) (033) 640-2119, (집) (033) 644-0914 / E-mail: pgahn@kangnung.ac.kr

게 의존한다. 여기에서 그녀는 자신이 원하는 것을 유발시킨다. 바로 여기에서, 그녀에게 속하는 자신의 아들에게서, 그녀가 갈구하는 마지막 완전한 반응을 발견하는 것처럼 보인다. 그 아들은 그녀에게는 매개체이며, 그녀는 그에게서 그녀 자신의 응답을 유발시킨다. 그래서 그녀는 자신을 아들을 향한 마지막이고 커다란 사랑 속으로 내던지는데, 그것은 결정적이고 치명적인 헌신이어서 남편에게라면 풍요로움과 강렬함이 되었을 것이 아들에게는 독이 되어 버린다.1)

결국 불만족스러운 남편에 대한 사랑이 자식에게로 전이되어, 이 왜곡된 사랑이 자식의 발전에 저해가 된다는 것이 로렌스의 주된 생각이다. 이런 생각을 주제로 삼으며 내용상 변화를 꾀하면서 모성애에 대하여 새롭게 인식하여 가는 과정을 소재로 삼은 작품들이 「흔들 목마를 탄 승리자」("The Rocking-Horse Winner"), 「사랑스러운 귀부인」("The Lovely Lady"), 그리고 「어머니와 딸」("Mother and Daughter")이라 할 수 있다. 물론 「흔들 목마를 탄 승리자」와 「사랑스러운 귀부인」의 주인공은 자식에 대한 과도한 소유욕을 가진 어머니와 그 반대편에 아들이 서 있다는 점과 「어머니와 딸」의 경우는 약간 다를 수 있다. 왜냐 하면 「어머니와 딸」의 경우에서는 어머니의 소유욕의 대상이 되어 희생이 될 수 있는 주인공이 아들이 아니라 딸이기 때문이다. 그러나 중요한 것은 희생자가 아들이냐, 딸이냐가 아니라 어머니가 과도한 소유욕을 자식에게 드러내느냐의 문제이다. 본 논문에서는 로렌스의 후기 단편 소설 가운데 「흔들 목마를 탄 승리자」, 「사랑하는 귀부인」, 「어머니와 딸」에서 로렌스가 연인으로까지 여겼던 어머니에 대하여 어떻게 관점이 변모하여 모성애에 대하여 거부하고 있는 가를 알아보고자 한다.

II

1926년에 쓰여진 「흔들 목마를 탄 승리자」는 부(富)의 추구와 왜곡된 어머

---

1) D.H. Lawrence, "Parent Love", *"Fantasia of the Unconscious" and "Psychoanalysis and the Unconscious"*(Harmondsworth: Penguin Books, 1977), p. 125.

니의 사랑이 어린 아이를 죽음으로 몰아넣는 것을 비난하고 있는 작품이다. 이 작품의 제재는 캐즈웰 부부(Mr. and Mrs. Carswell)가 로렌스를 위해 열어 준 환송파티에서 참석자들이 금전에 대하여 이야기를 하던 중 코텔리안스키 (Koteliansky)가 크든 작든 간에 노력하지 않고 얻은 수입 때문에 그 수혜자는 다른 사람들로부터 괴리된다고 이야기하자 로렌스는 "부가 사람을 무감각하고 사악하게 만드는 신비한 특징이 있다"라고 이야기하였다는 점에서 찾아진다.2) 「흔들 목마를 탄 승리자」는 금전만능주의에 사로잡힌 어머니의 왜곡된 사상으로 인해 어머니의 사랑을 갈구하는 어린 아이가 희생되는 작품이다. 이 작품은 어린 아이가 주인공으로 등장하고 있어서 로렌스의 어떤 다른 작품보다도 분위기가 동화나 우화적 성격을 띠고 있다. 이 작품의 우화적 성격에 대하여 프랭크 아몬(Frank Amon)은 다음과 같이 말하고 있다.

> 동화처럼, 그 작품은 도덕을 예증하는 서술 부분과 금언의 형태로 덧붙여진 도덕의 진술 부분이라는 두 부분을 갖고 있다. 더욱이 '아름다운 여인이 있었지만 그녀는 불운했다. 그녀는 사랑을 위하여 결혼했고 사랑은 먼지로 변해 버렸다.'라는 도입 구절의 구문적이고 수사학적인 장치들은 대부분의 동화[Märchen]에 공통적인 상투적 시작 부분, 이름이 없는 주인공들, 그리고 소설이 극적으로 설명하려는 어려움의 원인에 관련된 어떤 설명(예를 들자면, '어떤 임금님이 너무 아름답지만, 그럼에도 불구하고 너무 거만하고 방자한 딸을 가지고 있었다')을 이용하고 있다. 그리고 사실상 귀신이 속삭이는 듯한 집과 포올의 속성인 예언력(첫 아들의 초자연적 능력을 통한 가난뱅이에서 부자로의 변화 모티프의 냉소적 변이)은 어느 정도 로렌스가 현대의 도덕적 우화의 어조와 분위기를 형성하려는 것을 뜻한다.3)

이와 같은 우화적 성격은 금전을 숭상하는 어머니의 그릇된 가치 판단에 의해 극대화되고 있다. 사랑을 위해 결혼을 했고 하인들과 정원사를 둘 정도로

---

2) Harry T. Moore, *The Priest of Love: A Life of D.H. Lawrence*(Harmondsworth: Penguin Books, 1976), p. 531.

3) Frank Amon, "D.H. Lawrence and the Short Story", *The Achievement of D.H. Lawrence*, eds. Frederick J. Hoffman & Harry T. Moore(Norman: The University of Oklahoma Press, 1953), p. 232.

가난하지도 않은 생활을 하지만 스스로는 가난하다고 비관적으로 느끼며 자신을 불운한 여자로 여기고 있다. 그러면서 이는 자신의 결혼이 불운한 남편과 이루어진 사실에서 기인된다고 생각한다. 그래서 자신의 아들이며 작품의 주인공 폴(Paul)에게 부유함과 행운에 대한 다음과 같은 궤변을 늘어놓으며 폴의 머리 속에 자신은 운이 좋아야만 한다는 강박관념을 심어 준다.

> "아! 그러면 행운이란 것이 무엇이지요, 엄마?"하고 소년이 말했다.
> "그것은 돈을 갖게 하는 원인이야. 만약 네가 운이 좋다면 너는 돈을 갖게 되지. 그 이유가 부자로 태어나는 것보다 운 좋게 태어나는 것이 더 나은 이유야. 네가 아무리 부자라 할 지라도, 너는 네 돈을 잃을 수 있지. 그렇지만 네가 운이 좋다면, 너는 항상 더 많은 돈을 갖게 될 거야."
> "아! 그래요? 그러면 아버지는 운이 좋지 않은가요?"
> "아주 운이 좋지 않지. 말할 것도 없지." 그녀는 마음 쓰라리게 말했다.……
> "음, 그럼, 난 운이 좋은 사람이네요."하고 그가 단호하게 말했다.
> "어째서?"하고 갑작스레 웃으며 엄마가 말했다.
> 그는 엄마를 응시했다. 그는 왜 그가 그것을 말했는지를 알지조차 못했다.
> "하나님이 내게 말했어요."하고 그가 떠벌리듯 말했다.4)

어머니의 궤변은 소년을 비롯한 주변 인물들에게 많은 영향을 미친다. 그래서 집안의 곳곳에서 "더 많은 돈이 있어야만 한다! 더 많은 돈이 있어야만 해!"(There must be more money! There must be more money! p. 791)라는 속삭임이 들리는 것 같은 분위기를 이루고, 또한 이같은 분위기는 어린 폴의 마음에 강한 영향을 끼친다. 이 속삭임은 동화적 기법의 하나로써 로렌스는 주인공들의 감정을 무생물의 대상에게 투사하면서 주인공들의 내적 의식을 극화시키고 있다.5) 물론 이런 속삭임의 근본 원인은 그의 어머니에게서 유래한

---

4) D.H. Lawrence, "The Rocking-Horse Winner", *The Collected Short Stories*(London: Heinemann, 1978), p. 792. 이후 이 논문에서의 "The Rocking-Horse Winner", "The Lovely Lady", "Mother and Daughter"의 작품 인용은 이 판에 의거하며 괄호 안에 면 수만 기재하겠음.

다. 그녀가 돈, 사랑, 행운과 행복을 일체화시키기 때문이다. 금전 윤리에 사
로잡힌 어머니가 진정한 사랑을 원하는 폴에게 긍정적 결과를 가져다 줄 수
는 없다.

> 사회적인 측면에서는 그 단편소설은 금전, 사랑, 행운, 그리고 행복의
> 동일화에 대한 풍자로 읽혀진다. 풍자의 대상인 어머니는 냉담하고
> 확실한 현금이 끊임없이 넘쳐흐르지 않는다면 결코 행복할 수 없다.
> 그녀가 알다시피, 행운과 금전은 똑같은 것이다. 어머니에게서 어떤
> 반응과 진정한 애정을 갈망하면서 폴은 견고하고 비극적인 구조를
> 형성하면서 '사랑'이란 용어를 부언하고 있다. 아주 단순하게 말하면,
> 그 소설은 이런 동일화가 치명적이라고 결론짓는다. 금전 만능의 윤
> 리에 사로잡힌 사회를 대표하는 어머니는 젊은 세대에게 잔인한 교
> 훈을 제공하고 있다.[6]

이러한 결과는 어머니 헤스터(Hester)가 보기에 무능한 아버지에게서 찾아
질 수 있다. 스노드그래스(W.D. Snodgrass[7])는 남편에 대한 불만이 피상적으
로는 경제적인 면에서 연유된다고 보이지만 실질적으로는 성적인 면에서 기
인하고 있다고 주장한다. 그는 작품의 초반의 "그들 부부의 사랑이 먼지로
화했고, 또 자식들이 그녀에게 내맡겨졌다고 그녀가 느끼고 있다"(the love
turned to dust. … yet she felt they had been thrust upon her,(p. 790))라는 언급
에 초점을 맞춘다. 그들 부부의 결합이 사랑으로 이루어졌지만 그들의 사랑
이 먼지로 변화한 이유를 알 수 없으며, "먼지"(dust)란 단어와 운율이 맞는
"떠맡겨지다"(thrust)란 단어가 교묘하게 선택되어 사용되는 것을 지적하고
있다. 하지만 로렌스의 사상을 이해하는 독자라면 부인 헤스터의 불만과 냉
담함이 전적이지는 않지만 적어도 어느 정도는 성적인 것에 기인된다는 것

5) Kingsley Widmer, *The Art of Perversity: D.H. Lawrence's Shorter Fictions*(Seattle: The
University of Washington Press, 1962), p. 93.
6) Janice Hubbard Harris, *The Short Fiction of D.H. Lawrence*(New Brunswick: Rutgers
University Press, 1984), p. 225.
7) W.D. Snodgrass, "A Rocking-Horse: The Symbol, the Pattern, the Way to Live", *D.H.
Lawrence: A Collection of Critical Essays*, ed. Mark Spilka(Englewood Cliffs:
Prentice-Hall, 1963), pp. 117~118.

을 유추할 수 있다고 주장한다. 그러면서 여자들은 남자의 진정한 존재에 만족하지 못할 경우에는 사치에 빠지게 되는 점을 지적한, 로렌스가 존 미들턴 머리(John Middleton Murry)에게 보낸 편지를 인용하면서 자신의 주장을 정당화시키고 있다. 그 편지는 캐서린 맨스필드와 머리와의 관계에 대하여 로렌스가 다음처럼 언급하고 있다.

> 불만족한 여자는 사치품을 가져야만 해. 그러나 진정으로 한 남자를 사랑하는 여자는 판자대기 위에서도 잘 수 있을 것이야.
> 네가 정도에서 벗어났다는 것이, 어떤 면에서는 네가 충분할 만큼 남자답지 못했다는 것이 나를 놀라게 하는군. 너는 그녀에게 자랑스런 위치를 제공하는 것에서 네 영예를 찾아볼 수 있다라고 느껴왔겠지. 그녀에게 만족할 만한 남성다움을 주는 것에서 네 영예를 찾을 수 있는 거야. 남자가 강하고 확실하게 중심이 있지 않는 한, 심지어 육체적이라 할지라도 어떤 만족감도 달성되어질 수 없는 거야. 그리고 만족감은 여자가 그를 사랑하게 만드는 자신의 <u>존재</u>를 제외하고는 어떤 것에도 달려있지 않아. 너는 캐서린에게 그녀를 위하여 네가 벌 수 있는 것과 줄 수 있는 것만으로 만족시키려 노력해 왔고, 그러면 그녀는 단지 너의 외양적인 면에만 만족을 할 꺼야.8)

위의 편지와 헤스터의 경우를 연관시킨 스노드그래스의 주장은 약간의 논리적 비약이 있을지라도 상당한 타당성을 갖고 있다. 로렌스의 일관된 주장 중의 하나가 남성은 진정한 남성다움의 확립을 이루어야 한다는 것이기 때문이다.

일반적으로 여성은 자신의 마음에 맞지 않는 남편을 개선시키려고 노력을 하다가 이것이 불가능한 경우에는 자식들을 남편의 반대 상(像)으로 형성시키려 한다. 남편을 변화시킬 수 없는 경우 자식이 남편의 나쁜 점을 닮지 못하게 막거나 변화시키려고 하는 것이다. 로렌스의 자서전적인 소설인 『아들과 연인』(Sons and Lovers)에서의 모렐 부인(Mrs. Morel)이 가장 대표적인 경우이다. 이 작품에서도 어머니가 남편의 경제적 무능함을 교정할 수 없고, 자

---

8) D.H. Lawrence, *The Collected Letters of D.H. Lawrence*, ed. Harry T. Moore(London: Heinemann, 1977), Vol. I, p. 239.

신 또한 기회 부족으로 어쩔 수가 없기 때문에 무의식적으로 자식에 의존하게 된다. 금전 윤리에 기초를 둔 강렬한 그녀의 욕구에 대하여 어머니에게 너무나 "착한"(good) 자식인 폴(Paul)은 살아 성장하며 번성할 수가 없어 죽을 수밖에 없는 것이다.9) 『아들과 연인』에서 보듯이 자식에 대한 기대가 크면 클수록, 어머니의 의지가 강렬하면 강렬할수록, 자식은 인간으로서의 실체를 상실하고 남성의 경우는 남성다움을 상실하게 된다. 이 작품에서도 역시 폴은 인간으로서의 실체를 상실하고 있다. 폴의 인간으로서의 실체 상실은 폴이 즐겨 타는 목마와 이와 관련된 경마에서 찾아질 수 있다. 그의 대표작인 중편소설 『세인트 모어』(St. Mawr)에서 보듯 로렌스에게 있어서 말은 생명력과 열정의 상징인데, 폴이 추구하는 목마는 진정한 말이 아니라 생명력이 없는 허구적인 말이기 때문이다. 경마 또한 말에서 얻어질 수 있는 진정한 열정의 산물이 아니라 말과 관련된 도박성의 왜곡된 부산물이기 때문이다.

> 로렌스에게 있어서, 말은 열정을 상징한다는 것을 우리는 상기한다. 흔들 목마는 자위 행위적 장난감 역할을 하고 거기에서 사람들은 중산 계층 세계의 허위의 열정을 얻는다. 마치 현대의 경마 주로(走路)에서 대중들은 가짜의 과거 영웅적인 기수들을 보듯이 말이다.10)

이처럼 왜곡된 생명력의 상징인 목마와 경마에 몰두하고 있는 폴의 상황은 그가 진정한 자아를 형성하지 못하고 있는 것을 상징적으로 나타내고 있다. 그래서 진정한 자아를 형성하지 못한 폴은 목마를 타면서 자위 행위적인 행동에 몰두하게 된다. 로렌스는 자위 행위란 진정한 인간 관계를 형성하지 못하는 불완전한 관계라고 주장한다. 정상적인 인간 관계는 진정한 성을 통하여 이루어지는데 반해, 자위 행위는 주고받는 상호적이고 유기적 관계가 아닌, 진정한 생명력을 상실하게 하는 행위이다.

9) Harris, pp. 225~226.
10) Widmer, pp. 93~94.

자위 행위는 인류의 철두철미하게 은밀한 행위의 한 가지이다. 심지어 배설보다도 더 은밀한 행위이다. 그것은 성 비밀의 하나의 기능적 결과이다.…… 세월이 흘러감에 따라 헛됨과 굴욕의 이런 의식은 도피의 불가능성 때문에 억압된 격정으로 깊어진다.…… 성적인 교섭에서는 주는 것과 받는 것이 있다. 본래의 자극이 사라지고 나면 새로운 자극이 유입된다. 오래된 과충전이 사라짐에 따라 완전히 새로운 것이 더해진다.…… 그것[자위 행위]은 계속적으로 진정한 생명력과 인간의 진정한 존재를 공허하게 하면서 지속되어져 와서, 이제는 사람들이 인간의 껍질만을 쓰고 있는 것에 지나지 않는다. 대부분의 반응들과 인식들이 죽어서, 거의 모든 건설적인 행위가 죽어버려, 남겨진 모든 것은 일종의 껍질이, 다시 말해서 치명적으로 자아 몰두되어 상호간의 주고받음을 할 수 없는 반쯤 공허한 생명체가 되어 버린다. 활기찬 자아 상태에서 주거나 받음을 할 수가 없게 말이다.11)

　이같은 로렌스의 주장은 「흔들 목마를 탄 승리자」의 주인공 폴이 어머니와의 관계가 남녀 관계가 아니라는 점에 비추어 볼 때 폴에게 적용시키기에는 다소 무리가 있다. 그렇지만 『아들과 연인』에서의 폴 모렐과 그의 어머니의 관계 또한 남녀 관계가 아닌 모자 관계지만 이 관계가 병적인 남녀 관계와 다름없는, 외디푸스 콤플렉스에 연유된 비정상적인 관계이기 때문에 폴이 진정한 남녀 관계를 이루지 못한다는 점을 이 작품과 연결시켜 보아야 한다. 그래서 역시 외디푸스 콤플렉스의 희생물인 「흔들 목마를 탄 승리자」의 어린 주인공 폴이 진정한 인간 관계를 형성하지 못하고 실체를 상실하는 자위 행위에 몰두하게 되는 것은 어머니에게서 진정한 사랑을 주고받지 못하는 점에서 찾아져야 할 것이다. 결국 자위 행위는 자아의 부정과 실체로부터의 괴리를 가져다 주면서 어떤 이상적인 상대방과의 환상에 빠지게 한다. 이 점을 강조하면서 스노드그래스는 자위 행위가 이상적인 상대방과의 환상에 빠져 있는 실체 없는 사랑인 점과 목마가 이름이 없어서 실체가 없는 말이란 사실이 깊은 연관이 있다고 생각하면서 흔들 목마에 몰두한 폴이 실체가 없다고 주장한다.12) 더 나아가서 스노드그래스는 로렌스가 "자위 행위의 유일

---

11) D. H. Lawrence, "Pornography and Obscenity", *Selected Literary Criticism*, ed. Anthony Beal(London: Heinemann Educational Books, 1978), pp. 41~43.

한 긍정적인 효과는 그것이 어떤 사람들에게서는 지적인 에너지를 방출시키는 것처럼 보인다. 그러나 그 지적 에너지는 분석, 무능한 비판, 혹은 거짓된 공감 및 감상주의의 순환 논법에서 그 실체를 드러낸다. 대부분의 현대 문학이 감상주의와 종종 자기 분석이 되기도 하는 옹졸한 분석에 빠지는 것은 자위 행위(self-abuse)의 한 가지 징후이다"[13]라는 언급과 관련하여 자위 행위와 지적 사고를 연결시키고 있다.

> 이 같은 에너지의 순간적인 분출은 소설에서 '승리자'라는 이름을 쓸 수 있게 되는 것과 다름없다고 나는 그것을 받아들인다. 그리하여 소설에서의 커다란 두 가지 의미의 흐름, 즉 관념과 자위 행위는 연관된다. 자위 행위는 주된 영역으로서의 입장을 취한다. 즉 움츠림과 은밀함, 육체에 정신적인 것의 개입, 외적인 것을 이해하고 신비적으로 통제할 필요성, 엄격한 '기계적 질주'로의 자아의 구동, 동기의 전도, 자아의 전적인 거부, 이 모든 것들이 여기에서 시작한다. 그리고 한 패턴이 일단 형성되면, 그 패턴은 점차 삶의 모든 영역을, 즉 가족의 경제적 영역, 정치적 영역, 종교적 영역을 전염시키며 확장된다.[14]

자위 행위와 지적 작용의 연관은 어머니의 영향 때문에 폴이 진정한 남성다움을 상실한 것을 의미한다. 말의 상징인 진정한 생명력을 갖지 못한 허구적인 흔들 목마에 앉아서 지적 작용을 추구하는 것은 진정한 실체를 상실하여 어머니에게 자아를 내맡긴 자식의 모습이다.

「흔들 목마를 탄 승리자」보다 훨씬 더 로렌스 자신의 자서전적인 요소를 가득 담고 있는 「사랑스러운 귀부인」("The Lovely Lady")은 여러 가지 면에서 초기의 그의 대표적 장편 소설 『아들과 연인』과 아주 대조되는 작품이다. 외디푸스적 콤플렉스에 사로 잡혀서 모성에 대한 열렬한 숭배를 보이던 시기의 작품이 『아들과 연인』이라면, 모성애의 지긋지긋하고도 강렬한 소유욕을 강하게 고발하고 있는 작품이 「사랑스러운 귀부인」이다. 즉 이 작품은

---

12) Snodgrass, pp. 123~124.
13) D. H. Lawrence, "Pornography and Obscenity", *Selected Literary Criticism*, ed. Anthony Beal(London: Heinemann Educational Books, 1978), p. 43.
14) Snodgrass, p. 125.

"경미한 신파조의 희극"(feeble little melodramatic comedy)으로서 본질적으로
『아들과 연인』을 "모방한 풍자문"(parody)이다.15) 로렌스는 작품에서 서두에
여주인공의 묘사에 죽음의 이미지를 제시하며 결말을 암시하고 있다. 여주인
공 폴린 아텐보로우(Pauline Attenborough)는 살아 있지만 죽음의 이미지를 담
고 있는 72살의 세련된 노부인이다. 아텐보로우 부인이 "살아 있지만 죽은
자나 마찬가지인 존재"(a living death)라는 점은 그녀를 묘사하는데 있어서,
"아름다운 해골"(exquisite skeleton), "두개골"(skull) 같은 단어가 나열되어 있
다는 사실에서 알 수 있다.16) "해골"이나 "두개골" 같은 그녀의 골격에 대한
칭찬은 "죽음의 상징"(memento mori)이며 앞으로 사건이 어떻게 전개될 지를
예언해 주는 역할을 한다. 그녀 자신의 죽음을 암시하며 살인에 관한 전형적
인 분위기를 풍자하는 것이다.17) 그녀는 강한 의지를 소유한 사람으로서, 단
지 그녀의 조카딸인 세실리아(Cecilia)만이 그녀가 외양과는 달리 강렬한 의
지의 소유자란 사실을 알고 있다.

> 그녀의 질녀 세실리아는 아마도 폴린의 눈가 주름과 의지력을 연결
> 하는 보이지 않는 조그만 줄을 인식하고 있는 이 세상에서 유일한 사
> 람일 것이다. 로버트가 돌아오기 전까지는 그녀의 두 눈동자가 초췌
> 하고 늙고 피곤해지며, 여러 시간동안 그런 상태로 남아 있는 것을
> 단지 세실리아만이 의식적으로 보고 있다. 그리고 나서 펑하는 소리
> 와 함께 폴린의 의지와 그녀의 얼굴 사이에서 작동하는 신비로운 조
> 그만 줄이 팽팽해지고, 그 피곤하고 초췌한 튀어나온 두 눈이 갑자기
> 반짝이기 시작한다. 그러면 활 모양진 두 눈꺼풀과 폴린의 이마 위에
> 그처럼 나약하게 활 모습을 이루며 걸려 있는 듯한 기묘하게 곡선진
> 두 눈썹은 조롱하는 듯한 의미를 끌어 모으기 시작한다. 마침내 모든
> 매력을 드러내는 진정한 사랑스런 귀부인이 모습을 드러내는 것이다.
> (p. 761)

이 작품에서 아텐보로우 부인은 『아들과 연인』의 모렐 부인과 같은 역할

15) Harry T. Moore, "Bert Lawrence and Lady Jane", *Lawrence and Women*, ed. Anne
    Smith(London: Vision Press, 1980), p. 179.
16) Widmer, p. 95.
17) Harris, p. 227.

을 떠맡고 있는데, 작가 로렌스가 이 두 여주인공들을 대하는 태도는 완전히 상반되고 있다. 『아들과 연인』의 모렐 부인에 대하여는 외디푸스 콤플렉스에 기인된 애정을 가져서 자신의 분신이랄 수 있는 폴 모렐이 미리엄(Miriam)이나 클라라(Clara)와의 관계에서 완전한 남녀 관계에 도달하지 못하는 것을 상술하고 있다. 반면에 「사랑스러운 귀부인」에서는 여러 비평가들이 이 작품의 주제를 "식인적인 어머니의 다소 극단적인 인습"(the rather extreme convention of cannibalistic mothers)[18] 혹은 "소유욕이 강한 모성애와 좌절된 남성다움"(possessive maternity and frustrated manhood)[19]이라고 말하듯, 로렌스는 아텐보로우 부인에 대한 강렬한 반발감을 드러내고 있다. 그래서 아텐보로우 부인은 "게걸스러운 어머니"(devouring mother) 혹은 "증오스러운 마녀"(hateful witch)의 존재로 남게 되는 것이다.[20]

아텐보로우 부인의 젊음은 자식을 위한 것인 동시에 자식의 자아를 흡수하는 데에서 나온 것이라 할 수 있다. 그래서 로렌스는 첫째 아들인 헨리(Henry)는 어머니의 의사와는 달리 경박한 여자 클로우디어(Claudia)와 사랑을 하다가 죽게 만든다. 이런 점은 『아들과 연인』에서의 큰아들의 죽음과 너무 흡사하다. 이에 따라 어머니의 사랑이 둘째 아들인 로버트(Robert)로 옮겨지는데, 그녀의 조카딸인 시스(Ciss, 세실리아의 애칭)가 로버트를 사랑한다. 하지만 아텐보로우 부인은 시스가 평범한 여자란 핑계로 이 둘의 결혼을 반대한다. 이 장면 또한 『아들과 연인』에서 모렐 부인이 미리엄이나 클라라, 둘 다를 못마땅하게 여기는 것과 너무나 유사하다.

로렌스는 『아들과 연인』에서의 어머니를 보던 관점과 이 작품에서의 관점이 변화했다는 깃을 낙숫물 배관 구멍을 매개로 한 시스와 아텐보로우 부인의 조우를 통하여 극화시키고 있다. 어느 날 처마 위에서 일광욕을 하던 시스는 낙숫물 배수관 구멍에서 들려오는 복화술 소리와 유사한 소리에 놀라

---

18) Widmer, p. 95.
19) Graham Hough, *The Dark Sun: A Study of D.H. Lawrence*(New York: Octagon Books, 1979), p. 188.
20) Judith Ruderman, *D.H. Lawrence and the Devouring Mother: The Search for a Patriarchal Ideal of Leadership*(Durham: Duke University Press, 1984), pp. 157~158.

지만, 이 소리가 아텐보로우 부인의 것임을 알게 된다. 일광욕을 할 때 배관 구멍을 통해 들리는 아텐보로우 부인의 무의식적인 소리 중에 헨리의 죽음에 대한 자신의 결백을 말하고 있으나, 두 번째 일광욕 때의 무의식적인 웅얼거림에는 헨리의 죽음에 대한 고백뿐만 아니라, 로버트의 부친이 제수이트 (Jesuit) 신부란 사실과 로버트와 시스의 결혼을 반대한다는 사실도 들어 있다. 이에 대하여 시스는 낙숫물 배수관을 통하여 헨리를 죽인 것이 바로 아텐보로우 부인이라고 말하고, 더 이상 로버트를 정신적으로 묶지 말고 시스와 결혼시키라는 "악마적 속임수"(diabolic trick)[21]를 사용한다.

이 악마적 속임수는 작품의 결말을 도출하는 역할을 한다. 자신의 비밀이 밝혀지고 신비로움이 깨어진 뒤, 얼마 후 아텐보로우 부인은 수면제 과다복용으로 죽기 때문이다. 로렌스는 어머니의 과도한 소유욕의 병폐를 로버트의 현실 인식을 통하여 비난한다. 그래서 어머니의 영향 때문에 남성다움을 상실하여 시스를 좋아하면서도 제대로 표현을 하지 못했던 로버트는 어머니의 사망 후 정상적인 사고를 가질 수 있게 된다. 그리고 다음 인용문에서 보듯, 로버트는 자신의 어머니인 아텐보로우 부인에 대해 신랄하게 비판하며 흡혈귀 같은 존재였다고 인정하고 그녀를 용서할 수 없다고 말한다.

> "그녀는 심지어 자기 자신조차도 <u>사랑하지</u> 않았어요."하고 시스가 말했다. "그것은 다른 어떤 것이었어요. 그것이 무엇일까요?" 그녀는 고통을 받는 듯하여 완전히 당혹스런 표정의 얼굴을 들어서 그를 쳐다보았다.
> "힘이요!" 그가 짧게 말했다.
> "그렇지만 나는 그것이 무슨 힘인지를 이해하지 못하겠어요."하고 그녀가 물어 보았다.
> "다른 사람의 생명을 빨아먹는 힘이요." 그가 괴롭게 말했다. "그녀는 아름다웠고, 그녀는 생명을 먹고 살았소. 그녀는 헨리의 생명을 먹었듯, 내 생명도 먹고살았소. 그녀는 사람의 영혼에 빨판을 집어넣고 영혼의 진수를 빨아먹으며 말이요."
> "그럼 그녀를 용서할 수 없어요?"
> "물론, 용서할 수 없소." (p. 778)

---

21) Widmer, p. 97.

어머니를 용서할 수 없다는 로버트의 단언은 『아들과 연인』에서의 폴 모렐의 입장과는 너무나 대조적이다. 이는 『아들과 연인』을 집필했던 1912, 1913년 무렵과 「사랑스러운 귀부인」이 쓰여졌던 1927년 무렵 사이에 어머니에 대한 로렌스의 생각이 완전히 바뀌었다는 것을 말한다. 초기에 느꼈던 것과는 달리, 피 의식(blood consciousness)을 기초로 한 본능의 세계가 지성과 이성의 세계보다 훨씬 더 중요하다고 느꼈기 때문이다.

「사랑스러운 귀부인」은 동화적 모티프나 우화적 성격을 기초로 하여 구성되어져 있다. "신비와 신비화"(mystery and mystification)를 결합시키며, 주디스 루더만(Judith Ruderman)이 아텐보로우 부인을 "증오스러운 마녀"라 칭하듯, 마녀를 무찌르고 왕자를 구해내는 모티프를 포함하고 있는데, 구원자가 여성이고 감옥에 갇힌 자가 남성이란 점이 좀 색다를 뿐이다.

> 단편소설 전체를 통해 로렌스는 동화의 동기로부터 작품을 풍요롭게 그리면서도 살인과 신비를 조롱한다. 그 조롱은 신비화와 신비 사이의 차이에 근거를 두고 있다. 폴린은 일련의 신비화의 창조자이고, 그래서 그녀는 다른 사람들을 약화시키고, 덫에 옭아매고, 그리고 죽인다. 신비화는 무시무시함과 그것에 기인된 악과 연관되어 있다. 여기에서 무시무시함이란 … 저항, 변하기 쉬움, 그리고 변모하는 세상에 위치한 자연적 힘에서, 즉 버킨이 이야기하는 것처럼 진흙과 습지에서, 배제된 지성이나 관계의 양상을 제시한다. 대조적으로 신비는 태양의 애무와 시스와 로버트의 사랑에서 드러난다. 신비는 자연스러움, 특히 젊음의 욕망에서 존재한다. 신비는 삶을 강하게 하기도, 격하시키기도 하고, 또 삶에 힘을 불어넣기도 한다.…… 사악한 마녀에 대항하는 것은 용기 있고 성공적인 도전자, 구원하는 '왕자'이다. 또한 로렌스에게는 익숙한 것처럼, 구원자는 여성이고, 갇혀 있는 사람이 남성이다.22)

로렌스는 여기에서 신비와 신비화를 구별하면서, 신비화를 추구하는 아텐보로우 부인은 자연의 흐름에 위배되기 때문에 궁극적으로 파멸을 맞이할 수밖에 없고, 로버트와 시스의 사랑과 같은 신비는 자연스러운 욕망이어서 삶

---

22) Harris, pp. 228~229.

을 윤택하게 할 수 있다고 믿었다. 결국 로렌스는 『아들과 연인』에서 보여 주었던 연인과 같은 어머니에 대한 사랑은 한낱 허구에 불과하며, 진정한 인간 관계는 이상적인 남녀 관계에 한정된다는 것을 주장하고 있다. 뿐만 아니라 더 나아가서 지나친 모성애의 집착은 자식의 남성다움을 상실케 하여, 어머니 자신 뿐 아니라 자식에게도 파멸을 가져온다는 것을 「사랑스러운 귀부인」을 통하여 강력히 주장하고 있다.

앞의 두 작품이 어머니와 아들 사이의 관계가 아들의 남성다움을 상실하게 하는 작품인데 반해, 「어머니와 딸」은 어머니와 딸 사이의 관계를 통하여 파괴적인 여성의 또 다른 한 양상을 그린 작품이다.[23] 로렌스는 현대의 도시 생활에서 유래된 현상인 독립심이 강한 여성을 작품의 제재로 삼으며 여성의 의지가 강렬한 모성애와 딸의 운명과의 관계를 작품에서 탐색해 보고 있다.

> 『어머니와 딸』에 있어서의 주된 분석은 특별히 현대적이고 도시적 현상인, '독립적 여성' 그리고 그런 인물이 존재하지 못하는 로렌스의 교훈으로 변환한다. 『세인트 모어』처럼 이 소설은 의지력 강한 여자 가장과 연계되어진, 그리고 부수적으로만 그녀의 배우자와 연계된 한 딸의 운명을 살펴본다.[24]

로렌스는 과도한 어머니의 애정에 대한 비판을 작품의 구석구석에 펼쳐 놓고 있다. 자식에 대한 지배욕이 강한 보드윈 부인(Mrs. Bodoin)은 딸 버지니아(Virginia)의 결혼 생활에 사사건건 개입한다. 그래서 버지니아의 남편인 헨리(Henry)도 결국은 견디지 못하고 떠나간다. 관공서에서 통역 일을 하고 있는 버지니아는 어머니의 아파트에서 어머니와 연인 같은 생활을 한다. 그러다가 지긋지긋한 모성애에 견디지 못하고 아버지 같은 남자인 아놀트(Arnault)와 결혼을 하기로 결정한다. 아놀트는 버지니아의 재산과 재능을 원해서 결혼을 하려 한다. 이 결혼을 못마땅하게 생각하는 보드윈 부인은 딸을 비난하면서 아파트를 버지니아에게 넘겨주고 파리로 떠나버린다.

이 작품에 나오는 어머니인 보드윈 부인도 역시 「사랑스러운 귀부인」의

23) Widmer, p. 99.
24) *Ibid.*, p. 100.

아텐보로우 부인과 마찬가지로 내적 에너지와 여성 의지에 근거를 둔 생명력을 소유한 여자일 뿐이다. 그러나 그녀가 소유한 생명력은 로렌스가 추구하는, 인간의 삶을 윤택하게 할 수 있는 진정한 생명력이 아니라 지긋지긋한 여성 의지의 산물이다. 이 같은 여성 의지는 자신을 자제할 수 있는 의지력을 가져서 자신을 가장할 수 있다. 이런 사실은 「사랑스러운 귀부인」의 아텐보로우 부인에서도 마찬가지로 나타난다.

> 보드윈 부인은 무시무시한 내적인 힘과 격렬한 종류의 생명력을 가진 예순 살 가량의 여자였다. 그렇지만 그녀는 어떻게 해서든지 그것을 숨겼다. 그녀는 아주 편안히 휴식을 취하며 앉아서 두 손을 쥐고 있었다. 사람들은 '저 여자는 얼마나 침착한 여자인가!'하고 생각했다. 마치 사람들이 저녁 노을에 휴화산의 눈 덮인 정상을 바라보면서 얼마나 평화로운 모습인가! 하고 생각하는 것처럼 말이다. (p. 808)

보드윈 부인의 강렬한 여성 의지는 자신의 딸 버지니아를 자신의 "또 다른 자아"(alter ego)로 간주하게 만든다. 그녀는 딸을 자기 자신의 자아의 연장으로 여긴다. 그러나 버지니아는 어머니의 희망과는 달리 강렬한 여성 의지의 소유자가 아니다. 그녀는 종마 세인트 모어(St. Mawr)에 반하여 뉴우 멕시코로 이주해 가는 『세인트 모어』의 루우 케링턴(Lou Carrington)처럼 과감하게 현실에서 벗어날 수 있는 여자가 아니다. 버지니아의 성격에 관한 리비스(F.R. Leavis)의 설명처럼 그녀가 남편 헨리와 헤어지게 된 것도 특별한 이유가 있어서가 아니라, 남편과 어머니가 서로를 견뎌내지 못한 까닭이다.

> 버지니아는 세인트 모어 같은 그런 것에 의하여 매혹되지 않는다. 그리고 그녀는 자신이 남성들의 어리석음을 곰곰이 생각하여 보지 않는다는 것을 깨닫지도 못한다. 그녀의 헨리는 다른 소설[『세인트 모어』]에서 리코가 떠맡는 주요한 역할 같은 어떤 것도 행하지 않는다. 그는 단지 '음악적인 다소 버릇없는 젊은이'이고, 그는 버지니아와의 관계로부터 움츠러들게 되면서, '버지니아를 포기한다.' 단지 그가 '그녀의 어머니를 견딜 수 없고', 또 그녀의 어머니가 '그를 견딜 수 없기 때문에' 말이다.[25]

버지니아가 남편과 헤어지게 되는 데에는 어머니의 역할이 컸다. 보드윈 부인은 남녀 관계에 대하여 왜곡된 생각을 갖고 있는데, 그것은 자신의 딸이 한 남자만을 바라보는 여자가 되지 않기를 원하는 것이다. 자신이 한 남자에 의존하는 여자였기 때문에 자신의 딸이 지긋지긋하게 한 남자의 품에 남아 있기를 원하지 않는다. 그러나 그녀의 이런 생각은 사실상 왜곡된 것이다. 왜냐하면 그녀는 한 남자도 바라보지 않는 여자이기 때문이다. 그녀의 강렬한 여성 의지는 남성을 용인할 수 없는 것이다.

> '나는 버지니아가 한 남자만의 여자라는 것이 두렵다. 나 또한 한 남자만의 여자이다. 내 어머니도 그랬고, 내 할머니 또한 그랬다. 버지니아의 아버지는 내 삶에 있어서 유일한 남자인 것이다. 그리고 나는 버지니아가 지긋지긋하게 똑같을까 봐 두려워. 불행하게도, 남자는 예전이나 지금이나 마찬가지고, 그녀의 삶은 바로 그 삶에 따라 남겨진다는 것이지.'
> 헨리는 과거에 보드윈 부인이 한 남자만의 여자가 아니라, 남자를 필요로 하지 않는 여자라고 말했다. 그리고 만약 그녀가 자기 마음대로 할 수 있다면, 지구 표면 위에서 모든 남성다운 것은 말살되어질 것이고, 단지 여성다운 요소만 남을 거라고 말했다. (p. 810)

이처럼 남자에 대하여 왜곡된 생각을 갖고 있는 보드윈 부인은 버지니아에게 남자가 접근하는 것을 허용하지 않는다. 단지 한 남자만을 보드윈 부인이 마음에 들어 했는데, 그는 상원의 서기직을 맡고 있었다. 그는 별로 영리하지 못했기 때문에 버지니아의 영리함에 매료되어 결혼을 하고자 하는 남자였다. 그때 버지니아는 서른 한 살이었는데, 그 남자의 나이는 단지 스물여섯이었다. 그럼에도 불구하고 소년다운 면을 갖고 있어서 보드윈 부인은 그를 "훌륭한 소년"이라 부르고 있었다. 여기에서 보드윈 부인이 그를 소년이라 부르는 것은 중요한 의미를 함축하고 있다. 진정한 남성다움을 갖지 못한 소년 같은 남자와의 이상적인 결합은 로렌스의 철학으로 볼 때 불가능할 것이기 때문이다. 결국 버지니아와 그 남자는 결혼을 하지 못하는데, 보드윈

---

25) F.R. Leavis, *D.H. Lawrence: Novelist*(Chicago: The University of Chicago Press, 1986), pp. 347~348.

부인의 딸의 결혼에 대한 방해는 그녀와 딸과의 관계가 자식으로서의 관계가 아니라, 여자와 여자의 관계이기 때문이다.26) 그렇지만 보드윈 부인을 여자로서가 아니라 어머니로서 받아들이는 버지니아는 한편 어머니를 존경하기도 하면서 또 한편 어머니를 원망하기도 한다. 버지니아의 어머니에 대한 원망은 아놀트(Arnault)와 결혼하는 장면에서 강하게 나타나고 있다. 아놀트는 아르메니아(Armenia) 출신으로 육십 살 가량의 불가리아에서 사업을 하는 사람이다. 그는 홀아비인데 불가리아에 수많은 손자를 갖고 있다. 뚱뚱한 모습으로 앉아 있는 그에게서는 기묘한 힘이 넘쳐흘렀고, 그에게는 가족과 종족에 대한 의식이 항상 뒤에 존재하고 있는 듯한 느낌이 있었다.

> 마치 그의 후손이 바로 지구의 중심과 연결된 듯, 그의 뚱뚱하고 움직임이 없이 앉아 있는 자세에는 기묘한 힘이 있었다. 그리고 문제가 되는 요점, 즉 사업으로 내달리는 그의 두뇌는 무척 민활했다. 사업은 그의 정신을 빼앗았다. 그러나 신경질적이고 개인적인 방식으로서는 아니었다. 어쨌든 가족, 즉 종족은 항상 그의 뒤에서 존재하는 양 느껴졌다. 가족, 혹은 종족을 위한 일이었다. (p. 819)

아놀트의 뒤에는 가족과 종족이 항상 존재하는 듯 느껴지고 있는 것을 통하여 로렌스는 버지니아 가정이 정상적이 아닌 것을 암시한다. 루더만은 이 작품이 어머니와 자식의 관계에 초점을 맞추면서 아버지의 지배의 필요성을 지적한다고 주장한다. 아버지의 지배의 필요성은 아놀트와 보드윈 부인의 갈등 관계에서 나타난다. 약아 빠진 늙은 여우같은 아놀트가 마침내 그녀를 몰아낼 때까지 어머니 보드윈 부인은 여성 의지의 강력함을 통하여 게걸스럽게 먹어치울 대상을 찾고 또 먹어 치우면서 딸의 연애를 방해하려고 노력한다. 그러나 권위를 갖고 있는 남성 아놀트는 교묘하게 보드윈 부인에게서 재산을 훔쳐내어 결국 양도받으면서 궁극적으로 족장의 부권을 형성하게 된다고 루더만은 설명한다. 이같은 루더만의 설명은 이 작품을 저술할 무렵에는 로렌스가 『아들과 연인』을 저술하던 당시와는 달리 이상주의에 사로잡혀 있는 어머니보다 생명력의 근원인 육체를 사랑했던 아버지를 더 옹호했다는

---

26) Harris, p. 215.

사실과 관련시켜 볼 때 부권의 확립이란 점에서 무척 타당하다고 할 수 있다. 로렌스는 『무의식의 환상곡』에서 어머니가 추구하는 이상주의가 아이들에 미치는 폐해에 대해 다음과 같이 적고 있다.

> 이제 우리는 특별한 형태의 이상주의라는 커다란 위험에 직면하게 되었다. 그것은 사랑과 영혼의 이상주의, 즉 갈망과 밖으로 표출되는 사랑의 이상주의, 순수한 동정적 교류와 '이해'의 이상주의인 것이다. 그리고 이 이상주의는 어머니와 자식 사이의 사랑을 지상의 가장 고귀한 사랑으로 인정한다.
> 그러면 이것은 무엇을 의미하는가? 그것은 모든 예민하게 자란 어린이, 실제로 관련된 모든 어린이들이 상반신의 동정적 중심에 일관되게 압력을 받는다는 것과, 하반신의 중심, 특히 하체의 위대한 자발적 중심이 끊임없이 굶주린다는 것을 의미한다. 관능적이고 남성적인 독립심의 중심이, 그리고 건장하고 도전적인 자아, 외고집, 오만함, 그리고 자신감 고양의 중심이, 이런 중심들이 끊임없이 억압되어진다. 따스하고 민활한 관능적인 자아는 어린 시절 내내 일관되고 지속적으로 거부되어지고, 꺾이고, 나약해진다.27)

자연스럽게 성장해야 할 어린이가 어머니의 욕망으로 인하여 피해를 보는 것이 어머니와 자식 사이의 고귀한 사랑으로 미화되는 것을 로렌스는 반발하고 있다.

어머니 리디어 비어즈올(Lydia Beardsall)의 정신과 지성에 근거를 둔 이상주의의 직접적 피해자라 할 수 있는 로렌스 자신은 후기 단편소설에서 모성애를 재인식하여가는 과정을 그린 작품들을 통하여 어머니를 비난하고 있다. 또한 육체를 중시하고 무의식적인 세계를 사랑했던 아버지를 은연중에 옹호하고 있다. 그와 동시에 이성 숭상주의의 거부, 육체의 중시라는 자신의 철학을 밝히며 자신의 독특한 새로운 도덕성을 주창하고 있다.

작품의 종말에서 어머니 보드윈 부인은 딸 버지니아에게서 결정적인 타격을 받고 있다. 로렌스는 딸이 자신의 반대에도 불구하고 아놀트와 결혼을 강

---

27) D.H. Lawrence, "Parent Love", *"Fantasia of the Unconscious" and "Psychoanalysis and the Unconscious"*(Harmondsworth: Penguin Books, 1977), p. 117.

행하는 데에 실망하여 박탈당한 느낌과 버려진 듯한 느낌으로 딸이 첩(妾) 유형의 여자라고 비난하자, 버지니아는 모든 첩(妾) 기질이 어머니에게서 빠져나와 아마도 내 몸 속으로 밀려들어 왔나 보다라고 냉소적으로 대꾸를 하게 만들면서 자신의 믿음을 강하게 주장하고, 더 나아가서 자신의 어머니를 비판하고 있다. 「사랑스러운 귀부인」에서 세실리아가 낙숫물 홈통을 통해 말대꾸를 하여 가식적인 아텐보로우 부인의 진정한 실체를 벗겨 내듯, 이 장면은 강렬한 의지로 무장된 보드윈 부인의 여성 자아가 산산이 부셔지는 순간이다. 그러면서 로렌스는 강렬하게 의지로 무장되었던 보드윈 부인의 여성 자아를 자신의 발전에 저해가 되었던 어머니의 의지와 연관시키고 싶었을지도 모른다.

III

앞에서 분석한 「흔들 목마를 탄 우승자」, 「사랑스러운 귀부인」 그리고 「어머니와 딸」들은 로렌스가 부인 프리다(Frieda)를 만나기 이전까지의 주로 자신과 어머니와의 자전적 관계를 재조명했다는 특징을 갖는다. 그 작품들은 프리다를 만나서 어머니에 대한 의존에서 벗어나 이상적인 남녀 관계를 추구하기 이전까지 그를 은연중에 지배한 것은 어머니였는데, 이 어머니와 자신과의 떨어질 수 없는 관계를 소재로 삼아 모성애에 대한 재인식 과정을 다루면서 자신과 어머니의 관계를 극화한 작품이라고 할 수 있다. 이 작품들에서 어머니와 자식의 관계 분석을 통하여 로렌스가 얻은 결론은 자식의 인간성을 상실하게 하는 것은 바로 지긋지긋한 모성애이고, 그래서 과도한 모성애를 강렬하게 비난하고 있다. 남편에 비해 지적인 어머니의 이상주의와 강렬한 자아는 자식들에게 치명적인 폐해가 된다는 작가의 주장이 강하게 드러나 있는데, 로렌스의 경우 어머니의 이상주의와 자아 집착은 광부인 아버지와의 관계에서 형성된 것이다. 정신의 산물인 이상주의는 육체를 중시하는 로렌스의 철학에 완전히 위배되는 것으로서, 로렌스는 정신과 이상주의의 산물인 모성애를 고발하며 소유욕이 강한 모성애에 대한 고발을 작품의 주제로 삼고 있으며, 대부분 자식들이 어머니를 게걸스럽게 자식의 영혼을 빨아 먹는 존재로 파악하고 있다. 「어머니와 딸」에서만 자식인 주인공이 여자이기 때문에 외디푸스 컴플렉스적 성격을 띠지 않는다는 것이 특이하다. 이처럼 강렬한 어머니의 지배를 거부하는 작품들을 통하여 육체의 중시를 주장하지는 않지만 지성과 이성을 기초로 한 이상주의와 자아 집착을 로렌스가 통렬히 비난하기 때문에 간접적으로 육체적 요인에 대한 강조를 드러내는 효과를 얻는다. 그러면서 육체의 중시 및 정신의 거부라는 자신의 철학을 드러내고 있는 것이다.

인용 문헌

김재봉. 「D.H. Lawrence의 "The Rocking-Horse Winner": 다원적 의미구조를 통해 본 순수와 경험의 대립구도」. 『D.H. 로렌스 연구』 제9권 2호 (2001. 12). 285-305.

한국영어영문학회(편). 『D.H. 로렌스』. 서울: 민음사, 1979.

Amon, Frank, "D.H. Lawrence and the Short Story," *The Achievement of D.H. Lawrence*. eds. Frederick J. Hoffman & Harry T. Moore. Norman: Univ. of Oklahoma Press, 1953.

Cowan, James C. *D.H. Lawrence's American Journey: A Study in Literature and Myth*. Cleveland: The Press of Case Western Reserve Univ., 1970.

Ford, George H. *Double Measure: A Study of the Novels and Stories of D.H. Lawrence*. New York: Norton, 1965.

Goodheart, Eugene. *The Utopian Vision of D.H. Lawrence*. Chicago: Univ. of Chicago Press, 1971.

Harris, Janice Hubbard. *The Short Fiction of D.H. Lawrence*. New Brunswick: Rutgers Univ. Press, 1984.

Hobsbaum, Philip. *A Reader's Guide to D.H. Lawrence*. London: Thames and Hudson, 1981.

Hoffman, Frederick J. & Moore, Harry T. eds. *The Achievement of D.H. Lawrence*. Norman: University of Oklahoma Press, 1953.

Hough, Graham. *The Dark Sun: A Study of D.H. Lawrence*. New York: Octagon Books, 1979.

Kearney, Martin F. *Major Short Stories of D.H. Lawrence: A Handbook*. New York: Garland Publishing, 1998.

Lawrence, D.H. *The Collected Short Stories*. Vol 3. London: Heinemann,

1976.

_____. *The Collected Letters of D.H. Lawrence*. Ed. Harry T. Moore. London: Heinemann, 1977.

_____. *"Fantasia of the Unconscious" and "Psychoanalysis and the Unconscious"*. Harmondsworth: Penguin, 1977.

_____. *Phoenix: The Posthumous Papers of D.H. Lawrence*. Ed. Edward D. McDonald. New York: Viking, 1936.

Leavis, F.R. *D.H. Lawrence: Novelist*. Chicago: The Univ. of Chicago Press, 1986.

Milley, Frederick George. "The Ritual of Becoming: A Study of the Short Stories of D.H. Lawrence." Diss. Purdue Univ., 1973.

Moore, Harry T. *The Priest of Love: A Life of D.H. Lawrence*. New York: Farrar, Strauss and Giroux, 1974.

_____. "Bert Lawrence and Lady Jane," *Lawrence and Women*. Ed. Anne Smith. London: Vision Press, 1980.

Moynahan, Julian. *The Deed of Life: The Novels and Tales of D.H. Lawrence*. Princeton: Princeton Univ. Press, 1972.

Poplawski, Paul. *D.H. Lawrence: A Reference Companion*. Westport: Greenwood Press, 1996.

Ruderman, Judith. *D.H. Lawrence and the Devouring Mother: The Search for a Patriarchal Ideal of Leadership*. Durham: Duke University Press, 1984.

Snodgrass, W.D. "A Rocking-Horse: The Symbol, the Pattern, the Way to Live," *D.H. Lawrence: A Collection of Critical Essays*. Ed. Mark Spilka. Englewood Cliffs: Prentice-Hall, 1963.

Thornton, Weldon. *D.H. Lawrence: A Study of the Short Fiction*. New York: Twayne, 1993.

Widmer, Kingsley. *The Art of Perversity: D.H. Lawrence's Shorter Fictions*. Seattle: Univ. of Washington Press, 1962.

조셉 콘라드와 영화

원 유 경

(세명대)

영화는 소설에 대한 다시 읽기 작업이라 할 수 있다. 조셉 콘라드(Joseph Conrad)의 『어둠의 심장』(*Heart of Darkness*)과 「에미 포스터」("Amy Foster") 는 19세기 후반의 제국주의, 인종 차별, 성차별 등의 문제가 제기된 작품이다. 이 두 작품은 다시 20세기 말에 영화로 각색되었는데, 원작과 영화의 비교는 역사적 변천, 작가 또는 감독의 이념 등을 포함하여 시대적 간격을 보여줌으로써 원작에 대한 꼼꼼한 재성찰의 기회를 제공한다. 콘라드의 작품은 영화화되면서 원작과 주제와 등장인물, 분위기 등에 있어 상당 부분을 공유하는 동시에 또한 차이를 보인다. 이 차이는 영화 감독 및 제작자들의 이데올로기에서 비롯된다. 예를 들어 프랜시스 코폴라(Francis Ford Coppola) 감독은 『지옥의 묵시록』(*Apocalypse Now*)에서 19세기 말의 제국주의적 착취를 베트남 전쟁으로 치환시켜 해석하며, 니콜라스 로엑(Nicolas Roeg) 감독이 지휘한 『어둠의 심장』은 콘라드에 대해 논쟁이 많은 인종차별적 태도에 대한 재해석을 시도하며, 「에미 포스터」를 각색한 비번 키드론(Beeban Kidron) 감독의 영화 『너의 폭풍 속으로』(*Swept from the Sea*)는 콘라드의 반페미니즘적 태도에 대한 재해석이 시도되어 있다.

콘라드의 원작과 영화는 거의 한 세기에 가까운 시대적 거리를 지니고 있어 시대상의 변화, 사상의 변화가 반영되지 않을 수 없다. 폭넓은 계층의 일반 대중을 대상으로 하는 영화의 특성상 콘라드의 비관주의, 여성혐오, 인종

차별 등의 예민한 문제를 그대로 담을 수는 없을 것이다. 그러면 콘라드의 『어둠의 심장』과 「에미 포스터」의 두 작품과 『지옥의 묵시록』, 『어둠의 심장』, 그리고 『너의 폭풍 속으로』의 영화 세 편을 중심으로 소설과 영화를 비교해 보겠다.

콘라드의 『어둠의 심장』

조셉 콘라드의 『어둠의 심장』은 템즈 강에서 출항을 기다리던 익명의 일인칭 화자가 동료선원 말로우(Marlow)가 모호한 아지랑이 같은 이야기를 시작하는 장면을 묘사하는 것으로 시작된다. 이 작품의 주제는 우선 커츠(Kurtz)라는 한 이상주의자가 아프리카에서 겪게 된 정신적 타락이며, 한편으로는 말로우가 목격하게 되는 야만을 계몽한다는 제국주의가 식민지를 착취하고 있는 타락한 실상이다. 말로우는 어린 시절, 지도 위에 백지 상태로 남은 공간에 매료되었으며, 백지였던 그 공간이 뱀의 형상을 닮은 검은 선으로 채워진 후에도, 새가 뱀에 홀린 듯이 자신도 검은 대륙 아프리카를 향해 떠났다고 회상한다. 아프리카 여행의 출발점에서 말로우는 유럽을 회칠한 무덤(a whited sepulchre)에 비유한다. 그 회칠한 무덤의 주민들은 자기 기만적 세계에 갇혀 진리를 보지 못한다. 말로우는 진리와 단절된 듯한 유럽의 대안으로 아프리카 대륙을 선택한다. 침묵과 암흑의 미지의 대륙, 태초의 원시림은 부패한 유럽에 실망한 말로우에게 "나를 찾으러 오세요"라고 손짓하는 듯이 보인다.

아프리카 대륙의 중심을 향해 강을 거슬러 올라가는 과정은 암흑의 심장을 향해 나아가는 단계로 묘사되어 있기 때문에 주인공의 지하세계로의 여행으로 설명되곤 한다.[1] 앨버트 케라드(Albert J. Guerard)는 말로우의 아프리카 여행을 자신의 내면 세계로 들어서는 것으로 설명한다.[2] 이 여행은 제국주의의 실상을 인식하게 되는 구체적 계기도 되면서, 말로우 자신이 표현하

---

1) Robert Kimbrough ed. *Heart of Darkness*, 2nd New York: W. W. Norton & Company, 1971. 181-84, 218-23 참고.
2) 같은 책, 15.

듯이 '태초의 세계', '과거', '악몽', '광기로의 여행이다.

여행의 첫 기항지인 하류 주재소(Outer Station)에서 말로우는 흑인의 목에 두른 흰 천 조각, 회계원의 빳빳한 흰 컬러의 단정한 옷차림, 시체처럼 뒹굴고 있는 기계 부품들을 목격하고, 원시 대륙에서 문명의 무의미한 잔재들이 대상의 본질과 소외된 채 아무 의미도 없이 단지 습관적으로 여전히 추종되고 있다고 비판하게 된다. 두 번째 기항지인 중류 주재소(Central Station)에서 말로우는 총지배인과 벽돌공 및 탐험대원들이 문명의 사도를 자처하지만 사실은 상아 수집광들이라는 실상을 보게 된다. 이들은 상아와 같은 화석화된 물질을 향해 순례를 하는 부패한 존재들이다. 이와 같은 상황을 보게 된 말로우는 점차 이들로 대표되는, 문명세계 자체를 혐오하며 이들과 구별되는 커츠에게 막연한 동경을 느끼기 시작한다.

원시 대륙의 안개와 암흑 속에서 강 상류로 거슬러 올라가는 과정은 말로우에게 문명의 잔재들을 벗어버리고 완전한 표류의 느낌과 함께 혼돈에 들어서는 듯하다. 상류 주재소(Inner Station)에 이른 말로우는 커츠가 예술가이자 정치가로서 장래가 유망한 유럽을 대표할 만한 인물이었으나, 아프리카 대륙에 들어와 내면의 권력 욕구와 부에 대한 욕망에 굴복하고 살육을 일삼는 악의 화신으로 변해버렸음을 보게 된다. 말로우는 커츠의 잔인한 행위를 보고 그를 인간의 탐욕과 권력 지향적 속성의 끝간데까지 가본 속이 텅 빈 인간이라고 비난한다. 그러나 말로우는 커츠의 마지막 절규인 "끔찍해! 끔찍해!"(The horror! The horror!)를 듣고 그를 문명의 위선적 가치관과 원칙을 벗어 던지고 자신의 존재 의의를 끝까지 추구해 본 인물이며, 마지막 순간에 인간조건의 어두운 진리를 일별한 인물로 재평가하게 된다. 말로우는 커츠의 마지막 고백이 삶의 본질이 응결된 결정체로서, 커츠는 도덕적 승리, 예술적 승리를 성취한 인물이라고 해석한다. 피터 글래스먼(Peter J. Glassman)의 주장처럼 커츠의 극한적 존재방식은 말로우에게 아프리카에 온 다른 유럽인들의 위선에 비하면 진정한 자유인의 삶으로 비춰졌던 것이다(288). 그 후 인간 사회에 남게 된 말로우는 회색 지대와도 같은 "맥빠진 회의주의의 병적인 분위기"(a sickly atmosphere of tepid scepticism) 상태에 좌초되고 만다. 회칠한 무덤같은 문명사회의 주민들은 완벽한 안전을 확신하거나 미지의 위험 앞에서도 어리석음을 뽐내면서, 커츠에 대해 왜곡된 해석들을 내릴 수 있을 뿐이다. 말로우는 이러한 인간사회를 혐오하며 인간사회로부터 스스로를 소외시키기도 한다. 그러나 말로우는 커츠의 약혼녀와의 마지막 대담에서 상대방의 행복을 위해 자신이 커츠를 통해 깨달은 진리와 어긋나는 하나의 환상을 제공하게 된다. 약혼녀는 자신의 주관적 가치관에 갇혀 커츠를 미화시켜 해석한다. 그녀는 여생을 지탱해줄 도구가 될만한 것이기를 바라며 말로우에게 커츠의 마지막 말이 무엇이었는지 물어 본다. 말로우는 커츠의 "끔찍해! 끔찍해!"라는 절규 대신에 그녀의 이름이 커츠의 마지막 말이었다고 거짓말을 한다. 말로우는 약혼녀에게 커츠에 대한 신념과 문명사회의 이상을 계속 유지할 수 있도록 거짓말을 하였으며, 따라서 커츠의 실체는 영원히 왜곡되고 만다. 말로우는 콩고 여행을 통해 터득한 진리를 억압해버리고 만 것이다. 말로우는 자신이 커츠의 용기, 진정한 자아 추구 정신을 갖지 못했던 것이라고 이야기를 끝맺는다.

작품은 다시 출발점으로 되돌아온다. 어두워진 템즈강, "넬리"(Nelie)호 위에서 익명의 화자는 미약하나마 내적으로 변화되었음을 보인다. 출항의 기회를 놓쳐서 아쉬워하는 감독관과 달리, 익명의 화자는 처음의 역사의 진보에 대한 지지자가 아니라, 역사 이면에 놓인 암흑을 볼 수 있는 신중한 인물로 변형된 듯하다. 말로우의 이야기의 여운은 익명의 화자의 이야기의 여운과 서로 공명하며 독자에게 전달된다. 콘라드가 전달하려는 삶의 실체의 한 단면, 그 진리의 순간은 그 공명하는 울림, 어둠의 색조, 겹쳐진 서술의 공간성과 어울어져 독자에게 파급되고 있다. 커츠로 압축된 인간조건의 어두운 진리는 커츠의 약혼녀에게 전달되지는 못했지만, 말로우의 스토리 텔링을 통해 그리고 익명의 화자의 경청을 통해 독자들에게 모호한 가운데 성공적으로 전달된다.

프랜시스 코폴라 감독의 『지옥의 묵시록』(2001)

프랜시스 코폴라 감독은 콘라드의 원작을 아프리카의 식민 착취의 현장에서 베트남 전쟁으로 바꾸어 놓았다. 주인공은 군장성으로 출세하리라 기대되던 월터 커츠(Marlon Brando), 그리고 커츠의 암살 명령을 받은 월라드 대위(Captain Willard)이다. 두 인물은 베트남 전쟁의 후유증으로 고뇌하는 인물들로 이 영화는 전쟁에 대한 반성으로 점철되어 있다. 월라드 대위(Martin Sheen)는 참전 이후 가정을 잃고 정신적 마비에 빠져 삶과 전쟁의 무의미에 방황하던 중 새로운 비밀 지령을 받게 된다. 나트랑의 콤섹 정보부로 소환되어 간 월라드는 커츠라는 인물의 암살의 임무를 받게 되고, 이때부터 커츠라는 인물에 대한 정보를 수집하게 된다. 그는 최고의 군인으로 "무 인상적인 … 완벽한 경력"의 주인공이었으나 1964년 정부에 의해 사장되어 버린 보고서와 함께 귀국하였다가 1966년 공수부대인 그린 베레(Green Berets)에 재입대하여 베트남으로 돌아온다. 그 후 공적을 쌓아가던 커츠는 베트남인 남성 3명과 여성 1명을 비밀공작원이라고 살해함으로써 군 본부에 의해 민간인을 살해한 범인으로 지목되고 독단으로 군대를 지휘하여 캄보디아 변경지대에 자신의 왕국을 만들기에 이른다. 최고의 군인이었던 커츠는 이제 미국에 위험인물이 되었으며 월라드는 그를 살해하는 지령이 주어진 것이다. 월라드는 그의 음성이 녹음된 테이프, 그의 편지, 그의 사진과 가족의 사진, 보고서, 기록 등을 검토하며, 그가 체험한 베트남 전쟁에 대한 회의는 커츠에 대한 호기심으로 이어지게 된다.

콘라드는 문명의 사도로서 제국주의 사명의 최고의 인물이었다가 타락한 커츠를 귀국시키는 임무를 위해 말로우가 콩고 강을 거슬러 올라가며 겪는 제국주의의 실상에 회의와 염증을 느끼고 커츠에 대한 이해와 공감으로 이어지게 되는 과정을 그린 반면, 코폴라 감독은 그 플롯을 그대로 답습하여, 베트남 전쟁을 배경으로 최고의 군인이었다가 학살자로 변한 커츠 대령을 찾아 뱀같은 형상의 넝 강(Nung River)을 거슬러 올라가며 베트남 전쟁의 무의미하고 잔인한 장면을 목격하면서 커츠에 대한 호기심과 이해에 이르게 되는 과정을 그리고 있다. 그러나 원작에서 말로우가 커츠의 방황과 고뇌를 이해하고자 애쓰면서 그의 마지막 "끔찍해! 끔직해!"(The horror! The horror!)라는 단말마를 도덕적 승리로 규정하는 것과 달리, 월라드는 커츠의 잔인성과 타락을 혐오한다. 원작의 말로우가 탐욕스럽고 부패한 아프리카의 식민지인들이나 유럽의 회칠한 무덤같은 도시의 기만적이고 위선적인 백인들에게 염증을 느끼며 본능적 악에 탐닉하여 타락하고 말았으나 고뇌하며 인생과 인간의 의미를 깨달았던 커츠에게 충실하고자 노력하였다면, 영화 속의 윌라드는 커츠의 타락과 잔인성을 혐오하여 명령에 따라 그를 살해한다. 그러나 원작과 마찬가지로 영화에서도 두 사람 사이에는 서로 공감과 이해의 끈이 맺어져 커츠는 죽기 직전 자신의 진실이 군대와 사회에 의해 왜곡되지 않도록 아들에게 제대로 전해달라고 부탁한다.

말로우가 전해야하는 진실은 무엇이며, 윌라드가 전해야 하는 진실은 무엇인가. 전자는 제국주의의 실상과 문명의 사도라는 사명을 띠고 아프리카에 오게된 제국주의자들의 타락, 고뇌와 방황, 깨달음이라면, 후자의 경우는 베트남 전쟁에 구원자라는 사명을 띠고 베트남에 오게된 미군들의 잔인한 학살, 기만, 진실의 왜곡, 정치권과 전쟁의 밀접한 끈, 베트남 전쟁의 원인으로서 미 정부의 역할, 미국의 음모 등이다. 코폴라 감독은 콘라드의 제국주의 이면의 어두운 실상의 폭로와 함께 커츠와 말로우라는 두 남성 사이의 유대관계라는 주제와 틀을 그대로 따르면서 20세기 미국이 풀어야하는 최고의 숙제인 베트남 전쟁에 대한 성찰을 적용한 것이다.

커츠를 향한 여행을 시작한 윌라드 일행은 넝 강으로 가기 위해 9사단 1대대의 기지에서 도움을 청하게 된다. 이 기지의 지휘관인 킬고어(Kilgore) 대령은 적군의 시체에 카드놀이를 하듯이 죽음의 카드라는 카드를 한 장씩 던진다. 전쟁을 게임으로 간주하는 킬고어 대령은 베트남 전쟁에 참전한 미군의 권태와 마비, 부도덕한 학살을 보여주는 인물이다. 킬고어 대령은 윌라드의 일행인 함장(Chief), 클린(Clean), 셰프(Chef), 그리고 서핑 선수 랜스(Lance)를 헬기에 태우고 이들의 배까지 헬기에 매단 채 2미터 파도가 치는 지역으로 이동한다. 킬고어 대령은 이 지역의 베트콩을 섬멸한다는 명분 아래 심리전을 위해 바그너 음악을 튼 채 폭격을 시작한다. 코폴라 감독은 공격받기 전의 이 마을의 평화로운 장면을 제시한다. 여선생이 어린 학생들을 지도하는 학교로부터 민간인들의 일상 생활이 펼쳐지는 가운데 미군의 무장 헬기들이 잿빛 하늘에 낮게 뜬 채 바그너 음악을 틀어놓고 폭격을 시작한다. 이내 마을은 남녀노소 구분 없이 무차별로 학살되고 폭격의 굉음과 붉은 색의 화염으로 아수라장으로 변하고, 전쟁은 광인들의 잔치로 바뀐다. 네이팜탄으로 정글은 불바다로 변하고 시체가 즐비한 가운데 킬고어 대령은 서핑을 명령한다. 폭격으로 거칠어진 파도에서 목숨을 건 서핑을 요구하는 킬고어는 전쟁의 무의미와 광기를 대변하는 인물이다.

이곳을 빠져 나온 윌라드는 킬고어 역시 살인마에 정신병자인데 커츠만 위험인물로 지목되어 암살 대상이 되는 데 대해 회의를 느끼기 시작한다. 여행 중에 이들은 호랑이가 뛰쳐나오는 베트남의 밀림의 위협적 분위기에 "배를 이탈하지 마라"(never get off the boat)를 생존을 위한 모토로 삼는다. 결국 커츠 역시 배를 떠났다가 이탈하게 된 것이 아닐까. 윌라드는 커츠가 1967년 군 본부의 명령을 거부하고 독단으로 지휘하여 큰공을 세운 후 징계대상이 되었으나 언론의 호응으로 오히려 대령으로 진급하였다는 기록을 읽게 된다. 38세에 그린 베레에 입대한 커츠가 그 곳에서 본 것을 무엇일까 궁금해 하며 윌라드는 "그의 자료를 읽을수록 더 그를 예찬하게 되었다."(The more I read, the more I admired him.)라고 생각하며 그에게 끌리게 된다. 윌라드는 장군이 될 수 있었는데도 불구하고 커츠가 혼자만의 길을 갈 것을 선택했던 이유가 무엇일까 명상한다.

다시 윌라드의 배는 자본주의 사회의 타락상을 보이는 듯한 환락가와 같은 기지에 도착하게 되는데, 이 곳 역시 전쟁의 무의미와 광기를 형상화 하고 있다. 윌라드는 전쟁이 "별 네개 짜리 군장성들의 서커스"(four star commanders' circus)라고 부르며 쇼에 열광하는 미군과 식은 밥과 쥐로 연명하는 끈질긴 베트콩을 비교한다. 코폴라 감독은 광기 어린 미군들의 작태를, 커츠의 주장 - 1년 간의 임기가 주어진 군인들이 전쟁에 대한 정신무장은 커녕 관광이나 하다가 귀국하는 식의 군 제도에 대해 소수 정예부대의 재무장을 요구하는 주장 - 을 병행시켜 전쟁을 꿰뚫어 보는 커츠의 혜안을 제시한다. 그러나 결국 1968년 고원지대에 이른 커츠의 부대는 무너지기 시작하고 그는 영혼이 파괴되듯이 캄보디아(Cambodia)에 건너가 자신만의 세계를 건설하기 시작했던 것이다.

윌라드는 돌렁 다리(Dolung Bridge) 너머 캄보디아의 변방 지역이 목적지임을 처음으로 일행에게 밝히고 강을 계속 거슬러 올라간다. 커츠의 기록물은 계속 소개된다. 그가 아들에게 보낸 편지는 자신에 대한 기소 내용은 부당한 것이며 비겁하고 위선적인 미군의 태도에 좌우되어서는 안된다는 내용을 담고 있다. 난장판이 된 광기 어린 전쟁터 위로 커츠의 당당한 모습이 클로즈 업 되면서 관객들은 이러한 전쟁과 이를 거부한 커츠 사이에서 윌라드가 커츠에게 동조하게 되는 과정을 이해하게 된다. 윌라드는 민간인 배에 대한 습격과 학살을 겪으며 자신도 교활하고 기만적으로 변해간다고 독백한다. 미군의 최후 방어선인 돌렁 다리는 최악의 지옥 같은 곳으로 제시된다. 지휘관도 없이 베트콩의 심리전에 말려들어 맹목적으로 폭격을 해대는 광기 어린 난장판의 현장에서 탄약을 얻은 후 윌라드 일행은 다리를 넘어 캄보디아로 향한다. 안개가 자욱히 피어오르는 강을 따라 계속 거슬러 올라가면서 위험이 고조되는데 그 긴장감을 표현하기 위해 영상은 흑백으로 처리된다.

윌라드 일행은 70년째 농장을 지키고 있다는 프랑스인들의 마을에 이른다. 직접 전투를 겪으며 미국인 6명을 포함하여 베트콩을 58명이나 처치했다면서, "우리는 지지 않아. 땅을 잃지 않을 거야"(We don't lose, We'll never lose it)라고 외치며 땅을 지킬 것을 외치는 프랑스 인들은 베트남 전쟁에 대한 외부의 객관적 평가를 제시해주는 역할을 한다. 프랑스를 견제하기 위해 미국은 베트남에 공산당을 만들었으니, 베트콩은 미국의 작품이라는 주장, 달걀을 깨뜨리며 "백인종은 떠나고 황인종은 남는다"(white, left, yellow stay)라는 말이 바로 현실이라는 주장, 한국전쟁에 이어 베트남 전쟁이 일어났으며 앞으로 이 전쟁은 유럽에서도 발발할 것이라는 경고, 프랑스의 반전데모와 정치에 프랑스군이 희생되었다는 비판, "전쟁에 질린 방황하는 군인들"(lost soldiers tired of war)뿐이라는 비관적 견해 등을 통해 코폴라 감독은 베트남 전쟁의 이면에 놓인 이데올로기적 고찰을 시도하고 있다.

1980년대와 달리 2001년의 작품에는 크게 두 가지 요소 ─ "플레이 보이" 지에 고용된 여성들(Bunny girls)과 농장을 지키는 프랑스인들 ─ 가 도입되었다. 성의 상품화를 부추기는 미국 사회는 전쟁에 참전한 군인들의 억압된 본능의 완화와 사기 진작을 명분으로 5월 여왕(Miss May), 8월 여왕(Miss August), 12월 여왕(Miss December)이라는 세 여성을 위험한 전쟁터로 이동시켜 쇼 무대에서 자극적인 춤을 추게 하며, 이동 중에 헬기의 연료가 떨어지자 윌라드 일행에게 성을 매매하도록 시킨다. 여성을 이용하는 전쟁의 또 다른 추한 실상의 고발이다. 코폴라 감독은 콘라드 원작을 20세기 후반의 베트남 전쟁으로 치환시켜 미국의 음모, 전쟁의 실상, 그에 도전한 인간의 종말 등을 훌륭하게 형상화하고 있으나, 여성에 대해서는 관습적인 통념을 벗어나지 못한 채 성의 도구로만 제시하고 있다. 콘라드는 여성을 원주민 여성의 경우, 어두운 대륙에서 태어난 성적 에너지의 상징으로 남성을 타락시키는 위협적인 존재로 묘사하고, 백인 여성의 경우, 환상의 세계에 갇힌 존재로 남성들의 두려운 진실로부터 보호되어야 한다면서 여성에게 진실을 왜곡시키는 것을 정당화한다.

> It is queer how out of touch with truth women are. They live in a world of their own, and there had never been anything like it, and never can be. It is too beautiful altogether, and if they were to set it up it would go to pieces before the first sunset. Some confounded fact we men have been living contentedly with ever since the day of creation would start up and knock the whole thing over. (27)[3]

> Hadn't he said he wanted only justice? But I couldn't. I could not tell her. It would have been too dark - too dark altogether. (94)

코폴라 감독의 경우, 이 영화에 등장하는 여성은 윌라드 일행의 성적 욕망의 대상이 된 플레이 보이 걸들과 윌라드의 대상인 전쟁으로 남편을 잃은 프랑스 여인뿐이다. 콘라드와 코폴라 모두 남성의 역사에 초점을 맞추어 여성에 대한 왜곡된 이미지를 답습한다는 단점을 안고 있다. 플레이 보이 걸들은 남성들의 시선에 가슴을 드러내고 옷을 벗은 채 소음과 혼란 가운데 자극적인 장면을 연출하고, 프랑스 여인 록산느(Roxanne)는 감미로운 음악을 배경으로 전쟁을 혐오하는 여성으로 등장하여 윌라드에게 인간은 신인 동시에 동물이며 사랑하는 동시에 살육을 하는 존재라고 논평하는 인물이다. 그러나 윌라드의 시선에 비친 얇은 커튼을 내리는 알몸의 록산느 역시 남성을 충족

---

3) 본문 중의 인용은 Kimbrough, Robert ed. *Heart of Darkness*. 3rd. New York: W. W. Norton & Company, 1988를 사용하였음.

시키는 도구로서 관객의 시선에 노출된다.

심장 박동 같은 북소리와 붉은 색 조명 속에서 윌라드는 "그가 가까이 있다. 나는 느낄 수 있어."(He was close. I could feel it.)라고 말하며 커츠에 다가왔음을 본능적으로 느낀다. 마침내 즐비한 시체와 늘어선 원주민들 사이로 커츠의 예찬론자인 사진기자(Dennis Hopper)가 윌라드 일행을 맞이한다. 이어 커츠는 윌라드를 시험하고 윌라드는 그 시험에 통과한다. 그림자 속에 가려진 커츠는 두려운 위협적 존재로 부각되나 윌라드는 그에게 당당하게 "그들은 당신이 전적으로 정신이상이라더군요. 당신의 방법은 건전하지 못합니다. 아예 방법이라고도 할 수 없군요."(They told me you were totally insane. Your method is unsound. I don't see any method at all.)라고 말한다. 고문과 위협에도 굴하지 않는 윌라드에게 커츠는 얼굴을 드러내고 "나는 그대같은 인물을 기다려왔지. 뭘 원하지? 나를 암살하길 원하나?"(I waited for someone like you. What do you want? Do you want to assassin?)라고 말하며 그를 자신의 진실을 전수할 사도로 맞이할 준비를 한다. 윌라드를 설득하기 위해 커츠는 감옥에 가둔 윌라드 앞에서 "자국민은 회의적이지만, 미국의 2년 반의 노력의 결과가 나타나기 시작했다.", "적은 전투를 지속하지 못한다.", "군사들의 사기라 높았다.", "존슨 대통령은 국민의 비판적 태도 때문에 보고서를 공개하지 않기로 결정했다."는 내용의 1967년 9월 22일자 <타임>지의 기사를 읽어준다. 커츠는 윌라드에게 미국 정부의 진실 왜곡과 국민에 대한 기만을 지적함으로써 윌라드를 회유하는 한편, 셰프의 잘린 목을 던져줌으로써 위협을 가하기도 한다. 감옥에서 풀려난 윌라드를 둘러싼 원주민 어린이들의 모습은 전쟁터의 학살당하는 아이들에 비해 평화롭고 순진난만해 보이며 이와 함께 고뇌하는 커츠의 모습이 간헐적으로 보이면서, 관객들은 윌라드가 커츠에게 느끼는 이중 감정 - 혐오와 공감 - 을 이해하게 된다. 윌라드는 석방된 후에도 커츠 곁에서 지내고 엘리엇(T. S. Eliot)의 시를 읽는 커츠를 보며 나트랑의 장군들도 자기만큼 커츠를 알고 이해했다면 그를 어떻게 했을까 생각해보기도 한다. 윌라드는 커츠와의 대화를 통해 그에 대한 이해를 넓혀간다. 커츠는 "그들은 나를 심판할 권리가 없지."(They have no right to judge me.) "공포를 설명할 방법이 없어 … 공포가 뭘 의미하는지 … 부도덕한 공포말이야."(It's impossible to describe the horror … what horror means … immoral terror.)와 같은 말로 윌라드를 설득한다. 커츠는 갈등하는 윌라드에게 전쟁에는 수정처럼 투명하게 판단하고 감정이 전혀 없이 양심과 살인 본능만을 지닌 인물이 필요하며, 그랬으면 벌써 전쟁이 끝났을 것이라고 말한다. 이어 커츠는 아들이 자신을 이해해주기 바라며 누군가 자신이 암살된 후 "내가 한 일들 그리고 자네가 본 일들 모두"(Everything I did and evertyhing you saw)를 전달해주기를 바란다며 그 임무를 윌라드에게 맡긴다. 커츠는 고통 벗어나기 위해 빨리 죽기를 바라며, 쓰레기 같은 반역자가 아닌 군인으로 남기를 바란다고 말한다. 윌라드에게 새로운 임무가 주어진 것이다. 진흙탕에서 세례 받는 의식을 치른 윌라드는 커츠를 살해하고 커츠의 진실을 가슴에 품은 채 귀환하게 된다. 옅은 검푸른 색과 "끔직해! 끔찍해!"(The horror! The horror!)라는 커츠의 속삭임을 배경으로 커츠의 왕국과 윌라드의 표정이 겹쳐지며 작품이 끝난다.

코폴라 감독은 베트남 전쟁을 배경으로 커츠와 윌라드의 이중적이고 복합적인 심리적 갈등, 광기어린 무의미한 전쟁의 실상, 그 이면의 음모와 기만 등을 형상화하여 보여주는 데 성공적이었지만, 몇가지 문제점이 드러나고 있다. 그것은 영화 속에 스며있는 인종차별과 성차별의 문제이다. 앞서 지적한 바와 같이 코폴라는 여성에 대한 편견을 보이며, 또 베트남인에 대한 편견을 노출하고 있다. 원주민들은 커츠가 살해된 후 피투성이 모습의 윌라드를 두려워하며 무릎을 꿇고 무기를 던지는 장면은 그를 새로운 왕으로 추대한다는 의미로 해석된다. 이 장면은 백인을 추종하는 어리석고 복종적인 유색인종이라는 왜곡된 이미지의 답습이다.

니콜라스 로엑 감독의 『어둠의 심장』

니콜라스 로엑 감독의 『어둠의 심장』은 원작에 상당히 가깝지만, 이러한 인종적 편견을 어느 정도 벗어나려는 노력이 돋보이는 작품이다. 원작에서 콘라드는 원주민을 인간과 동물의 중간 단계로 보는 진화론에 의거한 인종

차별적 사상을 보이고 있다. 보일러를 담당한 화부를 콘라드는 깃털 달린 모자를 쓰고 반바지를 입은 채 뒷발로 서있는 개에 비유하고 있으며 동료의 시체를 먹는 식인종으로 묘사하는 등 당대에 정치적으로 이용되던 식인종이라는 개념을 그대로 답습하고 있다.4)

He was an improved specimen; he could fire up a vertical boiler. He was there below me, and, upon my word, to look at him was as edifying as seeing a dog in a parody of breeches and a feather hat, walking on his hind legs. (52)

'Catch'im,' he snapped, with a bloodshot widening of his eyes and a flash of shart teeth - 'catch'im. Give'im to us.' 'To you, eh?' I asked; 'what would you do with them?' 'Eat'im!'⋯ (56)

로엑 감독의 영화는 콘라드의 원작에 충실하게 유럽 제국의 식민지인 아프리카 콩고를 배경으로 한다. 로엑 감독은 영국 청년 말로우가 벨기에의 무역회사에서 선장으로 취직이 되어 아프리카로 떠난 후 커츠를 찾아 강을 거슬러 올라가는 원작의 플롯을 그대로 따르고 있다. 무역회사의 안내인인 음산한 분위기의 뜨개질하는 여성들과 말로우를 골상학적으로 관찰하며 집안에 정신병의 내력이 있는지 묻는 의사도 원작 그대로 등장하고 있다. 그런데 이 영화에서 아프리카 여행은 말로우의 정신적 여정으로 부각되고 있다. 정신과 의사, 불길한 회사의 여성 등을 악몽의 모티브로 사용하며, 말로우가 정신적으로 지옥을 겪으며 커츠를 향해 나아가는 과정이 어둡고 비현실적인 분위기로 묘사되고 있는 것이다.

로엑 감독은 21세기라는 시대적 정황이 아프리카 원주민을 인간 이하의 야만인으로 묘사하기는 불가능하므로, 대신 아프리카를 불길한 징조의 어두운 불가해한 밀림으로 묘사하고 있으며, 흑인들을 불길한 상징적 의미를 지닌 틀에 박힌 이미지로 제시하고 있다. 따라서 로엑 감독의 영화는 원작의 1부에서 두드러진 제국주의의 착취와 약탈의 현장에 대한 비판보다는 말로

---

4) 브랜틀링어 255-74 참고.

우가 겪는 정신적 혼란을 형상화하기 위해 아프리카를 주술적 분위기, 죽음의 땅, 가치 혼돈의 황야로 묘사하고 있는 것이다.

아프리카를 이상한 주술적이고 악몽 같은 분위기, 붉은 빛, 날카로운 창, 거대한 동물의 신음 소리 같은 이상한 위협적인 음향 등으로 불길한 땅으로 묘사하여, 문명사회와 동떨어진 비합리적이고 불가해한 장소로 형상화하여, 말로우의 정신적 시련을 위한 장소로 이용되고 있다는 느낌을 준다. 주로 심리적 악역으로 유명한 영국 배우 팀 로쓰(Tim Roth)가 분장한 말로우는 감수성이 예민한 청년으로 제시되어 다소 나약해 보이기까지 한다. 전체적으로 현실과 동떨어진 아프리카의 묘사는 비정상적으로 보이는 백인들과의 만남 가운데 커츠를 향해 나아가는 말로우의 내면적 여정에 초점을 둔 데서 비롯된 것이다.

그리고 원작에는 직접 등장하지 않는 원주민 여성인 세탁부가 여성으로서는 가장 먼저 등장하는데, 서구적 외모가 뛰어난 흑인 여배우가 역할을 맡아 말로우에게 순진한 듯한 또는 유혹하는 듯한 시선을 보내는 것으로 묘사되어 있다. 이를 인식한 까다롭게 보이는 회계사는 그녀를 쫓아낸다. 이 작품에서 여성은 고양이를 쓰다듬고 있는 불길한 분위기의 검은 옷의 회사 여직원, 불가해한 분위기의 커츠 약혼녀의 초상화가 잠깐 제시되며 후반부에 커츠의 원주민 여성의 위협적인 모습으로 제시되는데, 전체적으로 비현실적인 분위기의 상징적 인물들로 보인다.

말로우가 아프리카에서 만나는 돈을 벌기 위해 식민지에 찾아와 상아를 구하려는 부패한 백인들의 모습이 원작에 비해 상당히 약하게 제시되어 있다. 타락한 백인들의 원주민 착취의 현장보다는 오히려 불길한 음향과 푸른 뿌연 안개 속에 원시적인 부족의 위협적인 모습이 더욱 부각되어 있다. 그리고 영화는 원작에 나타난 태초의 세계로 회귀하는 과정을 살리지 못하고 있다. 단지 말로우의 여행을 힘들게 하는 불길하고 위협적인 원시림으로만 제시되어 있으며, 또한 식인종임을 암시하듯이 키잡이 원주민 시체에 접근하는 원주민들 모습이 제시되며, 위협적 원주민들의 접근과 아울러 내리쬐는 태양으로 말로우의 온전한 정신 유지가 힘들다는 암시가 부각되어 있다.

로엑 감독의 영화는 말로우와 커츠의 인간의 고뇌를 구체적으로 형상화하기 보다는 영상과 분위기로 전달하려는 경향이 돋보인다. 인간의 깊은 갈등, 악의 본능보다는 불합리하고 부조리한 상황을 단편적으로 제시함으로써, 인간적 고뇌의 깊이 보여주지 못하고 정신병자들의 전시 같은 작품이 되고 마는 아쉬움이 있다. 주로 악역을 맡아 고뇌하는 인간의 모습을 잘 보여주는 존 말코비치(John Malkovitch)가 분장한 커츠도 쇠약해진 정신병자처럼 보인다. 불합리한 비문명 세계에 지치고 권태를 느끼는 말로우의 심리를 형상화하는데 원숭이의 갑작스런 습격 장면을 이용하는 것은 표피적 영상화에 치중하는 한계를 내보인다.

로엑 감독은 커츠의 예술가적 재능을 강조하여 약혼녀의 초상화, 야만인 풍습 억제에 관한 글 등을 자주 제시하는데, 원작에서 공허한 울리는 목소리로 대변되는 커츠가 감성이 예민한 시인처럼 나약한 목소리를 지녔으며 위협적인 카리스마적 분위기 전연 보이지 않고 지나치게 병든 초췌한 모습으로 제시되어 있다. 이에 반해 원작에서 밀림의 번식력을 상징하는 존재로 묘사된 원주민 여성은 보다 구체화되어 포악하며 질투심이 강한 여성으로 묘사되어 커츠의 관심을 빼앗길까봐 말로우에게 신체적인 공격을 가하는 과격한 모습으로 제시되어 있다.

그리고 이 작품에는 원작이나 코폴라 감독의 작품에 깊이 있게 천착된 말로우와 커츠 사이의 깊은 유대관계가 형성되어 가는 과정이 빠져 있어, 두 남성이 서로 신뢰하기에 이르는 과정이 제대로 형상화되지 못하고 있다. 말로우가 다른 백인과 유럽 사회에서, 그리고 윌라드가 베트남 전쟁에서 광기 어린 추태를 보이는 군인들과 음모와 기만의 미국 정부에 느끼는 환멸이 이 작품에는 잘 보이지 않으며, 커츠의 인간적 고뇌도 피상적으로만 제시되어 있다. "끔찍해! 끔찍해!"(The horror, the horror)를 속삭이듯 힘없이 내뱉는 커츠의 죽음도 시인의 나약한 죽음으로만 보일 뿐이다. 말로우 역시 인간의 어두운 진리를 깨달은 후 이를 전달할 임무가 주어진 저주받은 시인이라기보다 악몽을 꾸고 난 감성적인 청년처럼 보인다. 인류 문명의 어두운 진리의 전달자라기보다 불합리하고 이해할 수 없는 경험을 한 청년으로만 제시되고 있는 것이다.

그 외에 등장인물들이 지나치게 경직된 상징적 인물로 등장하며, 약혼녀는 경직된 상징적 인물로 제시되고 있다. 나약한 시인 같은 말로우는 검은 경직된 인물인 약혼녀에게 패배하여 같은 나약한 시인 커츠의 이야기를 전달 못하고 혼자 가슴에 묻어두고 마는 인물로 보인다. 인물이 상징적으로 제시되어 살아있는 현실감이 약하며 원작의 통렬한 인간의 고뇌, 절망 등이 형상화되지 못한 아쉬움이 남는 작품이다.

그러나 로엑 감독의 작품은 콘라드의 원작이 보이는 19세기 말의 사회론적 진화론에 의거한 인종차별적 경향에 대한 반성이 돋보이는 작품이다. 원작에서 비인간적인 모습으로 등장해 말로우에 의해 족쇄에 채여 우리에 갇혀 있어야 할 야수들, 인간과 공통점을 지녔다는 추한 사실을 인정하기 싫어하는 야만인, 식인종, 입에 담을 수 없는 의식(unspeakable rite)을 행하는 존재들로 묘사되는 원주민들의 배역을 서구적인 뛰어난 외양을 갖춘 여배우나 프랑스의 지적이고 당당한 유명 배우가 맡은 점은 로엑 감독의 콘라드에 대한 재해석을 보여준다. 앤소니 포더길(Anthony Fothergill)은 로엑의 영화에 교화된 원주민으로 등장하는 음푸무(Mfumu) 역할에 프랑스의 유명한 배우인 아이젝 드 방콜(Isaach de Bankole)이 캐스팅된 점을 지적하며, 이것이 아예 미스캐스팅이거나 혹은 19세기 말의 작품이 20세기 말의 영화로 각색되는 데 있어서 당연한 번역(translation)과정이라고 설명하고 있다. 포더길은 배우 아이젝 드 방콜의 당당한 체구와 자신감 있는 시선으로 인해 원작에 나타난 19세기 제국주의 시기의 굴종적인 피지배자의 모습을 담을 수 없으며, 이로 인해 두 시대의 간격을 통하여 당시 역사의 진실을 드러내고 또 그것을 거부하는 효과도 가져온다고 설명한다(포더길 257). 그는 인종적 평등의 분위기가 이 영화를 헐리우드의 영화 상품으로서 흑백간의 "남성 우정 영화"(a male buddy movie)로까지 만들고 있다고 주장한다. 로엑 감독의 영화는 콘라드 원작에 나타난 인종차별에 대한 반성과 재해석이라는 의의를 지니고 있다.

콘라드의 『에미 포스터』

콘라드의 여성관에 대한 감독의 재해석이 돋보이는 작품으로 「에미 포스터」를 각색한 비번 키드론(Beeban Kidron) 감독의 『너의 폭풍 속으로』(*Swept from the Sea*)를 들 수 있다. 콘라드의 단편 소설인 "에미 포스터"는 사색적이고 장중하며 어두운 어조의 화자가 친구인 시골 의사 케네디(Kennedy)의 회상을 통해 듣게 된 외지인의 이야기이다. 화자는 케네디가 해군 군의관 출신으로 오지 여행가였으며 과학 협회에 발표도 한 자연과학자였으나 뜻한 바 있어 시골로 내려와 환자를 돌보는 인물로 통찰력 뛰어나며 탐색적이고 과학적인 지성과 호기심을 갖춘 인물이라고 소개한다. 케네디는 일인칭 화자에게 난파선에 타고 있다 해변으로 밀려온 한 동구 청년 얀코와 에미의 이야기를 전달한다. 죽은 얀코에 대해 많은 관심을 가졌던 케네디는 그의 죽음을 아내인 에미의 탓으로 돌린다. 그러나 일인칭 화자를 통해 독자에게 전달되는 전체적 이야기는 영국인, 나아가 제국주의 정신이 얀코라는 한 재주 많고 쾌활한 젊은이를 죽음으로 몰고 간 것이다. 영국 시골의 하녀 신분인 에미는 근시안인 퉁방울 눈에 못생긴 데다가 소심하고 우둔한 여성이다. 케네디는 그녀의 체형과 정신의 관계를 과학적으로 분석하여 그녀의 정신은 상상력이라고는 있을 것 같지 않은 둔한 상태이며 수동적인 여성이라고 설명한다. 케네디는 이렇듯이 우둔한 에미가 마술에라도 걸린 듯 사랑에 빠져 얀코와 결혼에 이르게 되었다가 다시 "차이" 또는 "이해할 수 없는 것"에 대한 동물 같은 본능적인 공포에 휩싸여 얀코를 저버리고 말았다고 회상한다. 하녀로서의 노동을 제외하고 전혀 다른 삶이 없던 에미에게 운명적 사랑이 닥쳐오지만, 그 사랑은 다른 문화권에 대한 무지로 인해 깨지고 만다.

화자는 비관적인 어조로 우울한 분위기를 조성하며 인간은 숙명적이고 비극적 존재라는 주장을 펼친다. 저녁 일몰 광경을 보며 케네디는 땅에 가장 가까운 농부들이 마음이 족쇄로 채워진 듯 발걸음도 무겁고 촌스러운 듯이 보이는 점에서 땅이 저주받은 것 같다고 말한다. 이 작품에 묘사된 영국인은 저주받은 나라인 듯 구슬프고 어두운 발걸음이 무거운 종족으로 외지인이 보이는 차이점을 이해하려 하지 않고 배타적이고 냉정한 특성을 내보이고 있다. 이러한 영국인들과 대조적으로 얀코는 몸이 곧으면서 유연하고 땅에 발이 닿지 않을 정도로 경쾌하며 성격도 쾌활하다.

영국인들이 낯선 타 문화권의 청년을 받아들이는 태도는 아이들의 돌 던지기, 마부의 채찍질, 여성들의 우산으로 내려치거나 발작적으로 비명지르기, 떠돌이 광인으로 간주하여 추위와 허기에 고통받는 조난자를 창고에 가둬버리는 시골 촌부의 도덕적 사명감 등으로 나타난다. 제삼국인 얀코의 눈에 비친 영국인들은 우울하고 배타적이며 비관적이고 생명이 없는 냉정한 존재들이다. 작가는 외지인을 학대하는 영국인들 가운데 유일한 인간성을 지닌 인물로 에미를 내세우는데, 이 여성이 우둔하고 소심한 못생긴 하층민 여성으로 결국 얀코를 배신한다는 데 작가의 아이러니가 숨어 있다.

얀코는 새로운 문화에 동화되는 과정을 겪는다. 그러나 종교와 생활 습관은 쉽게 바뀌지 않는다. 결국 얀코는 타문화에 적응하는 데 실패하여 우울증과 열병에 시달리게 되는데, 에미는 그에 대해 공포와 적대감을 갖게 된다. 작가는 여기서 에미라는 여성을 통해 영국인의 근시안적 무지, 우둔함의 맹목적 배타, 공포에 대한 간접적 비판을 하고 있는 것으로 보인다. 케네디는 얀코가 폐렴에 걸렸으니 안채에서 간호할 것을 지시하지만, 에미는 얀코에 대한 공포심 때문에 그를 피한다. 결국 에미는 의식이 혼미한 상태에서 영어가 아닌 이해할 수 없는 말을 하는 얀코가 두려워져 그를 버린 채 친정으로 도망쳐 버린다. 아내에게 버림받았다는 사실에 충격 받은 얀코는 뒤따라 나오다가 물구덩이에 쓰러져 있다가 아침에 케네디에 의해 발견된다. 얀코는 물을 달라고 했을 뿐인데 그녀가 가버렸다고 말하고는 "왜"(Why?)라는 절규로 생을 마감한다.

얀코의 죽음에 대해 에미의 아버지는 잘된 일이라 하고 에미는 곧 그를 잊는다. 케네디는 리틀 존을 의미하는 죠니(Johnny)라고 불리는 아이를 보면서 난파당하고 몰이해 속에 죽어간 얀코의 외로움과 절망을 생생하게 느낀다고 말하며, 자신만이 얀코의 비극을 기억하는 유일한 목격자이며 증인이라고 생각한다.

원작에서 여성은 목소리를 완전히 배제당하고 있으며, 여성은 우둔하고 근시안적이거나, 장애가 있거나 신경질적인 여성으로 묘사되고 있다. 에미의 시각 또는 다른 여성의 시각에서 이야기가 전개되었을 경우, 케네디라는 과학적이고 이성적 남성의 이야기와 어떻게 달라졌을까, 과연 작가는 케네디의 성향을 의식하고 전략적으로 그를 화자로 이용하였을까, 혹은 케네디 또는 화자와 자신을 아무런 간격없이 일치시키고 있었을까의 문제를 생각해 볼 필요가 있다.

키드론 감독의 『너의 폭풍 속으로』

영국인 키드론 감독의 『너의 폭풍 속으로』는 콘라드의 원작과 분리되어 영화 자체로 관심을 끈 작품이다. 키드론 감독의 지휘 아래 동유럽 청년 얀코 구럴(Yanko Goorall)로 스위스인 뱅상 페레(Vincent Perez)가 등장하며 원작의 에미와는 정신적으로나 신체적으로 전혀 다른 영국인 레이첼 와이즈(Rachel Weisz)가 등장한다. 원작에서 많이 멀어지는 점은 화자의 사용이다. 원작에 등장하는 다소 우울하고 추상적 경향의 익명의 일인칭 화자 대신에 영화에서는 이해심 많은 여성인 미스 스와퍼(Miss Swaffer)가 화자로 등장한다. 이 여성이 동네 의사로 존경받는 케네디와 대화를 이끌어가며 에미와 얀코의 어두운 이야기를 아름다운 사랑의 이야기로 승화시키고 있다.

영화는 바로 콘라드의 원작에 분명히 드러나 보이는 여성혐오적 경향에 대한 새로운 해석이라 볼 수 있다. 원작에서 청각장애를 지니고 지나치게 청교도적 인물인 미스 스와퍼가 이 영화에서는 이해심 많고 온정적인 인물로 등장하여 케네디와 대화하는 것으로 작품이 시작된다. 이들의 대화에서 케네디의 얀코에 대한 공감과 우정, 그러나 에미에 대한 편견과 증오가 드러난다. 미스 스와퍼는 얀코에게 거처할 오두막집을 제공함으로써 이들의 운명에 큰 영향을 행사한 당사자이며, 케네디와 대화를 통해 케네디의 사고와 인생의 방향에 영향을 주게 된다.

당당한 체격과 정신력을 지닌 주체적 여성으로 자주 등장하는 여배우 캐씨 베이츠(Kathy Bates)가 원작에서 귀가 잘 들리지 않는 노처녀 미스 스와퍼 역을 맡음으로써 작품은 완전히 달라지고 있다. 『리처드 3세』에서 악역 주인공을 맡았던 영국인 이안 맥켈렌(Ian McKellen)이 분장한 케네디 의사는 원작과 마찬가지로 합리적이고 지적이며 관대한 인물로 등장하여, 조난 당한 후 영국 해안에 떠밀려 온 미국 이민선의 유일한 생존자인 얀코 구럴이 문화적 간격을 극복하지 못하고 배타적인 마을 주민들에 소외되고 결국 도태되고 마는 것을 안타깝게 지켜보는 인물이다. 역시 원작에서와 마찬가지로 케네디는 얀코의 인종적 특성을 이해하고 높이 평가하면서 이를 수용하지 못하고 그를 죽음으로 몰고 가는 마을 주민들의 몰이해와 냉혹한 태도를 비판한다.

그러나 합리적인 케네디가 에미에 대해 편견을 지니고 있다. 외양과 정신 모두 볼품 없는 우둔하고 소심한 하층민 여성으로 등장하는 원작과 달리, 영화에서 에미는 빼어난 용모를 지니고 관습을 뛰어넘는 특이한 행동으로 마녀로 오해되어 마을 주민으로부터 소외되는 여성으로 묘사되고 있다. 에미는 우둔하고 하등한 동물적 존재가 아니라 오히려 신비로운 주체적인 여성으로 형상화되어 있는 것이다. 그러나 케네디는 그녀를 정신적인 결함이 있는 여성으로 간주하고 그녀에 대한 편견으로부터 벗어나지 못한다.

결국 얀코는 마을 주민의 냉대와 습하고 추운 기후를 극복하지 못한 채 열병으로 죽고 만다. 얀코는 케네디가 지켜보는 가운데 "물을 달라고 했을 뿐인데"라고 말하며 사라진 에미를 이해하지 못한다. 원작에서 에미는 정신이 혼미한 얀코가 영어가 아닌 자신의 모국어를 사용하는데 막연하고 맹목적인 공포를 느껴 아이를 안고 친정으로 도망쳐 버리며, 얀코는 "왜?"라고 신을 원망하며 케네디 앞에서 임종을 맞는다. 그러나 영화에서는 원작의 내용이 케네디의 편견에 불과하며 관객들은 케네디보다 더 많은 것을 봄으로써, 케네디의 오해와 편견을 함께 보게 된다. 에미는 얀코를 헌신적으로 간호하다가 혼자 감당할 수 없게 되자 아이를 안은 채 빗속을 달려가 마을 주민들에게 도움을 청한다. 그러나 마을 주민들의 냉대와 반대를 무릅쓰고 외국인과 결혼한 그녀는 친정부모에게서 냉대를 받고, 마을 노부인에게 외면 당하고 만다. 결국 멀리 떨어진 미스 스와퍼의 농가까지 가서 도움을 받지만 돌아왔을 때 얀코는 이미 가망이 없다. 얀코는 그가 미국의 땅으로 모험을 떠나면서까지 추구하던 황금이 에미의 사랑이었음을 확인하며 그녀의 품에서 임종을 맞이한다. 그러나 케네디는 에미가 얀코를 저버렸다고 생각하며 그녀를 원망한다.

영화에서는 여성의 역할이 보다 부각되어 있다. 미스 스와퍼는 지나치게 합리적이고 차가운 케네디에게 삶에 대한 충고를 해주고 에미에 대한 편견에서 벗어나게 해주며 그와 에미를 화해시킨다. 케네디는 미스 스와퍼의 도움으로 외로운 조난자 얀코의 삶을 의미있게 해주었던 것은 바로 에미와의 사랑이었다는 점을 인정하기에 이르게 되는 것이다. 영화는 마지막 장면에서 에미와 케네디가 함께 얀코의 오두막에서 얀코가 전수해준 동유럽의 춤을 추는 아들을 지켜보게 함으로서 사랑과 화해의 분위기 속에서 끝맺는다. 원작의 통렬한 비관적이고 음울한 어조가 상당히 완화되고 낭만적으로 승화되고 있다. "결국 외롭게 비참한 최후를 맞으러 폭풍에 휩쓸려왔다"는 단편소설과 "사랑을 이루기 위해 폭풍에 휩쓸려왔다"는 영화의 마지막 문장은 인간 조건의 비극과 낭만적 사랑이라는 서로 다른 주제를 요약하여 보여준다.

이와 같이 콘라드의 『어둠의 심장』과 「에미 포스터」의 두 작품을 코폴라 감독의 『지옥의 묵시록』, 로엑 감독의 『어둠의 심장』, 그리고 키드론 감독의 『너의 폭풍 속으로』라는 세 영화와 비교하여 보았다. 『지옥의 묵시록』은 원작이 보이는 인종차별적이고 반여성적 경향을 그대로 지니고 있으나, 유럽 제국주의의 실상을 베트남 전쟁으로 치환하여 인간의 정치적 이데올로기와 실존적 고뇌라는 주제를 현대적 상황에 훌륭히 적용시켰으며, 로엑 감독의 『어둠의 심장』은 원작에 보이는 제국주의의 실상에 대한 비판이나 인간적 갈등과 고뇌의 깊이와 폭을 따르지는 못하지만 음향과 상징적 이미지를 활용하여 말로우의 내면세계로의 여행을 부각시키고 또 역량 있는 흑인 배우의 기용을 통해 원작이 보이는 인종차별적 경향을 재해석하고 있다. 그리고 「에미 포스터」는 원작과 달리 낭만적 사랑을 주제로 한 점에서 관객의 취향에 영합하고 있다는 비판의 여지가 있으나, 원작의 여성에 대한 편견을 수정한 여성론적 작품이다.

인용 문헌

Ashcroft, Bill and Gareth Griffiths, Helen Tiffin. *Key Concepts in Post-Colonial Studies*. New York: Routledge, 1998.

Brantlinger, Patrick. *Rule of Darkness*. Ithaca: Cornell UP, 1988.

Corrigan, Timothy. *Film and Literature*. NJ: Prentice-Hall, 1999.

Fothergill, Anthony. "Filming Conrad's Darkness, or A Roeg's *Heart of Darkness*." ed. by Laura Davis. *Conrad's Century: The Past and Future Splendour*. NY: Columbia UP, 1998.

Glassman, Peter. Being or Nothingness. *Language and Being: Joseph Conrad and the Literature of Personality*. New York: Columbia University Press, 1979.

Guerard, Albert J. *Conrad the Novelist*. Cambridge, Mass.: Harvard University Press, 1966.

Hamner, Robert. *Joseph Conrad: Third World Perspective*. Boulder: A Three Continents Book, 1990.

Kimbrough, Robert ed. *Heart of Darkness*. 2nd. New York: W. W. Norton & Company, 1971.

Kimbrough, Robert ed. *Heart of Darkness*. 3rd. New York: W. W. Norton & Company, 1988.

Moore, Gene M. *Conrad on Film*. Cambridge: Cambridge UP, 1997.

Ruppel, Richard. "Yanko Goorall in *The Heart of Darkness*: 'Amy Foster' as Colonialist Text." *Conradiana*. Vol. 28, No. 2. 1996 Summer: 126-132.

Sorenssen, Bjorn. "An Uneasy Relationship: *Heart of Darkness* and *Apocalypse Now*." ed by Jakob Lothe. *Conrad in Scandinavia*. NY: Columbia UP, 1995.

Watts, Cedric. "Conrad and Imperialism" in *Cambridge Companion to Joseph*

Conrad. ed by J. H. Stape. Cambridge: Cambridge UP, 1996.

Zabel, Morton D. *The Portable Conrad.* Harmondsworth: Penguin Books, 1975.

인터넷 자료

http://us.imdb.com/Name?Roeg,+Nicolas

http://us.imdb.com/Name?Coppola,+Francis+Ford

http://us.imdb.com/Title?0078788

http://us.imdb.com/Title?0110002

http://us.imdb.com/

http://www.mrqe.com/lookup?Swept+from+the+Sea

http://us.imdb.com/Name?Kidron,+Beeban

http://us.imdb.com/Title?0120257

http://us.imdb.com/Title?0120257#comment

조셉 콘라드와 영화

원 유 경

충북 제천시 신월동 21

세명대학교 영문과

043-649-1213(office)

043-642-2653(home)

inseo216@venus.semyung.ac.kr

낙심의 시적 변용: 코울리지의 「낙심: 송가」

윤 준

(배재대)

「낙심: 송가」("Dejection: An Ode," 1802)는 코울리지(S. T. Coleridge, 1772-1834)의 널리 알려진 세 편의 '초자연' 시편들을 제외한 나머지 시편들 중에서 각별한 관심의 대상이 되어 온 작품이다. 많은 사람들에게 이 시는 코울리지의 시인으로서의 이력에 있어서 하나의 위기를 나타내는 표지 역할을 해왔다. 그래서 어떤 학자는 이 시를 시인으로서의 코울리지의 고별사로 간주하기까지 한다. 사실 코울리지가 이 시를 쓴 이후에 산문 저작에 더 몰두해서 뛰어난 성과를 거둔 점에 비추어 볼 때 이러한 주장은 어느 정도 타당성을 갖긴 하지만, 독자들로 하여금 「윌리엄 워즈워스에게」("To William Wordsworth," 1806)를 비롯한 그의 후기의 시적 성취에 눈멀게 만든다는 점에서 경솔한 주장일 수 있다.

1937년에 셀린코트(Ernest de Selincourt)에 의해 발견된, 이 시의 원본인 새러(Sara)에의 '서한시'—"A LETTER TO —"(Selincourt 7-25)—는 이 시의 계기나 전기적 배경에 대한 연구를 더욱 고무시켜 왔다. 340행에 달하는 이 원본에는 시인의 건강의 악화, 아내와의 불화와 새러 허친슨(Sara Hutchinson)에 대한 애정, 그리고 시인으로서의 좌절감 등이 거의 그대로 반영되어 있다. 「낙심: 송가」가 시인으로서의 코울리지의 고별사라는 주장 역시 이러한 전기적 사실에 바탕을 두고 있는 것처럼 보인다.

그러나 전기적 배경에 비추어 이 시를 이해하려는 시도는 시의 창작 및

개작 과정에서 일어나는 의식적 자기 표현의 과정을 간과하는 것이다. 이제
는 현대 비평의 고전이 된 한 논문에서 윔섯(W. K. Wimsatt, Jr.)과 비어즐리
(Monroe C. Beardsley)가 일찍이 지적했듯이, 우리의 다양한 경험의 대상들,
특히 지적 대상들에는 "뿌리를 잘라내고 정황을 녹여 없애는 정신 활동"이
있기 마련이기 때문에, 모든 시의 배후에 있으면서 그 원인이 되는 삶의 덩
어리는 시라고 하는 언어적·지적 구성물에서는 알려질 수가 없고 또 그럴
필요가 없다(340). 더욱이 코울리지 자신이 340행에 달하는 원본의 개인적 세
부들을 과감하게 삭제하고 연의 구분이 확연한 139행의 송가 형태로 자신의
정신적 위기를 양식화했다는 점을 고려할 때, 「낙심: 송가」에 대한 전기적
접근의 한계는 한층 뚜렷해진다. 보다 생산적인 접근 방식은 이 시의 구조를
면밀하게 살펴봄으로서 낙심과 그것의 극복이라는 정신의 드라마를 실연하
는 명상시로서의 특성을 드러내는 일일 것이다.

　비록 송가라는 명칭이 붙어있긴 하지만, 이 시의 1연(1-20행)의 서두는 우
리가 흔히 송가에서 기대하는 고양된 어법이 아니라 초기의 대화적 양식의
명상시의 서두를 상기시키는 친근한 어조와 외관상 느슨하고 즉흥적인 분위
기로 시작된다.

　　　　글쎄! 만일 「패트릭 스펜스 경」이란 멋진 옛 밸러드를
　　　　지은 시인이 날씨를 잘 알아맞혔다면,
　　　　지금 이렇게 고요한 이 밤이 그냥 지나치지는 않을 거요
　　　　저 구름을 게으른 얇은 조각으로 빚는 바람이나
　　　　차라리 조용했으면 훨씬 더 좋을
　　　　이 풍명금(風鳴琴)의 현 위에서 신음하고 갈퀴로 긁어대는
　　　　둔하게 흐느끼는 바람보다 더 분주하게 일하는
　　　　바람에 의해 일깨워지지 않고서는. (1-8행)

　　　　Well! If the Bard was weather-wise, who made
　　　　The grand old ballad of Sir Patrick Spence,
　　　　This night, so tranquil now, will not go hence
　　　　Unroused by winds, that ply a busier trade
　　　　Than those which mould yon cloud in lazy flakes,
　　　　Or the dull sobbing draft, that moans and rakes

Upon the strings of this Aeolian lute,
Which better far were mute. (CPW 1: 362-63)

이 구절은 이 시의 시간적·공간적 배경을 설정하는 데 그치지 않고, 시인
의 내면 풍경 즉 심경까지 암시한다. 시인의 둔하고 수동적인 상태는 "게으
른"(lazy), "둔한"(dull) 등의 단어들에서, 고통스러운 낙심 상태는 "흐느끼
는"(sobbing), "신음하고"(moans) 등의 단어들에서, 그리고 자기 바깥의 세계
와 조화되지 못하고 있음은 "갈퀴로 긁어대는"(rakes) 같은 단어에서 각각 시
사되고 있다. 우리는 이 시의 첫머리에서 벌써 외적 세계로부터 시인의 내밀
한 정신의 영역으로까지 옮겨간 셈이다.

풍명금 역시 외적 세계와 정신간의 상관에 초점이 맞춰진 서두에 적절한
물상이다. 여기에서 풍명금은 바람이라는 외적 자연의 자극에 반응하는 실제
의 악기이면서, 동시에 낙심한 시인의 감수성 또는 정신의 유사물이다. 그런
점에서 그것은 "외적 움직임과 내적 정서 사이의 비유적 매개물"(Abrams
1975, 38)이라고 할 수 있다. 흔히 낭만주의 시에서 시인의 창조적 충동을 불
러일으키는 것으로 그려지는 바람은 하늘에서는 오직 "게으른 얇은" 구름 조
각들만을 빚어내고, 집안의 창틀에서는 "둔하게 흐느낄" 뿐이다. 초기의 '대
화시'에 속하는 「풍명금」("The Eolian Harp")에서 풍명금으로 하여금 감미로
운 가락을 낳게 함으로써 시인을 조화로운 우주에 대한 형이상학적 비전으
로 인도했던 것과는 대조적으로, 여기에서의 바람은 풍명금의 내적 균형을
깨뜨려버림으로써 시인과 외부 세계간의 부조화스러운 관계를 시사한다. 현
재로서는 풍명금이 불화의 가락만을 낳기 때문에, 시인은 그것이 잠잠해지기
를 바란다. 이 시가 한 시인이 자신의 시적 능력의 상실을 한탄하는 일종의
만가(輓歌) 형태를 띠고 있음을 고려한다면, 옛부터 음유 시인의 악기이자 그
표상이기도 한 현금이 이 시의 서두에서 구슬프게 울린다는 것은 무척 적절
한 것이다(Dekker 109).

바람의 모티프에 잇달아 나오는 달의 이미지 또한 이 시에서 시인이 처한
불확실한 상황을 극명하게 보여준다. 우리는 이 시의 제사로 사용된 「패트릭
스펜스 경」("Ballad of Sir Patrick Spence")의 한 구절에서 화자인 선원뿐만 아

니라 「낙심: 송가」의 시인이 느끼는 두려움을 읽어낼 수 있다.

> 어젯밤 늦게, 늦게 저는 새달[초생달]을 보았습니다
> 옛달[기울어가는 달]을 팔에 껴안은 새달을요.
> 선장님! 우리가 치명적인 폭풍우를 만날까
> 저는 두렵답니다 두렵답니다.

> Late, late yestreen I saw the new Moon,
> With the old Moon in her arms;
> And I fear, I fear, my Master dear!
> We shall have a deadly storm. (CPW 1: 362)

이 제사에서의 달의 이미지는 본문에서는 한층 더 면밀하게 관찰된 풍부한 세부로 재구성된다.

> 왜냐하면 보라! 겨울에 휘영청한,
> 그리고 환영(幻影) 같은 빛으로 가득 퍼진
> (미끄러지듯 흐르는 환영 같은 빛으로 가득 퍼진
> 그러나 은빛 실로 테두리쳐지고 둥그렇게 에워싸인) 새달을!
> 비와 스콜 돌풍의 도래를 예고하는
> 새달 무릎 위의 옛달을 나는 보기에. (9-14행)

> For lo! the New-moon winter-bright!
> And overspread with phantom light,
> (With swimming phantom light o'erspread
> But rimmed and circled by a silver thread)
> I see the old Moon in her lap, fortelling
> The coming-on of rain and squally blast. (CPW 1: 363)

이 구절에서 묘사된 달의 상태는 폭풍의 도래를 예고하는 것이지만, 그것은 단순한 기상 현상만은 아니다. 전통적으로 끊임없는 갱신의 가능성을 표상해 온 달은 여기에서는 옛 것(기울어가는 달)과 새 것(초생달) 사이의 전이적 단계에 있는 것으로 그려지고 있다. 더욱이 이 달은 스스로 명료하게 빛

을 발함으로써 지상의 다른 사물들을 조명해 주는 것이 아니라, "환영 같은
빛"으로 흐릿하게 감싸여 있다. 10-11행의 정교한 교차 배열법(chiasmus)은
달의 이 같은 성격을 수사적으로 강조한다. 전이적 단계에 있는 달의 예견할
수 없는 상태는 시인이 처한 상황과 긴밀하게 대응된다. 사실상 이 시는 단
순한 기상의 변화가 아니라 시인의 "정신의 변화하는 날씨"(Jones 120)를 면
밀하게 기록하고 있는 것이다. 시인은 풍명금이 조용하길 바라면서 제사(題
詞)에서의 선원처럼 파괴적일 수 있는 폭풍의 도래를 두려워하지만, 다른 한
편으로는 그것이 가져다 줄 수 있는 창조적 자극을 또한 갈망한다.

> 그런데 오! 벌써부터 질풍은 부풀어오르고
> 비스듬한 밤비가 요란하게 빨리 몰아치고 있소!
> 경외감을 불러일으키며 종종 내 힘을 북돋우고
> 내 영혼을 멀리 내보냈던 저 소리들은
> 어쩌면 늘 주던 충동을 내게 주고,
> 이 둔한 통증을 깜짝 놀래켜, 그것을 움직여 살게 만들지도 모르오!
> (15-20행)

> And oh! that even now the gust were swelling,
> And the slant night-shower driving loud and fast!
> Those sounds which oft have raised me, whilst they awed,
> And sent my soul abroad,
> Might now perhaps their wonted impulse give,
> Might startle this dull pain, and make it move and live! (CPW 1: 363)

이 지점에 이르면 시인의 두려움은 희망에 찬 기대에 자리를 넘겨주는 것
처럼 보인다. 전통적으로 생명력 혹은 창조력의 재생과 결부되어 온 이 바람
과 소나기가 과연 예전처럼 시인에게 창조적 충동을 가져다 줄 것인가? 희망
에 찬 기대와 두려움이 뒤섞인 분위기를 통해 1연은 이후에 분명해질 보다
큰 역설, 즉 상상력의 쇠퇴를 노래하는 가운데 상상의 힘을 입증하는 역설의
토대를 마련하고 있다(Hill 201). 즉흥적인 듯 하면서도 확고하게 통제된 압
운 체계, 그리고 형식적인 듯 하면서도 생각의 자연스러운 흐름을 잘 드러내
는 다양한 운율 패턴은 이러한 역설적 상황을 구문적으로 반영한다.

「낙심: 송가」보다 5년 전에 씌어진 「내 감옥, 이 보리수 그늘」("This Lime-Tree Bower My Prison")에서 낙심해 있던 시인은 자신의 영혼을 친구들의 산책길에 "멀리 내보냄"으로써 고립을 극복할 수 있는 계기를 얻었다. 그러나 「낙심: 송가」의 2연(21-38행)에서는 외적 대상들의 아름다운 외관에 계속 눈을 고정시킴으로써 자신 속에서 느낌을 끌어내고자 하는 시인의 시도는 별 쓸모가 없는 것으로 밝혀진다. 2연의 서두는 1연의 마지막 행에서의 "이 둔한 통증"(this dull pain)을 부연함으로써 시인 자신의 심경을 한층 더 분석적으로 제시한다.

격통이 따르지 않는, 허전하고 어둡고 황량한 비통,
말이나 한숨이나 눈물에서
어떤 자연스러운 배출구, 어떤 위안도 찾지 못하는
질식과 졸림과 무감동의 비통— (21-24행)

A grief without a pang, void, dark, and drear,
A stifled, drowsy, unimpassioned grief,
Which finds no natural outlet, no relief,
In word, or sigh, or tear— (CPW 1: 364)

이 같은 정신 상태는 1연의 서두에서의 자연 배경의 정서적 대응물이다. "비통"(grief)을 수식하는 단어들과 어구들은 낙심의 밑바닥에 있는 시인의 기분을 거듭 침울하게 강조한다. "여인"(Lady)으로 일반화된 청자에게 시인이 자신의 심경을 토로하고 있는 이후의 시행들에서 그의 궁지 또는 정신적 위기는 한층 더 구체적인 표현을 얻는다.

오 여인이여! 이 음산하고 열의 없는 기분으로
저편 지빠귀 소리에 딴 생각에 잠겨,
너무나도 향긋하고 고요한 이 긴 저녁 내내
나는 응시하고 있었소 서녘 하늘을
그리고 그 특이한 황록색 색조를.
지금도 나는 응시하오—아주 멍한 눈으로!
그리고 움직이며 별들을 드러내주는

조각과 빗장을 이룬 저 얇은 구름들을,
구름들 뒤로 사이로
반짝거리다 때로는 흐릿해졌다 하지만 늘 보이는 미끄러지는 별들을,
구름도 별도 없는 푸른 호수에서
돋아나듯 고정된 저 초생달을.
나는 아오 이 모두가 빼어나게 아름다운 것을,
알지만 느끼지는 못하오 얼마나 그들이 아름다운지를! (25-38행)

O Lady! in this wan and heartless mood,
To other thoughts by yonder throstle woo'd,
All this long eve, so balmy and serene,
Have I been gazing on the western sky,
And its peculiar tint of yellow green:
And still I gaze—and with how blank an eye!
And those thin clouds above, in flakes and bars,
That give away their motion to the stars;
Those stars, that glide behind them or between,
Now sparkling, now bedimmed, but always seen:
Yon crescent Moon, as fixed as if it grew
In its own cloudless, starless lake of blue;
I see them all so excellently fair,
I see, not feel, how beautiful they are! (CPW 1: 364)

시인은 서녘 하늘을 응시하지만, 음울하고 열의 없는 기분 속에서의 응시 행위는 이전의 '대화시'에서처럼 사물들의 일상적 외관을 붕괴시키고 그 핵심에 대한 직관적 인식을 가져다주기는커녕 그에게서 아무런 느낌도 불러일으키지 못한다. 시인이 아무런 정서적 교섭을 맺지 못하는 자연 세계는 무척 인상적으로 묘사되고 있다. 서쪽 하늘은 특이한 황록색을 띠고 있고, 구름은 조각과 빗장의 다양한 형태를 이루고 있다. 더욱이 구름과 별은 상호적인 관계를 맺고 있음으로 해서, 시인의 상황을 대조적으로 부각시킨다. 별이 빛을 구름에 방출하듯이, 구름은 스스로 움직임으로써 별들을 돋보이게 한다. 유동적인 별들과는 대조적으로 초생달은 고정되어 있다.

그렇지만 이 아름다운 자연 세계는 시인의 공감적 느낌으로 옷 입혀져 있

지 않다. 외적 자연과 인간 정신의 단절은 "이지(理智)와 감성의 분리"(이영
걸 17)를 절감하는 시인의 진술에 뚜렷하게 나타난다―"나는 아오 이 모두가
빼어나게 아름다운 것을,/ 알지만 느끼지는 못하오 얼마나 그들이 아름다운
지를!" 경험의 두 층위가 융합되지 않는 이런 상태에서는 자아 밖의 세계는
코울리지 자신의 말처럼 "사소한 것들의 거대한 더미"(an immense heap of
little things)(CL 1: 349)에 불과하다.

  자아 밖의 세계와 살아 있는 정서적 교섭을 맺지 못하는 "삶 속의 죽
음"(death-in-life)을 살게 된 원인을 시인은 3연(39-46행)에서 그의 내적인 "생
기(生氣)"(genial spirits)의 쇠퇴에서 찾고 있다.

>   내 생기가 쇠퇴하오.
>   그러니 질식시키는 무게를
>   내 가슴으로부터 떨쳐버리는 데에 이것이 무슨 소용이 있을까?
>   그건 헛된 노력일 터이리
>   비록 내가 서편에서 머뭇거리는
>   그 녹색 빛을 영원히 응시한다 하더라도.
>   나는 외적 형상들로부터 그 원천이 내부에 있는
>   정열과 생명을 얻어내기를 바랄 수가 없소. (39-46행)

>   My genial spirits fail;
>   And what can these avail
>   To lift the smothering weight from off my breast?
>   It were a vain endeavour,
>   Though I should gaze for ever
>   On that green light that lingers in the west:
>   I may not hope from outward forms to win
>   The passion and the life, whose fountains are within. (CPW 1: 365)

  시인이 자연의 아름다움에 반응할 수 없는 이유는 이제 분명해졌다. 외적
형상이 아니라 자아의 내적 힘들이 우리가 자연에서 경험하는 "정열과 생명"
의 원천임을 그는 깨닫는다. 감미로운 새의 노래조차 공허한 소리로 들리는
경험을 다루고 있는 「엘빙에로데의 하츠 숲에서 앨범에 씌어진 시」("Lines

Written in the Album at Elbingerode, in the Hartz Forest")의 한 구절도 이와 동일한 생각을 표현하고 있다—"··· 왜냐하면 나는 깨달았기에/ 가장 고귀한 외적 형상들조차 내부의 생명으로부터/ 그들의 보다 멋진 영향을 여전히 받아들인다는 것을"(CPW 1: 315-16).

3연의 "나"(I)라는 주어가 "우리"(we)로 바뀐 데에서 알 수 있듯이, 4연 (47-58행)은 보다 일반화된 관점에서 이러한 생각을 부연한다.

> 오 여인이여! 우리는 우리가 주는 것만을 되받고,
> 우리의 생명 속에서만 자연은 생동하오.
> 우리의 혼례복은 자연의 혼례복, 우리의 수의(壽衣)는 자연의 수의!
> 사랑 없고 늘 근심에 잠긴 가련한 무리에게 허용된
> 그 차가운 생명 없는 세계보다
> 가치 있는 어떤 것을 보려 한다면,
> 아! 영혼 자체로부터 흘러나와야 하리
> 대지를 감싸는 빛과 영광과
> 아름답게 빛나는 구름이—
> 영혼 자체로부터 나와야 하리
> 스스로 태어난 감미롭고 힘찬 목소리,
> 모든 감미로운 소리들의 생명과 원소가! (47-58행)

> O Lady! we receive but what we give,
> And in our life alone does Nature live:
> Ours is her wedding garment, ours her shroud!
> And would we aught behold, of higher worth,
> Than that inanimate cold world allowed
> To the poor loveless ever-anxious crowd,
> Ah! from the soul itself must issue forth
> A light, a glory, a fair luminous cloud
> Enveloping the Earth—
> And from the soul itself must there be sent
> A sweet and potent voice, of its own birth,
> Of all sweet sounds the life and element! (CPW 1: 365)

지각 대상인 자연이 생명 없는 것이기를 그치고 지각 주체와 창조적 교섭을 맺는 것은 주체의 정신이 기쁨과 활기에 차 있을 때에야 가능한 일이다. 그렇지 못할 때 자연은 단순한 외적 대상으로서 죽어 있는 하찮은 것에 지나지 않는다. 결혼과 장례의 비유는 이 점을 극적으로 보여주고 있다—"우리의 혼례복은 자연의 혼례복, 우리의 수의는 자연의 수의!" 3 - 4연에 걸쳐 이 같은 생각은 다섯 번이나 되풀이되는데, 정신은 등(燈)처럼 자체의 빛을 생명 없는 세계 속으로 투사시키는 능동적 힘으로 묘사되고 있다. "영광"과 "아름답게 빛나는 구름"은 마치 인간의 창조적 지각 행위에서 일어나는 정신과 자연의 결합의 상징적 "혼례복"인 것처럼 보인다.

낭만주의 시인들, 그 중에서도 특히 코울리지가 평생 동안 관심을 가졌던 것은 주체와 대상 즉 정신과 자연간에 의미 있는 관계를 맺어주는 것이었고, 그럼으로써 유물론자들의 죽은 우주를 인간이 소외감을 느끼지 않는 살아 있는 우주로 만드는 것이었다. 이것을 가능케 하는 것이 바로 인간의 상상력이다. 5연(59-75행)은 상상적 작용, 나아가서는 조화로운 삶의 필수적 여건이 "환희"(Joy)이고, 순수한 영혼에게만 그것이 주어진다고 단언한다.

> 오 마음이 순수한 이여! 그대는 내게 물어볼 필요가 없소
> 영혼 속의 이 힘찬 음악이 무엇인지를!
> 이 빛, 이 영광, 이 아름답고 빛나는 구름,
> 이 아름다운 그리고 아름다움을 만드는 힘,
> 그것이 무엇이며, 어디에 존재하는지를.
> 정숙한 여인이여, 환희인 것을! 순수한 이에게만,
> 그리고 그들의 가장 순수한 시간에만 주어졌던 환희,
> 생명, 그리고 생명의 방출, 구름이면서 소나기,
> 여인이여! 환희는 결혼하는 자연이 우리에게
> 지참금으로 주는 정신이자 힘,
> 관능적인 사람들과 오만한 사람들은 꿈꿔보지 못한
> 새로운 땅과 새로운 하늘—
> 환희는 감미로운 목소리, 환희는 빛나는 구름—
> 우리는 우리 자신을 기뻐하는 거요!
> 그리고 거기로부터 귀나 눈을 매혹하는 모든 것이 흘러나오오
> 모든 선율은 그 목소리의 메아리
> 모든 색깔은 그 빛의 확산이오. (59-75행)

O pure of heart! thou need'st not ask of me
What this strong music in the soul may be!
What, and wherein it doth exist,
This light, this glory, this fair luminous mist,
This beautiful and beauty-making power.
Joy, virtuous Lady! Joy that ne'er was given,
Save to the pure, and in their purest hour,
Life, and Life's effluence, cloud at once and shower,
Joy, Lady! is the spirit and the power,
Which wedding Nature to us gives in dower
A new Earth and new Heaven,
Undreamt of by the sensual and the proud—
Joy is the sweet voice, Joy the luminous cloud—
We in ourselves rejoice!
And thence flows all that charms or ear or sight,
All melodies the echoes of that voice,
All colours a suffusion from that light. (CPW 1: 365-66)

여기에서 "환희"는 이전의 시각·음향·날씨·혼인의 비유들을 통해 은유
적으로 제시되고 있다. 조화로운 삶을 가능케 함으로써 생명의 전일성을 지
각하게끔 해주는 여건으로서의 "환희"는 넘치는 활력의 상태이다. 그것은 자
아가 고립된 상태를 벗어나 자기 밖의 존재들과 살아 있는 관계를 맺을 수
있게 해준다. 「풍명금」에서의 탄성은 바로 이 같은 상태에서 솟아 나왔었
다—"오! …/ 우리 안팎의 전일한 생명이여"(CPW 1: 101). 그리고 "환희"를
묘사하는 어구들—"이 아름답고 아름다움을 만드는 힘", "생명 그리고 생명
의 방출", "구름이자 소나기"—은 이것이 인간이 조화로운 실존을 유지하기
위해서는 지속적으로 갱신되어야 하는 과정으로 파악되고 있음을 시사한다.
   "여인"은 원초적 활력을 보존하고 있는 순수한 영혼으로 묘사되고 있다.
「내 감옥, 이 보리수 그늘」에서도 진정으로 현명하고 순수한 이는 자아 밖의
존재를 사심 없이 사랑하면서 자아의 협소한 한계를 넘어설 수 있는 공감적
상상력의 소유자로 그려졌었다. 이와는 대조적인 인물들이 4연의 "사랑 없고
늘 근심에 잠긴 가련한 무리"와 5연의 "관능적인 사람들과 오만한 사람들"이

다. 이들은 모두 자아 속에 폐쇄되어 다른 존재와 공감적 사랑을 나누지 못하거나 정신의 창조적 힘을 믿지 않는 사람들이다.

다른 낭만주의자들처럼, 코울리지는 정신과 자연의 결합을 결혼의 비유로 나타낸다. 여기에서 "환희"는 마치 이 예식을 관장하는 존재인 것처럼 묘사되고 있다. 그리고 "환희"가 자연과 결혼하는 우리에게 지참금으로 주는 것은 외부 세계에 대한 완전히 새로운 경험이다. 이 경험은 성서의 「요한의 묵시록」에서 빌어온 종교적 어휘로 표현된다—"새로운 땅과 새로운 하늘.", "환희"에 의해 소리와 빛 역시 더 이상 분리된 현상으로 존재하지 않게 된다—"환희는 감미로운 목소리, 환희는 빛나는 구름—/ 우리는 우리 자신을 기뻐하는 거요!"

"환희"에 대한 찬가라고 할 수 있는 5연은 4연의 능동적 지각 행위의 이론과 더불어 이 시의 철학적 핵심을 이루면서, 시인의 낙심에 초점이 맞춰진 1 - 3연과 극적인 대조를 이룬다. 어떤 미에서 시인은 정신과 자연의 창조적 교섭에 관한 생각을 정교하게 다듬어 가는 과정에서 일시적으로 그 자신의 낙심을 잊게 된 것처럼 보인다(Modiano 61). 그러나 시인의 목소리가 이 일반화의 과정에서 어느 정도 생기를 띠게 되었다고 하더라도, 그의 정신적 위기가 극복된 것은 아니다. 6연(76-93행)에서 시인이 정서적 위기에 이르게 된 자신의 삶의 역정(歷程)을 회고적으로 분석할 때, 낙심의 무게는 다시금 그를 짓누른다.

> 내 역정이 험악해도, 이 환희가
> 내 마음속에서 고통과 장난치고,
> 온갖 불운은 공상이 내게 행복의 꿈들을
> 만들어주던 재료에 지나지 않던 시절이 있었소.
> 왜냐하면 희망이 감기는 덩굴처럼 내 주위에 자랐고,
> 내 것 아닌 열매들과 잎사귀들이 내 것처럼 여겨졌기 때문이오.
> 하지만 이제 고뇌가 날 땅으로 끌어내리오.
> 또 고뇌가 내게서 기쁨을 앗아가는 걸 난 개의치 않소.
> 그러나 오! 고뇌는 닥칠 때마다
> 정지시키오 자연이 내가 태어날 적에 주었던 것,
> 내 상상력의 형성력을.

왜냐하면 내가 꼭 느껴야 하는 것을 생각지 않고,
할 수 있는 한 가만히 참는 일,
그리고 어쩌면 심오한 연구로 내 자신의 본성으로부터
모든 자연스런 인성을 훔쳐내는 일—
이것이 나의 유일한 자원, 나의 유일한 계획이었기에.
그래서 마침내 일부에 맞는 것이 전체를 감염시켜,
이제는 거의 내 영혼의 습관이 되어버렸소. (76-93행)

There was a time when, though my path was rough,
This joy within me dallied with distress,
And all misfortunes were but as the stuff
Whence Fancy made me dreams of happiness:
For hope grew round me, like the twining vine,
And fruits, and foliage, not my own, seemed mine.
But now afflictions bow me down to earth:
Nor care I that they rob me of my mirth;
But oh! each visitation
Suspends what nature gave me at my birth,
My shaping spirit of Imagination.
For not to think of what I needs must feel,
But to be still and patient, all I can;
And haply by abstruse research to steal
From my own nature all the natural man—
This was my sole resource, my only plan:
Till that which suits a part infects the whole,
And now is almost grown the habit of my soul. (CPW 1: 366-67)

　　많은 학자들에 의해 정직한 자기 분석이라는 평가를 받아 온 이 구절에서
시인의 관심은 환희의 상실과 그에 따른 창조적 상상력의 정지에 향해 있다.
그는 자신에게도 불운을 변형시키고 초월할 수 있는 발랄함을 소유했던 때
가 있었음을 떠올린다. 불운이 오히려 미래의 행복의 재료가 될 수 있었던
그 시절은 식물적 성장의 이미지로 묘사되고 있다—"왜냐하면 희망이 감기
는 덩굴처럼 내 주위에 자랐고,/ 내 것 아닌 열매들과 잎사귀들이 내 것처럼
여겨졌기 때문이오."

434 윤 준

그러나 이제 거듭되는 고뇌는 시인에게서 환희를 앗아가고, 정신으로 하여금 현실에 대한 비전을 형체화하고 통합시키게 해주는 살아 있는 능동적 힘인 "상상력의 형성력"의 활동을 정지시킨다. "끌어내리다"(bow), "앗아가다"(rob) 등의 동사는 고뇌의 강제력을 강하게 시사한다. 끊임없이 내습하는 고뇌에서 벗어나기 위해 시인은 그가 반드시 느껴야 할 바를 생각하지 않고 "심오한 연구"로 도피함으로써 자신 주위의 세계와 상황에 상상적 공감으로 반응할 수 있는 능력을 사실상 상실하게 되었다. 이지적·분석적 능력만을 계발시켜 나가면서 그는 이 세계에 대한 그의 경험을 의미 있는 전체로 형성시켜 주는 창조적 힘을 스스로 빼앗아버린 것이다. 매그너슨(Paul Magnuson)이 지적하듯이, 자연스러운 느낌들을 통어해서 의식적 자아 속에 통합시키지 않고 그것들을 전적으로 기각하는 시인의 행위는 자아에 인위적 한계를 설정하는 자기 기만적인 자살 행위이다(116). 살아 있는 유기체로서의 정신을 분리시키려는 시인의 시도는 그가 애초에 원했던 잠정적 조치로 끝나지 않고 영혼의 고질적 습관이 되어 파국적 결과를 가져온다. 이미 우리는 2연에서 이 같은 결과를 생생하게 목격한 바 있다. "훔치다"(steal), "감염시키다"(infects) 같은 단어들은 자신의 삶의 방식이 초래한 절망적 결과에 대한 시인의 죄의식과 후회의 감정을 짙게 반영하고 있다.

그와 함께 시인은 자신의 회고적 자기 분석에 깃들어 있는 자기 몰입 또는 자기 연민의 음조를 분명히 깨닫고 있는 것처럼 보인다. 7연(94-125행)이 6연의 자기 연민의 가락을 중단시키는 극적인 외침으로 시작되는 것은 바로 그런 이유에서이다.

> 물러가거라, 내 마음을 휘감은 살모사 같은 생각들이여,
> 현실의 악몽이여!
> 나는 너로부터 돌아서서, 주목받지 못한 채
> 오래도록 노호한 바람에 귀를 기울인다. (94-97행)

> Hence, viper thoughts, that coil around my mind,
> Reality's dark dream!
> I turn from you, and listen to the wind,
> Which long has raved unnoticed. (CPW 1: 367)

　6연에서 희망을 묘사하는 데 활용되었던 식물적 이미지("감기는 덩굴")는 여기에서 살모사라는 파충류 이미지("내 정신을 휘감은 살모사 같은 생각들")로 대체되는데, 「크리스타벨」("Christabel")이나 「카인의 방랑」("The Wanderings of Cain") 등의 시편들에서처럼 이 이미지는 시인의 정신의 고통스러운 제약을 선명하게 부각시킨다. 악몽처럼 시인의 정신을 괴롭히는 현재의 생각들은 "현실의 악몽"(Reality's dark dream)이라는 역설적 표현 속에 간결하게 요약되어 있다.

　시인은 6연의 우울한 내성(內省)이 불러온 절망적인 생각들을 애써 떨쳐버리고, 그의 관심을 오랫동안 노호해 온 바람에게로 향한다. 시인의 이 같은 노력은 이 시에서 처음으로 나타나는 의지적·능동적 행위로서, '대화시'의 기본 구조를 이루는 순환적 패턴의 마지막 단계인 외적 장경으로의 귀환의 움직임에 해당된다. 6연에서 시인의 낙심이 한때는 창조적이었던 그의 상상력의 불모성에 관한 고통스러운 생각들을 불러냈듯이, 노호하는 바람은 풍명금을 고문해서는 단말마의 비명을 비틀어 짜냈었다.

> 고문으로 늘어진
> 고통의 얼마나 지독한 비명 소리를
> 저 현금은 내보냈던가! 밖에서 노호하는 너 바람이여,
> 헐벗은 바위, 또는 산정 호수 또는 시든 나무,
> 또는 나무꾼이 한번도 오른 적 없는 소나무 숲,
> 또는 오래도록 마녀들의 집으로 여겨진 외딴집이
> 내 생각엔 네게 더 어울리는 악기였으리라.
> 미친 현금 탄주자여! 너는 이 소나기의 달에,
> 암갈색 정원과 고개를 내미는 꽃들의 달에
> 악마들의 축제를 벌이는구나 겨울 노래보다 더 나쁜 노래로
> 꽃들, 봉오리들, 벌벌 떠는 잎사귀들 사이에서.
> 온갖 비극적 소리에 완벽한 너 배우여!
> 너 미치도록 대담한 강력한 시인이여!
> 무엇을 너는 지금 말하고 있는가?
> 짓밟힌 사람들의 신음 소리를 내고,
> 쓰라린 상처를 입은 패주하는 무리의 돌진을 얘기하는구나―
> 그들은 고통으로 신음하고, 추위로 벌벌 떠는구나! (97-113행)

What a scream
Of agony by torture lengthened out
That lute sent forth! Thou Wind, that rav'st without,
Bare crag, or mountain-tairn, or blasted tree,
Or pine-grove whither woodman never clomb,
Or lonely house, long held the witches' home,
Methinks were fitter instruments for thee,
Mad Lutanist! who in this month of showers,
Of dark-brown gardens, and of peeping flowers,
Mak'st Devils' yule, with worse than wintry song,
The blossoms, buds, and timorous leaves among.
Thou Actor, perfect in all tragic sounds!
Thou mighty Poet, e'en to frenzy bold!
What tell'st thou now about?
'Tis of the rushing of an host in rout,
With groans of trampled men, with smarting wounds—
At once they groan with pain, and shudder with the cold! (CPW 1: 367)

1연에서 예견되었던 폭풍은 이제 실제로 다가와서, 실제의 악기이면서 동시에 시인의 감수성 또는 정신의 표상인 풍명금을 고문하고 있다. 1연에서의 "둔하게 흐느끼는 바람"은 완전한 폭풍으로 강화되어 있다. 이 바람은 7연 전체에 걸쳐 시인의 정신과 그것과의 대면을 가능케 하는 수사적 돈호를 통해 부연되는데, 그 부연의 과정은 마치 이 시가 송가라는 점을 새삼 강조하기라도 하는 양 고양된 어법으로 이루어진다.

맨 처음 단순한 말 건넴의 대상으로 나타나는 바람은 이 시의 서두에서처럼 속신(俗信)의 여러 요소들—"시든 나무", "산정 호수", "오래도록 마녀의 집으로 여겨진 외딴집"—과 결부되어 있다. 그리고 바람이 힘을 얻을수록 시인의 상상은 더욱 강렬해져서, 앞 연들에서의 미세한 객관적 관찰과 지적 분석을 뒷받침했던 억제된 리듬은 정서적 충동에 걸맞는 활달한 리듬과 언어에 자리를 넘겨준다. 바람은 두 번째로 "미친 현금 탄주자"로 불려진다. 만물이 소생하는("고개를 내미는 꽃들") 이 계절에 풍요의 비를 몰고 오면서 부드럽게 불어야 할 바람은 "겨울 노래보다 더 나쁜 노래로" 연약한 꽃들과 봉오리들과 잎들을 벌벌 떨게 만든다. 그것은 만물을 소생시키는 창조적 힘이라기보다는 봄의 초목에게 죽음으로 위협하는 악마적인 파괴력으로 작용하면서, 시인에게 그가 이미 환희의 상실과 그에 따른 상상의 정지를 통해 겪은 "삶 속의 죽음"을 환기시킨다. 그런 후 바람은 고통으로 인한 비극적 소리들을 완벽하게 표현해내는 비극 배우, 그리고 광기 어릴 정도로 대담한 "강력한 시인"으로 불리어진다.

의인화된 바람에 대한 수사적 질문과 답변의 과정은 우리가 흔히 서사시에서 찾아볼 수 있는, 전쟁터에서 고통에 찬 신음을 내지르며 패주하는 무리의 이미지를 제시한다. 우리는 이 연속되는 수사적 부연의 과정에서 시인의 목소리가 점차 두려움에서 벗어나 자신감을 되찾아가고 있음을 어렴풋이 감지할 수 있다. 이 시의 서두에서의 시인의 둔하고 수동적인 상태는 이제 비록 불완전하긴 하지만 어느 정도 깨어난 느낌과 상상에 의해 대체되고 있다. 6연에서 시인이 그 활동이 정지되었다고 한탄했던 "상상력의 형성력"은 결코 완전히 파괴되지는 않았던 것이다. 깊은 정적이 깃드는 것은 바로 이 전환점에서이다.

> 그러나 쉬잇! 잠시 동안 아주 깊은 정적이 깃드는구나!
> 그래서 신음하고 몸서리치며 전율하는
> 돌진하는 무리의 소리 같은 저 온갖 소리—모든 게 지나갔다—
> 그것은 덜 깊고 덜 시끄러운 소리로 다른 이야기를 전하는구나!
> 덜 겁나고, 기쁨으로
> 누그러진 이야기,
> 마치 오트웨이 자신이 감미로운 노래를 지었듯이—
> 그것은 집에서 멀지 않은
> 쓸쓸한 황야에서 헤매는 꼬마 아이 이야기.
> 어떻든 그녀는 길을 잃었다. 그래서 때로 깊은 비탄과 공포에 잠겨
> 낮게 신음하고, 때로 큰 소리로 비명 지르며,
> 자기 어머니가 듣기를 바란다. (114-25행)

But hush! there is a pause of deepest silence!
And all that noise, as of a rushing crowd,
With groans, and tremulous shudderings—all is over—

It tells another tale, with sounds less deep and loud!
A tale of less affright,
And tempered with delight,
As Otway's self had framed the tender lay,—
'Tis of a little child
Upon a lonesome wild,
Not far from home, but she hath lost her way:
And now moans low in bitter grief and fear,
And now screams loud, and hopes to make her mother hear. (CPW 1: 368)

이 시의 서두에서의 죽음 같은 무감동의 고요를 대체하는 깊은 정적은 "악마들의 축제"와 패주하는 무리가 내지르는 것 같은 소음에 종지부를 찍는다. 그런 후 바람은 쓸쓸한 황야에서 길을 잃은 꼬마 아이의 이미지를 제시한다. 꼬마 아이가 슬픔과 두려움 속에서 내는 신음 소리는 1연의 서두에서의 바람의 신음과 흐느낌을 상기시키면서, 고립되고 무력한 존재로서의 시인의 궁지를 표상하고 있다. 그러나 그것은 분명히 1 - 2연에서 시인이 처해 있던, "둔한 통증"과 "질식과 졸림과 무감동의 비통"의 절망적인 상황으로부터는 한 걸음 나아간 것이다.

꼬마 아이의 이미지의 극적 중요성은 여기서 그치지 않는다. 그녀는 길을 잃었지만, 실제로는 집에서 멀지 않은 곳에 있다. 꼬마 아이의 이미지가 조심스러운 희망의 분위기를 제공하고 있다는 점은 "또 다른 이야기"를 부연하는 두 행에서 보다 뚜렷해진다—"덜 겁나고, 기쁨으로/ 누그러진 이야기." 우리는 여기에서 어떻게 길 잃은 아이의 고통에 관한 이야기가 "기쁨으로 누그러진" 것일 수 있는 것일까라는 질문을 던져볼 수 있다. 몇몇 학자들이 지적하듯이, 그 질문에 대한 답변은 심미적 경험의 성격과 관련되어 있다. 이 이야기가 애초의 서한시에서는 토머스 오트웨이(Thomas Otway)의 작품이 아니라 워즈워스의 루시 그레이(Lucy Gray)의 이야기를 지칭했었다는 사실은 그리 중요하지 않다. 다른 시인의 상상의 소산을 통해 길 잃은 꼬마 아이의 비통, 나아가서는 시인 자신의 비통이라는 실제적 경험은 이야기라는 하나의 예술 형식으로 변형되고 있다. "만일 바람의 이야기가 꼬마 아이의 비탄을 청자에게 견딜만하게 만들었다면, 그 자신의 비통에 관한 시인의 이야기(즉 그의 시인 「낙심: 송가」)는 똑같은 기능을 수행할 수 있고, 그가 참을 수 있고 또 삶이 계속될 수 있을 만큼 그의 비통으로부터의 충분한 '거리'를 그에게 준다"(Barth 187). "기쁨으로 누그러진"(tempered with delight)이라는 어구는 고통스러운 현실을 초월하는 것을 가능케 하는 심미적 거리를 함축하는 것처럼 보인다.

시인이 낙심으로부터 회복되어 가는 과정에서 주된 동인(動因)으로 작용하는 것은 바람이다. 이 시의 서두에서 바람은 속신 및 시인의 자기 투사와 결부되어 있었다. 그러나 이 시가 진행되는 동안 그것은 단순한 풍경의 한 요소가 아니라 시인의 정신의 변화를 담는 매체가 된다. 7연에서 빈번히 나타나는 바람에 대한 의인화는 바람이 외적 현상으로부터 인간적 층위로 내려왔음을 입증하는 좋은 증거이다(Chayes 71). 에이브럼즈(M. H. Abrams)는 낭만주의 시의 주요 모티프의 하나인 바람의 메타포를 논의하는 자리에서 이 시의 성격을 잘 요약하고 있다—"이 시는 그것이 묘사하는 폭풍이라는 동인에 의해 그 자체의 전제들을 반박하는 것으로 밝혀진다. 시인의 정신은 그가 자신의 내적 죽음을 한탄할 때조차 격렬한 생명으로 일깨워지고, 모든 배출구로부터 단절되어 있음에 대한 절망 속에서 해방을 성취하고, 상상의 쇠퇴를 기념하는 과정에서 상상의 힘을 예증한다"(1975, 39).

그렇다면 이제 시인은 애초에 그가 처해 있던 낙심 상태에서 벗어나 완전하지는 않지만 어느 정도 기쁨과 창조적 상상력을 회복했다고 할 수 있다. 이 같은 상태에서 이 시의 결미인 8연(126-39행)에서의 "여인"에 대한 기원이 행해진다.

> 한밤중인데도 별로 자고 싶은 생각이 안드는구나.
> 이런 밤을 내 친구가 꼬박 지새는 일이 거의 없기를!
> 온화한 잠이여, 그녀를 방문하라, 치유의 날개로!
> 그리고 이 폭풍이 단지 산에서 발원한 것이기를,
> 모든 별들이 그녀의 거처 위에서 밝게 빛나기를,
> 마치 잠든 대지를 지켜보듯 말없이!
> 가뿐한 마음, 즐거운 공상,

명랑한 눈으로 그녀가 일어나기를,
환희가 그녀의 정신을 고양시키고, 환희가 그녀의 목소리를 조율해주
기를.
극에서 극에 이르기까지 그녀에게 만물이 살아 있기를,
만물의 생명이 그녀의 살아 있는 영혼의 소용돌이이기를!
오 하늘로부터 인도된 소박한 정령이여!
소중한 여인이여! 내가 택한 가장 헌신적인 친구여,
이렇게 당신은 언제나, 영원히 기뻐하기를. (126-39행)

'Tis midnight, but small thoughts have I of sleep:
Full seldom may my friend such vigils keep!
Visit her, gentle Sleep! with wings of healing,
And may this storm be but a mountain-birth,
May all the stars hang bright above her dwelling,
Silent as though they watched the sleeping Earth!
With light heart may she rise,
Gay fancy, cheerful eyes,
Joy lift her spirit, joy attune her voice;
To her may all things live, from pole to pole,
Their life the eddying of her living soul!
O simple spirit, guided from above,
Dear Lady! friend devoutest of my choice,
Thus mayest thou ever, evermore rejoice. (CPW 1: 368)

「한밤의 서리」에서와 마찬가지로, 여기에서도 배경은 하루의 끝과 다음날의 시작 사이의 전이적 시점인 한밤중이다. 시인은 그 자신은 누릴 수 없었던 평화로운 잠과 온전한 기쁨을 그녀를 위해 기원한다. 이 구절에서 여섯 번이나 되풀이되는 "may"라는 단어는 시인의 "여인"에 대한 간절한 기원이 축복에 가까운 것임을 암시하고 있다.

시인은 자신에게는 격렬한 것이었던 폭풍이 혹시 그녀의 정신을 어지럽히지 않았나 염려하면서, 잠이 "치유의 날개"로 그녀를 방문해 주기를 기원한다. 또한 그는 이 폭풍이 산에서 발원된 것이어서 격렬하지만 일과성의 것이기를 바란다. 별들에 대한 시인의 소망을 표현하는 시행들에서 별들은 잠든

대지뿐만 아니라 그녀까지 고요히 후원해 주는 것으로 묘사되고 있다. 더욱
이 이 별들은 시인의 그녀에 대한 사랑이 깃든 관심으로 생기를 띠고 있고,
따라서 「내 감옥, 이 보리수 그늘」의 결미에서 시인의 지각 세계와 찰즈의
그것간의 경험의 갭을 메워주던 까마귀와 마찬가지로 이제는 자기 몰입에서
벗어난 시인과 그녀 사이의 다리가 된다.

자신은 상실한 온전한 기쁨을 사랑하는 여인은 영원히 유지했으면 하는
시인의 소망을 표현하는 구절에 나오는 소용돌이(eddy)의 이미지는 "영혼과
자연간의, 생명의 끊임없는 순환"(Abrams 1953, 68)을 함축하면서 이 시를 아
름답게 끝맺고 있다―"극에서 극에 이르기까지 그녀에게 만물이 살아 있기
를,/ 만물의 생명이 그녀의 살아 있는 영혼의 소용돌이이기를!" 그녀에게 만
물은 살아 있는 것이 되고, 또 만물의 생명은 그녀의 살아 있는 영혼으로로부
터 소용돌이쳐 나온다. 이 상태에서 영혼과 자연을 구별하는 것은 무의미한
일일 터이다. 환희를 갖고 우주의 "전일한 생명"에 참여하는 존재로 묘사된
그녀는 최종적으로 "하늘로부터 인도된 소박한 정령", "내가 택한 가장 헌신
적인 친구"로 불리어지는데, 이처럼 사랑이 깃든 축복의 행위를 통해 시인은
이 시의 앞부분에서의 자기 몰입에서 벗어나 영혼을 자아 밖의 세계로 내보
낼 수가 있는 것이다.

지금까지의 논의에서 드러났듯이, 이 시는 풍경 묘사와 외부 풍경의 어떤
모습에 의해 자극된 열정적 명상으로 이루어진 핀다로스(Pindar)풍의 전형적
인 낭만적 송가이다. 비록 형식상으로는 송가의 형태를 활용하긴 하지만, 그
것은 기본적으로 현재의 장경으로부터 출발해서 과거・현재・미래를 수반하
는 지속적 명상을 거쳐 다시 현재의 장경으로 되돌아오는 대화적 양식의 명
상시의 순환적 패턴을 따르고 있다. 명상적 독백에 입각한 극적 플롯을 통해
낙심이라는 시인의 개인적 위기가 전개되고 또 잠정적으로나마 극복된다는
점에서 이 시는 자기 발견의 드라마 또는 한 예민한 정신의 성장사로 간주될
수 있다. 자신의 상상력의 쇠퇴로 인한 "삶 속의 죽음"을 애도하는 바로 그
행위 속에서 코울리지는 시인으로서의 그의 창조적 활력을 훌륭하게 예증하
는 것이다.

인용 문헌

이영걸. 『영미시 개관』. 서울: 탐구당, 1984.

Abrams, M. H. "The Correspondent Breeze: A Romantic Metaphor." *English Romantic Poets: Modern Essays in Criticism*. 2nd edition. Ed. M. H. Abrams. Oxford: Oxford UP, 1975. 37-54.

_____. *The Mirror and the Lamp: Romantic Theory and the Critical Tradition*. Oxford: Oxford UP, 1953.

Barth, J. Robert, S.J. "Coleridge's *Dejection*: Imagination, Joy and the Power of Love." *Coleridge's Imagination: Essays in Memory of Pete Laver*. Eds. Richard Gravil, Lucy Newlyn, and Nicholas Roe. Cambridge: Cambridge UP, 1985. 179-92.

Chayes, Irene H. "Rhetoric as Drama: An Approach to the Romantic Ode." *PMLA* 79.1 (March 1964): 67-79.

Coleridge, S. T. *Collected Letters of Samuel Taylor Coleridge*. 6 vols. Ed. Earl Leslie Griggs. Oxford: Oxford UP, 1956-71.

_____. *The Complete Poetical Works of Samuel Taylor Coleridge*. 2 vols. Ed. Ernest Hartley Coleridge. Oxford: Oxford UP, 1912.

Dekker, George. *Coleridge and the Literature of Sensibility*. New York: Barnes & Noble, 1978.

Hill, John Spencer. *A Coleridge Companion*. London: Macmillian, 1983.

Jones, A. R. "Coleridge and Poetry: II. the Conversational and Other Poems." *S. T. Coleridge*. Ed. R. L. Brett. Athens: Ohio UP, 1972. 91-122.

Magnuson, Paul. *Coleridge's Nightmare Poetry*. Charlottesville: UP of Virginia, 1974.

Modiano, Raimonda. *Coleridge and the Concept of Nature*. London: Macmillian, 1985.

Selincourt, Ernest de. "Coleridge's *Dejection: An Ode.*" *Essays and Studies* 22 (1937): 7-25.

Wimsatt, William K., Jr. and Monroe C. Beardsley. "Intentional Fallacy." *20th Century Literary Criticism: A Reader.* Ed. David Lodge. London: Longman, 1972. 334-45.

고대 서사시와 Flyting(설전)

이 동 일
(한국외국어대 영어학부)

I. 서론

대화 속의 논쟁(verbal duelling)은 고대서사시를 중심으로 글 문학 초기에 서부터 꾸준히 발달되어 온다. 언어를 통한 논쟁을 전문적인 문학 용어로 fliting(flyting)이라 하는데 고대영어 *flitan*(다투다, 논쟁하다, 말다툼하다: to strive, dispute)에서 파생한다. O.E.D에 나오는 flite의 정의는 말을 통한 논쟁이나 분쟁으로 욕설(to rail)과 조롱(to jeer at)을 포함하고 있으며 호통치거나 꾸짖는(to borate, scold) 내용들을 담고 있다. 16세기 스코틀랜드의 던바(Dunbar)를 중심으로 한 문인들에 의해 본격적인 문학 장르를 형성하게 된다. 두 명이 시인이 상대방과 서로 욕설과 비난이 섞인 장황론(tirade, harangue)을 주고받는 데 이는 일종의 시의 형태를 지닌 말장난(game)의 형태를 갖추고 있다. 먼저 한 사람이 모욕적이고 비난 섞인 내용이 담긴 말로 상대방을 공격하면 이어 듣는 사람이 비슷한 내용의 말투로 되받아치는 시형을 이루고 있다. 이러한 언어전쟁(verbal belligerence)은 동서의 위대한 서사시 문학에서 꾸준히 전수되고 있다. 호머(Homer)의 『Iliad』에서 보여지는 영웅들 간의 설전, 특히 Achilles와 Hektor 사이에 벌어지는 설전, 『Odyssey』의 주인공인 오딧세우스와 Euryalos간의 논쟁, 기원전 2백년 경에 산스크리트어로 쓰여진 인도의 대서사시인 『Mahabharata』(위대한 이야기)에서 Arjuna와 Karna가 무예대결에서 벌이는 설전 등은 이러한 전통의 대표적 예들이다. 이러한 전통은 서양문학의 고, 중세 문학에서도 찾아 볼 수 있다. 고대영어 혹은 앵글로 색슨어(Anglo-Saxon)로 씌여진 8세기 작품인 『베오울프』에서 주인공 베오울프와 운페르드가 영웅주의 행동철학을 기반으로 벌이는 설전, 10세기 바이킹의 영국 본토 침범을 배경으로 한 또 다른 영웅시인 <몰든의 전투>에서 보여지는 바이킹과 비흐트노쓰 간의 기선제압을 근간으로 한 설전, 고대 아이슬랜드의 설화집(Saga)인 『Poetic Edda』에서 Skarphedin과 Flosi 사이에 전개되는 신랄한 말어(語) 전쟁, 13세기 독일의 대서사시인 『Nibelungenlied』에서 영웅 Siegfried가 Gunther의 궁궐에 도착하여 행한 대화, 두 여왕 Kriemhild와 Brunhild 사이에 벌어지는 말싸움, 중세 프랑스의 낭만서사시인 『The Song of Roland』에서 벌어지는 Charlemagne와 Baligant 사이에 벌어지는 설전, 중세 유럽에서 성행했던 아서(Arthur)왕의 전설을 배경으로 펼쳐지는 로망스 문학에서 보여지는 기사들 사이의 설전, 14세기 일본의 『Heikemonogatari』에서 무사들이 전쟁 전에 벌이는 허장성세 등을 들 수 있겠다.

Ⅱ. 본론

1. 『Iliad』에서 보여지는 설전

대부분의 서사시에 엿보이는 설전은 일정한 틀을 유지하고 있으며 각 시대의 행동철학을 반영한다. 영웅주의를 반영한 서사시(epic)인 경우 상대방 영웅의 정체성을 겨냥한 말투로 진행되며 이에 격분한 당사자는 무사로서의 정체성을 회복하기 위해 반격을 하게 된다(Swanton, 1982: 57-58). 이러한 양상은 대부분 전투에 앞서 상대방 용사의 사기를 꺾기 위해 행해지며 때론 구체적 예증과 함께 진행된다. 이러한 구도를 지닌 대표적 서사시로써 『Iliad』를 꼽을 수 있으며 특히 Achilles와 Aeneas 사이에 벌어지는 설전은 이러한 구도의 좋은 예로 간주된다. 전투 전 기선 제압을 위해 Achilles가 먼저 포문을 연다.

"Aeneas, what has induced you to desert the ranks and venture out so far to meet me? Do you propose to fight me in the hope of stepping into Priam's shoes and being King of the horse-taming Trojans? Your killing me will not make Priam abdicate for you. He has sons of his own; his health is sound; and he is not half-witted either. Perhaps the Trojans have offered you a piece of their best land with plenty of vineyards and cornfields for your private use, if you succeed in killing me? Well, I think you will find it difficult. I seem to recollect that once before you fled from my spear. Or have you forgotten that time I caught you alone, cut you off from your cattle, and sent you scuttling down the slopes of Ida? You ran so fast on that occasion that you had not even time to look behind, and you escaped me. You took refuge in Lyrnessus. I followed up, and I sacked the place with the help of Athene and Father Zeus, carrying off into slavery the women I captured, though you yourself eluded me with the aid of Zeus and other gods. But this time I do not think he is going to protect you, as you fondly hope. In fact I recommend you to get back now, join the rabble, and not stand up to me, or you will come to grief. It is the height of folly to be wise too late."

이러한 말을 한 Achilles는 셰익스피어의 『Troilus and Cressida』에서는 'Who wears his wit in his belly, and guts in his head'라는 표현으로 논리적 사고가 결여 된 용사로 표현되지만 위의 예문은 논리적인 수사학적 체계를 지니고 있다. 그의 말은 다음의 5단계로 구분되며 동시에 서사시에 보여지는 설전의 전형적인 유형을 보여준다: 제1단계 Aeneas의 이름과 그의 현재 상황을 밝힘, 제2단계 투사적 분석, 제3단계 과거에 기인한 투사적 분석, 제4단계 부정적 시각의 투사, 제5단계 의도적인 계약식 권유(Parks, 1990: 150).

1단계에서는 Aeneas의 이름이 밝혀지며 동시에 Achilles에 대항하기 위해서 홀로 뛰어나온 그의 용맹성이 언급되고 있어 영웅주의에 기반을 둔 서사시의 민감한 부분을 연상케 한다. 2단계 투사적 분석에서는 Achilles가 2개의 질문을 제시하고 곧 이어 자신이 그 답을 하게 된다. 즉 Aeneas가 천하무적인 자신을 대항해서 싸우겠다는 가상적 동기에 대해서 질문과 답을 동시에 진행시킨다. 여기서 Achilles는 '만약 X라면 Y가 생겨날 것이다'(If X then Y)라는 하나의 정해진 틀을 적용하고 있다. 그렇지만 대사에서 알 수 있듯이 '만약 X라면'의 절은 Achilles의 투사적 분석에 따르면 논리적 실현 가능성을 상실하게 된다. 다시 위의 구문을 'If X then Y' 구도에 맞추어 분석해 보면 다음과 같다. '만약 Aeneas 네가 나를 이긴다면'(이상 '만약 X라면' If X에 해당) 너는 명예와 천하영웅의 대접을 받게 될 것이다(이상 'Y가 생겨날 것이다' Y에 해당). 또 하나는 '만일 네가 나를 죽이면'(이상 '만약 X라면' If X에 해당) 트로이인들은 훌륭한 땅의 보상을 줄지도 모른다(이상 'Y가 생겨날 것이다' Y에 해당)이다. 이어 Achilles는 실현 불가능한 명제를 제시하여 2개의 '만약 X라면'의 실현 가능성을 완전히 부인한다. 첫 번째의 '만약 X라면'은 Achilles의 반대 명제인 '설사 네가 나를 죽인다 할지라도 프리암 왕은 너에게 호의를 베풀지 않을 것이며 그의 명예 역시 보존되지 못할 것이다. 왜냐하면 너의 트로이 군은 나에게 지레 겁을 먹어 저만치 물러서서 눈치만 살피고 있어 용사로서 응당 갖추어야 할 영웅적 기개를 상실하여 굴욕을 이미 체험했기 때문이다. 또한 두 번째 가설인 땅의 보상에 대해서는 Aeneas가 결코 자기를 당해내지 못할 것이라는 추론을 앞세우는데 여기에는 Aeneas가 과거에 자신에게 패한 경험을 상기시켜 설득력있게 추론을 제시하고 있다.

이러한 Achilles의 논리적 설법은 바로 Aeneas의 전의를 상실시키는데 그 일차적 목표가 있다. Achilles는 명시적으로 Aeneas가 겁쟁이고 무용에 있어 뒤진다고 말하고 있지는 않다. Achilles의 부정적 투시는 Aeneas가 이번에는 신들의 호의를 받지 못할 것이라는 부분에 이르러 Aeneas의 간담을 서늘케 한다. 이 부분에서 Achilles는 묵시적 추론을 던지고 있다. 즉, 제우스신이 이번에는 너를 구원하지 않을 것이다. 고로 이번에 네가 나와 격투를 벌인다면 너는 목숨을 유지하지 못할 것이다. 마지막으로 Achilles는 Aeneas가 다치기 전에 진지로 돌아가라는 계략적 제의를 건넨다.

이어 기선을 제압 당하지 않으려는 Aeneas의 반격이 시작된다.

> "My lord Achilles, You need not imagine that you are going to scare me
> with words as though I were a child, for if it comes to insult and abuse

I am well prepared to give you equal measure. As for prowess in war, that is a gift from almighty Zeus, who endows a man with it in greater measure or in less as he thinks fit. But come, do not let us stand here in the heart of a battle talking like silly boys. We could sling plenty of insults at each other-enough in fact to sink a merchantman. The tongue is glib. With a wide range of words at its command, it can express our thoughts in any style; and as a rule one gets the kind of answer one has asked for. But what call is there for you and me to stand and blackguard one another like a couple of nagging women who have lost their tempers and come out into the middle of the street to pelt each other with abuse, not caring in their fury what is true or false? In any case I want to fight, and no words of yours shall put me off till we have stood and had it out with spears. Enough now! Let us taste each other's bronze."

Aeneas는 Achilles의 의도가 전쟁 전에 상대방의 기선을 제압하는데 있다는 것을 명백히 파악하고 있으며, 동시에 이러한 의도가 진정한 용사들에게는 무익한 것이라는 것을 상기시키고 있으며 진정한 용사의 자질은 달변에 달려있는 것이 아니고 행동으로 판명된다는 영웅주의 행동철학을 대변하고 있다. 영웅의 자질에 대한 언급은 영웅주의 사회에서 매우 민감한 부분이며 용사에 있어서는 자신의 정체성과 직결되는 문제이기 때문에 설전에 개입된 당사자들은 이 자질의 문제에 있어 일체의 양보도 보이지 않고 매우 공격적인 태도를 보인다.

2. 『오딧세이』에서 보여지는 설전의 양상

『오딧세이』에서 벌어지는 Odysseus와 페니키안 용사들 사이에 벌어지는 설전은 이러한 용사의 자질과 정체성을 극명하게 드러낸다. 페니키아에 도착한 Odysseus는 페니키안인들이 제공하는 화려한 향연과 호의에도 아랑곳하지 않고 고국에 두고 온 가족을 생각하며 향수에 젖어 있다. 하지만 페니키안 용사들은 스포츠 게임을 벌이며 Odysseus의 무용을 시험하고자 한다. 게임에 관심이 전혀 없는 Odysseus에게 페니키안 용사들이 시합에 참여하기를 권하지만 Odysseus는 거듭 사양한다. 이에 페니키아의 용사인 Laodamas는 영

웅주의 행동철학인 행동으로 입증되는 영웅주의 도덕관을 앞세우며 Odysseus를
압박하기 시작한다.

> Come, sir, won't you take a hand with us in our games, if you're good at
> any sport? You must surely be an athlete, for nothing makes a man so
> famous for life as what he can do with his hands and feet.

  Odysseus를 게임으로 끌어 들일려는 Laodamas는 Odysseus의 거듭된 거절
에 좌절된다. 이에 페니키아의 용사인 Euryalus가 기회를 포착했다고 생각하
고 Odysseus의 정체성을 언급하기 시작한다.

> I should never have taken you for an athlete such as one is accustomed
> to meet in the world. But rather for some skipper of a merchant crew,
> who spends his life on a hulking tramp, worrying about his outward
> freight, or keeping a sharp eye on the cargo when he comes home with
> the profits he has snatched. No; one can see you are no sportsman.

  용사적 자질이 결여된 하찮은 상업적 이득에만 급급해하는 상선 선장의
비유는 한 영웅의 정체성에 대한 심각한 타격이며 참을 수 없는 모욕이다.
대화 자체를 거부하던 Odysseus는 자신의 무사적 기질 및 자질에 대한 도전
에 종전의 태도를 바꿔 자신의 정체성 회복을 위해 대화에 참여한다.

> "You have stirred me to anger with your inept remarks, and I'd have you
> realize that I am no novice at sport, as you suggest, but consider myself
> to have been in the first rank so long as I was able to rely on the
> strength of my youth. But as things are, all the misfortunes and hardships
> I have endured in warfare and in fighting my way through hostile seas
> weigh heavily upon me. All the same, and in spite of what I have gone
> through, I'll try my luck at the sports. For words can sting, and yours
> have put me on my mettle."

  이 부분에서 엿볼 수 있는 것은 전투나 게임 전의 설전이 두 가지 양태로

분리된다는 것이다. 하나는 상대방의 기선을 제압하기 위한 것이고 하나는 게임에 참여시키기 위한 의도를 지니고 있다는 것이다(Parks, 1990: 250). 실전에서의 결과로 용사의 자질이 입증됨에도 불구하고 Odysseus는 최상급을 사용하여 매우 단호한 어조로 자신의 자질을 알린다.

> Of all others now and eating their bread on the face of the earth, I claim
> to be by far the best.

이러한 Odysseus의 단호한 어투는 시합 이전에 지녔던 그의 태도와 비교해 볼 때 상당한 차이를 보인다. 여기에는 한치의 양보도 허락하지 않는, 아니 양보할 수 없는 영웅주의 행동철학이 있기 때문이다. 기독교 사회와 달리 인간의 영혼이 죽어서 영원히 존속한다는 믿음이 없는 영웅주의 사회에서는 영웅적 업적으로 성취한 한 용사의 업적이 최대 가치로 존중되며 그 업적은 그 용사가 죽은 후 그 용사의 이름으로 세세토록 전해지는 것이다. 영웅적 업적으로 얻게 되는 용사들의 명예는 호언장담으로 인한 말로써 이루어지는 것이 아니고 실재 전투현장에서 발휘되는 행동으로 입증되는 것이기 때문에 행동의 실천은 더 없이 중요한 의미를 지니게 된다. 아울러 자신의 행적에 자신감이 있는 용사에게 상대방 용사(설전에서 공격자)로부터 자신의 정체성에 관해 도전을 받게 되는 상황에서는 일체의 양보도 없이 대부분의 경우— 실재 무용이 발휘되는 시합이나 전투이전에—매우 단호한 태도로 자신의 자질에 대한 우수함을 밝힌다. 이와 매우 유사한 설전의 형태가 고대 영웅서사시인 『베오울프』(Beowulf)에서 엿보인다.

3. 베오울프와 운페르드(Unferth)의 설전 양상

자신들이 격퇴시키지 못한 괴물 그렌델(Grendel)을 무찌르겠다고 외지에서 온 예이츠인 베오울프가 호언장담을 하자 덴마크의 용사 운페르드(Unferth)는 베오울프를 환대하는 향연장에서 베오울프를 향해 설전을 터뜨린다. 일반적으로 이러한 향연장의 분위기에 어울리지 않은 운페르드를 지칭하여 '분위기를 깨뜨리는 자'라는 견해가 지배적이나 그의 말을 영웅주의 행동철학에 비

추어 분석하면 그의 진정한 의도가 외지에서 온 귀한 손님에게 무례한 언사
로 분위기를 깨뜨리려는 데 있는 것이 아니고 영웅주의의 행동철학 즉, 말이
아닌 행동으로 입증되는 행동철학을 암시하고 있음을 알 수 있다(Irving, 1989:
179). 운페르드는 베오울프가 젊은 시절 브레카(Breca)와 수영 시합을 했던
것을 상기시킨다.

> ðær git for wlence   wada cunnedon
> ond for dolgilpe   on deop wæter
> aldrum neþdon?   Ne inc ænig mon,
> ne leof ne laþ,   belean mihte
> sorhfullne sið,   a git on sund reon;
> þær git eagorstream   earmum ehton,
> mæton merestræta,   mundum brugdon,
> glidon ofer garsecg;   geofon yþum weol,
> wintrys wylm[um].   Git on wæteres æht
> seofon niht swuncon;
>
> (Beo 508-517a)

[you two ventured the floods for the sake of pride, and risked your lives
in deep water for idle boasting? No one, friend or foe, could dissuade
you two from that sorrowful venture, when you two swam (rowed) out
to sea, there you two enfolded the water's currents with arms, traversing
(measuring) the paths of the sea, made quick movements with your
hands, and glided over the ocean; the sea surged with waves, the winter's
billows. You two toiled in the water's realm for seven nights]

　운페르드는 베오울프와 수영 시합에 참여했던 브레카(Breca)까지 겨냥하여
그들이 젊은 혈기에 무모한 바다 수영 시합에 참여했다고 비판하고 있다. 고
대영어 git, 'you two'의 사용에서 알 수 있듯이 운페르드의 비난조 어조는 베
오울프만 겨냥한 것이 아니고 브레카도 포함하고 있는 것이다. 그런데 계속
해서 이어지는 운페르드의 대사는 처음의 비난조에서 점점 찬양조로 변하고
있다. 더욱이 후반부 내용의 주체가 'you two'에서 이제는 he, 'he(Breca)'로 전
환되고 있다. 즉 찬양 받을 주체는 한 사람인 브레카이며 이제 베오울프는

완전히 배제되고 있는 것이다. 운페르드는 그 바다 수영 시합에서 브레카가
베오울프를 이겼다고 말하면서 서서히 브레카를 찬양하는 어투로 전환시킨
다. 이어 운페르드는 모험을 성공적으로 수행하고 금의환양하는 브레카를 대
영웅의 이미지로 승화시킨다.

> ðonon he gesohte   swæsne eðel,
> leof his leodum,   lond Brondinga,
> freoðoburh fægere,   þær he folc ahte,
> buᄀ ond beagas.
>
> (Beo 520-523a)

[then he, dear to his people, sought his beloved fatherland, the land of
the Brondings, his fair stronghold, where he had subjects and stronghold
and treasure]

대사의 앞 부분에서 엿 보였던 비판조의 어투는 완전히 사라지고 이제 브
레카는 운페르드에 의해 comitatus의 완벽한 지도자로 부각된다. Comitatus의
완벽한 이미지는 Swæsne eðel, 'fatherland', freoðoburh, 'stronghold', folc, 'people',
and beagas, 'treasures'에 의해 형성되고 있는데 이 세 가지 요소는 영웅주의
사회의 필수요소로서 동시에 완벽한 지도자의 이미지를 형성하는데 사용된
다. 운페르드에 의한 브레카의 영광스런 귀향묘사는 독자들로 하여금 브레카
가 베오울프와 함께 무모한 젊은 혈기로 인해 위험스런 바다 수영 시합의 당
사자 였다는 사실을 잊게 만든다. 이어 운페르드는 베오울프에게 매우 단호
한 어조로 브레카가 수영 시합 전 행한 맹세 베오울프를 이기겠다—를 성
실히 준행 했음을 상기시키며[The son of Beanstan(Breca) performed truly all
that he had pledged against you(Beowulf): Beo: 523b-24)] 영웅주의 사회에서
가장 굴욕적인 내용으로 간주되는 정체성에 대한 직격탄을 퍼붓는다.

> he þe æt sunde oferflat,
> hæfde mare mægen;
>
> (Beo 517b-518a)

[he overcame you at swimming, he had more strength]
'Ðonne wene ic to þe wyrsan geþingea,'

[Therefore I expect from you a worst result]

　이러한 과거의 실패한 경력은 앞으로 전개될 또 다른 모험의 예견으로 언급된다고 파크 교수는 말하고 있다(Park, 1990: 78). 브레카가 베오울프보다 뛰어난다는 운페르드의 말은 베오울프의 자존심을 상하게 할 뿐 아니라 영웅주의 관점에서 보면 결코 용납될 수 없는 말이다. 한 영웅의 정체성에 대한 정면 도전인 것이다. 하지만 운페르드는 여기서 멈추지 않고 앞으로 전개될 베오울프와 그렌델과의 격투에 대한 불운한 예견을 함으로써 전투의 당사자인 베오울프에게 굴욕감을 불러일으킨다. 즉, '그대 베오울프 자네는 브레카를 이기지 못했으므로(**과거의 실적을 상기함**) 오늘 밤 벌어질 그렌델과의 격투에서 결코 이기지 못할 걸세'라는 예견을 하게 된다. 여기서 보여지는 설전은 『Iliad』나 『Odyssey』에서와 달리 그 일차적 목적이 상대방(베오울프)의 기선을 제압하려는 것이 아니고 괴물의 침입으로 낙담에 쌓여 있는 덴마크인들 앞에서 괴물을 물리치겠다고 호언장담, 기염을 토해내는 베오울프에게 영웅주의 행동철학—말에 앞서 행동으로 입증하는 것—을 상기시키는 데 있는 것이다. Achilles가 Aeneas에게 행사한 설전 양식과 같이 '너는 과거에 나에게 패했기 때문에 이번에도 패할 것이다'는 예측을 자아내고 있는 것이다. 그런즉, '아직 너(베오울프)의 무용이 입증되지 않았으므로 말을 삼가고 행동으로 보여 달라'라는 주문을 하고 있는 것이다. 이러한 관점에서 살펴보면 운페르드가 언급한 브레카와의 수영시합은 그 자체 하등의 비난의 대상이 될 수 없으며 중요한 것은 동기가 어찌됐건 시합에 참여한 자는 시합 전 행한 맹세에 따라 반드시 이겨야 한다는 것을 상기시키고 있는 것이다 (Brodeur, 1971: 69).

　자신의 정체성에 심각한 도전을 받은 베오울프는 자신의 실추된 위상을 회복시키기 위해 말로써 당당히 맞선다. 먼저 운페르드가 알고 있는 내용이 사실이 아님을 밝히며 차분한 어조로 자신의 입장을 논리적으로 전개한다.

No he wiht fram me

flody þ um feor fleotan meahte (Beo: 541-42)

[He could not by any means swim far from me in the surging waves.]

자신이 수영 시합에서 우수했음을 설파하는 과정에서 운페르드가 사용했던 git, 'you two'와 같은 화술인 'we two'의 용어를 사용한다. 수영시합 묘사에서는 자신과 운페르드가 영웅주의 전통에 따라 어린 나이임에도 용맹스럽게 바다에 뛰어들어 수영 시합을 감행했음을 자랑스럽게 회상한다. 그러나 경기자의 자질을 언급하는 부분에 이르러서는 주체를 'we two'에서 나(Beowulf)라는 일인칭 단수로 변화시키고 있다. 자신의 정체성을 확실히 하는 데 있어서 『Odyssey』에서의 오딧세우스같이 베오울프 역시 단호한 입장을 취하고 있는 것이다. 자신의 자질이 도전을 받을 때 영웅들은 추호의 주저도 없이 단호하게 사실에 입각한 자신의 정체성 확립에 적극적 자세를 취하게 된다. 양심의 문화에서 보여지는 겸손의 자세는 영웅주의 사회에서는 용납이 안 되는 것이다(Dodds, 1951: 70-72). 이 부분에 있어 베오울프는 다른 서사시의 영웅과 달리 더욱 공격적인 자세를 취한다. 수영 시합 도중 자신이 바다 괴물들을 퇴치한 무용담을 상기시키며 자신의 업적은 그 누구도 이룰 수 없는 업적이었다고 자화자찬하게 된다.

Breca n æ fre git

æt hea ð olace,   ne gehw æ þ er incer,

swa deorlice   d æd gefremede (Beo: 583b-585)

[Breca never yet did at the battle-play, nor either of you, perform so bold a deed.]

III. 결론

『Beowulf』에서 보여지는 설전의 양태는 『Iliad』, 『Odyssey』와 다른 양태를 보여주고 있다. 베오울프와 운페르드는 비슷한 화술형태를 유지하고 있으며 일차적으로 상대방의 기선을 제압하는데 그 목적이 있는 것이 아니고 영웅주의 행동철학에 입각한 말(語)에 앞선 행동으로 입증된 전투 결과를 입증해 보라는데 본 의도가 있는 것이다(Wyatt, 1933: 210). 『Iliad』, 『Odyssey』와의 공통점으로는 설전에 참여한 두 경쟁자가 상대방의 실패한 과거의 실적을 들춰내어 그의 무사적 정체성에 치명적인 손실을 끼치는데 있다.

인용 문헌

이동일 역. 1998. *베오울프*. 문학과 지성사.

이동일. 2000. "Ma Þ elian과 Direct Speech의 도입부 동사에 관한 연구," *중세 영문학* 8: 5-34.

Bonjour, Adrien. *The Digressions in Beowulf*(Oxford: Basil Blackwell, 1950).

Bosworth, Joseph, ed., and T. Northcote Toller, ed., and rev. 1882-98. *An Anglo-Saxon Dictionary*(Oxford: Oxford University Press).

Brodeur, Arthur G. *The Art of Beowulf*(Berkeley and London: University of California Press, 1971).

Dodds, E. R., *The Greeks and the Irrational*(Berkeley and Los Angeles: University of California Press, 1951).

Eliason, Norman E. "Beowulf's Inglorious Youth," *SP* 76: 101-108.

Farrell, R. T. "Beowulf, Swedes and Geats," *Saga-Book*, 18.

Feldman, Thalia Phillies, "The Taunter in Ancient Epic," *PLL* 15 (1979) 3-16.

Irving, Jr. E. B. *Reading Beowulf*(Philadelphia: University of Pennsylvania Press, 1989).

Klaeber, Fr., ed., *Beowulf and the Fight at Finnsburg*, 3rd edition with 1st and 2nd supplement(Boston, MA, and London: Heath, 1950.

Lord, Albert B. *The Singer of Tales*(Cambridge, Massachusetts and London: Harvard University Press, 1960).

Park, Ward, *Verbal Duelling in Heroic Narrative: The Homeric and Old English Traditions*(Princeton, NJ: Princeton University Press, 1990).

Robinson, Fred C. *Beowulf and the Appositive Style*(Knoxville: University of Tennessee Press, 1985).

Shippey, T. A. *Old English Verse*(London: Hutchinson University Library, 1972).

Swanton, M. J. *Crisis and Development in Germanic Society 700-800: Beowulf and the Burden of Kingship*(Goppingen: Kummerle Verlag, 1982).

Thompson, E. A. *The Visigoths in the Time of ulfila*(Oxford: Clarendon Press, 1966).

Wyatt, A. J. *Beowulf with The Finnsburg Fragment*, new edition revised with introduction and notes(Cambridge: at the University Press, 1933).

휘트먼, 칼런, 휴즈: 전통과 상호 텍스트성

이 영 걸
(한국외국어대)

카운티 칼런(Countee Cullen, 1903-1946)과 랭스턴 휴즈(Langston Hughes, 1902-1967)는 같은 시기에 등단하여 활동한 미국의 흑인 시인이며, 소위 '새로운 흑인 문예부흥' 운동의 대표적 존재였다(이영걸, 「흑인의 삶과 정체성: 칼런과 휴즈의 시」 1999, 363-401) 참조). 자유시를 선호하는 휴즈는 형식상 월트 휘트먼(Walt Whitman, 1819-1892)의 계열에 속하는 시인이지만, 영시의 전통을 따라 정형시를 고수한 칼런의 시에도 휘트먼의 시상과 어법이 드러나는 순간이 있다. 칼런과 휴즈 시에 반향(反響)되는 휘트먼의 시의 사례가 비록 희귀한 것일지라도 두 시인의 해당 작품이 각각 대표작이라는 점에서 휘트먼과의 연관을 검토할 만한 가치가 있다.

T. S. 엘리엇(T. S. Eliot)의 대표적 논문 「전통과 개인의 재능」(1919)은 문학에 있어서의 역사적 감각의 중요성을 강조하였다. 역사적 감각은 과거의 과거성 뿐만 아니라 과거의 현재성의 지각(知覺)을 포함한다. 과거의 한 텍스트와 이후의 한 텍스트가 맺고 있는 상호 관계를 포스트 모더니즘 비평에서는 상호 텍스트성이라 한다. 이후의 텍스트는 과거의 텍스트에 의존하면서도 과거의 텍스트에는 없는 새로움을 간직할 수 있다(김욱동, 1992, 195-200 참조). 칼런과 휴즈가 휘트먼 시의 어떤 점을 수용하였으며 어떤 점을 추가하였는가를 살펴보자.

휘트먼의 「언젠가 나는 번화한 도시를 지나갔다」("Once I Pass'ed through a

Populous City")는, 열렬한 회고의 정을 담은 연시(戀詩)의 범주에 속하는 시라 하겠다(그러나 이 시에 등장하는 열정적인 여인은 초고(草稿)에는 남성으로 나온다.).

> 언젠가 나는 번화한 도시를 지나갔다 훗날 쓰려고 광경, 건물, 풍습, 전통을 뇌리에 새기며.
> 그러나 이제 그 도시에 대해 기억나는 것은 단지 한 여인, 그곳에서 우연히 만나 나를 사랑하며 나를 붙들어 놓았으니.
> 날이면 날마다, 밤이면 밤마다 우리는 함께 있었다—나머지는 모두 오래 전에 잊어버렸다.
> 정말 기억나는 것은 단지 그 여인, 열정적으로 내게 매달렸으니.
> 다시 우리는 떠돌고 사랑하고 우리는 다시 헤어진다.
> 다시 손으로 나를 붙잡는다, 가서는 안된다,
> 내 옆 가까이에 그녀가 보인다, 슬프게 떨리는 말없는 입술.

> Once I pass'd through a populous city imprinting my brain for future use with its shows, architecture, customs, traditions,
> Yet now of that city I remember only a woman I casually met there who detain'd me for love of me,
> Day by day and night by night we were together—all else has long been forgotten by me,
> I remember I say only that woman who passionately clung to me,
> Again we wander, we love, we separate again,
> Again she holds me by the hand, I must not go,
> I see her close beside me with silent lips sad and tremulous.
> —(Miller, ed. 1959, 82)

휘트먼 시의 화자(話者)는 번화한 도시의 문화적 의의에 맞세워 인생과 애정의 절실한 가치를 강조한다. 번화한 도시의 기억 중 한 사람의 기억이 가장 지속적이라는 점에 이 시의 감동이 있고, 사랑과 열정에도 불구하고 만남이 드디어는 이별로 끝났다는 점에 회고의 애상과 아픔이 있다.

휘트먼의 열렬한 연시가 인종 차별의 고통을 다룬 칼런 시의 동인(動因)이 되었음은 매우 의외롭고 역설적인 일이다. 「사건」("Incident")이라는 중립적 연상의 제목을 지녔으나 낯선 도시에 간 흑인 아이가 같은 또래의 백인 아이에게서 인종 차별의 멸시를 당한 아픔을 어른의 시점에서 회고한 작품인 까닭이다.

일찍이 해묵은 볼티모어를 차로 달리며
가슴 가득 머리 가득 기쁨을 느끼며
나는 보았다 볼티모어 전체가
나를 계속 정시(正視)함을.

그때 나는 여덟 살 꼬마,
그 역시 조금도 더 클 것 없어
그를 보며 생긋 웃었으나 그는 혀를
내밀고 나를 '깜둥이'라 불렀다.

오월에서 십이월까지
나는 볼티모어 전체를 보았다.
그곳에서 있은 모든 일 중에
그것만이 내게 기억되는 전부.

Once riding in old Baltimore,
Heart-filled, head-filled with glee,
I saw the whole of Baltimore
Keep looking straight at me.

Now I was eight and very small.
And he was no whit bigger,
And so I smiled, but he poked out
His tongue, and called me, "Nigger."

I saw the whole of Baltimore
From May until December;
Of all the things that happened there
That's all that I remember.

—(Ellmann and O'Clair, eds. 647)

휘트먼과 칼런 시의 공통점은 기억과 망각의 모티프이다. 휘트먼 시의 화자가 기억하는 것은 두 차례 언급하듯이 번화한 도시에서 만난 여인이다. 칼런 시의 화자가 볼티모어에 관해 기억하는 것은 자기를 모욕한 같은 또래의 백인 아이이다. 칼런 시의 둘째 연에 암시된 인종 차별의 충격은 휘트먼 시의 이별을 앞둔 여인의 슬픔처럼 매우 인상적이다. 휘트먼의 강조법—"Yet now of that city I remember only a woman…", "I remember I say only that woman…"—이 강조와 부연(敷衍)으로 효과를 얻듯이 칼런도 "Of all the things that happened there/ That's all that I remember."의 단정한 구문과 "all"의 반복법으로 힘찬 효과를 빚는다.

칼런 시의 둘째 연이 멸시와 배격의 충격과 고통을 다룸에 비해 첫째 연에서는 고도(古都)를 구경하는 아이의 기쁨을 부각시킨다. "가슴 가득 머리 가득 기쁨을 느끼며"는 휘트먼 시도 언급한 도시의 문화적 의의를 상기시킨다—"훗날 쓰려고 광경, 건물, 풍습, 전통을 뇌리에 새기며." 둘째 연에 묘사된 편견과 인격적 모독은 아이들까지 오염시킨 인종 차별의 해악을 느끼게 한다. 또, 어린아이가 받은 큰 충격과 아픔에 동정케 된다. 그의 선의의 웃음은 전적인 배격을 초래했기 때문이다.

이 시를 '항의시의 고전'으로 볼 수도 있겠지만 강렬성의 부족을 주목하는 관점도 가능할 것이다 (Davis 7). 물론 이 시에 담긴 사례보다 더 심한 사례를 제시할 수도 있겠지만, 이 시가 주는 공감은 처음의 기쁨과 호기심이 충격과 아픔으로 끝나는 소년의 감수성 때문이다. 경험으로 끝나는 순진성은 문학의 보편적 주제이며 우리 자신의 유사한 경험을 돌아보게 한다.

소년의 체험을 다룬 칼런의 시 「사건」은 정형의 틀을 활용하지만 평이한 구문과 어법을 적절히 구사하며 요약과 반복법으로 표현성을 얻는다. "And he was no whit bigger"의 소박한 표현에 후속되는 "Nigger"의 압운도 효과적이며, "December"와 "remember"의 압운도 시간성의 주제를 강조하는 훌륭한 방편이다.

휘트먼의 「나는 미국이 노래함을 듣는다」("I Hear America Singing")는 미국의 삶에 대한 낙천적 심경을 드러낸 작품이다. 다양한 직종의 사람들이 일하며 부르는 노래의 기쁨과 힘과 감미로움을 찬미한다. 동시에 모든 일의 위

의와 독특성을 인정한다는 점에서 민주 사회의 다양성과 화합(和合)을 시사
하기도 한다.

　　　나는 미국이 노래함을 듣는다, 가지각색의 즐거운 노래를 듣는다.
　　　기계공들의 노래, 각자가 노래한다 당연히 쾌활하고 힘차게.
　　　목수는 자기의 노래를 부른다 널빤지나 들보를 재면서.
　　　석공은 자기의 노래를 부른다 일할 준비를 하거나 일을 끝내면서.
　　　뱃사공은 자기 배에서 자기의 것을 노래하고, 갑판원은 기선 갑판에
　　　서 노래 부른다.
　　　구두공은 자기 벤치에 앉아 노래하고, 모자공은 서서 노래한다.
　　　나무꾼의 노래, 쟁기꾼의 아침에 일하러 갈 때의 노래, 또는 정오의
　　　휴식 시간 또는 해질녘의 노래.
　　　어머니의, 또는 일하는 젊은 아내, 또는 바느질이나 빨래하는 처녀의
　　　달콤한 노래,
　　　남자나 여자, 각자가 다른 사람의 노래가 아닌 자기의 노래를 부른다.
　　　낮에는 낮의 노래—밤에는 건장하고 다정한 한 무리의 청년들이
　　　크게 입 벌려 노래한다 힘차고 고운 노래를.

　　　I hear America singing, the varied carols I hear,
　　　Those of mechanics, each one singing his as it should be blithe and
　　　strong,
　　　The carpenter singing his as he measures his plank or beam.
　　　The mason singing his as he makes ready for work, or leaves off work,
　　　The boatman singing what belongs to him in his boat, the deck-hand
　　　singing on the steam boat deck,
　　　The shoemaker singing as he sits on his bench, the hatter singing as he
　　　stands,
　　　The wood-cutter's song, the ploughboy's on his way in the morning, or at
　　　noon Intermission or at sundown,
　　　The delicious singing of the mother, or of the youg wife at work, or of
　　　the girl sewing or washing.
　　　Each singing what belongs to him or her and to none else,
　　　The day what belongs to the day—at night the party of young fellows,
　　　robust, friendly,
　　　Singing with open mouths their strong melodious songs.

—(Miller, ed. 1959, 12-13)

다양한 직종의 일의 독특성을 강조하면서도 시의 결론부에서는 "한 무리의 청년들"의 합창으로 미국적 삶의 건강과 우애와 화합을 긍정한다. 개인의 독립심과 함께 집단의 화합도 중시하는 셈이다.

휴즈의 「나 또한」("I, Too")은 휘트먼의 낙천주의적 미국관과 이상(理想)을 유념하며 인종 차별이 없어지고 온 국민의 인권이 존중되는 바람직한 미래상을 구념한 작품이다. 휘트먼의 작품에는 노래의 모티프가 여러 번 반복되지만 휴즈의 시는 "나 또한 아메리카를 노래한다"("I, too, sing America.")는 간결한 문장으로 휘트먼의 이상주의(理想主義)를 실현되어야 할 가치로 긍정한다.

> 나 또한 아메리카를 노래한다.
>
> 나는 흑인 형제이다.
> 손님이 오시면 그들은 부엌에 나가
> 먹어라고 하지만
> 나는 그냥 웃고
> 잘 먹고
> 튼튼히 자란다.
>
> 내일은
> 손님이 오실 때
> 식탁에 앉아 있으리라.
> 그때에는
> 아무도 감히
> 말하지 못하리라
> "부엌에 나가 먹어라"고.
>
> 게다가,
> 그들은 내가 얼마나 멋진가를 알아차리고
> 부끄러워 하리라—

나 또한 아메리카이다.

I, too, sing America.

I am the darker brother.
They send me to eat in the kitchen
When company comes.
But I laugh,
And eat well,
And grow.

Tomorrow,
I'll be at the table
When company comes.
Nobody'll dare
Say to me,
"Eat in the kitchen,"
Then.

Besides,
They'll see how beautiful I am
And be ashamed—

I, too, am America.

—(Hughes, Selected Poems 268)

"나 또한 아메리카를 노래한다."는 말은 흑인도 휘트먼이 찬양해 마지않은 미국 사회와 미래의 일원(一員)임을 떳떳이 주장하기 위한 것이다. "나 또한"은 백인만이 미국을 대표할 수 없다는 점을 암시한다. 한 줄이 한 연(聯)을 이룬 "나 또한 아메리카를 노래한다."처럼 이 시의 최종 연도 "나 또한 아메리카이다"의 한 줄로 뜻하는 바를 강조한다. 흑인 역시 미국의 주요한 부분임을 선언하는 것이다.

둘째 연의 "나는 흑인 형제이다."는 피부색과는 관계없이 흑인도 어엿한 미국 사회의 성원임을 시사한다. 둘째 연의 상황은 작중 화자가 백인 가족을 도우며 사는 하인임을 상정케 한다. 손님이 오시는 경우 주인 가족들은 우월한 백인 손님들의 편파적 관습을 존중해 하인에게 식탁대신 부엌에 나가 식사하라고 권한다.

부엌으로 쫓겨남에 꽤 자존심이 상하겠지만 화자는 대범한 어조로 "나는 그냥 웃고/ 잘 먹고/ 튼튼히 자란다."고 말한다. "그냥 웃고"는 복종 또는 관대함 때문이 아니라 사회의 부조리를 극복하려는 용기와 슬기의 표현이라 하겠다.

셋째 연의 "내일"의 상황은 사회의 부조리가 고쳐지고 화자가 의연한 자세로 식탁에 자리를 찾은 이상적 경지이다. 이전의 부조리와 인종 차별에 의한 인격의 훼손에 대한 비판적 어조가 "그때에는/ 아무도 감히/ 말하지 못하리라/ '부엌에 나가 먹어라'고"에 담겨 있다.

"아무도 감히"의 준엄한 어조에 대조해 후속되는 연의 "게다가,/ 그들은 내가 얼마나 멋진가를 알아차리고/ 부끄러워하리라—"에는 화해와 용서의 어조가 있다. 차별 대우를 받으면서도 이 시의 화자는 자신의 위의를 지키고, 가해자도 드디어는 자신의 잘못과 편견을 뉘우칠 날이 있을 것임을 기대해 마지않는다. 민주 사회의 삶의 독특성과 화합을 노래한 휘트먼의 형식과 정신을 물려받은 휴즈는 현실의 불화와 갈등, 편견과 차별을 다루면서도 민주주의적 이상(理想)의 실현을 꿈꾸는 시인이었다.

인용 문헌

김욱동. 『모더니즘과 포스트모더니즘』. 서울: 현암사, 1992.

이영걸. 『영미시와 한국시 II』 서울: 한신문화사, 1999.

Davis, Arthur P. *From the Dark Tower*. Washington, D.C.: Howard UP, 1974.

Ellmann, Richard and Robert O'Clair, eds. *The Norton Anthology of Modern Poetry*. New York: W.W. Norton & Co., 1973.

Hughes, Langston. *Selected Poems of Langston Hughes*. New York: Vintage Books, 1990. Originally published 1959.

Miller, Jr. James E., ed. *Complete Poetry and Selected Prose by Walt Whitman*. Boston: Riverside Editions, Houghton Mifflin Company, 1959.

『밤과 낮』에 관한 여성론적 고찰: 조화로운 인간관계 추구

진 명 희
(충주대)

I. 서 론

『밤과 낮』(*Night and Day*)(1919)은 처녀작 『출항』(*The Voyage Out*)에 이어 울프(Virginia Woolf)가 파멸과 죽음을 뜻하는 것으로 비난한 전통적 서술기법에 따라 남녀간의 사랑, 탐색, 결혼을 소재로 다룬 심리 소설이다. 아홉 편의 장편소설 중 가장 길어 오백 사십 쪽에 달하는 이 작품에 대해 일부 평자들은 울프가 대표적 모더니스트임에도 불구하고 그 실험성을 결여하였음을 지적한다.

당대의 경쟁자이자 친구였던 캐더린 맨스필드(Katherine Mansfield)는 『밤과 낮』이 보여주는 전쟁을 잊은 듯한 즐거운 태도와 길고 지루하며 전통적 문체로의 회귀를 지적하며, 이 작품은 '영혼의 거짓말'이며 '지적 속물주의'로 가득 차 있다고 비난했다.[1] 장 기게(Jean Guiguet)는 초보적인 소설가에게서 흔히 볼 수 있는 결함으로 생략과 탈락 기술이 부족하여 삶의 방식들에 대해 너무 많이 상세 묘사를 하였음을 비판하며, 낸시 베이진(Nancy Bazin)은 따라

---

[1] Quentin Bell, *Virginia Woolf: A Biography*(New York and London: Harcourt Brace Jovanovich, 1972), p. 69.

서 이 작품이 사회 소설이 아니라 심리소설이라는 특성이 약화되었음을 지적한다.[2] 포스터(E.M. Forster)는 이 작품이 엄격하게 형식적이고 고전적인 작품이라 평가하며, 필리스 로즈(Phyllis Rose)는 울프가 작품에서 스스로 영국소설의 고전적 전통에 입각한 소설가임을 증명하고자 하였음을 지적한다.[3]

그러나 이러한 부정적인 평가는 모더니스트 작품의 기법에만 치중한 나머지, 『밤과 낮』에서 보여주는 가부장 사회의 남녀간의 인간관계와 그 심리적 갈등에 천착한 작가의 노력을 폄하한 것이다. 울프는 작품의 지루함을 시인하나 생략 전에 모든 것을 집어넣어야 하지 않겠느냐고 반문하여 자신의 글쓰기를 정당화하고(A Writer's Diary, p. 34), 『밤과 낮』이 『출항』보다 훌륭하다는 서평에 동의하며, 훨씬 깊이가 있으며 보다 성숙되고 완성된 만족스런 작품이라고 자평한다.[4]

---

2) * Jean Guiguet, *Virginia Woolf and Her Works*, trans. Jean Stuart(New York: Harcourt Brace Jovanovich, 1962), p. 210.

* Nancy T. Bazin, *Virginia Woolf and the Androgynous Vision*(New Brunswick: Rutgers University Press, 1973), p. 82.

* Pamela J. Transue, *Virginia Woolf and the Politics of Style*(Albany: State University of New York Press, 1986), p. 48. 파멜라 트렌슈는 『밤과 낮』이 제인 오스틴(Jane Austen)소설과 뚜렷한 유사성을 보이나 그녀의 감수성이 결여되어 다소 지루하며, 『출항』에서와 달리 이국적인 주변환경이나 죽음의 존재에 의해서 이런 지루함이 경감되지도 아니함을 지적한다. 또한 플롯이 전통적일 뿐 아니라, 생기가 없고 너무 느림을 비판한다.

3) * Virginia Woolf, *A Writer's Diary*, ed. Leonard Woolf(New York: Harcourt Brace Jovanovich, 1953), p. 20.

* Phyllis Rose, *Woman of Letters*(London: Pandora, 1986), p. 96.

* David Daiches, *The Novel and the Modern World*(Chicago: University of Chicago Press, 1960), p. 196. 데이비드 데이쉬즈는 『밤과 낮』이 울프 자신에게 작품소재와 창작방법 사이의 차이가 소설가로서 그녀를 위협하고 있음을 보여준다고 지적하며, 울프처럼 예민하고 독창적인 예술가는 곧 전통적 서술기법의 부정확성을 깨닫고 새로운 기법을 찾아야한다고 경고한다.

4) Woolf, *A Writer's Diary*, p. 10.

* Jane Marcus, "Enchanted Organ, Magic Bells: *Night and Day* as a Comic Opera", Virginia Woolf and the Languages of Patriarchy(Bloomington and Indianapolis:

폴레스키(Poresky)는 이 작품이 심리 전개가 지속적이며, 소재를 잘 통제하였고, 주제적 양상들이 보다 분명하게 나타나며, 울프의 복합적 개성을 보다 높은 발달 단계로 끌어올린 점에서 『출항』보다 훨씬 발전된 소설임을 지적한다.[5] 제인 마커스(Jane Marcus)는 『밤과 낮』이 굉장히 재미있는 소설로서, 동시대 독자들의 실망은 전쟁 중 쓰여지고 발간된 소설의 시기 적절치 못한 희극적 형태의 대담성에서 느끼는 분노감에서 비롯됨을 지적한다. 따라서 구조상으로 모차르트의 『마술피리』(*The Magic Flute*), 문체상으로 오스틴의 『오만과 편견』(*Pride and Prejudice*), 주제상으로 입센의 『장인 건축사』(*The Master Builder*)에 의존하는 이 작품도 다른 주요 작품들처럼 형식에 있어서 실험적이며, 풍자적 코메디로서 가부장 사회의 근본적 신화에 도전하는 것으로 평가한다.[6]

『밤과 낮』을 전후하여 『큐 가든즈(Kew Gardens)』(1919), 「벽 위에 난 자국(The Mark on the Wall)」(1917)(1919), 「씌어지지 않은 소설(An Unwritten Novel)」(1920)과 같은 새로운 서술기법의 단편들이 발표되었다는 점에 있어서도 19세기 전통소설 패러다임인 사랑과 결혼을 다루는 이 작품은 당대 평자들로부터 비난을 받을 만 했다.

『밤과 낮』은 유명가문의 외동딸 캐더린 힐베리(Katharine Hilbery)가 전통적 사고 방식의 공무원 윌리엄 로드니(William Rodney)와의 약혼을 파기하고, 자유로운 사고의 소유자로 가난한 중류층 법률가 랄프 데넘(Ralph Denham)과 결혼을 약속하는 이야기이다. 이 과정에서 윌리엄은 캐더린의 사촌으로 그를 숭배하는 집안의 천사와 같은 카산드라 오트웨이(Cassandra Otway)와 맺어지고, 랄프를 사랑했던 메리 데쳇(Mary Datchet)은 인류를 위한 사회적 활동에만 전념하는 독자적 여성으로 남게된다.

Indiana University Press, 1987), p. 19. 울프는 30년대에 과거를 회상하며, 작곡가 에셀 스미스(Ethel Smith)에게 『밤과 낮』이 아마 그녀의 최상의 책이며, 그 구성을 수반하는 비전은 그녀의 창조적 삶에 열쇠였다고 말한 바 있다.

5) Louise A. Poresky, *The Elusive Self: Psyche and Spirit in Virginia Woolf's Novels* (Newark: University of Delaware Press, 1981), p. 48.

6) Jane Marcus, *Virginia Woolf and the Languages of Patriarchy*, pp. 18~19.

이런 표면상의 스토리에서 울프에게 중요한 것은 "삶의 발견 자체가 아니라 영원한 발견의 과정"[7]이며, 삶의 여러 혼란스런 감정들 가운데서 진실된 감정을 찾아내어 인식하고 그 결과를 받아들이는 것이다. 『밤과 낮』이라는 제목이 암시하듯이 정확하게 포착할 수 없고 분명하게 정의 내릴 수 없는 삶에는 서로 상반되며 결코 혼합되지 않아서 독자적 존재로서 상호 인정하며 존중하여야 하는 요소들이 있다. 이들은 정반대의 성질을 가진 상대로 인하여 더욱 자신의 가치를 빛낼 수 있으며, 결코 한쪽만이 계속 힘을 장악할 수 없는 상호 보완적 관계를 유지하여야 한다. 캐더린의 명상을 통해 제시되듯이 항상 상이점을 보이는 생각과 행동, 고독의 생활과 사회생활, 영혼이 명상에 잠기는 밤과 활동하는 낮(358) 및, 현실과 이상, 자연과 이성, 자유와 의무, 감각적이며 직관적인 여성의 힘과 지적이며 분석적인 남성의 힘, 여성과 남성 등은 상반되나 球와 같은 완전체를 이루기 위해서는 상호 필수적 요소이며 경험들이다.

인간 삶에 필연적으로 존재하는 이런 특성들이 결코 한편에 속박되거나 용해됨이 없이 균형 있는 조화를 이루어야함을 울프는 캐더린과 랄프가 이루어 가는 남녀관계를 통해 보여준다. 서로에게 의무가 없는 자유로운 우정을 제안하여 사랑으로 발전되는 이들의 관계는 가부장 사회의 전통적 남녀관계와는 다른 현대적이며 이상적인 인간관계를 보여준다. 캐더린이 자신이 느낀 바의 진실이 유일한 진실임을 파악하듯이, 본 논문에서는 캐더린이 윌리엄과의 그릇된 사랑의 실체를 깨닫고 자신의 정체성을 유지할 수 있는 랄프와 결합하는 과정을 페미니즘 입장에서 살펴보기로 한다.

작품이 현관문에 서서 저녁 인사를 나누며 헤어지는 장면으로 끝남은 이들에게 상호 의사 소통하는 낮의 시간과 달리 자신만의 내면의 밤 시간을 갖게 하는, 즉 사회적 삶과 더불어 개인적 삶의 병존의 중요성을 보여주는 것

---

7) Virginia Woolf, *Night and Day*(London: The Hogarth Press, 1977), p. 132, 138. "It's life that matters, nothing but life - the process of discovering - the everlasting and perpetual process, not the discovery itself at all." 앞으로 작품 인용은 이 판본에 의하며, 인용문 뒤의 괄호 안에 쪽 수만 병기함. 도스토옙스키의 『백치』에서 이뽈리뜨의 진술을 인용한 구절로 캐더린을 통해 『밤과 낮』에 두 번 인용됨.

으로 분석한다. 즉 자신을 이해하는 랄프와 결혼함으로써 캐더린은 존재의
핵심에 공허감을 주는 가부장제 집안에서 벗어나 자신만의 시간을 자유롭게
가질 수 있음이 기대된다. 또한 삶이란 복잡하지만 끝까지 사랑해야하는 것
이라는 견해를 갖고 있는 메리가 여성의 희생을 요구하는 남성중심사회에서
경제적으로 자립한 독신으로 남아 인류의 행복을 위한 대의에 정진하는 삶
의 모습을 살펴본다.

II. 본 론

1. 가부장 사회 여성의 삶

　『밤과 낮』의 첫 문장은 전지전능한 화자가 캐더린이 속한 상류계급 아가
씨들의 활동에 대해 제인 오스틴식의 아이러니컬한 문체로 일반화하는 서술
방식을 취한다. 그러나 전통적 풍속소설의 양상을 보이며 시작되는 이 사회
의 본질은 캐더린의 내면 심리를 묘사하는 것이다. 모친이 주최한 티파티에
서 거의 다른 생각을 하며 자동적으로 차 시중을 드는 캐더린은 의무감 있는
딸의 사회적 역할에 묶여 자신이 원하는 개인적 삶을 희생하고 있다.

　27세의 캐더린은 거의 10년 동안 모친을 도와 유명시인이었던 외할아버지
리차드 에일러다이스(Richard Alardyce)의 전기문 발행 작업을 해오고 있으며,
모친대신 실질적인 집안 일을 관리하고, 부친을 일상생활의 불편감에서 보호
하는 역할을 수행한다. 글로는 고사하고 말로도 자신을 표현하는 일로부터
움츠려드는 캐더린은 사실 전혀 문학적 취향이나 기질이 아니며, 과거에 묻
혀 사는 현재 생활의 폐해를 감지한다.

　　　　때로 그녀는 바로 자신의 존재를 위해서 과거로부터 해방되어야 한
　　　　다고 느꼈다. 또 때로는 과거가 현재를 완전히 대치해버렸다고 느꼈
　　　　는데, 아침 시간 후에 죽은 자들 가운데서 삶을 회복할 때 현재는 완
　　　　전히 힘없고 열등한 시간임이 판명되었다. (38)

따라서 야행성 동물처럼 은밀하게 늦은 밤이나 새벽에 홀로 자신의 방에서 수학을 공부하는 캐더린은 과학이 여성답지 못하다는 특성으로 본능적으로 그것에 대한 사랑을 감춘다. 그녀 생각에 수학이 문학에 정반대이기 때문에 캐더린은 '세련된 산문의 혼란, 동요, 모호성보다 숫자의 정확성과 별처럼 빛나는 비인격성을 더욱 좋아함을 결코 고백하지 않는다(40). 현재를 완전히 대치하는 과거로부터 해방되기 위해 수학 공부에 도피처를 구하나 캐더린은 결코 만족스럽지가 못하며, 경제적 자립 능력이 없으면 자신을 주장하기가 힘들다는 것을 파악한다.

> "나는 그들을 쓰러뜨리기를 원해요 - 나는 단지 그러고 싶어요." (…)
> "나는 나 자신을 주장하기를 원해요. 그러나 전문직을 갖고 있지 않
> 으면 그건 어려운 일이죠." (54)

이와 같이 자신의 의지를 발현하기를 원하는 캐더린은 자신의 취향에 맞춰 자신을 발전시킬 수 있는 일이 아니라 가문의 전통을 빛내주는 즉 한 남성 조상을 더욱 위대하게 만들어내는 작업을 수행하는데 자신의 삶을 소모하는 것이다.[8]

법률 사무실에 근무하는 29세의 가난한 대가족의 장남으로 가족 부양의 짐을 지고 있는 랄프는 집안에서 자신만의 프라이버시를 갖고자 소망하며, 일하는 시간과 꿈꾸는 시간을 엄격히 구분하는 삶을 산다(130). 힐베리 씨가 발행하는 잡지에 글을 실어 초대되어온 랄프는 파티 분위기에 어울리지 못하고 어색함을 느낀다. 랄프의 생각에 결단력이 있고 침착한 태도를 보이며 (5) 호화롭고 풍요롭게 살며 교양 있는 취향을 지닌 캐더린이 가문의 전통에 대해 언급하자, 그는 크게 자랑할만한 전통이 없는 자신의 가문을 의식하며 그녀에게 적대적인 태도를 취한다. 따라서 캐더린은 일상적인 여성적 상냥함에 의해 그를 돕지 않겠다는 악의적인 결정을 하게 되며, 랄프 또한 '캐더린

---

8) Beverly Ann Schlack, "Fathers in General: The Patriarchy in Virginia Woolf's Fiction," *Virginia Woolf: A Feminist Slant*, ed. Jane Marcus(Lincoln and London: University of Nebraska Press, 1983), p. 53. 슈락은 캐더린의 전기 발행 작업을 세상에 남성의 우월성을 보여주는 여성의 일이라고 지적한다.

계급 특성 중 하나가 계급적 우월성에서 그들보다 열등한 자들에게 진지하게 이야기하지 않는다'(58)고 말하는 비판적인 반응을 보인다.

트랜슈가 지적하듯이 랄프의 적대적인 반응의 대부분은 힐베리 가문이 나타내는 전통, 사치, 취향, 문화, 편안함에 대한 질투에서 나오며 그는 이를 경멸의 형태로 표현한다.9) 그러나 캐더린의 내면의 갈등과 고통을 모른 채 그녀의 매력, 아름다움, 성격, 고상함 등에 완전히 사로잡힌(17) 랄프는 그녀를 순전히 환상적 분위기에서 바라보며, 현실에서도 그의 꿈꾸는 시간 속에 존재하는 그녀의 환상적 이미지를 구성한다.

6-7명의 동생들과 과부 어머니와 살고 있는 하이게이트 집에 돌아온 랄프에게 그녀 집과 대조적인 자기 집의 초라한 모습은 더욱 강조되어 드러난다. 깃털이 반쯤 빠져나가고 고양이한테 다쳐 한쪽 다리를 절고 있는 노쇠하고 비참한 한 마리의 떼 까마귀가 추레하고 조잡한 집을 상징적으로 보여 준다 하겠다(19). 메리의 판단에 조금도 인습적이지 않으며(80) 사회적으로 인정받는 중세제도의 권위자로 힐베리씨에게 신뢰감과 존경심을 불러일으키는(490) 랄프는 유일하게 그의 마음을 터놓는 누나 조운(Joan)에게 집에 갇힌 "종신 죄수"(prisoner for life)(128)와 같은 모습으로 나타난다. 사무실에서 이상한 기질과 태도를 가진 단단하고 자만심 강한 젊은이로 인식되는 랄프는 50세에 하원 좌석을 얻으며 상당한 재산을 모으는 등 미래의 비전을 꿈꾸나, 사실 그가 유일하게 가치 있는 일로 생각하는 것은 이상을 생생하게 유지시켜주는 시를 쓰는 일이다(152). 자신의 자아를 억압하는 전통적 여성의 삶의 의무를 수행하는 캐더린과 가정 부양의 짐을 진 랄프는 기계가 지적하듯이 각각 첼시와 하이게이트에서 서로 다른 두 세계에 갇힌 죄수들이라고 볼 수 있다.10)

『밤과 낮』에서 경제적 여유가 있는 캐더린이나 남성이라는 특권을 지닌 랄프보다 더욱 비참한 삶의 모습을 보여주는 인물들은 주로 가난한 가정의 젊은 여성들이다. 33세의 궁핍한 가정의 장녀 조운은 다음과 같이 가정생활에 찌들어 있어서 훨씬 나이 들어 보이며, 랄프의 눈에 그녀는 "개 같은 비

---

9) Pamela Transue, *op. cit.*, p. 37.
10) Jean Guiguet, *op. cit.*, p. 207.

참한 삶"(a dog's life)(28)을 영위해 나간다.

> 그녀는 랄프보다 서너 살 위였다. 그녀의 얼굴은 둥근 편이나 지쳐있
> 었고, 대가족 장녀들의 특징인 관대하나 걱정스러워 하는 선량한 성
> 품을 드러내었다. 그녀의 상냥한 갈색 눈은 표정을 제외하고는 랄프
> 의 눈을 닮아 있었다. 왜냐하면 그는 사물을 똑바로 예리하게 바라보
> 는 반면에, 그녀는 모든 것을 많은 다른 관점에서 고려하는 습관이
> 있는 것처럼 보였다. 이것이 그들 사이의 실제 나이 차보다 그녀를
> 훨씬 나이 들어 보이게 만들었다. (22-23)

그러나 이와 같이 직장과 집안 일로 전혀 자신의 삶을 즐길 수 없는 힘든 삶을 꾸려 나가는 젊은 여성 조운은 캐더린 방문 시 불편한 가족의 분위기를 '신비롭고 자비로운 힘'(399)으로 새롭게 만들어 주는 통합자이며 집안의 천사의 역할을 수행한다.

자신의 생계뿐만 아니라 집안일 까지 책임져야하는 장녀 조운과 달리 링컨 교구 목사의 딸 메리는 다행히 언니가 있어서 홀로 런던에 와서 자신의 일을 할 수 있다. 메리의 큰언니 엘리자베스(Elizabeth)는 19세에 모친이 돌아가신 이후로 부친과 집안 살림을 꾸려 나가고 있으며, 감정을 드러내지 않는 건조한 진지성과 조직적인 생활 습관에서 이미 부친을 많이 닮아있다(187). 엘리자베스 또한 집안의 살림을 책임지며 그 일에 자신의 삶을 바친 상태로 그녀의 희생 덕분에 메리가 런던에 나와서 자신이 원하는 삶을 살 수 있는 것이다. 울프는 이들이 수행하는 집안 일이 바깥에서 남성들이 행하는 다른 직업들 보다 결코 열등하지 않음을 캐더린의 뛰어난 집안일 처리 재능에 대한 묘사에서 보여준다.

> 이와 같이 캐더린은 이제껏 직함도 없고 거의 인정받지도 못하는 매
> 우 위대한 전문직의 일원이었다. 비록 그 노고가 방앗간이나 공장에
> 서의 육체노동 못지 않게 혹심함에도 세상에는 그보다 훨씬 적은 이
> 익의 결과밖에 가져오지 못하긴 하지만. 그녀는 집에서만 살았다. 그
> 녀는 집안 일을 또한 매우 잘 하였다. (39)

허버트 마더(Herbert Marder)가 지적하듯이 울프의 페미니즘은 전통적으로 여성들에 의해 배양되어온 가정 생활의 지혜의 거부가 아니라 확장을 의미한다고 볼 수 있다.[11]

그러나 캐더린이 사는 사회는 그녀의 모든 장점이 단지 여성이라는 이유 때문에 아무 소용이 없음을 지적하는 윌리엄과 같은 전형적인 남성 우월자들의 세계이다.

> "당신에게 뿐만 아니라 모든 여성에게 권해요. 왜냐하면, 결혼하지 않으면 당신들은 아무것도 아니기 때문이지요. 당신들은 단지 반밖에 살아있지 않은 거예요. 능력을 단지 반밖에 사용하지 못하니까요. 당신은 스스로 그것을 느껴야만 해요." (63)

> "그녀는 취향을 갖고 있소. 감각도 있소. 그녀는 당신이 말할 때 잘 이해할 수도 있소. 그러나 그녀는 여성이오. 그러면 끝난 것 아니오." (68)

전형적인 빅토리아 조 남성인 윌리엄은 그녀보다 10년 연상으로 귀족주의적 풍요로움을 풍기나, 소심하고 우스꽝스러운 희극적 인물로 묘사된다. 음악과 문학에 심취하며, 작시법에 훌륭한 기술을 발휘하고, 셰익스피어에 대단한 지식을 지닌 윌리엄은 정부 공무원으로 전통을 절대적으로 신봉하며 체면을 중시하고 여성은 단지 결혼에 의해서만 온전한 존재가 될 수 있다고 생각하는 인물이다. 윌리엄이 지닌 결혼과 여성에 대한 인습적인 생각은 캐더린과의 관계에 불일치를 가져온다. 윌리엄에게 있어서 문학 작품에 대한 지적인 비평은 단지 남성 학자들에게만 국한되는 사항이며, 캐더린에게는 단지 그녀의 느낌만 요구할 뿐이다(144). 이것은 여성의 지성을 무시한 태도이며, 자신의 느낌을 이해하여 언어로 표현하는 문학적 노력에 반감을 갖고 있

11) Herbert Marder, *Feminism and Art: A Study of Virginia Woolf*(Chicago: University of Chicago Press, 1968), p. 35.

* Pamela Transue, *op. cit.*, p. 38. 이 구절에 대해 트랜슈는 울프에게 있어서 가정 생활의 지혜는 가부장적 가치와 행동 양식에 필수적인 교정물인 여성문화를 구성한다고 언급한다.

는 캐더린에게는 결코 적합하지 않은 주문이다.

> 가장 나쁜 점은 그녀가 문학에 아무런 소질이 없다는 것이었다. 그녀
> 는 문구로 된 표현을 좋아하지 않았다. 그녀는 자기반성의 과정, 즉
> 자신의 감정을 이해하며, 그것을 언어로 아름답고 적합하게 혹은 활
> 기 있게 표현하고자 하는 영원한 노력에 천성적인 혐오감을 갖고 있
> 기조차 하였다. (38)

경제적으로 독립하여 자신이 원하는 일을 하며 홀로 사는 메리를 질투하
는("I think you're very lucky." (…) "I envy you, living alone and having your
own things.")(286) 캐더린은 사실 결혼을 원하지 않는다(103). 그녀는 자신이
원하는 수학과 천문학을 공부할 수 있는 분위기를 만들기 위해(203) 가문의
전통과 체면과 도덕을 중시하는 집안에서 벗어나기 위한 탈출구로 결혼을
생각한다. 캐더린에게 사랑은 환상 속에만 존재하며, 그 대상은 말을 타고 해
변을 달리는 위대한 영웅으로 등장할 뿐이다(108). 현실적인 사랑의 존재를
믿지 않는 캐더린은 다음과 같이 독립의 수단으로 편의의 결혼을 결정한다.
"그녀의 결혼은 단지 그녀의 욕망을 이루기 위해서 통과해야 할 필요가 있는
관문으로 보였다"(226).

따라서 윌리엄의 청혼을 캐더린이 '차분하고, 매우 단조로운, 기쁨이나 활
기가 없는 목소리'(145)로 수락하는 장면은 극히 사무적인 일을 처리하는 모
습이다. 사실 힐베리 부인이 생각하듯이 신경질적이 아닌 캐더린이 그들 관
계에서 통제력을 발휘할 것이다(147). 캐더린은 어린 시절 유모차에서 성난
황소의 습격에서 그녀를 구해준 어떤 신사의 역할을 윌리엄이 해줄 수 있으
리라 결코 기대하지 않는다. 캐더린은 윌리엄이 원하는 모든 것을 그에게 주
어야함을 깨달으며, 그가 자신에게 보여준 지난 며칠간의 행동, 의미 깊은
말, 표정, 칭찬, 제스처들에 대해 생각한다(204). 남성을 편안하게 하며, 즐겁
게 하고, 남성을 만족시켜 줄 외모를 중시하는 등, 여러 전통적 권위의 목소
리들로 가득 찬 캐더린의 사회는 남녀간의 성공적 관계를 위해 여성의 모든
희생과 양보를 요구한다. 폴레스키가 지적하듯이 이것은 전통적인 사회가 여
성을 판단하는 기준으로, 윌리엄은 조금도 캐더린을 고려하거나, 하나의 분

명한 인격체로 인정하거나, 그녀를 즐겁게 해주는 일은 생각하지 않는다.12)

　남성과 여성의 일을 구분하지 않는(219) 양성적 기질의 헨리 오트웨이(Henry Otway)가 말하듯이 "아직 자신의 정체성을 발견하지 못했으며 삶을 현실적으로 받아들이지 못하는 캐더린"("Katharine hasn't found herself yet. Life isn't altogether real to her yet -")(215)이 윌리엄이 구상하는 바와 같은 전통적인 부부관계를 성공적으로 유지할 수 있으리라고 기대하기 어렵다. 오트웨이 부인과 모친에게서 캐더린은 "결혼이 여성에게 가장 행복한 삶"(221)이며, 부인은 남편에게 양보하고 인내하여야 하며, 자신의 방식대로 살기 원하는 여성은 독신으로 남아야 한다는 전통적 인습에 따른 가정교육을 받는다. 그러나 그들이 보여주는 부부생활은 캐더린에게 결코 행복스런 모범을 보이지 못한다.

　"결혼이 여성에게 가장 흥미로운 삶"(221)이라는 자신의 말과 달리 힐베리 부인은 과거에 묶여 죽은 자들의 삶을 상상하며 보내는 일에 가장 흥미를 느끼며 황홀경에 빠져들기 때문이다. 따라서 캐더린은 현실의 삶이 아닌 죽은 조상들의 환상세계에 빠지는 "모친을 매우 존경은 하지만 결코 닮고 싶어하지는 않는다"(Her mother was the last person she wished to resemble, much though she admired her)(41).

　오트웨이 부인 역시 영국 사회 삶의 위장 게임에 능한 인물로 대부분 시간을 그녀가 위엄 있고 중요하고 상당한 사회적 지위와 충분한 부를 지닌 것처럼 가장하며 보낸다. 60세가 넘은 나이에 그녀는 타인보다 훨씬 자신 스스로를 속이는 역할을 하고 있다(- she played far more to deceive herself than to deceive any one else.)(217). 그녀의 남편 프란시스 경(Sir Francis)은 인도 정부의 공무원으로 은퇴하여 자신의 기대에 못 미치는 불행한 삶을 사는 까다로운 성격의 이기주의자이다(216). 그는 부인과 장녀 유피미아(Euphemia)에게 파괴적 인물로, 그의 부인은 거의 저항하지 않아서 그에게 실질적으로 쓸모가 없다. 따라서 딸 유피미아를 막역한 친구로 만들어서 자신의 수상록을 받아 적게 하며 그녀의 청춘을 급속하게 소모시켜가고 있다.

---

12) Louise A. Poresky, *op. cit.*, p. 60.

그의 부인은 이제 그의 기분에 거의 저항하지 않아서 사실상 그에게
무용지물이 되어 버렸다. 그는 딸 유피미아를 가장 막역한 친구로 삼
아서, 그녀 청춘은 그녀 부친에 의해서 급속하게 소모되어 가고 있었
다. 그녀에게 그는 자신의 기억을 앙갚음하기 위한 회고록을 불러주
고 받아 적게 하였는데, 그녀는 그가 받은 대우가 치욕이었다고 끊임
없이 그에게 확신시켜야만 했다. 서른 다섯 살에 이미 그녀의 뺨은
그녀 모친의 뺨처럼 해쓱해져 가고 있었다. 그러나 그녀에게는 인도
의 태양이나 강들이나 유아원에서 아이들의 시끄러운 소리에 대한
아무런 기억도 없을 것이다. (216-17)

　프란시스 경이 보여주는 남성의 이런 이기적 태도는 힐베리 씨에게 강조
되며, 다음에서 보여 주듯이 그는 언짢고 불쾌한 집안 일을 딸에게 떠맡겨
버리는, 가정사 처리에 무책임한 인물이다.

　　홀로 남게 되자, 캐더린은 그녀 부친과의 집안 일 거래에서 평소처럼
　　자신이 속았으며, 당연히 그의 몫인 불쾌한 가사일 처리가 자신에게
　　떠넘겨졌다는 사실을 알고서 웃지 않을 수 없었다. (112)

　서평을 편집하고 문학 자료를 대조하여 시인의 기록물을 정리하는 사실적
인 일에 몰두하는 힐베리 씨는 매일밤 저녁 식사 후 부인과 딸이 방에서 나
간 후 마치 종교의식처럼 홀로 술과 담배를 즐기는 권위주의자이다(101).
　이 노부인들의 가식적이며 열정 없는 결혼의 모습을 보며 캐더린은 ‘완전
한 무감정의 결과를 가져오는 우울한 자기 억압상태’(226)에 빠진다. 따라서
사랑의 열정과 확신을 요구하는 윌리엄에게 자신의 사랑 없는 그들의 약혼
이 잘못되었음을 고백한다(254-55). 사랑 없는 결혼은 그에 대한 배신행위이
며(255) 단지 ‘소극’(farce)일 뿐임을 선언하는 캐더린의 파혼 제의에 대한 윌
리엄의 태도는 청혼을 받아들이는 장면만큼이나 희극적으로 묘사된다. 철저
하게 사회 인습에 따라 행동하며 체면과 예의범절을 중시하는 윌리엄은 얼
굴에서 자신의 감정의 흔적을 지우고, 캐더린의 옷에 묻은 머리카락과 낙엽
들과 같은 외적 현상에 더욱 신경을 쓴다.

> 천성적으로 사회의 관습에 따라 사는 남자인 그는 여성들이 관련된
> 문제, 특히 그 여성이 어떤 식으로든 그와 관련되었으면 매우 인습적
> 이었다. 그는 그녀 어깨에 떨어진 긴 검은 머리카락과 그녀 옷에 붙
> 은 두 세 개의 너도밤나무 낙엽들을 고통스럽게 주목하였다. (…) 그
> 는 그녀가 머리카락과 죽은 나뭇잎들을 의식하기를 소망하였는데, 이
> 것들은 다른 무엇보다도 그에게 훨씬 중요한 당면 문제였다. (259)

이와 같은 윌리엄을 보며 캐더린은 결국 자신의 행복과는 상관없이 인습
에서 벗어날 수 없는 자신의 삶의 현실에 복종한다. "그와 결혼하여, 그를 행
복하게 만들기 위해 노력할 것이라는"("I will marry you. I will try to make
you happy.")(259) 캐더린의 말은 일종의 체념이며 현실적 사실들을 금욕적으
로 수락하는 태도이다. 이는 또한 캐더린 자신의 은밀한 욕망을 이루기 위해
그가 제공하는 보상적인 도피처로 안주하는 모습이다. 이런 캐더린에게 있어
서 사람을 움직이는 원동력은 사랑이나 이성이 아니라 이상이며, 애정은 단
지 이상의 그림자일 뿐이다.

> "이 사람들을 다른 방향이 아니라 이 쪽으로 가도록 만드는 것은 무
> 엇일까요? 그것은 사랑이 아니에요. 그것은 이성이 아니에요. 나는
> 그것이 어떤 이상임에 틀림없다고 생각해요. 메리, 아마도 우리의 애
> 정은 이상의 그림자예요. 아마 본질적으로 애정 같은 것은 없어요."
> (287)

메리처럼 경제적으로 독립할 수 있는 직업도 없어 사실 별다른 대안이 없
는 캐더린은 가부장 사회에서 여성의 삶의 한계성을 인식하며, 그녀가 진정
으로 사랑하는 대상이 현실적으로 존재하리라고 기대하지도 않는다. 따라서
울프는 결단력이 있고 침착한 성격의 캐더린이 남성중심 사회에서는 현실과
동떨어진 이상세계에서만 가능한 자신의 꿈을 감추고, 숙모나 모친과 같은
전통적 여성의 삶의 방식을 선택하는 모습을 보여준다.

2. 독자적 개체성의 조화

작품구조상 캐더린과 윌리엄의 형식적인 약혼 진행은 랄프와 메리의 관계

진전과 병행된다. 대학 교육을 받아 에머슨을 읽고, 가난한 목사의 딸로 성장하여 스타킹도 직접 꿰매어 신는 양성적 기질의 메리는(45) 시골 출생으로 신념과 성실성을 지닌 존경할 만한 조상의 후손임을 강조하여, 작가는 그녀의 사고와 행동에 신뢰감을 실어준다. 25세의 메리는 자신의 생계를 책임져야 하므로 나이 들어 보이며, 책임감 있는 적극적 자세와 확고한 표정과 생각으로부터 얼굴에 주름이 생겼으며, 즐겁게 하고 위로하고 매력을 주는 모든 여성적 본능들은 보이지 않는 특성을 보인다(43). 그러나 자신이 원하는 여성 참정권운동을 하며 지내는 메리가 자신의 현 상태를 "잇따르는 기적들의 극치"(the culmination of successive miracles)(44)로 간주하며 다음처럼 자기만의 공간과 일을 갖고 있다는 사실에 행복해 하는 모습은 얼마나 당시 젊은 여성들이 프라이버시가 존중되지 않으며 가정에만 얽매인 삶을 살았는지를 강조하여 보여준다.

> … 통례적으로 그녀는 자신의 삶이 그런 순수한 즐거움의 순간들을 제공해준 데 대해 감사의 한숨을 내쉬었다. 그녀는 누군가로부터 무언가를 빼앗고 있지는 않았다. 그러나 (…) 방에서 홀로 아침 식사를 하는 것과 같은 간단한 일들로부터 그렇게 많은 즐거움을 누리는 것은 그녀에게 너무 완벽하게 적합해 보여서, 그녀는 처음에는 사과하기 위해 누군가를 찾곤 하였다. (…) 그녀는 지금까지 런던에 육 개월 있었으며, (…) 그것은 오로지 전적으로 그녀가 자신의 일을 갖고있다는 사실 덕분이었다. (74)

이와 같이 일반적인 여성들과 다른 메리는 랄프가 속마음을 털어놓을 수 있는 신뢰하는 동료이다(sensible, loyal friend, the woman he trusted.)(233). 또한 대부분의 똑똑한 남자들과 달리 전혀 인습적이지 않고 그녀를 남성과 동등한 인격체로 대해주는(132) 랄프는 '힘찬 말을 탄 기수', '그리스 영웅'(238)의 이미지로 메리의 사랑을 불러일으킨다. 그러나 캐더린을 사랑하는 랄프가 자신에게 청혼하자 메리는 그의 진실하지 못함에 '잔인한 배신감'(262)을 느끼며 거절한다. 캐더린에게 '소극'으로 보이듯이 메리에게 '사랑 없는 결혼은 가치 없는 일'(265)이기 때문이다.

랄프에게 배신감의 고통을 느낀 메리는 결혼을 통해서만 여성에게 제공되는 개인적인 행복을 거부하고(Already her suffering as an individual was left behind her)(273), 자신의 사적인 관심밖에 '어떤 단단한 실재'(275)가 있음을 발견하는 비전을 포착한다. 따라서 점차적으로 "특수한 것에서 일반적인 것으로의 변형"(transformation from the particular to the universal)(275)이라고 묘사되는 의식의 변화를 보이며, 개인에 대한 편협한 몰입에서 벗어나 인류의 고통을 나누는 대의를 위한 삶을 추구하고자 한다. 메리는 정직성의 대가가 그녀가 사랑하는 랄프를 거부하는 것이어서 비록 불행할지라도, 사실을 대면할 것을 결심한다(Whatever happens, I mean to have no pretences in my life.)(279). 사실 캐더린에 대한 랄프의 사랑과 자신의 질투감을 전하며, 메리는 굴욕감과 존재의 상실감을 느낀다.

> 처음에는 랄프에게 다음에는 캐더린에 의해, 함정에 빠지고 속임을 당하고 약탈당하여, 그녀(=메리)는 온몸이 수치심에 용해되고, 그녀 자신이라고 부를 수 있는 것은 무엇이나 빼앗긴 것처럼 생각되었다. (292)

그러나 메리는 침묵 속에 마음의 평정을 찾으며, 고통을 당하는 자이며 고통에 대한 연민 어린 관망자로서, 캐더린과 상호 마음의 감정을 나누어 갖는 교감 상태를 느끼게 된다.

> 메리는 전혀 말하고 싶지 않았다. 침묵 속에서 그녀는 자신의 고독을 상실한 듯 했다. 그녀는 고통받는 자이며 동시에 고통의 연민 어린 방관자였다. 그녀는 전에 없이 그 어느 때보다도 행복했다. 그녀는 훨씬 빼앗긴 상태였다. 그녀는 거부당했으며, 또한 무한히 사랑 받았다. 이런 감정들을 표현하려는 시도는 헛된 것이었다. 더구나 그녀[캐더린] 쪽에서 아무런 말은 없었지만, 그녀는 그들이 서로 감정을 공유하고 있다는 것을 믿지 않을 수 없었다. (293)

랄프와 캐더린의 사랑의 고통을 지켜보는 메리는 "일이 자신을 구해주는 유일한 것이며"(work is the only thing that saved me)(415), 이제 사랑의 학정에서 독립하여 자유로움을 느낀다(Why not go in and celebrate her independence of the tyranny of love?)(476).

사실 메리의 여성 참정권 운동 일은 이상화되지 못하고, 그녀의 동료 씰 부인과 클랙톤 씨는 풍자적으로 취급된다. 여성 참정권 운동 경험이 있는 울프는[13] 씰 부인의 희화된 모습을 통해 조직적 이성과 조화를 이루지 못하고 감정과 열정에만 의존하는 과격한 페미니즘 운동 조직을 무조건 옹호하지만은 않는다. 항상 서두르고 소란스러우며 정신적 모호성을 표현하듯 두 개의 십자가를 목에 달고 다니는 씰 부인은 실질적인 자격은 갖추지 못하고 거대한 열정만 지닌 희극적 인물로 묘사된다(78). 따라서 캐더린에게 여성 참정권 사무실 사람들은 마법의 탑에 갇힌 마법에 걸린 사람들에 비유되며(92), 힐베리 씨는 사실 적대자들 보다 지나친 동료 광신자들이 그들 대의의 잘못을 더욱 명백하게 드러냄을 지적한다(100). 메리의 여성 참정권 운동 조직에 대한 울프의 이런 태도는 종종 비평가들의 비판의 대상이 된다.[14] 그러나 양성론을 주장하는 휴머니스트인 울프는 메리의 시야를 '여성 해방'에서 '인간 해방'으로 넓혀 "인류에 봉사하며 자신 운명의 주인이 되는"(a serviceable human being, mistress of her own destiny)(471) 메리의 비전을 제시한다.

밤과 낮, 남성적 특성과 여성적 특성 등 삶의 상반되는 여러 요인들의 상호 조화로운 병존을 추구하는 울프는, 힐베리 부인이 좋아하는 양성적 정신의 소유자 윌리엄 셰익스피어와 달리 전통적 인습의 추종자 윌리엄 로드니를 위해, 카산드라를 등장시킨다. 그녀는 캐더린과 달리 음악과 시에 재능이 있고(305) 윌리엄을 숭배하며 여성성의 여성적 측면을 대변하는 인물이다. 또한 캐더린을 이상화하여 백일몽을 꾸는(315) 랄프를 등장시켜 캐더린의 갈등과 복잡한 심정 변화를 조명한다. 그는 '윌리엄과 정반대로'(354) 판단만 하는 자가 아니라 동시에 느끼는 양성적 인물이다("a person who judges" (…)

---

13) Hermione Lee, *The Novels of Virginia Woolf* (London: Methuen & Co. Ltd, 1977), p. 64. 1910년 참정권 운동을 위한 봉투에 주소 쓰는 일 참여(Bell I, p. 161). 1916-20년 Woman's Cooperative Guild의 리치몬드 지부의 활동 멤버(Bell II. p. 35).

14) Herbert Merder, *op. cit.*, p. 22. 머더는 울프가 여성문제는 심각하게 취급하나 여성 운동 조직은 그렇지 못함을 지적하며 울프의 페미니즘 태도에 비판적이다.

"a person who feels")(316).

랄프의 고백을 들은 캐더린은 여러 복잡한 문제들에 대해 생각하며, 인습 속에 성장한 그녀에게 전통적 권위의 해답은 억압과 동시에 미지의 어두운 세계에 대한 안전함을 제공해 준다. 그러나 그녀는 어른들의 무릎 위에 펼쳐져 있는 여성들의 삶과 결혼에 대한 교훈으로 가득 찬 지혜의 책에서 나오는 전통적인 대답은 그녀에게 개인적으로 아무런 소용이 없음을 깨닫는다 (329-30).

> 전통 속에 자란 모든 사람들처럼 캐더린은, 10여분 안에, 어떤 도덕적 어려움을 전통적 형태로 환원시켜서(만들어서) 전통적 대답들에 의해 그것을 해결할 수 있었다. (…) 미혼 여성의 행동을 통제해야 하는 법규들은 붉은 잉크로 쓰여져 있으며, 대리석에 조각되어있다. (…) 그녀는 어떤 사람들은 전통적 권위의 명령에 따라 그들의 삶을 거부하거나, 받아들이거나, 단념하거나, 목숨을 버릴 만큼 충분히 운이 좋다고 믿을 준비가 되어 있었다. 그녀는 그런 사람들이 부러웠다. 그러나 그녀의 경우에 그 질문들은 그녀가 대답을 발견하고자 진지하게 노력하는 즉시 유령들이 되었으며, 이것은 전통적인 대답이 그녀에게 개인적으로 아무 소용이 없음을 증명하였다. (329-30)

따라서 캐더린은 "희미한 빛"(frail beam)(330)으로 상징되는 '자신이 느끼는 바의 진실'(the truth of what she herself felt)에 대한 추구를 수행하며, 이러한 탐구는 비록 모호하고 힘들고 고통스럽지만 '발견의 과정'인 삶에 대한 그녀의 진지성을 보여준다. 그녀는 윌리엄에 대한 자신의 거짓된 감정의 잘못을 깨달으며(331) 외할아버지의 유품을 소개하는 조상 숭배 의식이 예전보다 훨씬 억압적임을 느끼고(337), 형식적인 의식이 아니라 그들 삶을 스스로 인식하며 공유하는 자세가 필요함을 깨닫게 되다(338). 자신의 감정에 보다 충실한 진지한 삶의 자세를 취하는 캐더린은 윌리엄에게 카산드라에 대한 사랑을 밝히는 것이 그의 의무임을 충고하며(341), 그녀의 이러한 태도는 윌리엄에게 '환희에 찬 동료애'(345)를 느끼게 한다.

큐 가든즈에서 랄프의 꽃과 나무들과 같은 식물에 대한 설명은 혼란시키고 위협하는 무질서한 인간 세계의 규율과 기대로부터 벗어나 독자적인 자연세계로 캐더린의 의식을 전환시킨다.

> 대부분의 젊은 여성들을 강요하듯이, 주변 환경은 오랫동안 그녀로
> 하여금 눈에 띄게 질서가 없는 삶의 모든 부분을 고통스럽고 상세하
> 게 고려하도록 강요해 왔다. 그녀는 분위기와 소망들, 호·불호의 정
> 도, 그리고 그녀에게 소중한 사람들의 운명에 대한 그들의 영향력을
> 고려해야만 했다. 그녀는 삶의 다른 부분에 대해 명상하는 일은 거절
> 하도록 강요받았는데, 이곳에서는 생각이 인간에게 독립적인 운명을
> 구성한다. (…) 멀리 하늘빛으로 녹아드는 바로 그 나무들과 녹지는
> 행복이나 개인의 결혼이나 죽음은 전혀 상관치 않는 거대한 외부세
> 계의 상징들이 되었다. (350)

이와 같이 인간의 인습적인 결혼이나 행복에 무관한 새로운 세계를 펼쳐
보이는 랄프는, 캐더린 생각에 비록 많은 단점을 지녔지만 호감을 주는 대상
이 된다(354). 캐더린은 그녀 삶의 진실성에 대해 랄프와 자유로운 대화를 나
누며, 의무감을 수반하는 가족 체계의 파괴성에 대해서 상호 의견이 일치한
다. 따라서 랄프는 서로에게 아무런 의무가 없이 완전한 진지성에 근거한 이
상적인 우정을 제안하며, 이런 제안은 캐더린에게 다음처럼 상반된 두 특성
의 불균형에 대해 명상하게 한다.

> 생각과 행동, 고독의 삶과 사회적 삶 사이에는 왜 이런 영원한 불균
> 형이 있어야만 할까, 한쪽에서는 영혼이 활동하는 밝은 대낮인데, 다
> 른 쪽에서는 영혼이 명상에 잠긴 밤과 같은 어둠이 있는 이 놀라운
> 벼랑이 있는 것일까? 라고 그녀는 곰곰이 생각하였다. 한 쪽으로부터
> 다른 쪽으로 어떤 근본적인 변화 없이 똑바로 서서 나아가는 것은 가
> 능하지 않는 것일까? (358-59)

자유로움을 추구하는 이상적 삶과 전통에 묶인 현실의 괴리를 절감하는
캐더린은 랄프의 제안을 '드물고 훌륭한 기회'로 받아들인다. 이와 같이 자신
의 불만스런 현실적 삶에 대해 보다 진지하게 생각하게되는 캐더린에게 여
성 참정권 운동을 떠나 메리가 시작하는 인류 행복을 위한 새로운 일은 좋은
세계로 보이며, 자신도 그 단체에 속하기를 원한다.("Remember, I want to

belong to your society - remember.")(382) '현재는 결혼이 그녀가 찾는 일'(379)
이라는 메리의 말과 달리, 캐더린에게 있어서 사랑이나 결혼이 전부가 아니
다(love's not everything; marriage itself is only one of the things.)(381). 따라서
자유로운 자신의 삶을 살기를 원하지만, 캐더린은 집안의 모임에서는 자신의
의무를 이행하는 가정 전통의 노예로서 그럴듯한 거짓으로 언제든지 자신의
감정을 감추는데 익숙하다.

> "만약 누가 뭐라고 말하면, 나는 강을 바라보고 있는 중이라고 말 할
> 거야," 그녀는 생각했다. 왜냐하면 그녀는 가족 전통에 굴종 상태에
> 있어서, 그녀가 전통을 범하는 행동을 그럴 듯한 거짓으로 꾸며 댈
> 준비가 되어 있었다. (372)

그러나 캐더린은 타인의 감정을 무시하는 윌리엄의 이기적 태도를 지적하
며, 『등대로』(To The Lighthouse)의 램지 부부(Ramsays)나 『막간』(Between the
Acts)의 아이자(Isa)와 자일즈(Giles)의 관계를 연상시키는 성적 갈등을 보여준
다.

> "당신[윌리엄]은 다른 사람이 무엇을 느끼는지 결코 알지 못해요,"
> (…) "당신은 당신 자신 외에는 아무도 생각하지 않아요." (393)`'

> 윌리엄의 가혹한 요구들과 그의 질투가 남성과 여성 사이의 태고의
> 갈등이 여전히 광란하고 있는 그녀의 본성의 어떤 끔찍한 늪 속으로
> 그녀를 끌어 내렸다. (393)

American Transcendentalism and the Concord Writers

Hongkyu A. Choe

Chung Ang University

There has been one movement in the history of the American mind which has given to literature a group of writers having coherence enough to merit the name of a school. This was the great humanitarian movement, or series of movements, in New England, which, beginning in the Unitarianism of Channing, ran through its later phase in transcendentalism, and spend its last strength in the antislavery agitation and enthusiasms of the civil war. The second stage of this intellectual and social revolt was transcendentalism, of which Emerson wrote, in 1842 : "The history of genius and of religion in these times will be the history of this tendency."[1] Ralph Waldo Emerson(1803~82) was the prophet of the sect, and Concord was its Mecca: but the influence of the new ideas was not confined to the little group of professed transcendentalists: it extended to all the young writers within reach, who struck their roots deeper into the soil that it had loosened and freshened. They owe to it, in great measure, not merely Emerson, Alcott, Magaret Fuller, and Thoreau, but Hawthorne, Lowell, Whittier, and

---

1) Ralph Rusk, *The Life of Ralph Waldo Emerson*(New York: Charles Scribener's, 1978), p. 24.

Holmes.

In its strictest sense transcendentalism was a restatement of the idealistic philosophy, and an application of its beliefs to religion, nature, and life. The movement was contemporary with political revolutions in Europe and with the preaching of many novel gospels in religion, in sociology, in science, education, medicine, and hygiene. New sects were formed, like the Swedenborgians, Universalists, Spiritualists, Second Adventists, Shakers, and Mormons, some of whom believed in trances, miracles, and direct revelations from the divine Spirit: others in the quick coming of Christ, as deduced from the opening of the seals and the number of the beast in the Apocalypse: and still others in the reorganization of society and of the family on a different basis.

The ferment has long since subsided, and much of what was then seething has gone off in vapor or other volatile products. But some very solid matters have also been precipitated, some crystals of poetry translucent, symmetrical, enduring. "The immediate practical outcome was disappointing, and the external history of the agitation is a record of failed experiments, spurious sciences, Utopian philosophies, and sects founded only to dwindle away into some from of orthodoxy.[2] In the eyes of the conservative, or the worldly minded, or of the plain people who could not understand the enigmatic utterances of the reformers, the dangerous or ludicrous sides of transcendentalism were naturally uppermost. Nevertheless the movement was but a new avatar of the Puritan spirit: its moral earnestness, its spirituality, its tenderness for the individual conscience. Puritanism, too, in its day had run into grotesque extremes. Emerson bore about the same relation to the absurder outcroppings of transcendentalism that Milton bore to the New Lights, Ranters, Fifth Monarchy Men, etc., of his time. There is in him that mingling of idealism with and abiding sanity, and even a Yankee shrewdness, which characterizes the race. The practical, inventive, calculating, money getting

---

2) Robert Spiller, *Literary History of the United States*(New York: Norton, 1958), p. 132.

side of the Yankee has been made sufficiently obvious. But the deep heart of New England is full of dreams, mysticism, romance:

"And in the day of sacrifice,
When heroes piled the pyre,
The dismal Massachusetts ice
Burned more than others' fire."[3]

The one element which the old and eccentric developments of this movement shared in common with the real philosophy of transcendentalism was the rejection of authority and the appeal to the private consciousness as the sole standard of truth and right. This principle certainly lay in the ethical systems of Kant and Fichte, the great transcendentalists of Germany.

It had been strongly asserted by Channing. It was the starting point of Puritanism itself, which had drawn away from the ceremonial religion of the English "Church, and by its Congregational system had made each church society independent in doctrine and worship. and although Puritan orthodoxy in New England had grown rigid and dogmatic it had grown rigid and dogmatic it had never used the weapons of obscurantism. By encouraging education to the utmost, it had shown its willingness to submit its beliefs to the fullest discussion and had put into the hands of dissent the means with which to attack them.

In its theological aspect transcendentalism was a departure from conservative Unitarianism, as that had been from Calvinism. From Edwards to Channing, from Channing to Emerson and Theodore Parker, there was a natural and logical unfolding: not logical in the sense that Channing accepted Edwards's premises and pushed them out to their conclusions, or that Parker accepted all of Channing's premises, but in the sense that the rigid pushing out of Edwards's premises into their conclusions by himself. For Parker and Emerson it was easy

---

3) William Semple, *The Growth of Americam Literature*(New York: Norton, 1958), p. 88.

to take the step to the assertion that Christ was a good and great man, divine only in the sense that God possessed him more fully than any other man known in history: that it was his preaching and example that brought salvation to men, and not any special mediation or intercession, and that his own words and acts, and not miracles, are the only and the sufficient witness to his mission.

In the view of the transcendentalists Christ was as human as Buddha, Socrates, or Confucius, and the Bible was but one among the "Ethnical Scriptures" for sacred writings of the peoples, passages from which were published in the transcendental organ, the Dial. As against these new views Channing Unitarianism occupied already a conservative position. The Unitarians as a body had never been very numerous outside of eastern Massachusetts. They had a few churches in New York and in the larger cities and towns elsewhere, but the sect, as such, was a local one. Orthodoxy made a sturdy fight against the heresy, under leaders like Leonard Woods and Moses Stuary, of Andover, and Lyman Beecher, of Connecticut. In the neighboring State of Connecticut, for example, there was until lately, for a period of several years, no distinctly Unitarian congregation worshiping in a church edifice of its own. On the other hand, to a great extent, modified the theology of the orthodox churches.

The representative of transecendentalism in the pulpit was Theodore Parker, an eloquent preacher, an eager debater, and a prolific writer on many subjects, whose collected works fill fourteen volumes. Parker was a man of strongly human traits, passionate, impendent, intensely religious, but in tensely radical, who made for himself a large personal following. The more advanced wing of the Unitarians were called, after him, "Parkerites". Many of the Unitarian churches refused to "fellowship" with him: and the large congregation, or audience, which assembled in Music Hall to hear his sermons was stigmatized as a "boisterous assembly" which came to hear Parker preach irreligion.

It has been said that, on its philosophical side, New England transcendentalism was a restatement of idealism. The impulse came from Germany, from the philosophical writings of Kant, Fichte, Jacobi, and Schelling, and from the works of Coleridge and Carlyle, who had domesticated German thought in England. In fact German literature began, not long after, to be eagerly studied in New England. Emerson published an American edition of Carlyle's *Miscellanies*, including his essays on German writers that had appeared in England between 1822 and 1830. In 1838 Ripley began to publish *Specimens of Foreign Standard Literature*, which extend to fourteen volumes. In his work of translating and supplying introductions to the matter selected, he was helped by Ripley, Margaret Fuller, John S. Dwight, and others who had more or less connection with the transecendental movement.

The definition of the new faith given by Emerson in his lecture on the *Transcendentalist*, 1872, is as follows: "What is popularly called transcendentalism among us is idealism. The idealism of the present day acquired the name of transcendental from the use of that term by Immanuel Kant, who replied to the skeptical philosophy of Locke, which insisted that there was nothing in the intellect which was not previously in the experience of the senses, by showing that there was a very important class of ideas, or imperative forms, which did not come by experience, but through which experience was acquired: that these were intuitions of the mind itself, and he denominated them transcendental forms." Idealism denies the independent existence of matter. Transcendentalism claims for the innate ideas of God and the soul a higher assurance of reality than for the knowledge of the outside world derived through the senses. Emerson shares the "noble doubt" of idealism. He calls the universe a shade, a dream, "this great apparition.", "It is a sufficient accounting of that appearance we call the world," he wrote in *Nature*, "that God will teach a human mind, and so makes it the receiver of a certain number of congruent sensation which we call sun and moon, man and woman, house and trade. In my utter impotence to test the authenticity of the report of my senses, to know whether the impressions on me correspond with outlying objects, what difference does it make whether Orion is up there in heaven or some god paints the image in the firmament of the soul?"

On the other hand, our evidence of the existence of God and of our own souls, and our knowledge of right and wrong, and immediate, and are independent of the senses. We are in direct communication with the "Oversoul," the infinite Spirit. "The soul in man is the background of our being-an immensity not possessed, that cannot be possessed.", "From within or from behind, a light shines through us upon things, and makes us aware that we are nothing, but the light is all." Revelation is "an influx of the Divine mind into our mind. It is an ebb of the individual rivulet before the flowing surges of the sea of life." In moods of exaltation, and especially in the presence of nature, this contact of the individual soul with the absolute is felt. "All mean egotism vanishes. I become a transparent eyeball; I am nothing; I see all; the currents of the Universal Being circulate through me; I am par and particle of God." The existence and attributes of God are not deducible from history or from natural theology, but are thus directly given us in consciousness. In his essay on the *Transcendentalist* Emerson says: "His experience him to behold the procession of facts you call the world as flowing perpetually outward from an invisible, unsounded center in himself: center alike of him and of them, and necessitating him to regard all things as having a subjective or relative existence-relative to that aforesaid Unknown Center of him. There is no bar or wall in the soul where man, the effect, ceases, and God, the cause, begins. We lie open on one side to the deeps of spiritual nature, to the attributes of God."[4]

Emerson's point of view, though familiar to philosophy, is strange to the popular understanding, and hence has arisen the complaint of his obscurity. Moreover, he apprehended and expressed these ideas as a poet, in figurative and emotional language, and not as a metaphysician, in a formulated statement. His own position in relation to systematic philosophers is described in what he says

4) Howard Smith, *Emerson's Major Essays*(Boston: Amercian Press, 1949), p. 156.

of Plato, in his series of sketches entitled *Representative Men*, 1820: "He has not a system. The dearest disciples and defenders are at fault. He attempted a theory of the universe, and his theory is not complete or self-evident. One man thinks he means this, and another that: he has said one thing in one place, and the reverse of it in another place." Emerson's meaning seems elusive, and he appears to write from temporary moods and to contradict himself. Had he attempted a reasoned exposition of the transcendental philosophy, instead of writing essays and poems, he might have added one more to the number of system-mongers: but he would not have taken that significant place which he occupies in the general literature of the time, nor exerted that wide influence upon younger literature of the time, nor exerted that wide influence upon younger writers which has been one of the stimulating forces in American thought. And yet it would be impossible to disentangle his peculiar philosophical ideas from the body of writings and to leave the latter to stand upon their merits as literature merely. He is the poet of certain high abstractions, and religion is central to all his work-excepting, perhaps, his *English Traits*. 1856, an acute study of national characteristics: and a few of his essays and verses, which are independent of any particular philosophical standpoint.

When Emerson resigned his parish in 1832 he made a short trip to Europe, where he visited Carlyle at Craigenputtock, and Landor at Florence. On his return he retired to his birthplace, the village of Concord, Massachusetts, and settled down among his books and his fields, becoming a sort of "glorified farmer," but issuing frequently from his retirement to instruct and delight audiences of thoughtful people at Boston and at other points all through the country.

Emerson was the perfection of a lyceum lecturer. His manner was quiet but forcible, his voice of charming quality, and his enunciation cleancut and refined. The sentence was his unit in composition. His lectures seemed to begin anywhere and to end anywhere and to resemble strings of exquisitely polished saying rather than continuous discourses. His printed essays, with unimportant exceptions, were first written and delivered as lectures. In 1836 he published his first book, *Nature*, which remains the most systematic statement of his philosophy. It opened a fresh spring-head in American thought, and the words of its introduction announced that its author had broken with the past. "Why should not we also enjoy an original relation to the universe?

Why should not we have a poetry and philosophy of insight and not of tradition, and a religion by revelation to us and not the history of theirs?"[5]

To Concord come many kindred spirits, drawn by Emerson's magnetic attraction. Thither came, from Connecticut, Amos Bronson Alcott, born a few years before Emerson, whom he outlived: a quaint and benignant figure, a visionary and a mystic even among the transcendentalists themselves, and one who lived in unwordly simplicity the life of the soul. Alcott had taught school at Cheshire, Conn., and afterward at Boston an original plan - compelling his scholars, for example, to flog *him*, when they did wrong, instead of taking a flogging themselves. The experiment was successful until his *Conversations on the Gosples*, in Boston, and his insistence upon admitting colored children to his benches, offended conservative opinion and broke up his school. Alcott renounced the eating of animal food in 1835. He believed in the union of thought and manual labor, and supported himself for some years by the work of his hands, gardening, cutting wood, etc. He traveled into religion. He set up a little community at the village of Harvard Massachusetts, which was rather less successful than Brook Farm, and he contributed Orphic Sayings to the *Dial*, which were harder for the esoteric to understand than even Emerson's Brahma or the Over-soul.

Thither came, also, Sarah Margaret Fuller, the most intellectual woman of her time in America, an eager student of Greek and German literature and an ardent seeker after the True, the Good, and the Beautiful. She threw herself into many

---

5) Ibid., p. 21.

causes, such as temperance and the higher education of women. Her brilliant conversation classes in Boston attracted many "minds" of her own sex. Subsequently, as literary editor of the *New York Tribune*, she furnished a wider public with reviews and book notices of great ability. She took part in the Brook Farm experiment, and she edited the *Dial* for a time, contributing to it the papers afterward expanded into her most considerable book, *Woman in the Nineteenth Century.* In 1846 she went abroad, and at Rome took part in the revolutionary movement of Mazzini, having charge of one of the hospitals during the siege of the city by the French. In 1847 she married an impecunious Italian nobleman, the Marquis Ossoli. In 1850 the ship on which she was returning to America, with her husband and child, was wrecked on Fire Island beach and all three were lost. Margaret Fuller's collected writings are some-what disappointing, being mainly of temporary interest. She lives less through her books than through the memories of her friends, Emerson, James Freeman Clarke, T. W. Higginson, and others who knew her as a personal influence. Her strenuous and rather overbearing individuality made an impression not altogether agreeable upon many of her contemporaries. To Concord also came Nathaniel Hawthorne, who took up his residence there first at the "Old Manse," and afterward at "The Wayside." Though naturally an idealist, he said that he came too late to Concord to fall decidedly under Emerson's influence. Of that he would have stood in little danger even had he come earlier. He appreciated the deep and subtle quality of Emerson's imagination, but his own shy genius always jealously guarded its independence and resented the too close approaches of an alien mind.

Among the native disciples of Emerson at Concord the most noteworthy were Henry Thoreau, and his friend and biographer, William Ellery Channing, Jr., a nephew of the great Channing. Channing was a contributor to the *Dial*, and he published a volume of poems which elicited a fiercely contemptuous review from Edgar Poe. Though disfigured by affectation and obscurity, many of Channing's verses were distinguished by true poetic feeling, and the last line of his little piece, A Poet's Hope.

>"If my bark sink 'tis to another sea,"[6]

has taken a permanent place in the literature of transcendentalism.

The private organ of the transcendentalists was the *Dial*, a quarterly magazine, published from 1840 to 1844, and edited by Emerson and Margaret Fuller. Among its contributors, besides those already mentioned, were Ripley, Thoreau, Parker, James Freeman Clarke, Charles A. Dana, John S. Dwight, C. P. Cranch, Charles Emerson, and William H. Channing, another nephew of Dr. Channing. It contained, along with a good deal of rubbish, some of the best poetry and prose that has been published in America. The most lasting part of its contents were the contributions of Emerson and Thoreau.

From time to time Emerson collected and published his lectures under various titles. A first series of *Essays* came out in 1841, and a second in 1844: *the Conduct of Life* in 1860, *Society and Solitude* in 1870, *Letters and Social Aims* in 1876, and the *Fortune of the Republic* in 1878. In 1847 he issued a volume of *Poems*, and 1865 *Mayday and Other Poems*. These writings, as a whole, were variations on a single theme, expansions and illustrations of the philosophy set forth in thought, filled with wisdom, with lofty morality and spiritual religion. Emerson, said Lowell, first "cut the cable that bound us to English thought and gave us a chance at the dangers and glories of blue water."[7] Nevertheless, as it used to be the fashion to find an English analogue for every American writer, so the fashion to find an English analogue for every American writer, so that Cooper was called the American Scott, and Mrs. Sigourney was described as the

---

6) William E. Channing, *The Complete Works of Channing*(Bostion: Publishing House, 1942) p. 79.

7) James R. Lowell, *Among My Books*(Cambridge: Harvard University Press, 1949), p. 134.

Hemans of America, a well-worn critical tradition has coupled Emerson with Carlyle. That his mind received a nudge from Carlyle's early essays and from *Sartor Resartus* is beyond a doubt. They were life-long friends and correspondents, and Emerson's *Representative Men* is, some sort, a counterpart of Carlyle's *Hero Worship*. But in temper and style the two writers were widely different. Carlyle's pessimism and dissatisfaction with general drift of things gained upon him more and more, while Emerson was a consistent optimist to the end. The last of his writings published during his life-time, the *Fortune of the Republic,* contrasts strangely in its hopefulness with the desperation of Caryle's later utterances. Even in presence of the doubt as to man's personal immortality he takes refuge in a high and stoical faith. "I think all sound minds rest on a certain preliminary conviction, namely, that if it be best that conscious personal life shall continue it will continue, and if not best, then it will not: and if we saw the whole, should of course see that it was better so."[8] It is this conviction that gives to Emerson's writings their serenity and their tonic quality at the same time that it narrows the range of his dealings with life. As the idealist declines to cross examine those face of things as upon a mask not worthy to dismay the fixed soul, so the optimist turns away his eyes from the evil which he disposes of as merely negative, as the shadow of the good. Hawthorne's interest in the problem of sin finds little place in Emerson' philosophy.

The greatest literature is that which is most broadly human, or, in other words, that which will square best with all philosophies. But Emerson's genius was interpretative rather than constructive. The poet dwells in the cheerful world of phenomena. He is most the poet who realizes most intensely the good and the bad of human life. But Idealism makes experience shadowy and subordinates action to contemplation.

Emerson showed, indeed, a fine power of character analysis in his *English*

---

8) Thomas Carlyle, *Collected Essays*(London: Hogath Press, 1960), p. 121.

Traits and *Representative Men* and in his memoirs of Thoreau and Margaret Fuller. There is even a sort of dramatic humor in his portrait of Socrates. But upon the whole he stands midway between constructive artists, whose instinct it is to tell a story or sing a song, and philosophers, like Schelling, who give poetic expression to a system of thought. He belongs to the class of minds of which Sir Thomas Browne is the best English example. He set a high value upon Browne, to whose style his own, though far more sententious, bears a resemblance. Browne's saying, for example, "All things are artificial, for nature is the art of God," sounds like Emerson, whose workmanship, for the rest, in his prose essays was exceedingly find and close. He was not afraid to be homely and racy in expressing thought of the highest spirituality. "Hitch your wagon to a star" is a good instance of his favorite manner.

Emerson's verse often seems careless in technique. Most of his pieces are scrappy and have the air of tunic rimes, or little oracular "voicings" -as they say at Concord- in rhythmic shape, of single thoughts on "Worship", "Character", "Heroism", "Art", "Politics", "Culture", etc. The content is the important thing, and the form is too frequently awkward or bald. Sometimes, indeed, in the clear obscure of Emerson's poetry the deep wisdom of the thought finds its most natural expression in the imaginative simplicity of the language. But though this artlessness in him became too frequently in his imitators, like Thoreau and Ellery Channing, an obtruded simplicity, among own poems are many that leave nothing to be desired in point of wording and of verse. His *Hymn Sung at the Completion of the Concord Monument*, in 1836, is the perfect model of an occasional poem. Its lines were on every one's lips at the time of the centennial celebrations in 1876, and "the shot heard round the world" has hardly echoed farther than the song which chronicled it. Equally current is the stanza from *Vountaries* :

"So nigh is grandeur to our dust,

So near is god to man.
When Duty whispers low, 'Thou must,'
The youth replies, 'I can.'"

So, too, the famous lines from the "Problem:"

"The hand that rounded Peter's dome,
And groined the aisles of Christian Rome,
Wrought in a sad sincerity.
Himself from God he could not free:
He builded better than he knew:
The conscious stone to beauty grew."

The most noteworthy of Emerson's pupils was Henry David Thoreau(1817~62). "the poet naturalist." After his graduation from Harvard College, in 1837, Thoreau engaged in school teaching and in the manufacture of lead pencils, but soon gave up all regular business and devoted himself to walking, reading, and the study of nature. He was at one time private tutor in a walking, reading, and the study of nature. He was at one time private tutor in a family on Staten Island, and he supported himself for a season by doing odd jobs in land surveying for the farmers about Concord. In 1845 he built, with his own hands, a small cabin on the banks of Walden Pond, near Concord, and lived there in seclusion for two years. His expenses during these years were nine cents a day, and he gave an account of his experiment in his most characteristic book, Walden, published in 1854. His *Week on the Concord and Merrimac Rivers* appeared in 1849. From time to time he went farther afield, and his journeys were reported in Cape Cod, the Maine Woods, Excursions, and a Yankee in Canada, all of which, as well as a volume of Lotters and Early Spring in Massachusetts, have been given to the public since his death, which happened in 1862. No one has lived so close to nature, and written of it so intimately, as Thoreau.

He had a passion for the wild, and seems like an Anglo-Saxon reversion to the type of the Red Indian. The most distinctive note in Thoreau is his inhumanity. Emerson spoke of him as a "perfect piece of stoicism.", "Man", said Thoreau, "is only the point on which I stand." He strove to realize the objective life of nature-nature in its aloofness from man : to identify himself, with the moose and the mountain. He listened, with his ear close to the ground for the voice of the earth. "What are the trees saying?" he exclaimed. "After sitting in my chamber many days, reading the poets, I have been out early on a foggy morning and heard the cry of an owl in a neighboring wood as from a nature behind the common, unexplored by science or by literature. None of the feathered race has yet redlized my youthful conceptions of the woodland depths. I had seen the red election-birds brought from their recesses on my comrade's string, and fancied that their plumage would assume stranger and more dazzling colors, like the tints of evening, in proportion as I advanced farther into the darkness and solitude of the forest. Still less have I seen such strong and wild tints on any poet's string."[9]

It was on the mystical side that Thoreau apprehended transcendentalism. Mysticism has been defined as the soul's recognition of its identify with nature. This thought lies plainly in Schelling's philosophy, and he illustrated it by his famous figure of the magnet. Mind and nature are one; they are the positive and negative poles of the magnet. In man, the Absolute - that is, God - becomes conscious of himself: makes of himself, as nature, an object to himself as mind. His thought is also clearly present in Emerson's view of nature, and has caused him to be accused of pantheism. But if by pantheism is meant the doctrine that the underlying principle of the universe is matter or force, none of the transcendentalists was a pantheist. In their view nature was divine. Their poetry is always haunted by the sense of a spiritual which abides beyond the phenomena. Thus in Emerson's Two Rivers:

---

9) Henry C. Thoreau *Selected Essays*(Boston: Brothers' Books 1946), p. 205.

Thy summer voice, Musketaquit,
Repeats the music of the rain,
But sweeter rivers pulsing flit
Through thee as thou through Concord plain.

Thou in thy narrow banks art pent :
The stream I love unbounded goes:
Through flood and sea and firmament,
Through light, through life, it forward flows.

I see the inundation sweet,
I hear the spending of the stream,
Through years, through men, through nature fleet,
Through passion, thought, through power and dream.

This mood occurs frequently in Thoureau. The hard world of matter becomes suddenly all fluent and spiritual, and he sees himself in it - sees God.

It was something ulterior that Thoreau sought in nature. "The other world", he wrote, "is all my art: my pencils will pencils will draw no other: my jackknife will cut noting else." Thoreau did not scorn, however, like Emerson, to "examine too microscopically the universal tablet."[10] He was a close observer and accurate reporter of the ways of birds and plants and the minuter aspects of nature. He has had many followers, who have produced much pleasant literature on the door life. But in none of them is there that unique combination of the poet, the naturalist, and the mystic which gives his page its wild original flavor. He had the woodcraft of a hnter and the eye of a botanist, but his imagination did not stop short with the fact. The sound of a tree falling in the Maine woods was to him "as though a door had shut somewhere in the damp and shaggy wilderness." He saw small things in cosmic relations. His trip down the tame Concord has for the reader the excitement of a voyage of exploration into far and unknown

---

10) Ibid., p. 219.

regions. The river just above Sherman's Bridge, in time of flood "when the wind blows freshly on a raw March day, heaving up the surface into dark and sober billows," was like Lake Huron, "and you may run aground on Cranberry Island," and "get as good a freezing there as anywhere on the North-west coast." He said that most of the phenomena described in Kane's voyages could be observed in Concord.

The literature of transcendentalism was like the light of the stars in a winter night, keen and cold and high. It had the pale cast of thought, and was almost too spiritual and remote to "hit the sense of mortal sight." But it was at least indigenous. If not an American literature - not national and not inclusive of all sides of American life - it was, at all events, a genuine New England literature and true to the spirit of its section. The tough Puritan stock had at last put forth a blossom which compared with the warm, robust growths of English soil even as the delicate wind flower of the northern spring compares with the cowslips and daisies of old England.

In 1842 Nathaniel Hawthorne(1804~64), the greatest American romancer, came to Concord. He had recently left Brook Farm, had just been married, and with his bride he settled down in "Old Manse" for three paradisaical years. A picture of this protracted honeymoon and this sequestered life, as tranquil as the slow stream on whose banks it was passed, is given in the introductory chapter to his *American Note Books*, posthumously published. Hawthorne was thirty-eight when he took his place among the Concord literati. His child-hood and youth had been spent partly at his birthplace, the old and already somewhat decayed sea - port town of Salem, and partly at his grandfather's farm on Sebago Lake in Maine, then on the edge of the primitive forest. Maine did not become a State, indeed, until 1820, the year before Hawthorne entered Bowdoin College, whence he was graduated in 1825, in the same class with Henry W. Longfellow and one year behind Franklin Pierce, afterward President of the United States. After leaving college Hawthorne buried himself for years in the seclusion of his home at Salem. His mother, who was early widowed, had withdrawn entirely from the world. For months at a time Hawthorne kept his room, seeing no other society than that of his mother and sisters, reading all sorts of books and writing wild tales, most of which he destroyed as soon as he had written them. At twilight he would emerge from the house for a solitary ramble through the streets of the town or along the seaside.

Old Salem had much that was picturesque in its associations. It had been the scene of the witch trials in the seventeenth century, and it abounded in ancient mansions, the homes of retired whalers and India merchants. Hawthorne's father had been a ship captain, and many of his ancestors had followed the sea. One of his forefathers, moreover, had been a certain Judge Hawthorne, who in 1691 had sentenced several of the witches to death. The thought of this affected Hawthorne's imagination with a pleasing horror, and he utilized it afterward in his *House of the Seven Gables*. Many of the old Salem houses, too, had their family histories, with now and then the hint of some obscure crime or dark misfortune which haunted posterity with its curse till all the stock died out or fell into poverty and evil ways, as in the Pyncheon family of Hawthorne's romance. In the preface to the Marbel Faun Hawthorne wrote: "No author without a trial can conceive of the difficulty of writing a romance about a country where there is no shadow, no antiquity, no mystery, no picturesque and gloomy wrong, nor any thing but a commonplace prosperity in broad and simple daylight."[11] And yet it may be doubted whether any environment could have been found more fitted to his peculiar genius than this of his native town, or any preparation better calculated to ripen the faculty that was in him than these long, lonely years of waiting and brooding thought. From time to time he contributed a story or a sketch to some periodical, such as S. G. Goodrich's annual, the Token, or the Knickerbocker Magazineu.

---

11) Nathaniel Hawthorne, *Marble Faun*(New York: Debby press, 1963), p. 126.

In 1828 He had issued anonymously and at his own expense a short romance, entitled Fanshawe. It had little success, and copies of the magazine pieces under the title, Twice - Told Tales. The book was generously praised in the *North American Review* by his former classmate, Longfellow: and Edgar Poe showed his keen critical perception by predicting that the writer would easily put himself at the head of imaginative literature in America if he would discard allegory, drop short stories, and compose a genuine romance. Poe compared Hawthorne's work with that of the German romancer, Tieck, and it is interesting to find confirmation of this dictum in passages of the American Note Books, in which Hawthorne speaks of laboring over Tieck with a German dictionary.

The *Twice-Told Tales* are the work of a recluse, who makes guesses at life from a knowledge of his own heart, acquired by a habit of introspection, but who has had little contact with men. Many of them were of an interior kind, never the physically horrible Poe. It arose from weird psychological situations like that of "Ethan Brand" in his search for the unpardonable sin. Hawthorne was true to the inherited instinct of Puritanism: he took the conscience for his theme, and in these early tales he was already absorbed in the problem of evil, the subtle ways in which sin works out its retribution, and the species of fate or necessity that the wrong doer makes for himself in the inevitable sequences of his crime. Hawthorne was strongly drawn toward symbols and types, and never quite followed Poe's advice to abandon allegory. The Scarlet Letter and his other romances are not, indeed, strictly allegories, since the characters are men and women and not mere personifications of abstract qualities. Still, they all have a certain allegorical tinge. In the Marble Faun, for example, Hilda, Kenyon, Miriam, and Donatello have been ingeniously explained as personifications respectively of the conscience, the reason, the imagination, and the senses. Without going so far as this, it is possible to see in these and in Hawthorne's other creation something typical and representative. He uses his characters like algebraic symbols to work out certain problems with: they are rather more and yet rather less than flesh and blood individuals.

The stories in Twice - Told Tales and in the second collection, Mosses *from an Old Manse*, 1846 to 1849 Hawthorne held the position of surveyor of the Custom House of Salem. In the preface to the Scarlet Letter he sketched some of the government officials with whom this office had brought him into contact in a way that gave some offense to the friends of the victims and a great deal of amusement to the public. Hawthorne's humor was quiet and fine, like Irving's, but less genial and with a more satiric edge to it. The book last named was written at Salem and published in 1820, just before its author's removal to Lenox, now a sort of inland Newport, but then an unfashionable resort among the Berkshire hills. Whatever obscurity may have hung over Hawthorne hitherto was effectually dissolved by this powerful tale, which was as vivid in coloring as the implication of its title. Hawthorne chose for his background the somber life of the early settlers of New England. He had always been drawn toward this part of American history, and in Twice-Told Tales had given some illustrations of it in Endicott's Red Cross and Legends of the Province House. Against this dark foil moved in strong relief the figures of Hester Prynne, the woman taken in adultery: her paramour, the Rev. Arthur Dimmesdale: her husband, old Roger Chillingworth: and her illegitimate child. In tragic power, in its grasp of the elementary passions of human nature and its deep and subtle insight into the inmost secrets of the heart, this is Hawthorne's greatest book. He never crowded his canvas with figures.

In the *House of the Seven Gables* there are five. The last mentioned of these, published in 1852, was of a more subdued intensity than the Scarlet Letter, but equally original, and upon the whole, perhaps equally good. The Blithedale Romance, published in the same year, though not strikingly inferior to the others, adhered more to conventional patterns in its plot and in the sensational nature of its ending. The suicide of the heroine by drowning, and the terrible scene of the recovery of her body, were suggested to the author by an experience of his own on Concord River, the account of which, in his own words, may be read in Julian Hawthorne's Nathaniel Hawthorne and His Wife. In 1852 Hawthorne returned to Concord and bought the "Wayside" property, which he retained until his death. But in the following year his old college friend Pierce, became President and appointed him consul to Liverpool, and he went abroad for seven years. The most valuable fruit of this foreign residence was the romance of the Marble Faun, 1860, the longest of his fictions and the richest indescriptive beauty. The theme of this was the development of the soul through the experience of sin. There is a haunting mystery thrown about the story, like a soft veil of mist, veiling the beginning mystery thrown about the story, like a soft veil of mist, veiling the beginning and the end. There is even a delicate teasing suggestion of th preternatural in Donatello, the Faun, a creation as original as Shakespeare's Caliban or fouque's Undine, and yet quite on this side the borderline of the human. Our Old Home, a book of charming papers on England, was published in 1863. "Manifold experience of life and contact with men, affording scope for his always keen observation, had added range, fullness, warmth to the imaginative subtlety which had manifested itself even in his earliest tales."12)

Two admirable books for children, the Wonder Book and Tanglewood Tales, in the list of Hawthorne's writings, as well as the American, English, and Italian Note Books, the first of which contains the seed thoughts of some of his finished works, together found time to work out. Hawthorne's style, in his first sketches and stories a little stilted and "bookish,: gradually acquired an exquisite perfection, and is as well worth study as that of any prose classic in the English tongue.

Hawthorne was no transcendentalist. He dwelt much in a world of ideas, and

---

12) Lytton B. Frothingham, *Transcendentalism in New England*(New York: Putman's Sons, 1976), p. 175.

he sometimes doubted whether the tree on the bank or its image in the stream were the more real. But this had little in common with the philosophical idealism of his neighbors. He reverenced Emerson, and he held kindly intercourse - albeit a silent man and easily bored - with Thoreau and Ellery Channing, and even with Margaret Fuller. But his sharp eyes saw whatever was whimsical or weak in the apostles of the new faith. He had little enthusiasm for causes or reforms, and among so many Abolitionists he remained a Democrat, and even wrote a campaign life of his friend Pierce.

The village of Concord has perhaps done more for American literature than any other city by the end of the nineteenth century. Certainly there are few places where association, both patriotic and poetic, cluster so thickly. At one side of the grounds of the Old Manse - which has the river at its back - runs down a shaded lane to the Concord monument and the figure of the Minute Man and the successor of "the rude bridge that arched the flood." Scarce two miles away, among the woods, is little Walden - "God's drop." The men who made Concord famous are asleep in Sleepy Hollow. They has made American literature what it is today.

Works Cited

Carlyle, Thomas. *Collected Essays*, New York: Hogath Press, 1960.

Channing, Willian E. *The Complete Works of Channing*. Boston Publishing House, 1942.

Frothingham, Lytton B. *Transcenclentalism in New England*. New York: Putman's Sons, 1976.

Hrawthorne, Nathaniel, *Marble Fau*. New York: Debly Press, 1963.

Lowell, Janes R. *Among My Books*. Cambridge: Havard UP.

Rusk, Ralph. *The Lifce of Ralph Waldo Emerson*. New York: Charles Scribner's, 1978.

Semple, William. *The Growth of American Literature*. New York: Macmillan, 1965.

Smith Howard. *Emerson's Major Essays* Boston: American press, 1949.

Spiller, Robert. *Literary History of the United States*. New York: Macmillan, 1965.

Thoreau, Henry D. *Selected Essays*. Boston: Brothers' Books, 1946.

매슈 아놀드의 시론: '삶의 비평'으로서의 시

허 정 자
(한국외국어대)

I

문학에 관심이 있는 사람이라면 문학이 인간의 삶에 도움을 주는 것인가 아니면 백해무익한 것인가와 같은 오래된 쉽게 결론이 내려지지 않는 문학의 효용성 문제에 대해 한번쯤은 생각해 보았을 것이다. 이런 점에서 누구보다도 문학에 관심을 갖고 동시대인들이 겪고있는 여러 어려움을 인식하고 그들을 계몽하여 이끌어주고자 했던 아놀드(Matthew Arnold)는 문학을 하나의 장식이나 오락으로 간주하지는 않았다. 아놀드는 문학을 문화 일반의 문제와 관련시켜 문학이 향상된 문명사회를 이루는데 중요한 역할을 한다고 믿었다. 특히 그는 문학을 삶과 관련시켜 생각하였다. 그는 '삶의 비평가'로서 소포클레스(Sophocles)가 "삶을 꾸준하게 그리고 전체로서"보려고 한 것(Hoctor ix)처럼 삶의 신비를 탐구하려 하였고, 문학비평이 삶 탐구에의 자료가 되고, 삶을 새롭게 해석하고 이해시키는데 도움이 된다고 보았다. 또한 아놀드는 문학을 통해 얻은 삶에 대한 해석과 인식은 삶을 살아감에 있어서 어떤 새로운 삶에의 자료를 제시해준다고 믿었다. 따라서 그는 되풀이하여 "시는 삶의 비평(criticism of life)이다"(Arnold b: 303)라고 말하였다. 더 나아가 '삶의 비평'으로서의 시는 결국 인간을 "위로하고, 지탱해주고, 또 정신적인 지주가 될 것"(Arnold c: 2)이라고 아놀드는 믿었고 이러한 역할을 수행할 수 있는 최고의 시(the best poetry)를 얻고자 노력하였다. 문학의 순수성보다는 위대성을 강조해 문학을 너무 교훈적으로 해석하고자 한 그는 "문학 비평가로 오해받았지만 결국은 도덕가(moralist)였다"(Neiman 160)라는 말을 듣기도 했지만, 문학에 대한 신념을 갖고 혼란스런 시대의 삶의 지표를 문학에서 찾고 또 동시대인들에게 문학의 가치를 전달하고자 한 아놀드는 이런 점에서 문학과 삶과 세상사를 논할 때 "항상 동의는 아니더라도 늘 참고"(not always for agreement but always for reference)(Trilling a: 3)의 대상으로 그의 이름이 언급되게 된다고 볼 수 있다.

본고에서는 이런 점에서 아놀드의 '삶의 비평'으로서의 시론을 살펴 보고자한다. 아놀드의 비평 이론을 이해하기 위해서는 분석보다는 설명이 요구된다는 왓슨(Watson)의 말처럼(162) 그는 체계적으로 이론을 내세우거나 무엇을 정의하려 들지 않았다. 다만 필요할 때마다 자신의 문학에 대한 의견을 말했다고 볼 수 있다. 따라서 그의 시론을 이해하기 위해서는 산재해 있는 그의 의견을 서로 연결하여 전체적인 맥락 속에서 재구성해보는 것이 필요하다고 할 수 있는데 본고에서는 이런 관점에서 그의 시론을 살펴보고자 한다.

문학의 가치와 중요성에 대한 인식이 점점 희미해지고 있는 요즈음 문학을 통해 삶을 더 깊고 풍요롭게 해주고, 높여주려고 한 아놀드의 문학에 대한 열정을 살펴보는 것은 인간의 삶에 있어서 문학이 얼마만큼 중요하고 필요한 것인가를 되새겨보는 또 다른 계기가 될 것이다.

II

아놀드는 그의 『비평론: 첫 번째 시리즈』(*Essays in Criticism: First Series*) (1865)에 실린 「쥬베르트」("Joubert")에서 모든 문학의 목적과 의도는 '삶의 비평'이다라고 언급함으로써 처음으로 문학이 '삶의 비평'이라는 자신의 입장을 밝혔다.

천재 작가, 재능 있는 작가 같은 2가지 등급(orders)의 사람들의 작품
은 근저에는 똑같다—삶의 비평인 것이다. 우리가 주의 깊게 생각한
다면 사실상 모든 문학의 목적과 의도는 단지 그것뿐이다. (Arnold b:
303)

그 후『비평론: 두 번째 시리즈』(*Essays in Criticism: Second Series*)(1888)의
「시의 연구」("The Study of Poetry"), 「워즈워스」("Wordsworth") 그리고 「바이
런」("Byron") 같은 몇몇 평론에서 그는 운문이건 산문이건 모든 글을 의미한
다고 전제하면서 문학이라는 말 대신에 시(poetry)라는 말을 쓰게 된다. 아놀
드는 자신이 '삶의 비평'이라는 말을 언급할 때는 시와 문학이라는 용어를
혼용해 쓰면서 시라는 어휘가 산문과 구별되는 시만을 의미하는 것이 아니
라 문학 전반을 가리키는 넓은 의미로 썼다고 언급해주고 있는 것이다
(Arnold c: 186-87). 따라서 그의 '삶의 비평'과 관련된 시론은 곧 그의 문학론
이 될 수 있음을 알 수 있다. 본고에서는 이런 점에서 아놀드의 시론을 살펴
보기로 한다.

아놀드는 시가 '삶의 비평'이다라고 말하면서 일생을 보냈다고 할 정도로
(Wimsatt and Brooks 447), 그는 '삶의 비평'이라는 말을 여러 번 반복해서 쓰
고 있지만 말만 되풀이 할 뿐 이것이 정확하게 무엇을 의미하는 지는 설명하
고 있지 않다. 따라서 시가 '삶의 비평'이다라는 말은 "시의 본질에 대한 엉
뚱한 지적이고 교훈적인 오해를 불러일으킬 수 있다"(Wellek 164). 그러나 아
놀드는 이 용어를 아무런 뜻 없이 사용한 것은 아닐 것이다. 이 말을 하기까
지 그는 문학에 대한 깊은 관심과 문학에 대한 여러 가지 개념을 갖고 있었
고 그의 이런 문학에 대한 관심이 결국 시는 '삶의 비평'이다라는 말로 함축
시켜 놓게된 것이라고 볼 수 있다. 이런 점에서 '삶의 비평'이라는 말을 다루
는데 있어 범위를 넓혀서 그의 문학에 대한 개념을 전체적으로 서로 연결시
켜 다루어야 하겠다. 그래야만 이 말을 쓰게된 그의 생각과 아울러 그의 문
학에 대한 관점을 고찰할 수 있기 때문이다.

빅토리아(Victoria) 시대의 병폐를 인식하고 날카로운 진단을 내려 동시대
인들이 겪었던 회의와 좌절을 극복하도록 도와주고자 한 아놀드는 시의 형

식의 중요성도 인식했지만, 시가 도덕의 한 예가 된다고 믿었기 때문에 시 속에 담겨진 내용과 도덕적 효과도 간과하지 않았다. 앞서도 언급했듯이 그는 시의 중요성을 깨달았기 때문에 누구보다도 시의 효용성을 중요시했다. 아놀드는 아리스토텔레스(Aristoteles)가 시는 일어날 수 있는 일을, 역사는 일어난 일, 다시 말해 시는 보편적인 것을 역사는 특별한 것을 다루기 때문에 시는 역사보다 더 우수하고 보편적이다라는 말을 인용하면서 시는 "더 고도의 진리와 더 고도의 심각성"(a higher truth and a higher seriousness)(Arnold c: 21)을 가져야 한다고 주장한다. 따라서 그는 좀 더 심각한 시와 실용적인 시에서는 허락되는 제재의 범위가 좀 더 엄격해야한다고 간주하고, 시 제재의 선택의 중요성을 강조하고 있다. 아놀드는 시인이 제재 선택을 할 때 심각한 것을 취해야 하며, 고대로부터 취해온 웅장한 이야기에서는 진지함을 찾을 수 있다고 보았다. "위대함은 천박함(frivolity)과 타락(corruption)에서는 결코 발견되지 못한다"(Arnold b: 87)는 아놀드의 언급처럼 그는 진지하지 못한 것과 하찮은 것에서는 위대성을 얻을 수 없다고 생각했기 때문이다. 이런 점에서 러셀(Russell)은 시가 독자에게 무엇인가 유익한 것을 전달하는, 사람에게 효용성을 주고자하는 수단이 될 수 있다는 점이 그의 '삶의 비평'이라는 말에 포함되어있다고 지적한다(180).

다음의 아놀드의 말은 그런 이런 관점의 표현이라고 볼 수 있다.

> 부분적으로는 성격 탓으로, 일부는 시간이 흘러서 또는 연구를 통해 이 시점에서 나는 귀중한 진리를 철저하게 배우게 되었다. 모든 것은 사람들의 설득, 마력을 발휘하는 힘의 여부에 따라 달려있고, 이런 것 없이는 모든 열정과 힘, 추리력 그리고 습득이 사라진다는 것이다.
> (Holloway 202)

이런 점에서 볼 때, 시는 '삶의 비평'이다라는 말의 의미에는 '시의 존재'(what poetry is) 여부보다는 '시의 효용성'(what poetry does)의 의미가 강하게 들어있다는 것을 알 수 있고, 이런 관점은 이 말의 의미에 조금 가까이 간 것이라고 볼 수 있는데, 이러한 점을 염두에 두고 아놀드의 시론을 검토해 보려고 한다.

　　문학적 소재를 인간의 삶에서 얻을 수 있고 문학이 인간의 삶을 재현한다는 생각은 아놀드에 있어서도 중요한 문제가 된다. 「시의 서문」("Preface to Poems")(1853)에서 아놀드는 시에 있어서의 모방과 재현에 대해서 다음과 같이 언급한다.

　　　　아리스토텔레스는 그것이 어떠한 형태의 모방과 재현이든 우리들은 그것들을 통해 자연스럽게 즐거움을 갖게된다고 말한다. 이것이 우리가 시를 좋아하는 근거가 된다. … 따라서 모든 정확한 재현은 재미있는 것으로 기대된다. 그러나 만약 그 재현이 시적인 것이라면 단지 재미있는 것 이상의 것이 요구된다. 그러한 재현을 통해 독자가 흥미를 갖게 되거나 원기가 충전되거나 기쁨을 느끼게 되는 것이 요구되는 것이다. 시는 마력을 주고, 기쁨을 불러일으켜야 한다. (Culler 204)

　　시는 인간의 삶을 재현할 수 있고 시는 독자에게 기쁨을 주어야한다고 아놀드는 말하고 있다. 이렇게 시가 인간의 삶을 재현한다는 생각은 시는 '삶의 비평'이라는 말을 할 수 있는 가장 기본적인 전제라고 볼 수 있다. 이제 그의 시에 대한 생각은 좀 더 깊이 들어가 삶에다 어떤 숭고하고 심오한 사상을 적용하는 의미로서의 시를 떠올리게 한다.

　　　　삶에다 고상하고 심원한 사상을 적용하는 것—이것이 시적 위대성의 가장 중요한 부분이다. (Arnold a: 295)

　　「호머를 번역하며」("On Translating Homer")(1861)에서 한 아놀드의 이 말은 시의 중요성과 함께 그의 시에 대한 근본적인 태도를 나타내주는 것이라고 볼 수 있다. 삶에다 이념을 힘있게 적용하는데 시의 힘과 특징이 있게된다는 것이다. 따라서 그는 시인의 탁월한 점은 시의 제재가 되는 '신, 자연. 그리고 인간의 삶'에다 힘차고 심오하게 이념을 적용하는데 있다고 보았다 (Arnold a: 293). 이렇게 인간의 삶에다 사상을 힘있게 적용한다는 것에서 시와 삶과의 관계와 시가 '삶의 비평'이라고 말한 것과의 연관성을 살펴볼 수 있는데 아놀드의 시에 대한 개념과 연관시키면서 좀 더 살펴보기로 하겠다.

아놀드는 시는 사상의 적용뿐만 아니라 해석 능력이 있다고 보았다. '삶의 비평'이 삶을 다룬다고 할 때, 「켈트 문학의 연구에 대하여」("On the Study of Celtic Literature")(1867)에서 한 아놀드의 다음 언급은 시의 해석 능력과 시인의 역할이 무엇인가를 잘 설명해 주고 있다.

> 현대시의 중대한 역할은 독자적인 견해로 인간과 세상에 대한 도덕적 해석을 하는 것이다. ··· 현대 시인의 불가피한 임무는 인간의 삶을 새롭게 해석하고, 인간의 삶에다 새로운 정신적인 토대를 제공하는 것이다. (Arnold a: 433)

또한 아놀드는 「모리스 드 게랑」("Maurice De Guerin")에서 좀더 자세하게 시의 삶에 대한 해석능력을 다룬다.

> 시의 커다란 힘은 그것의 해석하는 힘에 있다. 내가 말하는 해석이라는 말은 시가 우주의 신비를 흑·백으로 설명해주는 것이 아니라, 사물들을 힘있게 다루어 우리가 그것들을 완전하게, 새롭게, 친밀하게 깨닫게 해주고 우리자신과 사물들과의 관계를 일깨워주는 것을 의미한다. 우리 외부에 있는 사물들에 대해 우리가 이런 감각을 일깨울 때 우리들은 그런 대상들의 근본적인 본질과 접하게되는 것을 느끼게되고, 그 대상들 때문에 더 이상 당황하거나 억압받지 않게 된다. 대신에 그 대상들의 비밀을 알게되고 그것들과 조화를 이루게 될 수 있다. 그리고 이런 감정은 다른 무엇보다도 우리를 침착하게 하고 만족시킨다. 시는 이것 외에 또 다른 방법으로 해석하는 능력이 있다. 그러나 시의 2가지 해석방법 중의 하나 그리고 시의 최고 능력이 발휘되는 2가지 방법중의 하나는 시가 우리에게 이런 감각을 일깨워준다는 것이다. 나는 시가 일깨워주는 이런 감각이 환상이 아니다라는 것이 증명될 수 있는지 아닌지, 그 감각을 통해 우리가 사물들의 진정한 본질을 이해하게되는지 어쩐지 지금 조사해 보지는 않겠다. 내가 말할 수 있는 것은 시는 우리에게 감각을 일깨워 줄 수 있다는 것이고 그 일깨워줌이 시의 최고의 힘이라는 것이다. (Arnold b: 81-2)

위에서 밝힌 시의 해석 능력에서 알 수 있는 것은 시가 철학적인 설명이나 분석에 의해 삶을 해석하는 것이 아니라 어떤 대상에 깊이 들어가서 그것을 느끼고 생각하게 해준다라는 것이라는 것을 알 수 있다. 시는 단순히 인간이 우주의 어디에 있다고 말해주는 것이 아니다. 감정에 의해 세계의 신비를 느끼고 일깨워주고 우리와의 관계를 설명해주고 인간을 계몽해서 삶을 인식하게 하고 우주와 인간을 화해시키게 하는 것이다. 따라서 시는 우리를 기쁘게 해주고 만족하게 해주고 무엇보다도 삶에 대한 감각을 일깨워주는 힘이 있다. 그러므로 삶을 해석하는 시의 능력은 단순한 현실의 재현이 아니라 인간에게 자연 또는 어떤 대상 그리고 삶에 대한 인식을 깨닫게 해 주는 것이다. 결국 내적인 삶과 외적인 사실을 함께 깨닫게 해주는 것이다.

그런데 아놀드는 시는 자연 세계와 도덕 세계를 해석해 주는 것이다라고 언급함으로써(Arnold b: 106-07), 시의 해석 능력을 자연 세계와 인간의 내면 세계를 반영하는 도덕 세계로 나누어서 생각했다. 시는 마력적인 방법으로 자연을 다룰 수 있는 것이다. 대상에 눈을 두어 대상만 바라보는데 그치는 것이 아니라 대상을 바라보는 눈에 매력과 마력이 첨가되어 자연 세계를 충실하게 생생하게 해석해 줄 수 있는 것이다.

> 자연에 마력적으로 가까이 하게 하고 자연의 삶을 실제적으로 깨닫게 해주고 인간의 삶은 그런 자연의 일부라는 것을 우리에게 알게 하는 것이 시인의 능력이다. … 시는 마력적인 솜씨로 외부 세계의 특징과 움직임을 표현함으로써 해석한다. (Arnold b: 107-10)

또한 시는 인간의 정신적·도덕적 본성의 내부 세계를 표현하는 해석 능력을 갖고 있다.

> 시는 영감 받은 확신으로 인간의 도덕적·정신적인 본성 같은 내부 세계의 이념과 법칙을 표현함으로써 해석한다. (Arnold b: 110)

이렇게 시는 사물을 아름다운 모양으로 보이게 하며, 자연적 마력으로 생생하게 자연을 해석해서 진리를 깨닫게 해준다. 또한 삶에 대해 사상을 적용함으로써 도덕적 심오함을 가지고 진리를 나타내 주기도 한다. 결국 시는 자연 세계와 도덕 세계의 해석 능력을 가지고 인간에게 삶의 현실을 깨닫게 하고, 또 인간을 계몽한다고 볼 수 있다. 시의 도덕 세계의 해석은 물론 자연 세계의 해석도 결국은 삶과 세계와의 관계를 깨닫게 해주는데서 도덕적 의미가 있기 때문이다. 자연 세계를 아무리 잘 보여주어도 피상적인 자연의 흐름만을 묘사하는 것은 인간과 자연과의 관계를 충분히 나타내 주지 못하는 것이다. 시는 이런 2가지 세계가 잘 조화되고 융합되어야 인간을 계몽시키고 기쁘게 한다고 아놀드는 말하고 있다.

> 다른 말로 하자면, 시는 그 안에 자연적인 마법과 도덕적 심원함을 가지고 있다는 점에서 해석 능력이 있다. 이 2가지를 가지고 시는 인간을 계몽한다. 시는 인간에게 현실에 대한 만족감을 제공한다. 시는 인간을 그 자신 그리고 우주와 화해시킨다. (Arnold b: 111)

아놀드의 시에 대한 개념은 갈수록 시의 자연세계의 해석보다는 도덕적인 면에 관심을 두고 그 점에서 시의 중요성을 강조하게 된다. 이런 그의 인식이 앞서서 말한 「쥬베르트」에서 시는 '삶의 비평'이라는 말을 하게 한다고 하겠다.

「쥬베르트」보다 후에 쓰여진 『워즈워스 시』(*Poems of Wordsworth*)의 서문의 「워즈워스」(1879)에서는 아놀드의 시의 도덕세계의 해석 능력에 대한 개념이 명확히 나타난다고 볼 수 있겠다. 워즈워스가 시인으로서 탁월한 점은 앞서도 언급했듯이 그가 '시의 주제가 되는(인간, 자연, 그리고 인간의 삶)'에다 사상을 힘차게 적용하는데 있다는 것이다. 뿐만 아니라 워즈워스는 누구보다도 삶을 힘있게 다루었다는 것이다. 워즈워스는 삶에다 이념을 고상하고 심오하게 적용하여 삶의 실체를 보여준다.

> 간단히 말해 우리들은 시인은 삶을 다룬다고 말 할 수 있다. 왜냐하면 그는 삶이 실제로 존재하는 그런 삶을 다루기 때문이다. … 그는 일반인들보다 삶을 더 잘 다룬다. 일반적으로 시인은 삶을 좀더 힘있게 다룬다. (Arnold c: 147-48)

그러나 아놀드는 워즈워스의 사상은 근본에 있어 도덕적이라는 것을 강조

한다. 이때 도덕적이라는 것은 좁은 의미로서 교훈이나 설교 같은 것을 가리
키는 것이 아니라, '어떻게 사느냐'(how to live)의 문제가 된다. 왜냐하면 진
지한 인간의 삶 그 자체가 바로 도덕적인 면을 갖고 있기 때문이다.

> 도덕적 개념은 실제로 인간 삶의 중요한 부분이다. '어떻게 사느냐'라
> 는 질문 자체가 도덕적 개념이다. 그것은 모든 사람들의 가장 관심을
> 끄는 질문이며, 인간은 어떠한 방식으로 간에 늘 그 물음에 사로잡혀
> 있는 것이다. 도덕이라는 용어는 물론 넓은 의미로 해석되어야 할 것
> 이다. '어떻게 사느냐'의 문제와 관련된 것은 다 도덕이라는 용어로
> 설명될 수 있을 것이다. (Arnold c: 142)

'어떻게 사느냐?' 이것은 모든 사람들의 가장 관심을 끄는 문제이며, 인간
은 항상 어떠한 방식으로든지 간에 이 문제에 마음을 쓰고 있는 것이다. 앞
에서 시인은 '이념'을 삶에다 힘있게 적용할 수 있다고 아놀드는 말했는데,
「워즈워스」에서 이 이념은 곧 도덕적이며 결국 '어떻게 사느냐'의 문제가 되
는 것이다. 이렇게 '어떻게 사느냐'에서 시가 '삶의 비평'이라고 할 때의 근본
입장이 엿보인다.

> 그러므로 이것을 굳게 믿는 것이 중요하다. 시는 근저에는 삶의 비평
> 이다. 시인의 위대성은 사상을 힘있고 아름답게 삶에다 적용하는데
> 있다.—다시 말해 '어떻게 사느냐'의 문제에 적용하는데 있다. (Arnold
> c: 143-44)

시를 통해 삶의 인식과 '어떻게 사느냐'의 해답을 얻는데서 아놀드의 '삶의
비평'으로서의 시의 도덕성과 도덕적 효과를 함께 찾을 수 있다. 이렇게 시가
삶을 다루며 인간의 삶을 재현한다는 것에는 필연적으로 '도덕적 개념'이 포
함되는 것이다. 따라서 아놀드는 시와 도덕 문제를 연결시킬 수밖에 없었다.
결국은 지나친 엄격한 도덕률 때문에 그 자신이 시의 도덕성에 사로잡혔다
는 비난을 받기도 했지만, 그는 더 나아가 도덕적 이념 즉 삶에 대한 이념에
반항하는 시는 삶에 반항하는 시라고 간주하고, "도덕적 개념에 반항하는 시
는 삶에 반항하는 시이다. 도덕적 개념에 무관심한 시는 삶에 무관심한 시

다"(Arnold c: 144)라고 주장함으로써 시에 있어 도덕적 개념이 얼마나 중요한 것인가를 강조하고 있다.

시는 현실과 삶에 대한 인식을 주게되고 '어떻게 사느냐'에 대한 삶의 방법을 터득하게 해준다. 그럼으로써 다시 삶에 적극적으로 참여하게 하는 효과를 갖게된다. 삶을 다루고 인간의 심오한 가치를 다루는 시는 삶을 깊게 해주고 삶을 활달하게 해주고 더 나아가서 "삶에 대한 감각을 강화시키고 살아갈 준비를 해줄 수 있는 것"(Buckley 45)이다.

"철학은 환상이고 시는 실체"(Arnold c: 149)로서 시는 삶의 실체를 보여준다. 시는 삶의 실체를 보여줌으로써 삶에 대한 인식을 줄 수 있다고 아놀드는 생각했다. 또한 아놀드는 워즈워스의 시[1]에서 자연과 인간이 조화되는 삶을 보았고, 이런 조화를 통해 시는 어지러움과 혼란을 극복하는 위안과 우리의 삶을 견딜 수 있게 하는 기쁨을 줄 수 있다고 주장한다.

> 자연을 통해 우리에게 제공된 기쁨, 단순한 근본적인 애정과 의무를 통해 주어지는 기쁨. 그리고 매번 우리에게 이런 기쁨을 보여주고 그 기쁨을 우리들이 공유할 수 있게 변형시키는 탁월한 능력을 워즈워스는 갖고 있었다. (Arnold c: 153)

---

1) 아놀드는 「추모시」("Memorial Verses")(1850)를 통해 워즈워스가 보여준 인간과 자연의 친화를 통한 기쁨과 정신적 안정을 지적하면서 그의 시적 위대성을 강조한다. 워즈워스는 "위안을 주는 목소리"(soothing voice)를 가졌고, 삭막한 시대의 "우리들을 태어날 때의 모습처럼/ 서늘하고 꽃 만발한 대지의 무릎에 눕혔고"(He laid us as we lay at birth/ On the cool flowery lap of earth;), "오랫동안 죽었고,/ 말라버렸고, 단단히 닫혀있던 정신에/ 초기 세상의 신선함을/ 뿌려지게 했으므로"(for there was shed/ On spirits that had long been dead,/ Spirits dried up and closely furl'd,/ The freshness of the early world.), 워즈워스 때문에 우리들은 바람과 비를 느끼게되고, 젊음을 되찾게 되어 "우리들은 미소를 짖고, 안정을 얻었다."(Smiles broke from us and we had ease.)고 아놀드는 워즈워스 시의 효용성을 지적한다. 특히 아놀드는 워스워스가 보여준 "치료하는 힘"(healing power)을 언급하면서 그가 죽은 지금 우리들은 그가 보여준 치유의 힘을 어디서 다시 찾을 수 있을까? 반문하면서 그가 삶에 대해 보여준 용기를 기억한다.

　　A. Dwight, Culler. *Poetry and Criticism of Matthew Arnold*(Boston: Houghton Mifflin Company, 1961), p. 108~109.

이렇게 '삶의 비평'으로서의 시는 인간의 삶을 다루는 것이다. 그런데 아놀드에 있어서의 '삶의 비평'은 인간의 경험을 그대로 똑같이 충실히 재현만 하는 의미로서의 '삶의 비평'보다는 오히려 다음과 같은 뜻이 포함된다고 볼 수 있다.

> '비평'은 공감, 해석 그리고 치료하는 힘의 재현을 의미한다. … 해석, 평가, 동정, 공감을 갖는 나눔을 나타내는 것이다. (Buckley 36)

이런 관점에서 보면 시에 대해 인간이 느끼고 생각하고 반응하는 것은 곧 삶에 대해 느끼고 반응하는 것과 연결된다고 볼 수 있다. 따라서 '삶의 비평'으로서의 시는 더 나아가서 우리의 삶에 대한 해석을 통해 우리의 경험을 비추어 봄으로써 조화되고 질서 있는 삶으로 이끌어가게 해 줄 수 있다는 것을 생각할 수 있다. 시를 인간의 삶에 적용했을 때, 시의 세계가 인간의 내부세계에도 존재할 수 있게 되는 것이다.

아놀드의 삶의 비평으로서의 시를 리차즈(I. A. Richards)는 시가 우리에게 삶의 질서를 부여해줄 수 있다는 의미에서 설명한다.

> 매슈 아놀드가 시는 삶의 비평이다라고 말했을 때 그는 너무 명백한 무엇인가를 말했기 때문에 그 말의 의미가 지속적으로 간과되어왔다. 예술가는 그에게 가장 가질 만한 가치가 있다고 여겨지는 경험의 기록과 영구화에 관심을 갖고 있다. 또한 그는 기록할 만한 가치가 있는 경험을 충분히 가질 만한 사람인 듯 싶다. 그는 인간의 성장을 보여주는 바로 그 시점에 있다. 적어도 그의 작품에 가치를 주는 그의 경험은 대부분 사람들의 마음에서는 여전히 혼란스럽고, 서로 얽매어 있고, 상반되는 충돌들의 화해를 재현한다. 그의 작품은 대부분의 사람의 마음속에서는 여전히 혼란스런 경험을 정돈시켜주는 것이다. (Richards 46)

위의 리차즈의 말에서 알 수 있듯이 시는 인간이 아직 깨닫지 못하고 서로 충돌하고 있는 혼돈 속에서 살고 있는 현실을 인간에게 일깨워준다. 왜냐하면 시에 나타난 경험은 일상의 경험과 같지만 보통 사람의 일상의 경험보다 조직적이고 질서가 잡혀있기 때문이다. 시는 질서 있는 삶을 보여주고 그 방향으로 이끌어 주는 것이다. 시의 조화와 질서는 삶의 무질서를 인식하게 하고 삶의 질서의식을 줄 수 있다. 따라서 "좋은 사람이 나쁜 사람의 비평이 될 수 있는 것(a good man is a criticism of a bad one)과 똑같은 의미로 문학은 삶의 비평이 된다"는 점에서 '삶의 비평'이라는 용어에는 "무질서한 삶의 비평"(a criticism of the chaos of life)(Trilling b: 178)이라는 의미가 부여될 수 있는 것이다.

이와 같이 시에서 삶의 질서와 평정을 얻고, 혼란과 괴로움 속에서 삶의 질서를 추구할 수 있기 때문에 아놀드에 있어서는 더욱 시의 가치와 중요성이 요구되는 것이다. 「시의 연구」에서는 그의 이런 시에 대한 인식이 가장 잘 표현되어 있다.

> 시의 미래는 대단히 크다. 왜냐하면 시는 고귀한 운명을 가질 만한 가치가 있고, 시간이 감에 따라 인류는 점점 확실한 안주(安住)를 시에서 발견하기 때문이다. (Arnold c: 1)

따라서 인간은 갈수록 시에 의존하게되고 또 시는 인간을 해석해주고, 위로해주고, 지탱해 줄 것이라고 아놀드는 말했던 것이다. 종교와 철학은 우리들에게 완전한 지식을 줄 수 없지만, 시는 결국 '지식의 숨결과 더 나은 정신'(breath and finer spirit of knowledge)을 우리들에게 줄 수 있는 것이다.

> 점점 더 인간은 우리들을 위해서 삶을 해석하고, 우리들을 위로해 주고, 우리들을 지탱해줄 수 있는 시에 의존해야만 한다는 것을 발견하게 될 것이다. 시 없이는 우리들의 과학은 불완전할 것이다. 지금 우리들에게 종교와 철학으로 통하는 것이 시로 대체될 것이다. … 우리들의 종교는 대부분의 사람들의 마음이 의존하고 있는 그런 증거들을 과시하고 있고, 우리들의 철학은 인과관계와 유한하거나 무한한 존재에 대한 추론만을 펼치고 있다. 그러한 것들은 단지 지식의 그림자, 꿈 그리고 거짓된 증거에 불과하다. 우리들이 그런 지식을 믿고 그런 지식을 심각하게 다른 것에 대해 의아하게 생각할 날이 올 것이다. 또한 우리들이 그런 지식의 무의미함을 인지하면 할수록, 우리들

은 '지식의 숨결과 더 나은 정신'을 제공하는 시의 가치를 더욱 높이
평가하게 될 것이다. (Arnold c: 2-3)

그가 살았던 시대의 문제와 긴밀히 접하면서 다방면에 관심을 갖게되어
문학·사회·종교 비평가로서 활동한 아놀드는 다양한 비평활동을 통해 인
간 내부의 완전함을 추구하고 동시대의 인간과 사회에 필요한 것을 제시하
여 최선의 길로 사회를 인도하고자 했다. 그러나 아놀드가 보기에 종교, 철
학, 정치 등 어떠한 것도 인간을 구원 할 수 없을 것 같았고, 결국은 시가 우
리들에게 정서적 위안과 기쁨을 주고, 인간의 정신적 지주가 되고 도덕성을
함양시킬 수 있다는 점에서 아놀드는 시와 종교의 기능을 같게 보게 된 것이
다. 따라서 그의 시에 대한 중요성의 인식은 '시는 종교를 대신하게 될 것이
다'라는 개념으로 확대되고 시가 시 노릇을 제대로 하려면 시인이 발 벗고
나서야하지 않을 가하고 생각한 것이다.

아놀드의 말대로 시는 도덕적인 힘을 가지고 있다. 시는 독자에게 도덕적
영향을 끼치나 그것은 좋은 영향일 수도 있고 나쁜 영향일 수도 있는데 너무
지나쳐서 받아들일 수 없는 도덕을 강조하고, '시는 종교를 대신할 수 있다'
고 주장하면서 시의 역할을 강조하는 문학 전도사로서의 아놀드의 성실성은
마치 해악으로부터 시를 보호하는 불침번 서기와 같다고 브룩스(Brooks)는
지적한다.

아놀드의 성실성은 외부적인, 마음을 산란시키는 그리고 시인이 독자
에게 전달하고자하는 것과 모순될 수 있는 모든 요소들로부터 시를
시키는 불침번 서기와 같다. 그것은 억압과 배제를 희생하고서라도
그가 주장하는 것을 관철시키고자 하는 양심적인 설명자의 성실성과
같다. (Brooks 37)

그런데 삶을 해석하고 평가하고 더 나아가 인간을 지탱해줄 수 있는 '삶의
비평'의 시에도 차이가 있음을 아놀드는 우리에게 말해주고 있다. 예를 들어
셰익스피어(Shakespeare)의 '삶의 비평'은 고유한 진리에 의존하기 때문에 영
구적으로 타당하고 영원히 모든 사람을 계몽하고 위안과 기쁨을 줄 수 있지

만 단지 그 시대의 사상과 취미에 의존하는 '삶의 비평'은 영구적으로 타당하지 못하다는 것이다.

> 인간의 삶에 대한 천재(the men of genius)의 비평은 영구적으로 인간에게 받아들여진다. 인간의 삶에 대한 재능 있는 사람(the men of ability)의 비평은 일시적으로 받아들여질 뿐이다. … 셰익스피어의 삶의 비평을 모든 이가 받아들이는 것은 그것이 갖고 있는 내재적인 진리 때문이다. 스크라이브(Scribe)의 삶의 비평은 제재, 개념, 제재를 다루는 양식 때문에 그것을 받아들이는 당대의 기호에만 맞는 것이다. … 천재는 풍부한 진리를 담고 있는 분수(噴水)와 같은데, 그의 삶의 비평은 영원히 인류에게 계몽과 기쁨의 원천이다. (Arnold b: 303)

우수한 '삶의 비평'의 시를 쓰지 못하는 것은 시를 쓰는 시인이 삶을 깊게 다루지 못했기 때문이다. 시인은 그의 소재가 되는 삶과 세상에 대해 광범위하고도 철저한 이해를 가지고 있어야한다. 그럼으로써 인간의 삶을 다루는데 있어 단지 스쳐 가는 소용돌이 속에서 배회하는 것이 아니라 완전한 삶의 해석자가 되어야하는 것이다. 그렇지 못할 경우 최고의 '삶의 비평'의 시가 나올 수 없다고 아놀드는 주장한다.

리비스(F. R. Leavis)는 아놀드의 '삶의 비평'을 이런 관점에서 말해주고 있다.

> 아놀드는 시를 정의하기보다는 시에는 정도의 차이가 나는 중요성이 있다는 것 그리고 표준(criteria)을 통해 비교적인 평가가 내려질 수 있다는 것을 주장하고자 한 것이다. (Leavis 324)

이런 점에서 인간에게 현실을 일깨워주고 삶을 해석하는 '삶의 비평'으로서의 시는 적열(赤熱)이 불의 비평이 되는 것처럼 시는 '삶의 비평'이 되고 (Stallman 43), 시가 열등한 것보다는 우수한 것을 불건전한 것보다는 건전한 것을 진실 되지 못한 것보다는 진실된 것을 나타낼 때 더욱 힘이 있게되고 '삶의 비평'으로서의 시의 가치가 있다고 볼 수 있는 것(Stallman 44)이다. 따라서 아놀드는 매일 매일의 삶에 활기를 불어 넣어주고 인간에게 위로를 주

기 위해서는 이념을 시에 적용함에 있어서도 경박하고 하찮은 것보다는 고
상하고 심오하고 진지한 것을 강조하게 된다. 결국 우수한 '삶의 비평'이 될
수록 우수한 시가 되고, 우수한 시는 인간의 삶을 형성하고 정신적 지주가
되는 것이다.

> 왜냐하면 시에 있어 우수하고 열등한 것, 건전하고 건전하지 못한 것
> 혹은 반쯤만 건전한 것, 그리고 진실인 것, 거짓된 것 혹은 반쯤만 진
> 실인 것들 사이의 구별을 한다는 것은 가장 중요하기 때문이다. 시는
> 그것이 갖고 있는 최고의 운명 때문에 그 중요성이 말해질 수 있다.
> 우리가 말해왔듯이 시간이 감에 따라 시외 다른 것은 실패했으므로,
> 시적 진실과 시적 아름다움과 같은 평가에 의한 삶의 비평으로서의
> 시에서 인간의 영혼은 위안과 머무름을 발견하게 될 것이다. 그러나
> 위안과 머무름은 삶의 비평의 무게에 비례해서 효력을 갖게될 것이
> 다. 그리고 삶의 비평은 시가 열등 한 것보다는 우수한 것을, 건전하
> 지 못하거나, 반만 건전한 것보다는 건전한 것을, 그리고 거짓되거나
> 반만 진실인 것보다는 진실을 전달하는 힘에 비례해서 힘을 발휘하
> 게 될 것이다. (Arnold c: 5-6)

시적 가치는 시의 도덕성과 진실과 동일시 될 수 없고 시적 가치가 이런
요소들에 의해 결정된다고 단정지을 수는 없다. 그러나 아놀드의 '삶의 비평'
으로서의 시론을 언급할 때 후기로 갈수록 '치료하다'(heal), '지탱하다'(sustain),
'위로하다'(console), '머무르다'(stay) 같은 단어가 자주 나오는 것은 바로 이러
한 것이 우수한 시의 기능이라고 아놀드는 간주했기 때문이다. 또 이런 이유
에서 아놀드는 최고의 시를 강조하고 얻고자 노력한 것이다. 결국 우수한 '삶
의 비평'의 시는 우리에게 우울, 고뇌, 병적인 상태를 보여주는 것이 아니라
도덕적인 면, 정신적인 면에서도 인간에게 삶의 위안을 주게되고 영혼을 고
양시켜 줄 수 있는데, 우수한 시는 이런 기능을 하지 않을 수 없다고 아놀드
는 주장한다.

> 우리는 최고의 시를 원한다. 최고의 시는 우리를 형성해주고, 지탱해
> 주고, 기쁘게 해줄 수 있는 힘이 있는데, 다른 어떤 것도 이런 역할을
> 할 수 없는 것이다. 시에 대한 더 분명하고 깊은 최고의 감각을 갖는

것, 힘과 기쁨을 그런 시로부터 끌어내는 것이 현재의 시에서 우리가
지금 얻을 수 있는 가장 귀중한 장점이다. (Arnold c: 5-6)

워렌(Warren)은 이런 점에서 시는 빛이며 그 빛을 통해 우리는 자신의 경
험을 바라보고 반성할 수 있다고 지적하면서 문학의 중요성을 강조하고 있다.

독자는 자신의 역사와 천성의 결과로 서로 다른 경험, 지성의 힘, 감
정의 강렬도를 가지고 시에 접근한다. 이런 의미에서 독자가 시를 해
석하는 것이 아니라 시가 독자를 해석한다고 할 수 있다. 시는 빛이
다. 따라서 시는 빛에 의해서 보여지는 사물이 아니라고 할 수 있다.
시라는 빛에 의해서 독자는 자기가 알고있는 모든 경험의 영역들을
바라보고 반성할 수 있다. (Warren 212)

시는 '삶의 비평'이라는 것을 중심으로 아놀드의 시론을 살펴보았는데, 물
론 이것이 아놀드의 시에 대한 모든 것을 총괄하는 개념은 아닐 것이나, 그
는 시가 인간에게 끊임없는 영향을 줄 수 있고, 또 인간의 삶을 완전하게 평
가 해석할 수 있다고 믿었던 것은 틀림없다. 그러나 시의 효용성을 강조한
아놀드의 시론에 대해 윔셋(Wimsatt)은 시의 철학적·도덕적 내용과 도덕적
효과는 시적 가치의 요구에 앞서서 우리의 복종을 요구할 수 있으며, 아놀드
에 있어서는 "시가 경계를 넘어 도덕을 규정한다고 주장"하는 오류를 범할
수 있다고 언급한다(88). 또한 엘리엇(T. S. Eliot)은 시인이 아름다운 세상을
다루는 것은 시인의 장점이고, 인류가 아름다운 세상에 사는 것은 인간이 가
질 수 있는 이점(利點)이지만, 그러한 문제가 시인에게 그렇게 중요한가 반문
하면서 시인이 꼭 아름다운 것만 다룰 필요는 없다고 주장한다(106). 그리고
삶을 해석하는데 있어 삶의 다양한 경험을 여러 관점에서 극화시켜 전달하
여 독자의 공감을 얻게되는 보편성을 지니는 것도 중요한데, 독자를 가르치
기 위해 단순, 명백한 지적인 개념으로 엄숙한 면만 강조한 아놀드의 시는
가장 좋은 의미에서 "학문적인 시"(academic poetry)(Eliot 105)라고 엘리엇은
지적한다. 도덕가들이 시는 도덕적이어야 한다고 주장한다면, 비평가는 시가
되기 위해 시가 반드시 도덕적이어야만 하는 가를 따져야 하는데(Wimsatt

87), 시인·비평가로서의 아놀드는 너무 엄격한 도덕률에 얽매어 도덕 선생님의 입장으로 문학을 다루었다고 비판받을 수 있다.

너무 시의 효용성에만 관심을 기울였다고 비판을 받을지는 몰라도 결국 아놀드에 있어 시는 '삶의 비평'이라는 말은 복잡한 문학 전반에 대한 하나의 정의 또는 우리가 자주 들을 수 있는 경구 같은 것을 의미하는 것이 아니라 그가 시의 기능과 중요성에 대해 깊게 사색한 것, 아놀드 자신이 시에 대해 느낀 심각성을 종합해서 표현한 말이라고 볼 수 있다. 이런 입장에서 '삶의 비평'으로서의 시를 다루는 비평가는 "문학은 삶의 비평이고, 그런 삶의 비평을 다루는 비평가는 문학과 삶의 비평가가 되어야하기"(Tillotson 44) 때문에 삶과 문학을 다같이 다루어야 한다고 틸롯슨은 지적해 준다.

결국 '삶의 비평'이라는 시의 개념을 통해 아놀드는 문학의 완성은 삶의 완성이라는 입장에서 문학과 삶을 동시에 생각함으로써 인간의 삶에 좋은 영향을 끼칠 수 있는 시에 대한 가치 기준을 높게 세우고 여기에 따라 삶의 가치 기준도 함께 높이려고 노력을 한 것이다.

III

엘리엇은 '시가 우리를 구원할 수 있다'는 리차즈의 말이나 '시가 철학과 종교를 대신하게 될 것이다'라는 아놀드의 언급에 회의를 품으며, 시가 우리에게 종교적·철학적 만족을 줄 것이다라고 간주하는 것은 환상이다(118)라고 주장한다. 사실 아직까지는 시가 종교를 대신한다라고 확신하게 말할 수 있는 사람은 없을 것이다. 또한 우리는 시를 읽을 때 꼭 삶의 해석을 위해서 위안을 얻기 위하여 그리고 시가 우리의 정신적 지주가 되어주길 바라며 시를 읽지는 않는다. 또한 아놀드는 자신이 너무 도덕적 진지성에 얽매어 있어 너무 인간의 고뇌와 엄숙한 면에 치중해 문학을 다루었다는 비판을 받을 수 있다. 그리고 여유와 냉정함보다는 문학에 대한 확고한 열정으로 인간의 완성의 추구와 사회의 발전과 최선의 것에 대한 갈망 때문에 아놀드는 시와 비평의 기능을 너무 높이 올려놓아서 그 영역을 좁혔다고 볼 수 있다.

그러나 "도덕률은 존재하고 경험을 통해서 분명하게 나타난다"(Allott 28)
는 윤리적 입장에서 아놀드는 시와 인간의 삶을 함께 연구했다. 또한 시를
통해서 사람이 가진 선하고 고귀한 것을 계발하여 인간에게 위안과 안주를
주고자 했던 아놀드는 누구보다도 문학의 중요성을 인식했고 또 그 필요성
도 높이 평가했다. 이런 점에서 현대 우리들이 그를 인식하는 것은 연대기적
시간성에 국한된 것은 아니라고 생각된다. 그가 빅토리아 인들이 정치, 사회,
종교 등의 문제 때문에 겪었던 갈등을 깊게 사색하여 혼란 속에서도 인간의
발전을 기대하면서 비평과 시의 기능을 강조하고 문학과 삶에 대해 깊게 연
구한 것은 우리의 문학에 대한 인식을 새롭게 하면서 시대를 초월하여 우리
들 가까이 있게 된다고 말할 수 있겠다.

테잇(Tate)은 문학은 사람만이 가질 수 있는 독특한 형상화된 지식이므로
현대 문명이라는 암흑 시대(dark ages)를 지나면 문학이 다시 번성하리라고
믿는다고 한다.

> 현대 문명의 암흑 시대가 지나면 문학을 다시 번성할 것이다. … 문
> 학은 인간 경험의 완전한 지식이다. 여기서 내가 말하는 지식이라는
> 것은 인간만이 가질 수 있는 독특하고 형상화된 지성의 세계를 의미
> 하는 것이다. (Tate 15)

우리들도 문학과 도덕의 양립관계를 인정하면서 '삶의 비평'과 관련된 아
놀드의 시론을 통해 암흑 시대가 아닌 문학의 유토피아를 꿈꾸며, 테잇의 주
장에 동의를 해보는 기회를 가졌으면 한다.

인용 문헌

Allott, Kenneth. *Matthew Arnold*. London: Longman, Green & Co. Ltd., 1955.

Arnold, Matthew. a. *On the Study of Celtic Literature and On Translating Homer*. rpt. London: Macmillan and Co., Ltd., 1893.

_____. b. *Essays in Criticism: First Series*. rpt. London: Macmillan and Co., Ltd., 1925.

_____. c. *Essays in Criticism: Second Series*. rpt. London: Macmillan and Co., Ltd., 1927.

Brooks, Cleanth. *Modern Poetry and the Tradition*. New York: Oxford UP, 1965.

Buckley, Vincent. *Poetry and Morality: Studies on the Criticism of Matthew Arnold, T. S. Eliot and F. R. Leavis*. London: Chatto & Windus, 1959.

Culler, A. Dwight. Ed. *Poetry and Criticism of Matthew Arnold*. Boston: Houghton Mifflin Company, 1961.

Eliot, T. S. *The Use of Poetry and the Use of Criticism*. London: Faber and Faber, 1964.

Hoctor, Thomas Marian. Ed. *Matthew Arnold's Essays in Criticism: First Series*. Chicago and London: The U of Chicago P, 1968.

Holloway, John. *The Victorian Sage: Studies in Argument*. New York: W. W. Norton & Company Inc., 1965.

Leavis, F.R. "Arnold as Critic" *Scrutiny*, 8 (Cambridge UP: 1938): 319-32.

Neiman, Fraser. *Matthew Arnold*. New York: Twayne Publishers Inc., 1968.

Richards, I. A. *Principles of Literary Criticism*. London and Henley: Routhledge and Kegan Paul, 1924.

Russell, G. W. E. *Matthew Arnold*. New York: Charles Scribner's Sons, 1904.

Stallman, Robert Wooster. Ed. *The Critic's Notebook*. Minneapolis: The U of Minnesota P, 1950.

Tate, Allen. *On the Limits of Poetry: Selected Essays 1928-1948*. New York: The Swallow P, 1948.

Tillotson, Geoffrey. *Criticism and the Nineteenth Century*. London: The Athlone P, 1951.

Trilling, Lionel. a. Ed. *The Portable Matthew Arnold*. New York: The Viking P, 1949.

_____. b. *Matthew Arnold*. New York: Meridan, 1955.

Warren, Robert Penn. *Selected Essays*. New York: Random House, 1958.

Watson, George. *The Literary Critics*. Harmondsworth: Penguin Books, 1962.

Wellek, Rene. *A History of Modern Criticism Vol. IV: The Later-Nineteenth Century*. London: Jonathan Cape, 1966.

Wimsatt, W. K. Jr. *The Verbal Icon: Studies in the Making of Poetry*. Lexington: U of Kentucky P, 1967.

Wimsatt, W. K. Jr. and Brooks, Cleanth. *Literary Criticism: A Short History*. New York: Alfred A. Knopf, 1957.

최영자 · 심규세 교수 정년기념 논문집

영미문학 研究

엮은이 · 한국외국어대학교 영어학부 문학위원회

인 쇄 · 2002년 4월 15일
발 행 · 2002년 4월 25일

펴낸이 · 김 진 수
펴낸곳 · **한국문화사**
주소 · 서울특별시 성동구 성수1가 2동 13-156
등록일 · 1991년 11월 9일
등록번호 · 2-1276
전화 · (02)464-7708 / 3409-4488
팩시밀리 · (02)499-0846
홈페이지 · www.hankookmunhwasa.co.kr
이메일 · hkm77@korea.com
가격 · 25,000원
잘못 만들어진 책은 바꾸어 드립니다.
ISBN 89-7735-917-1 93740